Croatie

Cofondateurs : Philippe GLOAGUEN et Michel DUVAL

Directeur de collection et auteur
Philippe GLOAGUEN

Rédacteurs en chef adjoints
Amanda KERAVEL
et Benoît LUCCHINI

Directrice de la coordination
Florence CHARMETANT

Directrice administrative
Bénédicte GLOAGUEN

Directeur du développement
Gavin's CLEMENTE-RUIZ

Conseiller à la rédaction
Pierre JOSSE

Responsable voyages
Carole BORDES

Direction éditoriale
Élise ERNEST

Rédaction
Isabelle AL SUBAIHI
Emmanuelle BAUQUIS
Mathilde de BOISGROLLIER
Thierry BROUARD
Marie BURIN des ROZIERS
Diane CAPRON
Véronique de CHARDON
Laura CHARLIER
Fiona DEBRABANDER
Anne-Caroline DUMAS
Éléonore FRIESS
Géraldine LEMAUF-BEAUVOIS
Olivier PAGE
Alain PALLIER
Anne POINSOT
André PONCELET

2019/20

hachette

TABLE DES MATIÈRES

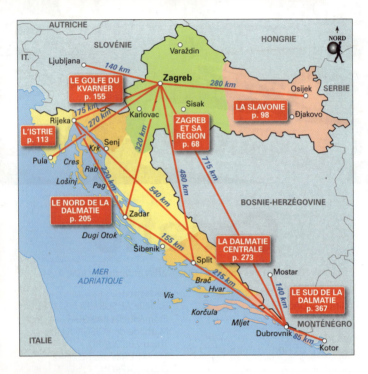

PRÉAMBULE

- La rédaction du *Routard* 6
- Introduction 11
- Nos coups de cœur 12
- Itinéraires conseillés 28
- Lu sur routard.com 33
- Les questions qu'on se pose avant le départ 34

COMMENT Y ALLER ? 36

- En avion 36
- Les organismes de voyages 38
- En train 43
- En voiture 45
- En bus 45
- En bateau 46

CROATIE UTILE 47

- ABC de la Croatie 47
- Avant le départ 47
- Argent, banques, change 49
- Achats 51
- Budget 51
- Climat 52
- Dangers et enquiquinements 52
- Fêtes et jours fériés 53
- Hébergement 53
- Langue 55

TABLE DES MATIÈRES

- Livres de route 59
- Poste 60
- Santé 61
- Sites internet 61
- Sports et loisirs 61
- Téléphone, Internet 62
- Transports intérieurs 63
- Urgences 66

ZAGREB ET SA RÉGION 68

- Zagreb 68

AU NORD DE ZAGREB 90

- Le Zagorje 90
- Varaždin 91

AU SUD-EST DE ZAGREB 95

- Le parc naturel de Lonjsko Polje 95

LA SLAVONIE 98

- Osijek 98
- Le parc naturel de Kopački rit ... 105
- Vukovar 108
- Đakovo 111

L'ISTRIE 113

- Un peu d'histoire 113
- Pula 114
- Rovinj 127
- Poreč 136

L'INTÉRIEUR DE L'ISTRIE 144

- Pazin 145
- Motovun 147
- Grožnjan 150
- Labin-Rabac 152

LE GOLFE DU KVARNER 155

- Rijeka 155
- Opatija 162
- Le Gorski kotar 168
- Lokve et Fužine 170

L'ÎLE DE KRK 171

- Krk (la ville) 172
- Baška 177

LES ÎLES DE CRES ET DE LOŠINJ 179

- Cres (la ville) 180
- Mali Lošinj 185
- Veli Lošinj 189

L'ÎLE DE RAB 193

- Rab (la ville) 193
- Kampor 200
- Lopar 201

LE NORD DE LA DALMATIE 205

DES LACS DE PLITVICE À ZADAR 205

- Les lacs de Plitvice (Plitvička Jezera) .. 205
- Vers la côte dalmate 212
- Senj 212
- L'île de Pag 213
- Le parc national de Paklenica 222
- Starigrad 225

TABLE DES MATIÈRES

ZADAR ET SES ÎLES ... 226

- Zadar ... 226
- L'île d'Ugljan ... 242
- L'île de Pašman ... 246
- L'île de Dugi otok ... 248

ŠIBENIK ET SES ENVIRONS ... 251

- Les îles Kornati ... 251
- Biograd na Moru ... 252
- Pakoštane ... 253
- Vransko Jezero ... 255
- L'île de Murter ... 256
- Šibenik ... 257
- La route de Trogir ... 267
- Le parc national de Krka ... 267
- Skradin ... 270
- Vers Knin ... 271
- Knin ... 271
- Drniš ... 272

LA DALMATIE CENTRALE ... 273

ENTRE ŠIBENIK ET SPLIT ... 273

- Primošten ... 273
- Trogir ... 275
- Kaštela ... 281
- Split ... 284

L'ARRIÈRE-PAYS SPLITOIS ... 305

- Klis ... 305
- Sinj ... 306

LA RIVIERA DE MAKARSKA ... 308

- Makarska ... 309
- Le massif du Biokovo ... 312

EXCURSION EN BOSNIE-HERZÉGOVINE ... 314

- Mostar ... 314

L'ÎLE DE BRAČ ... 325

- Supetar ... 328
- Bol ... 331
- Blaca ... 337

L'ÎLE DE ŠOLTA ... 338

L'ÎLE DE HVAR ... 340

- Hvar (la ville) ... 341
- Stari Grad ... 353
- Vrboska ... 357
- Jelsa ... 358
- La route entre Jelsa et Sućuraj ... 360

L'ÎLE DE VIS ... 361

- Vis (le village) ... 362
- Komiža ... 364

LE SUD DE LA DALMATIE ... 367

L'ÎLE DE KORČULA ... 367

- Korčula (la ville) ... 369
- Lumbarda ... 383
- Račišće ... 386
- Sur la route de Korčula à Vela Luka ... 386
- Vela Luka ... 387

LA PRESQU'ÎLE DE PELJEŠAC ... 389

- Ston et Mali Ston ... 389
- Orebić ... 393
- Viganj et Kučište ... 398

L'ÎLE DE LASTOVO ... 100

TABLE DES MATIÈRES

L'ÎLE DE MLJET **401**

DUBROVNIK ET SES ENVIRONS **410**
- Dubrovnik 410

Au nord de Dubrovnik **441**
- Zaton .... 441 | • Trsteno 442

Au sud de Dubrovnik **443**
- Mlini .... 443 | • Cavtat 445

EXCURSION AU MONTÉNÉGRO **450**

Les bouches de Kotor **450**
- Kotor 450

HOMMES, CULTURE, ENVIRONNEMENT 462

- Boissons 462
- Cuisine 462
- Économie 464
- Environnement 465
- Géographie 466
- Histoire 467
- Médias 475
- Musique 475
- Personnages 476
- Population 477
- Religions et croyances 478
- Sites inscrits au Patrimoine mondial de l'Unesco 479

Index général **498**

Liste des cartes et plans **502**

Important : dernière minute

Sauf rare exception, le *Routard* bénéficie d'une parution annuelle à date fixe. Entre deux dates, des événements fortuits (formalités, taux de change, catastrophes naturelles, conditions d'accès aux sites, fermetures inopinées) peuvent intervenir et modifier vos projets de voyage. Pour éviter les déconvenues, nous vous recommandons de consulter la rubrique « Guide » par pays de notre site • *routard. com* • et plus particulièrement les dernières *Actus voyageurs*.

Recommandation à ceux qui souhaitent profiter des réductions et avantages proposés dans le *Routard* par les hôteliers et les restaurateurs.

À l'hôtel, pensez à les demander **au moment de la réservation** ou, si vous n'avez pas réservé, **à l'arrivée**. Ils ne sont valables que pour les réservations en direct et ne sont pas cumulables avec d'autres offres promotionnelles (notamment sur Internet). Au restaurant, parlez-en **au moment** de la commande et surtout **avant** que l'addition ne soit établie. Poser votre *Routard* sur la table ne suffit pas : le personnel de salle n'est pas toujours au courant et une fois le ticket de caisse imprimé, il est souvent difficile de modifier le total. En cas de doute, montrez la notice relative à l'établissement dans le *Routard* de l'année et, bien sûr, ne manquez pas de nous faire part de toute difficulté rencontrée.

☎ **112** : c'est le numéro d'urgence commun à la France et à tous les pays de l'UE, à composer en cas d'accident, agression ou détresse. Il permet de se faire localiser et aider en français, tout en améliorant les délais d'intervention des services de secours.

LA RÉDACTION DU ROUTARD

(sans oublier nos 50 enquêteurs, aussi sur le terrain)

© R. Delalande et E. Dessons

Jean-Sébastien, Olivier, Mathilde, Alain, Gavin's, Eléonore
Anne-Caroline, André, Laura, Florence, Véronique, Isabelle, Géraldine, Fiona
Amanda, Benoît, Emmanuelle, Bénédicte, Philippe, Carole, Diane, Anne, Marie

La saga du *Routard* : en 1971, deux étudiants, Philippe et Michel, avaient une furieuse envie de découvrir le monde. De retour du Népal germe l'idée d'un guide différent qui regrouperait tuyaux malins et itinéraires sympas, destiné aux jeunes fauchés en quête de liberté. 1973. Après 19 refus d'éditeurs et la faillite de leur première maison d'édition, l'aventure commence vraiment avec Hachette. Aujourd'hui, le *Routard*, c'est plus d'une cinquantaine d'enquêteurs impliqués et sincères. Ils parcourent le monde toute l'année dans l'anonymat et s'acharnent à restituer leurs coups de cœur avec passion.

Merci à tous les routards qui partagent nos convictions : liberté et indépendance d'esprit ; découverte et partage ; sincérité, tolérance et respect des autres.

NOS SPÉCIALISTES EN CROATIE

Alain Pallier : il a longtemps été lecteur du *Routard*, qui l'accompagnait toujours pendant ses vacances d'enseignant. Après un premier contact, à la suite d'un courrier de lecteur, la direction l'a sollicité pour quitter le chemin de l'enseignement. Il a alors trouvé son bonheur sur les routes buissonnières en devenant rédacteur, responsable de titres. Avec, comme terres de prédilection, le pourtour méditerranéen et l'Afrique.

Michelle Georget : « Fermeture des portes, armement des toboggans… » Immanquablement, l'annonce galvanise gaiement ses cinq sens ! Tout émoustillés qu'ils sont face à l'inconnu, curieux de découvrir des ailleurs mystérieux, gourmands de rencontres insolites, prêts à accueillir l'intensité des émotions. Le voyage lui offre à chaque fois des bulles d'émerveillement.

Dimitri Lefèvre : après avoir travaillé sur de nombreux films, il a rejoint le *Routard* il y a 9 ans. Pour lui, recommander une adresse c'est faire un casting pointu, visiter un lieu c'est faire des repérages pour écrire le scénario de la Palme d'or du film de vacances. Mais au final, les pépites découvertes et les bons conseils aux lecteurs, ce n'est pas du cinéma !

UN GRAND MERCI À NOS AMI(E)S SUR PLACE ET EN FRANCE

Pour cette nouvelle édition, nous remercions particulièrement :
- l'équipe de l'office national croate de tourisme à Paris ;
- les équipes des très nombreux offices de tourisme en Croatie ;
- ainsi que **Guylaine**, **Almira** et **Ivo** pour leur connaissance des petits détails qui font la différence.

Pictogrammes du Routard

Établissements
- Hôtel, auberge, chambre d'hôtes
- Camping
- Restaurant
- Terrasse
- Pizzeria
- Boulangerie, sandwicherie
- Pâtisserie
- Glacier
- Café, salon de thé
- Café, bar
- Bar musical
- Club, boîte de nuit
- Salle de spectacle
- Boutique, magasin, marché

Infos pratiques
- Office de tourisme
- Poste
- Accès Internet
- Hôpital, urgences
- Adapté aux personnes handicapées

Sites
- Présente un intérêt touristique
- Point de vue
- Plage
- Spot de surf
- Site de plongée
- Recommandé pour les enfants
- Inscrit au Patrimoine mondial de l'Unesco

Transports
- Aéroport
- Gare ferroviaire
- Gare routière, arrêt de bus
- Station de métro
- Station de tramway
- Parking
- Taxi
- Taxi collectif
- Bateau
- Bateau fluvial
- Piste cyclable, parcours à vélo

Tout au long de ce guide, découvrez toutes les photos de la destination sur • *routard.com* • Attention au coût de connexion à l'étranger, assurez-vous d'être en wifi !
© HACHETTE LIVRE (Hachette Tourisme), 2019
Le *Routard* est imprimé sur un papier issu de forêts gérées.
Tous droits de traduction, de reproduction et d'adaptation réservés pour tous pays.
© Cartographie Hachette Tourisme.
I.S.B.N. 978-2-01-706741-2

LA CROATIE

Îlot de la côte dalmate

*« Un homme chauve est fier de son bonnet ;
un fou de sa force. »*
Proverbe croate

Pays avec une drôle de forme... comme une espèce de gargouille gothique penchée au-dessus de l'Adriatique avec son aile (la Slavonie), son corps (la Dalmatie) et une toute petite tête (l'Istrie). La Croatie possède le privilège d'offrir un **patrimoine architectural** d'une richesse époustouflante. Bien sûr, il y a ceux qui le savaient déjà, ceux qui venaient « avant » (du temps de la Yougoslavie) et reviennent aujourd'hui pour le savourer à nouveau. Et puis ceux qui y viennent pour la 1re fois et découvrent un pays à la situation unique, fascinante transition entre Europe centrale et Méditerranée, carrefour de cultures et d'influences assez exceptionnel ! Illyriens, Celtes, Grecs, Romains, Vénitiens, Italiens, Ottomans, Hongrois, Français, Autrichiens y ont tous laissé leur marque.

Mais la Croatie, c'est aussi une côte merveilleuse, tournée vers le soleil couchant et constellée de **1 185 îles et îlots** sur 1 750 km. Multipliez plages et criques par 5, par 10... Une côte qui égrène de petits bijoux architecturaux qui ont pour noms Pula, Rovinj, Zadar, Šibenik, Trogir, Split et la « perle de l'Adriatique », Dubrovnik.

Dans les terres, **Zagreb** ravira aussi par son éclectisme architectural, la richesse de ses musées et de sa vie culturelle.

Quant aux amoureux de la nature, ils seront comblés. Les **parcs naturels** regorgent d'une faune que l'on croyait réservée aux lointaines contrées : ours, chamois, mouflons, loups et lynx à profusion, jusqu'aux mangoustes qui se dorent la pilule sur l'île de Mljet. Ah, les **lacs de Plitvice** et leurs 92 chutes ! Quant aux **îles croates,** elles rendirent George Bernard Shaw particulièrement lyrique. Tombé en amour pour les îles Kornati, il s'écria : « Les dieux ont voulu couronner leur œuvre, et le dernier jour, ils ont formé ces îles avec des larmes, des étoiles et le souffle de la mer ! »

Horloge de la cathédrale de Zagreb

NOS COUPS DE CŒUR

① **Parcourir Gradec, la ville haute de Zagreb, qui garde l'atmosphère des villes d'Europe centrale.**
On a peine à croire qu'on se trouve au cœur de la plus grande ville de Croatie : Gradec fait davantage penser à une tranquille ville de province, bien loin du rythme frénétique d'une capitale, et pourtant c'est le siège du pouvoir (on y trouve le Sabor, le Parlement croate, et le siège de la présidence). *p. 83*
Bon à savoir : l'appellation de « ville haute » n'est pas usurpée, en effet, ça monte et ça descend. Un petit funiculaire permet de monter 40 m d'un coup sans effort.

NOS COUPS DE CŒUR 13

2 **Admirer la splendeur baroque de Varaždin,** petite ville dont l'unité architecturale est remarquable.
On y vient pour sa concentration de palais baroques ou rococo, son château médiéval entouré de belles douves, qui forment un ensemble magnifiquement préservé comme rarement en Europe. *p. 91*
Bon à savoir : Varaždin n'est qu'à une grosse heure de Zagreb et facilement accessible en bus.

NOS COUPS DE CŒUR

S'amuser à compter les cigognes à Čigoć, dans le parc national de Lonjsko Polje ; ce serait l'endroit où l'on en dénombre le plus en Europe !

Le parc de Lonjsko Polje est une zone alluviale, qui fait partie du bassin du Danube, humide donc et en partie inondée en hiver. Les villages présentent un aspect typique de l'Europe centrale avec leur architecture traditionnelle et de belles maisons en bois de chêne. *p. 95, 97*
Bon à savoir : pour voir les cigognes, venir de fin mars à août, sinon elles sont… en Afrique !

NOS COUPS DE CŒUR 15

④ **Visiter Rovinj, le bijou de l'Istrie, marqué par la présence italienne, de la Venise médiévale au baroque, et coiffé par l'église Sainte-Euphémie.**
Avec ses étroites ruelles en pente convergeant vers l'église Sainte-Euphémie, flanquée d'un campanile construit sur le modèle de celui de la cathédrale Saint-Marc à Venise, Rovinj est la ville d'Istrie la plus pittoresque. *p. 127*
Bon à savoir : on mange vraiment bien à Rovinj, du poisson en particulier, dans cette ville où les pêcheurs sont à l'honneur (un écomusée est d'ailleurs consacré à leur barque traditionnelle).

NOS COUPS DE CŒUR

 5 À Poreč, adorable petite ville d'Istrie, visiter la basilique euphrasienne permet de voir des mosaïques byzantines à fond d'or d'une richesse remarquable, remontant au VIe s.
La Croatie, pays où le catholicisme romain s'est imposé et domine depuis le Moyen Âge, ne possède que très peu de vestiges de Byzance. La basilique est inscrite au Patrimoine mondial de l'Unesco. *p. 142*
Bon à savoir : la montée au sommet du campanile, par un escalier en bois, est comprise dans le prix de l'entrée.

6 Se lancer dans un grand tour des 16 lacs de Plitvice et leurs 92 chutes d'eau, merveilles de la nature entourées de magnifiques forêts.
On passe facilement une journée complète à s'émerveiller devant le mécanisme d'horlogerie de ces 92 cascades, qu'on découvre l'une après l'autre en se baladant le long des sentiers ou sur des passerelles, ou en prenant des navettes – rien à dire, l'organisation est parfaite, ce qui justifie le prix plutôt élevé de l'entrée. *p. 205*
Bon à savoir : arriver tôt ; il n'est pas rare qu'en saison il y ait 1h30 ou 2h d'attente à l'entrée du parc. Si vous arrivez en fin d'après-midi et que vous dormez dans l'une des structures du parc, votre billet est valable sur 2 journées.

NOS COUPS DE CŒUR 17

© Spani Arnaud/hemis.fr

⑦ **Se laisser griser par les sons produits par l'orgue maritime de Zadar, que vous trouvez au bout des quais de la vieille ville historique.**
La mer et le vent produisent la musique que vous entendez, grâce à l'ingéniosité d'un architecte croate qui a imaginé ce système de tuyaux sous les escaliers où l'on va s'asseoir pour écouter le concert : original et amusant ! *p. 239*
Bon à savoir : la plupart des touristes s'y pressent au moment du coucher du soleil, vanté par Alfred Hitchcock ; pourtant, en journée, l'orgue maritime « fonctionne » tout aussi bien… À vrai dire, il ne se repose jamais !

NOS COUPS DE CŒUR

8 Jouer au Robinson dans les Kornati, ensemble d'îles et d'îlots pratiquement inhabités.
Cet ensemble de 89 îles et îlots au large de la Dalmatie centrale est unique en son genre : au premier abord, il semble avoir peu d'atouts (rochers austères, quasi-absence de végétation...), mais cette nature totalement inviolée, sur des centaines de kilomètres carrés, a un pouvoir d'attraction assez rare – certains n'hésitent pas à y passer leurs vacances ! *p. 251*
Bon à savoir : les bateaux proposant les excursions à la journée partent principalement de Murter mais aussi de Zadar ou de Pakoštane. Préférer les bateaux de taille moyenne qui n'embarquent pas trop de monde.

NOS COUPS DE CŒUR   19

9 **Se balader au milieu du parc national de Krka,** **entre chutes d'eau, torrents bouillonnants et vieux moulins.**
Le parc, en quelque sorte concurrent de celui de Plitvice, est également caractérisé par la présence d'un plateau karstique et par le même phénomène des eaux qui se fraient un passage en creusant la roche. Une merveille. *p. 267*
Bon à savoir : le billet de base est moins cher qu'à Plitvice mais il ne permet de voir qu'une petite partie du parc, il faut donc ajouter le prix des excursions en bateau, qui sont assez chères.

NOS COUPS DE CŒUR

⑩ Admirer la cathédrale Saint-Jacques de Šibenik, avec son superbe portail Renaissance et ses 71 têtes sculptées.
La cathédrale a demandé plus de 100 ans de labeur, et les plus grands architectes de la Renaissance travaillant en Dalmatie y ont œuvré. La frise continue de têtes sculptées (hommes, femmes et enfants) est absolument remarquable. Noter l'incroyable variété des expressions sur les visages, d'un réalisme saisissant. *p. 264*
Bon à savoir : pour bénéficier de la meilleure lumière éclairant la cathédrale, il est conseillé de venir soit le matin, soit au coucher du soleil.

⑪ Se perdre dans les ruelles du vieux Trogir, inscrit au Patrimoine mondial de l'Unesco.
Trogir possède une perle : sa cathédrale Saint-Laurent, joyau de la ville, dont le portail richement sculpté vaut à lui seul le déplacement, sans parler de son campanile d'où la vue sur la petite ville est magnifique. *p. 280*
Bon à savoir : Trogir est une toute petite cité, ses ruelles sont vraiment très étroites et les groupes particulièrement nombreux !

NOS COUPS DE CŒUR   21

 Flâner à Split dans l'incroyable palais de l'empereur Dioclétien squatté depuis des siècles par la population, qui en a fait un monument plein de vie.

Le centre historique de Split est un pur enchantement : le palais de Dioclétien, tellement grand qu'il fut rapidement détourné de sa fonction initiale, en est le cœur vivant, parfaitement intégré à la ville d'aujourd'hui et à son activité touristique frénétique. *p. 297*

Bon à savoir : on paie pour visiter la cathédrale, le mausolée et les fondations du palais, mais le reste du palais est en accès libre.

NOS COUPS DE CŒUR

13 **Descendre la Cetina en raft ou en canoë-kayak jusqu'à Omiš, où la rivière est encadrée de majestueuses montagnes.**
Les amateurs de sensations fortes ne manqueront pas cette opportunité de pratiquer ces sports en eaux vives, avec un parcours pas bien ardu (sa partie centrale comporte des rapides faciles), tout à fait faisable en famille. *p. 305*
Bon à savoir : la plupart des agences sont à Omiš, mais beaucoup d'agences de Split proposent aussi l'activité avec transfert.

NOS COUPS DE CŒUR   23

(14) Dans la vieille ville de Mostar, admirer l'élégance du Vieux-Pont, symbole de la cité bosniaque.
On ne peut que s'extasier devant le miracle qu'est ce pont à une arche, aérien, que l'on a cru perdu après sa destruction par des bombardements de l'armée croate en 1993 et qui a heureusement pu être reconstruit à l'identique. *p. 321*
Bon à savoir : Mostar, en Bosnie-Herzégovine, n'est qu'à 140 km de Dubrovnik par la route. La carte d'identité suffit, et l'euro est accepté partout, comme les kunas croates, d'ailleurs.

(15) Monter à la forteresse espagnole de Hvar pour embrasser du regard la vieille ville à ses pieds et le chapelet des îles Pakleni.
La ville de Hvar, aux ruelles étroites et aux façades de pierre claire, est un de ces bijoux croates dont on ne se lasse pas, mais quand le soleil tape fort, rien de mieux qu'une escapade en bateau-taxi en direction d'une des plages de l'archipel des Pakleni, avant de replonger dans l'atmosphère festive de la ville en soirée. *p. 351*
Bon à savoir : Hvar est devenue une île très tendance, fréquentée par des membres de la jet-set, et les tarifs pratiqués s'en ressentent en haute saison.

NOS COUPS DE CŒUR

(16) **À Korčula, assister à un spectacle de *moreška*, la danse des épées, autrefois courante dans les îles dalmates, et aujourd'hui pratiquée seulement sur cette île, sur la scène du cinéma en plein air.**
Spectacle à la fois visuel et musical, la *moreška* perpétue, de façon stylisée, le souvenir lointain de la lutte des insulaires contre les envahisseurs ottomans. *p. 383*
Bon à savoir : ce spectacle est payant, il est joué une ou deux fois par semaine en saison : se renseigner à l'office de tourisme de Korčula.

(17) **Monter sur les fortifications de Ston, la « petite muraille de Chine européenne » à l'entrée de la péninsule de Pelješac.**
C'est pour protéger les marais salants des envahisseurs potentiels qu'on a construit ces murailles longues de 5 km, quelque peu disproportionnées par rapport à la taille du petit village qu'elles enserrent. On reconnaît là la marque de Dubrovnik qui, au Moyen Âge, contrôlait ce territoire et tenait à le conserver à tout prix. *p. 391*
Bon à savoir : la dénivelée, très forte à certains endroits, peut surprendre.

NOS COUPS DE CŒUR 25

(18) **Flâner paisiblement au bord des lacs dans le parc national de Mljet, au sein d'une nature totalement préservée.**

On vient avant tout à Mljet pour sa tranquillité, c'est en quelque sorte l'antithèse de l'île festive de Hvar, même si, en été, il y a bien entendu du monde qui séjourne sur l'île. Baignade, randos, immersion dans la nature sont au programme. *p. 401*
Bon à savoir : l'île est facile d'accès depuis Dubrovnik mais aussi de la presqu'île de Pelješac, juste en face (ferries, catamarans).

(19) **Arpenter les rues patinées par les siècles de la vieille ville de Dubrovnik, la « perle de l'Adriatique », superbement restaurée.**

La ville mérite bien son surnom : églises, monastères, places, tout y est impeccablement à sa place, dans une belle harmonie et une unité architecturale remarquable. *p. 429*
Bon à savoir : Dubrovnik est une ville assez chère ; si vous souhaitez faire des visites, n'hésitez pas à investir à votre arrivée dans la Dubrovnik Card *– elle ne coûte pas plus cher que la seule visite des remparts.*

NOS COUPS DE CŒUR

 Faire une infidélité à la Croatie en filant sur Kotor, ancienne cité entourée d'une impressionnante muraille longue de 4,5 km, dans un site exceptionnel.

Kotor, la première attraction touristique du Monténégro voisin, est située tout au fond des bouches de Kotor, un ensemble de baies que dominent de hautes montagnes. *p. 450*

Bon à savoir : il est possible, au départ de Dubrovnik, de visiter Kotor dans la journée et de rentrer le soir. La carte d'identité suffit.

Couvent franciscain sur l'île de Vis, en Dalmatie centrale

ITINÉRAIRES CONSEILLÉS

La forme particulière de la Croatie, avec sa côte qui s'étire tout en longueur et une route littorale très sinueuse, rend les trajets routiers assez longs. Il serait dommage aussi de ne pas profiter de son séjour dans le pays pour se rendre au moins sur une île, ce qui demande également un peu de temps.

Les itinéraires proposés sont basés sur une semaine de séjour avec un véhicule : sur 15 jours, il est assez facile, au prix de quelques modifications, de combiner les itinéraires 1 et 2 d'une part et les itinéraires 3 et 4 d'autre part.

Une semaine au départ de Dubrovnik (Dalmatie du Sud)

• **Jour 1 : Dubrovnik,** la « perle de l'Adriatique », ville-musée bien vivante, avec ses nombreux musées et monuments religieux.

• **Jour 2 :** escapade à **Kotor, au Monténégro,** dont la vieille ville est située dans un décor exceptionnel.

• **Jours 3 et 4 :** retour sur Dubrovnik et direction le port de Prapatno, au début de la presqu'île de Pelješac, via **Ston** et sa grande muraille, et embarquement pour **Mljet,** île nature par excellence, propice au repos, à la baignade et idéale pour manger du bon poisson.

• **Jours 5 et 6 :** retour sur le continent via **Orebić,** traversée pour **Korčula,** dont la vieille ville est magnifiquement conservée, et visite du reste de l'île et de ses nombreux villages tranquilles.

• **Jour 7 :** retour sur **Dubrovnik.**

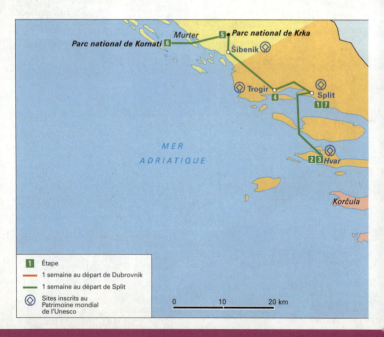

ITINÉRAIRES CONSEILLÉS

Une semaine au départ de Split (Dalmatie centrale)

• **Jour 1 :** on commence par Split, évidemment, avec son centre-ville unique (avec le palais de Dioclétien), la presqu'île de Marjan et les possibilités de baignade.

• **Jours 2 et 3 : île de Hvar,** une des plus belles îles croates, à 2h du continent en ferry (et encore moins en catamaran), où l'on va pour faire la fête (dans Hvar-ville) ou pour découvrir le reste de l'île, ses villages ou les petites îles qui lui font face.

• **Jour 4 :** retour sur le continent par Split et direction le nord-ouest, via le petit joyau de **Trogir,** en direction de **Šibenik,** autre ville dont le patrimoine historique est bien mis en valeur.

• **Jour 5 :** journée de découverte du **parc national de Krka,** une pure merveille de la nature, avec lacs et cascades.

• **Jour 6 :** direction **Murter** d'où des bateaux d'excursions à la journée permettent de découvrir l'univers singulier des **îles Kornati.**

• **Jour 7 :** retour sur **Split.**

L'île de Murter

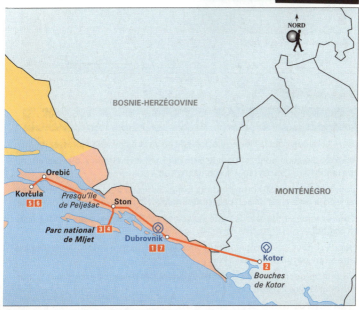

Une semaine au départ de Zadar (Dalmatie du Nord)

· **Jour 1 : Zadar,** dont la vieille ville possède un patrimoine religieux assez unique.

· **Jour 2 :** direction nord-est pour le **parc national de Paklenica,** où vous attend une rando dans des paysages surprenants. Nuit à **Starigrad.**

· **Jour 3 :** à environ 150 km au nord-est, le **parc national des lacs de Plitvice,** merveille de la nature, est une étape incontournable. Nuit dans le parc ou à proximité.

· **Jour 4 :** route vers la côte dalmate et passage sur **Rab,** île aux deux visages, riche en plages.

· **Jour 5 :** retour sur le continent puis direction **Pag,** île tout en longueur reliée à la terre ferme par un pont. Nuit à Pag.

· **Jour 6 :** retour matinal sur Zadar d'où partent des bateaux d'excursion à la journée pour les îles **Kornati.**

· **Jour 7 :** fin de la visite de **Zadar.**

ITINÉRAIRES CONSEILLÉS

Une semaine au départ de Zagreb

- **Jour 1 :** on ne passerait pas toutes ses vacances à **Zagreb**, mais son centre-ville à l'ambiance très Mitteleuropa est agréable à visiter.
- **Jour 2 :** on file sur la côte, en s'arrêtant à **Opatija** pour son atmosphère évoquant la fin du XIXe s, quand la noblesse austro-hongroise s'y pressait.
- **Jour 3 :** direction **Pula,** au sud de l'Istrie, remarquable par ses monuments romains, notamment les magnifiques arènes.
- **Jour 4 : Rovinj,** avec la vieille ville sur son promontoire, qui est sans conteste le « bijou de l'Istrie ».
- **Jour 5 : Poreč,** dont le joyau est la magnifique basilique euphrasienne.
- **Jour 6 :** ce serait dommage de quitter l'Istrie sans en parcourir l'intérieur qui fourmille de petits villages perchés, dont celui de **Motovun.**
- **Jour 7 :** retour sur **Zagreb.**

SI VOUS ÊTES PLUTÔT…

Mer : d'innombrables possibilités s'offrent à vous : s'il y a peu de véritables plages de sable, criques et rochers, souvent bordés de pinèdes, permettent d'accéder facilement à l'eau un peu partout.

Îles : là aussi, le choix est immense : si les îles ont toutes plus ou moins un air de ressemblance, leur atmosphère peut être très variée, d'une île tendance comme Hvar à celles de Robinson de l'archipel des Kornati, en passant par des îles plus propices aux vacances en famille (Rab, Korčula…).

Nature : la Croatie regorge de paysages naturels remarquables, parfois uniques, comme ceux des lacs de Plitvice ou du parc national de Krka.

Montagne : la Croatie dispose de massifs montagneux qui sont très proches de la mer, et des parcs nationaux ou naturels de Risnjak, Paklenica, Biokovo, pour pratiquer la randonnée, voire l'escalade.

Vieilles pierres : et que vous aimez les cités fortifiées vénitiennes, vous n'aurez que l'embarras du choix : en Istrie, Rovinj et Poreč ; en Dalmatie, Split, Šibenik, Trogir, Dubrovnik et les îles de Rab ou de Pag.

Europe centrale : Zagreb et sa région ainsi que la Slavonie, plus à l'est, permettent de découvrir d'autres facettes du pays.

La cité fortifiée de Dubrovnik

Korčula, partie vieille ville

LU SUR routard.com

Zadar et l'arrière-pays dalmate : la Croatie, côté parcs
(tiré du reportage de voyage de Jean-Philippe Damiani)

L'**arrière-pays de Zadar**, capitale de la Dalmatie du Nord, se révèle un fabuleux terrain de jeux pour les amateurs de nature. C'est ici que se trouvent les plus grands parcs nationaux de Croatie, facilement accessibles depuis cette ville côtière.

Zadar est la porte d'entrée de la Dalmatie du Nord. Même si la Seconde Guerre mondiale l'a sévèrement endommagée, cette ville agréable n'en a pas moins conservé de nombreux vestiges de son histoire mouvementée. Comme la plupart des villes côtières de l'Adriatique, Zadar a suscité bien des convoitises : Rome, Venise, l'Empire austro-hongrois et l'Italie ont laissé leur empreinte sur la cité dalmate. Cafés, commerces, immeubles d'habitation, marché... Zadar n'est pas artificielle et c'est ce qui la rend si attachante.

À une vingtaine de kilomètres de Zadar s'élève une barrière montagneuse, la chaîne du Velebit. À la hauteur du bras de mer Velebitski Kanal, le massif blanc et gris plonge dans la mer. C'est à cet endroit que se trouve l'entrée du **parc national de Paklenica**. Classé « Réserve de la biosphère » par l'Unesco, Paklenica offre un décor particulièrement tourmenté : relief karstique déchiqueté et chaotique, roches jaillissant vers le ciel, canyons bordés de falaises abruptes, grottes... Le massif sert également de barrière climatique : du côté de l'Adriatique, le climat est de type méditerranéen, sur l'autre versant, l'influence continentale domine.

Au nord du Velebit, on traverse de grandes étendues pratiquement vides, entourées de montagnes, dans un décor qui fait penser au Canada. Au bout d'une heure d'une très belle route, on arrive aux **lacs de Plitvice**. Le site, au cœur d'une succession de vallées plus ou moins encaissées, compte 16 lacs disposés en escalier sur 130 m de dénivelée et 7 km de long environ. Alimentés par des sources et des torrents, les lacs sont reliés entre eux par des cascades et des chutes d'eau. Suivant leur concentration et la végétation aux alentours, les perles aquatiques de Plitvice offrent des teintes turquoise ou émeraude, opaques ou limpides. Spectaculaire !

Située entre Zadar et Split, **Šibenik**, construite en amphithéâtre face à la mer, est l'un des joyaux de la côte dalmate. Fondée par les Croates en 1066 sur l'estuaire de la Krka, la vieille ville fait preuve d'une belle unité esthétique. Les 4 siècles d'occupation vénitienne y ont laissé de superbes demeures aristocratiques en pierre blanche, les vestiges d'une forteresse, des ruelles pentues et pavées et des passages secrets. De Šibenik, 20 mn suffisent pour se rendre au **parc national de Krka**. Ce havre de verdure et de fraîcheur s'étend le long de la rivière Krka, entre Knin et Skradin. La rivière, qui traverse d'imposants massifs karstiques, a creusé des canyons, mais surtout 7 spectaculaires cascades.

Retrouvez l'intégralité de cet article sur
routard.com
Et découvrez plein d'autres récits et infos

LES QUESTIONS QU'ON SE POSE AVANT LE DÉPART

● Infos détaillées dans le chapitre « Croatie utile ».

➢ Quels sont les documents nécessaires ?

Pour les ressortissants de l'Union européenne et de la Suisse, carte nationale d'identité ou passeport en cours de validité. Pour les ressortissants canadiens, un passeport valide est nécessaire.
Attention : l'autorisation de sortie du territoire pour mineurs, qui permettait à un enfant de circuler dans certains pays sans être accompagné de ses parents, supprimée en 2013, a été rétablie : elle est obligatoire, même avec un passeport.

➢ Quelle est la meilleure période pour y aller ?

Le printemps et la fin de l'été, car il ne fait pas trop chaud, les prix sont plus abordables et les foules moins denses sur les plages. Les mois de mai, juin et septembre sont les plus agréables.

➢ Quel budget prévoir ?

Pour l'hébergement, les prix sont plutôt moins élevés qu'en France, du moins pour ce qui est des chambres, studios et appartements (à qualité égale, les hôtels sont aussi chers, sinon plus). Attention, si vous restez moins de 3 nuits dans un hébergement, une majoration de 20 à 30 % est systématiquement appliquée. Pour la restauration et les transports, ils sont nettement inférieurs à ceux pratiqués en France.

➢ Est-il facile de se déplacer dans le pays ?

En bus pour les routards, en voiture pour les familles ayant le budget qu'il faut. Le réseau routier est en bon état. La circulation est très dense sur la route (dite « Magistrale ») qui longe l'Adriatique.

➢ Y a-t-il un décalage horaire ?

Non, aucun.

➢ Combien de temps faut-il pour se rendre sur place ?

Un vol Paris-Zagreb dure environ 2h et un Paris-Dubrovnik environ 2h45. En voiture, de France, prévoir de rouler sur 2 jours, du moins si l'on vient de la moitié nord du pays.

➢ Côté santé, quelles précautions ?

Pas de problème particulier à signaler en Croatie. Bien penser à se munir de sa carte européenne d'assurance maladie. En cas de pépin sérieux, ne pas hésiter à se rapprocher d'une grande ville.

➢ Est-ce un pays sûr ?

Oui : on se promene seul, y compris la nuit dans les villes, sans redouter d'être agressé.

➢ Dans quelle monnaie règle-t-on ses achats ?

La Croatie n'a pas (encore) adopté l'euro, la monnaie nationale est la *kuna*. Le paiement par carte est assez répandu, sauf dans les lieux d'hébergement modestes et les petits restos.

➢ Peut-on facilement se faire comprendre ?

À moins que vous n'ayez appris le croate, les langues parlées sont l'allemand (principalement), l'italien (surtout en Istrie) et l'anglais. Très peu le français.

➢ Peut-on y aller avec des enfants ?

Bien sûr ! Repérez nos meilleurs sites grâce au symbole 👪.

➢ À quoi s'attendre côté plage ?

La côte croate compte un nombre incalculable de plages, souvent petites (genre criques), la mer est chaude mais, attention, très peu sont des plages de vrai sable. Penser à prendre son masque et son tuba, les fonds sont très jolis.

COMMENT Y ALLER ?

EN AVION

Les compagnies régulières

▲ **AIR FRANCE**
Rens et résas au ☎ 36-54 (0,35 €/mn ; tlj 6h30-22h), sur • airfrance.fr •, dans les agences Air France (fermées dim) et dans ttes les agences de voyages.

➤ Air France propose jusqu'à 2 vols directs/j. sur **Zagreb**, dont 1 en partenariat avec *Croatia Airlines,* au départ de Paris-Roissy-Charlesv-de-Gaulle. Hop ! Air France permet à de nombreuses villes de province de connecter Paris pour rejoindre Zagreb.
Air France propose à tous des tarifs attractifs toute l'année. Pour consulter les meilleures offres du moment, allez directement sur la page « Nos meilleurs tarifs » sur • *airfrance.fr* • *Flying Blue*, le programme de fidélité gratuit d'Air France-KLM, permet de gagner des *miles* en voyageant sur les vols Air France, KLM, Hop et les compagnies membres de *Skyteam*, mais aussi auprès des nombreux partenaires non aériens *Flying Blue*... Les *miles* peuvent ensuite être échangés contre des billets d'avion ou des services (surclassement, bagage supplémentaire, accès salon...) ainsi qu'auprès des partenaires. Pour en savoir plus, rendez-vous sur • *flyingblue.com* •

▲ **KLM**
Rens et résas au ☎ 0892-702-608 (0,35 €/mn), sur • klm.fr •, dans les agences Air France (fermées dim) et dans les agences de voyages.

➤ KLM assure 5 vols/sem. sur Zagreb au départ de Paris-Roissy-Charles-de-Gaulle via Amsterdam-Schiphol. Il existe également des départs de province via Amsterdam.

▲ **CROATIA AIRLINES**
– Roissy : 1, rue de La Haye, BP 18193, Tremblay-en-Centre, 95731 Roissy-Charles-de-Gaulle Cedex.
☎ 01-48-16-40-00. • croatiaairlines.com • Lun-ven 9h-18h.

➤ La compagnie nationale croate dessert **Zagreb** tte l'année 2 fois/j. au départ de Paris-CDG, puis assure des correspondances pour **Pula, Zadar, Split, Dubrovnik** ainsi que **Sarajevo, Skopje** et **Pristina.** Avr-fin oct, elle assure des liaisons directes **Paris-Split** (3 fois/sem), **Paris-Dubrovnik** (5 fois/sem) et **Lyon-Split** (1 fois/sem).

▲ **LUFTHANSA**
Infos et résas dans tte la France : ☎ 0892-231-690 (0,35 €/mn ; tlj 8h30-23h). • lufthansa.fr •

➤ Lufthansa dessert quotidiennement **Zagreb, Split** et **Dubrovnik** via Francfort ou Munich, au départ de Paris-CDG T1. Également des départs depuis Bordeaux, Lyon, Marseille, Nice, Strasbourg et Toulouse.

De Belgique

▲ **CROATIA AIRLINES**
– À l'aéroport de Zaventem : ☎ 02-75-35-132. • croatiaairlines.com • Lun-ven 9h-16h.

➤ La compagnie nationale croate dessert **Zagreb** à raison de 11 vols/sem. Correspondances pour **Dubrovnik, Pula, Zadar** et **Split.**

De Suisse

▲ **CROATIA AIRLINES**
– Zurich : Letzigraben 154, 8047. ☎ 44-26-10-840. Lun-ven 9h-16h.
– À l'aéroport : ☎ (0)1-81-65-070. • croatiaairlines.com • Lun-ven 9h-16h30.

➤ La compagnie nationale croate dessert, au départ de Zurich et de Genève, **Zagreb** 1 ou 2 fois/j. Correspondances pour **Dubrovnik, Pula, Zadar** et **Split.** En saison, également des vols directs pour Dubrovnik et Split.

Pourquoi faire appel à un spécialiste pour découvrir la Croatie ?

C'est tellement plus agréable de partir en vacances bien conseillé ! Depuis 30 ans, **BEMEXTOURS** spécialiste de la Croatie, accompagne ses clients dans leur projet de voyage et leur concocte des découvertes séduisantes de la Croatie.

Selon vos souhaits et votre budget, ils vous aiguilleront vers les séjours, les auto-tours ou les croisières les mieux adaptés.

Et, contrairement aux idées reçues, cela ne vous coûtera pas plus cher. En revanche, combien de temps gagné et quelle joie de savourer un voyage fait pour vous, sur-mesure !

www.bemextours.com
Conseils en ligne au 01 46 08 40 40
(tlj sauf dimanche de 9H à 19H)

Les compagnies *low cost*

Plus vous réservez vos billets à l'avance, plus vous aurez des tarifs avantageux. Attention, les pénalités en cas de changement de vols peuvent être importantes. Certaines compagnies facturent les bagages en soute (vérifier le poids autorisé) et la réservation des sièges. En cabine également, le nombre de bagages est strictement limité (attention : même le plus petit sac à main est compté comme un bagage à part entière). À bord, c'est service minimum et tous les services sont payants (boissons, journaux...). Attention au moment de la résa par Internet à décocher certaines options qui sont automatiquement cochées (assurances, etc.). Au final, même si les prix de base restent très attractifs, il convient de prendre en compte tous ces frais annexes pour calculer le plus justement son budget.

▲ RYANAIR
Infos et résas : ● ryanair.com ●
➢ Ryanair propose en saison 2 vols/sem vers *Pula* et *Zadar* au départ de Paris-Beauvais, 2 vols/sem vers *Zadar* au départ de Marseille, ainsi que 3 vols/sem vers *Zadar* et 2 vols/sem vers *Pula* au départ de Bruxelles-Charleroi, à une soixantaine de kilomètres au sud de Bruxelles.

▲ EASY JET
● easyjet.fr ●
➢ En saison, dessert *Split* et *Pula* au départ de Paris-CDG, et *Dubrovnik* et *Split* au départ de Paris-Orly. Également des vols saisonniers entre Lyon, Split et Dubrovnik, entre Toulouse, Nantes et Dubrovnik ainsi qu'entre Bâle-Mulhouse, Dubrovnik, Pula et Split.

▲ VOLOTEA
Rens : ● volotea.com ●
➢ La compagnie assure des liaisons saisonnières entre les aéroports de *Nantes, Bordeaux, Toulouse, Marseille, Nice, Lyon* et *Split*, ainsi qu'entre *Bordeaux, Nantes, Marseille, Strasbourg, Lyon* et *Dubrovnik.* Également des vols Nantes-Pula et Bordeaux-Pula.

LES ORGANISMES DE VOYAGES

En France

▲ ALLIBERT TREKKING
– Paris : 37, bd Beaumarchais, 75003. ☎ *01-44-59-35-35.* ● *allibert-trekking.com* ● Ⓜ *Chemin-Vert ou Bastille. Lun-ven 9h-19h, sam 10h-18h. Agences également à Chamonix, Lyon, Nice, Chapareillan et Toulouse.*
Née en 1975 d'une passion commune entre 3 guides de montagne, Allibert propose aujourd'hui des voyages aux quatre coins du monde tout en restant une entreprise familiale. Découvrir de nouveaux itinéraires en respectant la nature et les cultures des régions traversées reste leur priorité. Pour chaque pays, différents niveaux de difficulté. Allibert est le premier tour-opérateur certifié tourisme responsable.

▲ AMSLAV TOURISME
– Paris : 60, rue de Richelieu, 75002. ☎ *01-44-88-20-40.* ● *amslav.com* ● Ⓜ *Bourse ou Pyramides. Lun-ven 9h-18h ; sam 10h-12h, 14h-17h.*
Tour-opérateur et créateur de voyages, Amslav Tourisme est spécialiste de l'Europe centrale et orientale, dont la Croatie. L'équipe, composée de personnel expérimenté connaissant parfaitement le terrain pour y avoir vécu ou y être né, réunit son expérience et son savoir-faire pour proposer une gamme variée de produits : week-ends, voyages à la carte, séjours libres ou organisés, autotours, circuits culturels, circuits combinés dans plusieurs pays d'Europe centrale et orientale.

▲ BEMEXTOURS
– Paris : 5, rue du Chevalier-de-Saint-George, 75008. ☎ *01-46-08-40-40.* ● *bemextours.com* ●
Depuis plus de 20 ans, BemexTours envoie des milliers de voyageurs de tous âges découvrir la Croatie ! Cette petite équipe, dirigée par un enfant du pays, est à l'écoute des souhaits et exigences

Vivre l'essentiel.

La Croatie en version originelle

Craquez pour les criques !

La Route des Voyages
Le Voyage sur mesure
www.route-voyages.com
Tél. 02 41 43 26 65

PARIS LYON ANNECY TOULOUSE BORDEAUX ANGERS GENÈVE

EUROPE   ASIE PACIFIQUE   AMÉRIQUE DU NORD ET DU SUD   AFRIQUE ET PROCHE-ORIENT de ses clients, et prend soin de bien les conseiller avant leur départ. Sa principale source de satisfaction : s'être développée grâce au bouche à oreille de clients satisfaits. Sa spécialité : les croisières sur l'Adriatique, à bord de goélettes et caïques (entre 4 et 20 cabines) et les circuits personnalisés en voiture en Croatie et dans les pays voisins.

▲ COMPTOIR DES VOYAGES
● comptoir.fr ●
– Paris : 2-18, rue Saint-Victor, 75005. ☎ 01-53-10-30-15. Ⓜ *Maubert-Mutualité. Lun-sam 9h30 (10h sam)-18h30.*
– Bordeaux : 26, cours du Chapeau-Rouge, 33800. ☎ 05-35-54-31-40. *Lun-sam 9h30-18h30.*
– Lille : 76, rue Nationale, 59160. ☎ 03-28-34-68-20. Ⓜ *Rihour. Lun-sam 9h30-18h30.*
– Lyon : 10, quai Tilsitt, 69002. ☎ 04-72-44-13-40. Ⓜ *Bellecour. Lun-sam 9h30-18h30.*
– Marseille : 12, rue Breteuil, 13001. ☎ 04-84-25-21-80. Ⓜ *Estrangin. Lun-sam 9h30-18h30.*
– Toulouse : 43, rue Peyrolières, 31000. ☎ 05-62-30-15-00. Ⓜ *Esquirol. Lun-sam 9h30-18h30.*

Comptoir des Voyages s'impose comme une référence incontournable dans le voyage sur mesure, avec 80 destinations couvrant les 5 continents. Ses voyages s'adressent à tous ceux qui souhaitent vivre un pays de façon simple en s'y sentant accueilli. Les conseillers privilégient des hébergements typiques, des moyens de transport locaux et des expériences authentiques pour favoriser l'immersion dans la vie locale. Comptoir vous offre aussi la possibilité de rencontrer des francophones habitant dans le monde entier, des *greeters* qui vous donneront, le temps d'un café, les clés de leur ville ou de leur pays. Comptoir des Voyages propose aussi une large gamme de services : échanges par visioconférence, devis web et carnet de voyage personnalisés, assistance téléphonique tous les jours 24h/24 pendant votre voyage.

▲ NOMADE AVENTURE
☎ 0825-701-702 *(0,15 €/mn + prix appel).* ● nomade-aventure.com ●
– Paris : 40, rue de la Montagne-Sainte-Geneviève, 75005. ☎ 01-46-33-71-71. Ⓜ *Maubert-Mutualité. Lun-sam 9h30-18h30.*
– Lyon : 10, quai Tilsitt, 69002. ☎ 04-72-44-13-50. Ⓜ *Bellecour. Lun-sam 9h30-18h30.*
– Marseille : 12, rue Breteuil, 13001. ☎ 04-84-25-21-86. Ⓜ *Estrangin. Lun-sam 9h30-18h30.*
– Toulouse : 43, rue Peyrolières, 31000. ☎ 05-62-30-10-77. Ⓜ *Esquirol. Lun-sam 9h30-18h30.*

Nomade Aventure propose des circuits inédits partout dans le monde à réaliser en famille, entre amis, avec ou sans guide. Également hors de groupes constitués, ils organisent des séjours libres en toute autonomie et sur mesure. Spécialiste de l'aventure avec plus de 600 itinéraires (de niveau tranquille, dynamique, sportif ou sportif +) faits d'échanges et de rencontres avec des hébergements chez l'habitant, Nomade Aventure donne la priorité aux expériences authentiques à pied, à VTT, à cheval, à dos de chameau, en bateau ou en 4x4.

▲ ROUTE DES VOYAGES (LA)
– *Paris : 10, rue Choron, 75009.* ☎ *01-55-31-98-80.* Ⓜ *Notre-Dame-de-Lorette.*
– *Angers : 6, rue Corneille, 49000.* ☎ *02-41-43-26-65.*
– *Annecy : 4 bis, av. d'Aléry, 74000.* ☎ *04-50-45-60-20.*
– *Bordeaux : 19, rue des Frères-Bonie, 33000.* ☎ *05-56-90-11-20.*
– *Lyon : 59, rue Franklin, 69002.* ☎ *04-78-42-53-58.*
– *Toulouse : 9, rue Saint-Antoine-du-T, 31000.* ☎ *05-62-27-00-68.*
Agences ouv lun-jeu 9h-19h, ven 18h. Rdv conseillé. ● laroutedesvoyages.com ●

23 ans d'expérience de voyage sur mesure sur les 5 continents ! 15 pays en Europe complètent à présent son offre de voyages sur mesure. Cette équipe de voyageurs passionnée a développé un vrai savoir-faire du voyage personnalisé : écoute, conseils, voyages de repérage réguliers et des correspondants sur place soigneusement sélectionnés avec qui elle travaille en direct. Son engagement à promouvoir un tourisme responsable se

traduit par des possibilités de séjours solidaires à insérer dans les itinéraires de découverte individuelle. Elle a aussi créé un programme de compensation solidaire qui permet de financer des projets de développement locaux.

▲ TERRES D'AVENTURE
N° Indigo : ☎ *0825-700-825 (0,15 €/mn + prix appel).* ● *terdav.com* ●
– Paris : 30, rue Saint-Augustin, 75002. Ⓜ *Opéra ou Quatre-Septembre. Lun-sam 9h30-19h.*
– Agences également à Bordeaux, Grenoble, Lille, Lyon, Marseille, Nantes, Rennes, Rouen, Strasbourg et Toulouse.

Depuis 1976, Terres d'Aventure, spécialiste du voyage à pied, propose aux voyageurs passionnés de marche et de rencontres des randonnées hors des sentiers battus à la découverte des grands espaces de notre planète. Voyages à pied, à cheval, en bateau, à raquettes... Sur tous les continents, des aventures en petits groupes ou en individuel encadrés par des professionnels expérimentés sont proposées. Les hébergements dépendent des sites explorés : camps d'altitude, bivouacs, refuges ou petits hôtels. Les voyages sont conçus par niveaux de difficulté : de la simple balade en plaine à l'expédition sportive en passant par la course en haute montagne.

En province, certaines de leurs agences sont de véritables *Cités des Voyageurs* dédiées au voyage. Consultez le programme des manifestations sur leur site internet.

▲ VOYAGEURS EN CROATIE
● *voyageursdumonde.com* ●
– Paris : La Cité des Voyageurs, 55, rue Sainte-Anne, 75002. ☎ *01-42-86-16-00.* Ⓜ *Opéra ou Pyramides. Lun-sam 9h30-19h.* Avec une librairie spécialisée sur les voyages.
– Voyageurs en Grèce et en Croatie (Athènes, Crète, Croatie, îles grecques, Péloponnèse) : ☎ *01-42-86-17-20.*
– Également des agences à Bordeaux, Grenoble, Lille, Lyon, Marseille, Montpellier, Nantes, Nice, Rennes, Rouen, Strasbourg et Toulouse. Ainsi qu'à Bruxelles et Genève.

Le spécialiste du voyage en individuel sur mesure.

Parce que chaque voyageur est différent, que chacun a ses rêves et ses idées pour les réaliser, Voyageurs du Monde conçoit, depuis plus de 30 ans, des projets sur mesure. Les séjours proposés sur 120 destinations sont élaborés par leurs 180 conseillers-voyageurs. Spécialistes par pays, et même par région, ils vous aideront à personnaliser les voyages présentés à travers une trentaine de brochures d'un nouveau type et sur le site internet où vous pourrez également découvrir leurs hébergements exclusifs et consulter votre espace personnalisé. Au cours de votre séjour, vous bénéficiez des services personnalisés Voyageurs du Monde, dont la possibilité de modifier à tout moment votre voyage, l'assistance d'un concierge local, la mise en place de rencontres et de visites privées et l'accès à votre carnet de voyage via une application iPhone et Android.

Voyageurs du Monde est membre de l'association ATR (Agir pour un tourisme responsable) et a obtenu sa certification Tourisme responsable AFAQ AFNOR.

> Voir aussi au sein de chaque ville les agences locales que nous avons sélectionnées.

Comment aller à Roissy et à Orly ?
Toutes les infos sur notre site ● *routard.com* ● à l'adresse suivante : ● *bit.ly/aeroports-routard* ●

En Belgique

▲ CONNECTIONS
Rens et résas : ☎ *070-233-313.*
● *connections.be* ●

Fort d'une expérience de plus de 20 ans dans le domaine du voyage, Connections dispose d'un réseau de 32 *travel shops*, dont une à Brussels Airport. Connections propose des vols dans le monde entier à des tarifs avantageux et des voyages destinés à des voyageurs désireux de découvrir la planète de façon autonome et de vivre des expériences uniques. Connections offre une gamme complète de produits : vols, hébergements, locations de voitures, autotours, vacances sportives, excursions, assurances « protections »...

▲ **TAXISTOP**
Pour ttes les adresses Taxistop :
☎ *070-222-292.* ● *taxistop.be* ●
– Bruxelles : rue Thérésienne, 7a, 1000.
– Gand : Maria Hendrikaplein, 65, 9000.
– Ottignies : bd Martin, 27, 1340.
Taxistop propose un système de covoiturage, ainsi que d'autres services comme l'échange de maisons ou le gardiennage.

▲ **TERRES D'AVENTURE**
– *Bruxelles : chaussée de Charleroi, 23, 1060.* ☎ *02-543-95-60.* ● *terdav.com* ● *Lun-sam 10h-19h.*
Voir texte dans la partie « En France ».

▲ **VOYAGEURS DU MONDE**
– *Bruxelles : chaussée de Charleroi, 23, 1060.* ☎ *02-543-95-50.* ● *voyageurs dumonde.com* ●
Le spécialiste du voyage en individuel sur mesure.
Voir texte dans la partie « En France ».

En Suisse

▲ **STA TRAVEL**
☎ *058-450-49-49.* ● *statravel.ch* ●
– Fribourg : rue de Lausanne, 24, 1701. ☎ 058-450-49-80.
– Genève : rue Pierre-Fatio, 19, 1204. ☎ 058-450-48-00.
– Genève : rue Vignier, 3, 1205. ☎ 058-450-48-30.
– Lausanne : bd de Grancy, 20, 1006. ☎ 058-450-48-50.
– Lausanne : à l'université, Anthropole, 1015. ☎ 058-450-49-20.
Agences spécialisées notamment dans les voyages pour jeunes et étudiants.

150 bureaux STA et plus de 700 agents du même groupe répartis dans le monde entier sont là pour donner un coup de main *(Travel Help)*.
STA propose des tarifs avantageux : vols secs *(Blue Ticket),* hôtels, écoles de langues, *work & travel,* circuits d'aventure, voitures de location, etc. Délivre la carte internationale d'étudiant et la carte Jeune.

▲ **TERRES D'AVENTURE**
– *Genève : rue de la Rôtisserie, 19, 1204.* ☎ *022-518-05-13.* ● *geneve@ terdav.com* ● *Lun-ven 10h-19h ; sam 9h30-18h30.*
Voir texte dans la partie « En France ».

Au Québec

▲ **EXOTIK TOURS**
Rens sur ● *exotiktours.com* ● *ou auprès de votre agence de voyages.*
Exotik Tours offre une importante programmation en été comme en hiver sur la Méditerranée et l'Europe. En hiver, des séjours sont proposés dans le Bassin méditerranéen et en Asie (Thaïlande et Bali). Durant cette saison, on peut également opter pour des combinés plage + circuit. Dans la rubrique « Grands voyages », le voyagiste suggère des périples en petits groupes ou en individuel. Au choix : l'Amérique du Sud, le Pacifique sud, l'Afrique, l'Inde et le Népal.

▲ **TOURS CHANTECLERC**
● *tourschanteclerc.com* ●
Tours Chanteclerc est un tour-opérateur qui publie différentes brochures de voyages, dont une consacrée à l'Europe en circuits ou en séjours. Il s'adresse aux voyageurs indépendants qui réservent un billet d'avion, un hébergement (dans toute l'Europe), des excursions ou une location de voiture.

EN TRAIN

➤ Pas de train direct entre Paris et Zagreb : il faut soit passer par Lausanne ou Zurich (Suisse), soit par Milan, au départ de la gare de Lyon. À partir de Zagreb, correspondances pour Osijek, Slavonski Brod, Vinkovci, Rijeka, Pula, Zadar et Split. Autre option : passer par Turin, puis Turin-Trieste et fin du parcours en bus pour l'Istrie ou Rijeka, d'où on peut aller où l'on veut en Croatie, voire en bateau (ligne Trieste-Poreč, par exemple).

Pour préparer votre voyage

– e-billet : réservez, achetez et imprimez votre e-billet sur Internet.
– m-billet : plus besoin de support papier, vous pouvez télécharger le code-barres de votre voyage correspondant à votre réservation directement dans votre smartphone, à l'aide de l'application *SNCF Direct*.
– *Billet à domicile :* commandez votre billet par Internet ou par téléphone au ☎ *36-35 (0,40 €/mn, hors surcoût éventuel de votre opérateur)* ; la SNCF vous l'envoie gratuitement à domicile.

Pour voyager au meilleur prix

La SNCF propose des tarifs adaptés à chacun de vos voyages.
➢ *TGV Prem's, Intercités Prem's :* des petits prix disponibles toute l'année. Billets non échangeables et non remboursables (offres soumises à conditions). Impossible de poser des options de réservation sur ces billets : il faut les payer immédiatement.
➢ *Les tarifs Loisirs :* une offre pour ceux qui programment leurs voyages mais souhaitent avoir la liberté de décider au dernier moment et de changer d'avis (offres soumises à conditions). Tarifs échangeables et remboursables. Pour bénéficier des meilleures réductions, pensez à réserver vos billets à l'avance (les réservations sont ouvertes jusqu'à 90 jours avant le départ) ou à voyager en période de faible affluence.
➢ *Les cartes de réduction :* et pour ceux qui voyagent régulièrement, profitez de réductions garanties tout le temps avec les cartes *Enfant +*, carte *12-17 ans, Happy Card 16-27 ans,* carte *Week-end* ou *Senior +* (valables 1 an).
➢ Avec les *passes InterRail,* les résidents européens peuvent voyager dans 30 pays d'Europe, dont la **Croatie.** Plusieurs formules et autant de tarifs, en fonction de la destination et de l'âge.
À noter que le *pass* InterRail n'est pas valable dans votre pays de résidence (cependant l'*InterRail Global Pass* offre une réduction de 50 % de votre point de départ jusqu'au point frontière en France).
– Pour les grands voyageurs, l'*InterRail Global Pass* est valable dans l'ensemble des 30 pays européens concernés, intéressant si vous comptez parcourir plusieurs pays au cours du même périple. Il se présente sous 7 formules au choix. 4 formules flexibles : utilisable 5 jours sur une période de validité de 15 jours ou bien 7, 10 ou 15 jours sur une période de validité de 1 mois (208-472 € selon âge et formule). 3 formules « continues » : *pass* 15 jours, 22 jours et 1 mois (421-637 € selon âge et formule). Ces 7 formules existent aussi en version 1re classe. Les voyageurs de plus de 60 ans bénéficient d'une réduction de 10 % sur le tarif de l'*InterRail Global Pass* en 1re et 2de classes (tarifs senior). Également des tarifs enfants 4-12 ans et 12-26 ans.
– Si vous ne parcourez que la Croatie, le *One Country Pass* vous suffira. D'une période de validité de 1 mois et utilisable, selon les formules, 3, 4, 6 ou 8 jours en discontinu ; à vous de calculer avant votre départ le nombre de jours que vous passerez sur les rails : 3 jours (59 € pour les plus de 25 ans, 50 € pour les moins de 25 ans), 4 jours (respectivement 90 et 64 €), 6 jours (104 et 64 €) ou 8 jours (132 et 119 €). Là encore, ces formules existent en version 1re classe (mais ce n'est pas le même prix, bien sûr). Pour voyager dans 2 pays, vous pouvez combiner 2 *One Country Pass*. Au-delà, il est préférable de prendre l'*Inter Global Pass*.
InterRail vous offre également la possibilité d'obtenir des réductions ou avantages à travers toute l'Europe avec ses partenaires bonus (musées, chemins de fer privés, hôtels, etc.).
Pour plus de renseignements, adressez-vous à la gare ou boutique SNCF la plus proche.

Renseignements et réservations

– *Internet :* ● *oui.scnf* ●
– *Téléphone :* ☎ *36-35 (0,40 €/mn).*
– Également dans les gares, les boutiques SNCF et les agences de voyages agréées.

EN VOITURE

Attention, il faut acheter une vignette (*vinjet* en slovène) pour traverser la Slovénie (tarifs 2018 pour une voiture : 15 € pour 1 semaine ou 30 € pour 1 mois ; pour une moto, c'est moitié prix). Il n'y a guère qu'un petit tronçon d'autoroute à emprunter pour rallier la Croatie (les routes ordinaires ne sont pas concernées par la vignette), mais les policiers slovènes sont sans pitié et arrêtent la plupart des véhicules étrangers pour vérification. Et l'amende est salée (de 300 à 800 €) ! On peut acheter la vignette avant la frontière, dans les pays limitrophes (une liste des points de vente est disponible sur le site • *dars.si* •) ou sur place dans les station-service à côté des bureaux de la douane. Ne pas oublier de la coller sur le pare-brise.

2 itinéraires principaux permettent de relier Paris à Zagreb. Le trajet fait environ 1 400 km d'autoroute et 100 km de route nationale entre Ljubljana (Slovénie) et Zagreb. La carte grise et la carte verte d'assurance doivent être présentées à la frontière. Vérifier que le véhicule est assuré pour la Croatie (« HR » doit être marqué sur la carte verte). Sinon, souscrire un complément d'assurance à la frontière.

➢ Le 1er itinéraire passe par l'Allemagne : Paris-Metz, Sarrebruck, Munich, Salzbourg (et là aussi, vignette à payer en Autriche), puis Ljubljana (Slovénie) et Zagreb. De Zagreb, direction Zadar, Split et Dubrovnik.

➢ Le 2d itinéraire passe par l'Italie : Paris-Lyon, le tunnel du Mont-Blanc, Milan, Venise, Ljubljana (Slovénie) et Zagreb.

Quelques distances routières

➢ *De Paris à Rijeka :* 1 324 km.
➢ *De Paris à Split :* 1 574 km.
➢ *De Paris à Ancône (Italie) :* 1 275 km. D'Ancône, bateau régulier et quotidien en été pour Split. Durée de la traversée : 9h.
➢ *De Lyon à Ancône :* 847 km.
➢ *De Nice à Ancône :* 684 km.

EN BUS

Qu'à cela ne tienne, il n'y a pas que l'avion pour voyager. À condition d'avoir le temps, on peut aussi se déplacer en bus – on ne dit pas « car », qui a des relents de voyage organisé. En effet, le bus est bien moins consommateur d'essence par passager au kilomètre que l'avion. Ce système de transport est fort valable à l'intérieur de l'Europe, à condition d'avoir du temps et de ne pas être à cheval sur le confort. Il est évident que les trajets sont longs et les horaires élastiques.

On n'en est pas toujours au luxe des *Greyhound* américains où l'on peut faire sa toilette à bord, mais, en général, les bus affrétés par les compagnies sont assez confortables : clim, dossier inclinable (exiger des précisions avant le départ). En revanche, dans certains pays, le confort sera plus aléatoire. Mais, en principe, des arrêts toutes les 3-4h permettent de ne pas arriver avec une barbe de vieillard.

N'oubliez pas qu'avec un trajet de 6h, en avion, on se déplace, en bus, on voyage. Et puis, en bus, la destination finale est vraiment attendue ; en avion, elle vous tombe sur la figure sans crier gare, sans que l'on y soit préparé psychologiquement.

Prévoyez une couverture ou un duvet pour les nuits fraîches, une Thermos à remplir de liquide bouillant ou glacé entre les étapes (on n'a pas toujours soif à l'heure dite) et aussi de bons bouquins.

Enfin, c'est un moyen de transport souple : le bus vient chercher les voyageurs dans leur région, dans leur ville. La prise en charge est totale de bout en bout. C'est aussi un bon moyen pour se faire des compagnons de voyage.

Organisme de transport en bus

▲ **EUROLINES**
☎ 0892-89-90-91 (0,35 €/mn ; lun-sam 8h-21h, dim 10h-17h). ● eurolines.fr ● Agences à Paris et dans tte la France.
– Gare routière internationale à Paris : 28, av. du Général-de-Gaulle, 93541 Bagnolet Cedex. Ⓜ Gallieni.
Vous trouverez également les services d'Eurolines sur ● routard.com ● *Eurolines propose 10 % de réduc pour les jeunes (12-25 ans) et les seniors. 2 bagages gratuits/pers en Europe.*
1re *low cost* par bus en Europe, Eurolines permet de voyager vers plus de 600 destinations en Europe et au Maroc avec des départs quotidiens depuis 90 villes françaises. Eurolines propose également des hébergements à petits prix sur les destinations desservies.
– *Pass Europe :* pour un prix fixe valable 15 ou 30 jours, vous voyagez autant que vous le désirez sur le réseau entre 51 villes européennes. Également un mini-*pass* pour visiter 2 capitales européennes (7 combinés possibles).

EN BATEAU

➢ *D'Ancône (Italie) :* liaisons pour Split (tte l'année, 2-5 fois/sem) avec la compagnie *Jadrolinija* (● jadrolinija.hr ●). Durée de la traversée : env 10h Ancône-Split (départs de Hvar – port de Stari Grad – fin juil-fin août). La même compagnie propose aussi des traversées Ancône-Zadar juin-sept, 2-7 fois/sem. Durée de la traversée : env 9h. Également, avr-oct, traversées Ancône-Split 4-5 fois/sem avec la compagnie *Snav* (● snav.it ●).
➢ *De Bari (Italie) :* liaisons pour Dubrovnik (avr-nov, 2-4 fois/sem) avec la compagnie *Jadrolinija* (● jadrolinija.hr ●). Durée : 10h.
➢ *De Venise (Italie) :* avec la compagnie *Venezia Lines* (● venezialines.com ●). Mai-sept, liaisons pour passagers entre Venise et l'Istrie (Pula, Poreč, Rovinj, Umag, Rabac).
➢ *De Trieste (Italie) :* compagnie *Trieste Lines* (● triestelines.it ●). En saison (fin juin-début sept), liaisons Trieste-Pula, Poreč et Rovinj.

Organismes de transport en bateau

▲ **BEMEXTOURS**
– Paris : 5, rue du Chevalier-de-Saint-George, 75008. ☎ 01-46-08-40-40. ● bemextours.com ●
BemexTours représente les compagnies *Jadrolinija, Snav* et peut effectuer la réservation de billets sur les lignes indiquées précédemment.

▲ **EUROMER & CIEL**
– Central de résas : ☎ 04-67-65-95-14 (ligne directe Croatie). ● euromer.com ●
Euromer & Ciel, spécialiste des traversées maritimes en Europe, représente toutes les compagnies desservant la Croatie : *Jadrolinija, Venezia Lines, SNAV*. Lignes internationales au départ d'Italie, et traversées côtières à tarifs intéressants. Traversées de jour ou de nuit selon les saisons. Réductions jeunes, familles, camping-cars, 4x4. Conseil : réservez tôt pour la saison estivale pour être sûr d'avoir de la place pour votre véhicule.

CROATIE UTILE

ABC de la Croatie

- **Superficie :** 56 594 km^2.
- **Population :** 4 290 000 hab.
- **Capitale :** Zagreb (790 000 hab.).
- **Villes principales :** Zagreb, Split, Rijeka, Osijek, Zadar, Dubrovnik.
- **Monnaie :** la *kuna.*
- **Langue :** le *croate.*
- **Régime parlementaire :** démocratie parlementaire depuis 2000.
- **Président de la République :** Kolinda Grabar-Kitarović, élue en janvier 2015.
- **Premier ministre :** Andrej Plenković (depuis octobre 2016).
- **Salaire mensuel moyen net :** environ 750 €.

AVANT LE DÉPART

Adresses utiles

En France

■ **Office national croate de tourisme :** ☎ 01-45-00-99-55 (lun-ven 14h30-17h). ● croatie.hr ● Pour les demandes de documentation seulement par courrier ou par téléphone.
■ **Ambassade de Croatie :** *7, sq. Thiers, 75116 Paris.* ☎ 01-53-70-02-80. ● fr.mvpe.hr ● Ⓜ Rue-de-la-Pompe.

En Belgique

■ **Office de tourisme croate :** ☎ 02-265-79-17. ● croatia.hr ●
■ **Ambassade de Croatie :** *av. Louise, 425, Bruxelles 1050.* ☎ 02-639-20-36. ● be.mvpe.hr ●

En Suisse

■ **Ambassade de Croatie :** *Thunstr, 45, 3005 Berne.* ☎ 031-352-02-75 ou 79. ● vrhbern@mvpe.hr ●
■ **Consulat général de Croatie :** *Bellerivestr, 5, 8008 Zurich.* ☎ 044-386-67-50. ● crocons.zurich@mvpe.hr ●

Au Canada

■ **Croatian National Tourist Office :** *PO Box 2651, New York, 10118, USA.* ● cntony@earthlink.net ● S'occupe également du Canada.
■ **Ambassade de Croatie :** *229 Chapel St, Ottawa, Ontario, K1N 7Y6.* ☎ *(001) 613-562-7820.* ● ca.mvep.hr ●

Formalités

Les *mineurs* doivent être munis de leur propre pièce d'identité (carte d'identité ou passeport). Pour l'autorisation de sortie de territoire lorsque les enfants ne sont pas accompagnés par un de leurs parents, chaque pays a mis en place sa propre régulation. Ainsi, pour les *mineurs français,* une loi entrée en vigueur en janvier 2017 a *rétabli l'autorisation de sortie du territoire.*

Pour voyager à l'étranger, ils doivent être munis d'une pièce d'identité (carte d'identité ou passeport), d'un formulaire signé par l'un des parents titulaire de l'autorité parentale et de la photocopie de la pièce d'identité du parent signataire. Renseignements auprès des services de votre commune et sur ● service-public.fr ●
Pas de visa pour les Français et les ressortissants de l'Union européenne. Pour un séjour de moins de 3 mois, carte d'identité ou passeport en cours de validité. En cas de retour en bateau par l'Italie, le passeport peut être exigé par la compagnie maritime. La Croatie, nouveau membre de l'Union européenne, ne fait pas partie de l'espace Schengen. Passeport pour les Suisses et les Canadiens.
Carte d'identité ou passeport en cours de validité pour la Bosnie, comme pour le rapide passage de 9 km dans le territoire bosniaque (enclave de Neum) au nord-ouest de Dubrovnik.
Carte d'identité suffisante pour la visite des bouches de Kotor (Serbie-Monténégro).
Pour plus d'infos (notamment le régime consulaire détaillé par pays d'origine), consulter ● fr.mvep.hr ●
Si vous allez en Croatie avec votre propre véhicule, vérifiez que votre carte verte d'assurance couvre la Croatie (HR), ainsi que la Bosnie (BIH) et le Monténégro (MNE), au cas où vous iriez jusqu'à Mostar et Kotor.

Assurances voyages

■ *Routard Assurance par AVI International* : *40, rue Washington, 75008 Paris.* ☎ *01-44-63-51-00.* ● *avi-international.com* ● Ⓜ *George-V.* Enrichie année après année par les retours des lecteurs, Routard Assurance est devenue une assurance voyage incontournable. Tout est compris : frais médicaux, assistance rapatriement, bagages, responsabilité civile... Vous avez besoin d'un médecin, d'un conseil médical ou d'une prise en charge dans un hôpital ? Appelez simplement le plateau AVI Assistance disponible 24h/24, leur réseau est l'un des plus complets actuellement. Vous avez eu des frais de santé en voyage ? Envoyez les factures à votre retour, AVI vous rembourse sous une semaine. Avant votre départ, n'hésitez pas à les appeler pour des conseils personnalisés. Et téléchargez l'appli mobile pour garder le contact avec l'assistance 24h/24 et disposer de l'un des meilleurs réseaux médicaux à travers le monde.
■ *AVA* : *25, rue de Maubeuge, 75009 Paris.* ☎ *01-53-20-44-20.* ● *ava.fr* ● Ⓜ *Cadet.* Un autre courtier fiable pour ceux qui souhaitent s'assurer en cas de décès-invalidité-accident lors d'un voyage à l'étranger, mais surtout pour bénéficier d'une assistance rapatriement, perte de bagages et annulation. Attention, franchises pour leurs contrats d'assurance voyage.
■ *Pixel Assur* : *18, rue des Plantes, BP 35, 78601 Maisons-Laffitte.* ☎ *01-39-62-28-63.* ● *pixel-assur.com* ● *RER A : Maisons-Laffitte.* Assurance de matériel photo et vidéo tous risques (casse, vol, immersion) dans le monde entier. Devis basé sur le prix d'achat de votre matériel. Avantage : garantie à l'année.

Carte internationale d'étudiant (carte ISIC)

Elle prouve votre statut d'étudiant dans le monde entier et permet de bénéficier de tous les avantages, services et réductions dans les domaines du transport, de l'hébergement, de la culture, des loisirs, du shopping...
La carte ISIC permet aussi d'accéder à des avantages exclusifs (billets d'avion spécial étudiants, hôtels et auberges de jeunesse, assurances, cartes SIM internationales, location de voitures...).

Renseignements et inscriptions

– **En France :** ● isic.fr ● 13 € pour 1 année scolaire.
– **En Belgique :** ● isic.be ●
– **En Suisse :** ● isic.ch ●
– **Au Canada :** ● isiccanada.com ●

Carte d'adhésion internationale aux auberges de jeunesse (carte FUAJ)

Cette carte vous ouvre les portes des 4 000 auberges de jeunesse du réseau *HI – Hostelling International* en France et dans le monde. Vous pouvez ainsi parcourir 90 pays à des prix avantageux et bénéficier de tarifs préférentiels avec les partenaires des auberges de jeunesse *HI*. Enfin, vous intégrez une communauté mondiale de voyageurs partageant les mêmes valeurs : plaisir de la rencontre, respect des différences et échange dans un esprit convivial. Il n'y a pas de limite d'âge pour séjourner en auberge de jeunesse. Il faut simplement être adhérent.

Renseignements et inscriptions

– **En France :** ● hifrance.org ●
– **En Belgique :** ● lesaubergesdejeunesse.be ●
– **En Suisse :** ● youthhostel.ch ●
– **Au Canada :** ● hihostels.ca ●

Si vous prévoyez un séjour itinérant, vous pouvez réserver plusieurs auberges en une seule fois en France et dans le monde : ● hihostels.com ●

ARGENT, BANQUES, CHANGE

Dans la plupart des hébergements (y compris les campings et chambres chez l'habitant), on vous propose d'abord le tarif en euros avant de vous le proposer en *kunas*.

La monnaie croate

La monnaie croate s'appelle la ***kuna*** (la « martre » en croate ; prononcer « kouna ») et se divise en 100 *lipa* (« tilleul »). Fin 2018 : ***1 € = environ 7,20 Kn et 1 Kn = environ 0,14 €.*** À l'indépendance, en 1991, la monnaie du pays demeura 2 ans durant le dinar (hérité de la Yougoslavie communiste), avant que la *kuna* ne soit mise en circulation, en mai 1994. Des pièces frappées de « martre » ont été utilisées à plusieurs époques de l'histoire croate.

Le change

La plupart des banques pratiquent le change et prennent les cartes de paiement. Elles sont aussi généralement dotées d'un distributeur de billets en façade. Leurs taux sont souvent plus intéressants que ceux des bureaux de change *(mjenjačnice)*. Ces derniers, nombreux à travers tout le pays, ont des horaires plus larges que les banques : c'est là leur principal intérêt. Enfin, préférez les banques nationales (comme la *Splitska Banka*) et évitez les distributeurs *Euronet* qui prennent une commission de près de 10 % !

Les cartes de paiement

Les cartes de paiement sont acceptées dans la plupart des magasins, stations-services, restos et hôtels d'un certain standing ; 5 % sont souvent prélevés sur les paiements effectués par carte. Mais ne comptez pas dessus pour les chambres chez l'habitant.

Dans toutes les grandes villes et dans tous les lieux touristiques, on trouve des distributeurs automatiques en grand nombre acceptant les cartes *Visa* et *MasterCard*. Mais attention aux commissions prélevées à chaque retrait par votre banque. Ne pas retirer de trop petites sommes, trop souvent. En cas de panne de tous les distributeurs du secteur, certaines banques, comme la *Splitska Banka (Société générale),* peuvent vous délivrer de l'argent liquide au guichet sur présentation d'une carte de paiement et d'une pièce d'identité.

Quand vous partez à l'étranger, pensez à téléphoner à votre banque pour relever le plafond de retrait aux distributeurs et pour les paiements par carte, quitte à le faire diminuer à votre retour.

Avant de partir, notez bien le numéro d'opposition propre à votre banque (il figure souvent au dos des tickets de retrait, sur votre contrat ou à côté des distributeurs de billets), ainsi que le numéro à 16 chiffres de votre carte. Bien entendu, conservez ces informations en lieu sûr et séparément de votre carte.

Par ailleurs, l'assistance médicale se limite aux 90 premiers jours du voyage, et l'assistance véhicule aux cartes haut de gamme à condition d'avoir payé votre location avec ladite carte (renseignez-vous auprès de votre banque). N'oubliez pas non plus de VÉRIFIER LA DATE D'EXPIRATION DE VOTRE CARTE DE PAIEMENT avant votre départ !

En cas de perte, de vol ou de fraude, quelle que soit la carte que vous possédez, chaque banque gère elle-même le processus d'opposition et le numéro de téléphone correspondant.

– *Carte bleue Visa :* n° d'urgence *(Europ Assistance),* ☎ *(00-33) 1-41-85-85-85.* ● visa.fr ●
– *Carte MasterCard :* n° d'urgence, ☎ *(00-33) 1-45-16-65-65.* ● mastercardfrance.com ●
– *Carte American Express :* n° d'urgence, ☎ *(00-33) 1-47-77-72-00 (accessible tlj 24h/24).* ● americanexpress.fr ●

> Petite mesure de précaution : si vous retirez de l'argent dans un distributeur, utilisez de préférence les distributeurs attenants à une agence bancaire. En cas de pépin avec votre carte (carte avalée, erreurs de code secret...), vous aurez un interlocuteur dans l'agence pendant les heures ouvrables.

Besoin urgent d'argent liquide

Vous pouvez être dépanné en quelques minutes grâce au système **Western Union Money Transfer.** L'argent vous est transféré en moins de 1h. La commission, assez élevée, est payée par l'expéditeur. Possibilité d'effectuer un transfert auprès d'un des bureaux *Western Union* ou, plus rapide, en ligne, 24h/24 par carte de paiement (*Visa* ou *MasterCard*).

Même principe avec d'autres organismes de transfert d'argent liquide comme **MoneyGram, PayTop** ou **Azimo.** Transfert en ligne sécurisé, en moins de 1h.

Dans tous les cas, se munir d'une pièce d'identité. Toutefois, en cas de perte/vol de papiers, certains organismes permettent de convenir d'une question/réponse type pour pouvoir récupérer votre argent. Chacun de ces organismes possède aussi des applications disponibles sur téléphone portable. Consulter les sites internet pour connaître les pays concernés, les conditions tarifaires (frais, commission) et trouver le correspondant local le plus proche :

● *westernunion.com* ● *moneygram.fr* ● *paytop.com* ● *azymo.com/fr* ●

Autre solution, envoyer de l'argent par *La Poste* : le bénéficiaire, muni de sa pièce d'identité, peut retirer les fonds dans n'importe quel bureau du réseau local. Le transfert s'effectue avec un mandat ordinaire international (jusqu'à 3 500 €) et la transaction prend 4-5 jours en Europe. Plus cher, mais plus rapide, le mandat express international permet d'envoyer de l'argent (montant variable selon la destination – 34 au total) sous 2 jours maximum, 24h lorsque la démarche est faite en ligne. *Infos :* ● *labanquepostale.fr* ●

ACHATS

– *Spécialités locales :* huile d'olive (celle d'Istrie est très réputée), miel, vins. Un peu partout, des alcools forts : toutes sortes d'eaux-de-vie *(rakija)* : à la noix *(orahovac),* au marc de raisin *(lozovača),* à la graine de caroube *(rogača)*... ou, dans un autre registre, le marasquin (maraschino), région de Zadar, à base de cerise dalmate, la marasque. À consommer avec modération, bien sûr.
– *Objets d'artisanat :* dentelles de l'île de Pag, boucles d'oreilles de Rijeka (têtes de Maure, *morčić*), broderies de soie du Konavle (région entre Dubrovnik et le Monténégro)...
– et encore : la lavande de Hvar (sous forme de fleurs séchées ou dans la composition d'huiles essentielles), les petits cœurs en pain d'épices *(licitarsko srce)* en Croatie du Nord, la purée de poivrons et d'aubergines *(ajvar),* condiment emblématique des Balkans...

BUDGET

Passer ses vacances en Croatie n'est pas spécialement bon marché, sans être encore hors de prix. À vrai dire, avec le succès touristique que connaît le pays, le coût de l'hébergement s'est rapproché nettement des standards européens. La restauration suit le même chemin, du moins dans les zones les plus touristiques de la côte.
Cela s'explique notamment par les fortes taxes imposées à l'importation et par la TVA à 25 % qui s'applique à tous les produits. Insistez pour obtenir les *réductions pour étudiants,* elles existent mais ne sont presque jamais indiquées.

Hébergement

Sachez que les prix diffèrent entre la saison touristique et le reste de l'année, et entre la capitale, plus chère, et le reste du pays. Selon leur « cote », certaines îles peuvent également être plus chères que la moyenne (Hvar et Korčula, par exemple). **ATTENTION : pour un séjour de moins de 3 nuits, la plupart des chambres d'hôtes et des hôtels facturent un supplément de 20 ou 30 %, à ajouter aux prix que nous indiquons.**
Pour une chambre double :
– *Bon marché :* moins de 300 Kn (42 €).
– *Prix moyens :* de 300 à 500 Kn (42 à 69 €).
– *Chic :* de 500 à 750 Kn (69 à 104 €).
– *Très chic :* plus de 750 Kn (plus de 104 €).

Restauration

– *Très bon marché :* moins de 50 Kn (7 €).
– *Bon marché :* de 50 à 100 Kn (7 à 14 €).
– *Prix moyens :* de 100 à 150 Kn (14 à 21 €).
– *Chic :* plus de 150 Kn (plus de 21 €).
Attention : dans les secteurs les plus touristiques, certains restos facturent le pain et le couvert, comme souvent autour du Bassin méditerranéen.

> **Recommandation à ceux qui souhaitent profiter des réductions et avantages proposés dans le *Routard* par les hôteliers et les restaurateurs.**
>
> À l'hôtel, pensez à les demander au moment de la réservation ou, si vous n'avez pas réservé, **à l'arrivée.** Ils ne sont valables que pour les réservations en direct et ne sont pas cumulables avec d'autres offres promotionnelles (notamment sur Internet). Au restaurant, parlez-en **au moment** de la commande et surtout **avant** que l'addition ne soit établie. Poser votre *Routard* sur la table ne suffit pas : le personnel de salle n'est pas toujours au courant et une fois le ticket de caisse imprimé, il est souvent difficile de modifier le total. En cas de doute, montrez la notice relative à l'établissement dans le *Routard* de l'année et, bien sûr, ne manquez pas de nous faire part de toute difficulté rencontrée.

CLIMAT

Le territoire croate jouit de 2 climats fort différents. D'abord, le climat continental dans les terres, le Zagorje et la Slavonie, qui se caractérise par des hivers froids, frigorifiants, même ! Les grosses chutes de neige sont fréquentes et, les températures pouvant rester plusieurs jours en dessous de 0 °C, les routes se transforment rapidement en patinoires. En revanche, les étés sont chauds, voire très chauds, avec souvent de gros orages en soirée.

Sur le littoral, le climat est méditerranéen. Il se distingue par une grande douceur en hiver, les températures ne descendant que rarement en dessous de 10 °C. Les étés sont très secs, avec de fortes chaleurs et des températures mensuelles avoisinant les 30 °C. Vous apprécierez la température de la mer qui, autour des 26 °C en été, permet aux plus frileux d'entrer dans l'eau sans hésitation et aux plus courageux de se baigner jusqu'en octobre.

À ces caractéristiques générales s'ajoutent les vents qui viennent modifier l'ambiance d'une journée. La *bora,* c'est le vent venu du nord-est. Vent froid avec des bourrasques violentes, il naît dans le bassin de la Lika et s'engouffre ensuite à travers les cols du Velebit vers le littoral. Il rafraîchit l'air et chasse les nuages. Le *jugo* est, comme son nom l'indique, un vent du sud, qui amène un air lourd et humide et les orages du soir.

DANGERS ET ENQUIQUINEMENTS

Sur la côte dalmate, en plein été torride, comme dans le sud de la France et en zone méditerranéenne, la vie est riche en insectes en tout genre. Tout naturellement, de petits scorpions ou des vipères peuvent se prélasser dans les pierres. Les superbes eaux turquoise peuvent aussi cacher d'insidieux oursins ! Ne vous jetez pas à l'eau sans regarder où vous mettez les pieds. On trouve aisément sur place des chaussons de baignade permettant d'éviter quelques désagréments.
Enfin, on ne le répétera jamais assez, tout est si sec qu'un mégot de cigarette mal éteint peut déclencher un incendie.

Camping sauvage et camping-car

Le camping sauvage est INTERDIT. Cela vaut aussi pour les camping-caristes, qui doivent passer la nuit dans un camping. Des lecteurs qui avaient passé la nuit dans leur véhicule en dehors d'un camping ont eu la mauvaise surprise de se faire cueillir au réveil : amende, procès, frais de procès et de traduction à payer...

Ils ont été assimilés à des « campeurs sauvages ». Ce n'était sans doute que marginal (quoique), mais voilà qui fait tout de même réfléchir... Dans pas mal de cas, il semble que la police se contente de déloger les camping-caristes ou de les verbaliser. Pas très agréable quand même, d'autant que l'amende est salée... Plus la pression touristique est forte, sur la côte ou à proximité, plus le risque est grand, l'arrière-pays étant sans doute plus tolérant.

Mines

Pour ceux qui ont choisi de ne pas se cantonner à la côte dalmate, sachez qu'il existe en Croatie des régions encore minées. Environ 1,2 million de mines auraient été posées sur le territoire croate pendant la guerre. Beaucoup de ces zones ont été assainies, mais pas toutes tant il s'agit d'un travail de fourmi très coûteux. Ces régions correspondent essentiellement aux anciennes lignes de front entre l'armée croate et les forces serbes, ainsi qu'aux territoires occupés par les séparatistes serbes, c'est-à-dire l'ancien territoire de Krajina, la Slavonie orientale et les environs des villes de Sisak, Benkovac, Karlovac, Knin, Osijek et Vukovar.

Les zones minées sont en général très bien indiquées par des panneaux à la tête de mort évocatrice et des rubans jaunes qui quadrillent les champs. Précaution simple mais impérative, que l'on soit à pied, en deux-roues ou en 4x4 : ne jamais s'aventurer hors des routes ou chemins régulièrement empruntés et ne jamais entrer dans une ruine ou une maison abandonnée. Ne pas croire qu'il faut être loin de la côte pour être confronté à cette réalité : il suffit de quitter Šibenik en direction de Drniš pour tomber, un peu avant cette localité, sur un village aux maisons abandonnées et ces panneaux à tête de mort.

FÊTES ET JOURS FÉRIÉS

Depuis l'indépendance du pays, les jours fériés ont été modifiés. Le changement de système a vu le Jour de la révolution se transformer en Jour de la lutte antifasciste et avancé d'un mois. Le Jour des femmes, célébré depuis 1909, est passé aux oubliettes avec le nouveau régime, tout comme celui de la jeunesse, jour férié dans les régimes communistes. De nouvelles dates sont venues les remplacer, les fêtes catholiques revenant sur le devant de la scène. Le 5 août, fêté comme le Jour du souvenir national, est le jour anniversaire de la libération de Knin en 1995.
– *1ᵉʳ janvier :* Nouvel An.
– *Lundi de Pâques.*
– *1ᵉʳ mai :* fête du Travail.
– *Fin mai ou début juin :* Fête-Dieu (*Tijelovo,* le 2ᵉ jeudi après la Pentecôte).
– *22 juin :* résistance antifasciste.
– *25 juin :* fête nationale.
– *5 août :* Jour du souvenir national.
– *15 août :* Assomption.
– *8 octobre :* Jour de l'Indépendance.
– *1ᵉʳ novembre :* Toussaint.
– *25-26 décembre :* fêtes de Noël.

HÉBERGEMENT

Campings

Selon les statistiques officielles, plus d'un quart des touristes visitant la Croatie font du camping. Les côtes de la Dalmatie et de l'Istrie fourmillent de campings installés au bord de l'eau, ouverts en général de Pâques à mi-octobre. Il s'agit plus souvent de vastes complexes touristiques avec resto, discothèque, piscine, terrains de sport,

etc. Dans les régions ultra-touristiques, il n'est pas rare de voir les habitués réserver à l'avance une parcelle, les derniers arrivés devant se contenter des emplacements les moins agréables ! Et ces gros campings-là sont généralement très chers (en août, jusqu'à une cinquantaine d'euros pour deux, par nuit !), à tel point qu'une chambre chez l'habitant pourra finalement paraître assez bon marché à côté ! Dans la série « petits détails facturés en supplément », on vous compte une **taxe d'enregistrement** *(prijara)* à l'arrivée, voire une **taxe de départ** *(odjava),* qui vient s'ajouter à la **taxe de séjour** *(boravišna pristojba).* Cette dernière est comptée par jour et par personne : elle varie selon les saisons, et coûte en général l'équivalent de 1 € par personne en juillet-août (elle est un peu moins chère les autres mois). Il peut y avoir aussi une taxe pour l'assurance *(osiguranje)*... Évidemment, plus le séjour est court, plus ces taxes pèsent dans le prix global. Les campings naturistes (indiqués par le sigle FKK) sont nombreux sur la côte et disposent le plus souvent d'emplacements tranquilles, à l'écart des villes ou villages mais accessibles uniquement en véhicule.
Il existe aussi une multitude de petits campings assez confidentiels, parfois appelés « minicampings » lorsque le terrain ne dépasse guère la grosse poignée d'emplacements. Certains sont aménagés dans le jardin familial, d'autres « les pieds dans l'eau » quand ils sont sur la côte dalmate. Ils ne proposent pas plus de 15 à 65 emplacements en moyenne, cultivent une atmosphère conviviale et authentique très agréable, mais n'ont en général pas grand-chose d'autre à offrir que les services de base (douches, pas toujours chaudes, toilettes, point d'eau, et généralement une machine à laver). Par ailleurs, méfiez-vous de l'ensoleillement, car les minces feuilles des oliviers offriront souvent les seuls espaces ombragés. On en dénombre environ 300 sur le territoire croate.
Attention, il est difficile de trouver des recharges pour camping-gaz (repérez les magasins avec, sur la devanture, l'indication *Plin* ou *Gass*).
Pour plus de renseignements, consulter le site ● *camping.hr* ●

Chambres chez l'habitant

Sans aucun doute la manière la plus économique et la plus agréable de se loger. Dans les régions touristiques, il n'est pas bien difficile d'en trouver, tant les petits panneaux « *Sobe* », « *Zimmer* », « *Rooms* » se succèdent. Ce type de logement représente pas moins de 55 % de la capacité d'hébergement du pays. Parfois, sur les îles, les propriétaires de chambres attendent les touristes à l'arrivée du bateau. On peut alors visiter plusieurs chambres et choisir la plus sympathique. Néanmoins, certains loueurs « à la sauvette » ne sont pas officiels, donc pas assurés, pensez-y. Demandez toujours à voir la chambre avant d'accepter. Les agences de voyages privées, et souvent les offices de tourisme locaux, centralisent aussi des locations de chambres chez l'habitant. Si vous n'avez pas croisé de petits panneaux sur votre chemin (notamment dans les grandes villes ou dans le centre des villes historiques), adressez-vous donc à une agence de voyages. Bien sûr, celles-ci prennent une commission, qui fait d'autant grimper le prix de la chambre. Les tarifs varient selon le confort, la localisation et, dans certaines régions, la saison. Ainsi, pour une chambre double standard avec salle de bains, compter de 200 à 400 Kn (28 à 56 €) par jour ; et pour un studio ou un appartement, de 100 à 300 Kn (14 à 42 €) par personne. Attention, on le rappelle, en haute saison, la plupart des propriétaires n'acceptent de vous loger que pour au moins 3 nuits, ou alors ils majorent le prix de l'hébergement de 20 à 30 % pour 1 ou 2 nuits.
Méfiez-vous également de certaines pratiques : il arrive que le propriétaire de *sobe* accepte votre réservation alors qu'il est en fait complet. À votre arrivée, vous serez donc envoyé chez un voisin ou un cousin...

Auberges de jeunesse

Jusqu'à assez récemment, on trouvait relativement peu d'AJ en Croatie, puisqu'elles se limitaient à une douzaine d'AJ officielles. Aujourd'hui, les AJ

indépendantes fleurissent un peu partout et dans certaines villes comme Zagreb, Split ou Zadar, l'offre est devenue abondante.
Pour la plupart, les AJ officielles demandent la carte internationale de membre. Si vous n'avez pas acheté cette carte dans votre pays d'origine, vous pourrez acheter sur place un timbre par nuitée (10 Kn pièce, soit 1,40 €) : au bout de 6 nuitées, cette carte temporaire équivaut à la cotisation annuelle. Vous pouvez même acheter les 6 timbres d'un seul coup, et le tour est joué ! La déco fait dans le neutre et le fonctionnel, le confort est inégal et, le plus souvent, l'ambiance fait défaut. Ces auberges proposent néanmoins différentes formules, des chambres simples avec salle de bains aux dortoirs avec sanitaires dans le couloir. Si on y trouve parfois un resto ou une cafét', elles sont en revanche rarement équipées d'une cuisine. Comme ailleurs, taxe de séjour exigée.

■ *Association des auberges de jeunesse croates :* ☎ *(00-385) 1-48-29-294.* ● hicroatia.com ●

L'autre possibilité consiste à privilégier les auberges privées. Souvent plus petites que leurs homologues officielles, elles ont tout ce que les autres n'ont pas : une déco colorée et funky, une ambiance jeune et festive (pas mal d'activités ou d'excursions sont proposées par les équipes), et des emplacements plus séduisants en centre-ville. En revanche, le confort comme l'entretien font parfois aussi dans le funky !

Hôtels

De l'ancien hôtel d'État décrépit et mal géré qui en a gardé tous les « charmes » (heureusement, une espèce en voie de disparition) au 5-étoiles des plus luxueux (parfois un ancien hôtel d'État privatisé et entièrement rénové), il y a de quoi s'adapter à tous les goûts. Dans tous les cas, les prix sont assez élevés en saison. On assiste heureusement à l'apparition d'une nouvelle gamme d'établissements de charme qui, à l'inverse des énormes usines à touristes qui pullulent en Croatie, misent sur une atmosphère intimiste, garantie par leur petite taille, ainsi que sur la qualité de l'accueil et de la déco. Par ailleurs, les restaurants d'hôtels étant de qualité très inégale et ceux à l'extérieur assez abordables, réfléchissez-y à 2 fois, voire 3, avant de prendre la demi-pension. En pleine saison, il est quasi obligatoire de réserver dans les villes très touristiques. Attention, si vous n'êtes que de passage pour une nuit, on vous alourdira bien souvent l'addition de 20 à 30 % par rapport au prix que nous indiquons dans le guide.
De manière générale, n'oubliez pas, si votre budget est très juste, que **l'on vous fait payer une taxe de séjour** (environ 1 € par personne et par jour) et parfois aussi **une taxe d'enregistrement** !

Phares

Plus original, une agence *(Adriagate)* propose des hébergements dans des phares répartis tout au long de la côte, ou, plus exactement, au large... Accès plus ou moins facile selon l'éloignement. Sous les Habsbourg, on en a construit environ 65 et une dizaine sont aujourd'hui ouverts à la location. En général, ils se louent du samedi au samedi.
– **Adriatica :** ● adriagate.com ●

LANGUE

Croate, serbo-croate... mais de quoi parle-t-on ?

La langue officielle de la république de Croatie est le croate, une langue de la famille des langues slaves du Sud, écrite en caractères latins. En raison de la proximité lexicale du croate et du serbe, les régimes yougoslaves, communistes notamment, ont tenté de fusionner les 2 normes grammaticales en une seule et de forger, sans succès, ce que l'on appelait, encore récemment, le serbo-croate, compréhensible par tous dans l'ensemble de l'ex-Yougoslavie. Dans les années 1990, la redéfinition des identités nationales et l'explosion des discours nationalistes se sont accompagnées d'une volonté de différenciation de la langue. Du serbo-croate sont nées les langues croate, serbe, bosniaque et monténégrine... Une oreille non avertie ne saurait en déceler les différences. Toutefois, en Croatie, la politique linguistique a entraîné une « croatisation » de la langue. Pour apurer le vocabulaire des termes « serbes ou internationaux », de nombreux néologismes et archaïsmes ont été introduits ou réintroduits dans la langue officielle. *Aéroport* est ainsi devenu *zračna luka* (de *zrak*, « air », et *luka*, « port »), *ambasador* a été remplacé par *veleposlanik*, etc. Si nombre de ces mots sont passés dans l'usage courant, certaines inventions ont échoué et ne sont utilisées que dans les histoires drôles. Ainsi, *brzoglas* (littéralement « voix rapide ») n'a toujours pas réussi à remplacer le *telefon* !

> ### ON EN RESTE COI !
>
> *En Croatie, on parle 3 dialectes, nommés selon la manière de dire « quoi ? » (*ča ?* kaj ? ou* što ?*). Le* čakavski *(tchakavien) est parlé en Istrie, dans toutes les îles au nord de Korčula et dans quelques régions du littoral. Le* kajkavski *(kajkavien) est parlé dans la région de Zagreb. Dans les autres régions de Croatie, on parle le* štokavski *(chtokavien).*

Le croate compte plusieurs dialectes. L'un d'entre eux, le *chtokavien-ijekavien*, a été retenu à la fin du XIXe s comme la forme standard de la langue croate... mais les autres dialectes sont toujours usités, sans que cela ne gêne l'intercompréhension. Ainsi, on peut savourer la variété des termes employés pour désigner certains mots, comme « tomate » *(rajčica, pomidor, paradajz)*, par exemple, reflet de cette richesse linguistique et de ses multiples influences. Dans les îles de la côte dalmate et en Istrie, de nombreux emprunts à la langue italienne persistent encore dans la langue parlée, alors que le vocabulaire de la région du Zagorje et de Zagreb compte des termes d'étymologie allemande.

Pour vous aider à communiquer, n'oubliez pas notre **Guide de conversation du routard en croate.**

Prononciation

Les mots se lisent comme ils s'écrivent, sachant qu'il existe quelques lettres supplémentaires par rapport à notre alphabet et des particularités de prononciation.
– C se prononce « ts » (Plitvice = Plitvitsé).
– Ć et č se prononcent presque de la même manière : « tch » (Poreč = Poretch).
– Đ se prononce « dj » (Đakovo = Djakovo).
– E se prononce « é » (Rijeka = Riyéka).
– J se prononce « y » (Jelsa = Yelsa).
– U se prononce « ou » (Korčula = Kortchoula).
– Š se prononce « ch » (Šibenik = Chibenik).
– Ž se prononce « j » (Varaždin = Varajdin).
– G se prononce toujours « gu » (Trogir = Troguir).
– R se prononce « eur » (Drniš = Deurniche), sauf quand il est suivi d'une voyelle.
– S se prononce toujours « ss » (Osijek = Ossiyek).
Attention à la concentration de consonnes dans certains noms, tels trg (place) ou Krk (île au sud de Rijeka) ! On s'en sort en prononçant quelque chose comme « teurg » et « keurk » en n'oubliant pas de rouler (modérément) les *r*.
Ajoutons enfin que le *h* est toujours aspiré.

Petit lexique

Expressions usuelles

Bonjour	*dobar dan*
Bonsoir	*dobra večer*
Bonne nuit	*laku noć*
Au revoir	*doviđenja*
Salut	*bog, zdravo* ou *adio*
S'il vous plaît	*molim vas*
Merci	*hvala*
Pardon	*oprostite* ou *izvinite*
Monsieur	*Gospodina*
Madame	*Gospodada*
Oui	*da*
Non	*ne*
Bon/bien	*dobro*
Beau	*lijep*
C'est bien	*u redu je*
Comment ?	*kako ?*
Quoi ?	*što ?*
Pourquoi ?	*zašto ?*
Avez-vous ?	*imate li ?*
Je suis français	*ja sam francuz*
Parlez-vous le français ?	*govorite li francuski ?*
Je ne comprends pas	*ne razumijem*

Chiffres

Un	*jedan*
Deux	*dva*
Trois	*tri*
Quatre	*četiri*
Cinq	*pet*
Six	*šest*
Sept	*sedam*
Huit	*osam*
Neuf	*devet*
Dix	*deset*
Vingt	*dvadeset*
Trente	*trideset*
Cent	*sto*
Mille	*tisuću*

Temps

Quand ?	*kada ?*
Avant	*prije*
Après	*poslije*
Maintenant	*sada*
Hier	*jučer*
Aujourd'hui	*danas*
Demain	*sutra*
Matin	*ujutro*
Soir	*na večer*
Nuit	*noć*
Quelle heure est-il ?	*koliko je sati ?*

Lundi	*ponedjeljak*
Mardi	*utorak*
Mercredi	*srijeda*
Jeudi	*četvrtak*
Vendredi	*petak*
Samedi	*subota*
Dimanche	*nedjelja*

Orientation

Où ?	*gdje ?*
À gauche	*lijevo*
À droite	*desno*
Tout droit	*ravno*
Ville	*grad*
Entrée	*ulaz*
Sortie	*izlaz*
Place	*trg*
Rue	*ulica*
Eglise	*crkva*

Argent

Argent	*novac*
C'est combien ?	*koliko košta ?*
Plus	*više*
Moins	*manje*
Cher	*skup*
Bon marché	*jeftino*

Nourriture

Menu	*jelovnik*
Eau	*voda*
Vin	*vino*
Bière	*pivo*
Thé	*caj*
Lait	*mlijeko*
Café	*kava*
Addition	*račun*
Pain	*kruh*
Sucre	*sečer*
Viande	*meso*
Bœuf	*govedina*
Veau	*teletina*
Mouton	*janjetina*
Porc	*svinjetina*
Poulet	*pile*
Poisson	*riba*
Calamar	*lignje*
Crêpe	*palačinka*
Glace	*sladoled*
Fromage	*sir*
Boulangerie	*pekara*
Petit déjeuner	*doručak*
Déjeuner	*ručak*
Dîner	*večera*
À la vôtre	*živjeli* ou *na zdravlje*

Transports

Garage	*garaža*
Essence (sans plomb)	*benzin (bezolovni)*
Train	*vlak*
Bateau	*brod*
Port	*luka*
Bus	*autobus*
Départ	*odlazak*
Arrivée	*dolazak*
Douane	*carina*

Hébergement

Où pourrions-nous dormir ?	*gdje možemo spavati ?*
Chambre	*soba*
Chambre à un lit	*jednokrevetna soba* (un lit double s'appelle aussi *francuski krevet* !)
Chambre à deux lits	*dvokrevetna soba*
w-c	*w-c* (prononcer « vé-tsé »), *toalet* ou, plus rarement, *klozet*
Douche	*tuš*
Passeport	*putovnica*

Une langue à déclinaisons

Les noms propres se déclinent comme les noms communs : attention donc aux noms des rues ! Toujours inscrits au nominatif sur les plaques, vous les trouverez le plus souvent au génitif dans les adresses ou la conversation lorsqu'il s'agit de noms propres. Le prénom disparaît, et il est alors difficile de retrouver la rue sur un index. La rue Nikola Tesla devient ainsi Teslina, la rue Ljudevit Gaj se transforme en Gajeva et la rue August Šenoa en Šenoina. À vos déclinaisons !

Si vous voyez un nom de rue suivi des initiales « bb », elles signifient « sans numéro » *(bez broja)*. Il est ainsi fréquent de ne pas pouvoir déterminer à quel niveau de la rue se trouve l'adresse indiquée. Les numéros d'étages sont quant à eux inscrits après le numéro de la rue, en chiffres romains : Gajeva 2/I.

LIVRES DE ROUTE

Littérature croate

Peu d'ouvrages d'auteurs d'origine croate sont traduits en français.

– **Le Palais en noyer,** de Miljenko Jergović (Actes Sud, 2007 ; édition originale, 2003). L'histoire d'une famille de Dubrovnik sur 5 générations, de 1878 à l'éclatement de la Yougoslavie. Une écriture et une structure originales (en fait, on remonte dans le temps en parcourant à rebours l'histoire de cette famille) et une magnifique plongée dans l'imaginaire croate.

– **Freelander,** de Miljenko Jergović (Actes Sud, 2009 ; édition originale, 2007). Un vieux professeur croate né à Sarajevo reçoit un télégramme dans lequel on lui demande de se rendre à Sarajevo, pour un héritage. Un voyage cocasse qui est l'occasion de questionner la « croatitude », avec humour.

– **Ruta Tannenbaum,** de Miljenko Jergović (Actes Sud, 2012 ; édition originale, 2006). Inspiré par la vie et le destin tragique d'une toute jeune actrice vedette d'origine juive, un roman qui dépeint, sans concession, le Zagreb des années 1930 et 1940.

– **Le Calligraphe,** de Pavao Pavličić (Gingko, 2008). Publié en 1987 à Zagreb, ce roman policier tourne à l'enquête sur les pratiques du pouvoir en place, dans les dernières années de la Yougoslavie « unie ». Pavličić est actuellement l'un des auteurs les plus populaires en Croatie.

– **Tito est mort,** de Marica Bodrožić (Éditions de l'Olivier, 2004 ; nouvelles). Auteur croate qui écrit en allemand, sa famille s'étant exilée dans les années 1980. Dans ce recueil, Marica Bodrožić, née en 1973, évoque son enfance dalmate avec beaucoup de sensibilité.
– **Hôtel Z,** d'Ivana Simić Bodrožić (Actes Sud, 2012). L'exil dans son propre pays, vu par les yeux d'une petite fille qui devient une jeune ado. La famille, qui a quitté Vukovar assiégée, vit dans une chambre d'hôtel. Le père est absent, resté dans la ville martyre. Un premier roman au ton très juste.

Histoire de la Croatie et de la Yougoslavie

– **La Croatie,** de Castellan Georges et Gabrijela Vidan (PUF, coll. « Que sais-je ? », n° 3400, 1998). Par un spécialiste français des Balkans et une universitaire de Zagreb. Synthétique aperçu de l'histoire de la Croatie ainsi que des différents mouvements culturels au cours des siècles.
– **Vie et mort de la Yougoslavie,** de Paul Garde (Fayard, 1992, réed. 2000). 1er ouvrage écrit en 1992, dans l'urgence de l'incompréhension que suscita en France l'éclatement de la Yougoslavie. Un aperçu didactique sur l'espace yougoslave, aussi bien historique que géographique ou culturel par un auteur linguiste de formation, qui a sillonné le pays pendant un demi-siècle et en connaît tous les recoins et les dialectes. Autre lecture utile pour prolonger celle du livre de Paul Garde : Yougoslavie, de la décomposition aux enjeux européens, de Catherine Samary (Éditions du Cygne, 2007).
– **Le Monde « ex »,** de Predrag Matvejevitch (Fayard, 1996). Né à Mostar, en Bosnie-Herzégovine, ancien professeur de l'université de Zagreb, l'auteur écrit ces « confessions » « entre asile et exil », sur son ex-Yougoslavie, les « démocratures », le passé des résistances et de l'autogestion. Il évoque ses compagnons de route, les écrivains yougoslaves engagés comme Danilo Kiš ou Miroslav Krleža, mais aussi le passé plus récent, avec la guerre et les destructions de Sarajevo et Mostar. Plus largement, il livre des réflexions sur l'Europe de l'Est et la Méditerranée, avec, au détour, les recoins de l'Adriatique !

Récits et témoignages

– **L'Air de la guerre,** de Jean Hatzfeld (Éditions de l'Olivier, 1994 ; Seuil, coll. « Points », 1998). Un récit poignant, plein d'images et de détails rapportés de Croatie et de Bosnie-Herzégovine où l'auteur couvrait les événements pour le quotidien Libération. Au fur et à mesure du récit, on découvre Zagreb à la veille du conflit, l'embrasement de la Slavonie orientale, le siège et la chute de Vukovar, les premiers camps de concentration en Bosnie-Herzégovine et tous les personnages acteurs et/ou victimes de ces 2 premières années de guerre.
– **La Martre et le Léopard,** de Jean-Marie Laclavetine (Gallimard, coll. « Le sentiment géographique », 2010). Ces carnets de voyage emmènent le lecteur dans une flânerie dans « l'autre Croatie », pas celle des villes-musées du littoral ni celle des îles, mais celle de l'intérieur, en particulier la Slavonie, où se trouve le cœur du pays.

POSTE

Le service postal public fonctionne bien, et l'on trouve des bureaux dans tous les petits villages. Dans les grandes villes et les centres touristiques, de juin à septembre, les horaires d'ouverture sont souvent étendus : en semaine de 7h à 20h, voire 21h, ainsi que le samedi matin. Dans les plus petites localités et les îles, les bureaux ouvrent plutôt de 7h à 12h, ou 14h. ● *posta.hr* ●
Les bureaux de poste assurent la vente de timbres, le téléphone, le change et les transferts d'argent via *Western Union*.

Pour envoyer une carte postale *(razglednica)* en France *(Francuska)*, il vous faudra acheter un timbre *(marka)* à 4,60 Kn (0,80 €). Pour une lettre *(pismo)*, en tarif prioritaire *(prioritetno)*, le timbre s'élève à 15 Kn (environ 2 €). Il en coûte 7,60 Kn en tarif « normal » mais ce sera plus lent.

SANTÉ

Rien à signaler ; vous ne courez aucun risque particulier en vous rendant en Croatie. L'eau du robinet est potable partout ! En cas de pépin, appelez le Samu local (☎ *94)* ou rendez-vous aux urgences de l'hôpital de la ville ou dans les centres de santé du village. Préparez-vous juste à attendre... Avec la fin du socialisme, le système de santé a en effet pâti des nouvelles priorités budgétaires. La carte européenne d'assurance maladie est désormais valable en Croatie.

■ *Catalogue Santé-Voyages :* les produits et matériels utiles aux voyageurs, assez difficiles à trouver, peuvent être achetés par correspondance sur le site de *Santé-Voyages* • *boutique-sante-voyages.com* • Infos complètes toutes destinations, boutique web, paiement sécurisé, expéditions Colissimo Expert ou Chronopost. ☎ *01-45-86-41-91 (lun-ven 14h-19h).*

SITES INTERNET

• *routard.com* • Le site de voyage n° 1, avec plus de 800 000 membres et plusieurs millions d'internautes chaque mois. Pour s'inspirer et s'organiser, près de 300 guides destinations actualisés, avec les infos pratiques, les incontournables et les dernières actus, ainsi que les reportages terrain et idées week-end de la rédaction. Partagez vos expériences avec la communauté de voyageurs : forums de discussion avec avis et bons plans, carnets de route et photos de voyage. Enfin, vous trouverez tout pour vos vols, hébergements, voitures et activités, sans oublier notre sélection de bons plans, pour réserver votre voyage au meilleur prix.
• *croatie.hr* • Le site de l'office de tourisme croate (en français). On ne peut faire plus détaillé : petit aperçu historique pour chaque ville et village, liste des hôtels, etc. Consulter également • *regardsurlacroatie.com* •, le blog de l'office de tourisme à Paris.
• *croatie.eu* • Site réalisé à l'occasion de l'entrée de la Croatie dans l'Union européenne, très complet (en français).
• *culturenet.hr* • Pour s'informer sur les festivals organisés en Croatie, et plus généralement sur toute la programmation culturelle dans le pays (en anglais).
• *fr.mvep.hr* • Le site de l'ambassade de Croatie en France.
• *croatiaweek.com* • Site d'information (en anglais). Dans le même genre, • *total-croatia-news.com* •
• *balkans.courriers.info* • *Le Courrier des Balkans.* Un site avec la traduction française de nombreux articles de la presse indépendante de la région (*Feral Tribune* et *Novi List* pour la Croatie), ainsi que des rapports d'ONG. Certains articles sont réservés aux abonnés.

SPORTS ET LOISIRS

Baignade

La beauté du littoral et la température de l'eau n'incitent qu'à une chose : passer ses journées dans la mer. Ne vous attendez pas à trouver de grandes plages de sable fin ; les côtes d'Istrie et de Dalmatie, tout comme les îles, sont essentiellement rocheuses, et seules les îles de Krk, de Rab et de Brač possèdent de grandes plages de sable. Si vos pieds sensibles souffrent un peu lors de l'entrée dans l'eau, la roche karstique vous garantit une eau transparente, et même les plus frileux trouveront la température de l'eau agréable en été ! En revanche, avant de plonger, assurez-vous toujours de pouvoir remonter sans devoir piétiner une armée d'oursins, qui ne manquera pas alors de vous faire sentir que vous la dérangez ! Les sandales en plastique ne sont pas un luxe, surtout si vous partez avec des enfants.

Plongée

Les eaux claires et la beauté des fonds marins attirent de nombreux plongeurs. Une occasion en or de réaliser un baptême, si vous êtes novice ! La côte croate compte de nombreux clubs de plongée... Site de la *Fédération croate de plongée* (en croate seulement) : ● *diving-hrs.hr* ●

Tourisme nautique

Pas moins d'une cinquantaine de marinas sur le littoral croate !

■ **Adriatic Club International :** ☎ *051-271-288.* ● *marinas.com* ●

Escalade

Pour les amateurs de grimpe, de nombreux sites en Istrie et en Dalmatie. Le parc de Paklenica est sans doute l'endroit idéal. Avec ses 2 gorges, il possède de nombreuses voies équipées. Les grimpeurs de la région s'y retrouvent, bruits de mousquetons au petit matin garantis dans les campings environnants. Mais l'intérieur de l'Istrie présente aussi de nombreuses falaises équipées. À consulter : ● *paklenica-croatia.com/croatia-climbing-guide* ●

Randonnées

Pas mal de balades possibles dans les différents massifs du pays et le karst des Alpes dinariques, avec des sommets à plus de 1 500 m dans le Gorski Kotar et la chaîne du Velebit.

■ *Hrvatski planinarski savez (Fédération croate d'alpinisme) :* | Kozarčeva 22, 10000 Zagreb. ☎ *01-4823-624.* ● *hps.hr* ●

TÉLÉPHONE, INTERNET

– Pour appeler à l'étranger depuis la Croatie, faites le 00 puis l'indicatif international ; par exemple, pour la France : 00 + 33 + numéro de téléphone à neuf chiffres (sans le 0 initial).
– Pour appeler la Croatie depuis la France, composez le 00-385 suivi de l'indicatif régional sans le 0 puis du numéro de fixe à 6 chiffres. Pour appeler un portable, même chose (on ne compose pas le 0 par lequel commencent les numéros de portables).
– Pour appeler à l'intérieur de la Croatie, de votre portable, composez le 00-385 suivi de l'indicatif régional sans le 0 (ou pour un portable, le préfixe de l'opérateur sans le 0) suivi du numéro d'appel. Dans ce guide, l'indicatif régional figure après le nom et le nombre d'habitants des villes.

Le téléphone portable en voyage

Depuis juin 2017, un voyageur européen titulaire d'un forfait dans son pays d'origine peut utiliser son téléphone mobile *au tarif national* dans les 27 pays de l'Union européenne, sans craindre de voir flamber sa facture. Des plafonds sont néanmoins fixés par les opérateurs pour éviter les excès... Cet accord avantageux signé entre l'UE et ses opérateurs télécoms concerne aussi la consommation de

données internet 3G ou 4G, dont le volume utilisable sans surcoût dépend du prix du forfait national (se renseigner). Par ailleurs, si le voyageur réside plusieurs mois en dehors de son pays, des frais peuvent lui être prélevés...
Dans ces pays donc, plus besoin d'acheter une carte SIM locale pour diminuer ses frais.

La connexion Internet en voyage

En Croatie, de plus en plus d'hôtels, de restos, de bars, et mêmes certains espaces publics disposent du wifi gratuit. Mieux que la connexion 3G et 4G qui peut entraîner des frais en usage intensif, le wifi permet aussi de profiter d'un débit parfois supérieur.
Une fois connecté au wifi, vous avez accès à tous les services de la ***téléphonie par Internet. Whatsapp, Messenger*** (la messagerie de *Facebook*), ***Viber, Skype*** permettent d'appeler, d'envoyer des messages, des photos et des vidéos aux quatre coins de la planète, sans frais. Il suffit de télécharger – gratuitement – l'une de ces applis sur son smartphone. Elle détecte automatiquement dans votre liste de contacts ceux qui utilisent la même appli.

Indicatifs téléphoniques régionaux

Ils correspondent aux 2 premiers chiffres des codes postaux. Nous les indiquons dans les bandeaux avec le nom des villes et villages.

TRANSPORTS INTÉRIEURS

L'avion

Les **aéroports** du pays se trouvent à Zagreb, Split/Trogir, Dubrovnik, Pula, Rijeka, Zadar et Osijek. Les liaisons intérieures, assurées par la compagnie nationale *Croatia Airlines* (● *croatiaairlines.com* ●), ne sont pas trop chères.

La voiture

Bon à savoir

– Le ***permis national*** est suffisant pour rouler en Croatie, en Bosnie et au Monténégro (néanmoins, une petite vérification avant de partir n'est jamais superflue, au cas où).
– La ***vitesse autorisée*** est de 50 km/h en agglomération, 80 km/h sur nationale et 130 km/h sur autoroute.
– **Le taux d'alcoolémie :** tolérance zéro ! Forte amende et retrait de permis en cas d'infraction.
– En Croatie, on roule avec les ***phares allumés.*** Sinon, vous risquez l'équivalent de 35 € d'amende.
– **L'essence :** les stations *INA* (étatiques, les plus nombreuses) et les stations privées proposent de l'essence sans plomb et du diesel. Le prix du carburant est légèrement moins cher qu'en France, même si, comme partout, ce prix peut fluctuer en fonction des cours du pétrole... Pour se renseigner avant le départ, consulter ● *ina.hr* ●
– **Les cartes routières :** une carte *Michelin* couvre la Croatie et la Bosnie-Herzégovine. Sur place, vous trouverez une bonne carte, *Hrvatska* (Croatie), au 1/500 000 (éd. Šokota).
– ***Passage de frontière*** **:** à la frontière entre la Slovénie et la Croatie, files de voitures et attente sont fréquentes. Inutile de finasser en cherchant un poste-frontière sur une petite route parallèle : ceux-ci étant réservés aux frontaliers, vous vous y feriez refouler.

– *Stationnement :* un élément à prendre en compte dans le budget ! Le stationnement est payant dans presque toutes les villes de la côte, tous les jours et sur une amplitude horaire très large (en général de 8h à 21h, parfois même jusqu'à 22h, voire minuit !). Le tarif horaire est souvent le même à l'horodateur que dans les parkings. Ces derniers ne sont donc pas plus intéressants, mais on peut y régler sa note par carte de paiement ou en liquide s'il y a un guichet. Pratique, car, avec autant de zones payantes, la petite monnaie est vite épuisée... Mieux vaut éviter de frauder, la police veille, et a la prune, voire la fourrière, facile... Même certains villages reculés, pour peu qu'ils soient un tantinet touristiques, font payer le parking.

L'état du réseau routier

Le réseau routier est assez bien développé, et les routes de Croatie sont dans l'ensemble en bon état. Selon l'avis de pas mal de lecteurs, la conduite à la croate peut néanmoins se révéler dangereuse (excès de vitesse, dépassements approximatifs, etc.).

Les autoroutes sont sans cesse étendues et rénovées. Elles demeurent payantes, tout comme le tunnel d'Učka, entre Rijeka et l'Istrie, le pont de l'île de Krk... Le détail du réseau autoroutier ainsi que les tarifs des péages peuvent être visualisés sur le site de l'*Automobile Club croate* ● *hac.hr* ● Les routes nationales sont, elles aussi, plutôt bien entretenues, mais se transforment en patinoire à la moindre ondée. Les conducteurs locaux le savent et roulent toujours très lentement dans ce cas. Les routes de montagne sont sinueuses et doivent inciter à la prudence. En hiver, la neige peut tomber rapidement, n'oubliez pas les équipements spéciaux.

La seule véritable galère : la route de la côte, la « Magistrale » zigzagante, qui contourne chaque crique et surplombe des paysages fabuleux. Inconvénient, c'est l'unique voie de communication de cette côte dalmate coincée entre l'Adriatique et les Alpes dinariques (l'autoroute, elle, passe plus haut dans les terres). Résultat, des camions et des autobus en pagaille, qu'il est d'autant plus difficile de doubler que la visibilité est réduite. Ne vous étonnez pas alors de voir le camion que vous suivez mettre son clignotant à gauche pour vous signaler que vous pouvez doubler... Méfiez-vous cependant, son appréciation de la visibilité nécessaire peut être bien plus courte que la vôtre. En été, bouchons en fin d'après-midi, lorsque l'on rentre de la mer !

Location de voitures

■ **BSP Auto :** ☎ *01-43-46-20-74 (tlj).* ● *bsp-auto.com* ● *Réduc spéciale de 5 % aux lecteurs de ce guide avec le code « ROUT19 ».* Les prix proposés sont attractifs et comprennent le kilométrage illimité et les assurances. *BSP Auto* propose exclusivement les grandes compagnies de location sur place, assurant un très bon niveau de services. Le plus : vous ne payez votre location que 5 jours avant le départ.

■ **Hertz :** *Ul grada Vukovara 274, 10000 Zagreb.* ☎ *(01) 48-46-777.* ● *hertz.hr* ● *À l'aéroport :* ☎ *(01) 45-62-635.*

L'auto-stop

Pas courant en Croatie, l'auto-stop est surtout pratiqué par les routards étrangers. Étant donné le faible nombre de grands axes, attendez-vous à faire des sauts de puce jusqu'au village voisin plutôt que Rijeka-Dubrovnik d'une traite ! En revanche, le stop marche bien sur les îles, où les habitants n'hésitent pas à donner un petit coup de pouce.

Le train

Fréquent, confortable et peu cher, le train a l'inconvénient d'être le moyen de transport le plus lent, sauf en Slavonie. Trains longue distance confortables avec de petits compartiments aux sièges de velours inclinables.

TRANSPORTS INTÉRIEURS | **65**

Distances en km	ZAGREB	RIJEKA	PULA	ZADAR	SPLIT	DUBROVNIK
ZAGREB		173	270	320	480	715
RIJEKA	173		97	220	350	540
PULA	270	97		317	447	637
ZADAR	320	220	317		155	393
SPLIT	480	350	447	155		215
DUBROVNIK	715	540	637	393	215	

➢ Un train pendulaire (ICN) relie Zagreb à Split en 5h30. Arrêt à Karlovac, Gospic et Knin.
➢ Des lignes régulières existent entre les grandes villes, ainsi que des trains directs pour la Slovénie, la Hongrie, l'Italie, l'Autriche, la Slovaquie, l'Allemagne, la Bosnie-Herzégovine et la Yougoslavie.
– *Informations :* Hrvatska Željeznica, *Mihanovićeva 12, Zagreb. ☎ (01) 378-25-83 ou 060-333-444 (infoline). ● hzpp.hr ●*

L'autobus

Rapide, fréquent, confortable et ponctuel ! Que demander de plus ? Le réseau de bus est bien développé en Croatie et, quel que soit l'endroit où vous vous rendez, vous trouverez toujours une liaison par autobus. Mais les Croates utilisant beaucoup ce moyen de transport, il n'est pas toujours facile de trouver une place au dernier moment. Réservez quand c'est possible. Si vous allez dans un petit village ou un lieu-dit, signalez-le au chauffeur, les arrêts hors gares routières sont fonction de la demande !
Sans être donné, le prix des transports en autobus reste raisonnable. Réduction si l'on achète directement un aller-retour. Mais mettre vos bagages dans les soutes vous coûtera un supplément selon la distance, la taille de vos sacs... et la bonne volonté du chauffeur.
Pour plus de précisions, vous pouvez consulter les sites des principales compagnies de bus : ● *akz.hr* ● *arriva.com.hr* ● *brioni.hr* ● *croatiabus.hr* ● ou encore le site général : ● *autobusni-kolodvor.com* ●

Le bateau

Il est possible de rejoindre la Croatie depuis l'Italie (ports de Venise, Trieste et Ancône : voir le chapitre « Comment y aller ? ») et vice versa.

Les îles de la côte dalmate et du golfe du Kvarner sont reliées entre elles et/ou à la côte par des ferries ou des catamarans (piétons seulement). En été, avec une voiture, vous n'échapperez pas aux longues files d'attente. N'arrivez donc pas juste avant le dernier bateau ! S'il est très difficile de passer d'île en île en été (août principalement), il est souvent plus facile de retourner sur le continent. De plus, le débarcadère est parfois éloigné de la ville principale. Si vous n'êtes pas en voiture, pensez à vous renseigner, cela vous évitera une bien longue marche.
Bon à savoir : billets en vente sur le site de la compagnie.

■ *Compagnie maritime Jadrolinija :* ☎ (51) 666-111-116 ou 060-321-321 *(payant).* ● *jadrolinija.hr* ● La compagnie la plus importante.

URGENCES

Numéros utiles

■ *Police :* ☎ *192.*
■ *Pompiers :* ☎ *193.*
■ *Service d'urgence :* ☎ *194 ou 112* (n° d'urgence européen).

■ *Secours routier :* ☎ *1987.*
■ *Sauvetage en mer :* ☎ *9155.*
■ *Météo et circulation routière :* ☎ *060-520-520.*

Téléphones

Avant de partir, notez (ailleurs que dans votre téléphone portable !) votre numéro IMEI, utile pour bloquer à distance l'accès à votre téléphone en cas de perte ou de vol. Comment avoir ce numéro ? Tapez *#06# sur votre clavier, puis reportez-vous au site ● *mobilevole-mobilebloque.fr* ● Vous pouvez aussi suspendre aussitôt votre ligne pour éviter de douloureuses surprises au retour du voyage ! Voici les numéros des 4 opérateurs français, accessibles depuis la France et l'étranger.

– *Free :* *depuis la France,* ☎ *3244 ; depuis l'étranger,* ☎ *+ 33-1-78-56-95-60.*
– *Orange :* *depuis la France comme depuis l'étranger,* 📱 *+ 33-6-07-62-64-64.*
– *SFR :* *depuis la France,* ☎ *1023 ; depuis l'étranger,* 📱 *+ 33-6-1000-1023.*
– *Bouygues Télécom :* *depuis la France comme depuis l'étranger,* ☎ *+ 33-800-29-1000.*

VOTRE LOCATION DE VOITURE EN CROATIE :

bsp-auto.com
+33 1 43 46 20 74

KM illimités

Assurances incluses

Annulation offerte

Payez 5 jours avant le départ

'Zéro franchise' à petit prix

7j / 7
bsp-auto.com

-5% sur votre réservation avec le code **ROUT19**

ZAGREB ET SA RÉGION

• Zagreb 68	• Varaždin........................91	• Čigoć • Krapje
• Le lac Jarun	**AU SUD-EST**	• Puška, Lonja
• Medvednica • Samobor	**DE ZAGREB** 95	et Mužilovčica
AU NORD DE ZAGREB 90	• Le parc naturel	• Jasenovac
• Le Zagorje.......................90	de Lonjsko Polje 95	

ZAGREB
790 000 hab.   IND. TÉL. : 01

• Plan centre *p. 70-71* • Zoom (vieille ville) *p. 72-73*

 Non, Zagreb n'a pas la réputation de ses grandes voisines européennes. Pourtant, si l'on oublie les erreurs de casting urbanistique de *Novi Zagreb,* bâtie dans les années 1950-1960, on découvre un centre-ville demeuré coquet et à taille humaine. La ville basse aligne d'imposantes constructions austro-hongroises, au gré de larges avenues où se pressent aussi des bâtiments allant du néoclassique au style historiciste ou Art nouveau. Quant à *Gornji grad,* la ville haute, elle est pleine

de magie. Vous ne manquerez pas d'être séduit en arpentant le lacis de ruelles de *Gradec* et *Kaptol,* ainsi que les innombrables escaliers *(stube)* qui y grimpent. La vigueur de cette ville est captivante. Le jour, on visite des musées intéressants, voire originaux. Le soir, restos et bars se mettent à vibrer, avant que la nuit n'agite tout ce beau monde au rythme des boîtes de jazz et de nuit. Alors laissez-vous entraîner. Les Zagrébois sont avenants : ils socialiseront volontiers à la terrasse d'un bistrot ou dans un resto... ça change de la froideur d'autres capitales européennes qui se la jouent un peu !

UN PEU D'HISTOIRE

La 1re mention écrite du nom de Zagreb apparaît en 1094, avec la création d'un évêché qui dresse sa croix sur une colline baptisée *Kaptol.* Sur l'autre colline juste séparée de Kaptol par un vallon où coule la rivière Medvešćak se bâtit la cité civile de *Gradec,* la « ville haute ».
En 1242, invasion des Tatars : Gradec résiste victorieusement aux assauts. Bela IV, roi de Hongrie et de Croatie, s'y réfugie. En hommage à sa vaillance, il accorde à Gradec le statut de ville royale et quelques privilèges. Kaptol se fortifie à son tour. Dès lors apparaissent, chacune sur sa colline, 2 entités bien différentes, vite ennemies.

Les désaccords du « couple », d'abord financiers, deviennent politiques dès le XVe s. Dans les querelles dynastiques, par exemple, lorsque l'un prend parti pour les Habsbourg, l'autre soutient les Hongrois ! À la fin du XVIe s, les Ottomans sont aux portes de la ville. La victoire historique de Sisak en 1593 limite définitivement l'avancée turque. Mais Kaptol est affaiblie car nombre de ses terres sont désormais sous domination du sultan.

Capitale, sous la monarchie des Habsbourg, d'un minuscule royaume, Zagreb est bousculée aux XVIIe et XVIIIe s par un cortège d'incendies et d'épidémies de peste. Puis l'impératrice d'Autriche Marie-Thérèse tente carrément de la germaniser. En 1767, la pression autrichienne devenant insupportable, le pouvoir royal déménage 50 km au nord, à Varaždin. Zagreb perd ainsi son statut de capitale, jusqu'à ce que, 10 ans après, un incendie détruise à son tour Varaždin.

Zagreb, fer de lance de la défense de la langue croate

Lorsque Joseph II, empereur d'Autriche, supprime la Constitution et impose l'allemand en 1784 comme langue officielle, Zagreb est en 1re ligne dans la lutte. 5 ans plus tard, tout est annulé. Bis repetita lorsque les Hongrois veulent imposer leur langue, Zagreb, évêque en tête, manifeste une résistance farouche.

En 1830, Zagreb devient la capitale du mouvement politique et culturel la *Renaissance illyrienne*. Mais ce n'est qu'en 1847 que l'Assemblée croate à Zagreb décrète le croate langue officielle, à la place du latin. En 1850, Gradec et Kaptol fusionnent et élisent un seul maire.

Zagreb dans la modernité

En libérant des terrains, le grand séisme de 1880 va précipiter l'urbanisation de la ville basse. L'architecte Milan Lenuci va s'y distinguer avec son « fer à cheval » vert, espèce de grand U, le dos à la gare, formé de places verdoyantes (Tomislavov trg, Strossmayerov trg, Mažuranićev trg, etc.) entourées d'édifices monumentaux prestigieux. Un autre architecte imprimera solidement sa patte au nouveau visage de Zagreb : Herman Bollé (1845-1926). Il restaure la cathédrale après le séisme et construit le grand cimetière Mirogoj.

Dans les années 1910-1930, d'autres immeubles d'inspiration moins austro-hongroise complètent la physionomie de la ville basse, avec les gentilles variations que furent le style historiciste, l'Art nouveau et l'Art déco sauce slave. Certes, en apparence, la ville basse paraît « austro-lourdingue », mais à y regarder de près, la diversité des styles lui donne un certain relief architectural.

Avec la création du royaume de Yougoslavie dont Belgrade est la capitale, Zagreb perd nécessairement de l'importance et de son pouvoir politique... qu'elle retrouve cependant sous Tito. Dans les années 1950-1960, une

---

■ Adresses utiles

⊞ 2 Office de tourisme de la région de Zagreb (B3)
   6 Consulat et ambassade de France (C2-3)
   7 Ambassade du Canada (A2)
⊞ 12 Clinique de traumatologie (D2)
⊞ 13 Hôpital pour enfants (A3)

▲ Où dormir ?

   73 Hotel Ilica (A2)
   74 Hotel Central (C3)
   75 Hotel Jadran (D2)
   76 Hotel Palace (C3)
   77 Regent Esplanade (C3)
   78 Hotel Fala (hors plan par B3)

|●| Où manger ?

   80 Bistro Fotić (C2)

♉ ♪ Où boire un verre ?
🚶 Où écouter de la musique ?
   Où sortir ?

   101 Kolding Caffe (B2)
   104 Bacchus Jazz Bar (C3)
   105 Dobar Zvuk (C2)
   106 Aquarius (hors plan par A3)
   107 Tvornica Club (hors plan par D3)

70

ZAGREB ET SA RÉGION

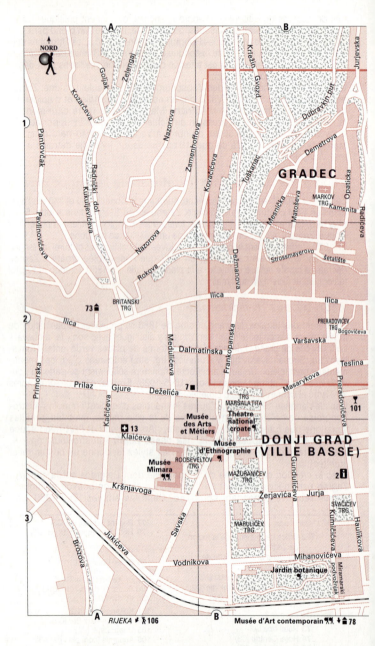

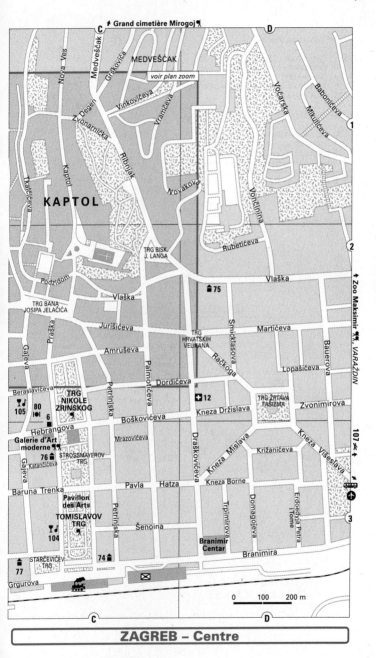

ZAGREB – Centre

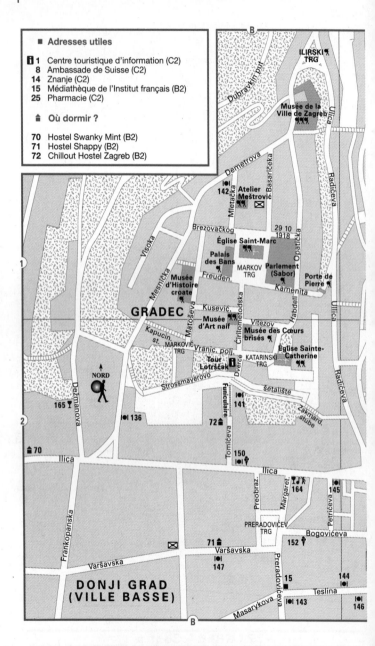

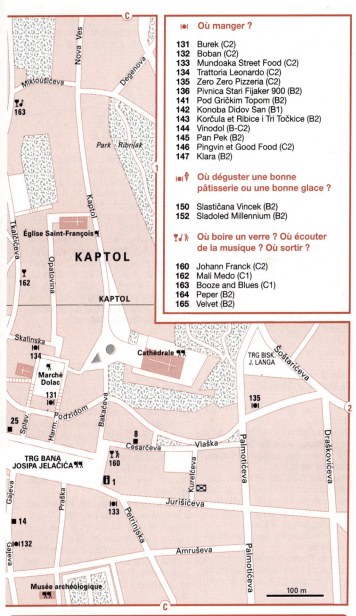

ZAGREB – Vieille ville (zoom)

Arriver – Quitter

En bus

🚌 **Gare routière** (autobusni kolodvor ; hors plan centre par D3) : av. Marina Držića 4. Résas : ☎ 060-31-33-33 (depuis la Croatie seulement) ; ☎ 00-385-1-61-12-789 (depuis l'étranger). Infos : ☎ 60-08-600. ● akz.hr ● Bureau d'info ouv 6h-22h. 🅣 n° 6 vers le centre-ville ou la gare ferroviaire (à 10 mn à pied). Liaisons nationales, internationales et pour l'aéroport. On y trouve une poste, des distributeurs automatiques et une banque. Consigne à bagages au niveau du quai 106 : compter 5 Kn/h pour un bagage inférieur à 40 kg (pour la longue durée, préférez la consigne de la gare ferroviaire). Nombreuses liaisons :
➢ **Rijeka :** env 25 bus/j. (2h15-3h de trajet).
➢ **Zadar :** env 20 bus/j. (3h30 de trajet).
➢ **Šibenik :** env 15 bus/j. (5h de trajet).
➢ **Split :** env 30 bus/j. (5h-5h30 de trajet).
➢ **Dubrovnik :** env 10 bus/j. (8h30-12h de trajet).
➢ **De/vers l'Istrie :** env 10 bus/j. pour **Poreč** et **Rovinj**, le double pour **Pula.**
➢ Également des bus pour **Osijek, Vukovar, Delnice,** etc.
➢ **Pour les lacs de Plitvice :** env 12 bus/j. directs ou à destination de Split ou Dubrovnik pour certains (2h15-2h45 de trajet). Bien demander pour ces derniers s'ils passent par les lacs.
➢ Enfin, des bus pour **Sarajevo, Mostar, Ljubljana,** etc.
➢ **Pour la France :** tickets *Eurolines* au guichet n° 11 (international) ou au bureau *Intercars-CTZ*, situé au rdc. Compter 24h de trajet.

En train

🚆 **Gare ferroviaire centrale** (glavni kolodvor ; plan centre C3) : Kralja Tomislava trg 12. Infos : ☎ 37-82-583 ou 060-333-444. ● hzpp.hr ● Bureau d'info ouv 6h-22h. 🅣 n° 6 vers le centre-ville ou la gare routière (à 10 mn à pied). Petit rappel linguistique, *odlazak* : « départs » ; *dolazak* : « arrivées ». Dans la gare même, bureau de l'office de tourisme (lun-ven 9h-21h, w-e 10h-17h) et bureau de change (tlj 7h-19h – 18h dim). Consignes automatiques (15 Kn/j.).
➢ Liaisons pour : **Varaždin** (15 trains/j. ; 2h30 de trajet), **Osijek** (4 trains/j. ; 4h30-5h30), **Split** (3 trains/j. ; trajet en 6 ou 8h de nuit), **Rijeka** (3 trains/j. ; 3h30-4h30) et une dizaine pour l'**Istrie** (Pula). Trains directs pour **Ljubljana, Venise, Vienne, Budapest, Belgrade...**

En avion

✈ **Aéroport Franjo Tuđman** (zračna luka) : situé à **Pleso**, à 16 km au sud-est du centre-ville. Rens : ☎ 45-62-170. ● zagreb-airport.hr ● On y trouve distributeurs automatiques, bureaux de change (taux désavantageux), poste (tlj 8h-20h) et bureau de l'office de tourisme (tlj 7h-22h). Nombreux loueurs de voitures (*Hertz, Avis, Europcar, Oryx, Uni Rent,* etc.). Vols domestiques vers Dubrovnik, Split, Pula et Zadar.
➢ **Bus :** des navettes relient l'aéroport à la gare routière de Zagreb. C'est le moyen le plus économique et le plus rapide. Départs ttes les 30 mn, 7h (5h depuis la gare routière)-20h. Navettes supplémentaires certains soirs pour les vols tardifs. Compter 30 mn de trajet et 30 Kn. Les billets s'achètent dans le bus.
➢ **Taxi :** compter 150-200 Kn. Inutile de négocier, les taxis sont tous officiels et possèdent un compteur. Vérifiez juste qu'il ait bien été remis à zéro.

Orientation

La ville présente une structure assez simple, il est donc facile de s'y repérer. Au nord, la ville haute *(Gornji grad)*, avec les 2 quartiers historiques de *Gradec* et *Kaptol,* chacun sur sa colline. Au sud, la ville basse *(Donji grad).* Au-delà de la ligne de chemin de fer, jusqu'à la Save, on trouve les quartiers qui ont poussé à partir de l'entre-deux-guerres. Encore plus au sud, de l'autre côté de la Save, *Novi Zagreb,* la ville nouvelle, aligne ses blocs séparés par des parcs ou des terrains vagues.

Transports urbains

D'abord, un conseil : la ville est petite et les distances à pied fort mesurées. LAISSEZ TOMBER la voiture. Vous allez galérer pour vous garer, finir par vous énerver et visiter la fourrière plutôt que la ville et ses musées !

➢ *Tramway :* ● zet.hr ● Une quinzaine de lignes de tramways sillonnent tte la ville. Fréquence 6-13 mn. C'est le moyen le plus pratique pour se déplacer. Achat du billet dans les kiosques *(tisak)* ou au chauffeur. Un ticket simple pour la zone I *(vozna karta)* coûte 10 Kn (15 Kn en cas d'achat dans le bus) ; il est valable 1h30 dans 1 seul sens (A/R non autorisé, donc). Gratuit moins de 6 ans. Une carte journalière *(dnevna karta)* existe, valable jusqu'à 4h du mat le jour suivant pour 30 Kn.
Tramways nocturnes n⁰ˢ 31, 32, 33 et 34, ttes les 25-50 mn, minuit-5h. Horaires et parcours sur les arrêts et disponibles sur le site internet de la compagnie. Ticket : 15 Kn.

➢ *Bus :* ● zet.hr ● Un bon réseau dessert les banlieues éloignées. En zone I, tickets identiques à ceux des tramways. À l'extérieur de l'hypercentre, un titre de transport coûte 20 Kn en zone II et 30 Kn en zone III.

➢ *Funiculaire :* ● zet.hr ● Un petit funiculaire *(uspinjača),* construit en 1890, relie la ville basse à la ville haute. Il vous élève de 66 m depuis la rue Tomićeva *(zoom B2)* jusqu'à Strossmayerovo šetalište. Départs ttes les 10 mn, 6h30-minuit (22h hors saison). Trajet : 5 Kn. Si vous êtes dans les limites de validité de 1h30, votre billet de bus ou de tram est valable.

➢ *Taxi :* une course moyenne dans la ville basse coûte env 30 Kn. Le prix de départ est de 10 Kn, puis 6 Kn/km (supplément le dim et 22h-5h). Pour appeler un taxi : ☎ *1717 ou 060-800-800 (Radio Taksi Zagreb) ou* ☎ *1212 (Cammeo, un peu moins cher pour la prise en charge).* Plusieurs stations dans le centre (ulica Gajeva devant le Musée archéologique, Bana Jelačića trg à côté du Gradska Kavana ou devant l'hôtel *Regent,* près de la gare ferroviaire).

➢ *Voiture :* attention aux tramways, dont les voies servent également à la circulation des voitures. Pour s'y retrouver, le plan donné par l'office de tourisme indique les sens de circulation. La ville basse comme la ville haute se visitent parfaitement à pied, alors garez la voiture et hardis les mollets ! Le stationnement est payant sauf le dim : en zone I (centre-ville), 7h-21h (15h sam), 2h max, 6 Kn/h ; en zone II (périphérie du centre), 7h-20h (15h sam), 3h max, 3,30 Kn/h. Attention, la police est très active et intransigeante ! Pour avoir l'esprit tranquille, il y a des parkings, notamment sur Ilica 45, Petrinjska 59 et sous la gare ferroviaire (4 Kn/h ; 1 Kn/h de nuit).

Adresses et infos utiles

Informations touristiques

🛈 *Centre touristique d'information* (turistički informativni centar ; *zoom C2,* **1**) *: Bana Josipa Jelačića trg 11.* ☎ *48-14-051, 052 ou 054.* ● *infozagreb.hr* ● *Lun-ven 8h30-20h (21h en été), sam 9h-18h, dim 10h-16h*

(9h-18h en été). Annexes à Gradec (tour Lotrščak : lun-ven 9h-21h et w-e 10h-21h), à l'aéroport, à la gare ferroviaire ainsi qu'à la gare routière (lun-ven 9h-21h, w-e 10h-17h). Le personnel est compétent et souvent francophone. Vous y trouverez un plan de la ville avec lignes de tram et sens de circulation. Également de nombreuses brochures sur la ville très bien faites (en français pour la plupart). Demander le journal gratuit Zagreb Times et le fascicule Zagreb in your Pocket qui fourmillent d'infos et de bonnes adresses. Met à dispo également un livret des hébergements à Zagreb.

🄸 **Office de tourisme de la région de Zagreb** (turistička zajednica Zagrebačke župani ; plan centre B3, **2**) : Preradovićeva 42. ☎ 48-73-665. ● tzzz.hr ● Lun-ven 8h-16h. Toutes les infos touristiques sur les environs de Zagreb.

Postes

✉ **Poste** (zoom C2) : Jurišićeva 13. À deux pas de la pl. centrale. Lun-sam 7h-20h (14h sam). 2 autres petites postes, bien pratiques : dans la vieille ville, dans ulica Basaričova (zoom B1), et à l'angle de Varšavska et Gunduliceva (zoom B2).

✉ **Poste centrale** (plan centre C3) : Branimirova 4. À côté de la gare ferroviaire. Tlj 7h-minuit. Fait poste restante et bureau de change (mêmes horaires).

Argent, banques, change

Retrait d'argent dans les nombreux distributeurs automatiques du centre-ville et dans les postes (qui assurent les transferts d'argent via Western Union également).
Pour changer des espèces, les taux sont comparables dans les banques (lun-ven 8h30-15h ou 16h), postes ou bureaux de change (mjenjačnice) qui fleurissent en ville (en revanche, ceux de l'aéroport pratiquent un taux peu intéressant).

Représentations diplomatiques

■ **Consulat et ambassade de France** (plan centre C2-3, **6**) : Andrije Hebranga 2 (Hebrangova). ☎ 48-93-680 (consulat) ou 600 (ambassade). ● consulat@ambafrance.hr ● ambafrance-hr.org ● Lun-ven 8h45-12h45, sur rdv. Le consulat peut, en cas de difficultés financières, vous indiquer la meilleure solution pour que des proches puissent vous faire parvenir de l'argent ou vous assister juridiquement en cas de problème.

■ **Ambassade de Belgique** (hors plan centre par A1) : Pantovčak 125 B1. ☎ 45-78-901 (consulat). ● croatia.diplomatie.belgium.be ● Lun-ven 9h-13h, 14h-16h.

■ **Ambassade du Canada** (plan centre A2, **7**) : Prilaz Gjure Deželića 4. ☎ 48-81-200. ● canadainternational.gc.ca/croatia-croatie ● Lun-jeu 10h-12h, 13h-15h ; ven 10h-12h.

■ **Ambassade de Suisse** (zoom C2, **8**) : ul. Augusta Cesarca 10. ☎ 48-78-800. ● eda.admin.ch/zagreb ● Lun-ven 8h30-12h.

Police, urgences, santé

■ **Police** : ☎ 192.
■ **Pompiers** : ☎ 193.
■ **Urgences** : ☎ 194 ou 112.
🄳 **Clinique de traumatologie** (plan centre D2, **12**) : Draškovićeva 19. ☎ 46-97-000. Pour toutes les urgences.

🄳 **Hôpital pour enfants** (klinika za dječje bolesti « Zagreb » ; plan centre A3, **13**) : Klaićeva 16. ☎ 46-00-111.
■ **Pharmacie** (zoom C2, **25**) : Bana Josipa Jelačića trg 3. ☎ 48-16-198. Très centrale et dotée d'un guichet de nuit (sonner sur le côté gauche de la pharmacie).

Presse, librairie

– On trouve la presse internationale dans les kiosques de la place Bana Josipa Jelačića (zoom C2).
■ **Znanje** (zoom C2, **14**) : Gajeva 1. Lun-ven 8h-21h, sam 9h-20h, dim 9h-15h. Librairie qui propose de nombreux livres en anglais, des guides touristiques et ouvrages historiques sur la Croatie.
■ **Médiathèque de l'Institut français** (zoom B2, **15**) : Preradovićeva 5. ☎ 48-83-570. ● institutfrancais.hr ●

Mar-ven 12h30-19h30, sam 11h-14h. Congés : 14 juil-25 août. Prêt de livres et DVD. Presse et magazines en consultation gratuite. Excellent accueil et plein de bons conseils.

Où dormir ?

CAMPING

⏟ Camping Plitvice *(hors plan centre par A3)* **:** *10250 Lučko.* ☎ *65-30-444.* ● *motel-plitvice.hr* ● *À env 12 km à l'ouest du centre de Zagreb. Attention, il fait partie du Motel Plitvice, dont l'accès se fait seulement depuis la station-service au km 16, direction sud de l'autoroute A 3. En transport en commun, galère à l'horizon : Trams : n°s 4, 5, 7, 14 ou 17 jusqu'à Savski most, puis env 15 mn avec le bus n° 112, peu fréquent (ne circule pas pdt vac scol) ; au terminus (patte-d'oie), continuer à pied sur 300 m jusqu'à un portillon dans la clôture de l'autoroute. Mai-sept. Env 180 Kn pour 2 avec voiture et tente.* Le seul camping de Zagreb, au bord de l'autoroute ! Une centaine d'emplacements. Ombragé mais sans charme. Sanitaires ayant bien servi et bien moyennement tenus...

AUBERGES DE JEUNESSE

Pas moins de 40 auberges de jeunesse à Zagreb ! Il y a en a pour tous les goûts et toutes les bourses. Attention, celles situées autour de la gare sont peu chères mais peu engageantes et vieillottes. Préférez poser votre sac dans celles du centre-ville, bien plus sympas !

🏠 Hostel Swanky Mint *(zoom B2, 70)* **:** *Ilica 50.* ☎ *40-04-248.* ● *swanky-hostel.com* ● *Dans la rue principale, à 2 arrêts de tram de la pl. centrale. Résa conseillée. Selon saison, dortoirs 4-11 pers 90-170 Kn/pers ; doubles avec sdb privée 360-520 Kn ; studios 4-6 pers 465-760 Kn. Loc de vélos.* Une AJ unique à Zagreb ! Installée dans une ancienne entreprise de nettoyage de textile de la fin du XIXe s, elle a été rénovée dans un style *arty* très new-yorkais, en préservant son aspect industriel avec ses tuyaux apparents et ses murs en brique rouge. Vaste cuisine commune, 2 bars, plusieurs salons pour se poser, et une terrasse en paliers sur l'arrière avec... une piscine ! Un lieu étonnant ! Côté chambres, 6 dortoirs pour 4 à 6 personnes, 4 doubles avec salle de bains privée et 3 studios avec cuisine, le tout aménagé avec des matériaux de récup. Les prix sont un brin plus élevés qu'ailleurs mais ça les vaut bien. Des activités et soirées sont organisées tous les jours. Ambiance super conviviale, forcément !

🏠 Hostel Shappy *(zoom B2, 71)* **:** *Varšavska 8.* ☎ *48-30-483.* ● *hostel-shappy.com* ● *À proximité de la pl. centrale. Dortoirs 4-5 pers 145-175 Kn/pers ; doubles avec sdb commune 295-415 Kn, avec sdb privée 370-490 Kn.* En retrait d'une rue piétonne très vivante, dans une calme cour verdoyante avec transats et mobilier de jardin, une AJ moderne et design, vraiment charmante. 3 dortoirs de 4-5 lits, dont un réservé aux filles, impeccables et lumineux et une quinzaine de chambres doubles avec ou sans salle de bains privée, organisées autour de la courette centrale. Parquet, double vitrage, TV, matelas neuf et couette... du confort hôtelier à petit prix ! Excellent accueil féminin et dévoué.

🏠 Chillout Hostel Zagreb *(zoom B2, 72)* **:** *Tomićeva 5a.* ☎ *48-49-605.* ● *chillout-hostel-zagreb.com* ● *Dans une cour au pied du funiculaire. Dortoirs 4-8 pers 90-155 Kn/pers ; doubles avec sdb privée 300-400 Kn.* Une grosse AJ de 170 lits où se croisent des routards du monde entier dans une ambiance très chaleureuse et souvent festive. Sur 5 niveaux dans un bâtiment ancien bien rénové, avec portes d'isolation phonique à chaque étage, des chambres et dortoirs colorés et climatisés, un brin à l'étroit et avec matelas peu épais, mais à ce prix-là et en plein centre on ne va pas se plaindre ! Cuisine commune, resto à prix d'amis, grand bar et terrasse dans la cour. Des soirées sont organisées, ainsi que des excursions pour les lacs de Plitvice. Tout est bien rodé et l'équipe est vraiment sympa.

HÔTELS

Prix moyens

🛏 **Hotel Ilica** (plan centre A2, **73**) : Ilica 102. ☎ 37-77-522. ● hotel-ilica.hr ● *Dans la rue principale, à 2 arrêts de tram de la pl. centrale. Résa indispensable. Pour 2, compter env 300-400 Kn. Parking env 40 Kn.* Établissement surprenant par sa déco frisant la boutique d'antiquaire. Des chambres personnalisées et agrémentées de beaux tableaux, toutes de taille et de style différents. Attention, celles dans l'annexe sont petites, peu lumineuses et pourtant proposées aux mêmes tarifs. Cela dit, à ces prix si bas pour le centre-ville de Zagreb, les clients se bousculent.

🛏 **Hotel Fala** (hors plan centre par B3, **78**) : Trnjanske Ledine 18. ☎ 61-11-062. ● hotelfala.hr ● *Fléché depuis l'avenue reliant le centre-ville à la ville nouvelle au sud. Bus n°s 219, 220, 221 ou 268 (2e arrêt depuis la gare ferroviaire). Double env 420 Kn, petit déj compris.* Le premier abord peut inquiéter : une bâtisse au bord d'une avenue très passante. Mais l'adresse se révèle au final une bonne option. Les chambres à l'arrière et sur l'intérieur (fenêtres regardant le corridor) sont calmes. Bon confort, bon accueil, propre et pas trop cher.

🛏 **Hotel Pleška** : Pleška 46, Velika Gorica. ☎ 62-65-277. ● pleska.hr ● *À env 2 km de l'aéroport (16 km au sud-est de Zagreb). Depuis l'avenue quittant le terminal, au 1er feu prendre à gauche l'av. Ivan Pavla II en direction de Sisak ; tourner à droite 3 feux plus loin (à pied) dans la rue en biais (au 5e feu en voiture) pour rejoindre la rue Pleška. Résa conseillée. Double 400 Kn, petit déj compris. CB refusées.* Pratique pour un vol tardif ou très matinal. Il s'agit d'un établissement très accueillant et possédant une demi-douzaine de chambres, avec salle de bains privée, bien tenues. Belle terrasse fleurie.

Chic

🛏 **Hotel Jadran** (plan centre D2, **75**) : Vlaška 50. ☎ 45-53-777. ● hoteljadran.com.hr ● *Doubles env 65-90 €, petit déj compris. Parking gratuit (résa conseillée).* Très bien situé, à 5 mn de la place centrale, un hôtel moderne aux chambres rénovées dans un style très contemporain. Double vitrage côté rue (Vlaška est très bruyante) et salle de bains bien équipée. Un bon plan au rapport qualité-prix-confort intéressant. Service pro.

🛏 **Hotel Central** (plan centre C3, **74**) : Branimirova 3. ☎ 48-41-122. ● hotel-central.hr ● *Juste en face de la gare ferroviaire. Doubles env 90-100 € selon confort et saison, petit déj compris.* Pratique par sa situation, proche du centre-ville. Derrière sa scintillante façade aux vitres teintées, cet ancien hôtel d'État de la période titiste possède des chambres rénovées et tout confort. Les supérieures sont nettement plus grandes et à peine plus chères. Prestations standard, typiques d'un hôtel de gare.

Très chic

🛏 **Hotel Palace** (plan centre C3, **76**) : Strossmayerov 10. ☎ 48-99-600. ● palace.hr ● *À 5 mn de la pl. centrale. Doubles 105-125 €, petit déj compris.* Superbe bâtiment ancien (ouvert en 1891) avec fenêtres Art déco donnant sur le beau parc Strossmayera. Hall cossu, chambres spacieuses et confortables, à la déco « modernement » bourgeoise.

🛏 **Regent Esplanade** (plan centre C3, **77**) : Mihanoviceva 1. ☎ 45-66-666. ● esplanade.hr ● *À 50 m à gauche en sortant de la gare. Doubles 140-180 €. Parking payant.* Impossible de rater la massive silhouette mi-néoclassique mi-néopalladienne de ce grand hôtel des Années folles. Bâti en 1925 pour héberger les passagers fortunés de l'*Orient-Express,* il a gardé tout son chic, dehors comme dedans. Prestations et service de haute volée, décor historique, mobilier raffiné, salle de bal en rotonde de rêve, petit déjeuner princier, chambres royales : le lieu mérite qu'on casse sa tirelire (les routards futés trouveront les bons plans sur Internet pour ne pas rater ce rendez-vous d'exception !).

Où manger ?

Sur le pouce

|●| Pour manger pas cher, pas mal de possibilités dans le centre : **Pan Pek** *(zoom B2, 145 ; Bana Josipa Jelačića trg ; lun-sam 7h-22h)* ou **Pingvin** et **Good Food** *(zoom C2, 146 ; Teslina 7 et 10)*, pour leurs sandwichs dont on choisit la composition, ou une boulangerie comme **Klara** *(zoom B2, 147 ; Varšavska 13 ; tlj 7h-20h – 14h sam, 13h dim)*.

|●| **Burek** *(zoom C2, 131)* : Tržnica Dolac 2. Sur la terrasse sous le marché de Dolac. Tlj 6h-21h (15h w-e). Un des rares marchands de *burek* du centre-ville. Selon sa faim, on commande une portion plus ou moins grande de *burek sa mesom* (à la viande) ou *sa sirom* (au fromage). Le tout accompagné d'un *jogurt*, à savourer aux beaux jours sur les tables installées en terrasse. Même les affamés s'en sortent pour peu cher.

Bon marché

|●| **Trattoria Leonardo** *(zoom C2, 134)* : Skalinska 6. ☎ 48-73-005. Tlj. Pizzas, pâtes et gnocchis 20-55 Kn. Terrasse en escalier sur la fourmillante rue piétonne. On y plébiscite des spécialités italiennes (pâtes et pizzas) à des prix imbattables : goûtez donc les *zeleni rezanci s umakom od buče i besiljkom* (des nouilles aux épinards, quoi !). Pas de la haute gastronomie, mais reste correct...

|●| **Zero Zero Pizzeria** *(zoom C2, 135)* : Vlaška 35. ☎ 88-97-000. Tlj jusqu'à 23h. Pizzas 30-70 Kn. Sans doute la meilleure pizzeria de la ville. La pâte est fine et croustillante, la garniture est copieuse, à base de produits frais et les prix sont serrés. Agréable terrasse et salle à la déco chaleureuse, le tout à deux pas de la place principale.

Prix moyens

|●| **Mundoaka Street Food** *(zoom C2, 133)* : Petrinjska 2. ☎ 78-88-777. Tlj sauf dim 9h-minuit (1h ven-sam). Plats 70-130 Kn. Un resto bien dans l'air du temps qui propose sur sa terrasse dans la rue piétonne de copieuses assiettes : burger de thon avec pain brioché, *fried crispy pork* croustillant à souhait, savoureux travers de porc caramélisés, énorme entrecôte pour 2 personnes et de belles salades de quinoa... Bonnes bières artisanales. Tout est bon, original et pas cher. Et ça marche fort ! Service efficace et rapide.

|●| **Ribice i Tri Točkice** *(zoom B2, 143)* : Petra Preradovićeva 7/1. ☎ 56-35-479. Tlj jusqu'à minuit. Plats 50-100 Kn. Salle au 1er étage, aux tons bleus relevés de poissons polychromes aux murs, façon dessins d'enfant et terrasse sur rue. Si on vient se régaler ici du *gulaš od sipa* (ragoût de seiche), queues de lotte (spécialités de la maison), on peut aussi opter pour les poissons frits ou grillés selon l'arrivage du jour (carnassiers, s'abstenir !). Service gentil et efficace. Une excellente adresse, stable, à l'excellent rapport qualité-prix.

|●| **Pivnica Stari Fijaker 900** *(zoom B2, 136)* : Mesnička 6. ☎ 48-33-829. Tlj 11h-22h. Plats 60-120 Kn. Menus 200 Kn. Jolie salle voûtée à la déco traditionnelle croate avec d'amusants luminaires dans des petites charrettes. On s'y restaure d'une cuisine continentale consistante faite de spécialités locales, souvent slavonnes : des *punjene paprike* (petits poivrons farcis), de la *sarma* (une sorte de choucroute farcie), de la *pašticada* ou du *gulaš à la Fijaker*. Personnel prévenant et attentif.

|●| **Konoba Didov San** *(zoom B1, 142)* : Mletačka 11. ☎ 48-51-154. Tlj jusqu'à 22h (minuit en été). Plats 70-120 Kn. En plein cœur de Gradec, une auberge comme à la campagne avec ses poutres noircies, feuilles de tabac qui sèchent aux murs, vieilles photos. Les serveurs nonchalants en habit traditionnel font craindre l'attrape-touriste ! Eh bien non ! C'est une adresse populaire où valsent de copieux plats des terroirs croates. Rien de raffiné, mais une bonne dose d'authenticité.

|●| **Bistro Fotić** *(plan centre C2, 80)* : Gajeva 25. ☎ 48-10-476. Tlj sauf dim. Résa conseillée. Plats 60-165 Kn. Belle reconversion pour cet ancien photographe qui a transformé son magasin en resto ! Le magasin de photo est toujours

là, avec son comptoir et ses vieux appareils, mais 3 salles de styles très différents ont poussé autour. Dans l'assiette, une cuisine moderne, convaincante et goûteuse, au dressage bien pensé. On filera sur les suggestions du jour, variant selon le retour du marché, cuisinées avec soin par un chef inspiré. Beaucoup d'habitués, on les comprend.

Chic

|●| Korčula (zoom B2, **143**) : Teslina 17. ☎ 48-72-159. *Tlj sauf dim soir. Résa conseillée. Plats 70-150 Kn, poisson au poids (420 Kn/kg).* Un des restos de poisson les plus fréquentés du centre-ville, dans un cadre intimiste. Demandez à choisir vous-même votre poisson ; grande variété. C'est également l'occasion de se faire conseiller des vins dalmates. Un peu cher pour Zagreb, mais le risotto et les petits poissons grillés restent abordables.

|●| Vinodol (zoom B-C2, **144**) : Teslina 10. ☎ 48-11-427. *Tlj jusqu'à minuit. Plats 70-160 Kn.* Du salami de Slavonie au bifteck truffé et autres côtelettes de veau aux épinards, en passant par l'excellent agneau de Cres, bien des quadrupèdes joliment accommodés viennent ici régaler des bipèdes carnivores. Le tout possiblement arrosé par une riche carte des vins. Service et dressage des tables plutôt chic, terrasse couverte ou salle voûtée pleines de charme : on en deviendrait « vinodolâtres ».

|●| Boban (zoom C2, **132**) : *Gajeva 9.* ☎ 48-11-549. *Tlj jusqu'à minuit. Plats 70-140 Kn.* Au sous-sol, sous des arcades en brique rouge ou dans un joli patio sur l'arrière, voire en terrasse sur la rue piétonne, on y sert des spécialités maison italiennes (pâtes, lasagnes et gnocchis) ou de copieuses salades. Toutefois, on paie plus le cadre et la qualité du service que le raffinement de la cuisine.

|●| ⚲ Pod Gričkim Topom (zoom B2, **141**) : *Zakmardijeve stube 5 (Gradec).* ☎ 48-33-607. *En contrebas du sommet du funiculaire. Tlj sauf dim jusqu'à minuit. Plats 60-135 Kn.* Accrochée à la colline, une terrasse avec une vue des plus séduisante sur Zagreb dans un environnement verdoyant. Ici, le choix varie en fonction des saisons et du marché, avec de belles suggestions à l'ardoise : poisson et poulpe en été, ragoût hors saison, et risottos toute l'année pour les budgets restreints. Le tout concocté par un chef sérieux. S'il n'y a pas trop de monde, l'endroit est idéal pour un tête-à-tête ! Excellent accueil.

Où déguster une bonne pâtisserie ou une bonne glace ?

|●| ♥ Slastičarna Vincek (zoom B2, **150**) : *Ilica 18. Lun-sam 8h30-23h30.* C'est LA pâtisserie de Zagreb, celle que tout le monde vous recommandera. Un grand choix de gâteaux aux influences d'Europe centrale. Goûter la *savijača* aux fruits de saison ou les *šamšnite* (des meringues tendres). On y fait aussi la queue pour les boules de glace. Salon de thé au fond.

♥ Les amateurs de glace ne manqueront pas la **Sladoled Millennium** (zoom B2, **152** ; *Bogovićeva 7 ; tlj 8h-23h*). Vaste choix de parfums délicieux et originaux, et des sorbets à tomber. De beaux gâteaux également. Terrasse sur la rue piétonne pour déguster tout ça entre gourmands.

Où boire un verre ? Où écouter de la musique ?

Café traditionnel

♥ ✗ Johann Franck (zoom C2, **160**) : *Bana Josipa Jelačića trg 10. Tlj 8h-minuit.* Un des cafés historiques de la ville. Dominées par un monumental escalier intérieur, les nombreuses photos de Zagreb aux murs témoignent de ce que fut la ville au début du XXe siècle. Le matin, ambiance studieuse d'une clientèle âgée venue éplucher le journal. Certains soirs, l'étage se transforme en discothèque.

Boire un verre en journée

❢ Cafés de la rue Tkalčićeva *(zoom C1) :* cette rue piétonne séparant les quartiers historiques de Gradec et Kaptol fut le lit du ruisseau Medvešćak. Aujourd'hui, il n'y a pas que de l'eau qui y coule à flots, de jour comme de nuit. Vous n'aurez que l'embarras du choix entre les terrasses de cafés au coude à coude. Les intérieurs sont tous plus tape-à-l'œil les uns que les autres. Faites comme les Zagrébois, remontez tranquillement la rue, puis redescendez-la pour choisir votre lieu à vous.

❢ Mali Medo *(zoom C1, 162) : Tkalčićeva 36. Tlj jusqu'à minuit.* Un café bar très populaire chez les jeunes (et moins jeunes) Zagrébois pour son bon choix de bières pression de la locale *Pivnica Medvedgrad* (chopes jusqu'à 1 l... *hips* !). Les 2 grandes terrasses, comme la salle, sont vite bondées. *Live music* certains soirs. On peut y manger également mais il y a mieux (et plus calme) ailleurs.

❢ Kolding Caffe *(plan centre B2, 101) : Beraslavićeva 8. Tlj jusqu'à 1h (2h w-e).* L'arrière-cour est couverte par une verrière avec une grande fresque représentant une façade de vieux bâtiment croate. On s'y sent comme dans un jardin pour boire au calme l'un des meilleurs chocolats chauds de la ville.

❢ Velvet *(zoom B2, 165) : Dežmanova 9. Lun-sam 8h-23h, dim 10h-14h.* 2 bars en 1. Côté pile, une déco dépouillée faite de cadres noir et blanc. Côté face, une salle « barococo » constellée de luminaires, avec une surprenante juxtaposition de lustres, et un salon oscillant entre bibliothèque et atelier d'artiste. Jolie terrasse verdoyante donnant sur la paisible rue. En cas de p'tit creux, on peut accompagner son *drink* de quelques bons gâteaux maison. Une adresse originale qui plaît aux filles pour une « soirée copines ».

Boire un verre en soirée

❢ ♪ Bacchus Jazz Bar *(plan centre C3, 104) : Kralja Tomislava trg 16. Tlj sauf dim jusqu'à minuit. Concerts le soir jeu-sam.* Dans une cave rustique, décorée de bric et de broc, du jazz chic et choc qui vient gratouiller la corde sensible des amateurs de Ray, Miles, Scott... Clientèle à l'oreille avertie : cuivres, basse, batterie, piano rythment et swinguent des soirées très *zagrébables.*

❢ ♪ Booze and Blues *(zoom C1, 163) : Tkalčićeva 84. ● booze-and-blues. com ● Tlj jusqu'à 1h (2h w-e).* Un lieu étonnant, décoré de guitares électriques en façade, comme en salle. Amusante tireuse à bière en forme de saxo, photos de chanteurs et musiciens mythiques, et ambiance survoltée certains soirs. Ne pas manquer les concerts rock ou blues organisés du jeudi au samedi soir. Un p'tit air de la Nouvelle-Orléans. Top !

❢ ♪ Dobar Zvuk *(plan centre C2, 105) : Gajeva 18. Fermé 15 juil-15 août. Tlj jusqu'à minuit (2h w-e).* Excellent pub tendance rock et jazz, aux murs décorés de plaques publicitaires et de photos des Beatles. Clientèle bohèmo-étudiante. Coins et recoins, mais vous n'échapperez pas à la musique à fond la caisse (*live music* certains samedis). Billard pour ceux qui s'ennuient.

❢ ♪ ✗ Peper *(zoom B2, 164) : Ilica 5 (entrée par la rue piétonne Margaretska). Mer-sam 22h-5h (ou 6h). Entrée env 20-25 Kn (gratuit avt 22h mer-jeu et avt 23h ven-sam).* L'une des seules boîtes du centre-ville. Bar en terrasse dans la ruelle et piste de danse au sous-sol, dans une cave voûtée en briquette rouge. Des concerts certains soirs, puis on y guinche jusqu'au petit jour. Malgré son nom, rien de pépère, ici !

Où sortir ?

La vie nocturne est quasi frénétique au lac Jarun. Pour s'y rendre, prendre le tram n° 17, ou le n° 34 la nuit.

L'animation bat son plein après que le carrosse de Cendrillon est redevenu citrouille, et les boîtes vibrent jusqu'au-delà de 4h. Elles sont en général payantes (entrée dans les 3-40 Kn). Pour guider votre choix, les soirées s'affichent sur les murs du centre-ville et dans la plupart des quotidiens.

Aquarius (hors plan centre par A3, 106) : Matije Ljubeka bb, Jarun. Ven-sam jusqu'à 6h. Programmation sur la page Facebook du club. Sur la rive du lac Jarun, une immense boîte très prisée de la jeunesse zagréboise. Public jeune qui conflue dès minuit pour d'endiablées soirées techno. Si vous vous faites refouler, d'autres adresses (tout aussi animées) ne manquent pas dans ce coin. En été, le club déménage sur l'île de Pag.

Tvornica Club (hors plan centre par D3, 107) : Šubićeva 2. • tvorni cakulture.com • En principe, tlj jusqu'à 4h, mais vérifier sur leur site avt d'y aller. Fermé du 11 juil au 22 août. Tvornica, « L'Usine », occupe le rez-de-chaussée de la Maison des travailleurs *(radnički dom).* Mégaboîte de nuit qui peut accueillir plusieurs milliers de personnes dans 3 salles. Riche programmation.

À voir

La *Zagreb Card (98 Kn pour 1 j., 135 Kn pour 3 j.)* donne droit à des réductions sur l'entrée des principaux musées et à la gratuité des transports publics.

Dans Kaptol

En quelques dizaines de mètres, on passe du centre trépidant au calme tout provincial de *Kaptol* (le quartier du Chapitre). Emprunter la charmante *Bakačeva.* Après avoir passé un vestige du rempart, on se retrouve sur la grande place triangulaire devant la cathédrale.

La cathédrale (katedrala ; zoom C2) : tlj 7h-20h. Édifiée à partir de 1102, en style roman tardif, elle fut quasiment détruite en 1242 lors de l'invasion tatare. Reconstruite en gothique, en relevant les 2 nefs de côté pour les mettre au niveau de la nef centrale et obtenir une église-halle, il fallut plus d'un siècle et demi pour l'achever. En 1500, Zagreb possédant la cathédrale la plus orientale de l'Occident chrétien, une enceinte avec tours aux angles fut élevée autour de Kaptol, en prévision des attaques ottomanes. Les 2 clochers gothiques seront cependant abattus par les canons turcs en 1529 et remplacés par une puissante tour quadrangulaire utilisée comme vigie. Considérablement dégradée en 1880 à la suite d'un terrible tremblement de terre, la cathédrale fut restaurée par Herman Bollé. Il fit rétablir les clochers, surmontés de 2 superbes flèches néogothiques culminant à 105 m. À l'intérieur, Bollé respecta la structure primitive, se contentant de redonner élan et légèreté aux nefs. À gauche de la nef centrale, belle *chaire* baroque (1696) en marbre polychrome. À droite du chœur, *pierre tombale de Toma Bakač Erdödy,* vainqueur des Ottomans à Sisak en 1593. Sur le mur du fond, la grande inscription en écriture glagolitique fut réalisée en 1941 pour le 1 300ᵉ anniversaire de l'évangélisation des Croates.
En sortant, jeter un œil aux vestiges de fortifications. Pour ouvrir une perspective sur la façade, Bollé fit abattre le rempart et la *tour Bakač* qui s'élevait devant. Il en reste cependant 5, pour la plupart englobées dans le palais de l'archevêché.

La rue Kaptol (Kaptolska ; zoom C1-2) : c'est la rue qui part du bout de l'entonnoir formé par la place. Elle a conservé un certain caractère, grâce notamment aux élégantes maisons de chanoines qui la jalonnent. Au n° 29, le plus grand séminaire de Kaptol. Tout à côté, au n° 28, une ravissante demeure baroque beige et blanc, au décor sobre. Sur le trottoir d'en face, au n° 8, une longue maison baroque avec oriel surmonté d'un élégant « casque à pointe ». Au n° 9, le ***théâtre Comédie*** *(Komedija),* puis l'***église Saint-François*** *(zoom C1),* qui recèle sur la droite en entrant une Madone dans une grotte kitsch dans l'esprit de celle de Lourdes. Retour vers le centre de Kaptol par la ***rue Opatovina*** *(zoom C1-2),* où s'alignent de nombreux cafés en terrasse et des boutiques très touristiques. Des demeures anciennes, il ne reste que les n°s 25 et 27, ainsi qu'un immeuble années 1930, parmi les constructions plus récentes.

🏃 **Le marché Dolac** *(tržnica Dolac ; zoom C2)* **:** tlj 7h-15h (13h dim). Le « ventre de Zagreb », situé sur 2 niveaux, avec une partie couverte dans ce qui fut le cœur médiéval de Kaptol, lacis de ruelles étroites, hélas rasé en 1925. *Statue de Kerempuh,* humoriste sarcastique, amuseur, symbole d'un certain esprit frondeur, très populaire chez les Zagrébois. L'***église Sainte-Marie*** date du XIVe s mais fut profondément remaniée en style baroque au XVIIIe s.

🏃🏃 **La rue Tkalčićeva** *(zoom C1)* **:** dans le cours évaporé de la rivière qui faisait frontière entre Kaptol et Gradec. Parmi la myriade de cafés, dont les terrasses sont prises d'assaut par les touristes et jeunes Zagrébois, on pourra distinguer quelques demeures de caractère, notamment celle au n° 14, à large porche de pierre (noter les volets en métal ouvragé). À partir du n° 18, la rue présente une belle homo-

> **SANG POUR SANG**
>
> *Jusqu'en 1899, un pont en bois sur la Medveščak, entre les rues Radićeva et Tkalčićeva, fut nommé par les Zagrébois* Krvavi most*, « le pont sanglant ». En effet, les relations entre les habitants de Gradec et de Kaptol étaient si tendues que plus d'une rencontre sur ce pont se termina par des effusions... de sang !*

généité architecturale : maisons basses à un étage aux tons pastel, toits de tuiles patinées, quelques-unes avec longs balcons de bois à encorbellement. Une véritable rue de village qui a miraculeusement traversé les siècles. Quelques maisons encore décaties la préservent d'un côté trop décor d'opérette. Une petite rue parallèle à la Tkalčićeva et les étroites *stube* (ruelles en escalier) qui montent vers Gradec livrent d'autres perspectives, points de vue et recoins plus secrets...

Dans Gradec

D'où que l'on vienne, escaliers et huile de mollets sont nécessaires pour grimper à Gradec. Seul le funiculaire qui se prend sur **J. E. Tomićeva** *(zoom B2)* peut vous exempter de grimpette. Il fonctionnait à la vapeur jusqu'en 1932, puis fut électrifié. C'est un merveilleux trek urbain dans l'histoire que vous allez effectuer (et à refaire de nuit, aussi !). Notre itinéraire part de la place *Bana Josipa Jelačića,* mais il peut se faire à l'envers au départ du funiculaire.

🏃🏃 **La rue Radićeva** *(zoom B-C1-2)* **:** c'est l'ancienne « rue des Cordonniers-Allemands », bordée d'élégantes maisons de caractère. Elle donne accès à la **porte de Pierre** *(Kamenita vrata ; zoom B1),* la dernière porte de ville encore existante, reconstruite en 1760. Quelques années auparavant, elle avait été victime d'un grave incendie, et tout ce qui était en bois avait brûlé, sauf un portrait de la Vierge qui trône aujourd'hui dans une petite chapelle, protégé par une grille en fer forgé, qui fait l'objet d'un culte populaire (nombreux ex-voto). Cette porte apparaît souvent dans la littérature croate, notamment dans *L'Or des orfèvres,* du grand écrivain August Šenoa.

🏃 Passé la porte de Pierre, à l'angle des rues *Kamenita vrata* et *Habdelićeva,* **une des plus anciennes pharmacies** de Croatie, en activité (depuis 1355). Où officia, dit-on, Nicolo Alighieri, l'arrière-petit-fils de Dante.

🍴🎿 **La rue Opatička** *(zoom B1)* : un charme fou de jour comme de nuit ! Au n° 10, **la plus belle grille de Croatie,** dessinée par Herman Bollé. Un chef-d'œuvre de l'art du fer forgé, qui ouvre sur une ravissante cour intérieure. Au n° 20, une séduisante cour pavée, ancien couvent de clarisses du XVIIe s qui abrite aujourd'hui le *musée de la Ville*. Plus loin la petite place *Ilirski,* dominée par une imposante tour carrée du XIIIe s, la **Popov toranj** (ne se visite pas). Au pied de la tour, un sympathique café en terrasse.

🎿🎿🎿 **Le musée de la Ville de Zagreb** *(muzej Grada Zagreba ; zoom B1)* : *Opatička 20.* ☎ *48-51-361.* ● *mgz.hr* ● *Mar-sam 10h-19h, dim 10h-14h. Entrée : 30 Kn ; réduc.*
Un superbe musée, très riche, qui propose une exposition de qualité, utilisant les multimédias et toutes sortes de supports pédagogiques. Révisez votre anglais, pas d'informations en français ! Le parcours chronologique commence par le résultat des fouilles archéologiques. Puis chaque salle est consacrée à une époque de l'histoire tourmentée de la ville... Kaptol, Gradec, Medvedgrad... Les salles consacrées à la cathédrale avec ses sculptures des 12 apôtres et ses gargouilles sont particulièrement remarquables. De superbes portes anciennes ponctuent la visite du rez-de-chaussée et attirent l'attention.
À l'étage, l'exposition traite autant de l'histoire politique et économique que de l'évolution de la société du XVIIe s à nos jours. La période contemporaine n'est pas en reste, de l'époque communiste à la guerre civile entre 1991 et 1995... le tout se terminant sur la photographie du pape Jean-Paul II en visite à Zagreb, puis par une section consacrée à l'opérette pour finir sur une touche de légèreté.

🎿🎿 De ce passionnant musée, on rejoindra par la rue *Basarićeka* la **place Saint-Marc** *(Markov trg ; zoom B1),* la place principale de Gradec.

🎿🎿 **L'église Saint-Marc** *(crkva Sv. Marka ; zoom B1)* : édifiée au XIIIe s en style roman, elle a connu quelques remaniements. Du gothique subsiste le portail du XIVe s, orné de nombreuses statues. Superbe travail dû au sculpteur pragois Ivan Parler. Son toit en tuiles vernissées, lumineux et coloré, date de 1888. Sur l'un des versants, 2 blasons : celui de Zagreb et celui de la Croatie. Le clocher à bulbe de 1725 remplaça le précédent, qui s'effondra lors du séisme de 1505. À l'intérieur, rustique simplicité. À droite, une *Vierge à l'Enfant*. À gauche, une *pietà*. Également des fresques restaurées par Meštrović, auteur du grand *Christ*.

🎿 **Le palais des Bans** *(Banski dvori ; zoom B1)* : *à l'ouest de Saint-Marc.* Siège de la présidence désormais, il est formé de 2 élégants palais baroques à un étage. C'est là que résidaient les bans (gouverneurs de la Croatie). Le président de la République, Franjo Tuđman, y résidait lors du bombardement serbe d'octobre 1991.

🎿 **Le Sabor** *(zoom B1)* : *à l'est de Saint-Marc.* C'est l'imposant édifice de style classique avec façade à colonnes du Parlement croate.

🎿 Encore quelques palais à découvrir derrière la place Saint-Marc. Notamment, dans la rue **Demetrova** *(zoom B1).* Au n° 1, le **palais Amadé,** du XVIIIe s, abrite le *musée des Sciences naturelles.* Au n° 7, dans un jardin, le **palais J. Magdalenić,** du XVIIIe s, reconnaissable au portique à 4 colonnes ioniques rajoutées en 1830. Paisible **rue Mletačka,** où Ivan Meštrović, le génial sculpteur, trouvait probablement les bonnes vibrations pour travailler.

🎿🎿 **Meštrović Atelier** *(zoom B1)* : *Mletačka 8.* ☎ *48-51-123.* ● *mestrovic.hr* ● *Tlj sauf lun 10h-18h (14h w-e). Entrée : 30 Kn ; réduc. Demander la fiche d'identification de la centaine d'œuvres exposées.*
Dans cette élégante demeure, le plus grand sculpteur croate, Ivan Meštrović, à la renommée mondiale, possédait un atelier de rêve !
On découvre dans l'escalier un *Christ* pathétique à la facture originale. Puis, dans la salle de gauche, des fresques au plafond dans le plus pur style années 1930, et

quelques esquisses et dessins. Dans la salle suivante, belle sculpture représentant Rodin au travail (n° 89). Au 2e étage, quelques œuvres tourmentées, notamment une émouvante *pietà* (n° 23) ou une femme apprenant à son fils à prier (n° 55). Dans l'atelier, au rez-de-chaussée, suite du plaisir avec un *Penseur* (n° 72), thème universel pour les sculpteurs. Travail superbe sur les formes (n° 58) et belle *tête de faune* (n° 40). Quelques œuvres dans le jardin également.

✺ **Le musée d'Histoire croate** (Hrvatski povijesni muzej ; zoom B1) **:** *Matoševa 9. ☎ 48-51-900. ● hismus.hr ● Lun-ven 10h-18h, w-e et j. fériés 10h-13h. Entrée : 15 Kn ; réduc.* Abrité dans le beau palais baroque Vojković-Oršić-Rauch (1764). Façade notable et beau pavement de bois dressé. Présente des expos temporaires thématiques semestrielles très bien faites à partir d'un fonds de 140 000 objets. À voir selon votre intérêt pour la thématique traitée. Riches archives audiovisuelles, objets et documents rares.

✺ Au n° 11 de *Matoševa*, la **maison Walter**, de 1778, bien décrépite. En bas de la rue, le **palais Zrinjski**, grande demeure patricienne de 1661. En face, un palais de 1828, avec une façade néoclassique.

✺ **Les places des Jésuites et de l'église Sainte-Catherine** (Jezuitski trg et Katarinski trg ; zoom B2) **:** au n° 4 de la place des Jésuites, un ancien couvent, converti aujourd'hui en galerie d'art *(Galerija Klovićevi dvori)*, présente de belles expositions temporaires. Dans son prolongement, la place Sainte-Catherine. Au n° 5, le 1er lycée de Zagreb, fondé par les jésuites en 1607, toujours en activité.

✺✺ **L'église Sainte-Catherine** (crkva Sv. Katarin ; zoom B2) **:** édifiée en 1620, en plein triomphe de la Contre-Réforme, sur le modèle de l'église du Gesù de Rome. Intérieur dégoulinant de luxe. Nef unique, voûte en berceau. Pas un centimètre qui ne soit doré ou stuqué. Pour amoureux du baroque, le magnifique trompe-l'œil du chœur, les médaillons de la voûte, les riches autels latéraux.

✺ **Le musée des Cœurs brisés** (muzej Prekinutih Veza ; zoom B2) **:** *Sv. Ćirilometodska 2. ☎ 48-51-021. ● brokenships.com ● Tlj 9h-22h30 (21h oct-mai). Entrée : 40 Kn ; réduc. Demander le livret en français qui donne la traduction de chaque anecdote.* Comment matérialiser les cœurs brisés ? Ce musée expose des souvenirs et témoignages des 5 continents qui valent leur pesant de cacahuètes : du nain de jardin défiguré (car jeté dans la voiture de monsieur qui vient d'annoncer sa rupture) au collier de chien (que madame portait pour démontrer son degré de soumission), ou à la hache (qui servit à monsieur pour mettre en pièces le mobilier de la maison), mais aussi d'émouvants courriers comme cette lettre d'adieu d'une mère à sa fille avant de se donner la mort. On navigue entre humour, sordide et larme à l'œil. Les concepteurs ont su mettre à profit leur séparation pour créer ce concept jusqu'alors unique... Un musée qui a de l'avenir !

✺ Prendre la **rue Ćirilometodska**. Au n° 5, on trouve la **Stara gradska vijećnica**, ancien hôtel de ville, mais aussi ancien théâtre. Le Parlement croate s'y réunissait en 1848, année de grande agitation. Aujourd'hui, beaucoup de Zagrébois s'y marient.

✺✺ **Le musée d'Art naïf** (Hrvatski muzej Naivne Umjetnosti ; zoom B1-2) **:** *Sv. Ćirilometodska 3. ☎ 48-51-911. ● hmnu.org ● Dans la rue menant à l'église Saint-Marc. Lun-sam 10h-18h (13h dim). Entrée : 20 Kn ; réduc. Dépliant en français.* Installé dans un élégant palais du XVIIIe s. Une sélection d'environ 80 tableaux du meilleur de l'art naïf parmi un fonds de 1 850 œuvres. Un genre loin d'être mineur et qui n'exclut pas le réalisme social, comme dans ces sombres scènes paysannes ou, mieux, comme *Guyane*, cette terrible métaphore de Josip Generalić des 2 singes contemplant leurs descendants décimés par la drogue !
Sinon, on a bien aimé la remarquable caricature d'Ivan Večenaj, ce *Christ* à la manière de Jérôme Bosch, avec des personnages et scènes très symboliques en arrière-plan. Admirez aussi le *Coq sur le toit* d'Ivan Generalić. Quelques artistes

étrangers également, comme Nikifor, le naïf polonais le plus important de son pays ou Pavel Leonov avec son tableau allégorique des *Voyageurs russes en Afrique*.

🚶 Pour finir la balade dans la ville haute, enfilons la **rue Dverce** *(zoom B2)*. Au bout, la **tour Lotrščak** (du XIIIe s) qui protégeait à cet endroit la porte de ville. Au rez-de-chaussée, une annexe de l'office de tourisme *(juin-sept, tlj 10h-21h ; oct-mai, lun-ven 9h-17h, w-e 10h-19h)*. Possibilité de grimper au sommet de la tour pour profiter d'une belle vue panoramique sur Zagreb *(mêmes horaires ; entrée : 20 Kn, réduc)*. De là, possibilité de redescendre vers la ville basse par le **funiculaire,** par les escaliers de la *rue Tomićeva* ou d'emprunter la **promenade Strossmayer** *(Strossmayerovo šetalište),* qui offre quelques agréables terrasses de café pour une pause bien méritée. Cette allée verdoyante en pente douce, paradis des amoureux, mène à la *rue Mesnička* puis *Ilica*.

La ville basse (Donji grad)

🚶🚶 *La place Bana Josipa Jelačića (zoom C2)* : le vrai cœur de la ville, à la jonction de la vieille ville et de la moderne. Important nœud de tramways et grosse animation. Elle doit son nom au ban Josip Jelačić (1811-1859), qui infligea une sévère défaite aux Hongrois en 1848. Sa statue fut enlevée par le pouvoir titiste en 1947 et la place débaptisée. Elle fut réinstallée en 1991. Seul changement notable, le sabre vindicatif n'est plus dirigé vers les Hongrois, au nord, mais désormais vers le sud. Style de la place assez éclectique, les édifices modernes côtoyant ceux du XIXe s et autres styles néoclassique, historiciste, Sécession, etc. Au n° 15, le plus ancien (et le plus sobre) date de 1827. En face, au n° 4, d'intéressants hauts-reliefs de Meštrović. La place est aussi le point de départ de la *rue Ilica,* la plus longue de Zagreb (près de 6 km, ancienne voie romaine), très commerçante à ses débuts. Pour prendre de la hauteur, possibilité de monter sur la terrasse d'un café chic au 16e étage du grand bâtiment moderne du n° 1 de la *rue Ilica* **(Observation Deck-Zagreb 360** *; tlj 10h-minuit ; entrée : 30 Kn, réduc)*.

🚶 *La rue Vlaška (zoom C2)* : à l'intersection avec *Draškovićeva*, bon exemple de transition entre les architectures anciennes et modernes. Devant un bloc de vénérables demeures basses, *statue d'August Šenoa*, l'un des plus grands poètes croates, appuyé à une colonne.

🚶 *Zrinjevac ou Nikole Zrinskog trg (plan centre C2)* **:** début du célèbre « fer à cheval », ce poumon vert du centre-ville, en forme de U, constellé d'imposants édifices publics de la fin du XIXe s. Au nord de la place, une *colonne météorologique* dessinée par Bollé. Plus bas, un élégant kiosque à musique. Clôturant la place au sud, l'*Académie des sciences et des arts,* palais de style néo-Renaissance abritant la *galerie Strossmayer.* À l'ouest, le *Musée archéologique,* et plus bas, au coin de la rue, la *galerie d'Art moderne.*

🚶🚶 *Le Musée archéologique (Arheološki muzej ; zoom C2)* : Šubića Zrinskog trg 19 ; entrée par Gajeva aussi. ☎ 48-73-101. ● amz.hr ● Tlj sauf lun 10h-18h (20h jeu, 13h dim). Entrée : 30 Kn ; réduc.

Intéressantes collections sur 3 étages dans un beau bâtiment classique. Quelques tablettes d'infos en français au fil de la visite.
– *Au 1er étage :* expos temporaires.
– *Au 2e étage :* belle section grecque avec vases, cratères, plateaux aux dessins raffinés. Statuettes de Tanagra et verre en forme de tête de bélier. Vestiges lapidaires, stèles, statues, petits bronzes. Ravissants bijoux, colliers, boucles d'oreilles en or, bagues. Rares casques en bronze (et un fort beau dans la vitrine centrale, trouvé à Cres), urnes funéraires en verre. Découvertes faites à Vis, Hvar ou Korčula, comme ce « pséphisme » trouvé sur cette dernière île, à Lumbarda (un décret portant sur la fondation d'une colonie grecque). Amphores et trouvailles diverses recueillies sur des épaves.

– *Au 3ᵉ étage :* riches collections préhistoriques. La célèbre *Colombe de Vučedol* illustre la *Vučedolska kultura,* qui fleurit en Slavonie entre 2900 et 2400 av. J.-C., contemporaine, donc, de la période sumérienne. Également une formidable collection égyptienne dans un cadre intime. Canopes, stèles, statuettes votives et, bien sûr, sarcophages polychromes. Dans une pièce climatisée, une momie, rapportée d'Égypte par un noble croate au XIXᵉ s, et un curieux manuscrit.

Café très sympa *(Forum, tlj 9h-20h30)* dans le jardin du musée, au milieu des stèles romaines.

La galerie d'Art moderne *(moderna galerija ; plan centre C3) :* Hebrangova 1. ☎ 60-41-040. ● moderna-galerija.hr ● *Mar-ven 11h-19h ; w-e 11h-14h. Entrée : 40 Kn ; réduc.* Dans un superbe hôtel particulier de 1883, riche collection de peinture et sculptures d'artistes croates des XIXᵉ et XXᵉ s. Belle marine de Crnčić, *La Bonace,* complétée d'un vivant *Ramassage des filets* de Plančić et d'un quasi photographique *Paysage de bruyères* de Medović. Un petit saut à Paname avec *Le Pont des Arts* de Račić pour constater les influences de l'art moderne occidental sur les peintres croates : *Les Nénuphars* de Raškaj ont un petit goût de Monet, tandis que *L'Automne* de Šulentić rappelle la période bretonne de Gauguin et que le *Paysage dalmate* de Varlaj évoque la baie de Marseille depuis l'Estaque tant croquée par Cézanne et ses copains d'alors... Au 2ᵉ étage, de l'autre côté de la passerelle, tout aussi passionnante exposition d'artistes contemporains.

La place Tomislav et alentour *(Tomislavov trg ; plan centre C3) :* du nom du 1ᵉʳ roi croate. Au nord de la place, l'imposant **pavillon des Arts** *(Umjetnicki paviljon)* présente d'importantes et prestigieuses expositions temporaires trimestrielles *(tlj 11h-20h ; entrée : 50 Kn, réduc).* Devant, une des œuvres de Meštrović. Puis une statue du roi Tomislav. Tout en bas, la longue et massive gare centrale de style néoclassique (1892) austro-hongrois : à l'époque à l'extrême sud de la ville, elle y est désormais en plein cœur. Suivre ensuite la *Mihanovićeva.* On passe devant le *Regent Esplanade,* l'hôtel de luxe le plus élégant de Zagreb.

Sur la *rue Gajeva,* qui part quasi en face, quelques intéressants exemples d'immeubles historicistes et éclectiques, notamment nᵒˢ 33 à 53. Façades ouvragées avec sculptures et frontons insolites.

Voir également, au nᵒ 4 de l'*ulica Haulikova Jurja (plan centre C3),* la façade sculptée de jeunes éphèbes nus (de nos jours, le sculpteur se ferait tirer les oreilles !). Malgré le porche à colonnes lourdingue, ce style pachydermique a gagné ses lettres de noblesse et pris une valeur historique. En face, la façade bleu et jaune d'un immeuble Art déco.

Continuer la *rue Mihanovićeva.* On longe le beau **jardin botanique** *(botanički vrt ; plan centre B3 ; avr-oct, tlj 9h-19h – 14h30 lun-mar).* On y trouve, dit-on, près de 10 000 espèces de plantes, 2 petits lacs et un arboretum dans le style des jardins anglais.

Sur la place *Marulićev,* bâtiment des *Archives de Croatie,* pur exemple du style Sécession. Plus haut, sur la place *Mažuranić,* s'élève le *musée d'Ethnographie.* À gauche, sur la place Roosevelt, le *musée Mimara.* Le célèbre et richissime mécène Mimara avait exigé ce lieu comme condition du legs de sa magnifique collection.

Le musée d'Ethnographie *(Etnografski muzej ; plan centre B3) :* Mažuranićev trg 14. ☎ 48-26-220. ● emz.hr ● *Mar-ven 10h-18h ; w-e 10h-13h. Entrée : 20 Kn ; réduc.* Dans un bâtiment austro-hongrois tout gris, le musée d'Ethnographie présente dans ses salles du rez-de-chaussée de gauche des objets glanés aux quatre coins du monde. Malheureusement, cette intéressante collection est bien mal mise en valeur dans des vitrines sombres et poussiéreuses. Au rez-de-chaussée à droite et au 1ᵉʳ étage, grande et riche parade de costumes traditionnels croates. Du rouge, de l'orange, du lin, des tissages, du chanvre... Les costumes sont présentés par régions, sur fond de photos du début du XXe s. Tout, du chapeau aux chaussures (même les chaussettes !), est ici digne d'intérêt.

🏃🏃 *Le musée Mimara (muzej Mimara ; plan centre A3) : Rooseveltov trg 5. ☎ 48-28-100. • mimara.hr • Juil-sept, mar-ven 10h-19h, sam 10h-17h, dim 10h-14h ; oct-juin, mar-sam 10h-17h (19h jeu), dim 10h-14h. Entrée : 40 Kn ; réduc. Audioguide wifi accessible via votre mobile Android (gratuit, en anglais seulement). Dans le musée, panneaux en croate (sauf pour les collections chinoises, en anglais également). Demander le feuillet en français pour avoir la thématique par salle (pas forcément évidente lors de la visite).*

Ancien lycée de la ville basse, cette immense bâtisse est un écrin pour les riches collections d'Ante T. Mimara (1898-1987). Depuis son 1er calice médiéval acquis à Rome à l'âge de 19 ans, Ante Mimara collectionna de par le monde 3 750 objets d'art et peintures. À la fin de sa vie, il légua tout à sa Croatie natale. Il se dit que certaines œuvres seraient d'authenticité douteuse ou auraient été acquises de façon non conventionnelle... Nonobstant les doutes sur leur authenticité, les œuvres présentées sont superbes.

– *Au rez-de-chaussée :* **collections de verre et cristal.** Tapis anciens, dont des persans du XVIIe s. **Art chinois** avec de magnifiques *vases Ming* des XVe et XVIe s. Dans les vitrines, ravissants petits *jades* et des *ivoires ciselés Qing*.

– *Au 1er étage :* petite **collection archéologique** du côté de l'escalier, et salles dédiées (de droite à gauche) aux **objets d'art préroman, roman, gothique, Renaissance et baroque.** On notera en particulier un *bol en bronze* des VIe-VIIe s et des *poissons-lampes* à huile de la période chrétienne (salle n° 18), des *reliquaires de Limoges* du XIIIe s ornés d'émaux et de pierres précieuses (salle n° 17), un superbe échiquier en ivoire (salle n° 24), des ivoires sculptés, de l'orfèvrerie religieuse, des porcelaines...

– *Au 2e étage :* la **peinture.** Les primitifs religieux, les Byzantins et les icônes russes. La peinture italienne avec quelques Botticelli et des œuvres de l'atelier de Titien, de nombreux tableaux flamands. Des œuvres de Rubens, Van Dyck et Goya dans la superbe salle face à l'escalier. Et dans les dernières salles, pêle-mêle, de mignons petits Seurat *(Le Cirque)*, des Pissarro, Degas, Renoir, Vélasquez, Murillo, Delacroix, Corot, Fantin-Latour, Manet, Jongkind, Constable, Turner...

🏃 *Le Théâtre national croate (HNK ou Hrvatsko narodno kazalište ; plan centre B2-3) : Maršala Tita trg.* Construit en 1895 par des architectes viennois. Zagreb n'était encore qu'une modeste ville à la campagne et les 1ers spectateurs se plaignirent d'avoir à traverser des champs encore cultivés pour se rendre à l'opéra... Devant, la *Source de vie,* sculpture d'Ivan Meštrović. De l'autre côté de l'avenue *Maršalala Tita*, l'**école de musique** est installée dans un bâtiment ultramoderne qui détonne à côté de l'architecture très classique du **musée des Arts et Métiers.**

La périphérie

🏃🏃 *Le musée d'Art contemporain – MSU (muzej Suvreme Umjetnosti ; hors plan centre par B3) : av. Dubrovnik 17. ☎ 60-52-700. • msu.hr • À 2 km au sud de la gare ferroviaire. Trams : nos 6 ou 14 depuis Bana Jelačića trg. Tlj sauf lun 11h-18h (20h sam). Entrée : 30 Kn ; réduc ; gratuit 1er mer du mois. Audioguide 15 Kn (en anglais seulement). Visite guidée gratuite à 16h (sam 17h).* Ce massif bâtiment ultramoderne abrite quelques perles issues de l'imaginaire des artistes croates de notre temps : le *K9 Compassion* de Zlatko Kopljar, une série de 5 photos du même homme en costard-cravate, agenouillé, l'air soumis, face à 5 Parlements (Londres, Pékin, Bruxelles, Washington, Moscou)... Atelijer Kožarić, fichu fatras à la Prévert... Une série de nus intégraux dans les rues de Zagreb en 1981 (sous le joug communiste)... *Qui a peur du grand méchant loup ?*, un labyrinthe surréaliste semé d'écrans TV, w-c, lavabos... et puis des forêts de masques féminins, un très beau nu stylisé (Vojin Bakić), un vrai Vasarely au milieu d'œuvres qui s'y réfèrent, un Ben (les Niçois seront contents !). Le 3e étage illustre joliment l'art de la répétition (les tickets de tram chaque jour compostés, un logigramme informatique, des photos de croix d'un cimetière militaire, un artiste maniaque qui se fit prendre chaque jour de 1977 en photo...). Pour s'extraire de ce monde surprenant, les plus courageux pourront dévaler (du 3e étage) un double toboggan entrelacé, œuvre de Carsten Höller.

% *Le grand cimetière Mirogoj* (groblje Mirogoj ; hors plan centre par C1) : *Aleja Hermana Bollea. À 2 km au nord de la ville ; accès par Ribnjak, puis Medvešćak et c'est tt droit.* ☎ *n° 14 ou bus n° 106 depuis Bana Jelačića trg.* Construit selon la tradition des cimetières monumentaux européens de la 2e moitié du XIXe s. Très arboré et, surtout, on peut parcourir ces longues galeries couvertes où l'on allait jadis le dimanche, en famille, admirer comment étaient enterrées les grandes familles patriciennes. Tombeaux et mausolées luxueux, grandiloquents, aujourd'hui bien patinés et poussiéreux, avec leurs bronzes oxydés... Par beau temps, l'après-midi, la lumière y est superbe et crée dans ces galeries une atmosphère chaleureuse et baroque. En partant à droite de l'entrée, le 1er mausolée est dédié à l'illyrisme (Vatroslav Lisinski, qui créa en 1845 le 1er opéra en croate, Ljudevit Gaj, qui rédigea la 1re grammaire croate en 1835, etc.).

%% 🚶 *Le zoo Maksimir* (Zoološki vrt ; hors plan centre par D2) : *Maksimirska cesta 125.* ☎ *23-02-198.* • *zoo.hr* • *À 15 mn du centre-ville.* ☎ *nos 4, 7, 11 ou 12, arrêt Bukovačka. Tlj tte l'année : 9h-20h mai-août, 19h avr et sept, 18h mars et oct, 17h fév, 16h nov-janv. Entrée : 30 Kn ; 20 Kn 7-14 ans ; 20 Kn pour tous lun sauf pdt vac scol.* Dans le plus grand parc de la ville, un bon vieux zoo où tout le monde trouvera son compte.

Festivals

– *Cest is d'Best :* *fin juin.* • *cestisdbest.com* • Festival des arts de la rue.
– *Festival international de musique de chambre :* *10 j. durant, la 2de quinzaine d'oct.* • *zagreb-festival.org* •

DANS LES ENVIRONS DE ZAGREB

On peut facilement occuper une journée dans les proches environs de Zagreb. Renseignements à l'office de tourisme de la région de Zagreb (voir « Adresses et infos utiles » plus haut).

% *Le lac Jarun* (Jarunsko jezero) : dès les beaux jours, ce lac artificiel au sud-ouest de Zagreb se transforme en complexe de loisirs où l'on pratique toutes sortes de sports. Également une plage pour la baignade. C'est la foule en été...

%% *Medvednica :* petite chaîne de collines au nord de Zagreb, surplombant la ville, avec un centre de ski au sommet du mont Sljeme à 1 035 m. C'est un parc régional *(• pp-medvednica.hr •).* Le rendez-vous des Zagrébois qui veulent respirer et se mettre au vert. Pas mal de chalets de montagne pour manger bon marché et quelques hôtels pour se reposer. Nombreuses balades possibles dans les collines et la forêt.

%% *Samobor :* *très jolie petite ville à 15 km à l'ouest de Zagreb, au pied des collines de Samobor. Accès : du centre de Zagreb,* ☎ *nos 2, 6 ou 11 jusqu'au terminus de Črnomerec, puis bus.* Spécialité : le gâteau à la crème *(kremšnita),* servi chaud et non froid comme dans le reste du pays. Certains vont même en pèlerinage à Samobor pour en manger ! Un festival lui est dédié début mai.

AU NORD DE ZAGREB

LE ZAGORJE

Admirable région que celle du Zagorje, au nord de Zagreb, qu'on pourra découvrir en faisant route vers Varaždin. Vertes collines, champs de vigne et maïs entremêlés, églises fortifiées, bucoliques châteaux, et surtout un musée de premier ordre, à *Krapina,* qui vous fera parcourir en quelques heures les 4,5 milliards d'années d'existence de notre Terre.

À voir

L'église Notre-Dame-des-Neiges (ckrva Sv. Marije Snežne) : *à Belec, à 40 km à l'est de Krapina ; peu fléchée, à vos cartes routières !* C'est l'une de ces églises ceintes d'un mur défensif avec des tours à clochetons aux angles. L'austérité extérieure tranche avec la profusion de décors baroques à l'intérieur. Remarquables trompe-l'œil (on s'y casse le nez), statues omniprésentes (qui lit, qui prêche, qui bénit...), angelots virevoltant, lumineuses dorures, vrais piliers en faux marbre. Pas un millimètre carré n'échappe à cette orgie décorative, Contre-Réforme oblige : la modestie du culte en prend un coup !

Le musée de l'Homme de Neandertal (muzej Krapinskih neandertalaca) : *Šetalište Vilibalda Sluge bb, à Krapina, à 60 km au nord-ouest de Zagreb (autoroute A 2). ☎ (049) 371-491. ● mkn.mhz.hr ● Bien fléché « Hušnjakovo » dans Krapina. Tlj sauf lun : 9h-19h avr-juin et sept, ainsi que w-e juil-août ; 9h-16h nov-fév (17h w-e) ; 9h-18h le reste du temps. Dernière admission 1h avt fermeture. Entrée : 60 Kn ; réduc. Audioguide 10 Kn (en français ; pièce d'identité demandée en garantie) : fortement conseillé (durée : 1h10).* Comment résumer en un musée l'histoire de l'Univers, de la Terre, de la vie sur Terre, de l'homme, des fouilles anthropologiques ? Le pari est parfaitement relevé par cet excellent musée, à travers films, dioramas, maquettes, panneaux illustrés, moulages, expositions d'objets et restes humains, bestiaire d'animaux préhistoriques, etc. Même l'architecture du bâtiment concourt intelligemment à cet extraordinaire cours d'histoire. L'histoire de la Terre (4,5 milliards d'années !) est ramenée à une journée de 24h... premières traces de vie à 10h49... l'homme apparaît à 23h58 : c'est vous dire tout ce qui s'est passé avant et quel est notre poids dans l'histoire du monde. Le tout est très didactique pour les petits comme pour les grands. On vous recommande vivement cette visite, dans un environnement fort agréable.

L'église Notre-Dame-de-Jérusalem (crkva Sv. Marije Jeruzalemske) : *à Trški Vrh, 1 km à l'est de Krapina (fléché depuis le centre) ; demander l'accès à la maison rouge, 50 m en contrebas de la porte nord.* Enclose dans une fortification austère de l'extérieur, qui se fait cloître à l'intérieur (jolies fresques au plafond, certes un peu gommées par les ans). La décoration intérieure de l'église, du XVIIIe s, porte le baroque en apothéose. Fresque biblique au plafond. Originale chaire ovale en forme de barque. Sur la tribune, élégant buffet d'orgue double couvert d'angelots. Maître-autel dégoulinant de statues, colonnes et trompe-l'œil : il abrite, tout en haut, une Vierge dorée de Jérusalem (minuscule par la taille mais qui remue une foultitude de pèlerins).

Le château de Veliki Tabor (dvorac Veliki Tabor) : *à 1,5 km au nord-ouest de Desinić. ☎ (049) 343-970. ● veliki-tabor.com ● De Krapina, rejoindre Pregrada à 15 km par la R 206 ; fléché au-delà sur 10 km. Avr-sept, tlj sauf lun 9h-17h*

(19h w-e) ; oct et mars, tlj 9h-16h (17h w-e) ; en hiver, tlj 9h-16h. Tarif : 25 Kn ; réduc. Admirable silhouette médiévale (XVe s), massive, dentelée de mâchicoulis, dont les tours font corps avec les murs épais, que seuls les toits de tuiles arrachent à sa vocation guerrière, comme un chapeau de ville sur un homme en armes. La cour intérieure est tout en finesse avec ses coursives bordées de fines arcatures voûtées.

%%% *Le château de Trakošćan (dvorac Trakošćan) :* ☎ *(042) 796-281.* ● *trakos can.hr* ● *À 25 km au nord-est de Krapina et à 40 km au sud-ouest de Varaždin ; bien fléché à 30 km à la ronde. Tlj 9h-18h (16h nov-mars). Entrée : 40 Kn ; réduc. Audioguide 10 Kn (en anglais ; pièce d'identité demandée en garantie). Accès au parc gratuit. Parking payant : 10 Kn.* Trakošćan est un nid d'aigle assez magique. Perché sur son piton rocheux, il domine un superbe paysage de forêts vallonnées et un lac dans lequel son image se réfléchit. Il reste peu du castel originel du XIIIe s. Sa singulière silhouette actuelle remonte au XVIe s : donjon, tours carrées et circulaire crénelée. Vint s'y adjoindre plus tard un logis d'habitation plus bourgeois. Après une valse aristocratique de proprios, la famille Drašković le régenta 4 siècles durant. L'intérieur révèle une rénovation complète des lieux (mobilier inclus) au XIXe s : alignement de « néo »... néomédiéval, néo-Renaissance, néogothique... ça colle aux murs comme du Néoprène ! Quelques expos d'objets intéressantes (salle d'armes, étendards, portraits d'officiers...). Côté parc, 3 circuits bien fléchés permettent de passer un bon bout de journée (emportez le pique-nique, c'est bucolique à souhait).

VARAŽDIN   (42000)   38 750 hab.   IND. TÉL. : 042

● Plan *p. 93*

À 77 km de Zagreb, une superbe ville baroque, appelée parfois la « petite Vienne » (quels exagérateurs, ces Croates !), qui fut même la capitale éphémère de la Croatie. Elle offre une remarquable et rare unité architecturale, dans un pays pourtant peu épargné par les guerres et leurs terribles cortèges de destructions. Très agréable pour une étape, voire une excursion d'un jour depuis Zagreb.

UN PEU D'HISTOIRE

Mentionnée pour la 1re fois en 1181, Varaždin est proclamée ville royale libre en 1209. Ses armoiries actuelles datent de 1464. En 1767, le pouvoir croate quitte Zagreb pour Varaždin (voir plus haut « Zagreb. Un peu d'histoire »). Mais, en 1776, un terrible incendie (qui épargne heureusement la plus grande partie du centre historique) ravage une moitié de la ville, contraignant la cour à regagner Zagreb. Depuis, Varaždin s'est quelque peu assoupie et a, miraculeusement, échappé à tous les conflits : c'est aujourd'hui un conservatoire exceptionnel des arts baroque et rococo en Europe.

PAS DE FUMÉE SANS FEU...

L'incendie de 1776 semble avoir été provoqué par un jeune homme qui fumait et aurait été percuté par une... truie. Sa cigarette, tombant dans le foin sans qu'il s'en rende compte, aurait alors provoqué l'incendie qui dévasta la moitié de la ville. Punition : 12 coups de fouet dans le village natal du coupable involontaire et autant devant l'hôtel de ville de Varaždin.

Arriver – Quitter

➤ **En train** (gare ferroviaire ; hors plan par B2) : une douzaine de trains/j. de/vers **Zagreb.** Trajet : 2-3h.
➤ **En bus** (gare routière ; plan A3) : tlj, bus env ttes les heures de/vers **Zagreb,** 4h-23h. Pour **Split** et **Zadar,** 2 bus/j. (le plus matinal poursuit jusqu'à **Dubrovnik**).

Adresse utile

🅘 **Office de tourisme** (plan A1) : I. Padovčeva 3. ☎ 210-985 ou 210-987. ● tourism-varazdin.hr ● Tlj sauf dim 10h-18h (17h sam).

Où dormir ? Où manger à Varaždin et dans les environs ?

Prix moyens

🛏 **Pansion Maltar** (plan B3, 11) : Preŝernova 1. ☎ 311-100. ● maltar.hr ● *En limite du centre. Double 500 Kn, petit déj inclus. Parking fermé gratuit.* Dans une agréable maison particulière très bien tenue, chambres confortables sous combles avec TV et clim. Bar au rez-de-chaussée. Également des « suites ». Le patron parle le français.

🍴 **Verglec** (plan B1, 13) : Kranjčevićeva 12. ☎ 211-131. *Tlj. Plats 30-60 Kn, poisson 50-80 Kn.* En plein centre de la baroque Varaždin, voici une petite adresse simple, bonne, avec des prix à tomber par terre. Bonne cuisine, viandes surtout, mais aussi du poisson. Les quelques distinctions gastronomiques locales que le resto a reçues sont méritées.

🍴 **Pivnica Raj** (plan B2, 12) : I. Gundulíca 11. ☎ 213-146. *Tlj. Plats 35-70 Kn.* Dans le cœur historique de la ville, une taverne populaire où la bière coule à flots. Bonne cuisine, servie dans la belle salle voûtée ou en terrasse, derrière, dans la verdure. Spécialités locales, grillades.

Chic

🛏 **Hotel Varaždin** (hors plan par B2, 16) : Kolodvorska 19. ☎ 290-720. ● hotelvarazdin.com ● *Double standard 590 Kn, petit déj compris. Parking.* Situé face à la gare ferroviaire (le centre n'est qu'à 10 mn à pied), ce petit bâtiment au charme tout provincial propose des chambres fonctionnelles, simples mais bien aménagées, avec clim. Bon accueil.

🍴 **Zlatne Gorice** (hors plan par B3) : Banjščina 104, à **Turčin.** ☎ 666-054. *Sur la route de Zagreb, à 4 km du centre de Varaždin tourner à gauche direction Varaždince Toplice ; traverser le village de Turčin sur 2,5 km ; au rond-point, prendre la route qui grimpe ; c'est 2 km plus loin, à gauche de la route. Tlj. Plats 60-120 Kn.* Dans une belle salle largement vitrée ou sur une terrasse chapeautée de voilages, pile poil sur la crête, on jouit du panorama à la fois sur la plaine de Varaždin et sur les coteaux de vignes. Des serveurs en noir et blanc s'agitent autour de plats colorés, joliment apprêtés et aussi copieux que goûteux. Une véritable auberge de campagne avec, à l'occasion de repas de fête, orchestre traditionnel.

Achats

Repartez avec les bonnes spécialités locales, notamment le *klipići*, un délicieux petit pain en forme de doigt. Les pâtisseries de la ville sont également renommées pour leurs gâteaux. Quant aux vins, les blancs surtout, leur réputation n'est plus à faire. L'un des plus recherchés est le *domaine Martinjak,* qui produit de bons rieslings et du *graševina*.

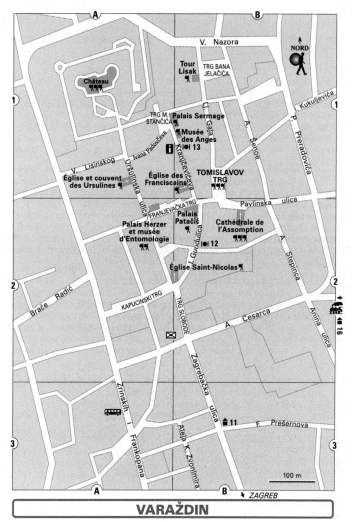

■ Adresse utile	**12** Pivnica Raj (B2)
🅸 Office de tourisme (A1)	**13** Verglec (B1)
🏠 ⦿ Où dormir ? Où manger ?	**16** Hotel Varaždin
11 Pansion Maltar (B3)	(hors plan par B2)

À voir

Comment décrire chaque petit palais, chaque demeure patricienne ? Laissez-vous aller le nez en l'air, au fil des placettes et des ruelles.

🎯 Commençons par la *rue Zagrebačka (plan B2-3)* avec 3 belles maisons basses dotées d'un large porche à bornes anticarrosses. L'**église Saint-Nicolas** (crkva Sv. Nikole ; plan A-B2) a un clocher du XVe s, et en face, la jolie *place Slobode* offre un mélange équilibré de vieilles maisons aux façades patinées et de demeures fraîchement rénovées. Prendre la *rue I. Gundulíca*, bordée de maisons d'un étage aux tons pastel abritant de vénérables boutiques anciennes. Au bout, à gauche, le splendide **palais Patačić** *(plan B2)*. C'est le plus beau palais rococo de la ville. Admirer le portail (de 1764), dont les volutes de pierre jaillissent du mur.

🎯🎯🎯 **La place K. Tomislava** *(Tomislavov trg ; plan B1-2)* : le cœur baroque de la ville, aussi appelé *Korzo*, entouré d'élégants édifices aux styles assez différents. À l'entrée de la place, à gauche, la *maison Ritz (plan B1)*, la plus ancienne bâtisse de la ville (1540). Large toit et belles arcades. De l'autre côté, le *palais Drašković (plan B1)*, du XVIIIe s, avec jolie façade rococo. Il servit de siège au ban croate lorsque le pouvoir était à Varaždin. Au fond, l'*hôtel de ville*, d'origine gothique (1523), remanié en 1793, d'où le style classique du porche et du balcon.

🎯🎯🎯 **La cathédrale de l'Assomption** (katedrala Uznesenja ; plan B2) : *Pavlinska ul*. Construite par les jésuites en 1642. Triomphe de la Contre-Réforme, si l'on en juge par la richesse époustouflante du grand retable (1691), chef-d'œuvre de bois sculpté. Polychromie éblouissante, débauche dégoulinante d'ors, d'angelots, de saints et de colonnes torsadées. Ravissants petits retables dans les chapelles et de part et d'autre du chœur. Orgues réputées et remarquable sonorité de l'église. Pendant les soirées baroques de fin septembre, c'est plein comme un œuf.

🎯 Reprendre la *rue Franjevačka*. Au passage, l'**église des Franciscains** *(plan B1)*, avec de beaux stucs de l'artiste qui décora Sainte-Catherine à Zagreb. À côté, le **palais Herzer** *(plan A2)* abrite le musée d'Entomologie (voir plus loin). En face, l'imposant **palais de Varaždinska Županija** (fin XVIIIe s). Tourner à droite dans *Uršulinska ulica*. À gauche, l'**église** (élégante façade baroque) et le **couvent des Ursulines** *(plan A1)*. Arrivée sur *M. Stančića trg*, l'une de nos places préférées, avec ses vieilles demeures ocre, rouges ou jaunes et ses palais. Notamment le **palais Sermage** *(plan A-B1)*, au décor noir, marron et blanc inhabituel. Plus haut, sur *Bana Jelačića trg*, la **tour Lisak** *(plan B1)*, dernier vestige des remparts.

🎯🎯🎯 **Le château** *(Stari Grad ; plan A1)* : *abrite un remarquable Musée historique (musée municipal). ☎ 658-754. ● gmv.hr ● Tlj sauf lun 9h-17h (13h w-e). Entrée : 25 Kn ; réduc. Billet combiné Musée historique, musée d'Entomologie et palais Sermage : 55 Kn.*
Bâti au XVIe s par l'architecte italien Domenico dell'Allio, ce château tout blanc a des réminiscences d'architecture Renaissance. À l'intérieur, 2 cours pavées de galets ronds, un vieux puits au milieu et des loggias sur arches simples. 2e cour plus étroite, avec une balustrade en pierre et bois. Impossible de décrire toutes les richesses du musée, en voici les points forts.
– *La 1re pièce :* sceptre de 1464. Souvenirs d'*Ivan Kukuljević*, premier député à parler le croate au Parlement austro-hongrois en 1843.
– *La pièce ronde :* la partie la plus ancienne du château. Collection d'enseignes de fabriques de la région, coffres à documents (noter celui, sculpté, du forgeron), manuscrits.

– *La partie ethnographique :* belle table de pharmacien du XVIIIe s. Armoire Renaissance. Noter la porte entre les 2 pièces. Fenêtre *delallio* (« en cul de bouteille »). Dans le couloir, cibles ornées de paysages ou de personnages.
– *La salle baroque :* avec une voûte en coupole. Orgue baroque, petit cabinet en ivoire sculpté, belle armoire à colonnettes torses.
– *Les salles de mobilier rococo :* miroir vénitien, cabinets marquetés en bois.
– *Les appartements :* meublés par périodes (rococo, Empire, Biedermeier, etc.).
– *La chapelle :* rustique plancher de brique, meuble à chasubles.
– *La collection d'armes :* arbalètes et fusils incrustés de nacre, ivoire et os. Insolite poire à poudre dans le bois d'un cerf. Noter, sur la crosse du milieu, une belle chasse à l'ours. Épées des croisades, armes turques, dont des sabres avec de belles poignées en os.

Le musée des Anges (muzej Anđela ; plan A-B1) **:** *Kranjčevićeva 14.* ☎ *569-520. Lun-ven 10h-13h, 17h-20h ; sam 10h-14h. GRATUIT.* Željko Prstec a libéré quelques-uns des angelots englués dans les décors baroques des églises... Zélé passionné de ces petits personnages ailés, il compose des œuvres (peintures, sculptures, collages...) sur cette thématique. Une gentille galerie. Certains de ses pensionnaires ont fait leur nid au gré des rues, balcons, recoins de la vieille ville : à découvrir lors de votre balade.

Le musée d'Entomologie (Entomološki odjel ; plan A2) **:** *Franjevačka trg 6, palais Herzer.* ☎ *213-491. Tlj sauf lun 9h-17h (13h w-e). Entrée : 25 Kn ; réduc.* Créé par Franjo Košćec, zoologiste, entomologiste, inventeur, bref, un passionné qui légua toutes ses collections à sa ville. Ce musée a une âme. Présentation claire, vivante, didactique : insectes des forêts, des champs, ceux qui vivent au bord des cours d'eau, les nocturnes, etc. Avec un accent mis particulièrement sur la nidification des insectes sous terre. On y trouve également un herbarium, des instruments de travail, des croquis, etc.

Manifestations

– **Parade de la garde civile** (Purgeri) **:** *mai-oct, sam 11h-12h, devant la mairie.* Une grande tradition de la ville depuis plus de 250 ans. Parade et musique dans leurs uniformes rutilants de grenadiers des XVIIIe et XIXe s.
– **Špancirfest :** *2de quinzaine d'août.* Festival de rue avec de nombreuses animations pendant 10 jours.
– **Festival de musique baroque** (Baroque Evenings) **:** *fin sept-début oct.* ● *vbv.hr* ●

AU SUD-EST DE ZAGREB

LE PARC NATUREL DE LONJSKO POLJE

Bordé au sud par la Save, c'est la plus grande surface inondable d'Europe. Repaire de près de 240 espèces d'oiseaux et autres bébêtes amoureuses des marais, telles que loutres, castors... On y élève également une race de chevaux bien particulière et des vaches à longues cornes qui broutent en été les terres libérées par l'eau. Surtout, on y suit une très jolie route en bord de Save. En surplomb, comme une digue, pour échapper aux crues, elle est bordée de pittoresques villages aux demeures en bois. Une véritable succession de cartes postales, de tranches de vie et d'architectures rurales tout à fait unique, une Croatie brute de forme si peu touristique...

Arriver – Quitter

En voiture

Par l'autoroute, sortir à *Potok* depuis Zagreb. Depuis la Slavonie, sortir à *Novska* et prendre la direction de Jasenovac. Avant le pont sur la Save, tourner à droite et traverser le bourg. Bien fléché d'où que l'on vienne.

En transports en commun

Passage obligatoire par **Sisak.**

Adresses et info utiles

■ **Maisons du parc :** *à Čigoć (au nord), maison n° 26.* ☎ *(044) 715-115. Tlj 9h-17h. À Krapje (au sud), maison n° 16.* ☎ *(044) 611-190.* ● *pp-lonjsko-polje.hr* ● *Lun-ven 8h-16h, w-e 9h-17h. Entrée du parc : 10 Kn ; réduc. Un billet à 40 Kn permet de visiter le parc le w-e (avec des activités incluses).* Renseignements sur les hébergements, la location de vélos, la faune et la flore. Propose aussi des cartes du parc.
– **Location de vélos :** *rens à la Maison du parc ou dans votre hébergement. Compter env 50 Kn pour 3h ou 80 Kn/j.*

Où dormir ? Où manger dans le coin ?

⨯ ⌂ |●| **Tradicije :** *7A, Čigoć, 44203 Gusce.* ☎ *(044) 715-124.* ● *tradicije-cigoc.hr* ● *Avr-août (sur résa hors saison). Compter 145 Kn/pers ; petit déj 30 Kn. Camping env 60 Kn/pers. Repas 80-120 Kn. Loc de vélos.* Dans ce charmant village peuplé de cigognes, voici une chambre d'hôtes résolument originale. D'abord parce que ses propriétaires, la famille Barić, vous accueillent comme des invités. Ensuite, parce qu'ils ont remonté ici, pièce par pièce, leur maison en bois jadis située à 2 km. Elle est pleine de charme rustique, tout en offrant un excellent confort moderne. Les repas se prennent dans une salle façon taverne : goulasch de chevreuil, ragoût de 4 poissons, à moins qu'on n'assiste à une « carpe partie » dans le jardin. Possibilité de camper dans le pré attenant, sanitaires très propres dans... l'ancienne porcherie. Une adresse chaleureuse.

⌂ |●| **Iža na trem, chez Krunoslav Sever :** *57, Čigoć, 44203 Gusce.* ☎ *(044) 715-167.* ● *marko.sever@sk.t-com.hr* ● *Tte l'année (sur résa). Chambre et apparts (2-4 pers) env 110-130 Kn/pers ; petit déj 20 Kn. Dîner sur résa 60 Kn.* Dans un beau corps de ferme en bois, grandes chambres-appartements, avec cuisine équipée. Cuisine commune également. Anglais parlé par Marko, le fils de la maison. Bonne adresse pour partager la vie des habitants.

|●| **Kod Ribića :** *V. Nazora 24, 44203 Jasenovac.* ☎ *(044) 672-066. Bien fléché dans le bourg. Tlj sauf dim soir. Plats 40-60 Kn.* Si vous êtes par là à l'heure du repas, bon poisson grillé que le patron va pêcher. C'est simple et sans chichis. Propose aussi une douzaine de chambres.

À voir. À faire

⚲ **Randonnées :** plusieurs chemins de randonnée balisés parcourent le parc (certains sont ouverts aux vélos également). La meilleure façon d'approcher la nature, à la rencontre de cochons sauvages, chevaux et vaches mais aussi d'aigrettes, de hérons, cormorans, martins-pêcheurs, cigognes (blanches ou noires) et même de spatules. Pour les chanceux, loutres ou castors, mais ne rêvez pas trop.

⚲ **Ethnomusées :** *compter 10 Kn l'entrée dans chacun.* 3 en tout, des maisons anciennes, avec collection d'objets liés à la vie locale de jadis. À **Čigoć**

LE PARC NATUREL DE LONJSKO POLJE / À VOIR. À FAIRE

(maison n° 34), chez les Sučić ; à **Mužilovčica** (maison n° 72), chez les Ravlić ; à *Krapje* (maison n° 48), chez les Palaič.

🎯 *Čigoć :* petite capitale européenne de la cigogne. Eh oui, on a compté jusqu'à 45 nids, posés sur presque chaque toit des charmantes maisons. Les cigognes reviennent fidèlement pour le printemps (en principe, pour la Saint-Joseph, le 19 mars), faisant de Čigoć le village d'Europe qui en posséderait le plus ! 200 cigognes pour... 120 habitants ! Le dernier samedi de juin, on les bague (grande fête avec groupes folkloriques, métiers d'antan...), en juillet on peut encore les voir mais plus en août, car elles sont reparties.

LA CIGOGNE NE PERD PAS LE NORD

Comment diantre cet échassier peut-il quitter le Sahel ou le Maroc et revenir pile poil dans le nid où il a vu le jour, plusieurs milliers de kilomètres plus au nord ? GPS ? Routard ? Carte routière ? Eh non, ces drôles d'oiseaux ont de la magnétite dans la tête. Ils sont guidés par cette boussole intégrée, leur bec faisant office d'aiguille... pour marquer le nord !

🎯 *Krapje :* « village du patrimoine de l'habitat » depuis 1995. C'est l'un de nos villages préférés, bordé des 2 côtés par de longues rangées de maisons en bois sombre, couvertes de vignes et séparées les unes des autres par des jardins. Ces logis semblent avoir été bâtis en même temps suivant un plan d'ensemble. Pourtant, il n'y a nulle uniformité, chacun faisant entendre sa petite musique. On y devine de charmants et rustiques modes de vie.

🎯 Les autres villages, *Puška, Lonja* ou *Mužilovčica,* offrent également leur lot de jolies bâtisses, flanquées d'escaliers extérieurs couverts, toits où nichent les cigognes, pièces en encorbellement, etc. Et toujours le vénérable puits, les tas de bois, les vieilles machines qui rouillent dans les hautes herbes.

🎯 *Jasenovac :* *village à l'extrémité sud-est du parc.* C'est là que se situait, pendant la Seconde Guerre mondiale, le sinistre camp de concentration oustachi où moururent des dizaines de milliers de juifs, tziganes, Serbes, communistes ou antifascistes (un mémorial a été édifié sur l'emplacement du camp, petit musée dans le village).

LA SLAVONIE

- Osijek 98
- Le parc naturel
  de Kopački rit................105
- Vukovar 108
- Sotin • Šarengrad
- L'église de Bapska • Ilok
- Đakovo 111

● Carte *p. 100-101*

Aux confins de la Croatie, enchâssée entre Hongrie, Serbie et Bosnie-Herzégovine, la Slavonie est le véritable grenier à grains du pays. Plate contrée, entrecoupée de rares collines. Mornes plaines de blé ou de maïs parsemées de vignes produisant d'excellents vins blancs. Long défilé de villages moroses, ponctués, de-ci de-là, de belles villes baroques. Tout à l'est, le parc naturel de Kopački rit est l'une des plus riches réserves ornithologiques d'Europe. La Slavonie touche finalement par ses réalités historiques et sociales (présence serbe dans l'est de la région qui fut à l'origine des combats, notamment à Vukovar) plus que par son attrait touristique. Et puis on mange fort bien en Slavonie, où les produits régionaux sont réputés à juste titre (cochonnailles, dont le célèbre *kulen*, vin blanc d'Ilok et rouge de Kutjevo, poissons de rivière, gibier, etc.).

OSIJEK   (31000)   83 500 hab.   IND. TÉL. : 031

● Plan *p. 102-103*

La capitale de la Slavonie s'étire le long de la Drave. Passons sur l'inintéressante et moderne « ville basse » *(Donji grad).* La vieille ville *(Tvrđa,* autrement dit la citadelle) est l'une des raisons majeures pour venir ici, avec son ensemble architectural baroque joliment homogène. Ceux que le baroque finit par ennuyer visiteront la « ville haute » *(Gornji grad),* qui dégage une atmosphère doucement rétro et mélancolique avec ses belles demeures, un peu fatiguées, de style Sécession.

ESCLAVE ET SLAVE

Dès l'Antiquité, les soldats vaincus étaient vendus à des hommes libres. Au Moyen Âge, cette main-d'œuvre asservie était souvent originaire du nord de l'actuelle Croatie, des païens slaves. Slave, esclave... vous voyez le lien étymologique ? Certes, depuis, Croates et autres Slaves se sont affranchis... Et c'est tant mieux.

UN PEU D'HISTOIRE

La ville fut fondée au IIe s apr. J.-C. par l'empereur romain Hadrien. En 351, l'empereur romain d'Orient y défait les troupes de celui d'Occident. Au VIIe s y arrivent les 1ers Slaves, puis les Croates et le nom d'Osijek apparaît pour la 1re fois en 1196. Ce port sur la Drave, devenu important, est conquis par les Turcs en 1526, que les Autrichiens chassent en 1688. La ville (Tvrđa) fortifiée est construite dès 1712. En 1809, Osijek obtient le titre de ville royale libre et devient la 2e ville industrielle de Croatie. Immeubles cossus de styles Sécession et historiciste témoignent de sa prospérité aux XIXe-XXe s. En 1918, la ville intègre naturellement le tout nouveau royaume yougoslave. Lors de la guerre d'indépendance de 1991, les troupes serbes massées sur la rive nord de la Drave bombardent lourdement la ville, mais elle n'est pas prise.

Arriver – Quitter

En bus

Gare routière (plan A3) : Bartola Kašića bb. ☎ 214-355. *Tram n° 2 depuis la ville haute.*
➢ **Zagreb :** bus ttes les 2h env. Trajet : 4h.
➢ **Plitvice, Zadar et Split :** 1 bus/j. Trajet : respectivement 5h30, 8h30 et 11h.
➢ **Pour la région :** bus quasiment ttes les heures pour **Vukovar** et **Đakovo**.

En train

Gare ferroviaire (plan B3) : L. Ružicke trg. ☎ 060-333-444. *Tram n° 2 depuis la ville haute.*
➢ **Zagreb :** 4-5 trains/j. (trajet : 3-5h selon train), dont 2 continuant jusqu'à **Rijeka** (trajet : 8-10h).

Adresses et info utiles

Office de tourisme (plan A1) : Županijska 2. ☎ 203-755. • tzosijek.hr • *Oct-juin, lun-ven 7h-16h, sam 8h-12h ; juil-sept, lun-sam 8h-20h (12h sam).*
OK Tours (plan A1, **1**) : Slobode trg 7. ☎ 212-815. • ok-tours.hr • *Lun-sam 9h-17h (12h sam).* Agence de voyages efficace pour toute visite guidée de la région.
➢ **Tramway :** seulement 2 lignes. La ligne n° 1 relie la ville haute à la vieille ville (Tvrđa). La ligne n° 2, circulaire, rejoint les gares routière et ferroviaire depuis la ville haute.

Où dormir ?

Pansion Fitea (hors plan par D3, **14**) : Srijemska 27. ☎ 508-508. • fitea.hr • *À 500 m de Vukovarska cesta, au niveau du petit rond-point. Tte l'année. Double env 480 Kn, hors petit déj.* Dans un petit immeuble de 2 étages, des chambres pimpantes, pleines de couleurs, tout confort (clim, TV satellite) et décorées dans l'air du temps. Le proprio peut venir vous chercher à la gare. Un peu à l'écart, mais prix correct.
Hotel Central (plan A1, **12**) : Ante Starčevića trg 6. ☎ 283-399. • hotel-central-os.hr • *Tte l'année. Double env 520 Kn, petit déj compris.* L'hôtel le plus ancien de la ville a conservé des *good old days* un amusant côté kitsch, années 1950-1960. Chambres correctes plutôt bien tenues. Voir la salle du resto aux tons criards et aux volumes disproportionnés.
Hotel Waldinger (plan A2, **13**) : Županijska 8. ☎ 250-450. • waldinger.hr • *Tte l'année. Selon saison et standing, doubles env 800-1 200 Kn, 500 Kn dans l'annexe, petit déj compris.* Dans ce bâtiment historique, l'hôtel propose une quinzaine de chambres de luxe, au mobilier

LA SLAVONIE

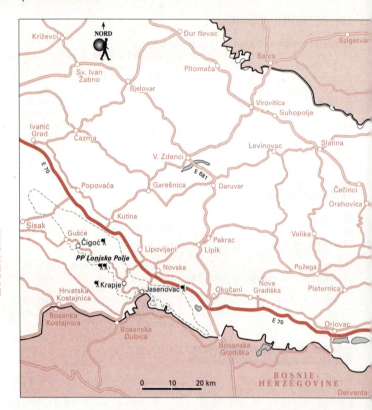

élégant, baignoire-jacuzzi et toutes commodités. La *Pension Waldinger*, dans une maison à deux pas de l'hôtel, offre à moindre coût 7 chambres tout aussi confortables dans un jardin et au calme, même si l'insonorisation laisse à désirer. Parking. Une belle adresse qui propose aussi 2 excellents restos et un café-pâtisserie.

Où manger ?

Osijek compte de bonnes adresses dont vos papilles se souviendront, incluant les restaurants très honorables des hôtels.

|●| *Slavonska Kuća* (plan C1, **22**) : *K. Firingera 26.* ☎ *369-955. Tlj sauf dim. Plats 40-100 Kn.* Au cœur de la vieille ville, une discrète taverne pour une des meilleures cuisines de poisson de rivière de la région. Cadre chaleureux avec ses grosses tables de bois et son décor d'épis de maïs que lorgne un énorme silure empaillé... Perche, brochet et sandre (*smuđ*) d'une remarquable fraîcheur, cuisson parfaite et servis très généreusement.

OSIJEK / OÙ MANGER ? | 101

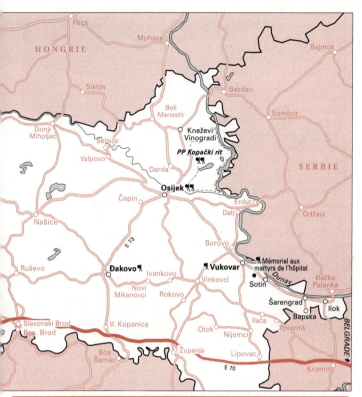

L'EST DE ZAGREB ET LA SLAVONIE

LA SLAVONIE

|●| **Kod Ruže** (plan C1, **23**) : F. Kuhača 25a. ☎ 206-066. Tlj sauf dim soir. Plats 45-130 Kn. Jolie salle à mi-chemin entre l'auberge et la salle à manger de mère-grand, dont les murs débordent de vieilleries, portraits, vieux tissus. Veau ou grenouilles, carpe, sandre ou porc se disputent le leadership dans les assiettes. Une excellente option pour découvrir de bonnes spécialités locales et des vins bien charpentés.

|●| **El Paso** (plan A1, **24**) : sur une péniche, le long du quai Šetalište kardinala Franje Šepera. ☎ 098-205-077. Tlj midi et soir. Pizzas et pâtes 40-80 Kn ; grillades plus chères. On pense au coup de bambou des bateaux-mouches parisiens... eh bien non, ce resto est à la fois simple et abordable pour toutes les bourses. Sans relever de la grande gastronomie, les assiettes sont copieuses et le cadre a son charme.

|●| **Bijelo-Plavi** (plan D3, **21**) : M. Divaltova 8. ☎ 571-000. À côté du stade, en direction de Vinkovci. Tlj. Plats 80-110 Kn. Bijelo-plavi signifie « blanc-bleu » (les couleurs de la ville et de l'équipe de foot locale). Resto au look d'auberge urbaine. Salle classique, clientèle fidèle, belle et authentique cuisine régionale. De vrais produits et de fines combinaisons de senteurs et de saveurs. Une aubaine !

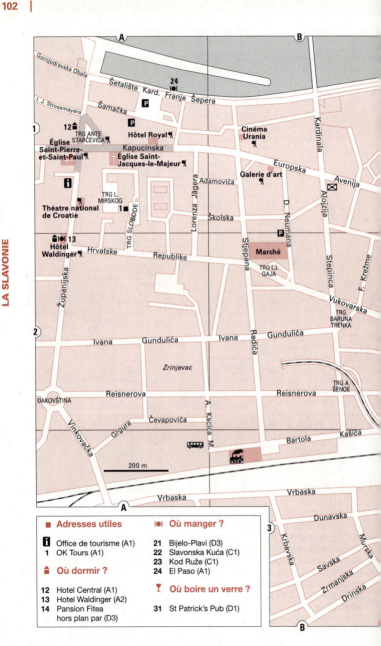

| 103

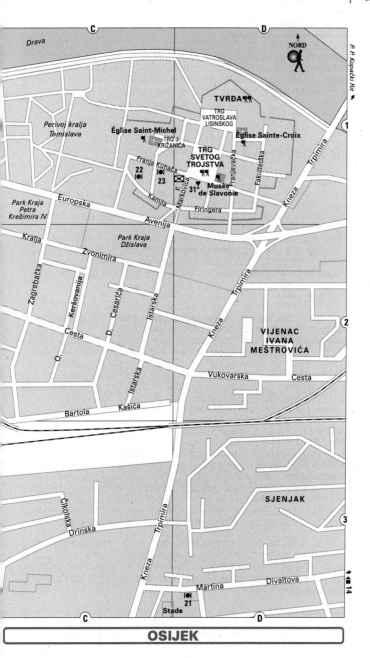

OSIJEK

Où boire un verre ?

St Patrick's Pub (plan D1, 31) : *Franje Kuhača 15. Tlj jusqu'à minuit.* Un pub irlandais en Croatie, pourquoi pas ! Surtout s'il étale langoureusement sa terrasse sur la grand-place de la vieille ville, qu'on y tire bien la bière et que c'est le sympathique rendez-vous de la jeunesse locale...

À voir

Dans la ville haute (Gornji grad)

Europska avenija (plan B1) : la grande avenue reliant la vieille ville à la ville haute aligne des immeubles de la fin du XIXe s dans les styles alors en vogue dans la *Mitteleuropa* (Art nouveau, historiciste, Sécession...). À l'angle d'A. Stepinca, une colossale façade de la *grande poste (plan B1),* de style Sécession (architecte hongrois). Plus loin, entre les n°s 10 et 24, une succession de façades élaborées. Au coin, la *bibliothèque municipale* (architecte viennois), avec une tour d'angle.
Plus loin, sur la droite, le **cinéma Urania** (plan B1) de 1912, œuvre de Viktor Axmann, célèbre architecte de la ville, mêlant harmonieusement académisme et Sécession. En face, 2 petits sphinx, comme en écho à celui de la façade.

La galerie d'art (plan B1) : *Europska avenija 9.* ☎ *251-280.* ● *mlu.hr* ● *Tlj sauf lun 10h-20h 13h w-e). Entrée : 15 Kn ; réduc.*
Installée dans un bel édifice néo-Renaissance italienne (1897). Un très intéressant tour d'horizon des peintres de Slavonie (et d'au-delà).
Dans l'expo permanente, on remarquera surtout Miljenko Stančić, qui peint un peu dans le style d'Edward Hopper, Vladimir Becić, genre postimpressionniste, Emmanuel Vidović, offrant un délicat *Port dans la brume,* et Adolf Waldinger. Belle collection de portraits et grande composition de F. J. Gottlieb Lieder (1811), à la manière de David *(La Famille Pejačević).* Salle du XVIIIe s avec portraits, *Les Apôtres* d'un anonyme et une *Crucifixion* de J. F. M. Rottmayer. 2 salles d'art contemporain accueillent des expos temporaires thématiques.

Kapucinska : vers le centre-ville, sur Kapucinska, s'impose le luxueux décor de l'*hôtel Royal* (plan A1) de style Revival (1905). Fenêtres ornementées, balcons ornés de stuc et fer forgé (quel contraste avec le triste immeuble de la période socialiste à côté !). Juste avant d'arriver à la grand-place, sur le même trottoir, des réminiscences d'architecture turque sur une des façades et, au coin avec la place, un bel immeuble moderniste décoré de figures et personnages (paysannes slavonnes). Côté gauche, l'**église Saint-Jacques-le-Majeur** (plan A1), édifiée en 1705. À l'intérieur, décor baroque austère et trompe-l'œil. Partie prenante d'un couvent des capucins juste derrière dont il subsiste quelques bâtiments.

La place Ante Starčević (Ante Starčevića trg ; plan A1) : la grand-place de la ville haute. À gauche en entrant, le *palais Normann* (1894). Au n° 6, l'hôtel *Central* datant de 1889, puis la haute flèche de brique de l'**église Saint-Pierre-et-Saint-Paul** *(crkva Sv. Petra i Pavla ; plan A1),* construite de 1894 à 1898 et de style néo-lourdingothique germanique.

Županijska (plan A1-2) : l'autre axe principal de la ville haute. Sur le trottoir de l'église Saint-Pierre-et-Saint-Paul, un peu plus au sud, l'office de tourisme.
De l'autre côté de la rue, une grande étoile de David rappelle l'emplacement de la synagogue (de 1869), incendiée en 1941. À côté, un édifice de 1866 de style romano-byzantin accueillant depuis 1906 le **Théâtre national de Croatie** *(Hrvatsko narodno kazalište ; plan A1).* Beau décor de frises.

LE PARC NATUREL DE KOPAČKI RIT | 105

Au n° 8, au bout de la rue, l'**Hotel Waldinger** *(plan A2, 13)* et sa pittoresque façade Art nouveau, qui doit son nom au peintre Adolf Waldinger (1843-1904), originaire d'Osijek. Le bâtiment de style sécessionniste date de 1904 ; il est classé Monument historique. Ornementation de motifs floraux et jolie frise de toit. Un fer forgé rappelle la date de construction. Les machines à coudre y renvoient aux activités des proprios d'alors, industriels du textile.

Dans la vieille ville (Tvrđa)

Tvrđa *(plan D1)* : *pour s'y rendre, tram n° 1.*
Après le départ des Ottomans, les Austro-Hongrois s'empressèrent de fortifier les villes reconquises. Une partie de la population fut déplacée vers l'actuelle ville haute et, à partir de 1712, on érigea autour de la vieille ville une énorme forteresse en étoile dotée de bastions. Les remparts démantelés en 1922 devinrent de vastes espaces verts.
Il en subsiste une portion vers la rivière, la porte d'Eau *(Vodena vrata)* et un bastion. Les édifices, palais et demeures datant majoritairement du XVIIIe s, la vieille ville offre une remarquable homogénéité architecturale. Très charmant de jour, et encore plus la nuit.
À l'entrée s'élève l'*Académie croate des arts et des sciences* (d'ailleurs, palais et beaux bâtiments abritent aujourd'hui moult collèges et facultés). Peu après, sur une jolie place triangulaire, l'**église Saint-Michel** *(Sv. Mihovil ; plan C1)*, édifiée par les jésuites à la place d'une ancienne mosquée. Vaste et haute façade encadrée de 2 clochers à bulbes.

La place Sainte-Trinité *(Svetog Trojstva trg ; plan D1)* : harmonieuse architecture, comme un décor de film. Au milieu, une *colonne de la peste* de style baroque, élevée en 1729. Tout autour, de prestigieux édifices, notamment, côté rue F. Markovića, celui à arcades surmontées d'une tour d'horloge. Tout au bout, une élégante échauguette. Côté rue J. Bösendorfera, l'imposante façade de la *Zgrada glavne komande* (le siège du commandement militaire). Construit à la demande du prince Eugène de Savoie en 1724, dans un style mélangeant Renaissance et baroque. La sobriété de la façade met en exergue atlantes et colonnes corinthiennes du porche monumental. C'est aujourd'hui une université.

Le musée de Slavonie *(plan D1)* : *Trg Sv. Trojstva 6 (et R. Boškovića).* ☎ *250-730.* ● *mso.hr* ● *Mar-sam 10h-18h. Entrée : 20 Kn.* Installé dans l'ancien tribunal, édifice de 1702 (le plus ancien de la ville). Petite section lapidaire, notamment le produit des fouilles faites sur les sites romains régionaux, collection de verres et cristaux des XIXe et XXe s, monnaies et objets d'art. De l'autre côté de la rue, la mairie.

L'église Sainte-Croix *(crkva Sv. Križa ; plan D1)* : *Franjevačka.* Bâtie en 1709 par les franciscains, grâce à la famille Pejačević. Une seule large nef, retable baroque à colonnes et décor exubérant. Noter la belle barrière de tribune polychrome. Dans la crypte, tombes des grands notables de la ville. Sur le côté de l'église, jolie ruelle voûtée et, devant, vaste place bordée d'anciennes casernes.

LE PARC NATUREL DE KOPAČKI RIT

C'est l'une des plus riches réserves ornithologiques d'Europe, dotée d'un écosystème très original. Coincé entre Drave et Danube, le parc de Kopački rit évolue, en effet, au gré des caprices de ces cours d'eau. Le

paysage, pourtant plat, ne se révèle jamais ennuyeux ; marécages, tourbières, bosquets, bois de chênes, de peupliers et de saules, lacs et étangs alternent sans cesse. En hiver, avec l'apport des crues, les mares se transforment en étangs, les étangs en lacs et les lacs en mers intérieures. Des canaux naturels relient tout cela et permettent des balades superbes.
Quelques chiffres significatifs : couvrant 23 230 ha, le parc offre une exceptionnelle biodiversité ; 4 000 espèces animales dont 298 sortes d'oiseaux, 400 de plantes, 60 de papillons, 54 de mammifères, 44 de poissons... et encore en a-t-on oublié ! En outre, il sert de terrain privilégié à la préservation et à la réintroduction d'espèces menacées de disparition, comme la loutre européenne, la cigogne noire, le canard « ferrugineux » ou l'aigle à queue blanche. En hiver, quelque 50 000 oies sauvages et 20 000 canards y résident.
Kopački rit fut aussi le terrain de chasse favori des rois et empereurs du temps de l'Empire austro-hongrois, puis de Tito et des dignitaires de l'ancien régime socialiste. On y trouvait 3 fois plus de « cerfs rouges » que dans toute autre forêt européenne !
Venir aujourd'hui visiter le Kopački rit permet de joindre l'utile à l'agréable : on découvre un univers naturel de 1er intérêt tout en contribuant à l'essor économique lié aux revenus touristiques. Alors chaussez vos jambières et allez canarder le canard ferrugineux... de photos !

Arriver – Quitter

➤ *En voiture :* très bien fléché depuis Osijek.

➤ *En bus :* depuis Osijek et Bilje.

Adresse et infos (très) utiles

■ **Centre d'accueil :** *à l'entrée du parc (à **Kopačevo**). ☎ (031) 445-445. ● pp-kopacki-rit.hr ● Tlj 9h-17h. Billet de base (chemins de rando seulement, visite de Tikveš sans guide) : 10 Kn ; de nombreuses visites proposées dont la « panoramic view » (mars-nov) avec visite de 1h en bateau et visite commentée du château de Tikveš : 80-90 Kn (nécessite d'être véhiculé pour aller à Tikveš) ; réduc. Loc de vélos 50 Kn pour 3h.* Délivre les billets et prodigue toutes les infos sur le parc, les visites, les balades en bateau...

Où dormir ? Où manger dans les environs ?

Le tourisme se structure tout doucement dans la région et des pensions ouvrent d'année en année dans le village de Bilje, à 8 km d'Osijek et à seulement 4 km de l'entrée du parc. Renseignements : ● *tzo-bilje.hr* ● (en croate... à vous de tâtonner).

🏠 🍴 **Mala Kuća :** *Ritska 1, 31327 Bilje.* 📱 *091-244-55-77 ou 88. Indiqué dans la rue principale, sur la droite en venant d'Osijek. Tte l'année. Prévoir env 210 Kn/pers, petit déj inclus. Dîner env 60 Kn.* Une demi-douzaine de chambres occupant la maison principale et une sorte de longère récente dans le jardin. Des chambres fraîches, qui possèdent toutes salle de bains privée, parquet et clim. Les accueillants propriétaires proposent une abondante cuisine régionale.

🍴 **Kormoran :** *peu après **Kopačevo**, sur la route du château de Tikveš, dans le parc. ☎ (031) 753-099. Tlj. Plats 50-120 Kn.* Grandes salles où chasseurs et pêcheurs revivent à haute voix leurs traques du jour. C'est donc moins intime que la campagne alentour. Intérieur de style rustique, avec lustres et lampadaires en bois de cerf. Terrasse aux beaux jours. Là aussi, tous les poissons du coin préparés de nombreuses façons. Sur commande, carpe à la broche (rôtie à la verticale, *šaran u rašljama* en croate), la spécialité de la maison.

Où déguster et acheter du bon vin dans les environs ?

● **Belje :** *Šandora Petefija 2, à Kneževi Vinogradi.* ☏ *091-179-08-81.* ● *vinabelje.hr* ● *À env 12 km au nord de Kopačevo. Tlj 10h-18h. Visite guidée de la cave (payante) ttes les heures env.* Visite de la vieille cave (1526, quand même !), dégustation de ces vins réputés dans tout le pays, « route des Vignes » (en voiture) sur un circuit de 8 km au milieu du vignoble : à vous de trier le bon grain de... l'ivresse.

À voir. À faire

L'accès à la route qui traverse le parc est gratuit. Quelques panneaux sur les bas-côtés, sur de petites aires, expliquent la faune et la flore. Mais le plus intéressant reste quand même la randonnée ou les excursions proposées par la Maison du parc (dans ces 2 derniers cas, billet d'entrée obligatoire).

🎯 **Le château de Tikveš** *(dvorac Tikveški)* : au cœur du parc, dans une forêt de chênes pluricentenaires. Cette bâtisse de style hétéroclite, de brique rouge et pierre blanche, est un ancien pavillon de chasse des Habsbourg bâti à la fin du XIXe s par le grand archiduc. Impressionnant tableau de chasse de personnalités : l'empereur François-Joseph, son fils Rodolphe, son neveu François-Ferdinand, le roi d'Espagne Alphonse XII, le roi de Prusse, l'empereur d'Allemagne... Incendié pendant la Première Guerre mondiale, il fut reconstruit par le roi Alexandre de Yougoslavie, invétéré chasseur. La République socialiste yougoslave le nationalisa pour l'usage... privé de Tito et ses invités... Chassez le naturel...
En 1991, Milošević et Tuđman y tinrent une réunion secrète. Enfin, le château et ses environs servirent d'état-major et de centre d'entraînement militaire à l'armée yougoslave et aux milices serbes jusqu'en 1998. À leur départ, l'ensemble était dans un état de dévastation totale.

🎯 **Balade en bateau :** *vente des tickets au centre d'accueil. L'embarcadère se trouve peu après. Différentes balades en canoë. Compter 100 Kn/pers pour le « Cormorant » tour (1h).* Balade la plus intéressante pour s'immerger dans les richesses naturelles du parc. Le grand lac *(Sakadaško jezero)* sur la gauche est artificiel. C'est l'une des plus grandes réserves de poissons blancs du pays. De l'autre côté de la route débute le canal naturel zigzaguant dans les marais. Une heure à observer les aigrettes, hérons gris, cormorans, spatules (avec peut-être la chance de voir un aigle à queue blanche)... dans une nature que l'on n'imaginait pas si variée. Meilleurs mois pour l'observation des oiseaux : avril-mai et août-septembre.

🎯 **Le village de Kopačevo :** *accès depuis la route entre Bilje et l'entrée du parc.* Village de population hongroise à 80 %, vivant en complète harmonie avec ses voisins croates. Leur religion calviniste (rare dans le coin) se reconnaît à un détail : pas de croix sur le clocher à bulbe de l'église. L'architecture, que l'on retrouve dans bien des villages slavons, est ici très bien préservée : les demeures sont en longueur et perpendiculaires à la rue principale, toutes les pièces donnant directement sur une non moins longue véranda et un jardin potager. Chaque façade sur rue (souvent aveugle) est percée de 2 petits regards pour ventiler le grenier.

VUKOVAR

(32000) — 27 700 hab. — IND. TÉL. : 032

Ce fut longtemps l'une des plus charmantes petites villes baroques de Croatie, comparable à Varaždin (au nord de Zagreb). Élégants petits palais, rues pleines de charme, riche vie culturelle et artistique, doux mode de vie au bord du Danube. Un rêve devenu cauchemar en 1991, avec un siège qui s'acharna à détruire ce petit bijou. On découvre donc aujourd'hui une ville meurtrie, qui panse ses plaies. Un lieu émouvant de mémoire constellé de mémoriaux, cimetières et statues commémoratives.

UN PEU D'HISTOIRE

Présence humaine très ancienne dans la région, dont le site de Vučedol, à 4 km seulement, est à l'origine de la culture éponyme (lire plus loin « À voir. Le musée de la Culture de Vučedol). Connue pour la 1re fois en 1231 sous le nom de *Castrum Walkow,* passée sous domination hongroise, Vukovar devint chef-lieu du district de Vukovo. Un château s'élevait à l'emplacement du couvent franciscain actuel, mais il fut totalement détruit à la fin du XVIIe s. Au temps de Marie-Thérèse, la ville était majoritairement habitée par des Allemands, qui constituaient encore 33 % de la population en 1910.

Puis tout bascula un jour dans l'horreur de la guerre, lorsque, en 1991, la Croatie prit son indépendance. Vukovar était en 1re ligne face à l'armée yougoslave et à son plan de conquête de territoires. La région de la Baranja vite annexée, les Serbes butèrent sur le verrou d'Osijek. Vukovar devait nécessairement être conquise pour gaver l'armée fédérale des riches terres de Slavonie orientale. En juillet 1991, des dizaines de milliers de soldats et des centaines de chars commencèrent à assiéger la ville. Fin août et mi-septembre, 2 assauts échouèrent devant la farouche détermination de ses défenseurs. Entre-temps, plus des 3 quarts des habitants avaient fui l'enfer de la ville. L'armée yougoslave changea alors de tactique et fit pleuvoir un déluge de feu. Puis la ville fut totalement encerclée. Les défenseurs, dont pas mal de Serbes (paradoxe de ces guerres fratricides !), durent donc rationner au minimum eau et nourriture, mais leur détermination restait intacte. Si Vukovar avait le soutien de toute la Croatie, en revanche, la solidarité internationale se révéla plus que timorée ! Après plusieurs semaines de batailles menées rue par rue, avec des défenseurs à bout, exsangues et à court de munitions, Vukovar dut se rendre, le 18 novembre 1991. Le bilan s'avéra effroyable : ville quasiment détruite, près de 2 000 défenseurs tués, des milliers de blessés, sans compter les disparus ! Mais ce n'était pas fini, puisque, quelques jours après la reddition, des blessés de l'hôpital furent froidement massacrés (voir le film d'Élie Chouraqui, *Harrison's Flowers*)...

ET VUKOVAR AUJOURD'HUI ?

Vukovar se relève doucement. Avant la guerre, la ville comptait 45 000 âmes, aujourd'hui moins de 28 000... Les Serbes représentent toujours un tiers de la population. Le président serbe est venu en 2010 visiter Vukovar et présenter les excuses de son pays. La reconstruction manque cruellement d'argent. Le centre-ville présente encore de bouleversantes cicatrices à fleur de murs. Il faudra encore du temps pour effacer les séquelles de ce malheureux jeu de massacre. Vukovar est la rencontre émouvante de ce que l'homme peut faire de plus épouvantable dans la destruction, de ce qu'il peut endurer dans la résistance et de ce qu'il peut démontrer de plus beau dans sa volonté de revivre.

Adresses utiles

Office de tourisme : J. J. Strossmayera 15. ☎ 442-889. ● turizamvukovar.hr ● *Dans la rue principale, face à l'Hotel Lav. Lun-ven 7h-15h, sam 8h-13h.*

Gare routière : Olajnica bb, à l'entrée de la ville venant d'Osijek, en face du grand marché. ☎ 337-799. Liaisons régulières avec *Zagreb* (env 5 bus/j.), *Osijek* et *Ilok*.

Où dormir ? Où manger ?

Hotel Lav : J. J. Strossmayera 18. ☎ 445-100. ● hotel-lav.hr ● *Tte l'année. Double env 970 Kn, petit déj inclus.* C'est l'hôtel le plus moderne de la ville, avec centre de congrès... Le meilleur choix si l'on tient à dormir dans la ville. Prestations de qualité mais les prix sont vraiment élevés. Resto.

Vrške : Parobrodarska 3. *Juste derrière l'Hotel Lav. Plats à partir de 60 Kn.* Vu le peu de concurrence, c'est sans doute le meilleur resto de la ville. Dans une salle rustique campagnarde ou sur une agréable terrasse ombragée au bord du Danube, on déguste des spécialités régionales de viande et de poisson. Le service fait ce qu'il peut, mais sans plus.

À voir

🐾 **Le musée de la Ville** (Gradski muzej) : *Županijska 2. ☎ 441-270. ● muzej-vukovar.hr ● Tlj sauf lun 10h-18h. Entrée : 30 Kn ; réduc. Billet commun avec le musée de la Culture de Vučedol : 60 Kn.* Installé dans le *Dvorac Eltz*, qui fut le plus beau palais du XVIIIe s de la ville, demeure d'une grande famille aristocratique. Une partie de la collection fut mise en pièces par les canons serbes, depuis l'autre rive du fleuve. Le restant fut partiellement « emprunté » par ces mêmes Serbes (qui ont promis de rendre leur butin). Au final, le palais a été entièrement restauré et la générosité de donateurs croates et étrangers a permis de reconstituer un fonds à ce musée.

🐾 Au long de la rue principale et des artères adjacentes, longue suite de bâtiments abîmés, voire ruinés. Ancien hôtel, grand magasin, commerces divers et logements sociaux... Tiens, une maison particulière dont on devine, sous les éclats de balles et d'obus, l'élégance baroque. Sur la façade, une plaque indiquant que c'était la demeure de Lavoslav Ružička, croate d'origine slovaque (et naturalisé suisse par la suite), Prix Nobel de chimie en 1939. Au bord du Danube, le **monument aux défenseurs de Vukovar**. Tout au bout de cette portion de la rue principale, le pont franchissant la Vuka. On aborde le vieux **centre historique.** Le 1er édifice ruiné à l'entrée de la rue Tudjman, à droite, le **Radnički dom,** fut l'un des plus prestigieux de la ville. Construit en 1898, c'était un long et élégant immeuble de style néo-haussmannien d'un étage. C'est là que se tint en 1920 le 2d congrès du Parti communiste yougoslave (interdit quelques mois après !). Suivent divers édifices de style baroque et de ravissants petits immeubles à arcades du XVIIIe s. Certains, restaurés avec goût, donnent une idée du charme de la ville jadis. Dans la rue Tudjman, l'un des 1ers bâtiments à gauche est un ancien relais de diligence au XVIIIe s.

🐾 Vers Ilok, vestiges de l'ancien monastère franciscain et surtout, l'imposant **château d'eau,** troué, déchiqueté, mais toujours debout. Un des symboles de la résistance de Vukovar, il restera en l'état, comme témoignage éternel de la violence des combats.

🐾 **Le cimetière-mémorial de la ville** (Memorijalno groblje) : *route d'Ilok, à 1 km au sud-est de Vukovar.* Monument aux morts inauguré en août 2000. 938 croix blanches y symbolisent les victimes des bombardements. Ceux tombés les armes à la main possèdent leur carré. Toutes les plaques indiquent septembre-octobre-novembre 1991 et *Hrvatski branitelj* (« combattant croate »). On y trouve des sépultures de Serbes qui participèrent à la défense de la ville.

🏃🏃 *Le musée de la Culture de Vučedol* (*Muzej Vučedolske Kulture*) : *Vučedol 252. ☎ 373-930. • vucedol.hr • À 3 km à l'est de la ville. Mar-dim 10h-18h. Entrée : 40 Kn ; réduc. Billet commun avec le musée de la Ville : 60 Kn. Visites guidées possibles (supplément).* Un nouveau musée, vaste, moderne, à l'architecture étonnante, consacré à la culture préhistorique qui porte le nom du site même où les découvertes archéologiques exposées dans le musée ont été faites. La culture de Vučedol, à son apogée entre 3 000 et 2 500 ans av. J.-C., a livré de nombreux témoignages (poteries, embarcations, tombes) présentés avec précision. Quelques découvertes intéressantes : c'est à Vučedol, par exemple, que le 1er calendrier aurait été inventé !

🏃 *Le mémorial aux martyrs de l'hôpital* (*spomen Dom Ovčara*) **:** *par la route d'Ilok, à 8 km de Vukovar. Fléché (tourner à droite à Jakobovac). Tlj 10h-17h. Entrée : 5 Kn.* C'est ici que se déroula l'un des plus tragiques épisodes de la guerre. Quelques jours après la prise de Vukovar, le 20 novembre 1991, les milices serbes investissent l'hôpital et embarquent dans des camions blessés et personnel hospitalier. Emmenés dans la campagne, ils sont massacrés dans un champ et enterrés sur place. Un survivant, qui faisait le mort, sort du tas de cadavres, gagne le bois voisin et s'y cache. C'est lui qui retrouvera plus tard la fosse commune. 145 corps seront identifiés. Le mémorial, en pleine campagne, est tout simple, adossé à un bâtiment agricole toujours en activité. La nature alentour et les champs de maïs atténuent un peu la tristesse du lieu. Il n'y a rien à ajouter...

EN CONTINUANT SUR LA ROUTE D'ILOK

Un itinéraire à envisager si vous avez vraiment du temps.

🏃 *Sotin* **:** *à 7,5 km de Vukovar.* L'église locale fut particulièrement touchée par les combats de 1991. Elle abrite une *Vierge à l'Enfant* offerte par des franciscains fuyant les Turcs en 1739 (« réfugiée politique » à Đakovo durant le conflit de 1991...). L'intérieur a un côté émouvant avec son retable baroque toujours ruiné.

🏃 *Šarengrad* **:** *à 27 km de Vukovar.* Coup d'œil en passant au clocher en pierre de l'*église Saint-Pierre-Saint-Paul* (1747) et au *monastère*. Ce dernier, édifié au XVe s, est le plus ancien de Slavonie. Sur la colline dominant le village, vestiges d'une forteresse du XVe s détruite par les Turcs.

🏃 *L'église de Bapska* (*crkva Gospe Bapske*) **:** *à 6 km au sud de Šarengrad ; traverser Bapska, l'église est 1 km au-delà sur la colline.* Un des rares témoignages de l'architecture romane en Slavonie, malgré les différents ajouts au cours des siècles. Abside romane et mur extérieur de la nef en brique ornés de fines arcatures triangulaires du XIIIe s. Voûte de la porte de style gothique. Au XIXe s, un petit coup de baroque et, au siècle suivant, on ajouta l'autel extérieur et le petit clocher.

🏃 *Ilok* **:** petite cité frontière s'élevant sur le site de l'antique *Cuccium*. Sur le contrefort de la Fruška gora, imposants vestiges d'un *château* datant de 1365. Les Turcs s'en emparèrent en 1528 et les Autrichiens le récupérèrent en 1688. Abritée par l'enceinte, l'*église franciscaine de Sv. Ivan Kapistran* de 1349. Quelques retouches baroques au XVIIIe s et reconstruction en néogothique en 1912 sur les plans de l'architecte Herman Bollé (et 4e flèche depuis l'édifice d'origine).
La région d'Ilok est réputée pour la finesse de ses vins blancs (notamment le fameux *traminac*, un vin blanc sec).

ĐAKOVO   (31400)   19 500 hab.   IND. TÉL. : 031

Petite ville à 36 km au sud d'Osijek, siège d'un important et dynamique évêché. Ses haras de lipizzans, mondialement réputés, furent relancés, au début du XVIIIe s, par l'évêque Patačić. Les évêques développèrent également le vignoble régional, atteignant même une grande réputation dans ce domaine. L'un d'entre eux, Antun Mandić (en poste en 1805), donna son nom à l'une des plus prestigieuses appellations, le *mandičevac*. On irait à l'office rien que pour goûter ce fameux vin de messe des caves de l'évêché !

Adresses utiles

Office de tourisme : *Kralja Tomislava 3.* ☎ *812-319.* ● *tzdjakovo.eu* ● *Près du rond-point au bout de la rue piétonne. Lun-ven 7h-15h, sam 8h-13h.*

Gare routière : *Splitska et Eugena Kvaternika.* Bus réguliers pour Osijek.

Où dormir ? Où manger ?

Pansion Croatia Turist : *P. Preradovića 24.* ☎ *813-391.* ● *croatiaturist.hr* ● *À 200 m de la cathédrale, en bordure du parc Strossmayer. Tte l'année. Double env 320 Kn. Repas env 100 Kn.* Petit hôtel de centre-ville, avec une huitaine de chambres, pas trop grandes, bien tenues et à prix modérés. Au rez-de-chaussée, un resto populaire. Vaste salle de style rustique, nappes à carreaux, clientèle locale. Cuisine de famille servie généreusement. Terrasse aux beaux jours. Accueil un peu moyen quand même.

À voir

La cathédrale Saint-Pierre-Saint-Paul *(katedrala Sv. Petra i Pavla) :* édifiée de 1866 à 1882 en style néoroman ponctué d'éléments gothiques. Symbole de la prospérité de la région à l'époque, 7 millions de briques furent nécessaires pour la réaliser (une briqueterie fut même construite sur place). Au final, l'édifice est impressionnant, voire massif. Intérieur assez sombre et fresques d'un académisme décourageant. Beau lampadaire de fer forgé. Dans le cul-de-four, à gauche, *Nativité* traitée légèrement façon Tiepolo. Dans le chœur, intéressant trompe-l'œil à droite (beau rendu des plis et tissus damassés). En sortant, jeter un œil sur le seul bout de mur rescapé des ***remparts médiévaux,*** derrière la cathédrale.

LES VOIES DE MONSEIGNEUR SONT IMPÉNÉTRABLES

Pour décorer l'intérieur de sa cathédrale, l'évêque fit venir des peintres allemands. Peu satisfait, il les congédia et sollicita un artiste italien. Toujours pas content, il fit revenir les Allemands. Voilà expliquées ces fresques au style tâtonnant « germano-italien ».

Le palais épiscopal : *à gauche de la cathédrale.* Élégante construction baroque, datant de 1860, à la façade abondamment ouvragée. En face, les bâtiments tout en longueur sont les résidences des chanoines (XVIIIe et XIXe s). Sur leur côté, le grand séminaire.

¶ **Le musée Strossmayer** *(muzej Strossmayera)* : *Luke Botića 2.* ☎ *813-698. À droite de la cathédrale. Lun-sam 8h-18h (13h30 sam). Entrée : 10 Kn.* Consacré à Josip Strossmayer, évêque tout-puissant de la 2e moitié du XIXe s, à l'influence politique considérable. Il milita notamment pour l'unité des Slaves (Serbes et Croates) et leur autonomie au sein de l'Empire austro-hongrois. Visionnaire, il œuvra pour l'unité des Églises, nonobstant les tensions d'alors entre catholiques et orthodoxes. Il fonda également l'*Académie yougoslave des arts et des sciences*. Le musée abrite certains de ses documents et souvenirs, peintures religieuses, dont une intéressante *Mort de saint Joseph* (1867) de J. F. Overbeck. Maquette de la cathédrale, plans, dessins en trompe l'œil, etc.

¶ **Le Musée historique** *(muzej Đakovštine)* : *Ante Starčevića.* ☎ *813-254. Depuis la poste, en direction d'Osijek, 1re rue à gauche. Lun-ven 9h-13h, w-e sur rdv. Entrée : 10 Kn.* Petite expo des fouilles archéologiques locales : poteries et vestiges lapidaires romains, peintures paléochrétiennes provenant de tombes, etc.

¶ ⚐ **Le Haras national** *(Državna ergela lipicanaca)* : *Augusta Šenoe 45.* ☎ *813-286.* ● *ergela-djakovo.hr* ● *Les 2 sites sont très bien fléchés depuis le centre-ville. Tlj 8h-17h. Entrée : 30 Kn ; réduc. Billet groupé pour les 2 centres (voir ci-dessous) : 50 Kn.* Ce haras est mondialement réputé pour son élevage de lipizzans, des chevaux taillés pour la course d'attelage. À proximité directe du centre-ville, on visite l'écurie abritant une trentaine d'étalons dans leurs stalles (également des *Croatian warm blood,* une espèce destinée aux sports hippiques).
– À 6 km, à **Ivandvor,** en direction de Našice, un *2d centre* se visite, avec ses 150 équidés gambadant dans de vastes prairies.

Festival

– **Festival des Broderies de Đakovo** *(Đakovački vezovi)* : *2-3 j. début juil.* Grand festival de folklore régional avec une débauche de costumes traditionnels. 50 groupes folkloriques, soit 2 000 participants, rivalisent dans leurs ravissants atours sur fond de danses, chants et musiques de toute la Slavonie et de la Baranja. Exhibition de chevaux et présentation des bons produits fermiers régionaux également. Le gouleyant vin coule à flots, en particulier le *mandičevac*.

L'ISTRIE

- **Pula**......................114
  - Les îles Brijuni
  - Les plages • Vodnjan
- **Rovinj**....................127
  - L'île Rouge
  - L'île Sainte-Catherine
  - La forêt de Punta Corrente (Zlatni Rat)
- La ria de Lim
- Bale • Dvigrad
- Svetvinčenat
- **Poreč**.....................136
  - La grotte de Baredine
  - Novigrad
  - Gallerion
  - La route des Vins

L'INTÉRIEUR DE L'ISTRIE................144
- **Pazin**......................145
  - Gračišće • Beram
- **Motovun**.................147
  - Buzet
- **Grožnjan**................150
- **Labin-Rabac**............152

• Carte *p. 115*

Savoureux mélange que l'Istrie... Certains s'y sentiront en Italie, d'où son surnom de « Toscane croate » ; d'autres souligneront le charme de cette péninsule triangulaire qui s'avance dans l'azur profond de l'Adriatique, avec ses criques rocailleuses et ses eaux limpides. Ici, on parle le croate, mais aussi souvent l'italien, même si l'allemand demeure la langue dominante en saison touristique ! Si l'on n'est jamais bien loin de la mer, le contraste est marqué entre la côte et l'intérieur des terres. Dans les ports séduisants alternent vestiges romains, influence vénitienne, ruelles médiévales et palais baroques... À l'intérieur des terres ondulent des paysages de collines verdoyantes. Voilà de quoi varier les découvertes : Pula la Romaine – qui est dans le même temps un port industriel –, Rovinj et ses ruelles médiévales, Poreč et sa basilique byzantine, Motovun, cachée derrière sa double rangée de remparts...
L'Istrie, c'est aussi une cuisine métissée qui associe aux spécialités de poisson, crustacés et fruits de mer de l'Adriatique des mets typiquement istriens ou d'origine italienne. La *supa*, faite avec du vin rouge (*teran* ou *boronja*), un peu de sucre, de l'huile et du poivre ainsi que des croûtons ; les *fuži*, des petites pâtes fraîches finement roulées... Et, avis aux amateurs, l'Istrie est aussi une terre à truffes *(tartufi) !* Sans oublier le vin et l'huile d'olive qui coulent à flots... C'est dans les collines de l'Istrie rurale que l'on découvrira le mieux ces goûts de terroir.
– *Bon à savoir :* les plages sont assez peu nombreuses et rarement de sable. En général, on s'allonge (tant bien que mal) sur les rochers ou sur des plates-formes cimentées.

UN PEU D'HISTOIRE

C'est le 1er peuple reconnu au Néolithique, les Histres, qui a donné son nom à la péninsule. Dès 177 av. J.-C., date de la conquête par l'Empire romain, jusqu'à sa chute en 476, l'Istrie connaît une certaine prospérité qui se traduit par l'édification de villes aménagées « à la romaine », avec un plan quadrangulaire et des monuments indispensables à la vie urbaine (forum, temples, arènes...). Les plus importantes,

L'ISTRIE

Pola, l'actuelle Pula, et Parentium, qui deviendra Poreč, servent de base à Rome pour contrôler les turbulentes tribus germaniques et slaves de l'arrière-pays. L'Istrie est rétrocédée à Byzance par Charlemagne lors du traité d'Aix-la-Chapelle en 812. À partir du XIIe s, les villes de la côte occidentale se soumettent à la république de Venise, car elles espèrent que la Sérénissime protégera leurs navires contre les pirates. En 1374, Venise signe un traité avec l'Empire autrichien : aux Habsbourg revient l'arrière-pays, à Venise toute la côte. Les villes sont en 1re ligne pour subir les épidémies d'Orient, notamment la peste, qui fera des ravages jusqu'au XVIIIe s. Lorsque le pouvoir vénitien disparaît en 1797, l'Istrie est récupérée par l'Autriche... mais pas pour longtemps ! Dès 1805, Napoléon l'annexe à ses provinces illyriennes jusqu'en 1813. En 1853, Pula devient le principal port militaire autrichien. À la fin du XIXe s, l'Istrie orientale ainsi que Rijeka sont les parties les plus industrialisées de la future Croatie.

> ### GUERRE BACTÉRIOLOGIQUE
>
> La peste noire qui ravagea le pourtour méditerranéen au XIVe s trouve ses origines en Asie centrale. C'est après le siège de Caffa, en Crimée, alors sous domination génoise, qu'elle se répandit en Italie, frappant particulièrement Venise puis ses comptoirs istriens. Déjà touchés par la peste, les Tatars, qui assiégeaient Caffa, catapultèrent les cadavres de leurs soldats morts par-dessus les murailles de la ville. Infectés à leur tour, les marins génois rapportèrent avec eux le terrible fléau.

L'Empire autrichien se disloque en 1918, chaque puissance régionale en réclame sa part. L'Italie est très gourmande, d'autant qu'une partie des habitants de l'Istrie est italophone. Au traité de Rapallo en 1920, elle obtient donc l'Istrie, mais certains nationalistes exigent plus, notamment Rijeka et la Dalmatie. L'occupation italienne fasciste met ensuite en place une série de mesures discriminatoires : fermeture des écoles, interdiction des journaux ; des opposants sont assassinés.

En 1943, l'arrivée des partisans yougoslaves est donc un soulagement pour les slavophones, mais elle est suivie assez vite par un exode important des italophones qui doivent renoncer à tout droit au retour.

En 1946, Trieste fait l'objet d'âpres négociations entre l'Italie et la Yougoslavie. Après beaucoup de controverses, elle restera finalement italienne ; le reste de la zone internationale revenant à la Yougoslavie. Aujourd'hui, l'Istrie est donc partagée entre l'Italie, la Slovénie et la Croatie.

Adresse utile

Office de tourisme d'Istrie : Pionirska 1, 52440 **Poreč.** ☎ (052) 452-797. • istra.hr • Lun-ven 8h-16h. De belles brochures thématiques (hébergements à la campagne, chambres de charme, gastronomie, plongée sous-marine, sites naturels, itinéraires à vélo et magazine trimestriel...) assez complètes sur la région et en anglais, à télécharger gratuitement sur leur site internet.

PULA

(52100)   58 600 hab.   IND. TÉL. : 052

• Plan p. 116-117

Une ville riche en vestiges, dont vous verrez d'abord, si vous arrivez par bateau, le port et les chantiers navals... Dans la vieille ville, des monuments

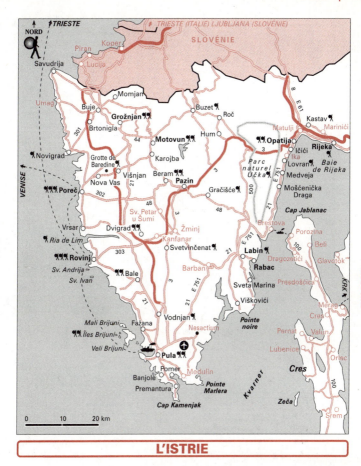

L'ISTRIE

romains à chaque carrefour et puis ces magnifiques arènes... Côté plages, on trouve les plus belles d'Istrie sur les péninsules au sud.

UN PEU D'HISTOIRE

Selon la mythologie, l'origine de la ville serait liée à la quête de la Toison d'or par les Argonautes. Des Colchidiens poursuivant Jason et la fameuse Toison qu'il était allé récupérer n'osèrent pas rentrer chez eux, en Colchide (actuelle Géorgie), faute d'avoir réussi à le capturer. Ils préférèrent donc fonder Pula pour y demeurer...
Dès 43 apr. J.-C., Pula est promue au statut de colonie romaine et devient un important centre administratif et commercial. L'abondance des monuments édifiés à cette époque témoigne de son expansion.
À la chute de Rome, Pula connaît un destin parallèle à celui de l'Istrie. Les villes de la côte restent dans l'orbite byzantine ; et Pula demeure la résidence des plus

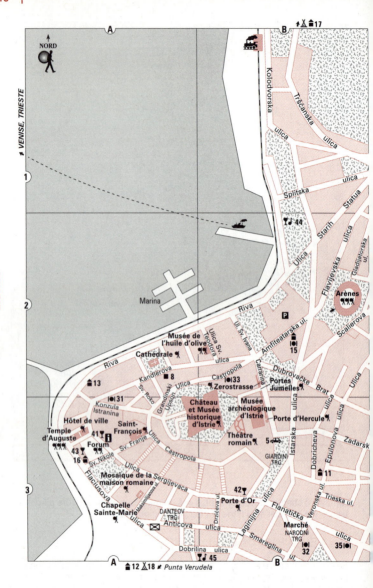

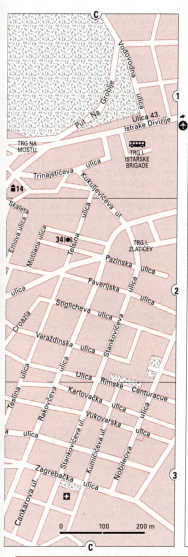

■ Adresses utiles

- **ℹ** Office de tourisme (A3)
- **✚** Hôpital (C3)
- 🚖 5 Taxis (B3)
- 8 Agence A-Turizam (A2)

⛺ Où dormir ?

- 11 Hotel Galija (B3)
- 12 HI Hostel Pula (hors plan par A3)
- 13 Riva Hostel (A2)
- 14 Hotel Scaletta (C1)
- 15 Hotel Amfiteatar (B2)
- 16 Hostel Pipištrelo (A3)
- 17 Brioni Sunny Camping (hors plan par B1)
- 18 Camping Arena Stoja (hors plan par A3)

🍽 Où manger ?

- 15 Resto de l'Hotel Amfiteatar (B2)
- 31 Bistro Orfey (A2-3)
- 32 Le marché (B3)
- 33 Pizzeria Jupiter (B2)
- 34 Kod Kadre (C2)
- 35 Kantina Pula (B3)

🍷 Où boire un verre ?

- 41 Cvajner (A3)
- 42 Café Uliks (B3)
- 43 Enoteca Istriana (A3)

🍷🎵 Où sortir ?

- 44 Pietas Julia (B2)
- 45 Uljanik Disco Club (A-B3)

L'ISTRIE

PULA

hauts dignitaires de l'Empire latin d'Orient. En 1145, Pula est contrainte de prêter serment à Venise mais prend la tête, en 1150, d'une révolte des villes d'Istrie. Punie en réaction par la Sérénissime, elle est mise à sac. En 1378, la ville sert de base à la flotte vénitienne qui s'oppose à Gênes. Une énorme bataille navale se déroule ainsi au large de ses côtes. C'est alors, pour Pula, le début d'un long déclin, car la cité vénitienne capte à son profit toutes les richesses du commerce local. En outre, les épidémies de peste et de malaria se succèdent. Si bien qu'en 1631, Pula ne compte plus que 300 habitants !

Sous contrôle des Habsbourg, Pula va connaître une nouvelle jeunesse à partir de 1853. L'empereur autrichien en fait le port de sa flotte militaire. De nouveaux chantiers navals sont édifiés. Au début du XXe s, la ville est au faîte de sa gloire, surtout mondaine, car l'aristocratie austro-hongroise s'en est entichée. Les *îles de Brijuni*, très tendance, demeurent la scène des ébats insouciants de la haute société, juste avant que tout ce beau monde ne se disperse, dès 1915. Le réveil est en effet brutal : l'Istrie, et spécialement Pula, se situe en plein sur la ligne de front qui oppose l'Italie à l'Empire austro-hongrois, allié de l'Allemagne. À la fin de la guerre, l'Italie victorieuse occupe la ville et y reste 25 ans. Pula est finalement libérée par la Résistance et intégrée à la Yougoslavie de Tito. S'ensuivra l'exode de la population italienne de la ville, qui perdra alors presque la moitié de ses habitants...

Arriver – Quitter

En bus

Gare routière *(plan C1)* : *Trg 1. Istarske Brigade bb.* ☎ *536-533.* ● *autobusni-kolodvor.com* ● *autotrans.hr* ● *brioni.hr* ● Consigne.
➢ Compter 7-10 bus/j. pour **Zagreb**, **Opatija** et **Poreč** ; 13-20 bus/j. pour **Rijeka** ; 18-25 bus/j. pour **Rovinj** ; 7-8 bus/j. pour **Pazin** ; 11-13 bus/j. pour **Labin** ; 6 bus/j. pour **Novigrad** ; 1 bus/j. pour **Dubrovnik** ; env 3 bus/j. pour **Split** et **Zadar** ; env 2 bus/j. pour **Vrsar**.
➢ **Pour l'Italie :** compter 2-5 bus/j. pour **Trieste** ; env 2 bus/j. sauf dim pour **Padoue** via **Trieste** et **Mestre (Venise)** ; env 3 bus/j. lun-ven pour **Venise** ; et env 1 bus/sem (en été seulement) pour **Milan** via **Vicence**, **Vérone** et **Brescia**.

En train

Gare ferroviaire *(plan B1)* : *Kolodvorska 7.* ☎ *541-733.* ● *hzpp.hr* ●
➢ Env 8 trains/j. relient **Pazin** (compter 1h) via Vodnjan ; env 3-4 trains/j. poursuivent jusqu'à **Rijeka** (env 2h30 de trajet) et **Zagreb** (env 7h30) ; 1 train/j. pour **Ljubljana** (Slovénie ; env 5h).

En bateau

Embarcadère *(plan B2)* : *Riva.*
➢ **Venise (Italie) :** avec *Venezia Lines.* ☎ *422-896 (à Poreč).* ● *venezialines.com* ● Avr-oct. Compter 2-3 traversées/sem. Durée : 3h15.
➢ **Zadar, via Mali Lošinj :** avec un catamaran de la compagnie *Catamaran Lines.* ☎ *212-212 (A Turizam Istra, Kandlerova 24).* ● *catamaran-line.hr* ● Traversées 5 fois/sem en juil-août, sinon 1 à 2 fois/sem. Compter 3h30 pour Mali Lošinj et 6h15 pour Zadar.

En avion

✈ **Aéroport de Pula** *(hors plan par C1)* : *Valtursko Polje 210,* **Liznjan**. ☎ *060-308-308 (n° payant).* ● *airport-pula.hr* ● À env 6 km au nord-est du centre-ville. Avr-oct, quelques liaisons avec la gare routière centrale, sinon vous aurez à marcher 500 m pour récupérer le bus de la ligne n° 23, à moins de prendre un taxi.
➢ **Zagreb :** 2 vols/j. avec *Croatia Airlines* (● *croatiaairlines.com* ●).
➢ **Charleroi :** vols saisonniers avec *Ryanair.*
➢ **Nantes et Bordeaux :** vols saisonniers avec *Volotea.*

Orientation, parking et transports urbains

La vieille ville romaine, qui constitue toujours le centre de la ville actuelle, est une zone piétonne. Autour, les places sont chères, dans tous les sens du terme. Dur, dur d'en dégotter une, puis il faudra abreuver l'horodateur jusqu'à 22h ! **Grand parking** (payant, donc) en contrebas des arènes *(plan B2)*, accès par Riva. Vite rempli, cela dit, mais pas mal de places dans le coin sinon. Pour se garer à l'œil, faudra pousser loin du centre, et marcher. À moins de profiter du bon réseau de bus urbains qui dessert aussi les alentours de la ville (jusqu'aux lointaines plages ; lire plus bas). Pour la plupart, les lignes fonctionnent 5h-22h30. Passage ttes les 20 mn.
● pulapromet.com ●

Adresses et info utiles

🅘 **Office de tourisme** *(plan A3)* : Forum 3. ☎ 219-197. ● pulainfo.hr ● *En été, tlj 9h-21h ; hors saison, tlj 9h-16h.* Plan de la ville avec tous ses points d'intérêt, agenda des événements, brochures thématiques, infos sur les activités.

🚗 **Taxis** *(plan B3, 5)* : Carrarina bb. ☎ 223-228.
✚ **Hôpital** *(plan C3)* : Zagrebačka 30. ☎ 376-000.
– **Marché** *(plan B3)* : Narodni trg. Tlj 7h-15h (14h sam, 12h dim).

Où dormir à Pula et dans les environs ?

CAMPINGS

Au sud de Pula, en direction de Premantura, outre les gros complexes impersonnels, on trouve aussi des campings à taille humaine moins chers et certainement plus agréables. *Bus n° 28 pour Banjole, Pomer et Premantura, ttes les heures env 6h30-20h15 (moins de fréquences le w-e).*

⚑ 🏠 **Brioni Sunny Camping** *(hors plan par B1, 17)* : Puntizela 155. ☎ 517-490 ou 465-010 (résas). ● camping-adriatic.com ● *À env 6 km au nord-ouest de Pula direction Rovinj/Brijuni (accès en bus n° 5A puis 1 km à pied). Avr-oct. Parcelle standard 16-32 € pour 2 avec tente et voiture selon saison ; AJ 10-20 €/pers.* Grand camping agréable, isolé au bout d'un cap recouvert d'une belle pinède et cerné par les rochers où s'immiscent çà et là quelques microplages de galets. Le prix des emplacements grimpe à mesure qu'on s'approche de la mer. Également des mobile homes et, dans un bâtiment central, une AJ avec des chambres pour 3-4 personnes avec sanitaires communs. Vraiment nickel et pas cher. Resto, supermarché, plongée sous-marine...

⚑ **Camping Arena Stoja** *(hors plan par A3, 18)* : Stoja 37, **Stoja**. ☎ 387-144 ou 529-400 (résas). ● arenacamps.com ● *À 3 km au sud du centre de Pula (accès en bus n° 1). De mi-avr à mi-oct. Compter 150-250 Kn pour 2 avec tente et voiture selon saison.* Juste à la sortie de la ville, un camping installé sur une magnifique péninsule couverte de pins et ceinturée par la mer. Les emplacements les plus chers se trouvent au bord de l'eau. Également des mobile homes pas folichons. Beaucoup de monde en été. Supermarché, restos, beach-volley, minigolf, plongée sous-marine... Et des plagettes de galets entre les rochers pour poser sa serviette.

⚑ **Camping Arena Stupice** : Selo 250, à **Premantura**. ☎ 575-111 ou 529-400 (résas). ● arenacamps.com ● *À env 11 km au sud de Pula (accès en bus n° 28). De mi-avr à mi-oct. Compter 120-220 Kn pour 2 avec tente et voiture selon saison.* Grand camping aménagé sur un cap généreusement couvert de pinède. Les meilleures places (les plus chères...) se situent au bord de l'eau, tandis que les autres sont souvent en pente. Également des mobile homes sans charme. Resto, supermarché, tennis, jeux pour enfants...

⚐ Arena One 99 : *Pomer bb,* **Pomer.** ☎ *573-746 ou 529-400 (résas).* ● *are naglamping.com* ● *À env 10 km au sud-est de Pula (accès en bus n° 28, puis 5 mn à pied). Fin avr-sept. Compter à partir de 60 € pour 2.* Petit camping assez intimiste occupant le pourtour d'une presqu'île boisée bordée d'une plage de galets. Depuis 2018, le camping a laissé place au glamping, avec des tentes-safaris 2 à 4 personnes, toutes avec vue sur la mer qui, ici, ressemble plutôt à un lac ! Resto, supermarché, planche à voile (y a du vent, donc...), et tout ce qu'il faut pour le bien-être personnel (yoga, sauna...). Un bon plan.

⚐ Camping Diana : *Kastanjez 100, 52203* **Banjole.** ☎ *099-293-19-63.* ● *camp-diana.com* ● *À env 6 km au sud de Pula (accès en bus n° 28). Mai-sept. Compter 23-32 € pour 2 avec tente et voiture selon saison. CB refusées.* Minuscule camping familial vite complet l'été, alignant de petits emplacements bien ombragés. Belle piscine, tennis, et la mer à 500 m. Accueil chaleureux. Une bonne adresse pour qui veut planter ses sardines au calme.

AUBERGES DE JEUNESSE

🏠 ⚐ Hi Hostel Pula *(hors plan par A3, 12) : Z. Valsaline 4.* ☎ *391-133.* ● *hfhs.hr* ● *À 2 km au sud du centre-ville, en allant vers Verudela. Pas de fléchage, prendre à droite au feu du grand carrefour avt Verudela, puis immédiatement à droite à la fourche. Bus n° 2A, arrêt Veruda 2 (retour par le bus n° 3A). Tte l'année. Selon saison, dortoir (4-8 lits) 95-135 Kn/pers, mobile homes (4 pers) 115-155 Kn/pers, petit déj inclus ; juin-août, camping 55-80 Kn/pers.* Au bord d'une jolie petite plage de galets, cette AJ, qui accuse un peu le poids des ans, propose plus de 200 lits, répartis dans plusieurs bâtiments au confort sommaire mais très bien tenus. Également des mobile homes tout aussi rudimentaires, installés sur des terrasses surplombant la mer, où l'on peut aussi planter sa tente. Resto avec grande terrasse, mais pas de cuisine.

🏠 Riva Hostel *(plan A2, 13) : Riva 2A.* ☎ *223-597.* 📱 *095-531-0936.* ● *riva hostel.com* ● *Mai-sept (hors saison, ouverture possible sur rdv). En dortoir 8 lits, env 14-22 € selon saison ; en double privative, env 45-85 €, petit déj léger inclus. Tarifs inflationnistes au moment du Pula Film Festival (mi-juil).* Face au port, à deux pas des vestiges de la Pula antique et des restos, cette auberge de jeunesse a pris ses quartiers dans un ancien immeuble de l'époque austro-hongroise. Dortoirs (4-8 lits) spacieux, avec une belle hauteur de plafond, quelques chambres doubles dans le même esprit, déco sympa. Bon équipement général, avec 3 cuisines (dont une de plein air). Rooftop bar très apprécié. Pas mal d'animation en saison.

🏠 Hostel Pipištrelo *(plan A3, 16) : Flaciusova 6.* ☎ *393-568.* ● *hostelpi pistrelo.com* ● *Compter 17-19,20 €/pers en dortoir et 19-24,15 €/pers en double.* Idéalement plantée en plein centre, côté boulevard, et face au port, certes, mais très proche la place du Forum, cette petite auberge fraîche et joyeuse empile sur 3 niveaux 8 petits dortoirs (max 4 lits) et chambres doubles tout confort (clim, salle d'eau privée parfois sur le palier), à la sympathique déco thématique. Les câbles s'électrisent en couleurs flashy, des vinyles s'accrochent aux murs façon poster, etc. Dans la chambre « Comics », avec sa cabine de douche en plein milieu de la piaule, des pages de BD font office de tapisserie, de quoi occuper ses nuits blanches !

🏠 Hostel Brioni *(hors plan par B1, 17) : voir plus haut le* Camping Brioni.

LOGEMENT CHEZ L'HABITANT ET LOCATION D'APPARTEMENTS

■ A-Turizam *(plan A2, 8) : Kandlerova 24.* ☎ *212-212.* ● *a-turizam.hr* ● *Lun-ven 9h30-13h30 et 17h-19h ; sam 9h30-13h30. Selon saison et confort, doubles 35-45 €, studios et apparts (2-4 pers) 15-25 €/pers.* Propose à la location des chambres et de nombreux studios et appartements dans le centre et les environs. Catalogue en ligne.

PULA / OÙ MANGER À PULA ET DANS LES ENVIRONS ? | 121

🛏 *Villa Istra – chez Mirjana Rataj : Selo 77b, à* **Premantura**. ☎ *091-120-30-07.* ● *guesthouseistrapremantura. com* ● *À env 10 km au sud de Pula. Difficile à trouver : suivre la direction du camping Stupice, puis tourner à droite dans la rue juste avt Apartmani Flora et monter en haut de la côte ; c'est à droite, dans la rue de la Villa Adriana. Avr-sept. En été, compter env 40 € pour une chambre double, 63 € pour un appart. Ajouter 30 % pour un séjour de moins de 3 nuits. CB refusées.* Dans un quartier résidentiel tranquille situé à 200 m de l'entrée de la péninsule protégée de Kamenjak, ces 2 maisons séparées par des terrasses et un jardin luxuriant abritent des chambres et des appartements, tous différents mais confortables et impeccablement tenus. Excellent accueil familial.

HÔTELS

Les hôtels sont bien chers pour la qualité proposée... L'hôtellerie n'est donc pas le point fort de Pula. Pour une chambre double à prix moyens, on peut opter pour celles de l'**Hostel Pipistrelo** (lire plus haut « Auberges de jeunesse »).

De chic à très chic

🛏 ❙◐❙ *Pansion alla Beccaccia : Pineta 25, à* **Valbandon** *(52212 Fažana).* ☎ *520-753.* 📱 *098-637-287.* ● *beccaccia.hr* ● *À env 6,5 km au nord du centre-ville, entre Pula et Fažana. Doubles 70-90 €, petit déj compris ; des familiales également.* Belle maison moderne de caractère à la façade ocre, donnant sur un grand jardin fleuri avec piscine. Au choix, une douzaine d'agréables chambres confortables et récentes, avec terrasse ou balcon. Les familiales, à l'étage, peuvent loger 4 personnes. Fait aussi resto (voir « Où manger à Pula et dans les environs ? »). Un excellent rapport qualité-prix à seulement 800 m de la mer.

🛏 *Hotel Galija (plan B3, 11) : Epulonova 3.* ☎ *383-802.* ● *hotelgalija.hr* ● *Doubles standard 610-950 Kn selon saison, petit déj inclus. Ajouter 115 Kn pour la version « de luxe ». Parking payant.* À deux pas du quartier historique, cet hôtel compte une quinzaine de chambres cossues et contemporaines, ainsi que des appartements dans l'annexe en face, plus clairs. Bon resto de l'autre côté de la rue, avec terrasse couverte.

🛏 *Hotel Scaletta (plan C1, 14) : Flavijevska 26.* ☎ *541-599.* ● *hotel-scaletta. com* ● *Tte l'année. Doubles env 630-750 Kn selon saison, petit déj compris.* À proximité des arènes et des gares, un ravissant petit hôtel d'une douzaine de chambres tout confort et bien douillettes. Mais l'avantage d'être dans le centre-ville se paie par le bruit de la circulation !

🛏 ❙◐❙ *Hotel Amfiteatar (plan B2, 15) : Amfiteatarska 6.* ☎ *375-600.* ● *hotelamfiteatar.com* ● *Tte l'année. Doubles standard et supérieures 84-134 € selon vue et saison, petit déj inclus. Parking 10 €.* Tout près du port et des arènes, cette maison ancienne abrite un hôtel d'une vingtaine de chambres confortables, au design contemporain sobre. Les plus chères donnent sur la rue et le port. Bon resto sur place (lire ci-après « Où manger à Pula et dans les environs ? »).

Où manger à Pula et dans les environs ?

Bon marché

❙◐❙ *Le marché (plan B3, 32) : Narodni trg. Tlj 7h-15h (14h sam, 12h dim).* Cette belle halle en verre et acier, bâtie au XIXe s, abrite au rez-de-chaussée les étalages de viande et poisson. Au 1er étage, plusieurs petits snacks avec des tables pour se poser proposent sandwichs, sardines grillées, salades... Pas de la grande cuisine, mais du roboratif pas cher.

❙◐❙ *Pizzeria Jupiter (plan B2, 33) : Castropola 42.* ☎ *214-333. Tlj. Pizzas 35-60 Kn.* Une pizzeria et rien que ça ! Cuites au feu de bois et généreusement garnies, les pizzas sont servies dans un dédale de salles et de terrasses couvertes. Une très bonne adresse à prix plancher.

L'ISTRIE

Bistro Orfey (plan A2-3, **31**) : Konzula Istranina 1. ☎ 214-405. Tlj. Plats 35-65 Kn. Petit resto sans prétention réalisant de bons plats simples et copieux, à prix tout doux : pizzas, viandes ou calamars grillés, sandwichs... Salle de bistrot ou grande terrasse de l'autre côté de la ruelle.

Kod Kadre (plan C2, **34**) : Teslina 53. Tlj midi et soir (ouvre seulement à 13h dim). Plats env 28-65 Kn. Sur les hauteurs de Pula, mais pas loin du tout des arènes. Ce n'est pas l'endroit pour un dîner romantique (tables en bois, bancs, service rapide), mais on y vient avant tout pour les viandes grillées à prix serrés et l'adresse est très populaire.

Prix moyens

Resto de l'Hotel Amfiteatar (plan B2, **15**) : Amfiteatarska 6. ☎ 375-600. Tlj. Plats 70-160 Kn. Voir plus haut « Où dormir à Pula et dans les environs ? ». Excellente adresse, tenue par un jeune chef ne travaillant que des produits frais. Courte sélection de salades, pâtes, viandes et poissons à déguster sur une grande terrasse en bord d'avenue. Présentation soignée, service pro mais pas guindé, le tout sans peser sur l'addition.

Kantina Pula (plan B3, **35**) : Flanatička 16. ☎ 214-054. Fermé dim. Résa conseillée. Compter 150-200 Kn. Service dans une grande cave voûtée d'une ancienne demeure austro-hongroise, relookée dans un style moderne. Cuisine sans faille à forte influence méditerranéenne. Les assiettes sont belles et copieuses, dès les plats les moins onéreux. Les raviolis (*prsut,* ricotta) ou les *pljukanci* (des pâtes fusiformes) font très bien l'affaire par exemple. Mais les amateurs de viande auront vite fait de remarquer l'armoire à maturation. Carte des vins intéressante.

Resto de la Pansion alla Beccaccia : Pineta 25, à **Valbandon** (52212 Fažana). ☎ 520-753. Congés : nov. Tlj sauf mar en août. Plats 60-160 Kn. Voir plus haut « Où dormir à Pula et dans les environs ? ». De succulentes spécialités de gibier (par exemple, sanglier *alla umido*) et autres viandes grillées dans la cheminée, servies à prix justes dans une grange rustique. On s'est régalés !

Où boire un verre ?

Cvajner (plan A3, **41**) : Forum 2. Tlj 8h-2h. On consomme généralement en terrasse pour profiter du forum mais il serait dommage de ne pas franchir le seuil : car le spectacle est plutôt à l'intérieur. La hauteur du plafond et les murs peints sont impressionnants.

Enoteca Istriana (plan A3, **43**) : Forum 11. ☎ 211-141. En été, tlj 8h-minuit ; hors saison, tlj 9h-17h. Belle terrasse ombragée donnant sur la mythique place du Forum romain. Un emplacement stratégique (et éminemment touristique) pour s'initier aux vins d'Istrie. Essentiellement des blancs, mais aussi quelques rouges servis au verre, et que l'on accompagne de bricoles à grignoter.

Café Uliks (plan B3, **42**) : Portarata trg 1. Fréquenté jadis par James Joyce *himself,* qui a enseigné à des officiers de la marine austro-hongroise (1904-1905), juste à côté, ce café profite d'une agréable terrasse au pied de la fameuse porte d'Or. On peut même s'attabler à côté de la statue de l'écrivain (kess tu bois Jimmy ?). En cas de grain, repli vers la salle minuscule, genre couloir de paquebot. Petite vitrine avec des objets ayant appartenu à l'écrivain.

Où sortir ?

Pietas Julia (plan B2, **44**) : Riva 20. 📱 091-181-19-11. ● pietasjulia.com ● Tlj 8h-23h (5h ven-sam). En semaine, on grignote sagement une pizza sur cette terrasse au mobilier contemporain, couverte de bâches colorées. Le vendredi, passé 23h, l'ambiance monte d'un cran autour d'un petit live, relayé le lendemain par un DJ house et R'n'B. Et quand les esprits sont chauds, l'endroit devient une vraie boîte de nuit !

🍸 🎵 **Uljanik Disco Club** (plan A-B3, 45) : *Godina Tradicije 45. 📱 092-236-82-89. ● clubuljanik.hr ● Jeu-sam 21h-6h.* Depuis les années 1960, cette boîte de nuit en plein air est une véritable institution. On vient y écouter des concerts rock, pop et autres *urban musics*, dans une ambiance survoltée. Pas mal de djeuns.

À voir

La ville de Pula livre une foule de monuments historiques. Ils se trouvent tous, à l'exception des arènes, dans le périmètre restreint de la vieille ville. Facile de les découvrir, en flânant au gré des ruelles décaties et des volées d'escaliers. Il est possible d'investir dans la *Pula Card* qui, pour 90 Kn, donne accès à 6 musées et sites.

La ville compte aussi un Musée archéologique, qui est malheureusement fermé pour travaux. Pas de réouverture prévue avant 2020...

🎭🎭🎭 **Les arènes** (amfiteatar ; plan B2) : *Amfiteatarska. ☎ 219-028. ● ami-pula.hr ● Juil-août, tlj 8h-minuit ; au printemps et sept, tlj 8h-21h ; hors saison, tlj 9h-17h. Entrée : 50 Kn ; réduc.* Avec ses arches blondes se découpant sur le bleu du ciel, voici le monument le plus spectaculaire de toute la ville et peut-être même de toute l'Istrie ! Construit sous l'empereur Auguste, il montre une

DANS UN AMPHITHÉÂTRE...

Au XVIᵉ s, les Vénitiens, jamais à court d'idées, décidèrent de démonter l'amphithéâtre, pierre par pierre, pour l'emporter... à Venise ! Grâce à l'opposition d'un sénateur, Gabriele Emo, le projet tomba à l'eau. Une chance pour Venise, qui se serait enfoncée un peu plus vite encore dans la lagune...

forme elliptique (133 m sur 105 m) sur 3 étages et demeure formidablement bien conservé. Alors que Pula ne comptait que 5 000 habitants, les arènes pouvaient accueillir plus de 20 000 spectateurs ; imaginez ! Des combats de gladiateurs s'y sont déroulés jusqu'au Vᵉ s, et jusqu'en 681 apr. J.-C. on y livra aux fauves des condamnés à mort... Profitez du petit matin ou du coucher de soleil pour être ébloui par la lumière pénétrant par les 72 arches. En été, la scène et les installations techniques des concerts et autres festivités (festival du Film...) peuvent un peu gâcher le « paysage ». Spectacles de gladiateurs en saison également. Que les budgets serrés se rassurent, pas besoin d'entrer pour contempler le monument...

🎭🎭 **Museum Olei Histriae** (musée de l'Huile d'olive ; plan B2) : *ul. Sv. Teodora 1a. ☎ 661-235. ● oleumhistriae.com ● Tlj juin-sept 9h30-21h ; hors saison, tlj 10h-18h. Entrée : musée seul : 50 Kn ; sinon, formules incluant une dégustation 90-130 Kn (« green experience – gold experience »). Compter 50 mn-1h. Audioguide en français.* Cette maison de l'huile d'olive d'Istrie se compose tout d'abord d'un petit musée qui retrace les grandes étapes de la culture des oliviers et la production d'huile d'olive ; après quoi, si on le souhaite, on passe dans la salle de dégustation : selon la formule choisie, vous goûterez 3 huiles *(green experience)* ou 8 huiles *(gold experience).* Boutique (évidemment !).

🎭🎭 **Le forum** (plan A3) : une élégante et superbe place tout aussi centrale aujourd'hui qu'à l'époque romaine. Le forum était alors entouré d'arcades, remplacées plus tard par de belles maisons de caractère, dont le rez-de-chaussée fait la part belle aux terrasses de café. La place est animée toute la journée, et jusque tard le soir.

🕮🕮🕮 Le temple d'Auguste (Augustov hram ; plan A3) : *Forum.* ● ami-pula.hr ● *Mai-oct, tlj 9h-20h (15h w-e). Entrée : 10 Kn ; réduc.* Dédié à l'empereur Auguste et construit pendant son règne (27 av. J.-C.-14 apr. J.-C.), c'est un monument sublime affichant un portique à 6 colonnes corinthiennes. Le temple d'Auguste avait son jumeau – consacré à Diane – à côté de lui ; les 2 temples encadraient le « capitole ». Le temple fut « converti » en église à l'époque byzantine. Il n'y a pas grand-chose à voir à l'intérieur (c'est minuscule), juste quelques vestiges archéologiques. Le mieux est donc de l'admirer sans compter de l'extérieur.

🕮 L'hôtel de ville (Gradska palača ; plan A3) : *Forum.* Construit en 1296, ce palais communal de styles gothique et Renaissance intègre les vestiges d'un temple romain voisin de celui d'Auguste – certainement celui dédié à Diane. On s'en rend aisément compte en passant sur l'arrière du bâtiment.

🕮 Le château – Musée historique d'Istrie (kaštel ; plan A-B3) : *Gradinski uspon 6.* ☎ *211-566.* ● ppmi.hr ● *Mai-sept, tlj 8h-21h ; hors saison, tlj 9h-17h. Entrée : 20 Kn ; réduc.* Sur cette colline au cœur de la vieille ville se succédèrent le capitole romain, une forteresse médiévale et... le château vénitien actuel (XVIe s). Du haut de la tour, beau panorama sur Pula, le port et ses chantiers navals, les arènes, etc. À l'intérieur, le *Musée historique et maritime d'Istrie*, d'un intérêt restreint, évoquant à travers pas mal d'objets le passé maritime de la ville. On peut aussi profiter de la vue à l'œil, en faisant le tour extérieur des remparts. En prime, on passe au-dessus des ruines du **théâtre romain** (situé derrière le Musée archéologique), dans lequel on entrait à l'époque par les *portes Jumelles* (lire plus loin).

🕮 La cathédrale (katedrala ; plan A2) : *Kandlerova. Tlj 10h-18h (16h hors saison).* Construite en 1640 sur les restes de plusieurs bâtiments plus anciens dont il demeure encore quelques traces, notamment les mosaïques au sol, des Ve et VIe s (autour et derrière l'autel). L'édifice est soutenu par des colonnes d'époques et de styles différents, l'autel principal est édifié avec un sarcophage romain du IIe s, et le campanile a été bâti avec les pierres directement venues... de l'amphithéâtre. On recycle !

🕮 La chapelle Sainte-Marie (kapela Sv. Marije Formoze ; plan A3) : *Flaciusova.* Petite chapelle byzantine, qui faisait partie de l'ancienne basilique bénédictine Sainte-Marie-de-Formose. Un grand monument majestueux à 3 nefs, construit au VIe s, et qui possédait, paraît-il, des décorations aussi éblouissantes que celles de la basilique euphrasienne de Poreč. Elle fut détruite et pillée par les Vénitiens qui embarquèrent ses trésors à Venise ! La petite chapelle, avec ses mosaïques aujourd'hui transférées au Musée archéologique et ses fresques murales, a dorénavant l'air toute perdue parmi les bâtiments de la ville moderne.

🕮 La mosaïque de la maison romaine (rimski mozaik ; plan A3) : *Flaciusova. Derrière la place de la petite chapelle Sainte-Marie, accès par un parking : suivre les flèches, même si vous avez l'impression d'entrer dans la cour d'un immeuble des années 1960 !* Cette magnifique mosaïque appartenait à une maison romaine du IIIe s av. J.-C. Elle évoque une scène de la mythologie grecque : le *Châtiment de Dircé.* On y voit Amphion et Zéthos, les fils d'Antiope et de Zeus, attacher Dircé, qui avait réduit leur mère en esclavage, à un taureau sauvage.

🕮 L'église et le monastère Saint-François (crkva i samostan svetog Franje ; plan A3) : *Sv. Franje 9. Tlj 9h-18h. Entrée : 10 Kn.* Bâti au XIVe s, ce monastère franciscain se compose d'une massive église prégothique à une nef, percée d'une rosace et adossée à un joli petit cloître où sont exposés quelques vestiges de colonnes et chapiteaux. Dans l'église, seul un retable doré du XVe s tranche avec l'impressionnante sobriété de l'ensemble.

🛈 **Les portes Jumelles et la porte d'Hercule** (*Dvojna vrata* et *Herkulova vrata* ; *plan B2 et B3*) : Carrarina. À partir des 2 portes, qui datent de la fin du Ier s de notre ère, un chemin menait directement au *théâtre romain* (aujourd'hui derrière le *Musée archéologique d'Istrie*). La porte d'Hercule, du Ier s av. J.-C., montre une décoration sobre avec une tête sculptée (quasi effacée) du patron de la ville antique, Hercule, et sa massue. C'est le plus ancien monument romain de Pula encore visible aujourd'hui.

🛈 **La porte d'Or** (*Zlatna vrata* ; *plan B3*) : Sergijevaca. La véritable porte d'Or, avec ses 2 tours accolées à la muraille, a été démolie au XIXe s (voir ses vestiges au sol), quand on a remodelé l'architecture de la place Portarata ! L'élégant arc visible aujourd'hui a été construit à la fin du Ier s par Salvia Posthuma Sergii en l'honneur de son mari Lucius Sergius Lepidus ainsi que du père et de l'oncle de son époux. Un monument privé, en quelque sorte !

🛈 **Zerostrasse** (*plan B2-3*) : *Carrarina 3. De mi-juin à mi-sept, tlj 10h-20h (22h en juil-août). Entrée : 15 Kn. Dépliant en anglais.* Durant la Première Guerre mondiale, un réseau de tunnels antiaériens fut percé sous la vieille ville, pour servir de refuge à près de 6 000 habitants. À cette époque, Pula et son arsenal militaire austro-hongrois étaient en effet stratégiques pour les belligérants, et donc susceptibles d'être bombardés. Aujourd'hui, on en visite une partie (4 tunnels), avant de ressortir sur le forum, par une ruelle au bout de Kandlerova.

Festivals

– **Festival du Film :** *juil, dans les arènes ou le château.* • pulafilmfestival.hr • Même si l'on n'est pas cinéphile, ce cadre extraordinaire vaut bien une toile ! Ce festival est le plus important de Croatie, en concurrence avec celui de Motovun quant à son rayonnement...
– **Pula Jazz Festival :** *mi-août.* • pulajazzfestival.com •

DANS LES ENVIRONS DE PULA

LES ÎLES BRIJUNI

Aujourd'hui destination touristique, le parc national des îles Brijuni fut de 1954 à 1979 la résidence d'été privée de Tito, un petit paradis où il recevait ses hôtes de marque.

Arriver – Quitter

➢ Pour rejoindre les îles Brijuni, se rendre d'abord à *Fažana* (village de pêcheurs réputé dans l'Antiquité pour la fabrication des amphores). Bus n° 21 depuis Pula.
➢ À l'embarcadère de Fažana, il faut ensuite prendre le bateau. 4-12 départs/j. selon saison (juin-sept, départs 9h-22h15). Trajet : 15 mn. *Infos :* ☎ 525-882/3. • np-brijuni.hr •

En été, résa à l'avance conseillée. On achète son billet au bureau du parc *(tlj 8h-20h),* sur le port : env 125-210 Kn selon saison, réduc ; visite guidée (4h) comprise.
➢ Également plusieurs compagnies de navigation privées proposant des excursions autour des îles Brijuni au départ du port de Pula.

Infos utiles

■ **Location de vélos :** à gauche en débarquant.

🏠 **Hébergements :** plusieurs hôtels sur place (infos sur le site internet du parc).

À voir

Sur l'île principale débarquent en saison des bateaux entiers de touristes, très vite acheminés en petit train sur les sites intéressants ou... perçus comme tels : le zoo (qui ne compte plus guère d'animaux), de petits monuments et, enfin, la galerie des photos-souvenirs de Tito (le maréchal avec Nehru, avec la reine Elizabeth II, Brejnev, Sophia Loren et bien d'autres...). Autre option : une fois débarqué, snober le train pour louer un vélo et partir découvrir l'île par soi-même, ses criques et sa nature sauvage. Prévoir maillot et pique-nique.

LES BICHES DE TITO

Le parc national de Brijuni était le lieu de villégiature de Tito, qui y passait jusqu'à 6 mois chaque année. Il y recevait des chefs d'État étrangers, dont certains lui offrirent des animaux exotiques (un zébu de la part de Nehru, des zèbres par Sékou Touré...). De quoi constituer un zoo, ouvert sur l'île principale en 1978.

LES PLAGES

🏖 Rocailleuses à souhait, les **meilleures plages** se trouvent à une dizaine de kilomètres au sud de Pula, sur la péninsule de Premantura *(bus n° 28 ; départs ttes les heures env 6h30-20h15 ; moins de fréquences le w-e).*

🏖 🍴 **La zone protégée de Kamenjak :** *au bout de la péninsule de Premantura. Infos :* ● kamenjak.hr ● *ou* ● premantura.net ● *Accès 7h-21h. Entrée : 80 Kn/voiture, dépliant et sac-poubelle compris (également un billet à 180 Kn valable 3 j.) ; payant également en scooter (30 Kn) mais gratuit pour vélos et piétons. À pied, compter min 30 mn de marche du village de Premantura pour accéder à la 1ʳᵉ crique.* Même si la presqu'île peut se parcourir à pied, on en recommande plutôt la découverte à vélo (et l'on déconseille carrément la voiture, malheureusement autorisée : c'est tout de même une zone protégée !). *Loc possible au Kamenjak Bike Spot, à* **Premantura** *(Premantura 188).* ☎ 099-418-92-45. ● bikespot.com.hr ●

C'est un site naturel protégé rocailleux et sauvage de près de 6 km de long, aux côtes très découpées (30 km de linéaire côtier). Très fréquenté en été. Un réseau de pistes poussiéreuses, où l'on s'égare facilement, mène aux criques cailloteuses de plus en plus perdues à mesure qu'on s'écarte des chemins principaux. Selon le vent, choisir la côte la moins exposée. Tout au sud, on trouve le... *Safari Bar,* un genre de repaire de pirates camouflé dans les feuillages et les bambous, avec plein de jeux astucieux et rigolos en libre-service.

Pour ceux qui n'iraient pas jusqu'au bout de la péninsule, d'autres criques avec bars (une demi-douzaine). Possibilité de faire de la planche à voile ou du kayak de mer *(windsurf station* sur la côte est, dans la baie de Školjić). Et, si l'on veut en profiter pour voir à quoi ressemble la race bovine *boškarin,* emblématique de l'Istrie, se diriger vers la ferme agrotouristique (500 m après l'entrée dans la zone protégée, prendre sur la droite, vers la baie de Polje). Restaurant.

VODNJAN

🍴 *À env 15 km au nord de Pula (bus n° 22).* Gros village possédant une belle place à l'italienne (Narodni trg), dominée par un élégant hôtel de ville ocre de style vénitien. Petit office de tourisme sur cette même place. L'église *(duomo)*, à 200 m de là, s'enorgueillit d'être la plus grrrrande attraction d'Istrie (rien que ça !) pour sa collection de momies (payante)... En flânant dans les ruelles, jeter un coup d'œil sur les nombreux passages couverts et quelques autres édifices remarquables, comme le palais *Bettica,* entre l'église et la place, de style vénitien lui aussi (XIII° s). On peut acheter de la bonne huile d'olive dans le village, à la boutique *Brist* par exemple, sur Trgovačka (la rue qui longe l'hôtel de ville sur sa gauche).

🍽 *Vodnjanka : Istarska 22.* ☎ *511-435. Fermé dim. Congés : janv. Plats 70-180 Kn.* Au choix, 2 petites salles, très classe, et une terrasse au-dessus du restaurant. Cuisine de qualité, de la simple omelette aux produits de saison aux spécialités maison à base de truffes. Les viandes sont très bien préparées, comme les pâtes *(pljukanci, fuzi...).* Un seul regret : on n'est pas dans le centre du village mais au bord de la route qui en fait le tour.

ROVINJ   (52210)   13 500 hab.   IND. TÉL. : 052

● Plan *p. 128-129*

Cernée par la mer parsemée d'îlots, serrée sur un promontoire rocheux qui fut une île jusqu'au XVIII° s, bordée d'un petit port lové dans une baie protégée, Rovinj demeure LE petit bijou de l'Istrie et, à ce titre, l'un des sites les plus visités de Croatie. Dominées par la majestueuse église Sainte-Euphémie, ses ruelles étroites bordées de vieilles maisons décaties et autres palais baroques aux tons pastel dégagent un charme fou !

UN PEU D'HISTOIRE

L'histoire mouvementée de Rovinj est celle de toutes les villes d'Istrie qui subirent successivement les dominations romaine, byzantine, vénitienne... Fondée sans doute vers le IV° s, elle est colonisée par les Slaves au VII° s alors qu'elle connaît déjà une grosse activité liée à la mer. La menace de la piraterie la force à se tourner vers l'envahissante protection de Venise. Rovinj devient l'une des 1res villes d'Istrie à reconnaître l'autorité vénitienne, étant même, au XVII° s, le « fournisseur officiel » de la Sérénissime en énormes quantités de pierres de construction ; ce qui lui vaut une petite prospérité. Sa population

BONDIEUSERIES

Fille de sénateur romain, suppliciée pour avoir défendu les chrétiens persécutés, Euphémie (284-305) a connu un curieux destin. L'empereur byzantin Constantin V, dans sa fureur iconoclaste, avait fait jeter ses reliques à la mer vers 760, à Constantinople. Elles arrivèrent par voie maritime à Rovinj en 800. Depuis, les Croates, catholiques fervents, vénèrent cette sainte. Mais les orthodoxes vénèrent les « mêmes » reliques, conservées à Istanbul ! Selon ces derniers, en effet, le voyage des reliques de la sainte s'est arrêté sur les rivages d'une île grecque et elles ont été ramenées dès 796 à Constantinople... soit 4 ans avant l'arrivée du sarcophage à Rovinj !

128 | L'ISTRIE

■	**Adresses utiles**	🏠	**Où dormir ?**
	🛈 Office de tourisme (B2)		**21** Hotel Adriatic (B2)
	✚ **1** Istrian Medical Center (C-D1)		**22** Hotel Vila Lili (hors plan par D1)
	🚗 **2** Taxis (C1)		**23** Villa Baron Gautsch
	4 Planet (B2)		(hors plan par D1)
	5 Globtour (B1)	|◉| **Où manger ?**
	7 Aries (location de vélos ; C1)		**31** Pizzeria Da Sergio (B2)

explose littéralement, sous l'afflux des réfugiés du sud de la Dalmatie fuyant l'avancée des Turcs. En 1763, elle est reliée à la terre ferme. Au XVIIIe s et jusqu'à la 2de moitié du XIXe s, Rovinj est la plus importante et la plus riche cité d'Istrie.

ROVINJ / UN PEU D'HISTOIRE | 129

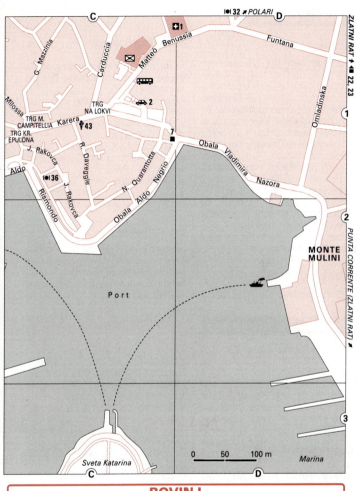

ROVINJ

32	Konoba Mezza Brenta (hors plan par D1)
33	Da Marcello Pane Vino e non solo (B1)
34	Konoba Veli Jože (B2)
35	Konoba Ulika (B2)
36	Kantinon (C1)
37	Restaurant La Puntulina (A3)
38	Spacio Grotta (A2)

Où manger une glace ?
Où boire un verre ?
Où sortir ?

41	Valentino Bar (B3)
42	Bar Limbo (B2)
43	B052 (C1)
44	Baccus (B1-2)

Mais la décision de la couronne d'Autriche de faire de Trieste et de Rijeka des ports francs lui porte un sérieux coup, sans parler de la création de l'arsenal militaire de Pula.

Arriver – Quitter

En bus

Gare routière *(plan C1)* : Na Lokvi trg 6. ☎ 052-811-453. ● autobusni-kolodvor.com ● autotrans.hr ● brioni.hr ● À 10 mn à pied de la vieille ville. Consigne.
➤ Navettes régulières quotidiennes en saison pour rejoindre les campings et autres complexes touristiques au nord de Rovinj ; terminus au **Camping Amarin.**
➤ Env 12-19 bus/j. pour **Pula** ; 6-10 bus/j. pour **Rijeka, Poreč, Zagreb** et 6-15 bus/j. pour **Bale** ; 3-4 liaisons/j. avec **Labin** et quelques villages de l'intérieur (Buje, Kanfanar...) ; une dizaine de bus/j. pour **Pazin ;** 1 départ/j. pour **Split** et **Dubrovnik.** Attention, peu de bus le w-e.
➤ **Pour l'Italie :** env 1-3 bus/j. pour **Venise, Trieste** et **Padoue.**

En bateau

Embarcadères *(plan A1 et B2)* :

– *Obala Pina Budicina (devant la vieille ville).*
➤ **Île de Sainte-Catherine et île Rouge :** en saison, navette ttes les heures 5h30-0h30.
– *Obala palih boraca (port de Valdibora).*
➤ **Venise** *(Italie)* : avec *Venezia Lines* (☎ 422-896 ; ● venezialines.com ●). De mi-avr à début oct. Compter 2-7 traversées/sem selon saison. Durée : 3h45 avec escale à Poreč.
➤ **Trieste** *(Italie)* : avec *Trieste Lines* (● triestelines.it ●). Fin juin-début sept, env 3 traversées/sem. Durée : 1h30.

En voiture

Le centre-ville est piéton. Parking payant (Valdibora) au nord *(plan A1)*, et places gratuites au sud, dans le quartier de Monte Mulini *(plan D2)*, à env 15 mn à pied du centre.

Adresses et info utiles

fi Office de tourisme *(plan B2)* : Pina Budicina 12. ☎ 811-566 ou 813-469. ● tzgrovinj.hr ● Juin-sept, tlj 7h-22h (8h-20h juin et sept) ; oct-mai, tlj sauf dim 8h-15h (13h sam). Plan de la ville et de ses alentours, itinéraires de découverte à vélo des environs, calendrier des événements culturels, infos sur la route des Vins et de l'Huile d'olive, loisirs (plongée, kayak de mer, planche à voile, équitation...).
Taxis *(plan C1, 2)* : Na Lokvi bb trg, à côté de la gare routière. ☎ 811-100.
Istrian Medical Center *(plan C-D1, 1)* : Istarska bb. ☎ 813-004. Ouv 24h/24 pour les urgences.
■ **Planet** *(plan B2, 4)* : Sv. Križa 1. ☎ 840-494. ● planetrovinj.com ●

Avr-oct. Lun-sam 9h-20h (ainsi que dim en juil-août 9h-13h et 17h-21h). Location d'appartements, villas, chambres en agrotourisme ou à l'hôtel. Propose aussi des excursions en Istrie.
■ **Globtour** *(plan B1, 5)* : Obala Aldo Rismondo 2. ☎ 814-130. ● globtour-turizam.hr ● Location de chambres chez l'habitant et autres appartements. Organise aussi des excursions et fait du change.
■ **Location de vélos :** chez **Aries** *(plan C1, 7)*, Tabakina trg. ☎ 830-249. Tlj 9h-21h (fermé mer 14h-17h). Vélos bien entretenus. Loue aussi des voitures et scooters.
– **Marché** *(plan A2)* : Valdibora trg. Tlj 7h-21h (17h hors saison).

Où dormir ?

CAMPINGS

Camping Porton Biondi (hors plan par A1) : Aleja P. Biondi 1. ☎ 813-557. ● portonbiondirovinj.com ● À env 2 km au nord de la vieille ville, par une promenade en bord de mer (navette pour le centre). De mi-mars à oct. Selon saison, compter env 115-210 Kn pour 2 avec tente et voiture, pour le type d'emplacement le plus simple. Loc de vélos. Planté dans une belle pinède de

11 ha, organisé en terrasses, ce petit camping (400 emplacements quand même !) offre des emplacements bien ombragés. En choisir un sur la hauteur, bien en retrait de la route assez bruyante, qu'il faut traverser pour atteindre le bord de mer rocailleux. Resto.

⚠ *Camping Amarin* (hors plan par A1) : *Monsena bb.* ☎ *802-800-200.* ● *mais tracamping.com* ● *À env 4 km au nord de Rovinj. Accès en bus (payant) depuis la gare routière, ou en bateau-navette (payant) depuis la vieille ville. De mi-avr à fin sept. Selon saison, en se contentant du type d'emplacement le moins cher, env 19,50-41 € pour 2 avec tente et voiture.* Énorme complexe touristique composé d'un camping ombragé sous une pinède (800 emplacements). Plage de gravier. Piscine avec toboggan et toutes les commodités (plusieurs restos, supermarché, bureau de change), mais que de monde !

LOGEMENT CHEZ L'HABITANT

Plusieurs agences (voir plus haut dans « Adresses et info utiles ») proposent ce type d'hébergement dans le Rovinj historique et aux alentours. *En été, compter 30-50 € pour une chambre double, 50-100 € pour un studio selon mois et vue, et à partir de 70 € pour un appartement (4 pers).*

HÔTELS

La plupart des hôtels se trouvent dans le quartier de Monte Mulini, une colline au sud de la ville, après le port.

Chic

🛏 *Villa Baron Gautsch* (hors plan par D1, **23**) : *Ronjgova 7, à Monte Mulini.* ☎ *840-538.* ● *villabaron gautsch.com* ● *Avr-oct. Doubles 590-910 Kn selon équipement et saison, petit déj compris.* À deux pas du port sud, dans un quartier résidentiel calme et verdoyant, voici d'agréables chambres, simples, claires et climatisées, aménagées dans une maison moderne à plusieurs étages. Les plus chères sont dotées d'un balcon.

Très chic

🛏 *Hotel Vila Lili* (hors plan par D1, **22**) : *A. Mohorovičića 16, à Monte Mulini.* ☎ *840-940.* ● *hotel-vilalili.hr* ● *Congés : janv-fév. Doubles env 610-935 Kn selon confort et saison, petit déj compris ; également des suites.* Petit hôtel d'une vingtaine de chambres et suites, installé dans une maison moderne en plein cœur d'un quartier résidentiel tranquille, à seulement 10 mn à pied du vieux Rovinj. Chambres confortables et douillettes, aux aménagements soignés. Les moins chères (525-780 Kn) sont mansardées et plus petites. Location de vélos et sauna. Accueil sympa de Paolo qui donne plein de bons conseils.

🛏 *Hotel Adriatic* (plan B2, **21**) : *Obala Pina Budicina bb.* ☎ *803-510.* ● *maistra.com* ● *De mi-avr à mi-oct et déc. Doubles env 130-200 € selon vue, petit déj compris.* En bordure de la vieille ville, c'est le plus vieil hôtel de Rovinj, une grosse bâtisse de caractère toute jaune, donnant sur le port et la place centrale. Seulement une trentaine de chambres, confortables, à la déco classique et aux aménagements standardisés. Tant qu'à faire, en choisir une avec vue sur la mer. Un peu bruyant en été.

Où camper dans les environs ?

⚠ *Camping Mon Perin* : *La Musa bb trg, 52211* **Bale**. ☎ *824-338.* ● *camping-adriatic.com* ● *À 7 km au sud-ouest de Bale, sur la côte. D'avr à mi-oct. Selon saison, pour le type d'emplacement le moins cher, compter env 15-35 € pour 2 avec tente et voiture.* Isolé sur une portion de côte préservée, un grand camping (700 emplacements) ombragé sous une belle pinède et offrant un bon niveau d'équipement : restos, supérette, jeux pour enfants, location de vélos... Loue aussi des mobile homes. Plagettes de galets entre les rochers, accessibles sur près de 9 km. Un bel endroit pour passer les vacances.

Où manger ?

Bon marché

|●| **Pizzeria Da Sergio** (plan B2, **31**) : Grisia 11. ☎ 816-949. Tlj midi et soir. Pizzas env 45-85 Kn (moins cher en version « baby »). Au cœur des ruelles de la vieille ville, dans une salle assez quelconque, on dévore de généreuses pizzas (une cinquantaine de variétés) à la pâte fine comme le veut la sacro-sainte tradition « pizzaiollesque » dite « subtile ». Une adresse plébiscitée par les gens du cru : c'est presque tout le temps plein.

|●| ♈ **Spacio Grotta** (plan A2, **38**) : Valdibora bb. Tlj 7h-22h. Sandwichs et encas env 20-30 Kn. Face au marché, un de ces spacios typiques de l'Istrie (une sorte de bar traditionnel). Quelques tonneaux en extérieur pour casser une petite croûte (fromage, charcuterie, sandwichs) et descendre un de ces petits vins d'Istrie qui se boivent tout seuls. Très fréquenté aux moments forts du marché.

Prix moyens

|●| **Konoba Mezza Brenta** (hors plan par D1, **32**) : Polari bb. ☎ 098-185-24-30. À env 4 km au sud du centre-ville, au bord de la route pour Polari, juste avt le Camping Ulika. Tlj. Plats 60-100 Kn. Installé en retrait de la route, dans un agréable jardin avec jeux pour enfants, ce resto typique sert à prix justes une cuisine régionale familiale, simple et pleine de saveurs. Pas mal de grillades notamment, à commencer par les porcs qui rôtissent entiers à l'entrée. Salle et terrasse couverte de style rustique.

|●| **Da Marcello Pane Vino e non solo** (plan B1, **33**) : Driovier 3. ☎ 091-171-05-63. Tlj sauf lun. Congés : janv-mars. Plats 55-160 Kn. Cuisine familiale italienne bonne et sans chichis, servie à prix justes dans une salle aux vieilles photos de famille accrochées aux murs. Dans l'assiette : pâtes, viandes, poissons... En saison, petite terrasse sur la grande rue piétonne à 20 m.

|●| **Kantinon** (plan C1, **36**) : Obala A. Rismondo. Tlj midi et soir. Plats 80-180 Kn. En terrasse, sur le quai ou dans la vaste salle évoquant un vaste hangar (en fait, d'anciens chais), on a le plaisir de déguster une cuisine istrienne typique, évoluant avec un égal bonheur entre terre et mer. De belles assiettes (charcuterie, fromages) à partager également. Riche sélection de vins d'Istrie.

|●| **Konoba Veli Jože** (plan B2, **34**) : Sv. Križa 3. ☎ 816-337. Avr-oct, tlj midi et soir. Plats 50-160 Kn. Resto touristique dont la salle présente une déco marine à la fois foutraque et conviviale (quelques bancs en bois également sur la ruelle). Cuisine moins originale : pâtes, soupes, salades, viandes, poissons, etc., déclinés sans surprise. Correct mais présentation basique. Petite terrasse dans la ruelle. Bonne ambiance en soirée.

Chic

|●| **Konoba Ulika** (plan B2, **35**) : Porečka 6. ☎ 651-985. Tlj. Résa conseillée le soir. Plats 140-240 Kn. Couvert 20 Kn. À mi-chemin entre le resto et la table d'hôtes, juste quelques tables, dans une petite salle intime à la déco surabondante, égarée dans une ruelle du vieux centre. Dans le coin cuisine, la patronne est à son affaire. Fréquemment renouvelée, sa carte n'affiche que quelques plats, inventifs et savoureux, mitonnés avec les bons produits du coin selon les préceptes du mouvement slow food. Si le poisson est à l'honneur, les viandes ne sont pas oubliées. On s'est régalés !

|●| ♈ **Restaurant La Puntulina** (plan A3, **37**) : Sv. Križa 38. ☎ 813-186. Tlj. Résa conseillée le soir. Plats 80-200 Kn. Quel emplacement ! De petites salles, fraîches et colorées, mais surtout une cascade de microterrasses descendant jusqu'au ras de l'eau, face au soleil couchant. Mais quand le vent souffle de la mer, c'est autre chose... Dans l'assiette, une belle cuisine méditerranéenne, généreuse et pleine de goût. Le poisson y joue la vedette à côté des viandes, pâtes, etc., travaillés selon des recettes traditionnelles éprouvées. Une adresse certes touristique, mais à la qualité régulière.

Où manger une glace ? Où boire un verre ? Où sortir ?

🍦 **B052** *(plan C1, 43)* : *Karera 65. Tlj 8h30-minuit.* Beau choix de glaces bien crémeuses.

🍸 **Valentino Bar** *(plan B3, 41)* : *Sv. Križa 28.* ☎ *830-683. Tlj 18h-2h (12h-minuit en hiver).* Un bar lounge chic et tendance où l'on sirote des cocktails (chers !), installé sur des coussins dans les rochers, au ras de la mer. Ambiance feutrée à la bougie et musique jazzy pour une soirée romantique à souhait.

🍸 **Bar Limbo** *(plan B2, 42)* : *Casale 22b. En saison, tlj 11h-minuit (ouvre à 16h dim).* Dans une étroite ruelle perdue au cœur de la vieille ville, une poignée de tables basses éclairées par des bougies posées dans les escaliers, avec des coussins à même les marches. Musique jazzy discrète, une douce halte. On peut y manger (assiettes de fromage et charcuterie).

🍸 **Baccus** *(plan B1-2, 44)* : *Karera 5.* ☎ *812-154.* Un minuscule local entre 2 rues, une petite terrasse, mais la cave est énorme ! Formidable sélection de vins d'Istrie à déguster au verre. Et si ça vous a plu, achetez une bouteille !

Où acheter du bon vin dans les environs ?

❀ **Matosevič** : *Krunčići 2, Krunčići (52448 Sveti Lovreč).* ☎ *448-558.* • matosevic.com • *À env 15 km au nord-est de Rovinj, sur la route de la ria de Lim puis direction Sveti Lovreč. En saison, tlj 10h-19h (w-e 18h) ; sinon, lun-ven 9h-16h, sam 10h-16h.* Connu en Istrie pour la belle qualité de ses crus, ce vigneron élabore 8 vins différents, essentiellement des blancs. Dégustation et visite des installations, du pressoir à la mise en bouteilles, en passant par les cuves de vinification et la cave où reposent les barriques. Repas sur résa.

À voir

🏛🏛🏛 **La vieille ville** : un petit bijou, avec ses façades en millefeuille cumulant les époques, du Moyen Âge au baroque, les lions ailés de saint Marc qui se cachent dans tous les coins. 3 des 7 portes de la ville sont encore debout. L'*arche de Balbi (Balbijev luk)*, de style baroque avec son lion vénitien, date de 1680 et se trouve à l'emplacement de l'ancienne entrée de la cité. Plus haut démarre la *rue Grisia*, qui mène au sommet de la vieille ville et fourmille de petites galeries de peinture... et de touristes en été. Perdez-vous dans les ruelles resserrées, sous les guirlandes de linge pendues aux fenêtres, et vous vous retrouverez seul ! Côté soleil couchant, au bout du promontoire, qui fut une île jusqu'au comblement du canal en 1763, des échelles dévalent les rochers, plongeant directement dans la mer.

🏛🏛🏛 ⬅ **L'église Sainte-Euphémie** *(crkva Sv. Eufemije ; plan A2)* : *au sommet de la vieille ville. Juin-oct, tlj 11h-18h (ferme à 16h en mai et à 14h en avr). Montée au campanile : 20 Kn.* Dominant la ville avec une vue spectaculaire sur la mer Adriatique, Sainte-Euphémie fut construite en 1735-1736 dans le style baroque, sur les ruines d'une église romane. Ce qui frappe, c'est son campanile, haut de 61 m, édifié sur le même plan que celui de la cathédrale Saint-Marc de Venise. Pas moins de 26 années (1654-1680) ont été nécessaires pour construire ce plus haut campanile d'Istrie ! Au sommet, on trouve les 3,96 m de la statue de sainte Euphémie tenant une barre à roue de navire. Légère puisque girouette, elle protège les marins en indiquant le sens du vent. À l'intérieur de l'église, un autel en marbre, l'un des plus beaux d'Istrie, surmonté d'une statue de saint Georges terrassant le dragon. Les reliques de sainte Euphémie reposent dans un énorme sarcophage en marbre derrière l'autel (on passe par la droite) et attirent de nombreux pèlerins (célébration le 16 septembre en particulier). Selon la légende, personne ne parvenait à soulever ce sarcophage. Seul un petit garçon, qui avait vu sainte Euphémie en apparition, réussit à le hisser, avec ses 2 bœufs enchantés, tout en haut de la colline, où, lui avait-elle dit, elle souhaitait que l'on construise son sanctuaire... En haute saison, prévoir un « embouteillage » si vous souhaitez monter en haut du campanile.

- **L'écomusée Casa della Batana** (ekomuzej Kuća o batani ; plan B2) **:** Pina Budicina 2. ☎ 812-593. ● batana.org ● *Juin-sept, tlj 10h-14h, 19h-23h ; les autres mois 10h-13h et 16h-20h ; fermé en janv-fév. Entrée : 20 Kn ; réduc. Dépliant en français.* Intéressant petit écomusée entièrement consacré à la *batana*, barque typique des pêcheurs de Rovinj. À travers des outils de charpentier, engins de pêche, chansons, etc., on découvre ce pan du patrimoine local que des passionnés dynamiques s'obstinent à faire durer et connaître en organisant de petits événements : construction de *batana* sur le port, fête des pêcheurs, dîner dans un *Spacio (en principe en été, 2-3 fois/sem : infos au musée ; compter env 200 Kn/pers).*

- **Le musée de la Ville** (plan B2) **:** Maršala Tita trg 11. ☎ 816-720. *Juin-sept, tlj 10h-22h ; hors saison, tlj sauf dim-lun 10h-18h (20h en mai). Entrée : 60 Kn ; réduc.* Établi dans un palais baroque des XVIIe et XVIIIe s, ce musée accueille, au 1er étage, de belles expositions temporaires d'artistes contemporains. Au 2e étage, on trouve une collection de tableaux du XVIe au XXe s, quelques vestiges archéologiques, des marines et autres maquettes de bateaux.

Fête et manifestation

– **Soirées des pêcheurs :** *début juil, sur le port.* Banquets, chants de marin, construction de barques traditionnelles...
– **Nuit de la Saint-Laurent** (Sveti Lovro) **:** *10 août.* Toutes les lumières s'éteignent pour faire place aux bougies. Concerts de musique romantique dans toute la ville.

DANS LES ENVIRONS DE ROVINJ

- **L'île Rouge** (Crveni otok) **:** *les bateaux-navettes se prennent soit sur le quai face à l'Hotel Adriatic (plan B2), soit au port sud de Rovinj, au niveau du kiosque Hotels Info (plan D2). Départs ttes les heures 5h30-0h30 (retour à l'heure pile). Prévoir 15 mn de trajet et 40 Kn l'A/R (on paie son billet sur l'île, à présenter au retour).* L'île Rouge, c'est en réalité 2 îlots, *Sveti Andrija* et *Maskin*, rattachés l'un à l'autre par une digue. Au XIXe s, l'île était la propriété d'un baron, qui la transforma en un jardin. Il reste aujourd'hui un parc boisé peuplé de nombreux faisans, mais... Sveti Andrija a été mangé par un complexe hôtelier. On peut cependant s'isoler, un peu, en suivant les sentiers distribuant des plagettes de galets (prévoir son maillot). Sur le 2e îlot, on pratique le naturisme (ne pas prévoir son maillot).

- **L'île Sainte-Catherine** (Sv. Katarina otok) **:** *dans la baie de Rovinj, à deux brasses de la terre ferme. Mêmes conditions d'accès que pour l'île Rouge (25 Kn l'A/R).* Sainte-Catherine fut achetée au début du XXe s par un comte polonais, qui la transforma en parc paysager. Ici aussi, un hôtel a pris possession des lieux...

- **Promenades dans la forêt de Punta Corrente** (ou Zlatni Rat ; *hors plan par D1) : après le port, au sud de la ville.* Cette immense pinède, riche de près de 200 espèces d'arbres rares en bord de mer, est traversée de grandes allées. De quoi se lancer dans de nombreuses promenades à vélo. Cartes des itinéraires disponibles à l'office de tourisme.

➢ **Excursions en bateau :** *rens auprès des agences sur le port.* Nombreuses possibilités : tour des îles avec arrêts baignade, sortie au coucher du soleil, bateau à fond de verre, excursion à la recherche des dauphins (sans garantie de succès), etc.

DANS LES ENVIRONS DE ROVINJ | 135

🤿 *Plongée sous-marine :* avec **Dive Center Rubin**, *Villas Rubin.* ☎ 098-344-963. ● diverubin.com ● *À env 4 km au sud du centre-ville, sur la route de Polari.* Outre la faune et les grottes sous-marines, on explore aussi d'intéressantes épaves de la Première Guerre mondiale, comme celle du *Baron Gautsch.*

🚶 **La ria de Lim** (Limski kanal) : *entre Vrsar et Rovinj. Des agences proposent des croisières en bateau depuis Poreč, Pula ou Rovinj. De Rovinj, compter env 150 Kn pour 4h d'excursion (plus cher et plus long depuis Pula ou Poreč). Moins cher si l'on s'adresse aux agences situées au port, tt au fond de la ria, sur sa rive nord (accès par la route de Vrsar).* Le nom de Lim vient du terme latin désignant la frontière : *limes.* Cette langue de mer (une ria et non un fjord, car créée par une rivière et non par un glacier – en croate, c'est plus simple : *kanal !*) pénétrant sur 11 km dans les terres constituait en effet, à l'époque romaine, la frontière entre les territoires de Rovinj et de Pula. Un paysage extraordinaire ! Joli point de vue depuis le sommet de la côte menant à Vrsar (impossible à louper, c'est là où s'entassent les vendeurs de bibelots !). À l'entrée du site, petite grotte de *Saint-Romuald,* dans laquelle furent découvertes des traces de vie préhistorique.

🍴 **Viking :** *ria de Lim. Un peu au-dessus du port. Tlj midi et soir. Compter env 150-200 Kn.* C'est l'endroit où il faut venir pour déguster des fruits de mer (moules et autres coquillages, élevés dans la baie), même si la longue carte accueille également viande et poisson.

🚶🚶 **Bale :** *à env 15 km au sud-est de Rovinj.* Village médiéval mignon comme tout, de forme concentrique, tassé sur une petite colline dominant le village moderne. Église baroque, chapelle romane, petit musée local et ce curieux palais Bembo (Renaissance) constitué de 2 grandes tours reliées par des baies gothiques. Passer sous le porche d'entrée, dominé par un lion de Venise, pour faire le tour du bourg médiéval fortifié *(kaštel)* aux venelles fleuries : attention, pavés très irréguliers ; ça glisse ! Fin juillet-début août, concerts de jazz lors de la *Jazz Academy.*

🏠 🍴 **Kamene Priče :** *Kaštel 57.* ☎ *824-235.* ● kameneprice.com ● *Dans le vieux village, juste après le porche. Avr-sept, tlj 11h-15h, 18h-22h. Plats 100-150 Kn. CB refusées.* Adorable petite *konoba* bohème et jazzy, logée dans une maisonnette biscornue ouvrant sur une courette tachée de couleurs et envahie de plantes, disséminant ses rares tables dépareillées sur différents niveaux. Pas de carte, on énonce les plats à vive voix, une courte sélection de viandes, un poisson et les pâtes du moment. Une cuisine maison simple et familiale, appuyée sur les légumes de saison. Prévoir un peu d'attente, le temps de détailler le bric-à-brac décorant les lieux... Loue également 4 petits apparts pour 2 *(env 450-530 Kn selon saison).* Le jeune Casanova fréquenta la maison vers 1743-1747 ! Accueille parfois des concerts en saison.

🚶🚶 **Dvigrad :** *à env 20 km à l'est de Rovinj ; juste avt d'arriver à Kanfanar, prendre à gauche (panneaux), c'est 3,5 km plus bas. GRATUIT.* Perchées sur un coteau dominant une vallée verdoyante, voici les ruines d'un village médiéval, abandonné au XVIIe s, avec son fier donjon, ses quelque 200 maisons parfaitement identifiables, son église Sainte-Sophie et son mur d'enceinte.

🚶 **Svetvinčenat :** *à env 25 km à l'est de Rovinj.* Ce village tranquille s'enorgueillit de compter en son centre le château médiéval Morosini-Grimani, considéré comme le mieux conservé d'Istrie. La visite est un peu chère *(50 Kn, activités incluses ; réduc)* mais le coup d'œil, lui, est gratuit. L'originalité du lieu, ce sont surtout ces nuits médiévales *(de juin à mi-sept)* et un festival médiéval début août (tournois de cavaliers, attaque nocturne, soirée surprise pour la clôture du festival). *Rens :* ● udruga-kastel.com ● *ou* ● tz-svetvincenat.hr ●

POREČ

(52440) — 10 500 hab. — IND. TÉL. : 052

● Plan p. 138-139

Poreč est une charmante petite ville dont les vieilles pierres recèlent un fabuleux trésor : la basilique euphrasienne, classée au Patrimoine mondial de l'Unesco. Paisibles et agréables hors saison, ses ruelles semées de palais vénitiens regorgent de touristes en été, tout comme les côtes environnantes où s'égrènent campings et complexes hôteliers.

UN PEU D'HISTOIRE

Fondé par les Illyriens, ce port est conquis par les Romains en 177 av. J.-C., qui le baptisent *Parentium* et le dotent d'un plan quadrangulaire encore visible aujourd'hui. Au VIe s, la basilique euphrasienne, un des plus beaux exemples de l'art byzantin, est édifiée. Dès le XIIIe s, la cité, désormais appelée *Parenzo*, est soumise à la république de Venise, qui en fait son avant-port pendant la période d'hiver. La ville connaît alors une activité importante dont elle ne tire aucun parti, car les guerres perpétuelles du XIVe s entre Venise et Gênes lui apportent amplement son lot de ravages et de destructions, sans oublier les épidémies de peste et autre malaria directement importées d'Orient dans les cargaisons vénitiennes ! Si bien que Poreč (100 habitants au XVIIe s !) doit être repeuplée par des réfugiés venus du sud de la Dalmatie fuyant l'avancée ottomane.

À la chute de Venise (1797), Poreč passe dans le giron de la couronne d'Autriche, puis de l'Empire napoléonien, mais pas pour longtemps : en 1813, elle retombe dans les mains autrichiennes. Elle devient en 1861 la capitale de la province d'Istrie et le siège de la diète locale jusqu'en 1918, date à laquelle l'Italie en hérite à son tour, jusqu'à ce que les partisans de Tito la libèrent.

Arriver – Quitter

En bus

Gare routière *(plan C3)* : *Rade Končara 1.* ☎ *432-153.* ● *autobusni-kolodvor.com* ● *autotrans.hr* ● *brioni.hr* ● Consigne. Attention, bus peu nombreux le w-e.

➤ Navettes régulières quotidiennes pour rejoindre les complexes touristiques de la côte, notamment **Brulo, Plava Laguna** et **Zelena Laguna,** vers le sud.

➤ Env 8-10 bus/j. vers **Vrsar, Novigrad, Umag, Rijeka, Pula, Rovinj** et **Zagreb.** Env 6 bus/j. pour **Pazin.** Quelques liaisons également avec les villages de l'intérieur *(Buje, Buzet, Višnjan...).*

➤ Env 2 bus/j. pour **Trieste** (Italie).

En bateau

Embarcadère *(plan A2)* : *Obala Maršala Tita, au sud de la vieille ville.*

➤ **Venise** (Italie) : avec **Venezia Lines** *(agence à côté de l'office de tourisme, ul. Zagrebačka :* ☎ *422-896 ;* ● *venezialines.com* ●*).* Avr-sept, 2-7 traversées/sem selon saison. Durée : 2h45.

En voiture

Le centre, minuscule, est piéton. Parkings payants aux abords immédiats, notamment un grand près du marché *(plan D1).*

Adresses et infos utiles

– Sachez que plusieurs bornes wifi sont disséminées dans la vieille ville.

🛈 Office de tourisme *(plan C2)* : *Zagrebačka 9. ☎ 451-293.* ● *myporec.com* ● *Juin-sept, lun-sam 8h-20h ; dim 9h-13h, 18h-20h. Hors saison, lun-sam 8h-15h, dim 9h-13h.* Plan de la ville, liste des logements chez l'habitant, itinéraires de découverte de la région à vélo ou à pied, calendrier des manifestations, infos sur la route des Vins et de l'Huile d'olive.

🚖 Taxis *(plan C2, 3)* : *à la gare routière. ☎ 432-465.*

■ Location de vélos : *chez* **Contigo** *(plan C3, 4), Rade Končara 5. ☎ 451-149. Compter env 100 Kn/j.* Loue également scooters et motos.

✚ Hôpital *(hors plan par D2, 5)* : *M. Gioseffija. ☎ 451-611.*

– **Marché** *(plan C-D2)* : *Partizanska. Tlj 6h-14h.*

Où dormir à Poreč et dans les environs ?

– **Important :** la fréquentation touristique étant importante en été, il convient de réserver son hébergement bien à l'avance.

Les complexes touristiques de **Brulo, Plava Laguna** et **Zelena Laguna,** situés respectivement à 2, 3, 5 et 7 km au sud du centre-ville, sont accessibles par un bus-navette (payant) au départ de la gare routière *(plan C3)*. Durant les mois d'été, un petit train touristique (payant) dessert aussi ces 3 complexes de 9h à 23h30 ; et un bateau-navette (toujours payant) assure également des traversées toutes les heures jusque tard.

CAMPINGS

Ici aussi, les campings sont gigantesques et ultra-équipés (supermarché, resto-bar, boîte de nuit, piscine, tennis, beach-volley, jeux pour enfants...). De vraies petites villes, en somme, donc pas vraiment tranquilles. Réservez bien à l'avance votre place à l'ombre !

⚐ Camping Bijela Uvala : *à* **Zelena Laguna. ☎ 410-551 ou 102.** ● *lagunaporec.com* ● *À env 5 km au sud de Poreč, un peu à l'écart du complexe touristique de Zelena Laguna. Mai-sept. Compter env 20-40 € pour 2 avec tente et voiture selon saison, en se contentant du type d'emplacement le moins cher.* Un camping immensissime mais plus agréable et tranquille que son voisin, le *Zelena Laguna.* On s'installe sur une péninsule verdoyante, ombragée et cernée de 2 baies rocailleuses avec plagettes de galets et plates-formes en béton pour la baignade.

⚐ Naturist Camping Ulika : *à* **Cervar. ☎ 436-325 ou 410-102.** ● *lagunaporec.com* ● *À 7,5 km au nord de Poreč. De mi-avr à sept. Compter env 20-40 € pour 2 avec tente et voiture selon saison, en se contentant des emplacements les moins chers.* Isolé sur un cap, ce grand camping naturiste a l'avantage d'être à l'écart des complexes touristiques, mais voiture indispensable pour s'y rendre. Pour une place ombragée, mieux vaut réserver à l'avance, car les arbres deviennent plus rares quand on s'approche de la mer. Sur place, comme il se doit, piscine, resto, supérette, etc.

LOGEMENT CHEZ L'HABITANT

Certainement le meilleur plan pour se loger à Poreč. L'essentiel des chambres proposées se trouve à l'extérieur de la vieille ville et dans le quartier de l'*Hotel Flores (plan B3, 21).*

■ Eurotours *(plan D2, 6)* **:** *Partizanska 4/1. ☎ 433-635.* ● *euro-tours.net* ● *Doubles env 25-40 € selon saison ; apparts 2 pers 35-60 €, 4 pers 45-90 €.* Propose à la location une centaine de chambres, appartements et villas, dont certains situés dans la vieille ville, d'autres au bord de la mer ou à la campagne (liste sur le site internet). Organise également des excursions à Venise, dans les terres et au parc national de Brijuni.

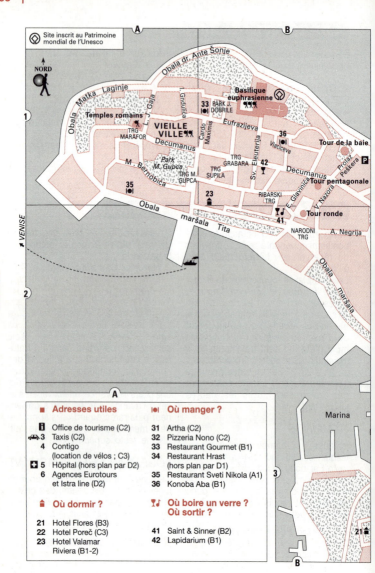

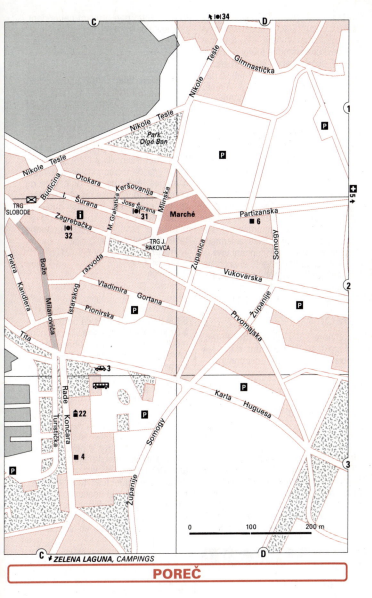

■ **Istra Line** (plan D2, **6**) : Partizanska 4. ☎ 427-062. ● istraline.hr ● *Tarifs similaires à ceux d'Eurotours.* Dispose d'un catalogue fourni d'appartements, de villas et d'hébergements à la ferme (liste sur le site internet). Organise aussi des excursions à Venise, Rovinj et au fjord de Lim ou encore aux lacs de Plitvice.

APPARTEMENTS

■ **Appartements et Villas Bellevue :** *à Plava Laguna.* ☎ 415-700 ou 410-102 (résas). ● lagunaporec.com ● *À 3,5 km au sud de Poreč. D'avr à mi-oct. Studios (2 pers) 50-150 € la nuit selon saison ; apparts (2-4 pers) et villas (4-6 pers) plus chers.* Complexe touristique de petites maisons à 2 étages, réparties sur une colline tapissée de pins. Elles renferment des studios, puis en descendant vers la mer, voici les appartements et enfin les villas. Intérieurs confortables. Une bonne adresse pour passer les vacances. Resto, bar, piscine avec toboggan.

HÔTELS

Peu d'hôtels au centre de Poreč, la plupart se concentrant dans les complexes touristiques environnants.

Chic

■ **Hotel Poreč** (plan C3, **22**) : Rade Končara 1. ☎ 451-811. ● hotelporec.com ● *Juste derrière la gare routière, face au port et tt proche de la vieille ville. Doubles standard env 500-865 Kn selon saison, petit déj inclus. Parking.* Un gros parallélépipède disgracieux, typique des années 1960. Rien de luxueux, mais des chambres fraîchement rénovées, fonctionnelles et confortables, toutes avec balcon. Peut-être un peu bruyant cependant, proximité du front de mer oblige.

De chic à très chic

■ **Pension Villa Gloria :** Cerova 43, *à Kukci.* ☎ 456-218. ● hotel-villa-gloria.com ● *À 5 km au nord-est de Poreč, direction Višnjan. Congés : janv. Doubles env 90-124 € selon saison, petit déj inclus. ½ pens possible. CB refusées.* Dans un quartier résidentiel vert et tranquille à 3 km de la mer, cette grande maison couleur lavande à étages renferme une quinzaine de chambres fonctionnelles et soignées, toutes avec balcon ainsi que des appartements. Agréable jardin avec piscine et tennis (4 courts !). Bonne table d'hôtes. Accueil gentil.

■ **Hotel Flores** (plan B3, **21**) : Rade Končara 4. ☎ 408-800. ● hostin.hr ● *Juste derrière la marina. De mi-mars à mi-oct. Doubles 680-1 370 Kn selon saison, petit déj compris ; supplément de 20 % si moins de 3 nuits. Parking.* Situé dans une pinède en bord de mer, à 5 mn à pied de la vieille ville, un hôtel moderne aux chambres sobres, confortables et nickel. Choisir celles dont la terrasse donne sur le parc, plutôt que sur le parking. Plagette à deux pas.

■ **Hotel Valamar Riviera** (plan B1-2, **23**) : Obala Maršala Tita 15. ☎ 400-800 ou 465-100 (résas). ● valamar.com ● *En hte saison, doubles env 200-250 €, petit déj inclus. Offres régulières sur le site internet. Parking.* Sur le port de Poreč, un magnifique hôtel de luxe récemment aménagé dans un élégant style contemporain avec quelques touches rétro. Beaux matériaux et beaucoup de goût. Chambres ultra-confortables, évidemment. Accès par bateau à leur plage privée de l'île Sveti Nikola, en face du port.

Où dormir sur la côte ?

À Vrsar (52450)

Village ancien et sympathique dominant un petit port, perché sur une colline à environ 15 km au sud de Poreč.

▲ **Camping Orsera :** Sv. Martina 2/1. ☎ 441-330 ou 465-010 (résas). ● camping-adriatic.com ● *À la sortie de Vrsar, direction Poreč, côté mer. De mi-avr à sept. Compter 21-41 € pour 2 avec tente et voiture selon saison (parcelle standard).* Agréable camping encore à peu près à taille humaine, au fond d'une petite baie rocailleuse et bien ombragé sous une pinède.

Emplacements en terrasses, les plus chers en bord de mer. Des mobile homes également. Plates-formes cimentées en guise de plage, piscine avec toboggan pour les enfants, resto, supermarché...

🛏 **Hotel Vista** : *Rade Končara 52. ☎ 406-620. • hotelvista.hr • Au village, à droite dans la descente menant au port, juste après l'office de tourisme. De mi-avr à mi-oct. Doubles economy ou standard 74-144 € selon saison, petit déj inclus.* L'adresse de charme du village. Bel hôtel récent d'une quarantaine de chambres confortables et joliment aménagées. Vue sur mer pour certaines (plus chères). Pour tous, vaste et élégante terrasse bordée d'une véranda à colonnes, dominant le village et la grande bleue. Accueil pro.

À Novigrad (52466)

À environ 15 km au nord de Poreč, un charmant village ancien, bordé par un petit port de pêche pittoresque. Lire également plus loin « Dans les environs de Poreč ».

⛺ **Aminess Sirena Campsite** : *Terre 6. ☎ 858-690 (résas). • aminess-campsites.com • Juste avt Novigrad en venant de Poreč, côté mer (emplacements les moins chers). Fin mars-début nov. Compter env 20-42 € pour 2 avec tente et voiture selon saison (emplacement le moins cher).* Situé dans une pinède en bord de mer, un camping de taille moyenne, bien tenu, mais pas idéal pour les tentes avec son sol couvert de gros graviers. Plagettes bétonnées dans les rochers. Nombreux équipements à proximité : supermarché, restos...

🛏 **Hotel Villa Cittar** : *Sv. Anton 4. ☎ 758-780. • cittar.hr/villa • Doubles 700-1 200 Kn selon saison, petit déj inclus.* En plein centre, à deux pas du port et du village historique, un hôtel moderne doté de belles chambres contemporaines confortables (grandes douches à l'italienne), toutes avec balcon. Piscinette et sauna au sous-sol.

À Savudrija (52475)

À environ 40 km au nord de Poreč et à proximité de la frontière slovène, ce coin tranquille, sympa et verdoyant est dominé par un phare matérialisant le point le plus à l'ouest de la Croatie.

⛺ **CampingIN Pineta** : *Istarska 19. ☎ 709-550 ou 700-700 (résas). • istracamping.com • Fin avr-sept. Env 16,50-39 € pour 2 avec tente et voiture selon saison (parcelle la moins chère).* Agréable camping, encore à taille humaine, en 2 parties et installé sous une pinède en bord de mer. Plages rocheuses ou aménagées en plates-formes. Supermarché, resto, tennis, jeux pour enfants...

Où manger ?

Bon marché

|●| **Pizzeria Nono** (plan C2, **32**) : *Zagrebačka 9. ☎ 453-088. Juste en face de l'office de tourisme. Pizzas et pâtes env 55-90 Kn.* Sans doute les meilleures pizzas de la ville, délicieuses et croustillantes à souhait, mais aussi pâtes, salades et viandes. Déco typique de pizzeria avec four à bois au fond et terrasse sur le trottoir. Une adresse populaire et conviviale.

|●| **Artha** (plan C2, **31**) : *Jože Šurana 10. ☎ 435-495. Tlj sauf dim soir ; en hiver, ouv le midi seulement. Congés : janv. Plats 35-95 Kn.* Dans une ruelle oubliée, à deux pas de la vieille ville, un petit bistrot végétarien paisible, où se refaire une santé pour 3 fois rien au milieu des habitués. Sandwichs, bols de salade ou de soupe, steak de soja pour faire comme vu. C'est simple, c'est frais, et ça change des grillades. Le bon plan : l'assiette pour 2 avec un peu de tout. Petite terrasse sur la rue. Service adorable.

De prix moyens à chic

|●| **Konoba Aba** (plan B1, **36**) : *ul. Matije Vlačića Ilirika 2. Dans une petite ruelle formant un coude, près de la basilique. Avr-nov, midi et soir.*

Viandes 60-100 Kn (steaks plus chers). Sélection de brochettes pour les petits budgets, mais aussi de bons plats de poisson *(env 330 Kn/kg)* et pas mal de spécialités istriennes. Accueil agréable.

|●| *Restaurant Gourmet* (plan B1, 33) : *Eufrazijeva 26.* ☎ *452-742. Mars-déc. Plats 105-180 Kn.* La bonne table de la vieille ville. Sur une agréable placette piétonne, au pied d'une arche en ruine, l'atmosphère se fait romantique le soir, à la lueur des bougies. Dans l'assiette, bon choix de pâtes, leur spécialité, mais aussi de belles viandes et des poissons mitonnés selon des recettes traditionnelles et accompagnés de légumes croquants. Également des pizzas, mais on n'est pas vraiment là pour ça ! Service soigné sans être guindé. Une adresse sûre.

|●| ↑ *Restaurant Hrast* (hors plan par D1, 34) : *Nikole Tesle 13.* ☎ *433-797. Plats 80-150 Kn.* À 5 mn à pied du centre-ville, dans un quartier non touristique, on s'attable sur une belle terrasse en bois, avec vue magnifique sur la mer et, au loin, les maisons pittoresques de la vieille ville. Côté fourneaux, délicieuse cuisine de saison, fraîche, inventive et raffinée, dominée par une forte tonalité de poisson. Une adresse élégante.

|●| *Restaurant Sveti Nikola* (plan A1, 35) : *Obala Maršala Tita 23.* ☎ *423-018. Menus fixes env 100 Kn le midi et 140-150 Kn le soir ; sinon, plats 70-180 Kn.* Sur le port où sont amarrés les yachts de luxe, un resto chic et réputé, mettant le poisson à l'honneur. La spécialité : le carpaccio « Mare Nostrum » (poulpe, lotte et langoustines). Et puis aussi viandes, salades, risottos, pâtes, etc., également concoctés façon nouvelle cuisine. C'est beau et très bon ! Gros appétits, s'abstenir...

Où boire un verre ? Où sortir ?

🍷 *Lapidarium* (plan B1, 42) : *Decumanus 9.* Un décor étonnant : une fois le long porche passé, on se trouve dans une cour agrémentée de stèles et de bas-reliefs antiques. Un véritable musée en plein air où il est très agréable de venir boire un verre.

🍷 ♪ *Saint & Sinner* (plan B2, 41) : *Obala Maršala Tita 12. En saison, tlj 20h-4h.* Le *hot spot* de la nuit à Poreč ! Un bar lounge design avec terrasse face au port, où sirote une foule de jeunes gens ravalés, bronzés, soûlés d'électro.

À voir

🏛🏛 *La vieille ville* : dans les quelques rues du vieux Poreč, dont certaines portent encore leur nom romain *(Decumanus, Cardo Maximus)*, se côtoient demeures romanes et gothiques, palais Renaissance et baroques, notamment autour de la délicieuse **place Gupka** *(plan A1)*. S'il ne reste plus que de rares portions de remparts, la ville a, en revanche, conservé 3 de ses tours défensives construites au XVe s sous la domination vénitienne. La **tour ronde** *(plan B1-2)*, qui abrite désormais un bar panoramique, la **tour pentagonale** *(plan B1)* et la **tour située face à la baie de Peškera** *(plan B1)*.

◎ 🏛🏛🏛 *La basilique euphrasienne* (Eufrazijeva bazilika ; plan B1) : *Eufrazijeva 22.* ☎ *451-784. Tlj sauf dim 9h-21h (18h avr-mai et sept-oct, 16h nov-mars). Entrée : 40 Kn (donnant accès au reste du complexe épiscopal – lire plus bas « Le musée de la Basilique »). Visite conseillée en fin d'ap-m. Concerts en été (se renseigner sur place).* Quel choc en entrant dans l'édifice, c'est Byzance ! Dédiés au culte de la Vierge Marie, cette basilique et son complexe épiscopal (aujourd'hui le musée) furent construits de 543 à 554 par l'évêque Euphrasius à l'emplacement d'un ancien oratoire du IVe s. On peut d'ailleurs en voir quelques vestiges de mosaïques de part et d'autre de l'entrée principale, sous le sol actuel. Dans la basilique, ce qui éblouit, ce sont surtout les mosaïques byzantines de l'abside, sans doute réalisées par les mêmes artistes qu'à Ravenne (Italie). Des mosaïques à fond d'or ! Sous la voûte, la Vierge avec le Christ sur ses genoux, au centre d'une composition représentant archange et martyrs locaux. À côté, en digne commanditaire : Euphrasius portant sa basilique, et puis saint Maur de Parentium, le 1er évêque de Poreč, mort en martyr, auquel était dédié l'oratoire du IVe s. Ses reliques sont gardées sur place, dans une petite chapelle à l'abri des visites... Sur l'arc couvert de médaillons, l'agneau pascal entouré des 12 premières saintes, le Christ et les apôtres. Sur les côtés, l'Annonciation (à gauche) et la Visitation (à droite) sont des mosaïques moins flamboyantes, mais de facture plus libre : l'ange semble pressé et, lors de la Visitation, la servante, soulevant le rideau, se révèle surprenante. L'autel est surmonté d'un ciborium (sorte de baldaquin) du XIIIe s décoré. À voir aussi : les stucs décorent les arcs entre la nef et le bas-côté gauche. Si on ne trouve pas les mêmes du côté droit, c'est à cause d'un tremblement de terre !

Le musée de la Basilique : dans l'ancien palais épiscopal (accès depuis l'atrium de la basilique). Avr-oct, tlj sauf dim 9h-18h. Entrée : 40 Kn (billet commun avec la basilique euphrasienne).
– *Rez-de-chaussée :* on découvre les vestiges – la plupart en plein air – de l'oratoire originel (IVe s) dédié à saint Maur de Parentium. Éléments architecturaux, grands et beaux fragments de mosaïques, dont certains encore en place (le clou est celle représentant un poisson, symbole des premiers chrétiens).
– *1er étage :* visite des salles du palais épiscopal renfermant aujourd'hui statues, crucifix et retables (XVIe et XVe s) de toute beauté.
– *Le campanile :* à partir du joli baptistère octogonal du VIe s, un escalier en bois mène au clocher d'où la vue sur la ville, ses toits orangés et son littoral azuré est un régal.

Les temples romains (Veliki i Neptunov hram ; plan A1) : Marafor trg. Cette place au bout de la péninsule était le lieu du forum romain. À l'ouest de la place, les maigres ruines d'un temple du IIe s av. J.-C. ; dédié à Neptune diront les uns, à la triade capitoline (Jupiter, Junon et Minerve) diront les autres. Aux abords, les restes de 2 autres petits temples.

À faire

– *La ria de Lim* (Limski fjord) : de nombreux bateaux proposent des excursions (10h-17h) au départ de Poreč, avec arrêts à Rovinj et à l'île Rouge (lire par ailleurs plus haut « Dans les environs de Rovinj »). Prévoir dans les 200 Kn/pers, repas inclus.

Les plages : rocailleuses et peu larges, les « meilleures » se situent vers le sud, autour des complexes touristiques ; vite saturées donc.

Festival

– *Giostra :* en sept (dates exactes sur le site), dans le centre. ● giostra.info ● Étonnant festival historique de rue qui vous transporte dans le Poreč des XVIIe et XVIIIe s à grand renfort de costumes, danses, musiques, joutes...

DANS LES ENVIRONS DE POREČ

La grotte de Baredine (jama Baredine) : à **Nova Vas** (à 1,2 km de ce village). ☎ 421-333. ● baredine.com ● À env 8 km au nord-est de Poreč, direction Višnjan. Juil-août, tlj 10h-18h ; mai-juin et sept, tlj 10h-17h ; avr et oct, tlj 10h-16h ; nov-mars, tlj 11h-14h. Entrée : 75 Kn ; réduc. Certaines agences proposent l'excursion.

L'ISTRIE / L'INTÉRIEUR DE L'ISTRIE

Vous en aurez pour votre compte de stalactites et de stalagmites dans les 5 caves de 132 m de profondeur, même si le prix est un peu élevé pour ce qu'on y voit (visite guidée d'environ 40 mn). Température : 14 °C.

✱ Novigrad : *à env 15 km au nord de Poreč (8-10 bus/j.).* Postée sur un cap, cette charmante petite cité maritime ancienne a gardé une partie de ses murailles. À voir : le petit port de pêche *(mandrac)* avec sa flottille de bateaux et les gueules burinées des marins, les maisons joliment colorées le long des ruelles de la vieille ville, le beau campanile en pierre blonde et un curieux musée de la marine ! On peut y dormir (voir plus haut « Où dormir sur la côte ? »), et se restaurer à prix raisonnable au *Restaurant* **Čok** *(Sv. Antona 2, tt près du carrefour de l'ancre ; ☎ 757-643).*

🛈 Office de tourisme : *Mandrač 29a. ☎ 758-011. ● novigrad-cittanova.hr ●* | *Au coin du port. En saison, tlj 8h-19h. Plan de la ville, infos loisirs...*

✱✱ Gallerion : *Mlinska 1, à* **Novigrad.** *☎ 757-075. Dans le village, en retrait du port. Tlj 9h-12h, 16h-20h (18h en mi-saison). Entrée : 30 Kn ; réduc.* Cet étonnant musée de la marine retrace à travers maquettes de bateaux de guerre, uniformes et autres objets archéologiques, l'histoire maritime tumultueuse de la Croatie, tour à tour enjeu austro-hongrois puis italien... Certainement le musée maritime le plus riche d'Istrie. Expos temporaires également.

✱ La route des Vins *(udruženja Vinara i Vinogradara Istre) :* l'intérieur de l'Istrie, et particulièrement l'arrière-pays de Poreč, possède de nombreux vignobles. Et l'association des viticulteurs a eu la bonne idée de proposer une « route des Vins » à travers les différents domaines. Renseignez-vous à l'office de tourisme, qui en distribue l'itinéraire, et allez de dégustation en dégustation, de vin blanc *(malvazija)*, rouge *(borgonja* ou *teran)* ou rosé *(hrvatica)*, dans les petits villages de *Višnjan, Kaštelir* ou *Buje.*

L'INTÉRIEUR DE L'ISTRIE

Pour ceux qui souhaiteraient quitter les plages et la chaleur du littoral, l'intérieur de l'Istrie déroule de beaux paysages ruraux, mamelonnés et verdoyants, dévoilant de pittoresques petits villages perchés au sommet des collines : *Motovun, Grožnjan, Buzet, Hum...* L'occasion également de s'attabler dans une ferme-auberge pour goûter aux spécialités locales.

GROS LOT AU GRATTAGE

En 1999, on fit la découverte de la plus grosse truffe blanche jamais trouvée (1,31 kg), à Livade, près de Buje (l'exploit figure dans le Livre Guinness des records). Et comment donc s'appelait ce découvreur ? M. Giancarlo Zigante, nom qui sonne presque comme gigante (« géant » en italien)... Ça ne s'invente pas !

UN PEU D'HISTOIRE

L'intérieur de la péninsule s'est développé beaucoup plus lentement que sa façade maritime, car il n'a pas largement bénéficié de l'implantation des villes romaines puis du commerce vénitien. Cependant, un ensemble de petits bourgs perchés sur des positions faciles à défendre s'est édifié au Moyen Âge sur des sites occupés dès le Néolithique par les Illyriens. Les nombreux remparts témoignent aujourd'hui encore de leur importante fonction défensive contre les invasions successives. Il s'agissait aussi pour Venise et l'Autriche, qui se disputaient cet arrière-pays stratégique, de quadriller le terrain pour contrôler les routes commerciales et les approvisionnements vitaux en bois et pierre de construction. Eh oui, les marins de la Sérénissime avaient aussi le pied terrien !

Où dormir ?

L'agrotourisme est sans doute la meilleure formule pour bien dormir et bien manger à l'intérieur de l'Istrie. Près d'une centaine de fermes vous ouvrent ainsi leurs portes et proposent, outre un lit douillet entre des murs en pierre, du fromage maison et du jambon cru tout juste décroché, ou encore de l'huile d'olive et du bon vin... Peut-être tomberez-vous aussi sur un passionné de chasse... à la truffe, qui accompagnera les traditionnelles pâtes istriennes, les *fuži*, d'une sauce rare !

Réparties dans toute l'Istrie centrale, les adresses des hébergements en agrotourisme sont disponibles dans les offices de tourisme.

PAZIN   (52000)   4 400 hab.   IND. TÉL. : 052

Pazin se trouve au centre de l'Istrie, perchée sur une falaise de 120 m de hauteur entourée de collines verdoyantes. On s'est beaucoup battu pour le contrôle de cette ville, située au carrefour des routes de Trieste et de Poreč. Le légendaire Mathias Sandorf, dont Jules Verne fit un héros de roman en 1885, réussit à s'échapper du donjon du château de Pazin avec tous ses complices de conspiration et à s'évanouir dans les méandres du fjord de Lim... Cette légende inspira peut-être les résistants au fascisme italien, qui firent de Pazin leur foyer central en Istrie. Aujourd'hui, malgré ses gorges et son château qui peuvent justifier le détour, la ville fait grise mine avec sa ceinture industrielle décatie, ses nombreuses maisons délabrées et ses commerces à l'abandon...

Arriver – Quitter

En bus

Gare routière : *Miroslava Bulešića 2.* ☎ *060-306-040.* ● *autobusni-kolodvor.com* ● *autotrans.hr* ● *brioni.hr* ● *À la sortie de la ville, direction Rijeka.* Compte tenu de sa position centrale en Istrie, vous n'aurez aucun problème pour vous rendre à Pazin ou pour la quitter.

➤ Env 6-7 bus/j. relient **Rijeka**, **Pula**, **Rovinj** et **Poreč** ; 10 liaisons/j. pour **Zagreb** ; env 4 bus/j. pour **Motovun**.

Très peu de bus le w-e.
➤ Env 1 bus/j. (sauf dim) pour **Trieste** et **Venise** (Italie).

En train

Gare ferroviaire : *Stareh Kostanji 1.* ☎ *624-310 ou 060-333-444 (infoline).* ● *hzpp.hr* ●

➤ Env 3-4 trains/j. pour **Rijeka** (env 1h de trajet) et **Zagreb** (env 7-8h) ; env 9 trains/j. pour **Pula** (1h de trajet).

Adresse utile

Office de tourisme : *Veli Joze 1.* ☎ *622-460.* ● *central-istria.com* ● *En été, lun-ven 9h-19h, sam 10h-13h ; hors saison, lun-sam 9h-17h (10h-13h sam). Fermé dim.* Plan du village en français, liste des chambres chez l'habitant, carte de la région avec tous ses points d'intérêt...

Où manger ?

Resto de l'Hotel Lovac : *Sime Kurelica 4b.* ☎ *624-219. À la sortie du village, direction Poreč. Tlj. Plats 50-120 Kn.* Sur la hauteur, dominant le gouffre et le château, c'est la bonne table de Pazin, très fréquentée au déjeuner. On y dévore les incontournables du cru, bien ficelés et servis à prix copain : pâtes à la truffe, viandes, et puis des pizzas encore moins chères. Grande terrasse panoramique, ou salle vitrée pour ne rien perdre de la vue.

Où dormir ? Où manger dans les environs ?

Chambres Poli Luce et Konoba Marino : Gračišće 3, 52403 Gračišće. ☎ 687-081. 📱 098-219-240. ● konoba-marino-gracisce.hr ● À env 10 km au sud-est de Pazin, direction Labin. Réception au bistrot Marino. Resto tlj sauf mer (téléphoner en dehors de la haute saison, horaires parfois irréguliers). Double 350 Kn, petit déj compris. Plats 45-70 Kn. Aménagées dans une vieille maison de ce charmant village médiéval tranquille, 3 chambres rustiques avec salle de bains, confortables et décorées à l'ancienne avec beaucoup de goût. À deux pas, dans son petit bistrot de pays, la proprio mitonne des spécialités du cru simples, délicieuses et très bon marché. Terrasse. Accueil familial gentil. Une adresse conviviale et authentique.

À voir. À faire

Seuls le musée et les gorges présentent un peu d'intérêt.

Le château – Musée ethnographique d'Istrie (kaštel ; etnografski muzej Istre) : trg Istarskog razvoda 1. ☎ 622-220. ● emi.hr ● De mi-avr à mi-oct, mar-dim (tlj en été) 10h-18h ; en hiver, mar-jeu 10h-15h, ven 11h-16h, w-e 10h-16h. Entrée : 25 Kn ; réduc. Dans le magnifique château médiéval de Pazin (X^e s), on découvre avec intérêt les métiers d'antan (forgeron, tisserand, menuisier...) et la vie des habitants du cru à travers leurs costumes et leurs outils : meules, pressoirs, métier à tisser, ustensiles de cuisine, outils agricoles... Outre la cuisine du château, ne pas manquer non plus la salle de torture et ses instruments situés dans les profondeurs du donjon. Brrr !

Les gorges (Pazinska jama) : accès 100 m après le château (panneaux), sur la gauche en descendant, juste avt le pont. Se renseigner à l'office de tourisme sur les conditions de visite. Avec son château, c'est aussi le gouffre de Pazin qui fait la notoriété du lieu. 1,3 km de sentiers (compter environ 1h de balade) ont été aménagés afin de visiter les gorges en toute sécurité. Car cette curiosité naturelle noyée dans la

ANGUILLES SOUS ROCHE

En 1934, un scientifique italien, intrigué par l'évasion de Mathias Sandorf, dans le roman du même nom de Jules Verne, réalisa une petite expérience : il marqua des anguilles qu'il lâcha dans la rivière souterraine empruntée par le fugitif. Elles réapparurent, comme ce dernier, à 20 km de Pazin. L'idée de l'écrivain n'était donc pas si mauvaise !

végétation n'est pas sans danger. Si le débit de la rivière peut en temps normal sembler modeste, lors de fortes pluies, les gorges deviennent très dangereuses car l'eau peut monter subitement, provoquant des crues dont le niveau dépasse parfois de 50 m le lit habituel de la rivière ! L'explication est simple, le siphon dans le gouffre ne peut évacuer les surplus d'eau rapidement. Il faut dire que le réseau karstique souterrain est impressionnant. En 1893, Édouard Martel (l'explorateur du gouffre de Padirac) fut le 1er à entreprendre une exploration sérieuse des galeries décrites par le roman de Jules Verne, Mathias Sandorf. Un rappel : Mathias Sandorf, un noble hongrois conspirant contre la monarchie austro-hongroise, est emprisonné dans le château et réussit à s'échapper par la rivière souterraine du gouffre de Pazin.

MOTOVUN | 147

– *Traversée des gorges en tyrolienne (zip line) :* *départ en dessous de l'Hotel Lovac, sur la rive des gorges opposée au château.* ☎ *091-543-77-18.* • *zipline. pazin@gmail.com* • *Mai-sept, tlj (selon météo) 10h-19h. Prévoir 120-160 Kn/pers (2 lignes-4 lignes).* Au choix, 2 lignes de 280 et 220 m, ainsi que 2 autres de 80 m. Pour les amateurs de sensations fortes... Enfants acceptés (avec accompagnateur si moins de 35 kg)

– *Excursion en spéléo dans le gouffre (Speleo Adventure) :* avec l'association spéléologique *Istra.* ☎ *091-512-15-28.* • *pazincave@gmail.com* • *Sur rdv, sauf en juil-août, avec des départs à 10h, 13h et 16h. Compter env 190 Kn/pers (3 pers min). Durée : 2h30 (quand même !). Être bien chaussé, bien sûr.*

Manifestation

– *Journée Jules Verne (Dani Julesa Vernea) :* *début juin. Infos :* ☎ *622-460 (office de tourisme).* Une rue porte le nom de Jules Verne, un club lui est dédié et une journée lui rend hommage, grâce à son œuvre *Mathias Sandorf*. Bon, Jules Verne n'est jamais venu à Pazin... L'événement rassemble beaucoup de passionnés et toutes sortes d'animations sont organisées en ville.

DANS LES ENVIRONS DE PAZIN

¶ *Gračišće :* *à env 10 km au sud-est de Pazin, direction Labin.* Charmant village médiéval en partie rénové. Sur la place principale, petite chapelle du XVe s, ornée de fresques. Du jardin de l'église, à l'extrémité du bourg, superbe panorama sur la vallée et sa barrière de montagne. Bon petit bistrot sur place et chambres à louer (lire plus haut « Où dormir ? Où manger dans les environs ? »).

¶¶ *Beram :* *à 5 km à l'ouest de Pazin, direction Motovun. Si l'église est fermée, appeler au village Sonja Sestar :* ☎ *091-580-60-83. Entrée : 20 Kn. Attention, en principe, visites prévues pour les groupes seulement.* Ce n'est pas tant le village qu'on vient voir mais surtout, à 1 km au nord-est de Beram, perdue au milieu des bois, la *chapelle Sainte-Marie-aux-Ardoises* (kapela Sv. Marija na Skriljanih), décorée d'une quarantaine de fresques absolument magnifiques représentant des scènes de la Bible (dont une danse macabre saisissante). L'ensemble (XVe s) est attribué à Ivan de Kastav.

MOTOVUN   (52424)   484 hab.   IND. TÉL. : 052

Perché à 277 m, dominant une cascade de collines tapissées de forêts et de vignes, cet ancien castrum romain connut son expansion sous la domination vénitienne. Témoignage de cette époque, un lion de saint Marc, considéré comme le plus ancien d'Istrie, mais surtout les remparts circulaires à 2 niveaux, avec murs, tours et portes. Érigés entre les XIVe et XVIIe s, ils se prêtent

COUPE FRANCHE

Lorsqu'elle contrôlait la région, Venise se livra à l'exploitation intensive des forêts de chênes locales pour alimenter ses arsenaux et récupérer des pilotis. Des coupes si massives qu'il ne reste de ces forêts que 10 ha aujourd'hui. Voilà sans doute l'une des premières catastrophes écologiques de l'histoire imputables à l'industrie.

aujourd'hui à de gentilles promenades panoramiques, à conclure par un plat parfumé aux truffes, la spécialité du coin. En d'autres temps moins propices aux douces flâneries, Motovun fut, comme toute la péninsule, frappée par les épidémies de peste. Aussi, le maire du village obtint l'autorisation de dormir hors des murs pour échapper à la contagion !
– L'accès en voiture au village est payant *(env 20 Kn)*. On se gare soit en haut (peu de places), soit dans un parking au pied de la ville (navette pour le haut de Motovun).
– *Infos :* ● tz-motovun.hr ●

Arriver – Quitter

En bus

Arrêt des bus : *en bas du village, que l'on gagne après une bonne grimpette. Infos :* ● autobusni-kolodvor.com ● autotrans.hr ● brioni.hr ●
➢ Env 4 bus/j. pour **Pazin.**

Où dormir ? Où manger ?

● **Villa Borgo :** *Borgo 4.* ☎ *681-708.* ● villaborgo.com ● *Dans le vieux village, en contrebas de la 2de porte fortifiée (ne pas la franchir). Mars-nov. Doubles env 515-699 Kn selon saison et situation, petit déj inclus.* Agrippée en bordure du vieux village, tournée vers le panorama, cette maison étroite s'est convertie en un B & B aussi simple que mignon, égrenant au fil des étages une poignée de chambres fraîches et modernes avec ou sans vue. Également un appartement pour 4 personnes (une seule chambre), sous la jolie boutique. Terrasse commune dominant la vallée. Accueil charmant.

● **Appartements Bella Vista :** *Gradiziol 1.* ☎ *681-724.* 📱 *091-523-03-21.* ● apartmani-motovun.com ● *C'est la dernière maison à droite en montant, avt les fortifications. Réception à la boutique. Apparts 50-80 € pour 2 selon saison. CB refusées.* Cette maison du XIXe s abrite 5 beaux appartements confortables (cuisine équipée...) et aménagés avec goût. Vue plongeante sur la campagne pour la plupart. Les proprios sont des spécialistes de la truffe, qu'ils vendent sous différentes formes dans leur boutique au rez-de-chaussée. Également d'autres locations dans les proches environs.

● |●| **Hotel Kaštel :** *Andrea Antico trg 7.* ☎ *681-607.* ● hotel-kastel-motovun.hr ● *Sur la place du village. Congés : 7 janv-28 mars. Doubles standard et supérieures 108-140 € selon saison, petit déj inclus. ½ pens possible. Au resto, plats 100-130 Kn.* Converti en hôtel de petit luxe, cet ancien palais du XVIIIe s abrite une trentaine de chambres pas toujours très claires, mais confortables et récemment rénovées, les plus chères avec balcon donnant sur la place ou la vallée. Piscine couverte avec spa s'ouvrant sur un beau jardin au pied des remparts. Resto abordable (le *Palladio*), doté d'une agréable terrasse à l'ombre des marronniers de la place. Fait aussi bistrot de village, moins cher. Excellent accueil.

|●| **Konoba Pod Voltom :** *Josefa Ressela trg 6.* ☎ *681-923. Sous la porte fortifiée du village, à droite en arrivant. Tlj. Plats 70-230 Kn.* Un excellent resto pour s'initier aux joies de la cuisine à la truffe, déclinée à toutes les sauces. Que de saveurs, mais prix en conséquence ! Pour goûter au diamant noir sans se ruiner, opter pour les pâtes. Belle salle voûtée aux pierres apparentes et terrasse avec vue plongeante sur la campagne.

Où dormir ? Où manger dans les environs ?

● **Villa Višnjan :** *Kovačeva 9, 52463 Višnjan.* ☎ *452-147.* 📱 *098-255-063.* ● villa-visnjan.eu ● *À env 10 km de Motovun. Entrer dans Višnjan par la voie* pavée ; c'est la dernière ruelle à gauche avt la porte donnant sur l'esplanade de l'église baroque et son campanile. Avr-oct. Doubles 40-60 € et studios (2-3 pers) 48-78 € ; également des apparts pour 4-5 pers. Installée dans la partie ancienne d'un agréable village aux ruelles tranquilles, bien situé pour rayonner dans la région, cette grande maison avec jardin et piscine propose plusieurs chambres, studios et appartements récents et d'excellent confort (clim, TV, etc.), au chaleureux esprit rustique. Accueil sympa.

🏠 ❚●❚ **Agroturizam Tikel :** *Špinovci 88, 52423* **Karojba.** ☎ *683-404.* 📱 *095-505-81-04.* ● *agroturizam-tikel.hr À env 9 km au sud de Motovun sur la route de Poreč. Prendre à droite au rond-point de Karojba, puis quitter la route principale à droite au 2ᵈ hameau (panneau). Prendre ensuite à gauche à l'embranchement, puis suivre les panneaux « Agroturizam ». Avr-oct. Résa obligatoire. Compter 360-410 Kn pour 2 selon saison, petit déj inclus ; ½ pens possible. Plats 50-100 Kn.* Resto isolé dans un beau panorama campagnard où se promènent lapins, poulets, ânes... On y mitonne de délicieuses spécialités du cru (pâtes, viandes grillées...) largement parfumées à la truffe et servies dans une grande salle rustique ou en terrasse aux beaux jours, avec vue sur Motovun au loin, perchée sur sa colline. La maison compte aussi 2 appartements (2-4 personnes) un peu vieillots mais plutôt confortables, nickel et pas chers du tout. Accueil familial généreux.

Où acheter du bon vin dans les environs ?

🍷 **Benvenuti :** *Kaldir 7, à* **Kaldir.** 📱 *091-583-87-56.* ● *benvenutivina. com* ● *À env 4 km au sud de Motovun. Prendre la direction Poreč sur env 2 km, puis, en haut d'une côte, tourner à gauche vers Kaldir (panneaux).* Basé dans un hameau perché au-dessus des coteaux viticoles, ce vigneron – qui collectionne les prix d'excellence dans les concours agricoles – cultive 8 ha de vigne et vinifie d'autres productions locales. À découvrir notamment, un muscat très sympa ; visite du cellier de la vieille maison en prime.

Festival

– **Festival du Film :** *dernière sem de juil.* ● *motovunfilmfestival.com* ● Rendez-vous de nombreux réalisateurs et cinéphiles. Inutile de vous dire qu'il vaut mieux réserver pour y dormir à cette période !

DANS LES ENVIRONS DE MOTOVUN

🍴 **Buzet :** *à env 20 km à l'est de Motovun.* Coiffant le sommet d'une colline, la ville haute de Buzet est plutôt jolie avec ses maisons montagnardes en grosses pierres. On peut s'y arrêter sur le chemin de **Hum,** la « plus petite ville du monde » (30 habitants tout de même), à une quinzaine de kilomètres plus au sud-est. Un minuscule village enserré dans ses murailles, très touristique, et dont l'accès est d'ailleurs payant *(env 10 Kn).* Belles fresques dans l'église *Sv. Jeronima* (XIIᵉ s) au cimetière (demander la clé à la *konoba* de Hum). Sur la route pour y accéder (c'est un cul-de-sac), sculptures rendant hommage à l'écriture glagolitique.

❚●❚ **Konoba Kolinasi :** *Kolinasi 13, 52425* **Roč.** ☎ *666-655.* 📱 *091-228-19-54. De Roč, prendre la tte petite route vers Hum, c'est à 500 m sur la gauche. Tlj sauf mar. Plats 40-100 Kn.* Petite adresse perdue en pleine campagne, en bordure d'un bois, bien connue des gastronomes de la région. Salle avec cheminée pour l'hiver et terrasse joliment arrangée pour les beaux jours. Plats simples, genre *manestra* (le minestrone croate), asperges ou gnocchis maison. Vente de grappa et chambres également.

GROŽNJAN (52429) 165 hab. IND. TÉL. : 052

Émergeant de la forêt, voici l'un des plus jolis villages perchés, typique de l'Istrie centrale, façonné par la longue occupation vénitienne. Quelques siècles plus tard, à la fin de la Seconde Guerre mondiale, l'influence italienne cessa brusquement avec l'exil massif de la population italophone... Aujourd'hui, Grožnjan connaît un petit *revival* depuis qu'il a été consacré Centre des jeunesses musicales. Promenez-vous dans ses charmantes ruelles, passez sous les porches, admirez la vue sur la plaine, fouinez dans les galeries-boutiques de créateurs... Et profitez de douces soirées musicales en été, festival de jazz en particulier, courant juillet.

Adresse utile

Office de tourisme : Umberto Gorjana 12. ☎ 776-349. ● tz-groznjan.hr ● Tlj sauf lun. Liste des chambres chez l'habitant, infos culturelles...

Où manger ?

Konoba Bastia : I. Svibnja 1. ☎ 776-370. Avr-oct. Plats 40-140 Kn. Installé sur la place du village, ce resto réalise de typiques spécialités d'Istrie, fraîches et pleines de saveurs : pâtes, viandes et poissons, souvent rehaussés de truffes locales. À déguster en terrasse sous les marronniers ou dans une petite salle proprette.

Où dormir ? Où manger dans les environs ?

B & B Al Merlo Olivo : Gardoši 47, 52460 **Buje**. ☏ 098-997-62-90. À env 4 km de Grožnjan. Tte l'année. Doubles env 60-80 €, petit déj compris. Repas env 200 Kn. Dans un sympathique hameau rustique, cette maison en pierre apparente offre 5 belles chambres, confortables, réparties sur 2 étages. Possibilité d'y dîner, sur résa (des cours de cuisine sont également proposés). Le patron organise des virées à vélo et accueille de ce fait pas mal de cyclistes.

Agriturizam San Mauro : San Mauro 157, 52462 **Momjan**. ☎ 779-033. ● sinkovic.hr ● À env 15 km au nord de Grožnjan. Dans le village, prendre la route passant devant l'école, c'est env 1 km plus haut. Resto ouv le w-e seulement. Apparts (2-4 pers) env 200-255 Kn/pers, petit déj inclus. Plats 60-100 Kn. Installé dans un hameau perdu au sommet d'un coteau viticole, ce resto rustique et chaleureux, tenu par de sympathiques vignerons, mitonne de généreuses spécialités régionales à prix tout doux, faisant la part belle aux truffes. Grande terrasse. Loue également 8 appartements fonctionnels et nickel, tous équipés d'une kitchenette, certains avec terrasse. Une adresse authentique, à deux pas d'un village qui ne manque pas d'intérêt avec ses vieilles maisons, son château en ruine...

B & B Tinka et Konoba Rino : Dolinja Vas 23, 52462 **Momjan**. ☏ 098-175-82-79. ● bb-tinka.com ● Tte l'année. Resto fermé mar. Double env 600 Kn. Au resto, compter env 150 Kn. Dans une maison de village moderne, des chambres simples, très bien tenues, qu'on est tout heureux de trouver, finalement pas bien loin de la mer. Au rez-de-chaussée, le restaurant sert des spécialités istriennes inspirées.

Casa Romantica La Parenzana : dans le hameau de Volpija, 52460 **Buje**. ☏ 098-434-748. ● parenzana.com.hr ● À env 7 km au *nord-ouest de Grožnjan et 4 km au nord de Buje, en direction de la Slovénie. Congés : déc-fév. Double env 600 Kn. Plats 60-150 Kn.* Dans un hameau cerné par la campagne, cette vieille ferme rénovée abrite désormais une auberge de charme, alignant une quinzaine de chambres confortables et douillettes, aménagées sur une note rustique. Côté fourneaux, savoureuse cuisine istrienne de saison largement parfumée à la truffe. À engloutir dans une salle rustique avec cheminée ou sur l'agréable terrasse noyée de verdure.

Hotel San Rocco : *Srednja 2, 52474 Brtonigla.* ☎ *725-000.* • *san-rocco.hr* • *À env 15 km à l'ouest de Grožnjan. Doubles « classic » ou « comfort » 119-199 € selon saison, petit déj compris. ½ pens possible. Repas env 300-400 Kn.* Boutique-hôtel chic et charme d'une douzaine de jolies chambres confortables et arrangées avec goût, aménagées dans plusieurs vieilles maisons du village. Les plus chères bénéficient d'une vue sur la campagne, en contrebas. Belle piscine nichée dans un jardin paysager. Sauna. Élégante salle de resto où l'on sert une succulente cuisine inventive, réalisée avec les produits frais du cru. Également une autre adresse appartenant à la même famille, **Primizia Food and Wine** *(☎ 774-704 ; fermé mar),* moins cher et sur la place du village. Carte plus simple mais aux saveurs tout aussi aiguisées.

Agroturizam Sterle : *Stancija Drusković, à 2 km au sud de Brtonigla (bien indiqué).* ☎ *774-313.* 📱 *099-250-29-58.* • *agroturizamsterle.hr* • *Compter env 50 € en chambre double. Repas env 150 Kn.* Cette authentique adresse à la ferme, avec de vrais animaux un peu partout, occupe tout un petit hameau. L'ensemble est sans chichis (et sans confort excessif pour ce qui est des 4 chambres proposées), mais à prix d'amis. On y mange d'ailleurs copieusement, repas à arroser d'un petit vin maison. Petite expo sur la vie rurale d'autrefois *(Povera Istria persa).* La famille exploite également la grotte Mramornica à 400 m seulement *(avr-oct : 10h-18h en juil-août, 10h-17h en mai-juin et sept, 10h-16h en avr et oct ; visite guidée de 30-40 mn env : 50 Kn ; réduc).*

Où manger une pâtisserie ? Où boire un verre ?

Kaya Energy Bar : *Vincenta iz Kastva 2.* 📱 *091-443-34-30. À l'entrée du village.* Un salon de thé et bar à vins chaleureux et cosy, prolongé d'un petit patio et d'une terrasse informelle étalée sur l'esplanade de l'église, à l'ombre des marronniers, l'œil sur la vallée. Idéal pour grignoter une part de gâteau maison sagement rangé sous cloche, en sirotant un café ou un smoothie.

Où acheter du bon vin dans les environs ?

Ravalico : *dans le hameau de Nova Vas, à env 2 km de Brtonigla (52474).* ☎ *774-152. Téléphoner avt.* Belle exploitation familiale de 45 ha produisant 6 vins différents, essentiellement des blancs, vendus à prix plancher et qui se boivent jeunes. Également d'étonnantes grappas aromatisées à l'olive, au miel...

Kozlović : *Vale 78, 52462 Momjan.* ☎ *779-177.* • *kozlovic.hr* • *En contrebas du village. Appeler avt.* Au creux d'une vallée viticole, un vigneron réputé pour la bonne tenue de ses crus, qui comptent quelques formidables muscats bien délicats.

Manifestations

– Le village accueillant de nombreux jeunes musiciens (Jeunesses musicales internationales), des concerts et cours de musique ont donc lieu tout au long de l'année (classique et jazz principalement). Plus d'infos sur • *hgm.hr* •

LABIN-RABAC (52220)   6 890 et 1 390 hab.   IND. TÉL. : 052

Posté à la limite du golfe du Kvarner, Labin-Rabac propose une configuration étonnante : 3 villes en une ! D'abord, la vieille ville fortifiée de *Labin*, séduisante, dominant superbement le golfe du Kvarner. Au nord de la bourgade, la ville nouvelle, *Podlabin*, ses mines désaffectées et les cités de l'époque titiste qui vont avec. Enfin, en contrebas, *Rabac*, petit port ouvert sur une superbe baie mais aujourd'hui cerné de résidences secondaires et d'un immonde complexe hôtelier ! Les criques et baies sauvages de la côte alentour demeurent heureusement bien plus envoûtantes !

UN PEU D'HISTOIRE

Le site de Labin, occupé avant l'époque romaine, a d'abord une fonction défensive, car il se situe tout près du *limes* qui sépare les territoires contrôlés par Rome et le monde « barbare », puis, au Xe s, sous le règne du roi Tomislav, la frontière entre la Croatie et l'Istrie. Au XVe s, les Vénitiens développent cette fonction défensive face au danger représenté par les pirates originaires de Senj, qui assiègent la ville en 1599 et échouent de peu pour s'en emparer. L'événement marquant du XXe s à Labin est la révolte sanglante des mineurs en 1921, qui, épaulés par les paysans des environs, protestent contre les difficultés économiques et sociales et exigent plus de liberté face à l'occupant italien. Ce mouvement éphémère (34 jours) est resté dans les mémoires sous le nom de « république de Labin » *(Labinska republika)*. La répression déjà musclée s'accroît en 1922, lorsque les fascistes accèdent au pouvoir à Rome.
À la fin de la Seconde Guerre mondiale, les Italiens quittent en masse l'Istrie, où ils sont remplacés dans les mines de charbon par des Bosniaques, qui forment aujourd'hui encore une composante notable de la population de Labin. Les dernières mines ont fermé à la fin des années 1980. Le village de Raša, à 4,5 km de Labin (dans les terres), est le témoin de cette époque révolue : cette petite ville construite en 1936-1937 par les Italiens est restée dans son jus.

Arriver – Quitter

En bus

🚌 *Gare routière :* à *Podlabin*. ☎ 060-333-888. ● *autobusni-kolodvor.com* ● *autotrans.hr* ● *brioni.hr* ●
➢ Bus local entre *Labin* et *Rabac* ttes les heures env en été.
➢ Env 10-16 bus/j. relient *Pula*, *Opatija* et *Rijeka ;* 6 liaisons/j. pour *Zagreb ;* autour de 4 bus/j. pour *Rovinj ;* env 3 bus/j. pour *Zadar*, *Šibenik* et *Split ;* env 1 bus/j. pour *Dubrovnik*.

En voiture

L'accès à Rabac (la station balnéaire de Labin) est payant. Malgré cela, trouver une place relève de l'exploit. Mieux vaut aller à la plage en bus…

Adresses utiles

🛈 *Office de tourisme :* Titov trg 10, à *Labin vieille ville*. ☎ 855-560. ● *rabac-labin.com* ● *Mai-oct, lun-ven 9h-21h, w-e 10h-15h, 18h-21h ; hors saison, lun-ven 8h-15h*. Plan de la ville, itinéraires de randonnée pédestre dans la zone naturelle protégée entre Labin et Rabac (en français), programme des manifestations culturelles, infos loisirs…

■ **Kvarner Express :** *Obala M. Tita 53, à* **Rabac.** ☎ *872-225.* • *kvarner-express.hr* • Agence de location d'appartements et de villas. Côté loisirs : location de bateaux, excursions... Bureau de change sur place.

Où dormir ?

Location d'appartements

Les agences listées ci-dessus proposent studios et appartements. *Compter à partir de 35-60 € la nuit selon saison pour un studio (2-3 pers). Ajouter 30 % pour un séjour de moins de 3 nuits. En août, séjour de 7 nuits souvent obligatoire.*

Où camper dans les environs ?

Les 2 adresses suivantes se situent au sud de Labin, sur une péninsule sauvage enrobée de végétation, parsemée de quelques hameaux tranquilles.

⛺ **Marina Camping Resort :** *à* **Sveta Marina,** *à env 10 km au sud de Labin.* ☎ *879-058 ou 465-010 (résas).* • *camping-adriatic.com* • *De mi-avr à fin oct. Env 20-34 € pour 2 avec tente et voiture selon saison (parcelle la moins chère).* Grand camping inégalement ombragé mais top confort (et donc avec des prix à la hauteur), situé au bout d'une péninsule sauvage venant mourir sur une plage de galets, et bordé par une jolie calanque où les bateaux se dandinent face à quelques vieilles maisons de pêcheurs. Sur place : resto, supermarché, club de plongée...

⛺ **Tunarica Sunny Camping :** *à env 20 km au sud de Labin, sur la droite après le village de* **Viškovići** *(panneau).* ☎ *856-811.* 📱 *098-290-310.* • *camping-adriatic.com* • *Mai-sept. Selon saison, 16,50-22,50 € pour 2 avec tente et voiture (emplacement standard).* Isolé au fond d'une petite baie noyée dans la forêt, un agréable petit camping resté presque sauvage (150 emplacements quand même), bien ombragé. Supérette et resto. Pour la baignade : plagette ou criques sauvages côté large.

Où manger ?

|●| **Restaurant Nostromo :** *Obala Maršala Tita 7, à* **Rabac.** ☎ *872-601. Entre le port et la plage. Plats 70-150 Kn.* Resto régulier qui ne fait pas dans l'esbroufe. Dans l'élégante salle avec véranda, on déguste salades, soupes, pâtes, mais aussi viandes et poissons (plus chers) cuisinés avec soin. Propose également des chambres.

|●| 🌴 **Kvarner :** *Šetalište San Marco bb,* **Labin.** ☎ *852-336. En bordure de la vieille ville, à l'extérieur des remparts. Plats env 70-200 Kn.* On vous conseille ce bistrot en bordure du vieux Labin, surtout pour la vue sur le golfe du Kvarner. Juste au pied des fortifications, un magnifique panorama et l'occasion de déguster, en compagnie des habitués, des plats simples et copieux (spécialités de pâtes, les *krafi* ou de la viande de *boškarin,* par exemple).

À voir. À faire

🎒 À Labin, agréable promenade entre les façades pastel des ruelles de la **vieille ville.** On entre par la **Gradska vrata,** après être passé devant la loggia (autrefois le centre de la vie publique, car c'est sur cette place abritée qu'étaient rendus les jugements) et l'office de tourisme. La balade se poursuit vers le haut de Labin en passant par le **campanile** (accès payant), ou vers le bas en direction d'ulica Martinuzzi, avec ses **3 palais** dont le *palača Franković,* où un hommage est rendu à Matija Vlacić-Ilirik (1520-1575), alias Mathias Flacius, né à Labin et compagnon de Luther. De l'esplanade à droite de l'office de tourisme, superbe panorama sur le golfe du Kvarner.

🎦 *L'église Sainte-Marie (crkva Sv. Marije) :* au cœur de la vieille ville. Cette église à 3 nefs a été construite en 1336 sur les fondations d'une chapelle du XIe s. Un étonnant lion vénitien ailé a été incorporé à la façade en 1843. La déco intérieure date du XVIIIe s.

🎦🎦 *Le Musée municipal de Labin* (Narodni muzej Labin) : *Maja 6.* ☎ *852-477. Dans le palais Battiala-Lazzarini (XVIIe-XVIIIe s). Juin-sept, lun-sam 10h-13h, 17h-20h (18h-22h juil-août) ; avr-mai, lun-sam 10h-14h ; le reste de l'année, téléphoner avt de venir ! Entrée : 15 Kn ; réduc.* Un étonnant petit musée. Au rez-de-chaussée, de nombreux objets historiques et une simili-mine... à visiter casque sur la tête ! À l'étage, des expositions d'artistes contemporains qui changent tous les mois.

🏖 *La plage de Rabac :* belle et grande plage de galets en demi-lune, malheureusement squattée par des installations touristiques. Évidemment, beaucoup de monde l'été.

🤿 *Plongée sous-marine :* de bonnes prestations au Scubacenter du Camping Marina *(voir plus haut « Où camper dans les environs ? » ;* ☎ *879-052 ;* ● *scuba center.de* ●*).* Ici, les plongées se déroulent dans un cadre sauvage paradisiaque.

LE GOLFE DU KVARNER

● Rijeka..........................155	● Punat et l'île de Košljun	● Veli Lošinj 189
• Kastav	● Vrbnik	**L'ÎLE DE RAB**..................**193**
● Opatija.........................162	● Baška...........................177	● Rab (la ville)...................193
• Lovran • Le parc	**LES ÎLES DE CRES**	• Le monastère
naturel du mont Učka	**ET DE LOŠINJ**..............**179**	de Sainte-Euphémie
● Le Gorski kotar 168	● Cres (la ville).................180	● Kampor..........................200
● Lokve et Fužine............170	• Valun • Lubenice	● Lopar 201
L'ÎLE DE KRK..................**171**	• Osor • Beli	
● Krk (la ville)...................172	● Mali Lošinj 185	

Lové dans la partie la plus au nord de la mer Adriatique, le golfe du Kvarner est protégé par plusieurs massifs montagneux : la *chaîne du Velebit* à l'est, le *Gorski kotar* au nord et le *massif de l'Učka* à l'ouest. Dans ces conditions, on comprend que le climat soit si clément et propice au développement d'une flore extrêmement diversifiée. Des forêts de lauriers et de marronniers s'acoquinent avec les mandariniers et les citronniers... Toutefois, le golfe du Kvarner connaît, comme le reste de la côte adriatique, les caprices des vents : tantôt *bura,* tantôt *jugo* ou *maestral ;* de quoi vous changer la perception d'un lieu et l'atmosphère d'une journée.

Cette région s'étend entre la riviera d'Opatija au nord et l'île de Pag au sud. Ses 2 principales villes s'opposent : *Rijeka,* cité industrielle, le plus grand port de Croatie, et *Opatija,* historiquement la 1re station balnéaire du pays et qui demeure un lieu de villégiature pour touristes aisés. En face, ou presque, les 4 îles : *Krk, Cres, Lošinj* et *Rab* montrent également une grande diversité. Paysages de garrigue, d'oliviers, de figuiers tortueux entre des murailles de pierre, mais aussi de grandes pinèdes et de plus rares forêts de feuillus. Les anciennes villes fortifiées se fondent dans les petits ports de pêche, les vestiges d'écriture glagolitique voisinent avec les lions vénitiens. L'île de Krk est sans doute la plus visitée des îles du Kvarner, car facilement accessible par un pont. Cres, Lošinj et Rab possèdent plus de charme et demeurent comparativement un peu moins fréquentées en été.

RIJEKA   (51000)   128 600 hab.   IND. TÉL. : 051

● Plan *p. 158-159*

L'ancienne *Sveti Vid na rijeci* (Saint-Guy-sur-la-Rivière) fut renommée *Fiume* durant sa période italienne, avant de reprendre son nom originel en devenant yougoslave en 1947. Ville industrielle, Rijeka est aussi le 1er port de Croatie et

LE GOLFE DU KVARNER

la 3e agglomération du pays. Pour le voyageur, elle demeure – avant tout – un lieu de passage. C'est alors l'occasion de découvrir rapidement les quelques rues animées à proximité de ses quais... et de prendre le large !

Arriver – Quitter

En bus

Gare routière (autobusni kolodvoz ; plan A1-2, 1) : Žabica trg. ☎ 060-302-010. ● *autobusni-kolodvor.com* ● *Ouv 5h30-22h30 (et même 24h/24 en juil-août).* Guichets au coin de Riva (change, location de voitures, distributeur de billets...). Consigne et salle d'attente (glauque...) à gauche des guichets, une fois le fast-food Žabica traversé ! Liaisons moins nombreuses le w-e. C'est également là que se prend la *navette pour l'aéroport* (quai n° 4). Départs en fonction des vols (lire plus bas).
➢ Env 25 bus/j. pour *Zagreb*.
➢ Env 15 bus/j. pour *Pula* et *Labin* ; 10 bus/j. pour *Pazin* ; 8 bus/j. pour *Poreč* et *Rovinj*.
➢ Env 10 bus/j. pour *Krk* ; 12 bus/j. pour *Senj* ; 2-3 bus/j. pour *Cres, Lošinj* et *Rab*.
➢ Env 8 bus/j. relient aussi *Zadar, Šibenik* et *Split* ; env 3 bus/j. pour *Dubrovnik*.
➢ Env 4 bus/j. pour *Trieste* (Italie).

En train

Gare ferroviaire (željeznički kolodvoz ; hors plan par A1) : Kraija Tomislava trg 1. ☎ 211-304 ou 060-333-444 (infoline). ● *hzpp.hr* ● *À 10 mn à pied à l'ouest de la gare routière.* Consigne à bagages.
Bus nos 1 ou 2 pour le centre.
➢ Env 3-4 trains/j. pour *Pazin* (compter 1h), *Pula* (env 3h) et *Zagreb* (4h-5h30 selon train ; desservent au passage Delnice et Fužine).

En bateau

Embarcadère (plan A3) : Riječki lukobran bb. Le terminal abrite billetterie, consigne, restos, distributeur de billets.
➢ *Rab et Novalja (île de Pag) :* en hte saison, 1 départ/j. en catamaran rapide (seulement pour passagers) avec *Jadrolinija* (☎ 211-444). Env 2h40 de trajet pour Novalja.
➢ *Cres et Mali Lošinj :* 1 traversée/j. en catamaran rapide (seulement pour passagers) avec la compagnie *Jadrolinija*. ● *jadrolinija.hr* ● Départ dans l'ap-m. Compter 3h15-4h20 de trajet pour Mali Lošinj selon nombre d'escales.

En avion

✈ *Aéroport de Rijeka : Hamec 1, 51513 Omisalj.* ☎ 842-040. ● *rijeka-airport.hr* ● *À env 30 km de la ville, sur l'île de Krk, reliée au continent par un pont (payant).*
➢ Quelques vols réguliers pour *Osijek, Split* et *Dubrovnik*, et en saison quelques liaisons avec l'*Allemagne* et l'*Angleterre*.
➢ Bus-navettes jusqu'à la *gare routière (plan A1-2, 1).* Les horaires des navettes sont fonction des vols. Fiche horaire du mois sur le site internet.

En voiture

Une bonne partie du centre-ville est piéton. Autour, presque toutes les rues sont à sens unique et les places de parking sont l'objet d'une lutte acharnée ! Rijeka, l'enfer de l'automobiliste... On trouve en général de la place au parking souterrain de la trg Klobučarevića *(plan C2)*.

Adresses et infos utiles

Informations touristiques et services

🛈 *Office de tourisme (plan B2) : Korzo 14.* ☎ 335-882. ● *visitrijeka.hr* ● *Face à la poste. Tlj sauf dim 8h-20h (14h sam). Hors saison, ferme à 19h30 (sam 13h30).* Plan du centre-ville, brochures thématiques sur le Kvarner, infos loisirs, liste des appartements à louer.

RIJEKA / OÙ DORMIR ? | 157

✚ *Hôpital* (hors plan par A1) : *Krešimirova 42.* ☎ *658-111.*
– *Marché* (plan B3) : *Vatroslava Lisinskog. Dans 3 halles anciennes. Tlj 6h-14h.*

Transports urbains

🚌 *Gare des bus urbains* (gradski prijevoz autotrolej ; plan C2, **2**) : *Jelacićev trg.* Pour les transports urbains et interurbains à destination d'**Opatija, Lovran, Kastav** et **Trsat**.
➣ **Opatija :** nombreuses liaisons avec le bus n° 32 ; ttes les 20-30 mn 4h30-23h30. Il dessert tte la côte entre **Rijeka** et **Medveja**.
🚖 **Taxis :** avec *Taxi Rijeka* (☎ *212-212),* une compagnie parmi d'autres...

Où dormir ?

La ville n'étant guère touristique car on ne s'y attarde pas très longtemps, l'offre d'hébergement se résume à une maigre poignée d'adresses dont les prix restent les mêmes toute l'année sauf pendant le carnaval !

CAMPING

Rien de correct ici ; le mieux est de se rendre à Opatija (voir plus loin).

LOGEMENT CHEZ L'HABITANT

L'office de tourisme propose une poignée d'adresses, la plupart à l'extérieur du centre. *Compter env 50 € pour un appart.*

AUBERGES DE JEUNESSE

🏠 *Hi Hostel Rijeka* (hors plan par D3, **22**) : *Šetalište XIII Divizije 23.* ☎ *406-420.* ● *rijeka@hicroatia.com* ● *À env 2 km au sud-est du centre-ville, dans le quartier de Pećina (accès en bus n° 1 depuis les gares, arrêt Oš Pećine). Tte l'année. Réserver tôt. En dortoir (4-8 lits), 100-140 Kn/pers selon saison ; doubles 320-380 Kn, petit déj inclus. Supplément pour les non-membres.* Aménagée dans une jolie villa construite en 1898 avec vue sur mer (de l'autre côté de la route), cette agréable AJ propose des dortoirs et des chambres doubles avec salle de bains. Fonctionnel et nickel. Pas de cuisine, mais resto-bar en terrasse avec vue sur les îles Cres et Krk. Une excellente adresse. Plages à proximité (pas les plus belles de Croatie, certes...).

🏠 *Marina Botel* (plan A2, **20**) : *Gat Adamićev bb.* ☎ *410-162.* ● *botel-marina.com* ● *Tte l'année. Sur le port, à 200 m de la gare routière et de l'embarcadère. Nuitée env 130-275 Kn/pers selon saison et nombre de lits (2-6) ; petit déj 58 Kn. Parking payant.* Pour ne pas perdre le pied marin entre 2 ferries, direction cet ancien paquebot inauguré en 1936 et désormais reconverti en AJ design aux couleurs flashy. Chambres et petits dortoirs façon cabine, nickel, tous avec salle de bains, logent derrière les hublots du pont inférieur. Au-dessus, un resto et, sur le pont supérieur, un grand bar lounge. Pas de cuisine.

🏠 *Hostel Kosy* (plan C2, **24**) : *Užarska 1.* 📱 *098-289-554.* ● *hostel-kosy.com* ● *Nuitée env 170 Kn/pers.* Dissimulé dans un coude du centre piéton, au 2^d étage d'un immeuble proche de la station des bus urbains et du port, cet *hostel* de poche n'a pas usurpé son nom. Seulement 2 dortoirs (6 et 8 lits) et autant de chambres privées, dans un appart clair et récemment rénové couvert de parquet flottant et meublé de bois clair. Cosy, quoi. Sanitaires communs. Ni cuisine ni petit déj !

HÔTELS

De chic à très chic

🏨 *Hotel Continental* (plan D2, **21**) : *Šetalište A. K. Miošića 1.* ☎ *372-008.* ● *jadran-hoteli.hr* ● *Double standard env 100 €, petit déj compris.* Hôtel installé dans un élégant édifice fin XIXe s dressé sur le bord du canal. Chambres cossues et parfaitement tenues, au confort standardisé. Une adresse sans surprise à deux pas du centre-ville.

🏨 *Hotel Jadran* (hors plan par D3, **23**) :

LE GOLFE DU KVARNER

LE GOLFE DU KVARNER

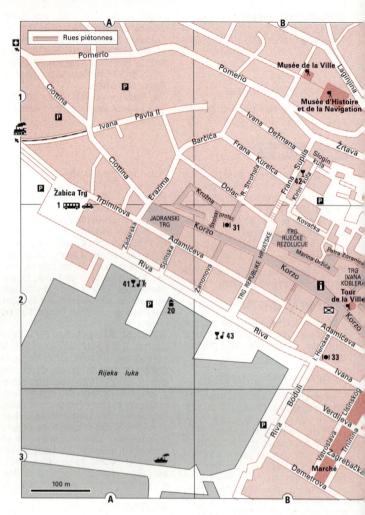

■ **Adresses utiles**
- ℹ Office de tourisme (B2)
- 🚌 1 Gare routière (A1-2)
- 🚌 2 Gare des bus urbains (C2)
- ⛴ Embarcadère (A3)

🛏 **Où dormir ?**
- 20 Marina Botel (A2)
- 21 Hotel Continental (D2)
- 22 Hi Hostel Rijeka (hors plan par D3)

Šetalište XIII Divizije 46. ☎ 216-600 ou 494-000 (résas). ● jadran-hoteli.hr ● À env 3 km du centre-ville, dans le quartier de Pećina. Doubles standard env 100-150 € selon vue, petit déj inclus. Récemment rénové, cet hôtel est formidablement situé en surplomb de l'Adriatique. Chambres confortables,

RIJEKA / OÙ DORMIR ? | 159

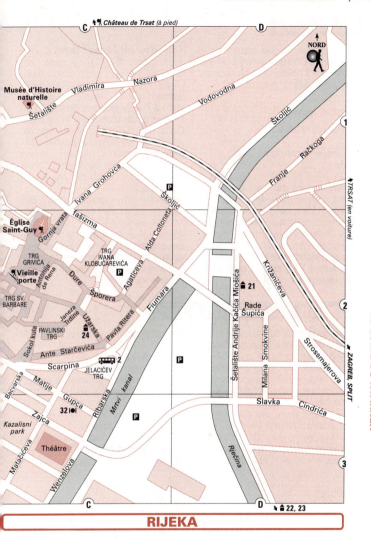

RIJEKA

23 Hotel Jadran (hors plan par D3)
24 Hostel Kosy (C2)

|●| **Où manger ?**

31 Restaurant Zlatna Školjka (B2)
32 Konoba Feral (C3)

33 Ristorante Spagho (B2)

🍷 🎵 🕺 **Où boire un verre ? Où sortir ?**

41 Bateau Nina 2 (A2)
42 River Pub (B1)
43 Karolina (B2)

lumineuses et arrangées dans un agréable style contemporain sans fioritures. Les plus chères donnent sur la mer, depuis un balcon avec vue plongeante. Les autres, sur la rue, sont un peu bruyantes, mais de même confort. « Plage » privée dans les rochers sous l'hôtel et bon resto sur place.

Où manger ?

On peut piocher de quoi manger sur le pouce sur les étals du **marché** (plan B3), installé dans 3 belles halles Art nouveau élégamment défraîchies *(tlj 6h-14h).*

De bon marché à prix moyens

|●| Konoba Feral (plan C3, **32**) : Matije Gupca 5b. ☎ 212-274. *Tlj sauf dim soir. Poisson 150-250 Kn/kg.* C'est la bonne cantoche des gens du cru qui veulent manger du poisson frais sans se ruiner. Une cuisine familiale simple et pleine de goût, à apprécier dans un cadre chaleureux de bistrot à marins, avec salles voûtées, filets de pêche en déco au plafond et toute petite terrasse sur le trottoir. Bon rapport qualité-prix et accueil sympa.

|●| Restaurant Zlatna Školjka (Conca d'Oro ; plan B2, **31**) : Kružna 12a. ☎ 213-782. *Tlj sauf dim. Plats 60-150 Kn.* Dissimulé dans une ruelle donnant sur le Korzo, un élégant resto à l'ambiance maritime, où l'on met les petits plats dans les grands. Carte d'humeur également marine, privilégiant les belles et bonnes spécialités de poisson, relayées par une sélection de plats de viande. Connu aussi pour son choix de vins, chers mais de qualité.

|●| Ristorante Spagho (plan B2, **33**) : Ivana Zajca 24a. ☎ 311-122. *Tlj 10h-minuit (22h30 dim). Plats 40-130 Kn.* À deux pas du port, délicieuse cuisine italienne fine et haute en saveur, servie dans le cadre d'un bistrot contemporain un rien chic. Petite terrasse sur le trottoir.

Où boire un verre ? Où sortir ?

♀ ♪ Karolina (plan B2, **43**) : Gat Karoline. Ce bar lounge branché déploie son agréable terrasse au mobilier contemporain sur un quai du port. Idéal pour descendre café en journée ou cocktails en soirée, à l'abri de la circulation urbaine, avec fond musical qui bouge ! Animé le soir. Fait aussi resto.

♀ ♪ ✗ Bateau Nina 2 (plan A2, **41**) : Gat Adamičev. ☎ 345-501. Un ancien ferry amarré dans le port. Depuis le pont supérieur, jolie vue sur le ballet incessant des ferries et des navires de pêche. Fait aussi boîte de nuit.

♀ River Pub (plan B1, **42**) : F. Supila 12 *(entrée principale par la rue Kirin Kula).* Dans une ruelle montante du centre-ville, un pub irlandais dont l'ambiance chaleureuse est assurée par les étudiants de la ville. Déco boisée et petite terrasse aux beaux jours.

♀ Et aussi tous les **bars du Korzo** (plan B2) **et de Riva** (plan A-B2). Allez-y à l'instinct !

À voir

Si quelques élégantes bâtisses Art nouveau parsèment le centre (le long de Riva et autour du marché notamment), Rijeka ayant été partiellement détruite pendant la Seconde Guerre mondiale, elle recèle moins de trésors que d'autres villes de la région.

Musées

✗ Le musée d'Histoire et de la Navigation (Pomorski i Povijesni muzej hrvatskog primorja ; plan B1) : Muzejski trg 1. ☎ 553-666. ● ppmhp.hr ● *Lun 9h-16h, mar-sam 9h-20h, dim 16h-20h. Entrée : 20 Kn ; réduc.* Il occupe depuis 1961 l'ancien palais du gouverneur, pompeuse bâtisse néo-Renaissance construite en 1896 par l'architecte hongrois Hauszmann. Au 1er étage, dans les salons et chambres du palais, des meubles anciens, horloges, armes... La collection maritime se trouve au 2e étage : instruments de navigation, maquettes de bateaux, tableaux, figures de proue... On y évoque aussi succinctement les chantiers navals de la ville.

RIJEKA / MANIFESTATION | 161

🏛 *Le musée de la Ville de Rijeka (muzej grada Rijeke ; plan B1) :* Muzejski trg 1/1. ☎ 336-711. • muzej-rijeka.hr • *Un bâtiment moderne sur la gauche du palais abritant le musée d'Histoire et de la Navigation. Lun-sam 10h-20h, dim 10h-15h. Entrée : 15 Kn.* L'ancien musée de la Révolution accueille désormais des expositions temporaires originales et de bon niveau.

🏛 🚶 *Le musée d'Histoire naturelle (Prirodoslovni muzej ; plan C1) :* Lorenzov prolaz 1. ☎ 553-669. • prirodoslovni.com • *En principe, lun-sam 9h-19h, dim 9h-15h. Entrée : 10 Kn ; réduc.* Minuscule musée installé depuis 1945 dans l'ancien jardin botanique de l'archiduc Joseph. On y croise fossiles, traces de dinosaures et tout un tas de bestioles du coin naturalisées : insectes, papillons, poissons, crustacés, oiseaux, reptiles... Quelques poissons vivants aussi, de l'Adriatique, barbotent dans de petits aquariums.

Sites et monuments

🏛 *La tour de la Ville (Gradski toranj ; plan B2) :* Korzo. Édifiée à la place d'une ancienne porte de ville, la tour de l'Horloge est l'un des rares monuments historiques à avoir survécu aux tremblements de terre. Relookée à la baroque en 1890, elle affiche l'emblématique aigle à 2 têtes ainsi que les portraits de 2 empereurs autrichiens : Léopold Ier, qui donna à la ville son blason en 1659, et Charles VI, qui proclama la ville port libre en 1719.

🏛 *La Vieille Porte (Stara vrata ; plan C2) :* le plus vieux monument architectural de Rijeka, longtemps considéré comme l'entrée de la ville romaine. Il s'agirait plutôt du vestige très dégradé de l'entrée du palais prétorien du Ier s de notre ère...

🏛 *L'église Saint-Guy (crkva Sv. Vida ; plan C2) :* Grivica trg. Aujourd'hui cathédrale, une rotonde baroque aux allures de grosse pâtisserie bâtie en 1638 sur le site d'une ancienne église dédiée au patron de Rijeka, saint Guy, alias saint Vitus. Une légende datant de 1296 raconte qu'un certain Petar Lončarić aurait jeté une pierre sur le crucifix et que le sang aurait coulé du corps du Christ. Depuis lors, le miracle ne cesse d'être vénéré, entretenu soigneusement par les jésuites qui rivalisent ainsi avec le culte de Notre-Dame-de-Trsat. Les affaires sont les affaires !

🏛 *Le château de Trsat (hors plan par C1) : on peut s'y rendre à pied, mais l'ascension est raide ! Sinon, accès avec le bus n° 2. En voiture, impossible de se garer. Sur place : bureau d'infos touristiques, bistrot ; concerts et manifestations culturelles en été. GRATUIT.* Perché sur une colline aux flancs abrupts (vue superbe sur le golfe du Kvarner), ce château fut bâti au XIIIe s par les célèbres comtes Frankopani de l'île de Krk qui s'étaient vu confier l'administration de Trsat. À demi ruinée, la forteresse fut rachetée et restaurée en 1826 par un officier supérieur de l'armée autrichienne. L'homme, un original pétri de romantisme, s'y fit construire un mausolée incongru... sous la forme d'un temple grec ! En plus du château, l'un des 1ers Frankopani fit ériger sur la colline voisine une église : **Notre-Dame-de-Trsat,** aussi appelée la « Nazareth croate », car, le 10 mai 1291, la maison de Marie et Joseph (où eut lieu l'Annonciation), en transit pour Loretto, aurait été déposée ici quelque temps par des anges... Du coup, l'église est devenue le lieu d'un important pèlerinage, renforcé par le don au XIVe s par le pape Urbain V d'une superbe icône aux pouvoirs miraculeux, peut-être peinte par saint Lucet, et par l'érection sur le parvis d'une statue géante de Jean-Paul II ! De quoi multiplier les pèlerinages : 10 mai, 15 août, 8 septembre...

Manifestation

– **Carnaval :** *débute mi-janv et dure env 6 sem. Infos :* • ri-karneval.com.hr • Le plus grand carnaval de Croatie ! Son origine remonte au Moyen Âge, mais il a été plusieurs fois interdit. Depuis sa renaissance en 1982, il rassemble de plus en plus

LE GOLFE DU KVARNER

de participants et de curieux chaque année. Même si les danseuses des parades ont de plus en plus le look brésilien, on y retrouve encore des éléments liés à l'histoire de la ville, comme les *zvončari,* ces hommes recouverts de peaux de mouton qui agitent d'énormes cloches pour éloigner le mauvais œil. Une tradition qui date de plus de 2 000 ans et qui survit toujours dans de nombreux villages de la région. Autre déguisement traditionnel, le *morčići,* une tête de Maure coiffée d'un turban blanc rappelant un peu celle du drapeau corse. Un déguisement qui s'inspire des boucles d'oreilles, symbole de Rijeka et historiquement portées par les femmes mariées ou par les pêcheurs et marins pour les protéger du mauvais œil. L'origine des *morčići* compte plusieurs légendes qui se sont entremêlées au fil des temps. La plus tenace est liée aux invasions ottomanes du XVIe s. Lors d'une des nombreuses et épiques batailles qui opposèrent les Turcs aux habitants de la région, Dieu entendit les prières des femmes restées à Rijeka et assaillit les combattants turcs d'une pluie de pierres. Des Ottomans, ne restèrent sur le champ de bataille que leurs turbans ! Pour remercier leurs femmes, les valeureux combattants leur offrirent des boucles d'oreilles à l'effigie de leurs ennemis vaincus.

DANS LES ENVIRONS DE RIJEKA

KASTAV (51215)

Perchée entre Rijeka et Opatija, Kastav est une petite cité médiévale fortifiée (6 des 9 tours médiévales tiennent toujours debout), grignotée de jardinets, labyrinthique et resserrée comme les mailles d'un vieux filet. À l'entrée du bourg, depuis le parvis de l'*église Sainte-Hélène,* vue inoubliable sur le golfe du Kvarner. À deux pas, la *Loža,* un espace couvert à l'extérieur des murs de la ville, construit en 1571 pour les événements publics. À l'autre bout de la cité se dressent les imposants vestiges d'une église inachevée, dont la construction fut initiée par les jésuites. Au XIXe s, Kastav eut son rôle à jouer dans la bataille linguistique de la renaissance nationale, puisqu'elle abrita la 1re salle de lecture croate d'Istrie, ouverte en 1866. *Petit office de tourisme au pied de la porte de la vieille ville.*
➢ Pour s'y rendre depuis Opatija, bus n° 37 ; depuis Rijeka, bus n° 18. Passages ttes les 30 mn env 7h-23h.

Fête et manifestation

– **Kastav Cultural Summer** *(Kastafsko Kulturno Leto) :* juil-août. ● kkl.hr ● Festival pluridisciplinaire : concerts, théâtre, littérature, projection de films, etc.
– **Fête du Vin** *(Bela nedela) :* 1er *dim d'oct.*

OPATIJA (51410)   6 650 hab.   IND. TÉL. : 051

● Plan *p. 164-165*

À 16 km au sud de l'industrielle Rijeka, cet ancien village de pêcheurs, réputé pour la douceur de son climat, était un lieu de villégiature très prisé par l'aristocratie autrichienne au XIXe s. Sa longue promenade en bord de mer est ponctuée de criques et de plates-formes de baignade, la « vieille dame », comme on l'appelle ici, affiche donc fièrement ses élégants édifices néoclassiques, auxquels s'est ajoutée une foule d'hôtels à partir des années 1960... pas toujours du même effet ! Si Opatija a conservé du XIXe s sa tradition d'accueil des touristes fortunés et plus tout jeunes, elle n'en demeure pas moins une station balnéaire à la mode.

UN PEU D'HISTOIRE

Une ancienne abbaye bénédictine lui a donné son nom, transcription d'*abbazia* (« abbaye » en italien). Au milieu du XIXe s, des scientifiques mettent en valeur ses qualités climatiques pour les soins, notamment antituberculeux. La ville est reliée à Vienne par le chemin de fer dès 1873 : toute la noblesse austro-hongroise s'y précipite alors pour profiter de ses casinos et de ses palaces. La cure n'était souvent qu'un prétexte pour y passer de fort agréables vacances !

Arriver – Quitter

En voiture

➣ L'arrivée en voiture dans Opatija est un peu compliquée, il faut contourner le centre-ville partiellement en sens unique. Bouchons garantis en été sur le bord de mer. Impossible de se garer au centre (sauf à votre hôtel) ; tentez votre chance sur les hauteurs ! Et ne plaisantez pas avec les horodateurs car les mises en fourrière sont monnaie courante.

En bus

🚌 *Arrêt des bus* (plan B1) *:* sur la pl. centrale, au pied de l'Hotel Opatija, *en retrait du bord de mer.* ☎ 060-306-010. ● *autobusni-kolod vor.com* ● Guichet au coin de la place. Pas de consigne.
➣ *Rijeka :* nombreuses liaisons avec le bus interurbain n° 32, ttes les 20-30 mn, 5h-23h45. Il dessert tte la côte entre Rijeka et Medveja.
➣ Env 10-13 bus/j. pour *Pula* et *Labin* ; 6-7 bus/j. pour *Zagreb* ; 4 bus/j. pour *Rovinj*.
➣ Env 3 départs/j. pour *Zadar* et *Split* ; 1 bus/j. pour *Dubrovnik* (le soir).
➣ Env 2 bus/j. pour *Trieste* (Italie).

Adresses et info utiles

🅘 *Office de tourisme* (plan B2, 1) *:* Maršala Tita 128. ☎ 271-310. ● *visi topatija.com* ● *À gauche de l'Hotel Imperial, en descendant. Tlj 8h (12h dim)-20h (22h juil-août, 16h oct-mars).* Plan pratique de la ville et des environs, infos loisirs (randonnées pédestres, VTT, croisières, plongées...), transports, ainsi qu'une foule de renseignements pratiques. Liste de chambres chez l'habitant. Accueil sympa et compétent.
🅘 *Office de tourisme du Kvarner* (plan C2, 2) *: N. Tesle 2.* ☎ 272-988. ● *kvarner.hr* ● *Lun-ven 8h-16h.* Plusieurs brochures thématiques en français sur la région.
– *Marché* (plan C1-2) *: Maršala Tita 82/9, dans une jolie halle du XIXe s. Lun-sam 6h30-13h, dim 7h-12h.*

Où dormir à Opatija et dans les environs ?

CAMPING

✗ *Autocamp Mošćenička Draga : Aleja Slatina bb, 51417 Mošćenička Draga.* ☎ 737-523. ● *autocampdraga. com* ● *À env 12 km au sud d'Opatija (bus n° 32). De mi-avr à fin sept. Env 140-220 Kn pour 2 avec tente et voiture selon saison.* Situé à deux pas de la mer et d'un charmant petit port de pêche, ce camping est la meilleure option du secteur pour qui souhaite planter sa tente. Emplacements fleuris et soignés, pas toujours ombragés,

164 | LE GOLFE DU KVARNER

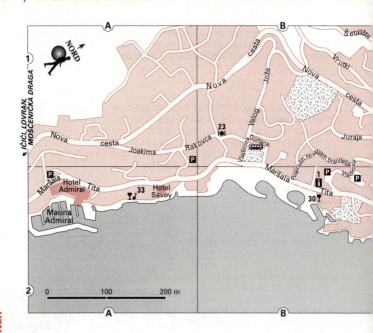

- **Adresses utiles**
  - **1** Office de tourisme (B2)
  - **2** Office de tourisme du Kvarner (C2)
  - **3** Agence Da Riva
    (hors plan par D1)

- **Où dormir ?**
  - **10** Villa Dalia
    (hors plan par D1)
  - **12** Villa Palme (C1)
  - **13** Hotel Bristol (C2)

cela dit. Plage de galets vite saturée en saison, et plein de petits cafés et restos sympas tout autour.

AUBERGE DE JEUNESSE

Hostel Link : Šetalište Maršala Tita 9, en plein centre de Lovran (51415). ☎ *202-090.* ● *linkhostel. com* ● *À env 6 km au sud d'Opatija (bus n° 32). Mars-fin oct. Lit en dortoir 15-35 € selon saison.* Sacré coup de jeune pour cette imposante bâtisse historique dressée en surplomb de la mer, désormais squattée par une AJ dernier cri. Long bar pop au rez-de-chaussée, puis, grimpant dans les étages, une foule de chambres (114 !), top confort pour ce type d'hébergement : pas plus de 3 lits, salle d'eau privée, clim et TV écran plat. Pas de cuisine, mais de la vaisselle et des micro-ondes à dispo. En contrebas de l'auberge, plate-forme aménagée pour la baignade.

LOGEMENT CHEZ L'HABITANT

En ville et tout au long de la riviera d'Opatija, on trouve un grand nombre de chambres et d'appartements à louer pour un excellent rapport qualité-prix. Outre la liste de l'office de tourisme, plusieurs agences de la rue centrale d'Opatija proposent leur carnet d'adresses. *Selon standing et saison, doubles 30-50 € ; studios et apparts (2-4 pers) 30-90 €.*

OPATIJA / OÙ DORMIR À OPATIJA ET DANS LES ENVIRONS ? | 165

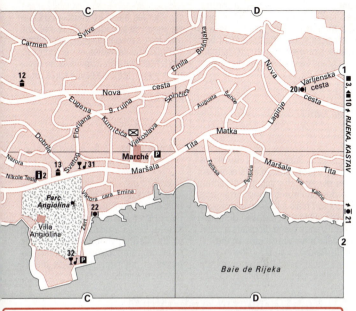

OPATIJA

| **Où manger ?**
  - 20 Gostionica Kaneta (D1)
  - 21 Konoba Valle Losca (hors plan par D2)
  - 22 Restaurant Yacht Club (C2)
  - 23 Restaurant Ružmarin (B1)

Où boire un verre ? Où sortir ?
  - 30 Café Wagner (B2)
  - 31 Monokini (C2)
  - 32 Bars du port de plaisance (C2)
  - 33 Bars du *lungomare* (A2)

■ *Agence Da Riva* (hors plan par D1, 3) : *Nova Cesta 10.* ☎ *272-990.* ● *da-riva.hr* ●
■ *Association des hébergements privés :* ● *opatijaholiday.com* ●

De bon marché à prix moyens

▲ *Villa Dalia* (hors plan par D1, 10) : *Nova Cesta 46.* ☎ *701-287.* ▫ *091-890-84-53. Selon saison, doubles 35-40 €, studios 40-45 € ; petit déj et clim en sus. Min 2 nuits demandées. CB refusées.* Grosse maison logeant une demi-douzaine de chambres bien arrangées avec salle de bains, et quelques studios. Dans le jardin, un bungalow abrite la cuisine commune, avec coin cheminée pour le barbecue. C'est fonctionnel, nickel et pas trop cher, mais un peu bruyant car situé en bord de route. Également des appartements dans d'autres maisons des environs. Accueil familial sympa.
▲ *Garni Stanger :* *Brajdice 14, 51415 Lovran.* ☎ *292-517.* ● *garni-stanger.com* ● *À env 6 km au sud d'Opatija. Prendre à droite juste avt la station INA et ne pas confondre avec la Pension Stanger, au sud du village. Doubles 290-360 Kn ; apparts et studios 300-450 Kn pour 2, sans petit déj.* Dans un quartier résidentiel calme et verdoyant à 200 m de la mer et du cœur du village, cette

LE GOLFE DU KVARNER

grande maison moderne proprette, avec jardin, propose des chambres avec frigo et des appartements à la déco certes datée, mais vraiment bien équipés, s'ouvrant tous sur une terrasse ou un grand balcon. Accueil aimable.

Chic

- *Villa Istra : Šetalište 25, travnja 27, 51417 Mošćenička Draga.* ☎ *737-347.* • *villaistra.com* • *À env 12 km au sud d'Opatija. Double env 600 Kn, petit déj compris.* Juste au sud du village, adossée à la végétation et directement sur la plage, cette villa de caractère offre des chambres et appartements tout confort mais à la déco plutôt standardisée. Élégante terrasse dominant la mer. Grande plage de galets à proximité, belle mais vite saturée en été.
- *Villa Palme (plan C1, 12) : Vrutki 8.* ☎ *272-491.* • *villa-palme.com.hr* • *Tte l'année. Résa conseillée. Apparts (4-6 pers) 80-160 € selon capacité et saison.* Sur les hauteurs paisibles d'Opatija, avec vue formidable sur la mer, une grande villa moderne toute rose abritant 6 appartements vastes et confortables, aux aménagements soignés. Belle petite piscine avec terrasse et vue sur le large.

HÔTELS

Très chic

- *Hotel Bristol (plan C2, 13) : Maršala Tita 108.* ☎ *706-300.* • *hotel-bristol.hr* • *En hte saison, double env 1 700 Kn, petit déj compris.* Pour du luxe, c'est du luxe historique ! Construit en 1906 en plein centre d'Opatija, l'*Hotel Bristol* a été récemment rénové. Belles chambres confortables et douillettes, aménagées sur une note contemporaine. Sauna, massages et pâtisserie-salon de thé au rez-de-chaussée.

Où dormir ? Où manger à Opatija et dans les environs ?

De bon marché à prix moyens

- *Gostionica Kaneta (plan D1, 20) : Nova Cesta 64.* ☎ *712-222.* Prendre la rue Maršala Tita (n°s décroissants) jusqu'à la patte-d'oie avec la rue Matka Laginje ; remonter celle-ci jusqu'à la rue Nova Cesta (env 300 m) : le resto est à l'angle. *Tlj sauf dim 12h-23h (22h lun). Plats env 40-90 Kn.* À 15 mn à pied du centre, un accueillant petit bistrot familial hors des sentiers touristiques. Quelques photos du vieil Opatija en guise de déco, et de très bonnes spécialités maison, essentiellement des pâtes et des viandes grillées. Éviter la terrasse, en revanche, trop bruyante.
- *Restaurant Yacht Club (plan C2, 22) : Zert 1.* ☎ *271-345. Sur le port de plaisance. Tlj 10h-1h. Plats 70-150 Kn.* Au menu, poissons et fruits de mer, servis dans une salle épousant la courbe du petit port, ou en terrasse avec vue, à l'étage.
- *Restaurant Ružmarin (plan B1, 23) : Veprinački put 2.* ☎ *712-673. Dans la rue parallèle à la rue Maršala Tita, juste derrière le Grand Palace Hotel. Tlj. Plats 70-150 Kn.* Atmosphère colorée, décontractée et un brin chic dans ce resto servant de bonnes viandes grillées – leur spécialité –, mais aussi des salades, pâtes, risottos, pizzas généreuses et poissons plus chers. Terrasse couverte.
- *Konoba Valle Losca (hors plan par D2, 21) : ul. Andrije Štangera 2, à Volosko, dans la partie nord d'Opatija.* ☎ *095-580-37-57. Avr-oct, midi et soir. Repas env 150-200 Kn.* Ici, on a l'assurance de manger de bons produits, certains en provenance directe de la ferme familiale. Dans la courte carte se distinguent en particulier la salade de poulpe (excellente) et les raviolis à la ricotta et aux légumes, mais aussi des plats plus rares (comme les petits foies de *boškarin*, ce bœuf emblématique d'Istrie). Petite terrasse et encore plus petite salle : attention, il n'y en aura pas pour tout le monde !
- *Restaurant Knezgrad : Slobode trg 12, 51415 Lovran.* ☎ *291-838.*

OPATIJA / À VOIR. À FAIRE | 167

Derrière le marché, au fond d'une petite place discrète. Tlj. Plats 50-150 Kn ; poissons plus chers. Resto familial planté devant le joli jardin du théâtre, au pied des palmiers et des villas décaties. Charmante terrasse, donc, et petite salle rustique. Si l'on goûte le cadre, la cuisine, traditionnelle, est plus quelconque mais reste sérieuse et soignée.

De chic à très chic

🏠 I●I **Stanjica Kovačići :** *Rukavac 51, Matulji.* ☎ *272-106.* ● *stanjica-kova cici.hr* ● *D'Opatija, monter à Matulji en partant de Nova Cesta (prendre, à hauteur de la Gostionica Kaneta, Varljenska cesta et continuer sur 3,5 km). Congés : 2 sem en janv. Resto fermé mar (seulement mar midi en juil-août) ainsi que dim soir hors saison. Selon saison, doubles 490-985 Kn. Plats 85-130 Kn.* Une maison récente dans un village sur les hauteurs d'Opatija : ici, on est bien loin de l'ambiance fin de siècle de la station balnéaire. Mais la table est bonne (Vinko, le chef, a longtemps travaillé au *Kukuricu*, à Kastav, un restaurant réputé, dont le patron est un adepte de la *slow food*), les produits sont frais et bien travaillés et, à l'écart du restaurant, quelques chambres accueillantes permettent de prolonger l'étape (préférer celles du rez-de-chaussée, plus grandes). Piscine. Excellent accueil.

Où boire un verre ? Où sortir ?

🍸 **Café Wagner** *(plan B2, 30) : à l'Hotel Milenij, Maršala Tita 109. Face à l'office de tourisme.* Très jolie terrasse ombragée face à la mer, entourée de fleurs, de palmiers et de pins. Un tantinet chic, certes, mais idéal pour une pause café-pâtisserie.

🍸 🎵 **Monokini** *(plan C2, 31) : Maršala Tita 96. Tlj 7h-2h.* Un bar lounge branchouille avec comptoir en métal, figures psychédéliques et DJ aux platines qui assaisonne le tout jusqu'en terrasse sur la rue.

🍸 🎵 **Les bars du port de plaisance** *(plan C2, 32) :* à l'écart du centre-ville, le petit port de plaisance concentre toute l'animation nocturne d'Opatija. Jeunes et moins jeunes se retrouvent pour discuter et descendre des canons en musique aux terrasses des bars *Galija* ou *Hemingway*, sans oublier le **Bevanda,** chic et design, en bord de mer. Autre spot pour s'en jeter un face à la mer, la ribambelle de bars déployant leur terrasse sur la partie sud de la promenade du front de mer (le *lungomare* ; *plan A2, 33*), entre les hôtels *Savoy* et *Admiral*.

À voir. À faire

🎯 **Le lungomare :** de Volosko à Lovran, une longue promenade de 12 km aménagée sur le littoral, bordé de petites criques propices à la baignade. Construite en 1885 par les membres du Club touristique autrichien, elle est aujourd'hui éclairée la nuit ; avis aux romantiques !

🎯 **Le parc Angiolina** *(plan C2) : derrière l'Hotel Kvarner, accessible par le lungomare.* Entre 1845 et 1860, Iginio Scarpa, un businessman de Rijeka, imagina ce jardin botanique autour de la villa Angiolina, opulente demeure de vacances qu'il fit construire pour sa famille et ses amis princiers. Des bambous, des camélias et toutes sortes d'arbres que les marins lui rapportèrent de Chine, du Japon, d'Inde, d'Australie ou d'Amérique du Sud... D'ailleurs, l'emblème d'Opatija est toujours le camélia japonais ! Plantée au cœur du parc, la villa, considérée comme le point d'origine du développement touristique local, abrite désormais fort logiquement un **petit musée du Tourisme** *(tlj en été 10h-22h – 20h au printemps et à l'automne, 18h en hiver ; entrée : 15 Kn ; le billet donne également accès à la « Maison suisse » voisine).* Expos temporaires seulement.

🎯 **Les plages :** seulement des plates-formes bétonnées ou des rochers pour poser sa serviette. Suffit de suivre le *lungomare* pour se dénicher un spot.

Quelques plagettes de galets plus au sud, notamment à Ika, Ičići et Medveja ; la plus belle se trouvant à Mošćenička Draga : grande, adossée à la végétation, mais, comme ses consœurs, très peuplée l'été.

Festivals

– **Festival d'Opatija :** *juin-début sept, dans le théâtre en plein air du port de plaisance.* • *festivalopatija.hr* • Au programme : opéra, ballet, théâtre... et même des projections de films américains !
– **Liburnia Jazz Festival :** *3 j. début juil, dans le théâtre en plein air du port de plaisance.* • *liburniajazz.hr* • L'un des festivals du genre les mieux cotés de Croatie.

DANS LES ENVIRONS D'OPATIJA

Lovran : le plus ancien site connu d'installation humaine de la côte est de l'Istrie. Minuscule port de pêche rayonnant au Moyen Âge, Lovran a conservé son vieux centre aux ruelles étroites et quelques maisons baroques, postées à côté de la tour médiévale et de l'église romane, Saint-Georges. Datant du XIV° s, celle-ci présente une voûte gothique et un bel ensemble de murs peints. Aux abords du vieux bourg émergent de la végétation les villas balnéaires néovénitiennes aux façades décaties, bâties au XIX° s.
La 2de quinzaine d'octobre, Lovran fête durant 4 jours la *Marunada,* la fête des Marrons. Au XVII° s, les marrons de Lovran étaient exportés vers Rijeka, Trieste, Vienne et même Budapest !

Le parc naturel du mont Učka *(park privore Učka)* **:** le massif le plus haut d'Istrie est toujours visible par beau temps depuis la côte. Accès en voiture depuis Ičići. Sinon, possibilité d'y faire plusieurs balades à pied côté nature ; la plupart à partir du village de Lovran. Il y en a pour tous les goûts, des grosses randos de 5h pour atteindre les plus hauts sommets – le *Vojak* (1 401 m) ou le *Suhi vrh* (1 333 m), avec, en prime, des panoramas inoubliables sur le golfe du Kvarner – aux petites grimpettes de 20 mn... où, on vous rassure, les points de vue ne sont pas mal non plus ! Également des itinéraires à VTT. *Infos :* ☎ *293-753.* • *pp-ucka.hr* •

LE GORSKI KOTAR
IND. TÉL. : 051

À seulement 30 mn au nord de Rijeka mais déjà loin de la foule des bords de mer, cette région de montagnes et de verdure, autrefois frontière romaine, reste un lieu de passage, marquant au niveau de la rivière Kupa-Kolpa la limite entre Croatie et Slovénie. Peu touristiques, les montagnes du Gorski kotar sont clairsemées de villages reliés entre eux par des routes sinueuses. Chacun a son charme particulier, comme *Brod na Kupi, Čabar, Mrkopalj, Begovo Razdolje, Vrbovsko,* etc., avec leurs nombreuses maisons traditionnelles, les *šindras,* aux murs en assemblage de lamelles de bois.
Mais le Gorski kotar est aussi la zone idéale pour un séjour sportif au vert : randonnées en montagne, canoë et rafting dans les rivières, baignade dans les lacs, parapente depuis certains sommets, VTT... Autrefois, il était également très prisé pour les sports d'hiver : un ancien tremplin subsiste d'ailleurs à Delnice, et le village de Begovo Razdolje compte encore quelques pistes de ski alpin. Mais la neige n'est plus aujourd'hui aussi abondante qu'auparavant !
– *Infos :* • *gorskikotar.hr* •

Arriver – Quitter

En voiture

➤ Une sortie de l'autoroute *Zagreb-Rijeka* vous y mène tout droit.

En bus

– **Important :** les villages du Gorski kotar sont rarement desservis par le bus.

🚌 *Gare routière de Delnice : Lujzinska cesta.* ☎ *812-060. À l'entrée du village, à côté de l'Hotel Risnjak et presque en face de l'office de tourisme.*

➤ Env 10 bus/j. pour **Rijeka** ; 8 bus/j. pour **Zagreb** ; 3 bus/j. pour **Pula** ; 1 bus/j. pour **Poreč** et **Krk**.
➤ Env 2 bus/j. pour **Lokve** et **Fužine.** Il est souvent plus difficile de se rendre dans les autres villages isolés du Gorski kotar.

En train

➤ Les villages de **Moravice** et **Delnice** sont desservis de/vers **Zagreb** ou **Rijeka**. Moins pratique que le bus, car il n'est pas évident de rejoindre ensuite les autres villages.

Adresse utile

🅘 *Office de tourisme de Delnice : Lujzinska cesta 44, 51300* **Delnice**. ☎ *812-156. • tz-delnice.hr • À l'entrée du village, devant le carrefour en patte-d'oie. Lun-ven 8h-18h, sam 8h30-15h.* Infos sur les possibilités d'hébergement dans les différents villages de la région, les loisirs...

Où dormir ? Où manger ?

À Delnice (51300)

🛏 🍽 *Hotel Risnjak : Lujzinska cesta 36.* ☎ *508-160. • hotel-risnjak.hr • À côté de la gare routière, bien en retrait de la nationale. Double standard 610 Kn, petit déj inclus. ½ pens et pens complète possibles. Réduc de 15 % sur présentation de ce guide. Plats 75-120 Kn.* Un hôtel récent avec des chambres confortables et coquettes, dans le style montagnard, dont certaines avec balcon sur le parc (nos préférées). Également des appartements, plus chers. Fitness, sauna. Fait aussi resto avec de bonnes spécialités régionales. Location de VTT (et séjours randos-VTT organisés depuis l'hôtel). Une adresse idéale pour rayonner dans la région.

Dans le parc national de Risnjak

🛏 🍽 *Guesthouse NP Risnjak : Bijela Vodica 48, 51317* **Crni Lug**. ☎ *836-133. • np-risnjak.hr • À env 12 km de Delnice, à l'entrée du parc. Doubles 360-600 Kn, petit déj compris. Possibilité de ½ pens et pens complète.* Grande maison abritant l'administration du parc national et qui fait aussi hôtel-resto. 5 chambres fonctionnelles correctes, toutes avec salle de bains. Au resto, on sert de copieux repas pour aller ensuite gambader avec allégresse sur les sentiers !

À voir. À faire

🎿 🚶 *Le parc national de Risnjak : Bijela Vodica 48, 51317* **Crni Lug**. ☎ *836-133. • np-risnjak.hr • À env 12 km de Delnice. Prendre le bus à Delnice pour Crni Lug ; ensuite, marcher 1 bon km. Entrée : 45 Kn (ticket valable 2 j.) ; réduc. Dépliant en français.* Classé en 1953, le parc de Risnjak offre de nombreuses possibilités de randonnées. Dominés par le mont *Risnjak* (1 528 m), les versants boisés des massifs montagneux livrent aussi des falaises karstiques. Un vrai mixage entre les paysages de montagne et la douceur d'une région que l'on sent tout près de la mer. Faune et flore extrêmement variées : tétras, chamois, chevreuils, lynx, ours bruns... Et tout ce beau monde évolue dans des forêts de gigantesques hêtres, sapins et érables, mais on trouve aussi au sommet des falaises des lys et des edelweiss. Plusieurs sentiers de randonnée ont été aménagés pour découvrir le parc, du simple parcours pédagogique (4 200 m de long) accessible aux enfants à la grande randonnée de plusieurs heures à l'assaut des plus hauts sommets de cet espace naturel d'exception.

LOKVE ET FUŽINE   590 et 690 hab.   IND. TÉL. : 051

2 villages montagnards aux toits pentus, qui comptent chacun un lac – reliés entre eux par un tunnel – et une grotte. Situé sur la route nationale Zagreb-Rijeka, aujourd'hui peu fréquentée, *Lokve* est un peu plus isolé que *Fužine,* qui dispose... d'une sortie d'autoroute ! Mais celle-ci n'a pas trouvé meilleur itinéraire que d'enjamber le lac ! On croit rêver ! On vous conseille donc Fužine pour ses facilités d'hébergement et de restauration, et Lokve pour son caractère plus typique.

LOKVE (51316)

La spécificité du coin, ce sont les petites grenouilles, si nombreuses qu'elles ont même droit à un petit musée et aux honneurs des restos du cru, qui en préparent les cuisses à la sauce locale... Il existe même, le dernier week-end d'avril, une « nuit des grenouilles », avec... concours de saut pour les petits batraciens ! Ceux qui préfèrent les myrtilles ne seront pas non plus déçus, c'est l'autre spécialité de Lokve.

Adresse utile

Office de tourisme : *R. Strohala 118.* ☎ *831-250.* ● *tz-lokve.hr* ● *Dans la rue principale. Lun-ven 8h-16h,* w-e 9h-17h. Liste des hébergements, infos loisirs, distributeur de billets en façade...

À voir

La grotte de Lokve (špilja Lokvarka) : *à env 1 km du village en direction de Delnice.* 📱 *099-845-19-31. Juin-sept, mer-dim à 10h, 12h, 14h et 16h ; hors saison, sur résa seulement. Entrée : 50 Kn ; réduc.* À 140 m de profondeur, dans les entrailles de la terre, une grotte et son dédale de boyaux et de cavités sur 1,2 km de long (on en visite 900 m). Des stalactites et stalagmites en pagaille, dont certaines ressemblent à des orgues. On s'en serait servi comme d'un abri pendant la Seconde Guerre mondiale. Dans les années 1950, le calme revenu, elle servit même de salle de danse ! Méfiez-vous, les marches sont glissantes ; prévoir de bonnes chaussures. La température intérieure restant identique toute l'année (7-9 °C), en été, pensez au petit pull !

FUŽINE (51322)

Perchée à 730 m au-dessus de la vallée de Ličanka, Fužine (« forges » en italien) se prête à de nombreuses activités nature, à pratiquer en particulier sur le lac Bajer.

L'ÎLE DE KRK | 171

Originaires de la région de Vinodol et de Slovénie, les habitants s'expriment en plusieurs dialectes locaux et demeurent tous fiers de leur fanfare... qui maintient la tradition depuis plus de 150 ans !

Adresse utile

Office de tourisme : *dans la rue principale.* ☎ *835-163.* ● *tz-fuzine.hr* ● *À côté de la poste, devant l'Hotel Bitoraj. En été, tlj 8h-19h ; hors saison, lun-sam 8h-14h (12h sam).* Infos loisirs : itinéraires de randonnées pédestres, parcours à VTT, canoë-kayak...

Où dormir ? Où manger ?

Pansion Arnika : *Kladje 22.* ☎ *835-883.* ● *guesthousearnika.com* ● *Du centre, aller vers la gare ferroviaire et monter le raidillon sur la droite (panneaux). Double env 400 Kn, avec petit déj. ½ pens possible. Majoration de 20 % pour 1 seule nuit. Plat max 100 Kn.* Une pension familiale conviviale et sans chichis, fréquentée par des habitués. Chambres modestes mais nickel, toutes avec lavabo. Salle de bains à l'étage. Côté fourneaux, bonne cuisine de pays toute simple, du genre goulasch de gibier aux gnocchis, cuisses de grenouilles, strudel aux myrtilles... À dévorer dans une salle chaleureuse, façon gîte de montagne, à côté des figures du cru accoudées au bar. Terrasse aux beaux jours. Accueil charmant et en français de Suzanne (Snježana), la proprio.

Hotel Bitoraj : *Sveti Križ 1.* ☎ *830-005.* ● *bitoraj.hr* ● *En plein centre, au niveau du carrefour. Tte l'année sauf en fin d'année. Doubles standard 750-1 100 Kn selon saison, petit déj inclus. ½ pens possible. Plats 60-120 Kn.* Cette grande auberge propose de coquettes chambres spacieuses, confortables et récemment rénovées. Fait aussi resto, concoctant de savoureuses spécialités locales, à base notamment de gibier, cuisses de grenouilles... le tout servi dans une grande salle rustique avec cheminée. Une bonne adresse à l'ambiance montagnarde.

À voir

La grotte de Vrelo (Špilja Vrelo) : *à env 3 km du village, sur la route qui longe le lac.* ☎ *835-163 (office de tourisme). En été, tlj 10h-18h ; sept, tlj 14h-17h ; hors saison, w-e seulement 13h-17h ou sur rdv. Entrée : 30 Kn ; réduc. Durée de la visite : env 30 mn.* Datée de 3,5 à 4 millions d'années, elle fut découverte dans les années 1950 lors de la construction du lac de retenue. Même si les aménagements intérieurs gâchent un peu son côté enchanteur, c'est l'une des rares grottes dont la visite est adaptée aux gens de tout âge, y compris les enfants. On y découvre donc, en famille, sur 300 m de long, bon nombre de stalactites et de stalagmites. Petite laine de rigueur (8 °C).

L'ÎLE DE KRK

● Carte *p. 173*

Couverte de maquis et de rocaille, l'île de Krk est reliée au continent depuis 1980 par un pont de 1,5 km, le *Krčki most,* qui a largement contribué à faire de la plus grande île de l'Adriatique l'une des destinations privilégiées de Croatie. La partie ouest de l'île (où se trouve l'aéroport de Rijeka) est plutôt

LE GOLFE DU KVARNER

industrielle, et les usines pétrochimiques gâchent un chouia le paysage. Le tourisme s'est par conséquent développé sur la côte sud, vers la ville de Krk, ou à l'extrémité orientale montagneuse, dans le port de Baška.

UN PEU D'HISTOIRE

Malgré les convoitises des différents conquérants, l'île a toujours tenté de préserver une certaine autonomie. Elle subit pourtant comme les autres les dominations successives de Rome, Byzance, Venise et de l'Autriche… mais à certaines époques, comme au XIVe s, un pouvoir local autonome prend le relais, celui des comtes de Krk, les *Frankopani*, à qui Venise laisse exercer le pouvoir. L'origine du nom de Frankopan s'élucide en regardant le symbole : 2 lions apprivoisés par un morceau de pain, en latin *frangere panem*. C'est également dans cette île, et plus précisément aux abords de la ville de Baška, qu'ont été retrouvés de nombreux fragments de l'originale écriture glagolitique inventée par les saints Cyrille et Méthode pour transcrire le vieux slavon.

KRK (LA VILLE) (51500) 3 730 hab. IND. TÉL. : 051

● Plan *p. 175*

Le nom de la ville (*Curicum* pour les Romains) vaut quelques efforts de prononciation (essayer un « Keurk » avec un « r » légèrement roulé). Très convoitée pour sa position stratégique, conquise, détruite, reconstruite… la vieille ville de Krk conserve aujourd'hui des ruelles charmantes au maillage étroit et un important complexe de fortifications édifié par les Frankopani et les Vénitiens au XIIe s. Hors les murs, le long des criques aux eaux claires, les faubourgs modernes et les complexes hôteliers grignotent chaque année davantage de terrain, développement touristique oblige…

Arriver – Quitter

En voiture

➢ Le pont qui relie l'île de Krk au continent est payant (env 35-39 Kn l'A/R selon saison). On peut également gagner l'île en bateau depuis Cres et Rab (voir plus bas). Pour se garer en ville, *parkings* (payants, bien sûr) au bord de l'eau, à 5 mn à pied du centre, à la sortie est de la vieille ville *(hors plan par B1)*, ou à l'ouest, à côté de la gare routière *(hors plan par A2)*.

En bus

🚌 *Gare routière (hors plan par A2) :* Lukobran. ☎ 072-660-660. ● arriva. com.hr ●
➢ *Pour circuler dans l'île :* 10 bus/j. pour *Malinska,* 6-8 bus/j. pour *Baška,* 2 bus/j. en sem pour *Vrbnik* et une dizaine/j. pour *Punat* (8 bus le w-e).
➢ *Rijeka :* une dizaine de bus/j.

En bateau

Avec la compagnie *Jadrolinija* (● *jadro linija.hr* ●).
➢ 4 ferries/j. *entre Valbiska et Lopar* (île de Rab). Compter 37 Kn/pers et 225 Kn/voiture ; 20 % moins cher hors saison.
➢ En saison, une douzaine de ferries/j. 5h45-minuit, *de Valbiska* (à l'ouest de Krk-ville) *à Merag* (l'île de Cres) ; 5h-22h30 dans le sens inverse. Compter 18 Kn/pers et 115 Kn/voiture ; 20 % moins cher hors saison.

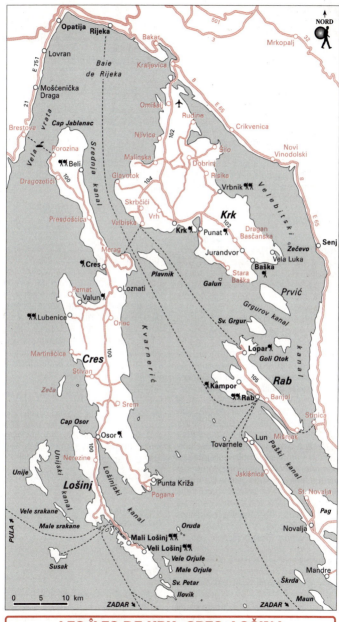

LES ÎLES DE KRK, CRES, LOŠINJ

LE GOLFE DU KVARNER / L'ÎLE DE KRK

Adresses utiles

- **Bureau touristique** (plan A2, **1**) : J. J. Strossmayera 9. ☎ 221-414. • tz-krk.hr • *En saison, tlj 8h-21h.* Quelques brochures, mais efficacité discutable du personnel. Également un **bureau pour toute l'île** (plan B2, **2**) : Sv. Kvirina trg. ☎ 221-359. • krk.hr • Rarement ouvert, cela dit.
- **Location de vélos :** chez **Speed** (hors plan par A2, **3**), à l'étage de la gare routière. ☎ 091-501-71-58. *Tlj sauf sam ap-m et dim 8h-13h, 17h-20h.* Compter 120 Kn/j. (cher !).

Où dormir ?

Ajouter aux prix indiqués la taxe journalière, qui change suivant les saisons. Et, comme partout, pour moins de 3 nuits, ajouter 30 %.

CAMPINGS

⚑ **Ježevac Premium Camping Resort** (hors plan par A2, **10**) : *en bord de mer, au sud de la ville.* ☎ 221-081 ou (0)52-465-010 (résas). • camping-adriatic.com • Bien indiqué à l'entrée de Krk, depuis le rond-point de la gare routière (à 10 mn à pied). *D'avr à mi-oct. Selon saison, 20-41,50 € pour 2 avec tente et voiture, à condition de se contenter de l'emplacement le moins onéreux.* Une bonne option en mi-saison, où l'on profite pleinement de son large accès à la mer et de l'ombre de la pinède. Mais, attention, en juillet-août, la forte demande n'incite pas la direction à faire du zèle. Les 200 places qui ne sont pas « parcellées », par définition, sont sujettes à diminuer en surface à cette période et c'est carrément l'entassement ! Foule d'équipements, sinon : resto, supermarché, etc. Le même groupe gère le **Camping Krk** (☎ 221-351), isolé au bord de la mer, à l'est de la ville. Même genre (et un peu plus cher) mais avec moins d'ombre. Piscine.

⚑ **Auto-Camp Bor** (hors plan par A2, **10**) : Crikvenička 10. ☎ 221-581. • camp-bor.hr • *Sur une colline, à env 1 km du port, à l'extrémité d'un quartier résidentiel (fléché). Tte l'année. Compter env 22-30 € pour 2 avec tente et voiture selon saison.* L'antithèse du Ježevac. On se place sous les oliviers et les figuiers, c'est tranquille et familial. Évidemment, comme partout, en pleine saison, on est plus à l'étroit... Pas d'accès à la mer, mais piscine pour compenser. Et plein de services : resto, supérette, etc.

AUBERGE DE JEUNESSE

🏠 |●| **Hostel Krk** (plan B1, **11**) : Dr D. Vitezića 32. ☎ 220-212. • hostel-krk.com • *Avr-oct. Nuitée en dortoir 116-163 Kn selon saison, petit déj inclus. ½ pens et pens complète possibles.* Établie au cœur de la vieille ville, dans un hôtel historique bâti il y a plus de 2 siècles, cette auberge certes plus toute jeune mais bien tenue abrite une quinzaine de chambres de 2 à 6 lits, avec sanitaires communs. Pas de cuisine, mais un resto, déployant son immense terrasse entre stores et treilles *(juin-sept seulement).*

LOGEMENT CHEZ L'HABITANT

De loin le meilleur rapport qualité-prix sur l'île. *En été, compter env 215-250 Kn pour une double avec sanitaires privés.* On peut en trouver meilleur marché. Des appartements également.

- **Autotrans** (hors plan par A2, **3**) : Šetalište Sv. Bernardina 3 (à la gare routière). ☎ 222-661. • atravel.hr • L'agence la plus compétente de la ville, qui propose le plus d'adresses.

HÔTELS

De chic à très chic

🏠 **Hotel Bor** (hors plan par B1, **12**) : Šetalište Dražica 5 (à l'est de la ville). ☎ 220-200. • hotelbor.hr • *De mi-avr à mi-oct. Doubles « éco » env 400-850 Kn et standard 500-1 200 Kn selon saison, petit déj compris.* Dissimulée au

KRK / OÙ DORMIR ? | 175

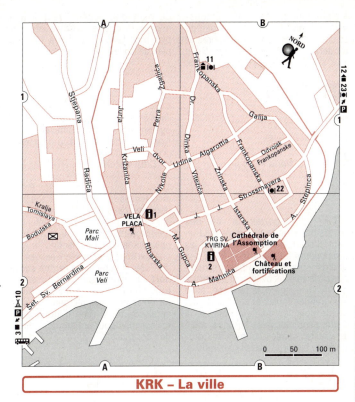

KRK – La ville

- **Adresses utiles**
  - **1** et **2** Bureaux touristiques (A2 et B2)
  - **3** Autotrans et Speed (location de vélos) (hors plan par A2)

- **Où dormir ?**
  - **10** Ježevac Premium Camping Resort et Auto-Camp Bor (hors plan par A2)
  - **11** Hostel Krk (B1)
  - **12** Hotel Bor et Koralj Hotel (hors plan par B1)

- **Où manger ?**
  - **22** Citta Vecchia (B1-2)
  - **23** Konoba Nono (hors plan par B1)

milieu des gros complexes hôteliers, à 5 mn à pied de la vieille ville, cette bâtisse blanche noyée dans les grands pins donne directement sur la promenade du bord de mer. Une bonne vingtaine de chambres simples et convenables, prolongées par des terrasses pour profiter des derniers rayons de soleil côté Adriatique. 4 suites également. Accès direct à la mer par de petites échelles. Gare toutefois aux pollutions sonores du voisin à l'heure de l'aquagym ou du concours de plongeon !

Koralj Hotel (hors plan par B1, 12) : *Vlade Tomašića bb.* ☎ *221-044 ou (0)52-465-300 (résas).* • *valamar. com* • *À l'est de la ville. Avr-nov. Env 750-1 600 Kn en ½ pens (chambre double standard) selon saison. Tarifs réduits sur Internet.* Le *Koralj* a plutôt réussi sa mutation, offrant une architecture, certes peu démonstrative, mais noyée dans la pinède et une série de chambres sobres et modernes très convenables. Belle vue sur le rivage depuis la salle de petit déj, accès direct à une mignonne crique, piscine en surplomb de la mer... le tout à 15 mn à pied de la vieille ville !

Où manger ?

De bon marché à prix moyens

IOI Konoba Nono *(hors plan par B1, 23)* : *Krčkih Iseljenika 8.* ☎ *222-221. En retrait de la « plage » située après le château. Tlj. Plats 50-120 Kn, et davantage pour du poisson (env 400 Kn/kg).* À portée de voix des portes de la vieille ville mais déjà un peu à l'écart, cette *konoba* réunit les promeneurs fatigués de la foule des grands jours. La déco pseudo-rustique de la salle façon hangar à bateaux n'a rien d'exagéré, la terrasse, avec ses grandes tables et ses bancs, est idéale pour les soirées d'été, et la carte, sans mauvaise surprise, mêle spécialités locales nourries aux produits du terroir et pizzas généreuses.

Une 2de adresse dans la vieille ville également, rue Strossmayera *(Mali Nono)*. Location d'appartements (● *nono-krk.hr* ●).

IOI Citta Vecchia *(plan B1-2, 22)* : *ul. Josipa Juraja Strossmayera 36. Avr-oct, tlj midi et soir. Repas env 150 Kn.* Préférer la terrasse en plein air à l'étage pour déguster, dans une bonne ambiance, une cuisine classique sans prétention mais sincère et généreuse, plutôt tournée vers la mer. Les risottos ne sont pas mal non plus. Excellent accueil.

IOI Petite brochette de restos sur le port également *(plan A-B2)*, servant tous peu ou prou la même chose, du poisson principalement (on s'en serait douté...). Rien d'inoubliable, mais sympa pour profiter de l'animation des quais...

À voir

🏛 **La place Vela** *(Vela placa ; plan A2)* : c'est la petite place du centre-ville, défendue par une tour de garde médiévale trapue, la *Straža*. Elle comporte une rare horloge à 24h du XVIe s : midi se retrouve alors au sommet, minuit en bas ! On y donne régulièrement des concerts.

🏛 **La cathédrale de l'Assomption** *(katedrala Uznesenja ; plan B2)* : *A. Mahnića.* Basilique romane à 3 nefs, se distinguant par son clocher à bulbe dominant les toits à tuiles rondes de la vieille ville. Construite en 1188 sur le site d'un sanctuaire paléochrétien du Ve s, lui-même édifié à l'emplacement de thermes romains du Ier s, elle présente aujourd'hui un intéressant mélange des genres : des éléments de remploi, comme les chapiteaux de colonnes décorés de motifs floraux et de scènes animalières, une chapelle gothique dans la nef gauche, érigée par les Frankopani au XVe s, ou encore des sculptures sur bois de la fin du XVIIe s. Dans le prolongement de la cathédrale, la chapelle Saint-Quirinus *(kapela Sv. Kvirin)*, blottie sous le clocher, accueille une petite collection d'art sacré provenant du trésor *(tlj 9h30-13h ; 10 Kn).*

🏛 **Le château et les fortifications** *(plan B2)* : *lun-sam 9h-20h. Entrée : 22 Kn.* La ville de Krk a conservé une grande partie des fortifications érigées au Moyen Âge par les Vénitiens et les Frankopani, comtes qui administrèrent l'île. Elles protègent encore toute la vieille ville côté mer. Le château, une construction massive surplombant le port, abrite une collection d'armes anciennes et pas beaucoup plus. Joli point de vue. Il est également aujourd'hui le cadre de concerts et d'événements en plein air.

À faire

> ***Excursions en bateau :*** de nombreux bateaux attendent le chaland sur le port, proposant des excursions à la journée pour les îles de Rab, Cres ou Plavnik. *Compter env 200 Kn/pers.*

> ***Les plages :*** si vous n'avez pas le pied marin, direction les criques au nord de Krk, en continuant la promenade vers les hôtels et, à l'opposé, au sud, après le camping *Ježevac*.

DANS LES ENVIRONS DE KRK

Punat : ancien petit village de pêcheurs, transformé en vaste marina moderne pour la ville de Krk. Un camping dans le village même, *Pila*, et un autre, naturiste et bien plus sympa, *Konobe*, perdu dans les collines à 3 km au sud, tous 2 gérés par la compagnie *Hoteli Punat* (● *hoteli-punat.hr* ●). Restos sur le port.
L'intérêt du lieu réside dans l'*île de Košljun*, au milieu de la baie, où se trouve un monastère franciscain flanqué d'une église renfermant un polyptyque de Girolamo de Santa Croce (XVIe s). Bateau-taxi toutes les heures *(9h-16h – dernier retour à 17h ; trajet : 10 mn),* depuis le port de Punat.

Vrbnik : épargné par le tourisme de masse, un charmant petit village aux ruelles tortueuses, perché sur la rive est de l'île, au sommet de falaises tombant dru dans la mer, avec vue sur la côte en face. Autrefois l'un des centres de l'écriture glagolitique, Vrbnik est aujourd'hui connu pour son vin blanc sec *(vrbnička žlahtina),* qui est célébré fin août. Situation en nid d'aigle oblige, les accès à la mer ne sont guère nombreux et la pauvre petite plage locale est vite saturée en été !
> En sem, 2 bus/j. depuis Krk-ville.

■ **Agence Mare Tours :** *Pojana 4 (un peu après la Konoba Placa).* ☎ *604-400.* ● *mare-vrbnik.com* ● *Double env 40 € en été ; jusqu'à 60 € pour un petit appart. Catalogue sur le site internet.*

Nada : *Glavaća 22 (au bout du village).* ☎ *857-065. Avr-oct. Plats 60-90 Kn à la konoba, 80-190 Kn au resto.* En bas de la rue, on enchaîne les dégustations de vins régionaux, tapi dans une *konoba* rustique entre les jambons suspendus au plafond, à moins de migrer sur la terrasse vertigineuse jetée au-dessus du panorama. Plus haut dans la ruelle, on s'attable dans un resto plus sérieux, coiffé d'une terrasse sur le toit. Tout le monde y trouve son compte, et les amateurs peuvent même repartir avec quelques bons crus sous le bras !

BAŠKA (51523) 980 hab. IND. TÉL. : 051

Au débouché d'une vallée luxuriante, encaissée entre des falaises rêches, apparaît Baška, frangée par l'une des rares plages de sable de Croatie (mêlée de galets tout de même) et sillonnée de quelques jolies venelles rappelant l'ancien village de pêcheurs. Fermant l'horizon, l'île de Prvić, âpre et nue, et la chaîne de montagnes du Velebit. Un paysage spectaculaire, qui a fait de Baška la coqueluche des touristes de passage sur l'île. Ne pas se contenter d'arpenter le front de mer derrière la plage, banal tableau de station balnéaire : il y a un village ancien plus intéressant. Qui plus est, Baška est le lieu de multiples départs de balades.

Adresses utiles

Bureau touristique : *Zvonimirova 114. ☎ 856-817. ● tz-baska.hr ● Dans le centre, en retrait de la plage. Juil-août, lun-sam 8h-20h ; le reste de l'année, lun-sam 8h-15h.* Brochures, plan de la ville et équipe souriante, de bon conseil. Demander la carte des randonnées possibles au départ de Baška.

Gare routière : *Kralja Tomislava trg. ● autotrans.hr ●* Env 6-8 bus/j. pour **Rijeka** via **Krk** ; 1 bus/j. pour **Zagreb**.

Où dormir ?

Campings

Zablaće Camping Resort : *Emilia Geistlicha. ☎ 856-909. ● camping-adriatic.com ● Au bout de la grande plage. De fin avr à mi-oct. Selon saison, env 21-41,50 € pour 2 avec tente et voiture, en se contentant de l'emplacement le moins cher. Loc de mobile homes.* Immense camping au charme discutable, surtout intéressant pour son emplacement au bord de la plage, sous de rares peupliers. Pas beaucoup d'ombre, donc, aucune intimité et du bruit (forcément, avec 1 600 voisins en haute saison...). Accès à la piscine et au *wellness centre* des hôtels *Corinthia* et *Zvonimir* voisins (même groupe).

Bunculuka Camping Resort : *au-delà de l'extrémité est de la ville. ☎ 856-806. ● hotelibaska.hr ● Fin avr-sept. Encore un peu plus cher que le précédent (même groupe) : 25-48 €.* Entre montagne et mer, un grand camping naturiste agréable et bien situé, où les emplacements s'organisent en amphithéâtre. L'antithèse du *Zablaće* ! 400 emplacements tout de même... Plage privée au pied des falaises, mais la végétation est rare, alors, gare aux insolations !

Logement chez l'habitant

Pour éviter la foule qui se presse à Baška, n'hésitez pas à chercher une chambre dans les villages un peu plus haut dans la vallée. Il existe une douzaine d'agences en proposant (on vous en indique 2 très centrales). *En été, prévoir env 25-31 € pour une double avec sdb commune, 30-40 € avec salle d'eau privée, 37-50 € pour un studio et 65-90 € pour un appart pour 4 pers. Ajouter 30 % si vous restez moins de 3 j.*

■ **Guliver :** *Zvonimira 98. ☎ 864-007. ● pdm-guliver.hr ●*

■ **Primaturist :** *Zvonimira 98. ☎ 856-132. ● primaturist.hr ●*

Où manger ?

Cicibela : *sur Emila Geistlicha bb, la promenade piétonne du front de mer, du côté opposé au port. ☎ 856-013. Avr-oct. Plats 50-140 Kn.* Avec ses plats de poisson de bonne tenue et sa terrasse le nez sur la plage, le *Cicibela* fait de l'œil aux chalands. Une bourrasque ? Tout l'équipage réintègre la salle un tantinet kitsch aux allures d'auberge marine... Mais que le soleil pointe le bout de son nez, et les enfants iront déguster leur pizza sur la petite barque perchée au-dessus de la plage.

À voir

La stèle de Baška *(Baščanska ploča) :* **à 20 mn à pied en remontant la vallée de Baška, dans le village de Jurandvor. À l'intérieur de l'église Sainte-Lucie. D'avr à mi-oct, tlj 9h-17h ; hors saison, seulement sur rdv (☎ 860-184). Entrée : 25 Kn.**
La stèle de Jurandvor est un document traitant des donations du roi Zvonimir aux bénédictins de Jurandvor. Outre le fait que ce soit le 1er texte mentionnant un

roi croate dans la langue croate, cette tabletté est surtout l'une des plus vieilles inscriptions en glagolitique (autour de 1100).

L'histoire du glagolitique est liée à celle de Cyrille et Méthode. Désignés par l'empereur byzantin pour convertir les Slaves au catholicisme, il leur fallut traduire les textes liturgiques grecs dans la langue locale, et donc inventer un alphabet, rien de moins ! Adoptée par le clergé, cette écriture de 38 lettres, proche des alphabets arménien, grec et géorgien, fut utilisée par de nombreuses communautés jusqu'à son interdiction par les Autrichiens en 1818. La renaissance de la Croatie a remis le glagolitique à la mode, aujourd'hui enseigné dans les cours de littérature. À l'inverse, les Slaves orthodoxes lui préfèrent le cyrillique.

Malheureusement, la tablette présentée dans la petite église n'est qu'une copie ; l'original se trouve à l'Académie des arts et des sciences de Zagreb. Et ce n'est pas la vidéo historique diffusée dans un bâtiment voisin qui justifie forcément un détour !

À faire

Si la grande plage vous semble trop banale ou trop peuplée, possibilité de trouver des criques en dépassant le camping naturiste (on peut y accéder par la plage du camping, en bord de mer – accès payant –, ou bien aller à hauteur de la réception du camping, par la route, et prendre le chemin le contournant par l'arrière, et là, c'est gratuit). Possibilité aussi de prendre un *bateau-taxi* pour l'île de **Prvić** ou pour la plage de **Vela Luka** *(compter env 120 Kn pour 15 mn de bateau ; il est également possible de gagner Vela Luka à pied).*

➤ *Randonnées :* une carte agrandie, devant les agences *Primaturist* et *Gulliver,* permet de se faire une idée des possibilités de balades (18 parcours). Demander à l'office de tourisme la carte qui correspond à cet agrandissement. Parmi les plus sympas, celle pour *Stara Baška,* au sud-ouest de l'île, et celle pour *Mala Luka,* au sud-est. Plus difficile : une rando de 4h en remontant la vallée par les cimes jusqu'à *Zminja* et *Obzova* (le sommet le plus élevé de Krk, à 568 m). N'oubliez pas vos bouteilles d'eau, la crème solaire et le chapeau, tant le soleil tape sur ces plateaux karstiques.

LES ÎLES DE CRES ET DE LOŠINJ

● Carte *p. 173*

Des îles jumelles qui, dans des temps anciens, n'en formaient qu'une. L'une, étendue (405 km^2) et sauvage, est très peu peuplée (environ 3 000 habitants) : c'est Cres ; l'autre, Lošinj, d'à peine 75 km^2, compte près de 10 000 habitants et profite d'une belle vitalité, due au tourisme principalement. Le chenal qui sépare aujourd'hui *Cres* de *Lošinj,* au niveau du village d'Osor, aurait été creusé par les Liburniens (tribu illyrienne qui s'établit à Cres vers 1600 av. J.-C.) pour faciliter la navigation. Il est vrai que ces 2 îles s'étendent en longueur, telle une feuille de chêne finement découpée. Les 80 km de la route presque unique qui les traverse déroulent un séduisant catalogue de panoramas, striés de murets en pierres sèches. Passant d'un paysage boisé à aride, des hêtres aux oliviers, tantôt la route serpente sur une arête tombant dans la mer de chaque côté, tantôt elle longe l'eau et de petits îlots déserts. Les petits villages de *Valun* ou *Beli* se cachent, quant à eux, dans des culs-de-sac peu desservis par les bus.

Attention toutefois si vous vous baladez de nuit : les moutons traversent sans prévenir et en dehors des clous ! Et même si l'agneau de Cres est la spécialité culinaire locale, il se goûte mieux en gigot qu'en chair à pâté !

UN PEU D'HISTOIRE

Les 1ers habitants s'établirent comme en Istrie sur des hauteurs ou dans les ports naturels (Cres, Osor). Ils furent conquis par Rome au Ier s av. J.-C., puis passèrent quelques siècles sous domination byzantine (du Ve au VIIe s). Les tribus slaves s'installèrent peu à peu.
L'évêché fut installé à Osor pour contrôler les 2 îles. La domination vénitienne, du XIe au XVIIIe s, avec une brève interruption pendant le « royaume croato-hongrois » de Louis Ier d'Anjou de 1380 à 1445, empêcha les îles de tirer parti de leur position favorable.
En effet, à Osor, la République vénitienne veillait à ne tolérer aucune concurrence sur son domaine préservé, toute l'Adriatique nord. De plus, les hommes étaient enrôlés sur les galères, et les forêts de chênes systématiquement pillées pour la construction de Venise et de ses bateaux. Lorsque la malaria survint, ce fut le coup de grâce : tous quittèrent Osor pour y échapper et se réfugièrent à Cres, Mali Lošinj et Veli Lošinj.
À la fin du XVIIIe s, le déclin de la république marchande de Venise permit à Lošinj de devenir un centre maritime important. Cres se consacra à la production de vin, d'olives et à l'élevage des moutons. La construction navale ne survécut guère à l'introduction de la marine à vapeur et, au XXIe s, c'est désormais le tourisme qui fournit d'importantes ressources à ces 2 îles.

HISTOIRE DE FAMILLE

À en croire la mythologie grecque, Cres et Lošinj sont formées des restes du corps d'Absyrte, frère de Médée. Non contente d'avoir trahi son père en aidant Jason à lui dérober la Toison d'or, Médée découpa son frère en morceaux et les jeta dans la mer, obligeant son paternel à cesser de poursuivre les voleurs afin de repêcher les restes de son fils. Les enfants sont ingrats.

Rejoindre Cres et Lošinj en voiture

➢ 2 solutions : soit descendre au sud-ouest d'Opatija pour prendre le bac à *Brestova* (arrivée à Porozina). Env 12 bacs/j., 6h45-21h (6h-20h30 dans l'autre sens), avec une longue, très longue file d'attente. Soit passer par Krk et son pont à péage, puis prendre le bac à *Valbiska* pour arriver à *Merag* (souvent moins d'attente, mais tout est relatif !). Env 12 bacs/j. en été, 5h30-0h30 (5h-minuit dans l'autre sens). Compter, dans les 2 cas, env 25 mn de trajet, 115 Kn/voiture et 18 Kn/passager en hte saison ; env 20 % moins cher hors saison. Service assuré par *Jadrolinja* (● *jadrolinija.hr* ●).

CRES (LA VILLE) (51557)   2 289 hab.   IND. TÉL. : 051

Lové au fond d'une longue échancrure, actif depuis l'Antiquité, le port de Cres (prononcer « Tsresse ») connut un rapide développement à partir du XVe s, lorsque les Vénitiens en firent leur chef-lieu, au détriment d'Osor. Aujourd'hui, même s'ils y sont peut-être moins nombreux qu'ailleurs, les touristes ont pris le relais, heureux de flâner dans ce petit port de carte postale aux façades colorées.

Arriver – Quitter

En bus

■ **Autotrans :** Zazid 4 (en retrait du port, à son extrémité sud, face à la station-service). ☎ 060-306-020. ● autotrans.hr ● Ouv 7h45-13h, 18h-19h30. Pour la vente de billets et les renseignements seulement. L'arrêt de bus est situé 100 m plus loin, à côté de la station-service.

➢ Cres est situé sur la ligne *Rijeka-Veli Lošinj*, qui dessert également *Osor* et *Mali Lošinj*. 3-4 bus/j. 2 poursuivent jusqu'à **Zagreb**, 2 autres passent par **Opatija**.

➢ Seulement 1 bus/j. lun-ven pour les villages de **Beli**, **Valun** et **Lubenice**.

En bateau

➢ Cres est une étape sur la ligne *Rijeka-Mali Lošinj*, assurée en catamaran par la compagnie *Jadrolinija* (● jadrolinija.hr ●). 1 départ/j. tte l'année.

Adresse utile

🅸 **Office de tourisme :** Cons 10. ☎ 571-535. ● tzg-cres.hr ● Tt au bout du port, au fond d'une ruelle. Théoriquement, d'avr à mi-sept, tlj 8h-19h (18h dim) ; le reste de l'année, horaires restreints. Propose quelques brochures et une carte de la ville.

Où dormir ?

Camping

⚿ **Camping Kovačine :** Melin I/20, à l'ouest de la ville. ☎ 573-150. ● camp-kovacine.com ● À un bon quart d'heure de marche du centre en suivant la promenade du bord de mer, 2 km par la route. D'avr à mi-oct. Compter env 21-46 € pour 2 avec tente et voiture selon saison. Immense camping, curieusement calme malgré sa capacité record de 3 000 personnes. Atmosphère décontractée, à l'image de la zone mixte, où campeurs « textile » et naturistes cohabitent en bonne entente (250 des 950 emplacements sont dans la zone naturiste). Seul problème : l'ombre, une partie seulement des emplacements profitant du couvert des arbres. Vous rêverez alors de feuilles d'olivier ou d'épines de pin un peu plus protectrices ! Mobile homes et chambres également. Plage de galets ou de gros rochers où poser sa serviette. Resto, supérette, etc.

Logement chez l'habitant

Vous n'aurez sans doute aucun problème à trouver par vous-même une chambre chez l'habitant. Nombreux apparts à louer dans le quartier de Melin notamment, à l'ouest de la ville.

■ **Cresanka :** Cons 11, sur le port. ☎ 571-133. ● tbcres.com ● En saison, tlj 7h30-21h ; hors saison, horaires restreints. Selon saison, compter 32-50 € pour une chambre double, 38-65 € pour un appart 2 pers. 20 % de plus si vous restez moins de 3 nuits. La plus grosse agence de l'île, qui propose une foule de chambres et d'apparts sur Cres-ville, mais aussi dans le village de Valun.

🏠 **Chez Josip Čule :** Zagrebačka 22. ☎ 098-864-895. ● josip.cule@ri.t-com.hr ● Accessible à pied par le Rialto, ruelle qui part du port, à l'opposé de la loggia et de l'horloge. Tte l'année. Compter 35-65 € pour 2 selon saison. Dissimulée dans une ruelle parallèle au port, la maisonnette de Josip recèle 2 grands studios joliment aménagés et très confortables, avec clim, TV, douche et w-c privés nickel. Un îlot de calme au cœur de la vieille ville, où il fait bon prendre l'apéro dans la courette avant de se mêler à la foule des badauds sur le port.

Hôtel

Hotel Kimen : Melin. ☎ 573-305. ● hotel-kimen.com ● Résas auprès de l'agence Cresanka. À 1 km à l'ouest du centre en suivant la promenade du bord de mer. En voiture, ressortir de la ville en direction de Porozine et prendre la 1re à gauche direction Melin (fléché). De début avr à mi-oct. Doubles 72-138 € selon saison, petit déj compris ; un peu moins cher dans la dépendance ou dans la House Kimen (respectivement 66-125 et 77-110 € en selon saison). 20 % de plus si vous restez moins de 4 nuits à certaines périodes. Vaste complexe réunissant différents bâtiments noyés dans la pinède, en surplomb du rivage. Dans l'hôtel principal, les chambres, contemporaines, fonctionnelles et bien tenues, ont toutes été rénovées (les salles de bains sont flambant neuves) et la plupart disposent de petits balcons. Celles logées dans la dépendance et la House Kimen, moins chères, sont aussi moins fringantes (cela dit la dépendance a été rénovée) mais restent convenables. Clim et TV satellite pour tout le monde et accès à la mer on ne peut plus agréable. Tennis.

Où manger ?

Bon marché

Luna Rossa : Varozina. ☎ 572-207. Avr-sept. Plats et pizzas 35-80 Kn. CB refusées. Sur le quai, face à l'animation du port, cette petite cantine à l'italienne sert, sur son agréable terrasse, de copieux plats de pâtes tout simples et riches en goût, et des pizzas convenables.

Riva : Riva Creskih kapetana 13 (sur le port). Avr-oct. Plats 70-100 Kn. Le classicisme croate sans mauvaise surprise : risotto bien cuit, poisson frais, viandes bien préparées... à faire passer avec un petit blanc local qui ne fait pas mal au crâne !

Où manger dans les proches environs ?

Bukaleta : dans le tt petit village de Loznati. ☎ 571-606. À 6 km au sud de Cres (prendre la route en direction de Losinj et tourner à gauche pour le village de Loznati). Pâques-sept, midi et soir. Menu fixe 200 Kn, plat 100 Kn. On y vient avant tout pour les plats d'agneau qui font la réputation de l'endroit, déclinés sous toutes les formes (au four ou en grillades). Le fromage local (skuta) n'est pas mal non plus. Terrasse rustique (tables et bancs) bordée par un muret de pierre.

Où manger une glace ou une pâtisserie ?

Caffe-gelateria Bacio : F. Petrića trg, à gauche de la tour de l'Horloge. Petit choix de gâteaux et glaces. Terrasse pour contempler l'activité de la place.

À voir

N'hésitez pas à vous enfoncer dans la vieille ville pour découvrir églises et palais, dont le palača Arsan (Ribarska 7), qui accueille le petit Creski muzej (musée de Cres ; expos temporaires).

La loggia : sur le port. Petites halles datant du XVe s. Elles abritent le matin un petit marché de fruits et légumes.

La tour de l'Horloge : date du XVIe s. La niche sur la porte abritait un lion vénitien, mais... triste sort, après la chute de Venise, il fut jeté à la mer par les troupes de Napoléon !

🏛 **L'église Sainte-Marie-des-Neiges** (Sv. Marija Snježna) : juste en retrait de la tour de l'Horloge, elle arbore un intéressant portail du XVe s, avec un relief de la Vierge et l'Enfant. La légende raconte que le pape cherchait où construire l'*église Sainte-Marie-Majeure* à Rome. La neige qui tomba providentiellement sur un quartier de Rome le lui indiqua.

🏛 **La tour de Cres** (Creska kula) : *au-dessus de la ville, du côté ouest du port, en direction de l'Hotel Kimen. Horaires variables selon saison. Accès : 15 Kn.* Érigée au XVe s, une grosse tour ronde crénelée, vestige des fortifications de la ville. Du sommet, joli panorama.

À faire

⛱ Pour se baigner, le mieux est de suivre le *lungomare* en direction du camping *Kovačine*. Plusieurs kilomètres de petites baies au ras de la promenade. Section naturiste au niveau de la dernière partie du camping et au-delà.

– Sur le port, plusieurs bateaux proposent des excursions à la journée, notamment vers la **grotte Bleue** (Plave grote), dans laquelle on peut se baigner. *Compter env 100 Kn/pers.*

DANS LES ENVIRONS DE CRES

VALUN (51557)

À 15 km de Cres par une belle route panoramique, un petit port d'une soixantaine d'habitants, où l'on vient manger le soir sur d'agréables terrasses en bord de mer. Ses maisons de pêcheurs toutes simples serrent les rangs autour d'une église paroissiale, tandis que ses 2 petites plages paisibles déroulent leur ruban de galets dans un environnement charmant de part et d'autre du village.

Valun détient l'une des plus anciennes épigraphes en glagolitique de la région (la plus vieille, vous dira-t-on par ici !). À l'origine, une pierre tombale du XIe s avec des inscriptions restées mystérieuses, en croate, écrites en alphabet glagolitique et latin. Depuis 1912, elle est incrustée dans un mur de la sacristie de l'*église Sainte-Marie*. On peut en voir une copie dans la nef, aussitôt à gauche en entrant dans l'église.

– À noter : circulation interdite dans le village. Parking payant de juin à septembre.

Où dormir ? Où manger ?

Situé légèrement en retrait du port, le bureau d'informations touristiques *(tourist biro)*, antenne de l'agence *Cresanka* (lire plus haut la rubrique « Où dormir ? Logement chez l'habitant » de Cres), gère le camping. Pour le logement chez l'habitant, voir avec l'agence mère à Cres-ville, ou sonner aux panneaux « *Sobe* » !

⛺ **Camping Zdovica :** ☎ 573-150 ou 525-050. ● camp-zvodica.com ● *Mai-fin sept. Pas de résas possibles, appeler le jour même pour savoir s'il y a de la place. Compter env 23-34 € pour 2 selon saison.* À 100 m du village, ce petit camping familial occupe un terrain mignon comme tout au creux de la baie, mais uniquement accessible par une étroite allée à fleur d'eau. Pas de panique : des chariots sont à la disposition des campeurs pour faire le trajet depuis le parking ! Les emplacements, simples, serrés entre des muretsde pierre et quelques arbres rabougris, dégringolent jusqu'à une jolie plage de galets. Équipements sommaires. Réservé aux tentes, cela va sans dire...

🍴 **Konoba Toš Juna :** *sur le port.*

Plats env 70-110 Kn. Reconnaissable à ses inscriptions en glagolitique, cette *konoba* déploie une terrasse accueillante protégée du soleil par les frondaisons. Les tables robustes annoncent la cuisine : de solides spécialités locales bien tournées, comme l'agneau de Cres ou les calamars frits.

LUBENICE (51557)

À 21 km de Cres, dont 6 derniers km de route très étroite flanquée de hauts murets (croisements très difficiles). Parking payant à l'entrée (en hte saison).
Perché en nid d'aigle sur un promontoire rocheux, ce petit village rustique (12 habitants permanents) se tourne tout entier vers le panorama, spectacle majestueux de falaises rongées par le maquis plongeant dans le bleu de la mer. Au loin, tout en bas, se découpe une délicieuse crique, *sveti Ivan,* accessible à pied en dévalant la garrigue (compter 40-45 mn l'aller, un peu plus pour le retour, et prévoir de l'eau). Par le même sentier, qui bifurque ensuite, on peut également rejoindre la grotte Bleue (*Plave grote ;* environ 40 mn de marche). Le village lui-même était à l'origine une fortification préhistorique. Une petite partie des remparts médiévaux a été préservée, protégeant quelques ruelles au pavage grossier et 2 églises. 2 petits cafés proposent en-cas, boissons chaudes ou ballon de rouge. Le 1er, au pied du clocher, profite d'une vue formidable sur le rivage ; le 2^d, à l'intérieur du village, est mieux protégé des bourrasques. Concerts en juillet-août.

OSOR (51554)

Ce petit village où l'on dénombre plus de maisons que d'habitants (à peine 60 !) s'apparente aujourd'hui à un véritable musée à ciel ouvert. Situé à l'endroit où le chenal étroit d'une dizaine de mètres qui sépare les 2 îles fut creusé, le port profita longtemps de son emplacement stratégique jusqu'à compter plusieurs milliers d'habitants, mais céda la place à celui de Cres lorsque vint l'ère des grands bateaux. Bien qu'étant construit sur Cres, le village dépend administrativement de Lošinj.
Osor est un village plein de charme, avec ses vestiges de murailles, ses 2 lions de Venise, son cimetière, ses cascades de fleurs, ses sculptures sur le thème de la musique, semées au gré des ruelles. Dans sa cathédrale Renaissance sont conservées les reliques de saint Gaudentius, célébrité locale à l'origine de la fondation d'un monastère, mort en exil à Ancône et ramené miraculeusement à Osor dans un cercueil emporté par la mer. Comme quelques autres saints ailleurs, il a libéré Cres et Lošinj des serpents... Petit Musée archéologique *(de mi-juin à début sept, mar-dim 10h-13h, 19h-22h ; en mi-saison, mar-sam 9h-14h ; fermé le reste de l'année ; entrée : 35 Kn, réduc ; billet commun avec la galerie d'art de Mali Lošinj et la tour de Veli Lošinj : 70 Kn, réduc – ne s'achète qu'à Lošinj ● muzej.losinj.hr ●).*
Les amateurs de randonnées (à pied ou à vélo) pourront pousser jusqu'au secteur très sauvage de **Punta Križa,** à 12 km au sud-est, voire un peu au-delà, jusqu'aux portes du camping (naturiste) de Baldarin, isolé dans les pins en retrait d'une étroite plage (☎ 235-646 ; ● camp-baldarin.com ●). Nombreux sentiers qui parcourent la pointe, avec des accès à la mer. Plan au sud du pont d'Osor, à l'entrée du camping *Preko Mosta.* Possible d'y aller également en voiture, par une étroite route traversant le maquis.
En été, de mi-juillet à mi-août, voire un peu plus tard, soirées musicales classiques *(programme sur ● osorfestival.eu ●).*

Où dormir ? Où manger ?

☖ **Camping Bijar :** à l'entrée d'Osor en arrivant de Cres. ☎ 237-147. ● camp-bijar.com ● *De mi-avr à fin sept.* Compter 14-28 € pour 2 avec tente et voiture selon saison, sur les emplacements les moins chers. Loc *de vélos.* Camping de taille moyenne situé dans un bel environnement, à l'écart de la route. Ses emplacements convenables se répartissent en terrasses à l'ombre d'une vaste pinède, ou sur un terrain découvert en surplomb de la mer et d'une plage de galets. Calme et familial. Épicerie, laverie et resto sur place.

🛏 🍴 Histoire d'éviter de dormir à la belle étoile, les routards sans tente devraient faire un petit tour du côté du **Buffet Osor,** une petite auberge au centre du village proposant une poignée de chambres convenables à prix corrects. On y mange tout à fait bien également, à l'ombre d'une treille. *Osor 28.* ☎ *237-135. Double env 400 Kn, petit déj inclus. Ajouter 30 % pour un séjour de moins de 3 nuits.*

BELI (51559)

À 20 km au nord de Cres (dont les 7 derniers sur une route très étroite, vertigineuse par endroits), Beli est un tout petit village (47 habitants permanents), isolé bien loin des flux touristiques. Les Romains le nommèrent *Caput Insulae,* la « tête de l'île », et l'isolèrent par un promontoire de 12 m enjambé de nos jours encore par un pont d'époque. Comme les autres petits villages de l'île, hélas, Beli est en voie de désertification.

LONG COURRIER

En 2012, un vautour à tête blanche parti de Cres fut retrouvé 1 800 km plus loin, à Tuve, une petite ville suédoise. Un record de vol, digne de Charles Lindbergh. Épuisé, il ne rentra pas chez lui à tire d'ailes. On le rapatria... en avion !

Le village a eu la riche idée de développer un centre écologique proposant des informations sur les vautours à tête blanche ou griffons, mais ce centre a déménagé sur le continent, au sud de Senj. Les vautours, eux, fréquentent toujours le secteur.

Où dormir ? Où manger ?

🛏 🍴 **Pansion Tramontana :** *Beli bb.* ☎ *840-519.* 📱 *091-97-42-695.* • *beli-tramontana.com* • *Mai-début nov. Doubles 375-750 € selon saison, petit déj inclus. ½ pens possible. Plats 55-130 Kn.* Sympathique petite auberge familiale proposant une douzaine de chambres claires et agréables, toutes avec salle de bains, récemment rénovées sans y perdre leur parquet ancien. Au resto, petits plats maison présentés sur une courte ardoise (poisson, viande locale, fromage de chèvre, option végétarienne), à apprécier autour des grandes tables de bois de la belle terrasse. Dans un coin, des guitares attendent qu'on les caresse. Centre de plongée sur place et nombreuses activités nature proposées (voir détail sur le site • *tramontana-outdoor.com* •). Également une agence à Cres, pour promouvoir ces activités. Une adresse simple et conviviale.

MALI LOŠINJ (51550) 6 090 hab. IND. TÉL. : 051

• *Plan p. 187*

Mali Lošinj (prononcer « Lojigne »), autrement dit « Lošinj la petite », ne devint grande qu'au XVIIe s, grâce à sa situation et à sa baie si bien protégée. Elle doit surtout son essor aux Vénitiens, qui commencèrent par ériger un fort, puis développèrent le port. À la fin du même siècle, la noblesse austro-hongroise s'éprit à son tour de la région, faisant de la baie de Čikat, noyée dans les pins à l'ouest de la ville, son lieu de villégiature. Aujourd'hui, l'île surfe toujours sur cette image, celle de l'« l'île de vitalité ». Côté baie, d'élégantes villas balnéaires, évoquant cette fin glorieuse du XIXe s, et désormais transformées pour la plupart en hôtels, bordent les eaux cristallines. Côté port, outre les nombreux bateaux de plaisance, aujourd'hui principale ressource de l'île, les petits chantiers navals sont toujours là.

Arriver – Quitter

En voiture

Attention aux **horaires des ponts tournants.** Celui qui relie Cres et Lošinj, au niveau d'Osor, est fermé pdt env 30 mn à 9h et 17h pour permettre aux bateaux de passer. Celui à l'entrée de Mali Lošinj (Most Privlaka) ferme, lui, à 9h et à 18h. Parking payant à l'entrée du port. Se garer plutôt sur les hauteurs (parkings nettement moins chers mais un peu excentrés).

En bus

Pas de gare routière mais un **arrêt de bus** (hors plan par A1) tout au bout du port, au niveau des chantiers navals. Petit bureau, qui fait aussi consigne et café-bar *(Tamaris).* ☎ 060-311-311. ● *autotrans.hr* ●
➢ 2-3 liaisons/j. avec **Rijeka** et **Zagreb** via Cres. Le bus part de Veli Lošinj. Pour rejoindre la **baie de Čikat,** en été, bus (siglés *Hotel bus*) presque ttes les heures 5h30-21h30.

En bateau

➢ Liaison en catamaran avec **Pula** via les petites îles d'*Unije et Susak*. Service assuré par la compagnie **Catamaran Line** (plan B2, **5** ; *Agence Losinia, riva Lošinjskih kapetana 8* ; ☎ *231-077*, ● *catamaran-line.hr* ● *bureau ouv 1h avt le départ du ferry et tlj 17h-20h).* 1 départ/j. tte l'année le matin : compter 3h30 plus tard ; retour sur Pula l'après-midi. Le catamaran continue sur **Zadar. Jadrolinija** (plan A-B1, **2**) assure de son côté une liaison avec **Rijeka** et **Zadar**, juin-sept. Compter env 3h30 de trajet pour Pula et 2h50 pour Zadar. Bureau sur le quai *(Riva Lošinjskih kapetana 20, ouv avt les départs ;* ☎ *231-765).*
➢ Également 1 liaison avec **Zadar** en ferry (compagnie *Jadrolinija*) : 1/j. juil-août, 6/sem en juin et sept, 1/sem le reste de l'année. Compter 7h de trajet, via Ist, Olib, Silba et Premuda.

Adresses et info utiles

■ **Office de tourisme** (plan A2) : Priko 42. ☎ *231-884 ou 547*. ● *visit losinj.hr* ● *En saison, lun-sam 8h-20h, dim 9h-13h ; hors saison, lun-ven 8h-16h, sam 9h-13h.*
■ **Location de vélos** : avec **Rent a Bike** (plan A2, **6** ; *Velopin 15, sur le bord de mer).* ☎ *099-409-99-43. Tlj 9h-12h30, 17h-21h. Compter 80 Kn/j.*
■ **Diving Sport Center Lošinj** (hors plan par A2, **3**) *:* Čikat bb. ☎ *233-900.* ● *diver.hr* ● *Tte l'année.*
– **Marché aux poissons** (Ribarnica, plan B2) *: trg Republike Hrvatske. Lun-sam 7h-13h.* Pittoresque avec ses murs en granit et ses étals de pierre.

Où dormir ?

CAMPING

⚑ **Čikat** (hors plan par A2, **11**) : *baie de Čikat.* ☎ *232-125.* ● *camp-cikat.com* ● *camps-cres-losinj.com* ● *Un peu à l'écart de la ville (25 mn à pied ou 5 mn avec l'Hotel bus). Tte l'année. Selon saison, pour le type d'emplacement*

MALI LOŠINJ / OÙ DORMIR ? | 187

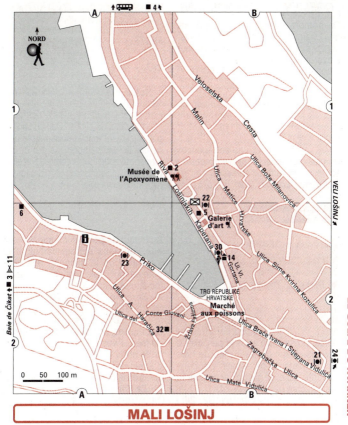

MALI LOŠINJ

- **Adresses utiles**
  - Office de tourisme (A2)
  - 2 Jadrolinija (A-B1)
  - 3 Diving Sport Center Lošinj (hors plan par A2)
  - 4 Agence Cappelli (hors plan par A1)
  - 5 Agence Lošinia (B2)
  - 6 Rent a Bike (location de vélos ; A2)

- **Où dormir ?**
  - 11 Čikat (hors plan par A2)
  - 14 Hotel Apoksiomen (B2)

- **Où manger ?**
  - 21 Pizzeria Draga (B2)
  - 22 Za Kantuni (B1-2)
  - 23 Baracuda (A2)
  - 24 Corrado (hors plan par B2)

- **Où déguster une pâtisserie ou une glace ?**
  - 30 Lido (B2)

- **À faire**
  - 32 Cinéma Vladimir-Nazor (A2)

le moins cher, compter 22-36 € pour 2 avec tente et voiture. Immense camping pouvant accueillir jusqu'à 2 500 personnes dans la baie de Čikat. Au moins, on ne se sent pas seul ! Très bien équipé, de quoi profiter de cette grande pinède en bord de mer et des petites criques.

LOGEMENT CHEZ L'HABITANT

De nombreuses agences proposent des chambres chez l'habitant... mais, Mali Lošinj étant très touristique, il peut s'avérer utile de réserver. *En saison, compter 30-37 € pour une double avec sdb, 32-45 € pour un studio.*

■ **Agence Cappelli** *(hors plan par A1, 4)* **:** *Lošinskih brodograditelja 37.* ☎ *231-582.* ● *cappelli-tourist.hr* ● *Sur la route principale, à l'entrée de la ville en arrivant de Cres.* L'une des agences les plus grosses et les plus efficaces du secteur. Bon carnet d'adresses.

■ **Agence Lošinia** *(plan B2, 5)* **:** *Riva Lošinjskih kapetana 8.* ☎ *231-077.* ● *losinia.hr* ● *Lun-sam 8h-20h, dim 9h-13h.*

HÔTEL

Très chic

🛏 **Hotel Apoksiomen** *(plan B2, 14)* **:** *Riva Lošinjskih kapetana.* ☎ *520-820.* ● *apoksiomen.com* ● *Avr-fin oct. Doubles standard 120-200 €.* Dans un ancien palais joliment rénové dominant le port, de très belles chambres, hautes de plafond, dotées de tout le confort. Excellent petit déj. Café-pâtisserie et restaurant au rez-de-chaussée.

Où manger ?

De bon marché à prix moyens

|●| **Pizzeria Draga** *(plan B2, 21)* **:** *Vidulića 77.* ☎ *231-132. Juste en retrait de la rue descendant au port, au-dessus d'un parking. Pizzas et pâtes 45-75 Kn.* Un peu en retrait de la rue, on savoure sous la pergola de bonnes pizzas cuites au feu de bois ou des plats de pâtes bien vus dans la petite salle de bistrot accueillante (ou l'inverse !).

|●| **Corrado** *(hors plan par B2, 24)* **:** *Sv. Marija 1.* ☎ *232-487. Dans une ruelle perpendiculaire à la rue descendant au port (Stepana Vidulića), un peu plus haut que la Pizzeria Draga. Ouv le soir seulement. Plats 80-130 Kn ; poisson au poids.* Petite *konoba* un rien chic, logée dans une jolie courette ombragée par une treille.

Au menu, du poisson principalement, que l'on vous promet sauvage. La spécialité de la maison : passer la bête au four. Mais l'agneau, tout aussi local, n'est pas mal non plus.

|●| **Baracuda** *(plan A2, 23)* **:** *Priko 31.* ☎ *233-309. Plats 90-160 Kn, poisson au poids.* Des carpaccios de poisson, des moules, de bons risottos aux fruits de mer... Avec sa salle claire et confortable et sa terrasse abritée, c'est l'un des restos de poisson les plus populaires de la ville et celui des... touristes !

|●| **Za Kantuni** *(plan B1-2, 22)* **:** *Vladimira Gortana 25.* ☎ *231-840. Dans la ruelle parallèle au quai, tt près des musées. Tlj midi et soir. Compter 160-200 Kn.* Cuisine bien tournée, basée sur des recettes locales traditionnelles. Spécialités d'agneau et de poulpe *(320 Kn/kg)*, mais aussi ce « menu Apoxiomen » qui surfe sur l'attrait de la statue exposée dans le musée voisin. Bon accueil.

Où déguster une pâtisserie ou une glace ?

|●| 🍦 **Lido** *(plan B2, 30)* **:** *Riva Lošinjskih kapetana.* Grand café étendant sa terrasse sur le port, surtout recommandable pour son bon choix de pâtisseries locales et autres baklavas, et ses glaces.

À voir. À faire

🚶🚶 **Le musée de l'Apoxyomène** *(plan A-B1)* **:** *Riva Lošinjskih kapetana 13.* ☎ *734-260.* ● *muzejapoksiomena.hr* ● *Avr-oct, mar-dim 9h-17h. Entrée : 75 Kn (50 Kn nov-Pâques) ; réduc.* Ce musée est original dans le sens où il est consacré à une seule et unique œuvre d'art. En 1996, un plongeur belge a découvert, au large de Lošinj, une grande statue en bronze représentant un apoxyomène, à savoir un athlète grec nu en train de se racler la peau avec un petit instrument nommé strigile. Il n'en existe aujourd'hui que 8 exemplaires connus, dont celui exposé au musée de l'Histoire de l'art de Vienne est le plus proche. Le beau bébé « croate » mesure 1,92 m. Il s'est longuement fait attendre dans « son » île (il a

> ### RIEN NE SE PERD
>
> *Le terme « apoxyomène », désignant ce type de statue, dérive du verbe grec signifiant « éponger ». Les athlètes devaient s'enduire le corps d'huile et, pour s'en débarrasser, ils utilisaient une sorte de racloir. Le plus étonnant c'est que, selon Pline l'Ancien, ce mélange d'huile, de sable ou de poussière et de sueur était récupéré et, une fois filtré, revendu pour servir à la fabrication de « médicaments » !*

d'abord fallu un long travail de restauration, plus de 5 ans – puis l'ancien Kvarner Palace a tardé lui aussi à être restauré) mais depuis 2016, il est possible de l'admirer. La visite permet de l'approcher petit à petit, en prenant son temps. La première salle présente le contexte en 11 étapes, dont évidemment, les circonstances de la découverte de la statue. Ensuite, un petit film permet à ceux que les panneaux de la première salle auraient parus rébarbatifs de faire une séance de rattrapage (intéressant passage sur le travail minutieux de restauration), avant d'arriver dans le « saint des saints » : une petite salle où, seul sur son podium, sous un éclairage très lumineux, trône l'Apoxyomène. Noter son visage mélancolique : a-t-il perdu la compétition dans laquelle il était engagé ?

🍴 **La galerie d'art** *(Lošinjski muzej ; plan B2) :* Vladimira Gortana 35. ☎ 231-173. ● muzej.losinj.hr ● *Dans une ruelle parallèle à la Riva Lošinjskih kapetana. De mi-juin à mi-sept, mar-dim 10h-13h, 19h-22h ; en mi-saison, mar-ven 10h-13h, 18h-20h, sam 10h-13h. Fermé janv-mars. Entrée : 35 Kn ; réduc. Billet commun avec la tour de Veli Lošinj et la collection archéologique d'Osor : 70 Kn.* L'ancien palais Fritzi est devenu depuis 1998 un lieu d'exposition. Y sont notamment présentées des toiles de peintres baroques italiens, des photos anciennes de l'île et une collection d'œuvres d'artistes croates contemporains. Expos temporaires également.

– *Le cinéma Vladimir-Nazor* (kino Vladimir Nazor ; plan A2, **32**) : un cinéma en plein air certains soirs d'été. Accueille aussi des spectacles, concerts, etc.

DANS LES ENVIRONS DE MALI LOŠINJ

➢ **Balades :** *Mali Lošinj* et *Veli Lošinj* fourmillent de sentiers, à parcourir à pied comme à vélo. On peut d'ailleurs aller de l'un à l'autre par une délicieuse promenade cimentée bordant la côte et longeant les discrètes criques. Belles balades également, toujours au bord de la mer, dans les baies de *Čikat* ou de *Sunčana Uvala*, magnifiques pinèdes plantées à la fin du XIXe s et semées d'élégantes demeures néoclassiques austro-hongroises et de petites chapelles. D'autres parcours empruntent des sentiers à l'intérieur des terres. Cartes et itinéraires disponibles à l'office de tourisme.

VELI LOŠINJ   (51551)   900 hab.   IND. TÉL. : 051

À 4 km de Mali Lošinj. Pied de nez historique, « Lošinj la grande » *(Veli)* est devenue plus petite que sa voisine, « Lošinj la petite » *(Mali)* ! Son port n'étant pas aussi protégé que la baie voisine, elle dut céder la place et se contenter d'observer en spectatrice impuissante la réussite de l'autre Lošinj.

Elle est aussi un peu moins touristique. Pourtant, ce petit village est l'un des plus charmants de l'île, avec son réseau de ruelles pittoresques reliant 2 minuscules ports nichés de part et d'autre d'un promontoire. On se baigne entre les 2 ports ou l'on va sur la plage située au-delà du 2^d port (Rovenska).
➤ Pour s'y rendre en bus, lire plus haut « Arriver – Quitter » à Mali Lošinj. Parking payant à l'entrée du village.

Adresses utiles

■ *Agence de tourisme Val :* Vl. Nazora 29. ☎ 236-604. ● val-losinj.hr ● Entre le parking et le port, à côté d'une petite église. En été, tlj 9h-20h ; hors saison, seulement le mat en sem. Pas d'office de tourisme, rendez-vous donc à cette agence. Location de vélos (80 Kn/j.) et de scooters (200 Kn/j.).
■ *Turist :* Obala Maršala Tita 17 (sur le port). ☎ 236-256. ● island-losinj.com ● Tlj en saison 8h-14h, 17h-21h (dim 9h-13h, 17h-20h). Une autre agence proposant les prestations classiques (notamment les locations de chambres).

Où dormir ?

LOGEMENT CHEZ L'HABITANT

■ *Agence Val :* Vl. Nazora 29. ☎ 236-604. ● val-losinj.hr ● Doubles 23-50 € ; apparts (4 pers) 56-100 €. Comme souvent, supplément de 30 % si vous restez moins de 3 nuits. Offres visibles sur le site internet.

AUBERGE DE JEUNESSE

🛏 *Hi Hostel Veli Lošinj :* Kaciol 4. ☎ 236-234. ● losinj@hicroatia.com ● En plein centre, derrière l'église, un peu plus haut. Mai-oct. 115-160 Kn/pers en dortoir, 130-190 Kn/pers en double, petit déj inclus. Carte internationale des AJ exigée (possibilité de l'acheter sur place). Installée dans une bâtisse datant de 1889, cette AJ récente aligne sur 3 niveaux des chambres très propres, avec lavabo, de 2 à 5 lits. Sanitaires communs. Pas de cuisine. Grande terrasse.

HÔTELS

De prix moyens à chic

🛏 *Villa Saturn :* Obala Maršala Tita 1. Géré par l'agence Val. ☎ 236-604. ● pansion-saturn.com ●. Mai-sept. Doubles 51-91 € selon saison et situation, petit déj inclus. Cette pittoresque bâtisse rose fuchsia donnant sur le port abrite une dizaine de chambres avec clim et salle d'eau privée, propres et claires mais pas bien grandes. Bar au rez-de-chaussée. De quoi profiter pleinement de la vie (et du bruit) de Veli Lošinj...

De chic à très chic

🛏 *Dolphin Suites :* Slavojna 14. ☎ 236-409. ● dolphinsuitescroatia.com ● Un peu en retrait du port, à 150 m. Doubles 814-1 221 Kn, garden suite 999-1 309 Kn, petit déj compris. Parking privé (gratuit). Grande maison de maître en plein centre du village, transformée en hôtel de charme à la déco soignée. Une quinzaine de chambres et suites, où domine le blanc, spacieuses et dotées de tout le confort. Piscine. Restaurant (le soir). Excellent accueil du patron, Jack.

Où manger ?

Prix moyens

|●| *Bora Bar :* Rovenska 3. ☎ 867-544. Avr-sept. Tlj midi et soir. Compter env 150-200 Kn. Réserver. Sur le petit port de Rovenska (le 2^d de la bourgade, bien plus intime que le premier), qu'on rejoint en longeant la promenade du

bord de mer ou en suivant les flèches à partir du parking. Qu'on se le dise, cette trattoria est aussi une *tartuferia* : on retrouvera donc ici et là sur la carte les truffes, stars de la maison. Sinon, la carte est résolument tournée – et avec succès – vers la mer. Les desserts maison ne sont pas en reste.

I●I *Vila San :* Garina bb. Plats 60-130 Kn. Au-dessus du port, une grande terrasse ombragée à l'écart de l'animation. Carte interminable, typique des stations balnéaires, dans laquelle on piochera surtout des grillades au feu de bois.

À voir

¶ *La tour (kula) :* en léger retrait du port. ☎ 236-594. ● muzej.losinj.hr ● Juil-août, mar-dim 10h-13h, 19h-22h ; 15-30 juin et 1er-15 sept, mar-dim 10h-13h, 18h-21h ; sinon, mar-sam 10h-13h, 17h-19h. Fermé en hiver. Entrée : env 35 Kn. Billet commun avec la galerie d'art Mali Lošinj et la collection archéologique d'Osor : 70 Kn. Possibilité d'accès au sommet de cette petite tour construite par les Vénitiens en 1455 et qui domine tout le port. Elle servait autrefois d'abri en cas d'attaque de pirates. Elle accueille aujourd'hui un petit musée retraçant l'histoire de la tour et de la ville, une expo temporaire à l'occasion. Bref, on vient surtout pour la vue !

¶ *L'église Saint-Antoine (crkva Sv. Antuna) :* domine de sa masse rose le port de Veli Lošinj. Ouv le mat en été ; sinon pdt la messe. Construite à l'emplacement d'une plus petite église, sa structure baroque imposante date de 1774. Ses autels de marbre furent offerts par des capitaines reconnaissants.

– *Les dauphins de Veli Lošinj :* infos auprès du **Marine Education Center**, Kaštel 24 (un peu en retrait du port principal), Veli Lošinj. ☎ 604-666. ● blue-world.org ● Juin-sept, lun-ven 10h-16h (14h sam) ; oct-avr, lun-ven 10h-14h. Entrée : 20 Kn. En partenariat avec le musée d'Histoire naturelle de Croatie, une ONG locale, *Blue World*, étudie le comportement des dauphins – on estime qu'ils seraient 120 à barboter dans le coin – et les protège de l'inconscience de certains plaisanciers. Elle propose une petite exposition dans son local, pour sensibiliser les touristes et les inciter à respecter le fragile environnement de ces mammifères marins. À découvrir, entre autres, un petit film de 15 mn (disponible en français) et des enregistrements de cris de dauphins et de sons générés sous l'eau par les bateaux. Grâce à l'ONG, une « réserve zoologique spéciale », l'*Adriatic Dolphin Project*, a été créée en 2006 sur une zone de 526 km^2 à l'ouest de Veli Lošinj. Si vous vous sentez l'âme généreuse, renseignez-vous donc sur la campagne « Adopter un dauphin » ! Enfin, des agences sur le port proposent des sorties en bateau à la journée, qui vous permettront avec un peu de chance d'en voir *(compter env 150 Kn/pers ; repas inclus)*. Chaque année, le *Dolphin Day* est célébré, en principe le 1er samedi de juillet.

L'ÎLE DE RAB

● Carte p. 193

9 500 hab. ; IND. TÉL. : 051
Elle s'étend sur 22 km, avec une largeur variant de 3 à 10 km. Quand, sur le continent, venant de Senj, on suit sa côte, on se demande, à la vue de cette longue et abrupte montagne austère, dans quel désert on va mettre les pieds.

Surprise, ses beautés se révèlent essentiellement côté ouest. En fait, cette barrière rocheuse, dominée par le *mont Kamenjak,* arrête opportunément les vents froids et, alliée à une terre très fertile irriguée par de nombreuses sources, permet la culture de la vigne, des oliviers et de divers fruits et primeurs. Belles plages de sable au nord, côtes peu bétonnées, et puis Rab, adorable petite cité médiévale quasi intacte... Par ailleurs, le réseau routier se résumant à un seul axe principal, les plus belles criques ciselées dans les côtes arborées au sud, ou dans les falaises au nord, ne se découvrent qu'à pied ou à vélo.

UN PEU D'HISTOIRE

Habitée depuis des temps très anciens, l'île de Rab accueille dès le IVe s av. J.-C. une population illyrienne qui la baptise Arba, qui signifie « la verte » dans leur langue. Stratégiquement positionnée sur les routes commerciales maritimes, elle ne peut qu'intéresser les Grecs, les Romains puis les Goths, lesquels s'en emparent au VIe s, puis les Byzantins qui leur succèdent.

En 1075, elle résiste même à la conquête normande, grâce, dit-on, à l'intercession de saint Christophe (devenu depuis le saint patron de l'île) avant de devenir un important enjeu entre Vénitiens et Habsbourg. La Sérénissime finit par imposer sa suprématie en 1409 et garde l'île dans son giron jusqu'en 1797. En 1806, l'armée napoléonienne s'en empare, Rab vivra sous la coupe des Français jusqu'en 1814, puis des Autrichiens jusqu'en 1918. Occupée un temps par les Italiens, elle devient définitivement yougoslave en 1920. Pendant la Seconde Guerre mondiale, elle abrita l'un des plus sinistres camps de concentration italiens, mais connut aussi une forte activité partisane.

Arriver – Quitter

En bus

➢ *Rijeka :* 2 bus/j. en hte saison.
➢ *Zagreb :* 4 bus/j.

En ferry

➢ *Stinica :* liaison avec le *port de Mišnjak,* au sud de l'île. *Infos à Mišnjak (compagnie* **Rapska Plovidba** *:* ☎ *(051) 724-122 ;* ● *rapska-plovidba. hr* ●*).* Juin-sept, bateau ttes les heures (5h30-minuit), une demi-douzaine de bateaux supplémentaires en juil-août avec en plus des liaisons en continu en cas de grosse affluence. Les autres mois, compter au minimum une douzaine de bateaux/j. Pas mal d'attente en été aux heures de pointe (surtout 20 juil-20 août) ; il est conseillé d'arriver de bonne heure le mat. Pour chaque trajet, prévoir env 98 Kn/véhicule et 17 Kn/passager. Traversée en à peine 15 mn !

➢ *Valbiska* (sur l'île de Krk) *:* liaison avec *Lopar,* avec la compagnie *Jadrolinija* (☎ *(051) 775-532 ;* ● *jadrolinija. hr* ●*).* 2-4 liaisons/j. selon saison. Compter 37 Kn/passager, 72 Kn/moto et 225 Kn/voiture.

➢ *Pag :* départ de l'embarcadère à la pointe de Rab-ville, liaison avec *Lun* (port de Tovarnele), au nord de l'île de Pag. 1 traversée tlj à 9h (7h30 de Pag) en hte saison, plus à 12h et 17h mar-ven. Hors saison, traversées seulement les lun, mer et ven à 12h (7h30 de Pag). *Infos au* ☎ *(051) 724-122 (compagnie* Rapska Plovidba, *voir coordonnées plus haut).*

➢ *Rijeka :* avec un catamaran de la compagnie *Jadrolinija.* Juin-sept, 1 liaison/j. (départ de Rijeka à 17h, retour le lendemain mat à 6h55 – 9h55 dim), de l'embarcadère à la pointe de Rab-ville. Le reste de l'année, départ de Rijeka à 15h. Durée du trajet : 1h45. Le catamaran continue sa route sur Novalja (Pag) ou en vient dans le sens retour.

RAB | 193

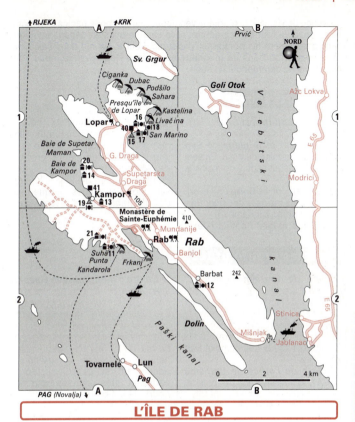

L'ÎLE DE RAB

⚿ 🏠 |⚫|	**Où dormir ? Où manger ?**		18 Snacks de Livačina (A1)
	11 Hotel Carolina (A2)		19 Autocamp et Konoba Planka Bistro (A1-2)
	12 Villa Hotel Barbat (B2)		20 More (A1)
	13 Chez Josip Sušić (A1)		21 Gožinka (A2)
	14 Restoran Gonar (A1)		
	15 San Marino Camping Resort (A1)	■	**Où plonger ?**
	16 Pansion San Lorenzo et Gostionica Laguna (A1)		40 Moby Dick Diving Centar (A1)
	17 Village Hotel San Marino (A1)		41 Kron Diving Centar (A1)

RAB (LA VILLE)   (51280)   420 hab.   IND. TÉL. : 051

● Plan *p. 195*

Sur un promontoire fortifié s'avançant dans la mer, dominée par ses 4 élégants campaniles romans, la petite capitale de l'île présente toujours son apparence de vieille ville d'origine vénitienne. Jamais prise par les Ottomans, elle a conservé tout son caractère, et le charme qui s'en dégage subjugue immanquablement les nombreux visiteurs... Pour la balade dans ses vénérables ruelles bordées de magnifiques édifices Renaissance, nous vous conseillons de commencer à l'aube.

Transports locaux

Gare routière *(plan A1)* : *Palit. À l'extérieur du centre commercial.*
- **Pour Lopar et la plage de San Marino :** une dizaine de bus/j. En sem de mi-juin à début sept (2 de moins le dim et j. fériés).
- **Pour Kampor et Barbat :** 8 bus/j. en sem (moitié moins le dim pour Barbat, 1 seulement pour Kampor).
- **Pour les plages :** bateaux-taxis *(plan B3)* et navette *FKK* (navette pour les plages naturistes 9h-19h ; *plan A1*). Possibilité de loc à la journée pour les petits groupes de 4-5 pers (env 150 Kn/h). Sinon, compter autour de 25 Kn le passage pour les plages comme celle de *Suha Punta* (départ assuré à partir de 5 pers).

Adresses et info utiles

Office de tourisme *(plan B3, 1)* : *Arba Municipium trg 8.* ☎ 724-064. ● rab-visit.com ● *Dans la vieille ville, face au port. En hte saison, tlj 8h-22h ; en demi-saison, tlj 8h-20h ; en hiver, lun-ven 8h-15h.* Demander le dépliant touristique très complet *Rab Experience*.

Annexe de l'office de tourisme *(plan A1, 2)* : *derrière la gare routière. Mai-sept seulement, lun-sam 8h-15h.*

Agence Eros *(plan A2, 3)* : *entre l'hôtel Istra et le supermarché Diona.* ☎ 724-688. ● rab-novalja.com ● *Mai-sept, tlj 6h-23h ; hors saison, tlj 6h-12h, 16h-18h.* Billets de bateaux pour la compagnie *Jadrolinija*, locations de chambres (très bonne sélection). Location de vélos (électriques ou pas) et kayaks.

Centre d'interprétation Geopark *(plan A2, 4)* : *Bobotine bb ; de la pl. principale, prendre le grand escalier, c'est 50 m plus haut sur la gauche. Juil-août, lun, mer, ven 9h-14h, 18h-21h ; mar, jeu, sam le mat seulement. Fermé dim ; le reste de l'année, horaires restreints.* Un personnel accueillant et passionné donne cartes et infos précises pour parcourir les 4 randonnées balisées *(Geotrails)* à partir de Rab-ville ou de Lopar. Quelques panneaux montrent la richesse géologique de l'île.

Stationnement payant sur les hauteurs de la ville (au-dessus du *Grand Hotel Imperial*).

■ **Adresses utiles**
- **1** Office de tourisme (B3)
- **2** Annexe de l'office de tourisme (A1)
- Bateaux-taxis et navette FKK (B3 et A1)
- **3** Agence Eros (A2)
- **4** Centre d'interprétation Geopark (A2)

Où dormir ?
- **11** Padova Camping Resort (hors plan par B2)
- **12** Pansion Pio (hors plan par B1)
- **14** Hotel Padova (hors plan par B2)
- **16** Hostel Rab International et Hotel International (B2)

Où manger ? Où boire un verre ?
- **21** Rio (B1)
- **23** Santa Maria (B3)
- **24** Konoba Rab (B2)
- **30** Konoba Borik (hors plan par A1)
- **31** Cafe-bar Forum (B2)

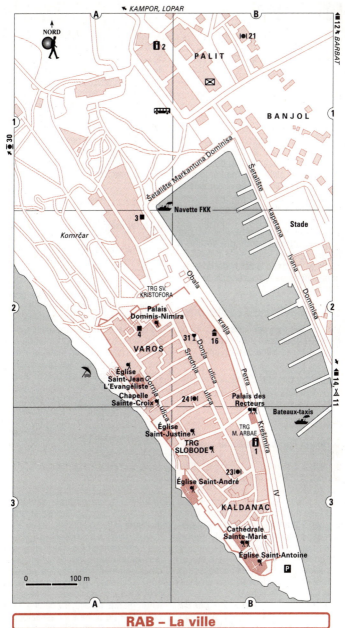

Où dormir ?

CAMPING

⊼ Padova Camping Resort (hors plan par B2, **11**) : Banjol. ☎ 724-355. ● camping-adriatic.com ● *À env 2 km de la vieille ville. De Rab-ville, liaison possible en bateau-taxi (20 Kn/pers). D'avr à mi-oct. Env 21-36,50 € pour 2 avec tente et voiture selon saison (parcelle la moins chère). Juil-août, 2 nuits min exigées. Loc de mobile homes également.* Vaste camping qui s'étend le long d'une plage mais peu ombragé. Bien équipé : restos, bar, supermarché et même un coiffeur ! Laverie, fitness, ping-pong, location d'embarcations à pédales, animations de plage... Le plus proche du centre-ville, et par conséquent très surchargé en été. Il faudra planter sa tente à l'écart de la plage (et donc proche de la route) pour ne pas se retrouver coincé entre 2 camping-cars !

LOGEMENT CHEZ L'HABITANT

Voir les agences spécialisées, comme **Eros** (lire plus haut « Adresses et info utiles »), ou à l'office de tourisme.

PENSIONS, HÔTELS

De bon marché à prix moyens

≜ Hostel Rab International (plan B2, **16**) : Obala P. Krešimira 4 (réception à l'Hotel International). ☎ 602-000. ● hotelrab.com ● *De mi-avr à mi-oct. Lit en dortoir 13-22 € selon saison ; petit déj 4 €.* Ici, c'est la formule low cost de l'*Hotel International*. On y trouve 5 chambres avec 3 lits superposés chacune (6 places), toutes avec salle de bains. Double vitrage, moquette, cadre de lit en bois, on bénéficie aussi de la clim centralisée de l'hôtel et de sa piscine ! Pas un mauvais plan car très central.

≜ Pansion Pio (hors plan par B1, **12**) : Banjol 37. ☎ 725-640. ● pio-rab.com ● *À 8 mn à pied du centre, 1ʳᵉ rue à droite dans la montée pour Banjol. Tte l'année. Doubles et studios 40-70 € selon saison ; grand appart (8-10 pers) 110-190 €. ½ pens possible pour 4 € de plus/pers.* Bien plus qu'une pension de famille à l'ancienne, cette grande demeure a l'envergure d'un petit hôtel. La propriétaire propose une quinzaine de chambres correctes et bien tenues, la plupart climatisées et avec un petit balcon. Bel appartement avec 4 chambres et 2 salles de bains pour grande famille ou groupe d'amis. Bonne cuisine servie en terrasse ou en salle. Accueil vraiment sympa.

De chic à très chic

≜ Hotel International (plan B2, **16**) : Obala P. Krešimira 4. ☎ 602-000. ● hotelrab.com ● *De mi-avr à fin sept. Doubles 68-144 € selon vue et saison, petit déj inclus. Parking 3 €/j. mais à 700 m de l'hôtel. Loc de vélos.* Indépendant de la chaîne hôtelière dominante dans l'île, un ancien hôtel dont les 133 chambres doubles ont été refaites dans un style contemporain réjouissant, avec tout le confort attendu d'un 3-étoiles (clim, TV, bon matelas et belle vue sur le port pour les plus chères). Vaste hall design avec bar, et surtout une belle piscine ainsi qu'un solarium surplombant le port. Accueil pro.

≜ Hotel Padova (hors plan par B2, **14**) : à Banjol, de l'autre côté de la baie. ☎ 724-544. ● valamar.com ● *Congés : de janv à mi-mars. Doubles 80-200 € selon vue et saison, petit déj compris. Promo en réservant sur leur site à l'avance (non remboursable) ou à la dernière minute. Parking gratuit. De Rab-ville, liaison possible en bateau-taxi (10-15 Kn/pers).* Grosse structure moderne entièrement rénovée en 2017. Ici le décorateur a su jouer sur le ton ton l'alternance bois-moquette, couleur sable ou gris souris. L'ambiance est résolument design, les espaces communs sont vastes, les chambres cosy sont bien équipées : literie excellente, grands miroirs, TV câblée, frigo. Les salles de bains sont assez petites en revanche. Sinon, belle piscine, solarium, sauna et beau resto prolongé par une terrasse face à la vieille ville.

Où manger ? Où boire un verre ?

|●| **Rio** *(plan B1, 21)* : *Palit 57.* ☎ *724-371. De mars à mi-oct, tlj 11h-14h, 16h-23h. Plats 60-130 Kn ; poisson 240-400 Kn/kg.* À deux pas de la vieille ville, un resto de bonne tenue où l'on vient glaner un peu de tranquillité. Réputé pour son poisson, mais viandes nombreuses à la carte, comme le plateau « Rio » (copieux assortiment) ou le bifteck « Picasso ». Friture de poisson et poulpe, seiche dans son encre... extra. Le tout à déguster dans une petite salle sobre ou en terrasse. Propose également des chambres à louer. Excellent accueil.

|●| **Konoba Rab** *(plan B2, 24)* : *ul. Kneza Branimira 3.* ☎ *725-666. Tlj sauf dim midi 10h-14h, 17h-23h. Plats 50-120 Kn ; plats de poulet (kokoš) ou d'agneau (janjetina) au kg (150-250 Kn/kg, passer commande à l'avance), cuits à la cloche (pod pokom).* Dans une ruelle perpendiculaire aux « grands » axes de la vieille ville, une adresse discrète. Salles aux pierres apparentes, avec mezzanine, où vous est servie une cuisine classique, respectueuse de la tradition croate. Succulente et fondante *janjetina*. Service attentionné. Une bonne adresse.

|●| **Konoba Borik** *(hors plan par A1, 30)* : *Palit 157. Pour y aller, suivre les indications pour l'hôtel Palma, se garer par là, puis prendre le chemin bétonné qui descend vers la plage, c'est 100 m plus loin sur la droite.* ☎ *724-843. Tlj 17h-minuit. Plats 60-130 Kn.* Un resto familial atypique dans les soubassements d'une grande maison, des tables en terrasse autour desquelles papillonne une escouade de serveurs. Ici le poisson est pêché le jour même, il arrive en papillote, en friture, en court-bouillon. Mais on sert aussi du poulpe et de bonnes moules quand c'est la saison. Le tout agrémenté d'un pichet de blanc de la maison avant de finir sur la *grappa*. Vraiment sympa.

|●| **Santa Maria** *(plan B3, 23)* : *D. Dokule 6, au bout de l'artère principale. Mai-début oct, tlj 11h-14h, 17h-23h. Plats 55-150 Kn ; spécialités 105-180 Kn ; poisson 245-425 Kn/kg.* Grosse auberge pleine de vie, où les tables épaisses de taverne envahissent une jolie cour intérieure aux murs de pierre apparente. À l'étage, une petite salle plus calme profitant d'une agréable vue. Très touristique bien sûr, à l'image de la carte, mais cuisine tout à fait correcte. Pour finir la soirée, le **cocktail-bar 1492**, juste à côté.

▼ **Cafe-bar Forum** *(plan B2, 31)* : *Donja ul. (à l'arrière de l'Hotel International). Tlj 9h-14h (en août seulement), 18h-2h (tte l'année).* Rendez-vous favori des jeunes (et des moins jeunes). Bar en forme de bateau dans la ruelle, quelques tonneaux pour poser son verre et belle salle pour les premiers frimas. Rock acoustique en fin de semaine.

Où dormir ? Où manger dans les environs ?

À Suha Punta

🛏 |●| **Hotel Carolina** *(carte L'île de Rab, A2, 11)* : *sur la presqu'île de Suha Punta.* ☎ *724-133.* • valamar.com • *À 5 km au sud de Rab. De mi-mai à mi-oct. Selon standing, vue et saison, doubles 160-200 € en ½ pens. Surveiller les promos intéressantes sur le site. Parking gratuit.* Immeuble des années Tito entièrement rénové. Ses 142 chambres, plutôt grandes, la plupart avec balcon, offrent aujourd'hui tout le confort souhaité (TV, clim, etc.) ; la moquette leur confère même une atmosphère assez feutrée. L'environnement boisé (cigales à gogo) n'est pas pour déplaire et quand on sait qu'on peut se baigner juste devant l'hôtel, ça sent vraiment les vacances ! Belle piscine et restos surplombant la mer où l'on sert une cuisine internationale. Une belle adresse très prisée de la clientèle nordique.

À Barbat *(51280)*

🛏 |●| **Villa Hotel Barbat** *(carte L'île de Rab, B2, 12)* : *Barbat 366, à côté de l'église, face à la mer.* ☎ *721-858.*

● *hotel-barbat.com* ● *À env 10 km de Rab-ville. De mi-avr à mi-oct. En saison, doubles 140-160 €, petit déj compris.* Dans un quartier résidentiel paisible et verdoyant, un petit hôtel intime tourné vers la mer. Chambres lumineuses et spacieuses, toutes avec lit *king size,* alliance de blanc, de pierres apparentes et de bois (avec balcon et belle vue). Clim et TV satellite. Également plusieurs studios dans des dépendances et des appartements (dont un « royal » !). Agréable terrasse dans un environnement arboré, pour déguster la cuisine familiale, très appréciée (restaurant ouvert à tous). Accès direct à la plage.

Balade dans la vieille ville

Errer le long des 3 rues parallèles qui structurent la vieille ville (*Donja, Srednja* et *Gornja*) et celles qui leur sont perpendiculaires est un ravissement. À chaque pas, de charmants clins d'œil gothiques et Renaissance... Pour commencer, admirer la superbe *porte ouvragée (plan B2)* avec fronton blasonné et « chérubiné » au début de la *Donja ulica*. Cette rue continue d'ailleurs d'aligner d'autres édifices médiévaux, dont certains vraiment bruts de forme.

🏛 Dans la rue principale, la *Srednja* (à propos, record de marchands de glaces !), on trouve tout de suite à droite le **palais Dominis-Nimira** *(plan A-B2),* vaste et bel édifice des XIIIe et XVe s mariant éléments gothiques et Renaissance. C'est là que, en 1564, naquit Merkantun Dominis, philosophe, mathématicien et écrivain qui enseigna à Padoue et à Brescia (et dont les écrits, dit-on, inspirèrent Descartes et autres sommités de l'époque). Au rez-de-chaussée, une des plus anciennes pharmacies de Croatie (1326).

Puis, après la 2e arche, sur la gauche un beau palais avec loggia à balustres et vaste arche gothique. À côté, en face de la rue Sv. Marina, beau portail de 1568. C'est l'entrée d'une galerie de peinture. On peut voir dans la cour intérieure envahie de plantes grimpantes un superbe puits armorié et d'élégantes arcades.

Arrivée à une **loggia vénitienne** *(plan B3),* sur colonnes de pierre à chapiteaux corinthiens (aujourd'hui annexée par un café et un bar à vins). C'est là que se réunissaient le conseil municipal et le prétoire aux XVe et XVIe s.

À côté, la petite **église Saint-Nicolas** accueille des expos temporaires en saison. Puis d'autres passages voûtés envoûtent... Au n° 2, rue Radića, ruelle montant de la loggia, sur la droite, la plus belle *porte Renaissance* du coin au linteau sculpté.

🏛🏛 **Le palais des Recteurs** *(kneжev dvor ; plan B3) :* l'un des édifices les plus séduisants de la ville donne sur *Arba Municipium,* belle place carrée frangée de terrasses, toutes orientées face au port. Il abrite d'ailleurs la mairie. Façade romane avec baies géminées au riche décor floral. Balcon en pierre sur consoles à têtes de lion, surmonté d'un cadran solaire pratiquement tout le temps à l'ombre, soit dit en passant...

🏛🏛 **La cathédrale Sainte-Marie** (katedrala Sv. Marije ; plan B3) : *au bout de Gornja ul., dans la pointe de la presqu'île. Mai-sept, tlj 11h30-13h, 19h30-20h30. Fermé dim mat.*

Fondée au XIe s, remaniée au XIIIe s, la cathédrale a une façade à arcatures romanes aveugles et des matériaux d'origines diverses (calcaire rose, pierre blanche de Brač, etc.). Son portail Renaissance date de 1490 et le linteau ouvragé avec *pietà* en calcaire est l'œuvre du sculpteur dalmate Petar de Trogir. À l'intérieur, de belles colonnes aux chapiteaux tous différents, des stalles sculptées en chêne, et à droite de la nef, une *pietà* polychrome.

Étonnamment, à 200 m s'élève le magnifique campanile roman de la cathédrale (XIIe et XIIIe s). On s'aperçut à l'époque que le terrain était trop mouvant pour supporter autant de poids et on dut lui trouver un endroit plus ferme. Après la série d'arcatures lombardes, noter les étages à 2, 3 puis 4 baies, qui donnent tout à la fois rythme et équilibre à l'ensemble. Accès payant au sommet du campanile pour profiter de la très belle vue *(en saison, tlj 9h30-13h, 19h30-22h – ouvre à 11h dim ; prévoir 15 Kn).*

✺ Au bout de la presqu'île, en longeant les remparts baignés par la mer, on débouche sur l'**église Saint-Antoine Abate** *(crkva Sv. Antun ; plan B3),* appartenant à un couvent de franciscaines construit en 1494. Façade romane toute simple surmontée d'un petit campanile. En contrebas, joli *parc Saint-Marin (Sv. Marin),* paysagé et ombragé de palmiers, où trône la statue en bronze de saint Marin, fondateur de la république de San Marino.

✺ Revenir dans la rue de la cathédrale pour l'**église Saint-André** *(crkva Sv. Andrije ; plan B3),* destinée à l'origine à un couvent de bénédictines. Construite au XIe s, de style roman, mais porche Renaissance (notez que la dernière marche du perron est posée à l'envers !). À l'intérieur, intéressant retable en bois sculpté avec décor à volutes et pierres tombales des grandes familles aristocratiques de la ville.

✺ Puis on parvient à la **place de la Liberté** *(Slobode trg ; plan B3).* Belle vue au couchant et accès possible au front de mer. Petit palais vénitien (famille Dominis) avec fenêtres trilobées. Un peu plus loin, l'**église Sainte-Justine** *(crkva Sv. Justina ; plan A-B3 ; tlj 10h30-13h, 21h-22h en saison)* au campanile coiffé d'un petit dôme en forme de mitre d'évêque.

✺ Continuer la *Gornja ulica*. À main gauche, la **chapelle Sainte-Croix** *(kapela Sv. Križa ; plan A2).* Nef unique et fresque en trompe l'œil dans le chœur. Réputée pour les qualités acoustiques de ses concerts. Lui succèdent les vestiges de l'**église Saint-Jean-l'Évangéliste** *(crkva Sv. Ivana ; plan A2 ; en saison, tlj 10h-13h, 19h-22h ; fermé dim ; prévoir 20 Kn).* Construite au XIe s avec de nombreux matériaux de remploi provenant d'une église du Ve s. Restent surtout les traces du chœur et de son déambulatoire, ainsi que le clocher roman très primitif (il date du XIIe s et a été restauré au XVe s). Possibilité de grimper jusqu'au dernier niveau, mais, attention, l'escalier refait est bien pentu.

Enfin, tout au bout, avant d'arriver au parc Komrčar, le **bastion Christofor.** On peut descendre et rejoindre le *lungomare* (accessible également depuis les escaliers sous la place de la Liberté). Jolie petite plage et remblai où l'on peut poser sa serviette et se baigner.

DANS LES ENVIRONS DE RAB

✺✺ **Le monastère de Sainte-Euphémie** *(samostan Sv. Eufemija ; carte L'île de Rab, A2) :* à env 3 km à l'ouest de Rab. ☎ 724-951. *L'église n'est ouverte que pour les offices (8h, 10h et 20h le dim), tandis que le cloître, le musée et la petite chapelle Sainte-Euphémie sont ouverts en été lun-sam 10h-12h, 16h-18h ; fermé dim. Entrée : 15 Kn. Hors saison, téléphoner avt.*

Fondé en 1444, ce tout petit monastère franciscain recèle des trésors inattendus, à l'image du remarquable décor intérieur de l'église : fresques au plafond narrant la vie de saint François et d'autres franciscains (27 scènes), tribune du XVIIIe s, christ en bois du XVIe s, d'un réalisme superbe, œuvre d'un artiste de Šibenik. À gauche de la nef, icône de 1506 venant d'Istanbul. À droite, l'ancienne sacristie avec entrée gothique et baies géminées. Cloître roman avec son vieux puits de pierre. Dans un coin, la « machine à laver » en pierre des franciscains et aussi des pierres tombales, un sarcophage, des jarres pour l'huile d'olive.

Intéressant petit musée, même si la présentation relève du bric-à-brac. Un beau polyptyque (ensemble de panneaux peints) de 1458 des frères Vivarini, le document original autorisant la construction du monastère (un vrai parchemin) et, à côté, une page de la Torah du XIe s, des incunables de 1477 et 1500, des icônes, un missel en glagolitique, etc. Petite section ethnographique.
Mais la vraie surprise de ce musée, c'est la découverte de cet artiste étonnant qu'était *A. Testen,* un moine franciscain (mort en 1983) qui laisse une œuvre appréciable.

KAMPOR   (51280)   1 160 hab.   IND. TÉL. : 051

À une dizaine de kilomètres à l'ouest de Rab, village aux maisons éparpillées pour ceux cherchant un peu de tranquillité. Bon camp de base pour partir randonner dans la *presqu'île de Kampor* (également nommée *Kalifront*). À l'entrée de la forêt protégée (interdiction totale d'y camper et de fumer), grande pancarte indiquant toutes les possibilités de balades à pied ou à vélo (temps et difficultés). Vous y découvrirez de fort belles plages, dont Sveti Mara, la plus éloignée.

Où dormir ? Où manger ?

▲ I●I *Autocamp et Konoba Planka Bistro (carte L'île de Rab, A1-2, 19) :* Kampor 326. ☎ 772-477. 📱 095-569-18-40. ● meri.stanicic@ri.t-com.hr ● *À gauche en arrivant au port, vers la plage. D'avr à mi-oct.* Compter 110-180 Kn pour 2 pers tente et voiture selon saison. Plats 60-150 Kn ; poisson au poids. À l'écart des 2 campings de masse, le seul petit *autocamp* familial de l'île. Dans le petit jardin sans charme du resto des proprios, quelques emplacements plus ou moins ombragés, avec un bloc sanitaire rudimentaire mais propre. À un jet de pierre de la plage, au cœur de la jolie baie, l'endroit est tranquille et plaisant. Bonne petite cuisine économique à la *konoba,* idéale pour une pause déjeuner en terrasse, par exemple. Également 3 chambres avec balcon à l'étage et un appartement, simples mais nickel. Bel accueil.

🏠 *Chez Josip Susić (carte L'île de Rab, A1, 13) :* Kampor 341. ☎ 776-398. ● lukacevic@inet.hr ● *Sur la route principale, à droite, juste avt la descente vers le port. Tte l'année.* Compter 38-42 € en chambre double ou studio ; appart 70 € pour 4 ; petit déj 7 €. Dans une grande bâtisse surplombant la calme baie de Kampor, 3 belles chambres avec terrasse, toutes avec vue, frigo, salle de bains privative et crucifix au-dessus du lit, ainsi que 2 studios et un grand appartement mansardé pour 4 personnes. Bon accueil de la famille Susić, polyglotte (ou presque).

Où dormir ? Où manger dans les environs ?

La jolie baie de Supetarska Draga est accessible de Rab-ville par la route de Lopar. De Kampor, emprunter à pied le chemin côtier (15 mn) ou reprendre la route de Rab-ville et bifurquer à Palit.

🏠 I●I *Restoran Gonar (carte L'île de Rab, A1, 14) :* Supetarska Draga 328, dans la presqu'île de Gonar. ☎ 776-140. 📱 098-180-04-17. ● gonar.hr ● *D'avr à mi-oct, tlj 10h-minuit.* Apparts 2-4 pers 50-90 € selon saison. Plats 80-120 Kn ; poisson env 400 Kn/kg. Sympathique affaire familiale. Grand jardin fleuri et terrasse dominant la mer. Poisson frais, pizzas et la spécialité de la maison : la cuisson sur la braise (« sous la cloche », *pod pekom* en croate, passer commande la veille). Ainsi s'attendrissent le poulpe, le cochon de lait, l'agneau, bref tout ce qu'on veut. Légumes du jardin, pas moins de 11 sortes de soupes, huile d'olive et pain maison... sans oublier le poisson (le resto est servi en premier par les pêcheurs). Mais attention, le plus, c'est la très belle cave à vins recelant une soixantaine de crus croates. Au-dessus du resto, 3 appartements pour 2 à 4 personnes. Excellent accueil.

▲ I●I ***Gožinka*** *(carte L'île de Rab, A2, 21)* : *Kampor 101.* ☎ *725-940 (resto) ou 724-784 (logements).* ● *gozinka. com* ● *Mai-sept, tlj 9h-22h. Double 50 €, petit déj compris. Plat env 85 Kn, poisson 320 Kn/kg.* D'abord un resto avec terrasse donnant sur une petite crique où on laisse volontiers filer les heures. Cuisine locale savoureuse à base de poisson (excellente salade de poulpe, friture), mais aussi steak tartare et quelques grillades (foie de veau). Intéressant plateau de fromages et vins à prix raisonnables.

L'hébergement, c'est l'affaire de Neda et Toni. Dans leur grande maison surplombant la baie, une demi-douzaine de chambres tout confort et un grand appartement (la moitié avec vue sur mer). Super propre, literie impeccable et cuisine tout équipée à dispo. Un bon plan vacances.

▲ I●I ***More*** *(carte L'île de Rab, A1, 20)* : *Supetarska Draga 321, dans la presqu'île de Gonar.* ☎ *776-457.* ● *more-rab.com* ● *Avr-sept. Double en hte saison env 60 €, petit déj compris. Plats 60-120 Kn (couvert 7 Kn/pers) ; poisson 360-430 Kn/kg.* Une bâtisse blanche les pieds dans l'eau, ou plutôt le *beach bar* dans l'eau, au cœur d'une paisible petite baie. Belle terrasse pour une table de haut vol, d'inspiration gastro et bien dressée. Poisson bien frais, langouste du vivier et des plats cuisinés savoureux comme la lotte à l'orange. Car il y a un chef, ici, un vrai ! Les enfants pourront faire trempette sans risque sur la plage en pente douce si le repas s'éternise. Aussi quelques chambres pour 2 à 4 personnes aux étages.

LOPAR   (51280)   1 250 hab.   IND. TÉL. : 051

La 2e ville de l'île et aussi la plus grosse concentration touristique (normal, c'est aussi là que se trouvent les plus belles plages de sable). Le village est situé à l'entrée d'une péninsule : de l'office de tourisme, la route à gauche mène au terminus du ferry venant de *Valbiska* (Krk). Celle à droite mène à la station proprement dite *(San Marino).* Attention, ici, en haute saison, c'est l'affluence !

Cela dit, vous pouvez toujours goûter à la spécialité locale : le nudisme ! Et pour éviter

ROYALE NUDITÉ

La Croatie est l'un des pays d'Europe où le naturisme est le plus pratiqué. C'est un Autrichien qui a lancé la mode dans les années 1930, précisément à Rab. Et, en 1936, le roi d'Angleterre Édouard VIII et sa nouvelle compagne Wallis Simpson se baignèrent nus près de Suha Punta (baie de Kandalora, appelée depuis « baie des Anglais »). La même année, Édouard abdiqua, mais, rassurez-vous, pas parce qu'il s'était baigné dans le plus simple appareil... Il était pronazi !

de commettre un impair, passez donc d'abord à l'office de tourisme chercher la photo aérienne qui recense les plages réservées et les sentiers qui y mènent.

SAINT MARIN, UN ROUTARD AVANT L'HEURE !

À Lopar naquit, au IVe s apr. J.-C., un certain Marin. Devenu tailleur de pierre, il tailla un jour la route et vint exercer ses talents en Italie, du côté de Rimini. Infatigable, taillant une bavette avec un prédicateur, il fut convaincu de l'avenir d'une religion qui montait fort à l'époque et devint prosélyte à son tour. Diacre de l'évêque, il ne tarda pas à subir les persécutions de polythéistes jaloux n'appréciant pas qu'on leur taille des croupières. Il partit donc se réfugier dans les collines du monte Titano où il construisit une église. Il se tailla un beau succès, et l'église se mua rapidement en populaire lieu de rencontre. Tailleur, euh, d'ailleurs, c'est là l'origine de la ville de Saint-Marin et de la petite république du même nom.

Adresses utiles

Office de tourisme : *juste avt le rond-point sur la gauche en arrivant de Rab-ville.* ☎ 775-508. • *lopar. com* • *En saison, tlj 8h-22h ; oct-mai, lun-ven 8h-15h.* Demander la brochure avec les locations d'appartements et la carte détaillée des sentiers de randonnée et des plages.

■ **Numero Uno :** *en arrivant à la plage de San Marino, au niveau du minimarket Konzum.* ☎ 775-073. • *numero-uno.hr* • *Juin-sept seulement, tlj 8h-22h.* Bonne sélection de logements. Fait également change mais à taux peu intéressant.

Où dormir ? Où manger ?

San Marino Camping Resort (carte L'île de Rab, A1, 15) : *sur la plage principale.* ☎ 775-133. • *camping-adriatic.com* • *Avr-fin sept. Selon saison (emplacement le moins cher), 113-207 Kn pour 2 avec tente et voiture. Ajouter une majoration de 20 % en saison pour un séjour de moins de 3 nuits.* Immense camping capable d'accueillir plus de 3 500 personnes. Une vraie ville avec tous ses commerces ! Emplacements plats bien arborés (peupliers) et sanitaires corrects. Mobile homes et chambres à louer. On ne vous fait pas un dessin, c'est bondé l'été. Une foule d'activités sportives, grands toboggans, discothèque...

Pansion San Lorenzo (carte L'île de Rab, A1, 16) : *Lopar 571.* ☎ 775-004. • *pension-sanlorenzo.com* • *Pas loin de la jolie plage de Livačina. Tte l'année (hors saison, appeler la veille). Selon saison, doubles 54-85 €, petit déj compris ; apparts un peu plus chers. CB refusées.* Une grande maison dans un quartier résidentiel, un peu étouffé derrière les barres des hôtels du groupe *Imperial*. Chambres plaisantes et bien tenues, avec meubles en bois blanc, parquet flottant, douche-cabine, clim et balcon avec vue pour certaines. Frigo sur le palier. Également des ministudios (avec terrasse commune) et des appartements. Bon accueil.

Village Hotel San Marino (carte L'île de Rab, A1, 17) : *plage de San Marino.* ☎ 775-144. • *valamar.com* • *Mai-début oct. Selon hôtel, confort et saison, doubles 42-80 €/pers en ½ pens. Ajouter les taxes.* Un grand complexe hôtelier réunissant 5 établissements 3 étoiles (*Lopar*, le plus cher, a été entièrement rénové en 2012, le *Plaža* en 2014) sous la même enseigne, alignés en rang d'oignons sous les pins, face à la plage. Ils proposent des chambres conventionnelles. Resto, bar, tennis, mais pas de piscine.

Snacks de Livačina (carte L'île de Rab, A1, 18) : *sur la plage de Livačina.* 3 ou 4 snacks de plage se partagent ce joli petit coin, entre pinède et sable fin. On mange, les pieds dans le sable et la tête sous la paillote, des en-cas et quelques plats simples (brochettes, calamars). Beaucoup de monde, bien sûr.

|●| Gostionica Laguna (carte L'île de Rab, A1, **16**) : *Lopar 547, au niveau de l'arrêt des petits trains l'été.* ☎ 775-177. *Tlj midi et soir (horaires restreints en hiver). Plats 80-150 Kn ; pizzas 60-70 Kn.* Depuis 1968, c'est le resto chic du coin. L'été, les touristes profitent de sa salle ouverte pour passer commande d'une friture, d'un plat d'encornets farcis, d'une côtelette d'agneau ou d'une pizza. Bonnes lasagnes végétariennes aussi.

À faire

Le tour de la presqu'île de Lopar : belle randonnée de 16 km qui demande bien 4h. À faire de préférence hors saison, ou alors, en été, la fragmenter par des arrêts plage. Départ de Lopar-San Marino ou de la plage de Livaćina. Panneaux avec plan de la presqu'île et les distances de plage en plage. Les criques FKK (réservées aux naturistes) sont bien indiquées.

– Geotrails : les particularités géologiques de l'île ont justifié la création de plusieurs *Geotrails*, des parcours de randonnée (au total, 52 km), traversant des espaces remarquables, avec des panneaux explicatifs sur la géologie et la botanique. L'un d'eux part de *Supertarska Draga*, traverse la presqu'île de Kalifront et longe la côte en passant par Suha Punta, un autre va de *Rab-ville* à *Maman*, une petite île accessible à pied. Enfin, un dernier part du camping *San Marino* et file vers l'église de *Sv. Petar* à *Supertarska* par les crêtes.
Renseignements au centre d'interprétation *Geopark* à Rab-ville (voir « Adresses et info utiles ») ou à l'office de tourisme de Lopar qui organise, chaque jeudi de juin à septembre à 8h, une rando guidée en anglais gratuite de 3-4h.

Où plonger ?

Clubs de plongée

■ Moby Dick Diving Centar (carte L'île de Rab, A1, **40**) : *sur le port de Lopar.* ☎ 775-577. ● mobydick-diving.com ● Un petit centre de plongée (CMAS, PADI) un tantinet dilettante mais offrant de séduisants spots : grottes sous-marines, un tunnel dont l'entrée est à environ 15 m, avec une très riche végétation, et de nombreux spots de 1 à 40 m. Grand choix : baptême de plongée, nocturne, stage *Open Water*, sortie à la journée (dont l'île de Krk), visite à l'ancienne prison de l'île Goli (entre 2 plongées ou par bateau-taxi).

■ Kron Diving Centar (carte L'île de Rab, A1, **41**) : *Kampor 413A.* ☎ 776-620. 📱 097-671-28-46 ● kron-diving.com ● *Au bout de la rue principale du village, à gauche après le port. Tte l'année.* Excellente école de plongée (SSI) qui assure tous les niveaux de formation, y compris celui des instructeurs. À partir de 8 ans, 6 ans pour la formule découverte. Fourniture de tout le matériel, état impeccable. Moniteurs allemands, qui parlent l'anglais, l'espagnol et l'italien. Très sérieux.

Quelques spots de plongée

Les îles de Sveti Grgur et Goli otok (carte L'île de Rab, A1 et B1). Cette dernière servit de prison jusqu'en 1991. Beaucoup de poissons et de fort séduisantes gorgones.

Ćutin : les plus beaux fonds de l'île.

Dans la baie de San Marino (carte L'île de Rab, A1), **la grotte Medova Buza**, riche en stalagmites et autres « -tites » que l'on ne peut atteindre que par la mer. Profonde d'une cinquantaine de mètres, avec 5 salles. Une légende raconte qu'y vivait une ourse de mer.

Fête et manifestation

- *Carnaval de Lopar :* le jour du Mardi gras, on s'habille d'un pantalon blanc, d'une veste noire, d'une capeline rouge, de grands masques colorés. Musique traditionnelle et danses au son de la *mih,* la cornemuse locale.
- *Fête des Arbalétriers* (Rabska Fjera) : *3 j. fin juil.* ● *fjera.hr* ● Depuis 1364, grande « fête des Chevaliers ». On revêt pour l'occasion des habits médiévaux. Concours de tir à l'arbalète, concerts de tambours, fanfares, etc. Une fête joyeuse et assourdissante.

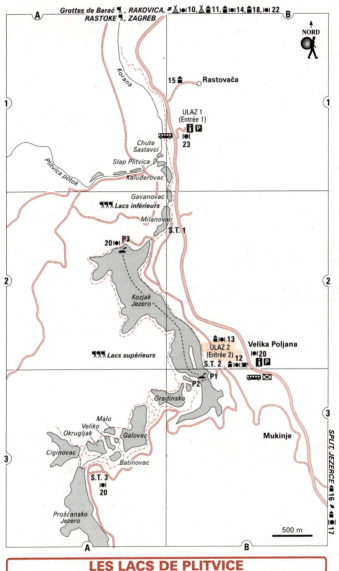

LES LACS DE PLITVICE

bus *Knežević* partent de Plitvice même à 15h15, 16h20 et 18h. Ils continuent jusqu'à Skradin (parc national de Krka).
➤ *De/vers Dubrovnik :* 1 bus le mat en saison (via Zadar et Split).

➤ *De/vers Pag, Novalja :* 1 bus/j. en fin d'ap-m pdt la saison touristique avec *Antonio Tours* (☎ *091-616-09-90 ;* ● *antoniotours.hr* ● *; possibilité de réserver en ligne).*

Adresses utiles

ℹ *Centres d'informations touristiques (plan B1 et B2) : entrées 1 ou 2.* ☎ *751-014 ou 774-015.* ● *np-plitvicka-jezera.hr* ● *Tlj 8h (env)-19h. Ouvre dès 7h en pleine saison.* Propose un plan complet des balades autour des lacs *(20 Kn),* mais celui imprimé au dos des tickets est tout à fait suffisant. Consigne à bagages gratuite. Change possible également.
ℹ *Tourist Information Grabovac : petit village au sud de Rakovica.* ☎ *(047) 784-303.* ● *tz-rakovica@ka.t-com.hr* ● *Ouv de mi-mai à fin sept tlj 8h-20h (21h en saison).* Office de tourisme efficace. Pratique si vous arrivez par le nord.
🅿 *Parkings : au niveau de chacune des entrées. Payant 7h-20h ; gratuit de mi-oct à mi-avr. Tarifs : 7 Kn/h (20 premières mn gratuites) ; forfait journée 70 Kn pour les camping-cars (nuit interdite).*
■ *Distributeurs de billets : devant la réception des hôtels du parc ainsi qu'aux entrées 1 et 2.*
■ *Location de barques : à l'embarcadère de l'entrée 2. Prévoir env 50 Kn/h.*

Où dormir ? Où manger ?

Pas de problème pour trouver une chambre chez l'habitant. C'est souvent la solution la moins chère mais mieux vaut être motorisé. Les campings, en revanche, assurent un aller-retour quotidien en navette avec les entrées du parc.

Au nord du parc

⋏ |●| *Camping Korana (hors plan par A-B1, 10) : à 6 km au nord de l'entrée 1 (à gauche en venant de Zagreb).* ☎ *751-888.* ● *np-plitvicka-jezera.hr* ● *Avr-oct. Selon saison, 180-210 Kn pour 2 avec tente, voiture et taxes ; chalet pour 2, 268-344 Kn, petit déj inclus. Navette gratuite pour le parc : départ à 9h, retour vers 17h.* Géré par le parc, un camping immense, aménagé sur un terrain planté de bouleaux tout en buttes et en vallons. C'est verdoyant à souhait. Si l'orage menace, on optera de préférence pour les hauteurs, évidemment. Sanitaires bien tenus, tous avec machine à laver. Les petits chalets en bois posés dans la prairie sont également plaisants (sanitaires communs proches). Plusieurs restos et snacks, *minimarket* cher. Piscine.

⋏ ≜ *Camp Bear (hors plan par A-B1, 11) : à Seliště Drežničko, au n° 52 (commune de Rakovica).* ☎ *(047) 782-272.* ● *plitvice-camping.com* ● *À 6 km au nord de l'entrée 1 (à droite, après le Camping Korana en venant de Zagreb). Avr-oct. Selon saison, 140-162 Kn pour 2 avec tente et voiture ; double 200 Kn. Navette privée (30 Kn/pers) pour le parc (entrées 1 et 2) : départ à 8h30, retour vers 16h30.* Petit *autocamp* privé, tout simple mais bien ombragé par des arbres fruitiers et à l'accueil francophone très amical. Sanitaires corrects et coin repas couvert. Les 30 emplacements sont légèrement en retrait de la route (peu passante en soirée). Propose également 4 chambres bien tenues à l'étage de leur maison, à prix d'amis.
≜ *Chambres d'hôtes chez Anka Bićanić (hors plan par A-B1, 18) : Poljanak 12A, à Poljanak.* ☎ *(053) 757-035.* 🗔 *091-520-52-21.* ● *perica bicanic@gmail.com* ● *Après le pont situé au nord de l'entrée 1 (direction Zagreb), prendre la route à gauche jusqu'au village de Poljanak, la maison se trouve sur les hauteurs. Double 52 €, petit déj compris.* Parmi les vergers qui dominent le village, bien au calme,

Pero et Anka ouvrent leur maison aux voyageurs, mais c'est elle la fée du logis ! Elle astique et fait reluire parquets et boiseries de ses 2 chambres. Lumineuses et disposant d'une bonne literie, ces dernières se partagent une même salle d'eau, mais comme tout est nickel, ce n'est vraiment pas un problème. Excellent accueil.

≜ *Chambres d'hôtes chez Milan et Ana Bićanić* (plan B1, 15) : Rastovača 15/1. ☎ (053) 774-373. • milan.bicanic2@ka.t-com.hr • À 200 m au nord de l'entrée 1, prendre la 1re à droite, la maison se trouve sur la gauche. Tte l'année. Double avec sdb 390 Kn, appart 435 Kn, petit déj en sus. Dans cette grande maison, les 2 apparts tout équipés occupent le rez-de-chaussée. Ils sont de grand confort : bonne literie, TV, clim, etc. Quant aux 3 chambres, elles sont à l'étage et possèdent pour la plupart un grand lit et un petit. Le petit déj (optionnel) se prend en demi-sous-sol ou dans le jardin. Le parc n'est qu'à un jet de pierre. Bon accueil.

≜ |●| *Hotel et Restoran Degenija* (hors plan par A-B1, 14) : Selište Drežničko 59, à *Rakovica*. ☎ (047) 782-060 (resto) ou 143 (hôtel). • hotel-degenija.com • À env 6 km de l'entrée 1, à gauche de la route vers Zagreb. Tte l'année. Résa vivement conseillée. Doubles 100-180 € selon saison, petit déj compris (un peu moins cher dans l'annexe juste à côté). Plats 60-140 Kn. Côté resto (ouvert à tous), grande demeure avec terrasse dominant la route et vaste salle claire et aérée sous véranda. Grand choix de viandes et de pizzas servies en 2 (grandes) tailles pour reprendre des forces après l'effort. Cuisine très correcte et service impeccable, mais, attention, ça se sait et en saison, c'est toujours complet. Venir tôt ou vers 21h pour le second service. Juste à côté, bel hôtel 4 étoiles de bon confort, aux chambres spacieuses et modernes. Quelques familiales avec terrasse également. Excellent accueil.

|●| *Plitvička Vrela* (hors plan par A-B1, 22) : à env 8 km de l'entrée 1, à droite de la route vers Zagreb, devant le camping Korita. ☎ (047) 784-498. Tte l'année, tlj 7h-23h. Plats 60-130 Kn, pizzas et lasagnes 30-75 Kn. Petit resto propret mais sans âme particulière, avec une terrasse en bord de route. Lasagnes, pizzas et quelques plats de viande à des prix corrects.

Dans le parc

Les hôtels et restos indiqués ci-après sont gérés par l'administration du parc.
● np-plitvicka-jezera.hr ●

≜ |●| 🛏 *Hotel Plitvice* (plan B2, 12) : face à l'entrée 2. ☎ 751-200 ou 015 (résas). Mars-oct (peut varier). Doubles 530-890 Kn selon standing et saison, petit déj compris ; ½ pens possible. L'hôtel en lui-même est plutôt réussi, avec des espaces communs clairs et aérés, donnant sur la forêt par de larges baies vitrées. La cinquantaine de chambres, réparties en 4 catégories (de la double « éco » à la triple), est au diapason : même look de conception vieillotte, repensé et bien entretenu. En revanche, on a trouvé la literie assez mollassonne (chose assez récurrente en Croatie). Parmi les plus chères, 4 profitent d'un balcon donnant sur le parc. Salle de resto de 160 couverts (beaucoup de groupes). Bon accueil.

≜ |●| *Hotel Jezero* (plan B2, 13) : face à l'entrée 2. ☎ 751-400 ou 500. Le 1er hôtel à droite en venant de Zagreb. Mars-oct (variable). Doubles standard 650-910 Kn selon saison, petit déj compris ; ½ pens possible. Un grand complexe de standing, rénové avec soin. Belles chambres avec quelques touches de couleur, profitant d'un bon niveau de confort et vue agréable sur la forêt depuis leurs grands balcons. Des suites, plus chères, également. Boutiques, bars et grand resto. Piscine couverte, sauna (en supplément), grand jacuzzi, *fitness center* et bowling.

|●| *Lička Kuća* (plan B1, 23) : entrée 1 du parc, au niveau du parking (parking gratuit sur validation du ticket). ☎ 751-014. Tlj 11h-22h. Plats 75-120 Kn. Ne forcez pas sur le pain et le fromage frais qu'on vous apporte en amuse-gueule, ici c'est copieux ! Plats de viande ou truites des lacs, jarrets de veau, agneau à la broche. Le cadre rustique en demi-sous-sol fait vite cantine, alors aux beaux jours, préférez la terrasse. Service pro et rapide. En été, des étudiants

viennent gratter la guitare sur les coups de 21h. Bonne ambiance.

|●| Cafétérias *(plan A2, A3 et B2,* **20***) : celles situées dans le parc sont accessibles billet en poche. Plats 35-50 Kn.* Cuisine vraiment très basique : poulet rôti, hamburger, saucisse, frites... L'une est proche de la station de bateau du lac Kozjak, côté lacs inférieurs ; environnement agréable, pelouse, aire de pique-nique et de sieste. Celle au point ST3 offre un cadre verdoyant, des tables dispersées sous les arbres. Préférez tout de même apporter votre sandwich !

Au sud du parc

🏠 ***Chambres d'hôtes chez Roža Pešut*** *(hors plan par B3,* **16***) : à* **Jezerce**. *À env 3 km au sud de l'entrée 2 (direction Zadar). Prendre à gauche, c'est au nº 39.* ☎ *774-026. ● roza.pesut1@ gs.t-com.hr ● Doubles 300-400 Kn selon saison, petit déj 45 Kn/pers ; dîner env 100 Kn/pers.* Roža est accueillante, elle vous propose 5 chambres doubles ou triples, toutes avec salle de bains et un grand appartement climatisé de 2 chambres (5 couchages possibles). Parquet flottant, TV satellite (programmes en français), douche-cabine, balconnet, tout est fait pour qu'on y reste. D'autant que la cuisine est fameuse ! Sinon, même rue, au nº 31, Milan Rapajić vous accueille avec un p'tit air méfiant dans un langage babélien... Ses 6 chambres constituent néanmoins une bonne adresse *(*☎ *774-369 ; doubles 300-370 Kn, petit déj inclus).* Et il y a aussi les voisins...

🏠 |●| ***Pansion Winnetou*** *(hors plan par B3,* **17***) : à* **Kapela Korenička** *20.* 📱 *091-728-54-51. ● pansionwinnetou.com ● À 6 km du parc, au sud en direction de Zadar à gauche au bord de la route peu après l'embranchement pour Bihać. Doubles 50-90 €, petit déj inclus. Plats 60-110 Kn.* Malgré son emplacement en bord de route qui peut laisser présager le pire, cet hôtel d'une quinzaine de chambres géré avec amour par Zlatko est un bon plan. Presque entièrement lambrissées, ses chambres offrent tout le confort souhaité. Certaines possèdent même un jacuzzi. Hors saison, ne vous en privez pas ! Sinon ici, la table est réputée. Préparés avec des produits frais, les plats conviendront aux viandards comme aux végétariens. Une bonne adresse.

À voir. À faire

🎯🎯🎯 ***Le parc :*** *tlj 7h-20h en été (vente de billet 7h-18h), 8h-18h en demi-saison, 9h-16h en hiver. Entrée variable selon saison : en hiver 55 Kn/j. ; en demi-saison 150 Kn/j. ; juil-août 250 Kn (mais 150 Kn pour les entrées à partir de 16h) ; pour 2 j., compter 90-400 Kn selon saison ; réduc 7-18 ans, groupes et étudiants. Billet valable également le lendemain de l'arrivée si l'on dort dans un des campings ou dans un des hôtels du parc (faire tamponner son billet). Pêche, chasse et baignade interdites.* Compter la journée pour la visite complète des lacs inférieurs et supérieurs (environ 4-5h de balade, sans les pauses). Le guide est superflu car les itinéraires sont fort bien balisés (par lettres et couleurs). Plusieurs parcours, de longueur différente : les A, B et C (3,5-8 km) au départ de l'entrée 1, E, F et H (5,1-8,9 km) au départ de l'entrée 2. Le plus long (K) fait 18,3 km. Attention, en hiver, ne sont ouverts que les parcours A, B et F (ce qui explique les tarifs réduits). Des navettes desservent en continu les différents

---

OH, LA VACHE !

La diva croate Milka Trnina offrit ses vocalises à l'Europe de la fin du XIXᵉ s : elle chanta au couronnement du tsar Nicolas II et se spécialisa dans le répertoire wagnérien. Généreuse, elle fit don du cachet de son gala d'adieu pour les premiers aménagements du parc de Plitvice. En Croatie, on considère que le Suisse Suchard baptisa pour elle son chocolat au lait... Milka. Mais la firme prétend, elle, que Milka provient de MILch et de KAkao (« lait » et « chocolat » en allemand). Bon, on s'en fiche un peu.

🛶🛶🛶 **Les lacs inférieurs** *(Dolna jezera)* : au nombre de 4, ils sont proches de l'entrée 1 et enserrés dans de profondes gorges. Après être passé entre les *lacs Kaluđerovac* et *Novakovića Brod*, le 1er site qui s'impose est le *Viliki Slap*, une impressionnante cascade dans un superbe cirque. En contrebas, la *Sastavci*, une belle chute née de la fusion de la cascade et des eaux de Plitvice, qui donne naissance à la rivière *Korana* (plus loin en aval, des ours ont leurs habitudes). Puis on remonte tranquillou vers le premier des lacs supérieurs, le plus grand de Plitvice, le *lac Kozjak*, profond de 46 m (*Kozjak* ou « lac des Chèvres », du jour où une trentaine d'entre elles s'y noyèrent), au fil des minicascades (notamment celle de *Milka Trnina*, entre les lacs Gavanovac et Milanovac). À l'extrémité du lac (P3) se trouvent la buvette (bel environnement pour casser une graine) et l'embarcadère du bateau électrique menant aux autres lacs supérieurs *(ttes les 30 mn 8h-18h)*. Cela dit, les sportifs peuvent continuer à pied en longeant la rive.

🛶🛶🛶 **Les lacs supérieurs** *(Gornja jezera)* : on en dénombre 12. À l'arrivée du bateau, en P2, retour possible vers l'entrée 2 par un autre bateau, via P1. Les autres continuent la balade à droite en contournant le *Burget* (série de minilacs s'écoulant par petits sauts) et le *lac Gradinsko* sur leur droite. On mesure vraiment ici le merveilleux de cet écosystème. Les passerelles de bois enjambent des ruisseaux impétueux, puis traversent de paisibles étangs, zigzaguant entre les arbres noyés et des bosquets de plantes. Les eaux changent sans cesse de couleur en fonction du type d'algues qui tapissent le fond, masses sombres ou teintes lumineuses de lagon. Tout se joue en quelques mètres. Aucune pièce d'eau ne présente le même aspect. Avec de prodigieux effets, lorsque les sapins couchés dans l'eau s'habillent de mousses et de lichens, tandis que leurs branches hors de l'eau apparaissent nues et blanches. C'est dans le treillis des sentiers entre les *lacs de Gradinsko* et *Galovac* que l'on s'en aperçoit le mieux. Au passage, les pittoresques *chutes* en rideau de *Veliki Prštavci*. Puis, au-delà, les *lacs de Vir, Malo, Batinovac, Veliko, Okrugljak* (qui signifie « forme ronde ») et *Ciginovac*, bien en contrebas. Le *lac Prošćansko* (40 m de profondeur et 2e par la superficie) boucle cette balade. Arrivé au lieu-dit *Labudovac*, on trouve la navette au point ST3 qui redescend aux 2 entrées.

🛶🛶 **Autres sentiers** : pour éviter les foules, on peut sortir des circuits les plus courus. Un sentier de randonnée part de l'entrée 1 (marquage en forme de cocarde blanche entourée de rouge). Pas toujours facile d'apercevoir un bout de lac, mais on est à l'ombre du sous-bois. En 2h30, on grimpe au sommet le plus haut du parc (le *Medvjeđak*, 889 m) puis on redescend en 2h à l'entrée 2. Certes, ce parcours ne permet pas de tout voir (il suit essentiellement le plus bas des lacs supérieurs, le *Kozjak jezero*), mais il offre de belles vues et la possibilité d'observer des plantes carnivores et des orchidées. Pas de difficulté majeure.

On peut aussi parcourir le parc sur de vrais chemins pour randonneurs en pleine forêt (cartes et guides disponibles aux entrées 1 et 2).

DANS LES ENVIRONS DES LACS DE PLITVICE

🛶 **Les grottes de Barać** *(Baraćeve spilje ; hors plan par A1)* : *à Rakovica,* à 15 km au nord du parc. ☎ *(47) 782-007.* ● *baraceve-spilje.hr* ● *Bien fléché sur 7 km depuis la route de Zagreb au niveau de Rakovica mais aussi de Grabovac (fléché). Juil-août, tlj 9h-19h ; avr-juin et sept, tlj 10h-18h ; oct, tlj 10h-17h ; mars, seulement ven-dim 10h-17h. Résa conseillée hors saison. Entrée : 60 Kn en été et 50 Kn hors saison ; réduc. Tours guidés en anglais, env ttes les heures (selon affluence) ; durée 40 mn. Température : 9 °C tte l'année, prévoyez une laine.* De tous temps ces grottes ont abrité du beau monde : des ours des cavernes d'époque glaciaire, hauts de 2,50 m, mais aussi des humains (un bracelet datant du VIIe s av. J.-C. y a été découvert). Quelques cadavres ont témoigné des conflits qui sont passés par là. Des 3 grottes répertoriées, une seule est visitable. Longue de 520 m, on en parcourt les 200 premiers mètres. Stalactites (et... -mites) sont plus intéressantes pour l'aspect « forêt de pattes d'éléphant » que pour leur délicatesse. Comme souvent, l'intérêt de la visite dépend surtout du guide et de votre aptitude à comprendre l'anglais.

🏃 *Rastoke* (hors plan par A1) : *à 30 km au nord du parc, en direction de Zagreb ; juste après Slunj ; en contrebas de la route.* ● slunj-rastoke.com ● *Lun-jeu 10h-21h (20h hors saison), ven-dim 9h-22h (21h hors saison). Fermé mar hors saison. Entrée : 30-40 Kn selon saison ; réduc.*
Un petit hameau qui agrippe ses maisons en bois à flanc de falaise. C'est ici que fut tourné le 1er *Winnetou,* un western à l'eau de rose qui fit un tabac en Allemagne dans les années 1960.
Ici, le phénomène géologique est identique à celui des lacs de Plitvice. Il génère un joli réseau de bassins, sur un plateau de tuf (où sont posés les maisons et les moulins du village), qui se déversent en cascade dans la rivière en contrebas. C'est mignon tout plein et contrairement à Plitvice, on peut s'y baigner.
🍸 Pour agrémenter le moment, on peut faire une halte au bar **Vodena Ovca** *(juste après le pont en bois, après avoir pris l'entrée n° 1 quand on vient de Zagreb ; avr-oct 8h-23h),* dont la terrasse surplombe une cascade.

VERS LA CÔTE DALMATE

➢ Pour se rendre vers *Rijeka* et l'*Istrie,* les *îles de Rab, de Krk...* prendre la route intérieure qui passe par Otočac et Senj. Elle traverse un plateau quasi désert qui porte encore les stigmates de la guerre des années 1990-92 : maisons détruites ou criblées de balles. Ne pas s'en approcher, il peut rester des mines. Puis la route se hisse jusqu'au **col de Vratnik** (698 m), avant de redescendre sur Senj, embrassant un panorama superbe.
Si l'on vient de Rijeka, la route, souvent côtière, fait passer par Crikvenica et Selce, sans grand intérêt. Novi Vinodolski est déjà plus intéressant. Entre cette localité et Senj, quelques petits campings tout simples, bien sympathiques, situés dans des criques ou sur de petits promontoires, certes pas très loin de la route, mais avec la mer tout près : *Kamp Kozica* après Klenovica, un peu plus loin *Kamp Sibinj* et *Kamp Bunica.*

SENJ (53270)   4 800 hab.   IND. TÉL. : 053

À une bonne soixantaine de kilomètres au sud-est de Rijeka. D'apparence un peu rude et grise, Senj (prononcer « Sègne »), et son centre ancien corseté de murailles, mérite bien une petite halte. Au programme : quelques ruelles et placettes animées en été, notamment en juillet (Festival médiéval des Uskoci) et en août quand arrive le moment du 2^d carnaval, qui se déroule sur 6 jours.
🅿 *Parking* (payant) sur le port.

UN PEU D'HISTOIRE

Connue bien avant la conquête romaine sous le nom de *Sénia,* Senj voit débarquer les Frankopans au XIIIe s. Ces nobles chevaliers croates originaires de l'île de Krk s'en empareront pour la garder 2 siècles. Mais en 1537, après la prise de la

L'ÎLE DE PAG | 213

forteresse de Klis (près de Split) par les Ottomans, des populations chrétiennes de Bosnie viennent s'installer à Senj à l'invite des Habsbourg. Une fois sur place, ces Uskoci (ou Uscoques en v.f.), se servent de Senj comme base arrière pour rançonner les navires vénitiens (malins, les Autrichiens). Un traité signé entre Venise et les Autrichiens met un terme à leurs agissements. Les Uskoci furent expédiés dans les environs de Karlovac, à l'intérieur des terres.

Où manger ? Où boire un verre ?

|●| ♈ Konoba Lavlji Dvor : *Petra Preradovića 2. ☎ 882-107. De la cathédrale, prendre le trg Cimiter, puis le Stari trg jusqu'à la rue Preradovića. Ouv avr-sept, tlj 11h-23h. Plats 50-95 Kn, pizzas 45-50 Kn ; poisson 320 Kn/kg.* Décor suranné de resto au mobilier lourd, resté scotché dans le temps. On y découvre une cuisine qui marie la mer aux traditions montagnardes du Velebit. À déguster l'été dans la petite cour sur l'arrière, autour de l'ancien puits. En plus, la charmante serveuse vous aidera à piocher dans la carte dans la langue de Molière. Bonne bière croate à la pression.

À voir

⚔ Les remparts : importants vestiges renforcés de tours. Bien visibles de la route venant de la montagne.

⚔ La cathédrale Sainte-Marie (katedrala Sv. Marije) : *dans le centre-ville.* Des XIIe et XIIIe s, mais sérieusement amochée pendant la Seconde Guerre mondiale. Elle fut reconstruite en 1950 en essayant de respecter son style vénitien. Intérieur pauvre, avec toutefois un autel en marbre blanc du XVIIIe s et, au-dessus de l'entrée de la sacristie, la tombe de style gothique d'un évêque mort à la fin du XIVe s.

⚔⚔ Le musée de la Ville (Gradski muzej) : *dans une petite rue en contrebas de l'église. ☎ 881-141. De mi-juil à fin août : lun-ven 7h-15h, 18h-20h ; sam 10h-12h, 18h-20h ; dim 10h-12h. Le reste de l'année : lun-ven 7h-15h. Entrée : 20 Kn ; réduc.* Sections consacrées aux découvertes archéologiques, au glagolitique et au massif du Velebit.

⚔ Beau porche Renaissance au n° 2 de la rue juste à droite du musée (curieux visage barbu au fronton).

⚔⚔ Le fort de Nehaj (tvrđava Nehaj) : *à pied, par un chemin, à moins de 1 km de la vieille ville. Mai-oct, tlj 10h-18h (21h juil-août). Entrée : 20 Kn ; réduc.* Construit par les Uscoques en 1558 et superbe, sur la colline dominant la ville. Aux 4 coins, tourelles carrées à encorbellement. On y voit en particulier des collections de costumes, d'armes de l'époque des Uskoci. En saison, café-resto à l'intérieur.

L'ÎLE DE PAG   7 600 hab.   IND. TÉL. : 023

● Carte *p. 215*

Connue sous le nom de Cissa durant l'Antiquité et mentionnée par Pline le Jeune au Ier s apr. J.-C., Pag, aujourd'hui reliée au continent par un pont (gratuit) dans sa partie sud, apparaît d'emblée beaucoup plus minérale

LE NORD DE LA DALMATIE

et désertique. Ses vastes étendues de roche nue sont balayées sans pitié par la *bora*, ce vent qui souffle du continent, à peine ralenti par les murets édifiés par les bergers. Heureusement, ce mince ruban de 57 km, d'une largeur oscillant entre 2 et 10 km, ne manque pas de jolies criques protégées des caprices d'Éole où il est agréable de se baigner. Au nord de l'île, la vigne et l'olivier dominent, tandis qu'au sud, nettement moins fertile, ce sont les marais salants qui constituent l'essentiel du paysage. Il y a encore 40 ans, les 2 tiers des habitants de Pag travaillaient dans le sel. D'où cet antagonisme qui animait les Pagois. Ceux du Nord priaient pour qu'il pleuve, tandis que ceux du Sud ne juraient que par le soleil. Heureusement, la brebis a mis tout le monde d'accord et la réputation du *paški sir*, le fromage local, a aujourd'hui largement dépassé les frontières de la Croatie pour son goût incomparable.

FAIRE DANS LA DENTELLE...

Pag est réputée pour sa dentelle au fil de lin d'une finesse extraordinaire. À l'époque des Habsbourg, la cour impériale avait même en permanence à son service 2 dentellières, reines des triangles, cercles et rosaces. À ne pas confondre avec la technique des dentellières de Hvar qui travaillent, elles, avec du fil d'agave.

PAG *(la ville ; 23250 ; 2 950 hab.)*

● Plan *p. 216-217*

Au fond d'une profonde baie, la capitale de l'île possède un charme indéniable avec ses ruelles de dalles lustrées par le temps, ses beaux restes d'architecture vénitienne et son petit port garni de terrasses. Même en pleine saison, ce n'est pas envahi de touristes. Hors saison en revanche, c'est un peu le calme plat, et les restos ouverts ne courent pas les rues. Une exception : février, à l'occasion du plus ancien carnaval de l'Adriatique. Il a tellement de succès qu'on en a même créé un 2e fin juillet !

Un peu d'histoire

Il y eut d'abord les Illyriens, puis les Romains, bien entendu, qui furent à l'origine du nom de l'île (Pagus). Au XVe s, Pag fut occupée par les Vénitiens. La ville de Starigrad, perchée sur la colline à 3 km au sud, ayant été détruite lors d'un raid des habitants de Zadar, une nouvelle cité fut reconstruite à côté à partir de 1443, suivant un rigoureux plan en damier. Ce fut Georges le Dalmate (Juraj Dalmatinac) qui conçut la ville. Elle fut édifiée en moins de 30 ans, et ses habitants s'y installèrent en une journée ! Au début du XXe s, la ville comptait 2 fois plus d'habitants qu'aujourd'hui. Ils durent migrer en masse suite à l'attaque de leurs vignes par le phylloxéra.

Arriver – Quitter

En bus

Toutes les compagnies de bus s'arrêtent et partent au niveau du grand parking proche du port *(plan Pag – la ville C2)*. La compagnie *Antonio Tours* (● antoniotours.hr ●) fonctionne tte l'année, la plupart des autres sont saisonnières.

➢ *Zagreb :* 6 bus/j. en saison ; 3 le mat, 1 à midi, 2 l'ap-m.
➢ *Rijeka :* 2 bus/j. tte l'année ; 1 tôt le mat, l'autre à midi.
➢ *Zadar :* 9 bus/j. en saison.

L'ÎLE DE PAG / PAG | 215

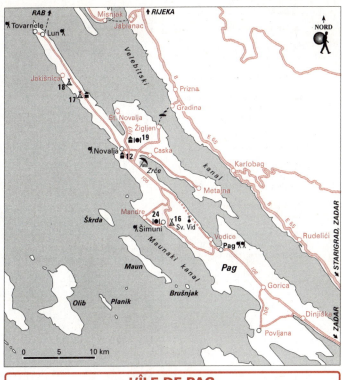

L'ÎLE DE PAG

⚑ ≜ Où dormir ?
- **12** Big Yellow House Hostel
- **16** Camping Šimuni
- **17** Auto Camp Dražica et Villa Mediteran
- **18** Auto Camp Skovrdara
- **19** Hotel Boškinac

|●| Où manger ?
- **24** Konoba Didova Kuća

➢ **Novalja :** 6-12 bus/j. selon saison.
➢ **Plitvice :** 1 départ à 9h30 avec *Antonio Tours*.

En bateau

➢ **Du port de Prizna** *(à côté de Gradina)*, entre Jablanac et Karlobag, liaison avec le port de **Žigljen.** Juil-août, départs vers l'île ttes les heures, 4h-23h45. Vers le continent, départs minuit-23h. Liaisons ttes les 1h30 hors saison, 5h40-22h. Compter 17 Kn/adulte et 96 Kn/voiture.

➢ **Rijeka :** juin-sept, 1 catamaran de la compagnie *Jadrolinija* relie Rijeka et Pag (Novalja), via Rab. Départ à 17h de Rijeka, retour le lendemain mat. Trajet : 2h40. Compter 80 Kn. Le reste de l'année, départ de Rijeka à 15h, retour à 9h.

➢ **Rab :** liaison avec **Tovarnele,** le port de Lun, au nord de l'île, avec la compagnie *Rapska Plovidba*. Pour piétons et cyclistes seulement. 1 traversée tlj à 7h30, plus à 10h et 16h mar-ven en juil-août. Dans l'autre sens, départ à 12h tlj, plus à 9h et 17h mar-ven en

- **Adresses utiles**

- Office de tourisme (zoom C3)
- 1 Maricom Tourist Service (zoom C3)

- **Où dormir ?**

- 13 Apartmani K & M (hors plan par A2)
- 14 Hotel Pagus (C2)
- 15 Hotel Belveder (C1)
- 20 Hotel Tony (B1)

- **Où manger ?**

- 20 Hotel Tony (B1)
- 21 Tamaris (zoom C2)
- 22 Restoran Na Tale (zoom C3)

- **Où boire un verre ?**
- **Où danser ?**

- 40 Konoba Bile (zoom C2)
- 41 Caffe-bar Riva (zoom C3)
- 43 Club Vortex (zoom C3)

LE NORD DE LA DALMATIE

PAG – La ville

218 | LE NORD DE LA DALMATIE / DES LACS DE PLITVICE À ZADAR

hte saison également. Juin et sept, au moins 1 traversée/j. à 7h30 de Tovarnele, à 12h de Rab. L'hiver, 1 traversée les lun, mer et ven seulement. Compter 45 Kn/pers. Rens : ☎ 724-122. 📱 098-991-14-09. ● rapska-plovidba.hr ●

Adresses et info utiles

❶ @ **Office de tourisme** (plan Pag – la ville zoom C3) : *vela Ulica (la rue qui va de la place de l'église au port).* ☎ 611-286. ● tzgpag.hr ● *Tlj 8h-22h en juil-août (20h en mi-saison, 15h en hiver).* Personnel efficace et infos précises. Bon choix d'hébergements chez l'habitant sur le site. Carte de la ville, de l'île et des sentiers pédestres. Accès internet.

■ **Maricom Tourist Service** (plan Pag – la ville zoom C3, 1) : *S. Radića 8.* ☎ 612-266. ● pag-tourist-service.hr ● *Tlj 8h30-22h en hte saison.* Location de chambres et d'appartements (riche catalogue visible sur le site).

🅿 Parking au port de plaisance et à l'entrée nord-est de la ville, sinon, stationnement gratuit en s'éloignant un peu.

Où dormir ?

LOGEMENT CHEZ L'HABITANT

🏠 **Apartmani K & M** (hors plan Pag – la ville par A2, 13) : *A. Senoe 46.* ☎ 611-454. 📱 091-886-99-71 *(Karmen).* ● apartments.km@gmail.com ● *À env 2 km du centre, de l'autre côté de la baie, prendre la route côtière jusqu'aux dernières maisons, puis descendre le chemin à droite (repérer le n° 46 sur la maison). Mai-sept. Studios 35-70 € pour 2 selon saison, apparts 80-120 € pour 4. Séjour 2 nuits min en juil-août. CB refusées.* 2 studios et 3 appartements de taille variable, le plus grand pouvant accueillir jusqu'à 6 personnes (2 chambres de 3 lits). Dans un grand pavillon moderne surplombant la mer, bordé par un petit jardin fleuri avec une belle piscine. Le mobilier est un peu vieillot mais c'est très clean. Grande terrasse avec mobilier de jardin et coin barbecue à disposition. Accueil souriant des proprios qui habitent sur place.

HÔTELS

De prix moyens à très chic

🏠 |●| **Hotel Tony** (plan Pag – la ville B1, 20) : *Dubrovnacka 39.* ☎ 611-370. ● hotel-tony.com ● *6 avr-10 oct. Doubles avec sdb 52-86 € selon saison, petit déj compris. ½ pens possible. Parking. 10 % de remise sur présentation de ce guide.* À l'écart du village et en bord de mer (plage privée avec transats et *beach bar*). Un hôtel familial d'une vingtaine de chambres (toutes avec 3 lits). L'ensemble est d'une tenue correcte et d'un rapport qualité-prix convenable. Resto de poisson réputé, animé le soir en saison par quelques groupes de musiciens. Très sympa. Excellent accueil.

🏠 **Hotel Belveder** (plan Pag – la ville C1, 15) : *Veli Brig 20.* ☎ 612-564. ● belveder-pag.com.hr ● *Mai-oct. Doubles 60-120 € selon vue et saison, petit déj compris. ½ pens possible 15 €/pers. Parking.* Accroché sur un piton rocheux surplombant une calme petite anse, à proximité du centre-ville, un hôtel de bon confort même si l'entretien accuse parfois quelques faiblesses. Chambres à la déco sobre, avec douche-cabine, clim, TV et frigo. La plupart possèdent un balcon, les plus chères donnent sur la mer. En prime, fitness, sauna, piscine et plage accessible par l'ascenseur. Restaurant.

🏠 **Hotel Pagus** (plan Pag – la ville C2, 14) : *Ante Starčevića 1.* ☎ 611-310. ● hotel-pagus.hr ● *Avr-oct. Doubles 920-1 740 Kn selon vue et saison, avec petit déj. Parking gratuit mais limité.* À deux pas du centre historique, l'hôtel le plus grand et le plus chic de la ville déroule sa terrasse face à la baie (petite plage publique juste devant). Dans un bâtiment de conception moderne, chambres spacieuses mais classiques, au confort excellent (clim, minibar, grande salle de bains). Toutes avec balcon, mais celles avec vue sur mer coûtent 20 % de plus que de celles donnant sur le parking. Piscine et *wellness centre*. Restaurant.

Où camper ? Où manger dans les environs ?

Camping Šimuni (carte L'île de Pag, **16**) : à *Šimuni* (23251), à 7 km au nord-ouest de Pag. ☎ 697-441 ou 442. • camping-simuni.hr • *Tte l'année. En hte saison (de mi-juil à fin août), env 50 € pour 2 avec tente et voiture (emplacement le moins cher). Ajouter les frais de dossier en cas de résa (30 € !). Loc de mobile homes.* Pour ce prix élevé, on profite du cadre magnifique d'une forêt dégringolant en pente douce vers une longue plage. Emplacements ombragés bien délimités, reliés par un réseau d'allées piétonnes ou réservées aux véhicules. Équipements à la hauteur : restos, bars, épicerie, aires de jeux pour les enfants, animations nombreuses ; et pour les sportifs, tennis, plongée, kayak, location de bateaux et de jet-ski... En revanche, peu d'intimité, ce « paradis » peut recevoir jusqu'à 4 500 personnes en haute saison et il continue de s'agrandir !

Auto Camp Dražica et Villa Mediteran (carte L'île de Pag, **17**) : *sur la côte ouest, à 10 km au nord-ouest de Novalja en direction de Lun.* ☎ 098-416-759 (camping) et 099-298-24-17 (Villa Mediteran). • autocampdrazica.com • villa-mediteran.com.hr • *Mai-sept. Env 18-36,50 € selon saison. Double 120 €. CB refusées.* Petit camping d'une quarantaine d'emplacements en terrasses, et avec de l'ombre. Là aussi, on est les pieds dans l'eau. Pas de supérette. Petit resto à l'entrée. Attenante au camping, une belle petite réalisation hôtelière de 12 chambres vraiment très soignées avec lit *king size,* clim, TV câblée, frigo, terrasse et vue sur la mer pour tout le monde. Accueil bien sympathique.

Auto Camp Skovrdara (carte L'île de Pag, **18**) : *sur la côte ouest, à env 11 km au nord-ouest de Novalja en direction de Lun.* ☎ 091-886-63-69. • campskovrdara.com • *Mai-oct. Prévoir env 100-160 Kn pour 2 pers, tente et voiture selon saison. CB refusées.* Dans une oliveraie qui descend en paliers vers la mer, un petit camping familial. Là aussi, de bons emplacements. Sanitaires nickel (eau chaude). Eau potable mais pas d'électricité. Bon accueil d'Elvis.

|●| Konoba Didova Kuća (carte L'île de Pag, **24**) : *Šimuni 39.* ☎ 697-219. *De mi-avr à fin oct, tlj 13h-23h. Plats 75-100 Kn.* Une terrasse sous la treille, le regard sur la mer. Voilà pour le décor de ce resto tendance bio tenu par une famille de céramistes. La cuisine fait dans le local : le fromage, la charcutaille, le poisson et le vin sont mis à l'honneur. Essayez le plateau terre et mer (copieux), idéal pour faire le tour de la gastronomie du coin. Sinon, agneau sauce aux herbes, raviolis maison et bien sûr le poisson. Une cuisine pleine de saveur, servie avec beaucoup de gentillesse.

Où manger ?

|●| Restoran Na Tale (plan Pag – la ville zoom C3, **22**) : *S. Radića 2.* ☎ 611-194. *Tlj jusque tard. Congés : Noël-fév. Plats 70-145 Kn, pizzas 45-62 Kn ; poisson 440 Kn/kg (cher).* Reconnu comme le meilleur resto de la ville, surtout pour le poisson. De bonne taille, il dispose de salles claires et agréables, d'une terrasse peu ombragée ou d'une cour intérieure bien fraîche. Grand choix à la carte : *fritura Na Tale, risotto Na Tale,* assiette de fromage de Pag, *janjetina* (sur commande), etc. Service impeccable et efficace.

|●| Tamaris (plan Pag – la ville zoom C2, **21**) : *Križevačka bb.* ☎ 612-277. *Tte l'année, tlj. Plats 50-120 Kn.* Resto classique, cadre plaisant bien léché (jolie salle aux tons crème flanquée d'une cheminée ainsi qu'une petite terrasse) pour une honnête cuisine traditionnelle. Loue des chambres et un appartement au-dessus.

Où boire un verre ? Où danser ?

Konoba Bile (plan Pag – la ville zoom C2, **40**) : *J. Dalmatinca 35. ☎ 611-127. Tlj 19h-2h.* Une petite auberge comme on les aime. Aux beaux jours, on y boit un coup de blanc dans la rue, où quelques tonneaux font office de tables. Pour accompagner le nectar, jambon dalmate et fromage de Pag.

Caffe-bar Riva (plan Pag – la ville zoom C3, **41**) : *sur le port. Tlj 8h-2h.* LE rendez-vous des jeunes, devant le palmier.

Club Vortex (plan Pag – la ville zoom C3, **43**) : *au pied du pont à gauche. Tlj. Bar 7h30-2h ; disco 21h-6h.* Autre bar à cocktails incontournable pour les djeuns. DJ set en terrasse et *bouâte* à l'intérieur quand il ne fait pas chaud.

À voir

La vieille ville : se balader le nez au vent dans les vieilles ruelles. Derrière la patine se cachent de nobles demeures de style vénitien. Ici et là, une porte gothique, un linteau ouvragé, une belle fenêtre sculptée, un portail... Les rez-de-chaussée abritent les réserves des commerçants ou des vignerons locaux. Dans la pénombre s'affinent les vieux *paški sir*. Cependant, peu de chances de pouvoir en acheter un, car ils sont réservés longtemps à l'avance (noms des familles collés dessus). Consolez-vous, ceux de la coopérative sont très bons.
Plus loin, des vieilles dames vendent leurs dentelles. Bien sûr, assez cher, mais quel beau travail !

La cathédrale Sainte-Marie (katedrala Sv. Marije ; plan Pag – la ville zoom C2-3) : appelée également **église de l'Assomption,** achevée en 1487 et de style Renaissance. Façade toute de simplicité et harmonieuse. Noter la petite rosace ciselée comme de la dentelle de Pag. À l'intérieur, plan à 3 nefs sans transept et belle pierre blanche. Chapiteaux de style corinthien ou historié. Dans le chœur, un retable baroque. Dans la chapelle à droite, un christ très ancien en bois, et sur sa gauche, un joli chapiteau figurant saint Georges tuant le dragon.

En face de la cathédrale, le **palais du Recteur** (Kneževdvor), datant du XVe s également, propose des expositions temporaires gratuites au rez-de-chaussée. À gauche, le **musée de la Dentelle** (galeria Paške Čipke ; plan Pag – la ville zoom C3 ; *de mi-juin à sept, tlj 10h-13h, 20h-22h, mais horaires très variables ; entrée : 10 Kn*). Seule et unique pièce, expo des plus belles productions de dentelle de l'île. De l'autre côté de la place, le **Musée ethnographique** (muzej Etno ; zoom Pag – la ville C2 ; *juil-sept 10h-12h, 19h-22h ; GRATUIT*). Collection de costumes traditionnels et objets anciens.

2 ruelles plus loin, l'**église de l'Annonciation,** bien rénovée, et le **monastère bénédictin Sainte-Marguerite** (Benediktinski samostan Sv. Margarite ; plan Pag – la ville zoom C2). Petit musée *(juin-oct, tlj 17h-21h ; entrée : 10 Kn).* Expo de bijoux légués par les nonnes lors de leur entrée au couvent, diverses broderies – dont une du XVIIIe s, la plus ancienne de l'île –, objets religieux et une vidéo intéressante présentant leur quotidien. On pourra également acheter une sorte de biscotte *(baškotin)* fabriquée avec amour par les nonnes.

L'église Saint-Georges (crkva Sv. Juraj ; plan Pag – la ville zoom C2) : *angle Juraj Dalmatinca et Vangrada*. Adorable, avec son fronton en forme de trèfle et oculus ouvragé. Fermée en journée.

L'ÎLE DE PAG / À VOIR. À FAIRE DANS LES ENVIRONS | 221

🛉 *La vieille tour* (plan Pag – la ville zoom C2) : *en bas de la Skrivanat.* Tour de 1465 d'où un guetteur consignait les mouvements des bateaux dans le port, surtout ceux chargés de sel. Elle servit ensuite de prison.

🛉 En tournant ensuite à gauche, on marche, sans s'en apercevoir, sur les **anciens remparts** *(plan Pag – la ville zoom C2).*

🛉 Arrivé au port, remarquer en face, au-delà de la petite jetée de pierre, les **salorges** *(plan Pag – la ville B-C3),* à l'élégante architecture. Elles furent construites avec les pierres des remparts et servirent, à l'âge d'or du sel, pour son stockage. On y trouve un petit **musée du Sel** *(zoom Pag – la ville B-C3 ; juil-sept 10h-13h, 20h-22h ; entrée : 10 Kn).*

À voir. À faire dans les environs

🛉🛉 Nombreuses possibilités de randonnées, soit pédestres, soit à VTT. Par exemple, la balade qui fait tout le tour de la *baie de Pag,* celle du long des salines ou la route des crêtes. Demander à l'office de tourisme la carte des chemins ou sentiers, faisables à pied ou à VTT.

🛉 Tout au nord, dans la pointe de l'île, le petit port de pêche de **Tovarnele.** Quelques restos-bars et un glacier. Plusieurs petites plages de galets ou simplement de rochers. On y trouve aussi un **Point Info** *(de mi-mai à fin oct, lun-sam 8h-16h, dim 8h-12h).* Attention, pas de transports publics. Si vous arrivez par le bateau, le taxi pour Novalja coûte 250 Kn.

🛉 À moins de 1 km, le village de **Lun,** où un petit parcours parmi les oliviers a été aménagé. Il y en a 80 000 et certains sont vieux de 1 600 ans ! *(Visite guidée en anglais tlj en été 8h-20h ; entrée : 15 Kn.)*

🛉 **Novalja :** *grosse station balnéaire à une vingtaine de km au nord de Pag.* Marina, restos alignés comme à la parade. Plusieurs hypermarchés sur la route qui évite le centre et des hébergements qui poussent comme des champignons pour caser le nombre toujours croissant de clubbers... Car Novalja est devenue l'Ibiza croate, mais version plutôt low cost, voire carrément bas de gamme. Le jour, elle résonne du ballet incessant des scooters et des quads, la nuit (mais aussi le jour), c'est sur la **plage de Zrće** que ça se passe : saut à l'élastique, jet-ski, *wakeboard,* cacophonie d'électro, bikinis et torses tatoués, poulets-frites et Coca-Cola. La nuit, les 3 mégaboîtes en plein air expulsent leurs watts à en faire vibrer les galets de la plage... Sinon, quelques vestiges d'une implantation romaine (aqueduc souterrain, entre autres, autour duquel a été construit un musée). À quelques kilomètres de là, le village de **Stara Novalja,** qui s'étale tout en longueur le long de la mer.
➤ Depuis Pag, 6-12 bus/j. selon saison. La gare routière est située en face de l'*Hiper Novalis,* sur le périphérique qui contourne le centre. On y trouve le bureau de la compagnie *Antonio Tours* (☎ *661-500 ;* ● *antoniotours.hr* ●). Liaisons pour Senj, Zagreb, Zadar, Split et Plitvice.

🏠 Innombrables **chambres** à louer, voir à l'office de tourisme : ☎ *661-404.* ● *tz-novalja.hr* ●
🏠 **Big Yellow House Hostel** *(carte L'île de Pag, 12) :* Lokunje 1. *Dans le centre, en bord de plage, juste derrière l'arrêt des bus.* ☎ *663-539.* ● *bigyellowhostel.com* ● *De mi-avr à fin oct.* Lit en dortoir 100-270 Kn selon saison, petit déj compris. Un hôtel jeune et branché idéalement situé en bord de plage et plutôt fait pour des nuits en pointillés. Dortoirs de 4 à 8 lits, avec ventilos (pas de clim) et assez lumineux, la plupart avec balcon ouvert sur la mer. Grande cuisine très bien équipée. Salle commune avec grande TV. Un bon point de chute pour lier des amitiés avant de partir faire la fête.
🏠 ⦿ **Hotel Boškinac** *(carte L'île de Pag, 19) : à 1,5 km à l'est de Novalja, par une petite route à droite avt Stara*

LE NORD DE LA DALMATIE

Novalja. ☎ 663-500. ● *boskinac.com* ● *De mars à mi-oct. Doubles standard 1 500-2 200 Kn selon saison, petit déj compris.* Le meilleur hôtel de l'île, à l'orée d'une forêt de pins et à l'écart de l'agitation de Novalja. 8 chambres spacieuses et confortables, aménagées avec beaucoup de goût (également 3 suites, plus chères). Resto chic et cellier réputé pour ses vins de qualité. Belle piscine sur une terrasse verdoyante, salons cossus... Massages en extérieur l'été. Une adresse de charme rare.

Šimuni : beaucoup moins touristique que Novalja. Petit port voisinant avec une marina, mais, dans les environs, des eaux genre lagon, en particulier entre le village et le camping. À quelques kilomètres au nord, joli port de poche de *Mandre,* avec pinède. Bonne table à la *Konoba Didova Kuća* (voir chapitre de Pag-ville, « Où camper ? Où manger dans les environs ? »).

LE PARC NATIONAL DE PAKLENICA   IND. TÉL. : 023

● Plan *p. 223*

Classé « Réserve de la biosphère » par l'Unesco pour son exceptionnelle richesse géologique et son écosystème remarquablement préservé, le massif du *Velebit* est la chaîne de montagnes la plus haute du pays avec des sommets de plus de 1 700 m plongeant pratiquement dans la mer.
C'est au cœur de ce massif calcaire de roches déchiquetées par l'érosion, de canyons, de grottes et de forêts profondes, que se trouve le parc national de Paklenica. Sur près d'une centaine de kilomètres carrés, cette partie karstique du *Velebit* – riche de 3 types de végétation, maritime, continentale et subalpine – est entaillée de 2 canyons : le *Velika Paklenica* (situé à l'entrée du parc) et le *Mala Paklenica.*
Un écosystème réputé pour la diversité de sa faune, avec 200 espèces d'oiseaux dont de nombreux rapaces, sans compter les mammifères, les reptiles et les insectes. Paklenica se révèle donc un véritable paradis pour les naturalistes et les fanas de rando (plus de 150 km de chemins). En outre, le parc est aussi réputé pour la qualité de ses sites d'escalade (plus de 400 voies équipées) praticables été comme hiver.

Adresse utile

ℹ *Centre d'information du parc (plan A3) :* à l'entrée du camping du parc national, à **Starigrad.** ☎ 369-155. ● *np-paklenica.hr* ● *Tte l'année 7h-15h ; 6h-22h en juil-août.* C'est en fait la réception du camping du parc. Documentation très complète, cartes et bonnes infos. Possibilité de prendre un guide anglophone. Compter environ 400 Kn pour 4h et 100 Kn l'heure en plus. Bon accueil. Sinon, s'adresser directement au **bureau du parc** (voir plus loin).

Où dormir ? Où manger ?

Camping Nacionalni Park *(plan A3, 10) :* eh bien non, perdu ! Il n'est pas dans le parc, mais à *Starigrad* (voir plus loin).

Attention, les différents refuges accessibles ne sont ouverts tous les jours que de juin à fin septembre. Le reste de l'année, c'est seulement le week-end

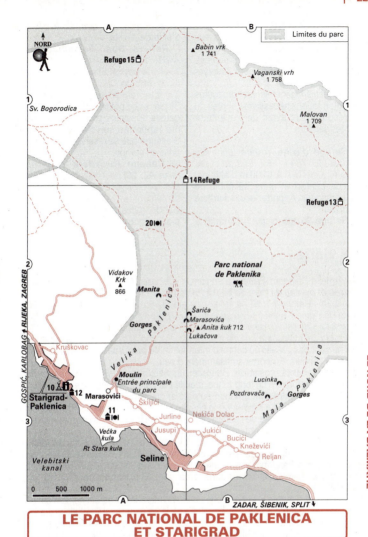

LE PARC NATIONAL DE PAKLENICA ET STARIGRAD

- ■ **Adresse utile**
  - ℹ Centre d'information du parc (A3)
- ⚠ 🏠 **Où dormir ?**
- 🏠 |◉| **Où manger ?**
  - 10 Camping Nacionalni Park (A3)
  - 11 Hotel Rajna (A3)
  - 12 Hotel Barba (A3)
  - 13 Refuge d'Ivine Vodice (B2)
  - 14 Refuge Dom Paklenica (A-B1)
  - 15 Refuge Struge (A1)
  - 20 Cabane forestière Lugarnica (A2)

(périodes d'ouverture parfois étendues pour les refuges les plus simples). Certains ont été confiés à une gestion privée (par exemple *Dom Paklenica*). Mieux vaut téléphoner pour réserver à cette période au ☎ *(023) 369-155*. D'une manière générale, prendre toutes les informations nécessaires auprès du bureau du parc avant de s'aventurer sur les sentiers.

â *Refuge d'Ivine Vodice (plan B2, 13) :* ▌ *091-768-76-82. Pas de résas en été. GRATUIT.* À 1 200 m d'altitude. Aucun confort et capacité faible de 12 personnes. Apporter eau, nourriture et duvet.

â *Refuge Struge (plan A1, 15) : même chose (également gratuit).* À 1 400 m d'altitude. 15 lits.

â *Refuge Dom Paklenica (plan A-B1, 14) :* ☎ *301-636.* ▌ *095-813-18-41. ● pdpaklenica.hr ● Juin-sept, tlj ; le reste de l'année, seulement w-e. Compter env 90 Kn/pers.* Dispose de 50 places en petits dortoirs. Duvet obligatoire. Plusieurs problèmes nous ont été rapportés sur cet hébergement. S'assurer que sa réservation a bien été prise en compte.

I●I *Cabane forestière Lugarnica (plan A2, 20) : à 1h30-2h du parking. Mai-sept, tlj 10h30-16h30 ; avr et oct, seulement w-e.* Boissons, plats de viande, gâteaux et infos. Prépare des pique-niques.

La visite

➢ Arrivé à Starigrad-Paklenica en venant de Zadar, tourner à droite (panneaux). **Entrée et bureau du parc de Velika Paklenica** à 1 km (après le village de Marasovići où une « ethno-house » a été aménagée). *Tlj 6h-20h30 en juil-août ; 7h-17h le reste de l'année. Entrée selon saison : 40-60 Kn pour 1 j. dans le parc ; 80-120 Kn pour 3 j. ; 120-180 Kn pour 5 j. ; réduc 7-18 ans ; gratuit moins de 7 ans. Les billets pour 3 et 5 j. incluent le permis d'escalade. Parking : 10 Kn/j.* Pour celles et ceux qui ne sont pas passés au centre d'information du parc, carte assez détaillée avec tous les sentiers. Emporter suffisamment d'eau.

➢ Tout au début, possibilité de visiter un vieux moulin *(Paklenički mlin)*. Puis, plus haut, le *Bunkeri*, un long tunnel creusé par l'armée yougoslave, qui accueille désormais le centre d'information du parc et des expos photo temporaires *(juin-août, tlj 7h-20h30)*. Le sentier longe ensuite une célèbre falaise de 400 m de haut. C'est la Mecque croate de l'escalade avec 400 voies équipées pour tous niveaux allant du 3 au 8b+ (les connaisseurs apprécieront).

➢ À partir de là débutent des balades de 1 à 4h pour découvrir le parc dans la journée. Ça grimpe d'abord sec dans le canyon, avant de suivre le fond de la vallée qui va s'élargir progressivement. Bonne condition physique exigée (compter 4h pour faire l'aller-retour dans le canyon). Prévoir beaucoup d'eau, on se rappelle.

– *Un conseil :* jusqu'à la cabane *Lugarnica,* on marche à plat, et l'horizon est bouché par un rideau d'arbres. Pour prendre de la hauteur, voici 2 solutions : la 1re se trouve sur la droite, c'est un sentier qui conduit au plateau d'*Anića luka* (à moins de 1h du parking). Possibilité de poursuivre vers l'*Anića Kuk* (712 m), mais là, ça se complique, car la dernière partie tient plutôt de l'escalade. Seules les personnes entraînées s'y risqueront.

Autre solution pour sortir du canyon, à environ 1h30 de marche du parking, prendre le sentier sur la gauche. C'est le départ pour **Manita peć** *(grotte de Manita)*, que l'on atteint après une bonne trentaine de minutes de grimpette. Attention, la visite de cette grotte se fait obligatoirement avec un guide (30 Kn), inutile de s'y rendre au débotté. Renseignez-vous à l'entrée du parc avant d'y aller.

I●I À 1h30-2h du parking, la **cabane forestière Lugarnica** *(plan A2, 20 ; voir plus haut « Où dormir ? Où manger ? »)*, bon camp de base pour continuer (au carrefour de plusieurs sentiers).

À partir du refuge *Dom Paklenica,* possibilité de nombreuses autres combinaisons dans la partie la plus haute du parc (notamment le **Vaganski vrh,** point culminant du Velebit sud). Guide parfois nécessaire. Se renseigner au bureau du parc.

➢ À partir de la cabane *Lugarnica,* continuer vers **Dom Paklenica** *(plan A-B1,* **14**). C'est le refuge principal, le parc a confié sa gestion au privé. Plus haut, tourner à droite, pour le *Crni vrh* (à 1 110 m). Compter environ 2h. De là, *Ivine Vodice* n'est plus qu'à 1h, on y trouve un refuge *(plan B2,* **13**).

➢ D'*Ivine Vodice,* le grand must c'est l'**ascension du Sveto brdo** (1 753 m, le 2e sommet du parc). Prévoir 6h. Bien se renseigner sur les conditions météo.

➢ Balades pour **Veliki Mozak, Mali Mozak** et **Stražbenica** (à 1 130 m), puis le **Veliko Rujno** (à 900 m). Compter environ 3h. De Veliko Rujno à *Bojinac,* parcours particulièrement spectaculaire.

➢ Balade au **Buljma** (1 394 m).

🏠 Un peu plus haut, le refuge **Struge** *(plan A1,* **15**).

➢ **Le tour complet Velika Paklenica et Mala Paklenica :** cette magnifique randonnée exige une excellente préparation. Le canyon de Mala Paklenica se révèle en effet beaucoup moins fréquenté, plus sauvage mais demande une excellente condition physique (passages s'apparentant à de l'escalade). Sentiers moins évidents, balisage irrégulier, etc. Se munir de bonnes cartes et recueillir les infos nécessaires auprès du bureau du parc. Vous y verrez des vautours.

STARIGRAD (23244) 1 100 hab. IND. TÉL. : 023

• Plan *p. 223*

Station balnéaire très touristique, à une quarantaine de kilomètres au nord de Zadar. Intérêt très limité toutefois, sauf pour sa proximité avec le parc de Paklenica. Nombreuses chambres chez l'habitant et presque autant d'*autocamps.* C'est l'ancienne Argyruntum, qui livra quelques belles pièces en verre (visibles au musée du Verre ancien de Zadar). Au passage, voir, au sud de la petite ville (200 m après l'hôtel *Rajna*), l'*église Sv. Petar* du Xe s (au rustique style préroman), ainsi que les vestiges de la *tour Večka,* édifiée en bord de mer au moment des raids ottomans (en outre, coin sympa pour se baigner).

Adresse et infos utiles

🛈 *Office de tourisme :* Tome Marasovića trg 1 *(en face de la* Pansion Roli, *en plein centre).* ☎ *369-255.* • *rivijera-paklenica.hr* • *Juil-août tlj 8h-21h ; 8h-15h le reste de l'année.* Liste de chambres à louer et bonnes docs sur la région.

➢ *De ou vers Zadar :* avec la compagnie de bus *Slavonija.* ☎ *(35) 415-165.* • *slavonija-bus.hr* • Pour Zadar à 8h30, 11h45 et 18h ; depuis Zadar à 10h30, 16h et 20h.

Où dormir ? Où manger ?

Beaucoup de **chambres** et **appartements à louer** dans de grosses villas en bord de route (ou de plage et parfois les 2), une quinzaine de **campings privés,** généralement chez l'habitant et pas bien grands.

Campings

Camping Nacionalni Park *(plan A3, 10)* : *à l'entrée de Starigrad (en venant du sud), la réception du camping est aussi le centre d'info du parc.* ☎ *369-155.* ● *np-paklenica.hr* ● *De mi-mars à mi-nov. Env 125-190 Kn pour 2 selon saison, taxes incluses.* Un camping convivial, situé dans une pinède en bord de mer. Évitez toutefois les emplacements proches de la route, très empruntée. Sanitaires bien tenus. Plage très étroite de petits galets. Café-snack avec terrasse, et épicerie de l'autre côté de la route.

À côté, proche de la station-service, le **Bluesun,** un autre (grand) **camping** dépendant du complexe hôtelier Alan. ☎ *209-062. Avr-oct. Plus cher : 37-47 € pour 2 avec tente et voiture selon emplacement et séjour 3 nuits min en hte saison.*

Hôtels

Hotel Barba *(plan A3, 12)* : *Dr Franje Tuđmanova 41.* ☎ *661-337.* ● *hotelbarba.com* ● *Au centre du village. Tte l'année. Doubles en ½ pens 840-1 000 Kn. Parking.* Éloigné de la route, un hôtel de 18 chambres aménagé sur 2 étages dans un bâtiment récent. L'ensemble a été créé à l'initiative de Nikola, dit « le Berbère » en raison de sa passion pour l'Afrique du Nord. Tout est bien : parquet en chevrons, intérieur lumineux (certaines chambres avec vue sur mer), déco soignée, clim, salles de bains nickel. Quelques quadruples idéales pour les familles. Superbe terrasse avec solarium et plage privée à 200 m juste devant.

Hotel Rajna *(plan A3, 11)* : *Dr Franje Tuđmanova 105.* ☎ *359-121.* ● *hotel-rajna.com* ● *À l'entrée de Starigrad (à droite, en venant du sud). Tte l'année sauf fêtes de fin d'année. Doubles 56-76 € selon saison, petit déj compris. Possibilité de ½ pens.* En bord de route. Petit hôtel familial à l'ancienne, dont la dizaine de chambres affiche une déco simple aux allures de chalets de montagne : lambris, TV et balcons. Clim et cuisine pour certaines. Resto de bonne réputation, proposant une solide cuisine traditionnelle.

ZADAR ET SES ÎLES

● Zadar 226	la baie de Mala Lamjana	les îles de Lavdara et de Zverinac, les plages de Zaglav, Žman, Luka et Savar, Sakarun, Veli Rat et Verunic ● Le parc naturel de Telašćica
● Nin	● Ugljan ● Muline ● Kukljica	
● L'île d'Ugljan 242	● L'île de Pašman............246	
● Preko : Lukoran, Sutomišćica, Poljana, Kali, l'île d'Ošljak et	● Tkon ● L'île de Dugi otok ....248 ● Sali ● Božava :	

ZADAR   (23000)   75 000 hab.   IND. TÉL. : 023

● Plan d'ensemble *p. 228-229* ● Plan centre *p. 230-231*

Petite capitale du nord de la Dalmatie, dont la vieille ville, si elle n'avait pas été cruellement bombardée pendant la Seconde Guerre mondiale, aurait pu se poser en rivale de Dubrovnik. Construite sur une presqu'île, elle a néanmoins gardé une partie de ses épaisses murailles ainsi que des quartiers et monuments remarquables. La pierre blanche et polie des palais et les grosses dalles lustrées par les milliers de visiteurs en été dégagent une lumière un peu irréelle. Dans son architecture, sa cuisine et ses habitudes, Zadar cultive une nonchalance toute méditerranéenne qui en fait une étape incontournable !

UN PEU D'HISTOIRE

Région habitée d'abord par les Liburnes, puis colonisée par les Romains qui y fondent Jadera. Les Ostrogoths conquièrent la Dalmatie, mais Zadar tombe en 553 dans l'escarcelle byzantine. Puis, consécutivement à la chute de Ravenne en 751, Zadar devient la plus importante base byzantine de l'Adriatique jusqu'à l'arrivée des Croates au Xe s. En 1202, alors que les croisés font route vers la Terre sainte sur des bateaux affrétés par Venise, cette dernière invite les preux chevaliers du Christ à piller Zadar au passage afin de se rembourser les frais occasionnés ! Du coup, le pape Innocent III prend un coup de sang, il excommunie ceux qui ont osé participer au siège d'une ville chrétienne... Un comble pour des croisés ! L'excommunication sera vite levée, on vous rassure...
Zadar repasse ensuite dans le royaume hongrois (traité de Zadar, 1358), avant de revenir aux Vénitiens en 1409. Ces derniers gardent la ville jusqu'en 1797, utile pour eux comme base d'appui dans leur lutte incessante contre les Turcs. À la chute de Venise, les Autrichiens s'emparent de Zadar. Puis Napoléon la rattache aux Provinces illyriennes en 1809, sous l'autorité du maréchal Marmont.
L'Autriche l'occupe à nouveau et la conserve jusqu'en 1918. Zadar devient une enclave italienne (par le traité de Rapallo en 1920). La ville ne sera définitivement yougoslave qu'en 1947. Les nombreux bombardements alliés de 1944 furent terriblement destructeurs, et la ville se vida de ses habitants italiens, perdant soudainement les 3 quarts de sa population.

Arriver – Quitter

En bus

🚌 *Gare routière (autobusni kolodvoz ; plan d'ensemble)* : *Ante Starčevića 1.* ☎ *060-305-305.* ● *liburnija-zadar.hr* ● *Ouv 5h30-22h.* Liaisons avec :
➢ *Šibenik et Split :* bus pour Split ttes les 30 mn 7h-20h30, puis ttes les heures ensuite ; ttes les heures pour Šibenik. Départs 24h/24. Trajet : 3h30.
➢ *Dubrovnik :* env 11 départs/j. Trajet : 7-8h.
➢ *Zagreb :* bus ttes les heures env 3h30-22h15. Trajet : 5h.
➢ *Plitivice :* 7 bus/j.
➢ *Skradin (parc national de Krka) :* 9 bus/j.
➢ *Starigrad (parc national de Paklenica) :* 11 bus/j.
➢ *Rijeka :* env 12 bus/j.
➢ *Pula :* 3 bus/j.
➢ *Pag et Novalja :* 9 bus/j.
➢ *Korčula :* 1 bus/j., le soir.
➢ Bus également pour plusieurs grandes *villes allemandes,* ainsi que pour *Bâle* ou *Zurich.*

En bateau

⛴ *2 ports* à Zadar : *Gaženica (hors plan d'ensemble),* le nouveau port pour les ferries, à 3 km au sud-est de la vieille ville, et le *port de la vieille ville (plan centre C1),* pour les catamarans.
■ *Agences Jadrolinija (plan centre C1, 3)* : *devant la porte de la Mer, Liburnska Obala 7.* ☎ *254-800 ou 250-555.* ● *jadrolinija.hr* ● *Lun-ven 6h-22h15, à partir de 7h le w-e. Au port de Gaženica (hors plan d'ensemble),* ☎ *666-100.*
■ *Agence G & V Line Iadera (plan centre C1, 2) : Poljana Natka Nodila 7.* ☎ *250-733.* ● *gv-zadar.hr* ● *Lun-jeu 8h-16h30, 19h-20h ; ferme à 17h ven et à 15h sam. Fermé dim.* Billets pour la ligne *Zadar-Dugi otok.*
Liaisons avec :
➢ *Ugljan :* ferry ttes les heures pour *Preko,* 5h-23h juin-sept, avec un départ en plus à minuit en juil-août. Compter 18 Kn/pers et 103 Kn/voiture ;

LE NORD DE LA DALMATIE

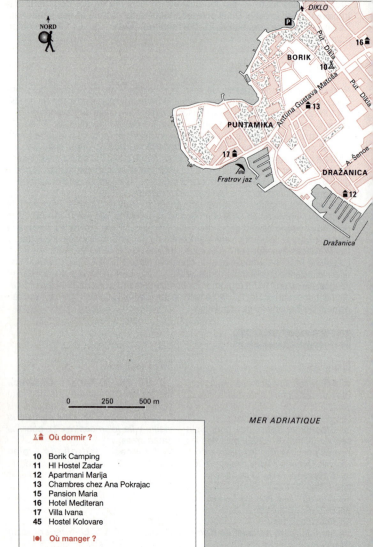

LE NORD DE LA DALMATIE

⛺🏠 Où dormir ?

- 10 Borik Camping
- 11 HI Hostel Zadar
- 12 Apartmani Marija
- 13 Chambres chez Ana Pokrajac
- 15 Pansion Maria
- 16 Hotel Mediteran
- 17 Villa Ivana
- 45 Hostel Kolovare

🍴 Où manger ?

- 20 Pizzeria Mamma Mia

🍷 Où boire un verre ?

- 74 Zara Beach Bar

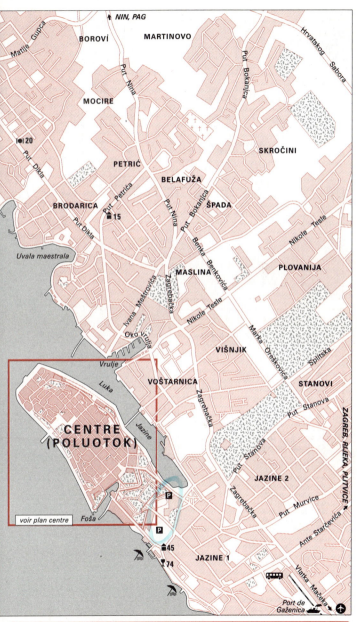

ZADAR – Plan d'ensemble

LE NORD DE LA DALMATIE

↓ coucher soleil

Plages =
- Kolorare
  1/4 h centre ville pieds
- Bobrig

■ Adresses utiles

- **1** Informations touristiques (C-D2)
- **2** Agence G & V Line Iadera (C1)
- **3** Agences Jadrolinija (C1)
- **4** Zagrebaška Banka (C1)
- **5** Splitska Banka (C3)
- **8** Agence Aquarius (D2)
- **9** Mia Tours (C1)

☗ Où dormir ?

- **40** Boutique Hostel Forum (C1)
- **41** Hotel Bastion (B1)
- **42** Art Hotel Kalelarga (C2)
- **43** Old Town Hostel (C2)
- **44** Hostel Elena (C3)

|◉| Où manger ?

- **42** Bistrot Gourmet Kalelarga (C2)
- **50** Konoba Stomorica (C2)
- **51** Canzona (C2)
- **53** Foša (D3)
- **54** Bruschetta (C2)
- **55** Pet Bunara (D2)
- **56** Zadar-Jezera (C1)

☗ Où déguster une bonne glace ?

- **61** Donat Slastičarna (B1)

☗♪ Où boire un verre ? Où sortir ?

- **72** Kult (C2)
- **73** The Garden Lounge (B1)

| 231

ZADAR – Centre (Poluotok)

également quelques catamarans en saison au départ du port de la vieille ville.

➤ **Dugi otok :** en hte saison, 3-4 ferries pour le *port de Brbinj* depuis *Gaženica* et 3 bateaux passagers/j. de la compagnie *G & V Line ladera* pour **Zaglav** via **Sali** au départ du port de la vieille ville ; en moyenne saison, 3 ferries et 2 bateaux passagers. En ferry, autour de 30 Kn/passager en été et 176 Kn/voiture.

➤ **Mali Lošinj :** 1 ferry/j. avec *Jadrolinija* en juil-août (départ à 9h, arrivée 7h plus tard) ; également, juin-sept, 1 catamaran à 16h ou 17h tlj sauf mar et jeu (le catamaran continue jusqu'à **Pula**). Trajet : 2h40 pour Mali Lošinj (et 6h05 pour Pula). En dehors de l'été, consulter le site de la compagnie. Départ du port de Gaženica.

En avion

✈ **Aéroport de Zadar** (hors plan d'ensemble) : *Zemunik*, à 10 km à l'est de Zadar. ☎ 205-800. ● *zadar-airport.hr* ●

➤ En saison (avr-nov), 2-4 liaisons/sem au départ de Paris-Beauvais, de Marseille et de Bruxelles-Charleroi avec *Ryanair*, liaison depuis Paris-Orly avec *Transavia* ; ainsi que 1-2 liaisons/j. avec **Zagreb** et 1 avec **Pula**. Bus reliant l'aéroport et Zadar (25 Kn, 20 mn de trajet). Le bus va jusqu'au port de la vieille ville *(plan centre C1, arrêt Poluotok, à l'extérieur des remparts)* et en repart : au passage, dans les 2 sens, il dessert la gare routière *(plan d'ensemble),* quai n° 8.

Adresses et infos utiles

🛈 **Informations touristiques** *(plan centre C-D2, 1)* : *Jurja Barakovića 5*. ☎ 316-166. ● *zadar.travel* ● *Tlj 8h-minuit (22h ou 23h en demi-saison, 9h-20h en hiver).* Office de tourisme avec tables vidéo interactives et nombreuses docs. Demander le livret très complet *Zadar in your Pocket* (téléchargeable sur Internet).

■ **Zagrebaška Banka** *(plan centre C1, 4)* : *Brne Krnarutića 13. Lun-ven 8h-15h.*

■ **Splitska Banka** *(plan centre C3, 5)* : *Špire Brusine 19. Lun-sam 8h-20h (12h sam).* Change et distributeur.

■ **Agence Aquarius** *(plan centre D2, 8)* : *Nova Vrata.* ☎ 212-919. ● *aquariuszadar.com* ● *Tlj 7h30-minuit (8h-17h en basse saison).* Agence proposant des hébergements chez l'habitant, y compris dans l'enceinte de la vieille ville.

■ **MiaTours** *(plan centre C1, 9)* : *Sv. Krševana vrata.* ☎ 254-300. ● *miatours.hr* ● *Tlj sauf dim 8h-14h (17h ven).* Excursions aux îles Kornati (départ 8h, retour 18h, 380 Kn/pers), mais aussi pour Premuda, Silba et Olib et autres excursions en mer.

🅿 Pas toujours facile de se garer. *Mai-sept, stationnement payant tlj 8h-22h.* Le **parking Ravnice** *(plan d'ensemble),* aux portes de la vieille ville, le long du bastion, est bien moins cher que les autres : 2 Kn/h, contre 4 à 12 Kn/h pour les autres zones, sur le port ou dans les rues de la vieille ville. Ne pas vous garer sans payer, les agents chargés de vérifier passent très souvent ! Sinon, si on s'éloigne du centre historique, les places sont gratuites.

➤ Si vous choisissez de **prendre le bus,** les lignes les plus intéressantes sont la n° 2 (gare routière-vieille ville/port) et les n°s 5 et 8 (centre, quartier de Puntamika en passant par Borik où est le camping).

Où dormir ?

CAMPING

⛺ **Borik Camping** *(plan d'ensemble, 10)* : *Majstora Radovana 7 (parc de Borik).* ☎ 206-559. ● *campingborik.com* ● *Bus n°s 5 ou 8 depuis le centre. Mai-fin sept. Compter 20-28 € pour 2 selon saison.* Dans un grand parc ombragé par les pins, un camping disposant de sa propre plage en bord de mer. Évitez toutefois les emplacements situés au bord de la rue, très passante. Restaurant, bar et supermarché sur place.

ZADAR / OÙ DORMIR ? | 233

LOGEMENT CHEZ L'HABITANT

Très nombreux et dans tous les quartiers de Zadar. En dehors de juillet-août, on en trouve sans problème.

🏠 **Apartmani Marija** (plan d'ensemble, **12**) : *Obala Kneza Trpimira 45.* ☎ *332-032. Avr-sept. Compter env 400 Kn pour 2 en saison. CB refusées.* Dans un quartier résidentiel fort plaisant, grande maison agréable, avec jardin orné de palmiers face à la grande bleue. 1 studio et 2 appartements avec cuisine, très bien tenus, à la déco soignée, tous avec balcon ou terrasse. Parking privé dans la courette à l'arrière de la maison. Accueil chaleureux de Marija, qui habite au rez-de-chaussée.

🏠 **Chambres chez Ana Pokrajac** (plan d'ensemble, **13**) : *A. G. Matoša 20.* ☎ *332-211.* • *anita.pokrajac@gmail.com* • *Dans le quartier de Puntamika. Avr-oct. Doubles 30-35 € selon saison (2 nuits min demandées). CB refusées.* Au total, 3 chambres (dont 2 avec sanitaires privés sur le palier), 1 studio et 2 appartements. Tous de bon confort (clim, frigo et de quoi préparer son petit déj), avec balcon ou terrasse commune. Même déco démodée pour tout le monde et bibelots de jardin redoutables (mais pas de nains !). Préférer loger à l'arrière à cause de la route. Accueil gentil (anglais parlé).

🏠 **Villa Ivana** (plan d'ensemble, **17**) : *Obala Kneza Domagoja 14.* ☎ *335-871.* • *villa-ivana.com* • *Quartier de Puntamika, face à la mer. De mi-mars à mi-nov. Doubles 60-103 €, studios 76-115 €, appart 85-130 €, petit déj compris.* Grande maison bourgeoise en front de mer d'une belle qualité de finition et parfaitement entretenue. Elle offre 1 appart, 2 doubles et 4 studios, pratiquement tous avec balcon ou terrasse. L'affaire est gérée comme un petit hôtel par toute la famille. Maman s'occupant des petits déj (variés et copieux) servis pour tous les résidents à l'arrière du jardin, dans une salle conçue à cet effet. Douche extérieure pour le retour de plage, transat et parasols fournis. Une affaire qui tourne !

AUBERGES DE JEUNESSE

🏠 **Boutique Hostel Forum** (plan centre C1, **40**) : *Široka 20.* ☎ *250-705.* • *en.hostelforumzadar.com* • *Tte l'année sauf janv. Selon saison, compter 120-220 Kn/pers en dortoir de 4 lits, petit déj (frugal) inclus ; doubles standard 480-863 Kn, petit déj-buffet compris.* En plein centre de la vieille ville. Une AJ bien dans l'air du temps, très photogénique et calée sur les goûts actuels. Si les dortoirs aux lits confortables sont d'un rapport qualité-prix qui se tient, les chambres en revanche sont très inégales. Même avec beaucoup de couleur, certaines ressemblent plutôt à des cellules de moines. Certes, le confort suit et l'emplacement très central est un atout, mais à certaines dates, ça nous paraît quand même nettement surfacturé. Sinon, cuisine équipée, lounge, terrasse fleurie au 1er, sur l'arrière et bon petit déjeuner...

🏠 **Hostel Elena** (plan centre C3, **44**) : *Ćirila Ivekovića 4 (juste derrière le resto* Bon Appétit*).* 📱 *091-572-34-39.* • *hostel-elena-zadar.hr* • *Avr-sept. En hte saison, 130-180 Kn en dortoir de 4 ou 6 lits ou 400-480 Kn en chambre double. Pas de petit déj. CB refusées.* À deux pas du quartier festif, dans une petite impasse calme, une AJ de bon confort. Chambres ou dortoirs de 4 ou 6 lits impeccables, avec matelas et mobilier tout neufs. Sanitaires communs très frais, avec douche hydrojet pour la plupart. Cuisine à dispo et coin salon. Blanchisserie. Souvent complet, mieux vaut réserver bien à l'avance.

🏠 **Old Town Hostel** (plan centre C2, **43**) : *Mihe Klaića 5.* 📱 *099-809-32-80.* • *oldtownzadarhostel.com* • *Réception au 3e étage. Avr-oct. En été, dortoirs (4-10 lits) 120-150 Kn/pers, double 360 Kn. CB refusées.* Sur les 3 derniers étages d'un bâtiment ancien, sympathique AJ privée à l'ambiance très routarde. Une poignée de dortoirs climatisés de 4, 8 ou 10 lits, pleins de couleurs, et 6 chambres doubles. Sanitaires communs. Un brin *roots* mais propre et très central. Super accueil.

🏠 **Hostel Kolovare** (plan d'ensemble, **45**) : *Kolovare ul. 9a.* ☎ *386-045.* • *hostelkolovare@gmail.com* • *De mai à mi-oct. 10-25 € selon type de dortoir et saison. Pas de petit déj.* Au

LE NORD DE LA DALMATIE

rez-de-chaussée d'un immeuble, une mini-auberge privée qui satisfera celles et ceux qui privilégient la proximité du centre (15 mn à pied) sans sacrifier aux délices de la baignade (plage de *Kolovare* juste en face). Juste 3 chambres climatisées au mobilier moderne, aménagées en dortoirs de 5 ou 9 lits, sanitaires filles et garçons hyper propres. Petite pièce commune avec cuisine équipée. Bon accueil.

â *HI Hostel Zadar (plan d'ensemble, 11) : Obala Kneza Trpimira 76.* ☎ *331-145.* • *zadar@hicroatia.com* • *À moins de 5 km du centre-ville, peu avt Borik, face à la marina. Bus n° 5 depuis la gare routière et le centre (ttes les 15-20 mn 5h-22h). Tte l'année. Selon saison lit en dortoir 115-175 Kn/pers ; doubles 125-205 Kn/pers. ½ pens possible. Carte des AJ obligatoire : sinon 10 Kn de plus par nuit. Loc de vélos (mai-sept).* Fort bien situé, pour ceux qui privilégient la plage. Près de 250 lits répartis sur plusieurs bâtiments un brin datés mais très corrects. Dortoirs non climatisés de 6 lits, avec salle de bains, gars et filles mélangés ou non et chambres doubles avec clim. Resto où l'on peut déjeuner et dîner à prix raisonnable. Agréable terrasse avec bar et transats pour se poser, terrains de sport et baby-foot.

HÔTELS

De prix moyens à chic

â *Pansion Maria (plan d'ensemble, 15) : Petrića put 24.* ☎ *334-244.* • *pansionmaria.hr* • *25 mars-31 nov. Doubles 460-600 Kn selon saison, avec petit déj. CB refusées.* Cette grosse maison de ville toute rose demeure une bonne option pour Zadar. À 5 mn du front de mer et 25 mn à pied de la vieille ville, elle propose une quinzaine de belles chambres (clim, TV, douches-rideau et w-c privés, toutes avec balcon). Le petit déj est servi dans un jardinet ou dans la petite salle aménagée à cet effet. Parking dans la cour. Accueil souriant et pro. Une bonne adresse.

â *Hotel Mediteran (plan d'ensemble, 16) : Matije Gupca 19.* ☎ *337-500.* • *mediteran.hr* • *Tte l'année. Doubles 520-950 Kn selon type et saison, petit déj inclus. ½ pens possible. Parking gratuit.* Hôtel moderne d'une trentaine de chambres fonctionnelles et climatisées, sans surprise. Malgré le double vitrage, préférer celles sur l'arrière. Resto en terrasse et piscine où l'on peut vraiment nager. Personnel serviable qui vous accueille en français.

Très chic

â *Art Hotel Kalelarga (plan centre C2, 42) : Majke Margarite 3, angle Široka 1.* ☎ *233-000.* • *arthotel-kalelarga.com* • *Avr-oct. Doubles 130-245 € selon confort et saison, petit déj compris.* Situé sur la plus belle place de la ville, un hôtel luxueux qui répondra aux attentes des plus exigeants en matière de confort. Une petite dizaine de chambres insonorisées de bon volume, au design contemporain, bien pensées, mêlant harmonieusement bois, verre et pierre. Accueil et service aux petits soins. Rien à redire, on frise la perfection. En prime, une bonne table (voir plus loin « Où manger ? »).

â *Hotel Bastion (plan centre B1, 41) : Bedemi zadarskih pobuna 13.* ☎ *494-950.* • *hotel-bastion.hr* • *Doubles 125-250 € selon confort et saison, petit déj compris.* Un *Relais & Châteaux* discret et luxueux. Chambres impeccables, au mobilier raffiné mais classique. Centre *wellness* superbe, bâti sur les ruines d'un fortin du XIIIe s. Excellent petit déjeuner. Restaurant *Kaštel*, chic et cher mais de solide réputation.

Où manger ?

Dans la vieille ville

Prix moyens

|●| *Canzona (plan centre C2, 51) : Stomorica 8.* ☎ *212-081. Tte l'année, tlj 12-22h. Pâtes et pizzas 45-110 Kn ; viandes et poissons un peu plus chers.* Quelques poutres, une pincée de pierres apparentes et on obtient cette pizzeria plutôt conviviale. Cuisine italienne loin d'être hors du commun

mais efficace. Petite terrasse sur la rue piétonne.

Iol Konoba Stomorica (plan centre C2, **50**) : Stomorica 12. ☎ 315-946. Tlj 11h-minuit. Congés : de déc à mi-mars. Plats 70-160 Kn. CB refusées. Une des tavernes les plus populaires de la vieille ville. Les locaux s'entassent debout dans une petite salle pour tailler une bavette, tandis que d'autres dégustent leurs calamars ou leur poisson assis à l'une des tables dressées dans la ruelle.

Iol Bruschetta (plan centre C2, **54**) : Mihovila Pavlinovića 12. ☎ 312-915. Tte l'année, tlj. Résa conseillée. Plats 65-150 Kn, pâtes et pizzas 72-90 Kn. À l'écart du flot touristique, une grande terrasse toujours pleine. Des bruschettas, bien sûr, mais surtout des viandes fondantes à souhait, du poisson frais bien cuisiné, jusqu'aux pâtes aux langoustines et aux pizzas fines et croustillantes, tout est bon et savoureux. Le service est efficace et les tables sont vite renouvelées. Une adresse pour tous budgets.

Iol Zadar-Jadera (plan centre C1, **56**) : Brne Krnarutića 4. ☎ 251-859. Tlj 10h-minuit. Plats 80-135 Kn. Planquée à l'arrière de l'église Saint-Chrysogone, une terrasse vite prise d'assaut pendant le coup de feu. On s'y attable devant des spécialités de la côte dalmate : pašticada (bœuf braisé sauce aigre-douce), risottos, pâtes à la seiche dans son encre, etc. La carte est réduite mais la cuisine est de bon aloi, servie par un personnel efficace et distingué.

Iol Pet Bunara (plan centre D2, **55**) : Stratico bb. ☎ 224-010. Tlj 12h-23h. Plats 90-125 Kn. Restaurant de qualité avec des plats classiques croates comme le brodetto (sorte de bouillabaisse locale) mais pas uniquement, puisque, en août et septembre, la carte affiche quelques préparations incluant la figue (le patron organise chaque année en septembre un festival qui lui est consacré). Terrasse en bois à l'écart du passage.

De prix moyens à chic

Iol Bistrot Gourmet Kalelarga (plan centre C2, **42**) : Široka 1. ☎ 233-000. Tlj 7h-23h. Résa conseillée. Plats 90-160 Kn. Aux fourneaux, Marijo Čepek, un jeune chef créatif qui concocte une carte courte comme on les aime, mais que des plats raffinés à base de produits nobles et bien frais, comme la gregada de lotte ou le filet de bar aux langoustines. Belle carte des vins pour accompagner le festin ou bière pression « retro Karlovačko », celle-là même qu'on buvait il y a 40 ans. Service impeccable et attentionné dans une jolie salle à la déco contemporaine ou en terrasse. Un vrai coup de cœur.

Iol Foša (plan centre D3, **53**) : bassin de Foša. ☎ 314-421. Tlj 12h-23h. Couvert 30 Kn/pers, plats 165-270 Kn ; menus 3-7 plats 350-750 Kn. Une institution ! Installé dans l'ancienne maison des douanes, ce resto « vieille école » dans la manière ne déçoit pas ses fidèles : une cuisine digne de confiance et un cadre séduisant, sur une vaste terrasse au pied des remparts.

Hors de la vieille ville

De prix moyens à chic

Iol Pizzeria Mamma Mia (plan d'ensemble, **20**) : Put Dikla 54 (quartier de Dražanica). ☎ 334-246. Tlj 12h-minuit. Pizzas 46-62 Kn. C'est LA pizzeria de Zadar. On y débarque en famille ou entre amis pour squatter la grande terrasse ombragée ou la salle plutôt design (pas de four en vue pour une fois !). Y aller de bonne heure car c'est vite bondé et prévoir de l'attente. Sinon, plats italiens corrects mais pas donnés et desserts franchement chers.

Où déguster une bonne glace ?

Donat Slasticarna (plan centre B1, **61**) : trg Sv. Stosije 4. Tlj 9h-minuit. Les glaciers ne manquent vraiment pas à Zadar, mais on aime bien celui-ci, historique, dont la terrasse est sur le parvis de la cathédrale. Le café glacé n'est pas mal non plus.

Où boire un verre ? Où sortir ?

Ville étudiante, Zadar recèle un grand nombre de bars, particulièrement dans le quartier de Varoš *(plan centre C3).* En journée, l'été, c'est du côté de la **plage de Kolovare** que vous trouverez les ambiances les plus populaires.

Kult *(plan centre C2, 72)* : *Stomorica 6a. Tlj 7h-2h (23h hors saison).* Parmi les cafés animés de la Stomorica, le *Kult* est sans doute le plus renommé. Vaste terrasse occupant une place entière, sous les frondaisons. Le soir, le DJ derrière les platines fait un barouf d'enfer.

The Garden Lounge *(plan centre B1, 73)* : *Bedemi zadarskhih pobuna.* ☎ *250-631.* ● *watchthegardengrow.eu* ● Ouvert par 2 anciens membres du groupe britannique de reggae-ska UB40, cet *open-air lounge* est vite devenu une des adresses festives les plus en vue de la ville. Dub, électro... Les *beautiful people* anglais y viennent consulter des magazines de yachting. En saison, une 2de adresse à Tisno, sur l'île de Murter, où un festival est organisé en été.

Zara Beach Bar *(plan d'ensemble, 74)* : *ul. Antuna Augustinčića 1A. Tlj 7h-23h.* Sur la plage la plus populaire de Zadar *(Kolovare),* un bar-resto avec une terrasse qui s'avance sur la mer. Idéal pour un cocktail en amoureux ou un *selfie* au coucher du soleil (ou les 2 !).

À voir. À faire

La *Zadar Card* donne droit à des réductions dans quelques musées de la ville mais elle concerne bien plus certains restaurants et un certain nombre d'activités (infos à l'office de tourisme ou ● *zadarcard.com* ●) : 60 Kn pour 1 journée ; 115 Kn pour 3 jours ; 150 Kn pour 1 semaine. Pas facile à rentabiliser lors d'un court séjour.

Dans la vieille ville (Poluotok)

La porte de la Terre-Ferme *(Kopnena vrata ; plan centre D3)* : avec son air d'arc de triomphe, cette œuvre de Sammicheli, architecte italien, est un remarquable exemple de la Renaissance dalmate (1543). La suprématie de Venise est affirmée par le lion de saint Marc et les armoiries. On voit également, juste audessus de la porte et sous le lion, saint Chrysogone *(Sv. Krševan),* le patron de la ville, sur son cheval. Puis on aborde la rue Ante Kuzmanića prolongée par la rue Špire Brusine. À gauche l'*école de la Marine* (toujours l'effervescence pendant l'année scolaire). Et juste après, la Ruđera Boškovića mène à la *faculté de lettres et philosophie* abritée dans un élégant palais de 1906. Devant s'étend *Varoš,* le quartier étudiant. Pour les fans d'églises primitives, voir, à côté du resto *Bruschetta (plan centre C2),* les vestiges de celle de *Stomorica (plan centre C2),* à 5 absidioles.

Petra Zoranića trg *(plan centre D2)* : place dominée par l'imposante *tour du Capitaine* (du XVIe s). Sur la place d'à côté *(Pet Bunara trg),* 5 puits couvrent une immense citerne construite au XVIe s qui fut longtemps la seule source d'approvisionnement en eau de la ville. Au nord de la place, l'unique colonne rescapée du temple romain consacré à la triade capitoline (qui a été installée sur cette place en 1729) et une miniscule église des VIe-VIIe s. Sur la rue Špire Brusine, d'autres palais et cours à colonnes, comme le *palais Nassis*.

L'église Saint-Siméon *(crkva Sv. Šime ; plan centre D2)* : *mai-oct, lunven 8h30-12h et 17h-19h, sam 8h30-12h. Fermé sam ap-m et dim. Entrée libre (mais donation attendue !).* Date du XIVe s mais a été remaniée dans un style baroque au XVIIe s. Sa façade en volute typique date de cette période. D'abord dédiée à saint Étienne, elle changea de nom à l'occasion du transfert des reliques de saint

Siméon en 1631. De loin, on admirera dans le chœur, derrière l'autel, le magnifique sarcophage-reliquaire porté par 2 anges. Il fallut plus de 250 kg d'argent et de métaux précieux pour réaliser en 1377 cette œuvre originale, forgée par l'orfèvre italien *Francesco de la Cesto*, aidé d'artistes zadarois. C'est un cadeau du roi croato-hongrois Louis Ier d'Anjou à la ville de Zadar pour garantir sa fidélité et lui éviter la tentation de revenir vers Venise. Générosité inutile, puisque les Vénitiens s'y réinstallèrent moins de 30 ans après. Des scènes de la vie du saint, ainsi que l'entrée du roi Louis Ier à Zadar, ornent ses parois.

L'église Saint-Michel *(crkva Sv. Mihovil ; plan centre C2)* **: à l'angle de Špire Brusine et de M. Klaića.** De style romano-gothique, c'est la façade qui retient l'attention avec son curieux tympan en pierre noire sculptée. On y devine un ange (ou un saint Michel) empêchant un petit diable de tirer sur un des plateaux de la balance. Au-dessus de l'oculus, 3 têtes sculptées. À l'intérieur, un bénitier Renaissance.

Narodni trg *(plan centre C2)* **:** cœur de la ville médiévale, la place de la Liberté est l'une des plus séduisantes places de Zadar, que l'on atteint par l'ancien *decumanus* romain (les rues *Kotromanić* et *Široka*). À l'angle de Široka s'élève l'ancien *édifice de la garde municipale (gradska straža)*, de style Renaissance. Il hérita en 1798 d'une petite tour d'horloge. Il abrite le Musée ethnologique et la terrasse du resto *Gourmet Kalelarga* dans sa cour. Juste en face, une loggia du XIIIe s *(plan centre C2)*, remaniée à la Renaissance par Sammicheli et vitrée au XXe s. C'est là qu'on rendait la justice et qu'on lisait les actes publics. Le café *Sv. Lovre* cache les vestiges de l'*église romane Sv. Lovro* (à ne pas manquer). À l'angle de Jurja Barakoviča et de D. I. Prodana, le *palais Ghirardini*, avec, sur son étroite façade, un beau balcon gothico-Renaissance.

Le Musée ethnologique *(Etnološki odjel ; annexe du Musée national ; plan centre C2)* **: Gradska straža, dans le bâtiment de la police municipale. ● nmz.hr ● 15 juin-15 sept, tlj 9h-22h ; hors saison, lun-ven 9h-20h ; w-e 9h-13h. Entrée : 20 Kn ; réduc.** Au rez-de-chaussée, instruments de musique, bijoux, ornements, costumes traditionnels, photographies. À l'étage, reconstitution d'une maison traditionnelle dalmate, avec la cuisine, le cellier *(konoba)* et la chambre à coucher. Collection de métiers à tisser, d'outils agricoles et de pêche.

Le grand marché *(plan centre C1-2)* **: accès par la Vukčica.** Il occupe l'emplacement d'un quartier jadis riche en palais et belles demeures, complètement détruit en 1944. On y trouve de bons produits comme le fromage de Pag, le miel et l'huile d'olive. À côté, vestiges des *églises Sainte-Marie-Majeure* et *Saint-Simon*, avec quelques éléments décoratifs gothiques et Renaissance.

L'église Saint-Chrysogone *(crkva Sv. Krševan ; plan centre C1)* **: Brne Krnarutića.** L'extérieur est un superbe exemple de l'art roman dalmate (XIIe s). Toit à double pente. Noter, sur le côté gauche de la façade, la base romane du campanile, qui ne fut jamais achevé (XVe s). Côté rue, longue série d'arcatures aveugles sur colonnes torsadées rappelant le style lombard. À l'intérieur, maître-autel de style baroque.

Le Musée archéologique *(Arheološki muzej ; plan centre C2)* **: Opatice Cike trg 1 (sur le forum). ☎ 250-516. ● amzd.hr ● Juin-août, tlj 9h-22h (21h juin et sept) ; avr-mai et oct, lun-sam 9h-15h ; le reste de l'année, lun-ven 9h-14h (13h sam). Entrée : 30 Kn ; réduc.** Histoire régionale depuis le Paléolithique jusqu'à l'époque médiévale. Le 2e étage, consacré à la culture liburnienne, présente le produit des fouilles autour de Zadar, de la préhistoire à l'âge du fer : bijoux, boucles de ceinturons, poteries délicates... Le 1er étage traite de la période romaine (sculptures, monuments funéraires) ou accueille les expos temporaires. Au rez-de-chaussée, architecture religieuse du haut Moyen Âge (VIIe-XIe s), avec d'intéressants éléments en provenance d'églises de Zadar ou des proches environs. Détaillé mais plutôt austère.

🎭🎭 Le forum
(Zeleni trg ; plan centre B2) : à l'intersection du *decumanus* et du *cardo*, il fut le centre de la vie civique romaine, du Ier s av. J.-C. au IIIe s apr. J.-C. Mesurant 95 m sur 45 m, ce qui en faisait le plus grand sur la côte est de l'Adriatique, il était bordé d'un portique monumental sur 3 côtés. Le principal temple était, comme dans tous les forums romains, celui consacré à la triade capitoline (Jupiter, Junon, Minerve). Il a totalement disparu au profit de l'église orthodoxe Saint-Élie. 2 colonnes entières du portique sont intégrées dans l'église Saint-Donat. La dernière encore debout s'élève le long du palais. Au Moyen Âge, elle servait de pilori (on voit encore les accroches des chaînes). Devant le Musée archéologique, de nombreuses dalles d'origine ainsi que des fragments de chapiteaux et sarcophages.

🎭🎭 L'église Sainte-Marie
(crkva Sv. Marije ; plan centre C2) : *ouv seulement pour les messes 7h-8h30, 17h-17h30. Entrée libre.* L'église appartient au couvent voisin. Elle fut fondée au XIe s, mais la façade date du XVIe s. Campanile roman lombard du XIIe s. Intérieur de style baroque tardif (rococo). Voilà une église qui revient de loin, au vu des photos des bombardements de la Seconde Guerre mondiale. Plan à 3 nefs. Du Moyen Âge ne subsistent que les colonnes, elles-mêmes provenant du forum. Chapiteaux à feuilles d'acanthe. Galerie d'une blancheur immaculée, ornée de stucs et grilles en fer forgé.

🎭🎭🎭 Le musée d'Art sacré
(Sakralna umjetnost ; plan centre C2) : *à côté de Sainte-Marie. Entrée juste à droite du Musée archéologique.* ☎ 250-496. *En saison, lun-sam 10h-13h, 17h-19h ; dim 10h-13h. Le reste de l'année, lun-sam 10h-12h30, 17h-18h30. Entrée (visites guidées) : 25 Kn ; réduc. Photos interdites.*
Un musée d'art sacré remarquable ! Tenu par les sœurs bénédictines du couvent, 18 religieuses cloîtrées qui bénéficient d'une autorisation papale spéciale pour accueillir les visiteurs. Ici, la grande majorité des pièces proviennent de Zadar. Cela donne une petite idée du savoir-faire des artisans et de la richesse de la ville tout au long de son histoire. Belle muséographie.

Rez-de-chaussée
Section lapidaire, vite vue.

1er étage
Magnifiques reliquaires, chapiteaux historiés, icônes, croix processionnelle, tissus brodés de fil d'or et le plus vieil objet du musée, une petite croix du VIIe s. Dans la salle du fond, une Madone à l'Enfant de **Paolo Veneziano** ainsi que de nombreux reliquaires assez délirants. L'un d'entre eux contient les os de saint Quirinus (XIIIe s). À côté, pied reliquaire de saint Chrysogone et mitre de saint Nicolas (tous du XIVe s). Plus loin dans une vitrine, jeu de mains (mais ce n'est pas vilain), notamment celle de saint Donat. *Pietà* polychrome du XVe s. Noter l'étonnant corps d'adolescent du Christ.

2e étage
Impossible de tout citer, notons cependant : 10 superbes apôtres en bois polychrome et un Christ en croix du sculpteur Matteo Moronzon. Plus loin, 6 toiles de **Carpaccio** : en haut, *Saint Pierre, Saint Jérôme* (patron de la Dalmatie) et *Saint Paul*. En bas, *Sainte Anastasie, Saint Martin* et *Saint Simon*. Mais aussi un *Saint Jérôme dans le désert* de **Palma le Jeune.** Une remarquable *Assomption* (environ 1520) de Lorenzo Luzzo, où la distribution de la lumière se révèle grandiose. Grande *Annonciation* du XVIIe s. Et pour finir, des chasubles brodées du XVIIIe s, une crosse d'évêque en or, bref un vrai trésor au sens matériel du terme !

🎭🎭 L'église Saint-Donat
(crkva Sv. Donata ; plan centre B1-2) : *juil-août, tlj 9h-22h ; juin 9h-21h ; avr-mai et oct 9h-17h. Fermé nov-fin mars. Entrée : 20 Kn ; gratuit moins de 15 ans. Audioguide gratuit (application téléchargeable sur mobile).* Date du début du IXe s, parfait exemple d'architecture préromane. C'est l'évêque Donat, sans doute un Irlandais venu en Dalmatie, qui aurait ordonné sa construction et c'est logiquement qu'on lui a donné son nom au XVIe s, alors qu'elle

s'appelait à l'origine église de la Sainte-Trinité. 2 choses originales : son chevet fortifié très élevé (un peu l'image symbole de la ville) et les colonnes romaines piquées au forum qui servent d'assise à sa base. Église avec un plan intérieur circulaire, sur 2 niveaux, reliquat de l'architecture byzantine traditionnelle. À l'intérieur, on découvre d'autres éléments antiques de remploi. Déconsacrée, elle accueille aujourd'hui des expos temporaires et des concerts de musique classique de mi-juillet à mi-août (● *donat-festival.com* ●).

🚶🚶🚶 ← *La cathédrale Sainte-Anastasie* (katedrala Sv. Stošije ; plan centre B1) : *Sv. Stošije trg. Juin-août : tlj 8h-20h (pas de visite pdt les offices), hors saison 10h-17h. Tenue décente exigée (pas de cuisses ni d'épaules nues, et ça ne rigole pas !).* Construite au XIIe s, dans un style roman, sur une ancienne basilique paléochrétienne. C'est la plus grande cathédrale de Dalmatie. Elle présente une ravissante façade nettement inspirée du style pisan triomphant à l'époque et des rangées de gracieuses arcatures aveugles encadrant 2 très fines rosaces. Au portail central, sur le tympan, on aperçoit la Vierge entourée de sainte Anastasie et de saint Chrysogone (ou saint Zoïle selon certaines sources).
À l'intérieur, un plan à 3 nefs. Beaucoup de colonnes proviennent du forum. Le long de la nef, des autels de marbre (notamment celui à la *pietà*). Au fond à gauche, les connaisseurs auront reconnu un Christ entouré d'anges du céramiste toscan **Della Robbia** (XVe s). Dans l'abside du fond à droite, des restes de fresque du XIVe s, de style byzantin. Donnant sur le forum, le clocher-campanile, reconstruit dans le style, date du XIXe s. Possibilité de grimper tout en haut *(tlj sauf dim : juin-sept 9h-22h, avr-mai et oct 10h-17h ; 15 Kn).* Belle vue sur les toits de Zadar.

🚶🚶 *L'église et le couvent Saint-François* (Sv. Frane ; plan centre B1) : c'est la plus ancienne église gothique de Dalmatie. Cependant, seule la longue et étroite baie le rappelle et, malgré le décor à volutes du portail, façade assez austère (remaniée en 1780).
À l'intérieur *(mai-sept, tlj 9h30-18h30 ; 15 Kn, réduc)*, on admire d'abord un cloître de 1558 doté de colonnettes à chapiteaux de style toscan. Le long des murs, des dalles funéraires de grandes familles patriciennes de la ville. Dans l'église, triomphe du baroque avec l'autel à colonnades de marbre (1672). À droite de la porte, un saint Antoine avec angelots du XVIIe s (école bolonaise). À côté, un autre saint Antoine, de **Palma le Jeune**. Dans la sacristie se déroula un très important événement historique : le 18 février 1358 y fut signé le *traité de Zadar*, entre le roi croato-hongrois Louis Ier d'Anjou et la république de Venise, par lequel les Vénitiens renonçaient à leurs possessions sur la côte adriatique orientale. On y trouve un bois de la Renaissance attribué à **Lazzaro Bastiani** (XVe s). Belles stalles sculptées en chêne. De là, passez dans le musée. On y trouve pêle-mêle un étonnant crucifix des XIIe et XIIIe s peint *a tempera*, une *déposition* du maniériste **Jacopo Bassano** (XVIe s) ainsi que l'une des plus belles œuvres religieuses de Dalmatie : un polyptique flamboyant dit « de Ugljan » ; du XVe s. Et pour finir, deux authentiques mappemondes du XVIIe s.

🚶🚶 *L'orgue maritime* (Morske orgulje ; plan centre A1) : créé en 2005, au bout des quais, face à la mer et aux îles. Grâce à un système ingénieux (dalles et escaliers de pierre blanche, percés de trous et de tuyaux), la mer et le vent jouent les musiciens et font entendre une musique d'orgue. Plus impressionnant encore par temps un peu agité ou tout simplement au passage d'un bateau. Une attraction originale, vite adoptée par les Zadarois. Un architecte croate, Nikola Bašić, a conçu, en complément de l'orgue, un ensemble de plaques de verre qui fonctionnent comme des modules photovoltaïques. Très beaux jeux de lumière au moment du coucher de soleil et juste après. À côté, du même architecte, la *Salutation au Soleil,* avec ses cellules photovoltaïques qui s'allument le soir.

🚶 Revenir sur ses pas et reprendre la petite *Brčica* qui débouche sur une place, Tri bunara trg. Dans sa partie supérieure, sur L. Mandića, la charmante petite **église Notre-Dame-de-la-Santé** (crkva Gospe od Zdravja ; plan centre B1), des XVIe et XVIIIe s.

Pas bien loin, ancien *petit arsenal* et *poudrière (plan centre B1)*. À côté, un vestige du rempart et une tour ronde ont été récupérés par le peintre-céramiste Josip Špralja. 50 mètres plus haut, vestiges d'une *tour pentagonale (plan centre B1)*, de 1243 (avec 2 canons devant), dernier témoignage de la forteresse vénitienne qui s'élevait ici. La terrasse du restaurant *Kaštel* s'y est installée. À partir de là, le haut du rempart *(bedemi zadarskih pobuna)* a été transformé en voie routière. Agréable balade en hauteur, avec d'intéressants points de vue sur la ville. Au passage, voir le **grand arsenal** *(plan centre B1)*, reconnaissable à son double escalier. Il présente occasionnellement des expos temporaires gratuites ou des concerts. À hauteur de la Poljana pape Aleksandra III, vous passerez au-dessus de la **porte de la Mer** *(Morska vrata ; plan centre C1)*. Côté port, elle est ornée des armoiries de Venise, côté ville, elle est surmontée d'un fragment d'arc de triomphe romain. Elle doit son aspect actuel à une reconstruction effectuée en 1571, à l'occasion du retour triomphal des marins de Zadar qui participèrent à la célèbre *bataille de Lépante* (qui marqua un coup d'arrêt à l'expansion ottomane en Méditerranée).

Le musée du Verre ancien (muzej Antičkog Stakla ; plan centre D2) **:** Poljana Zemaljskog odbora 1. ☎ 363-831. • mas-zadar.hr • *De juin à mi-oct, tlj 9h-21h ; hors saison, lun-sam 9h-16h. Entrée : 30 Kn ; réduc.* Installé dans les belles salles claires du palais Cosmacendi (XIX[e] s), ce musée est uniquement consacré aux pièces en verre datant de l'époque romaine : bouteilles de toutes formes, flacons pour parfums, urnes cinéraires, etc.
Au 2[d] étage, atelier où l'on peut voir travailler des souffleurs de verre derrière une vitre *(de mi-juin à mi-oct, tlj sauf dim 9h-14h mais seulement s'il y a assez de visiteurs ; durée 10-20 mn)*.

Le musée des Illusions (muzej Iluzija ; plan centre D2) **:** Poljana Zemaljskog odbora 2. ☎ 316-803. • zadar.musejiluzija.com • *Tlj tte l'année. Juin-sept, 9h-minuit ; avr-mai et oct-nov, 10h-20h ; en hiver, 10h-16h. Entrée : 60 Kn ; réduc.* N'oubliez pas votre smartphone, ami(e)s des selfies, ce musée est fait pour vous ! Il s'agit d'un parcours mettant en évidence un enchaînement d'illusions d'optique : mirages, stéréogrammes, anamorphoses, kaléidoscopes, hologrammes, de quoi vous faire perdre la boule et aussi un peu d'argent si vous y allez en famille...

➤ **Excursions dans les Kornati :** les bateaux et les vendeurs d'excursions sont stationnés au débouché du pont piéton reliant la vieille ville et le quartier de Voštarnica. *Compter env 300-400 Kn la journée (quelques sorties à la ½ journée également).*

DANS LES ENVIRONS DE ZADAR

• Carte p. 241

NIN (23232)

À 15 km au nord de Zadar. Petit village-musée recroquevillé sur un îlot au centre d'un joli lagon. Connu à l'époque romaine sous le nom d'*Aenona*, Nin ne cessa de se développer jusqu'à devenir, au Moyen Âge, un centre politique et religieux de premier ordre. Malmenée pendant la période ottomane, décimée par le paludisme, la ville tomba peu à peu dans l'oubli. Elle compte aujourd'hui 1 500 habitants.

Adresse utile

Office de tourisme : brace Radić trg 3, à l'extérieur de la vieille ville, juste avt le pont à droite. ☎ 264-280. • nin. hr • *Juin-sept, tlj 8h-21h (20h juin et sept).* Bonne sélection d'hébergements chez l'habitant.

DANS LES ENVIRONS DE ZADAR / NIN | 241

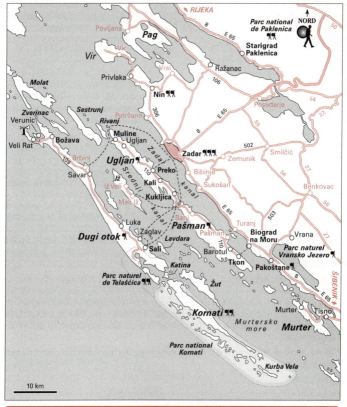

L'ARCHIPEL DE ZADAR

Où dormir à Nin et dans les environs ? Où manger ?

Les *apartmani* et *sobe*, ce n'est pas ce qui manque ! Voir avec l'office de tourisme.

⚑ **Dalmacija Camp :** à *Privlaka* (23233), à 4 km après Nin en direction de Vir. ☎ (023) 366-661. ● dalmacija-camp.com ● *Avr-fin oct. Juin-août, selon parcelles (il en existe 2 tailles) et zones (il y en a 3), compter 20-41,60 € pour 2 avec tente et voiture, taxes non comprises.* Vaste camping de plus de 400 emplacements, bien tenu. Plage privée, terrain ombragé par une pinède étendue. Épicerie à l'entrée. Sanitaires très propres, mais eau chaude payante *(1 Kn/mn).* Pizzeria et cochon grillé le soir au *beer garden.* Également des mobile homes à louer.

⚑ **Camping Planik :** à *Ražanac* (23248), à env 20 km à l'est de Nin, en direction de l'île de Pag. 📱 098-272-187. ● planik.hr ● *Avr-sept. Env 17-25 € pour 2 avec tente et voiture selon saison, taxes incluses.* Sous les pins (terrain un peu en pente), un camping très nature qui propose également des locations de tentes montées et équipées, ainsi que des mobile homes. Plage à 600 m.

|●| Plusieurs petits *restaurants* dans la vieille ville de Nin, dont le *Aenona,* avec ses tables dressées sous les grands catalpas.

À voir

Nin est une petite excursion agréable depuis Zadar mais on en a vite fait le tour. Quelques vieilles églises visibles de l'extérieur, un petit musée archéologique et un soi-disant musée du Sel qui s'avère en fait être une boutique.

🛉 Nin offre, pour les amateurs d'églises anciennes, de beaux exemples. D'abord, la rustique *Saint-Nicolas (Sv. Nikola)* du XIIe s, à l'extérieur du bourg sur la gauche. En pleine campagne, toute seulette sur son tertre, elle présente une forme trilobée en gros appareillage de pierre, surmontée d'un massif clocher-tour. Au cœur du village, dressée dans la rue principale, l'*église Saint-Anselme (crkva Sv. Anzelma),* intéressante pour son *trésor (de mi-juin à mi-sept, tlj sauf dim et j. fériés 10h30-12h30, 18h-21h ; prévoir 20 Kn).* Il comprend quelques belles pièces d'orfèvrerie médiévale. À côté, remarquer la statue de l'évêque Grgur Ninski, dont, comme à Split, les orteils sont lustrés à force d'avoir été caressés pour porter chance ! À sa gauche, la minuscule *église Sainte-Croix (crkva Sv. Križa)* du IXe s. Plan en croix, toit de pierre et blancheur immaculée.

🛉 *Le Musée archéologique (Muzej ninskih starina) :* trg Kraljevac *(au bout de la rue principale). Juin-août, tlj 9h-21h (22h 15 juil-15 août) ; sinon, ferme à 14h et dim. Fermé nov-avr. Entrée : 20 Kn ; réduc.* Il retrace l'histoire de la région, du Paléolithique à l'époque médiévale : pierres tombales, chapiteaux, beaux fonts baptismaux et 2 reconstitutions d'embarcations du XIe s découvertes sur le site du port romain.

🛉 Enfin, derrière le bâtiment du musée se cachent les vestiges d'un grand *temple romain* du Ier s.

L'ÎLE D'UGLJAN   7 500 hab.   IND. TÉL. : 023

L'île la plus proche de Zadar, longue de 22 km sur moins de 4 km de large et présentant la plus forte densité de population de l'archipel. Normal, beaucoup de Zadarois y possèdent une résidence secondaire. Forêts de pins, oliviers (le nom de l'île dérivant d'*ulje*, « l'olive »), figuiers, vergers, vignes et maquis : Ugljan a toujours eu une vocation agricole et reste très nature, même si l'on y a beaucoup construit. 8 villages s'égrènent tout au long de la côte est. L'île est aussi tristement célèbre dans les milieux écolos pour ses élevages incontrôlés de thon rouge à destination du marché japonais.

Arriver – Quitter

En bateau

➤ *Zadar (port de Gaženica) :* liaisons en ferry jusqu'à *Preko* avec *Jadrolinija.* En été, 5h-23h juin-sept, avec un départ en plus à minuit en juil-août. Horaires réduits hors saison, consulter le site de la compagnie. Autour de 18 Kn/pers et 103 Kn/voiture.

L'ÎLE D'UGLJAN | 243

PREKO (23273)

La petite capitale de l'île (environ 1 300 habitants) a su conserver caractère et intimité. Ne pas s'arrêter à la 1re impression dégagée par le débarcadère, sans grâce et enlaidi par des aménagements récents. Le vrai village de Preko, avec son port, plus agréable, et sa marina, est 500 m plus au nord, accessible à pied par un petit chemin côtier. Atmosphère typiquement méditerranéenne. Ne pas manquer de grimper, à 3 km, sur le *mont Saint-Michel (Sv. Mihovil)* à 265 m. Sentier pour les randonneurs. On y trouve une petite forteresse vénitienne du XIIIe s et un superbe panorama sur les îles de l'archipel de Zadar, jusqu'aux îles Kornati ainsi que sur les sordides élevages de thons rouges (voir encadré).

> **UN SUSHI, C'EST CHER !**
>
> *La Croatie échappe curieusement aux normes imposées par l'ICCAT, l'organisation intergouvernementale supposée protéger les thonidés. Planqués derrière Ugljan, les parcs sont saturés de thons rouges. Les Croates engraissent cette espèce en voie d'extinction (90 % des thons rouges ont disparu ces 30 dernières années) après l'avoir pêchée bébé. Responsable ? La mode du sushi ! Une affaire juteuse pour les îliens dont la production est réservée au marché japonais.*

Adresses et info utiles

■ **Office de tourisme :** *Magazin 8.* ☎ *286-108.* • *tz.preko.hr* • *Au nord du port, face à l'îlot avec le monastère. Juil-août, tlj 8h-21h ; tlj 8h30-19h sept-juin.* Super efficace. Infos précises concernant les activités sur l'île et grand choix d'hébergement chez l'habitant. Demander le plan détaillé des circuits de randonnées à faire à pied ou à vélo.

■ **Jadrolinija :** *au débarcadère.* ☎ *286-008. Tlj 5h-0h30 en été (ferme à 22h30 le reste de l'année).* Distributeurs de part et d'autre du bureau.

■ **Transports locaux :** bus pour Ugljan, Bolnica et Kukljica ainsi que pour Tkon (Pašman). Assez fréquents (en gros, à chaque arrivée/départ de ferry).

■ ***Location de vélos, scooters et kayaks :*** *à l'agence **Nav Travel**, Magazin 5 (à côté de l'office de tourisme mais également un bureau à Ugljan et Tkon à Pašman).* ☎ *316-435.* • *navadriatic.com* • L'agence propose également des hébergements chez l'habitant.

– **Fête locale Prieška Legrica :** *2e ven d'août.*

Où dormir ? Où manger ?

⌂ **Pansion Rušev :** *Duga Mocira 12, une des rues principales descendant vers le port.* ☎ *286-266.* ▯ *091-577-72-90.* • *pansion-rusev.hr* • *Tte l'année. Double 390 Kn, petit déj compris. Appart pour 4 pers env 80 €. CB refusées. Parking privé.* Grande demeure à la façade jaune surplombant le village. Dispose d'une dizaine de chambres climatisées (avec salle de bains), bien tenues, certaines avec vue sur mer. Terrasse commune abritée et petite piscine en terrasse. Propose également 3 appartements pour 4 au-dessus du Caffé Luna sur la marina. Accueil excellent du proprio dans un anglais impeccable (son épouse parle allemand). Une bonne adresse.

⌂ **Apartmani Marija :** *sur le front de mer, à 300 m du débarcadère vers la marina.* ☎ *286-025.* ▯ *098-972-32-92.* • *marija.milos@zd.t-com.hr* • *Tte l'année. Selon saison, 50-70 € pour 2-3 pers, 90-130 € pour 4-6 pers. CB refusées.* Une belle et grande maison jaune, pratiquement les pieds

LE NORD DE LA DALMATIE

dans l'eau (petit ponton). Propose 3 appartements de grand confort, avec balcon ou terrasse. Ceux à l'étage sont vraiment très grands, avec 3 chambres, un vaste salon et une cuisine suréquipée. Clim en supplément. Idéal pour les grandes familles ou entre amis. Accueil doux de Marija (qui parle un peu l'anglais).

|●| *Taverna Joso : sur la marina, derrière le supermarché Konzum. ☎ 286-818. Tte l'année 12h-21h. Plats 50-135 Kn ; menus 95-160 Kn.* Cette grande maison à la façade lie-de-vin est l'une des meilleures adresses de l'île pour déguster du poisson pêché le jour même. Carte courte. Moins touristique que ses concurrents (la terrasse n'est pas en bord de mer), *Joso* mise sur la qualité de ses produits (poissons et viandes frais, légumes du potager). Belle carte de vins croates. Service attentif.

|●| **Konoba Barbara :** *entre la marina et le port des ferries. ☎ 286-129. De mi-avr à sept, tlj 12h-minuit. Plats 50-130 Kn ; poisson au poids.* Une excellente taverne, surtout pour la viande cuisinée « sous cloche ». Légumes bien frais ; pas un hasard, ils viennent du jardin. Également plateau de poissons, moules, *kunjka* (coquillages), etc. Terrasse plaisante donnant sur la mer.

Où dormir dans les environs ?

🛏 *Villa Dinastija : Octocka cesta 4, à Kali, 800 m au sud-est de Preko, à droite sur la route principale avt d'arriver au bourg. Résas en France : 📱 06-11-63-03-26. Sinon ☎ 281-592 (sur place). ● croatievacances.com ● Ouv de mi-juin à fin sept. Loc à la sem. Selon saison, studios 45-65 €/sem pour 2 ; aussi des apparts pour 4 (75-103 €) et même pour 6-7 pers (100-140 €). CB refusées.* Dans une grande maison moderne en bord de route, une douzaine de studios pour 2 et d'appartements pour 4 ou 6 personnes, bien équipés (lave-linge et lave-vaisselle pour certains), tous climatisés et avec balcon ou terrasse. Plage à 200 m. Agréable terrasse avec barbecue sur l'arrière, espace hamacs et grande piscine (vaste jardin de 1 200 m²). Les propriétaires, franco-croates, sont aux petits soins pour leurs hôtes.

À voir. À faire

🎯🎯 **Le monastère des Franciscains** *(Franjevački samostan) :* ☎ 286-455. *Accès depuis un embarcadère derrière l'office de tourisme, au nord du port (barque entre 9h et le coucher du soleil, traversée 1 €). Visites gratuites tte l'année.* Monastère fondé en 1443 à l'emplacement d'un ancien ermitage. Quant à la petite église Saint-Paul-l'Ermite *(Sv. Pavla Pustinjaka),* elle date de 1596 et possède toujours ses vieux bancs et une atmosphère d'antan. Quelques toiles dont un tableau de Juraj Ventura, peintre zadarois du XVIIe s. Tout petit musée : livres anciens en glagolitique (l'ancien alphabet slave), orfèvrerie religieuse, reliquaires, etc.

🎯 Vers l'est, près du débarcadère du ferry, voir aussi la jolie petite **église Saint-Jean** du XIe s. Rugueuse simplicité du roman primitif. Quant à l'**église paroissiale**, du XVIIIe s, elle présente une pierre romaine au-dessus du porche et un sarcophage dans le cimetière.

🏖 Sinon, pour se baigner, au nord du bourg, **plage de sable de Jaz,** populaire lieu de rendez-vous des autochtones.

À voir dans les environs

🎯 D'autres bourgades tranquilles, d'autres petites baies bordées de pins comme **Lukoran,** suivie de **Sutomišćica** renommée pour la *Sainte-Euphémie,* sa fête patronale en septembre. Voir la *villa baroque Lantana,* du XVIIe s. **Poljana** offre, quant à elle, sa *basilique romane Saint-Pierre,* du XIIIe s. **Kali** est l'un des plus fameux ports de pêche de l'Adriatique. Le village, très étendu, se compose en fait de 2 ports restés très authentiques. Vieux centre aux étroites ruelles. Sous l'égide de saint Laurent, grande *fête des Pêcheurs* en août. Pour se baigner tranquillou, la minuscule *île d'Ošljak,* en face, ou la plage de la calme baie de **Mala Lamjana,** accessible par une petite route de 7 km traversant l'île (fléchée à droite de la route principale passant au-dessus de Kali).

UGLJAN (23275)

Petit port. Marché de primeurs en saison.

Adresse utile

Office de tourisme : ☎ 288-011. ● ugljan.hr ● *En été, tlj 8h-20h ; en hiver, lun-ven 8h-14h.* Consultez le site pour connaître les possibilités d'hébergement. Distributeur de billets à l'extérieur.

Où dormir ?

Une demi-douzaine de **campings** à Ugljan et dans les environs. On peut opter pour une retraite (10 chambres) ou même planter sa tente au monastère franciscain de Saint-Jérôme, sur la presqu'île tout près du port *(mais seulement en juil et sur résa :* ☎ *(023) 288-091).*

À voir

Le monastère franciscain Saint-Jérôme (Sv. Jerolim) **:** *à gauche du port, suivre le front de mer jusqu'à la petite marina.* Fondée en 1439, l'église à nef unique est de la même époque. Noter les jolis chapiteaux romans du cloître et les pierres tombales, surtout celle de l'évêque Šimun Kožičić-Benja (qui fit imprimer à Rijeka, au début du XVIe s, les premiers livres en glagolitique), de style Renaissance.

MULINE (23275)

Le bout du bout de l'île. Pour celles et ceux qui cherchent un vrai havre de tranquillité. Port modeste, quelques maisons disséminées, barques colorées et une sympathique pension. Les filets sèchent au vent. Pour se baigner, aller à gauche du port, puis emprunter sur 800 m un chemin jusqu'à une charmante petite baie, *plaža Luka.* Surtout des rochers, mais environnement verdoyant et eau d'une clarté absolue. À Muline, on trouve la plus ancienne presse à huile de la côte dalmate (IIe s).

Où dormir ? Où manger ?

Plusieurs **campings** (du genre chez l'habitant) et **appartements** à louer dans le coin : consulter les sites ● ugljan.hr ● navadriatic.com ●
Pansion Stivon : *sur le port.* ☎ 288-388. ● zivko.vidakovic1@zd.t-com.hr ● *Fin mai-sept.* Doubles *55-60 €, petit déj 8 €. ½ pens 16 €/pers. Plats 60-140 Kn.* Grande maison blanche dans un environnement sympa. Atmosphère encore familiale, même si, l'expérience aidant, les prestations sont livrées avec beaucoup de professionnalisme. Une petite douzaine

de chambres ravissantes aux noms de poissons, une finition de qualité, avec balcon. Chauffage. Bon resto. Goûter à la spécialité, le *brudet*, préparation de poisson suivant une recette maison (à la polenta). Repas à des prix très abordables.

KUKLJICA (23271)

Au fond d'une baie profonde, à l'extrême sud de l'île, voici un port actif et sympa. À sa gauche, la *presqu'île de Zelena punta* et ses 3 belles plages. Village célèbre pour sa *fête de Notre-Dame-des-Neiges*, le 5 août. Plusieurs dizaines de bateaux accompagnent alors la Vierge de Kukljica, de l'église votive où elle réside à l'année vers la *chapelle Saint-Jérôme* du XIVe s. Dans les environs, de nombreux chemins de randonnée bien balisés, ponctués de petites plages tranquilles.

Adresse utile

Office de tourisme : installé dans un vieux moulin à huile sur le port. ☎ 373-449 (en été) ou 276 (le reste de l'année). ● kukljica.hr ● *Juil-août, tlj 8h-21h ; juin et sept, tlj 8h-12h, 17h-19h ; hors saison, lun-ven 8h-15h.* Excursions vers les Kornati *(avec Gospa Rozarija,* ☎ *373-329 ; départ 9h30, retour 17h ; compter env 250 Kn/pers avec repas, 180 Kn/pers sans ; réduc)*, adresses de chambres et d'appartements à louer. Demander la carte détaillée (en français) des 20 circuits pédestres et VTT.

Où dormir ? Où manger ?

Plusieurs dizaines de logements privés. Consulter le site web ● navadriatic.com ● Par exemple, parmi d'autres, la conviviale **Villa Tuta** *(au bout du port ;* ☎ *322-734)* ou la **Pansion Andelka** *(près de l'église ;* ☎ *373-411 ;* ● apartmani-andelka.com ● *). Mai-sept. Compter 40-60 € pour 2-4 pers en hte saison.*

🏠 **Villa Kunčabok :** *Ulica 1, br 84, presque à la pointe sud de l'île.* ☎ *373-868.* 📱 *098-411-062.* ● blagdan.eu ● *En direction de Pašman ; peu avt le pont, tourner à droite et continuer sur 400 m (c'est indiqué). Tte l'année. Selon saison, 291-798 Kn pour 2-3 pers, 537-805 Kn pour 4 pers (2 chambres). CB refusées.* Cette adresse possède une situation unique ! Sans voisins, en bord de mer. Calme total, tranquillité assurée. Grande villa de 4 appartements lumineux bien équipés et avec balcon, dans un superbe environnement. Le n° 3 est en soupente. En outre, Milka, l'hôtesse, est hyper accueillante. Petite plage privée juste devant la maison.

|●| **Stari Mlin :** *sur la gauche du port, à côté de l'office de tourisme.* ☎ *373-304. Mai-oct, tlj 11h-minuit. Plats 50-115 Kn ; plat de poisson pour 2 pers 370 Kn.* Vaste terrasse ombragée par des auvents de couleur et de gros palmiers. Plats variés, bien exécutés et pour tous budgets. Copieuses brochettes et bons crustacés. Accueil courtois, service aguerri.

L'ÎLE DE PAŠMAN 3 000 hab. IND. TÉL. : 023

Le prolongement naturel d'Ugljan, à laquelle elle est reliée par un pont. Pašman est une île rurale où il fait bon se reposer et goûter aux produits locaux. Les moules sont particulièrement renommées et seraient plus pures qu'ailleurs en raison d'un phénomène local de marée qui entretient une eau cristalline. Moins touristique, mais au relief plus âpre, elle ravira également les amateurs de sports et de nature. Pour les VTTistes, une route de crête caillouteuse court sur toute la longueur de l'île, livrant des panoramas exceptionnels sur les îles environnantes, notamment sur les Kornati au coucher du soleil.

> **L'ÎLE DES AMOUREUX**
>
> *Au sud de Zadar, entre Pašman et Turanj, Galešnjak est une île privée minuscule et inhabitée. Elle a une particularité unique au monde : elle est en forme de cœur !*

– Aucun hôtel sur l'île ; seulement des campings et des logements chez l'habitant.

Arriver – Quitter

En bateau

➢ **Biograd na Moru :** liaisons jusqu'à **Tkon.** Une douzaine de traversées/j., 6h-22h30 (21h20 en demi-saison). Compter 14 Kn/pers et env 80 Kn/véhicule. Durée : 15 mn.

TKON *(23212)*

Le village le plus important de l'île (environ 750 habitants). En continuant vers le bout de l'île, on tombe sur quelques belles petites plages pas trop fréquentées (de sable d'abord, puis galets). Pas de vraie table à Tkon, juste des fast-foods et une pizzeria.

Adresse utile

ℹ **Office de tourisme :** *face à l'embarcadère.* ☎ *285-213.* ● *tkon.hr* ● *Juil-août, tlj 8h-20h (12h dim) ; mai-juin et sept, 8h-14h.* Demander la carte de l'île avec ses chemins de randonnée. Distributeur à l'extérieur.

Où dormir ? Où manger à Tkon et dans les environs ?

⛺ **Camp Arboretum :** *à Barotul, à 6 km au nord-ouest de Tkon.* ☏ *099-253-87-11 (Igor).* ● *camparboretum.com* ● *Juin-sept. Compter 18,50-23 € selon saison pour 2 avec tente, électricité et voiture.* Petit camping familial réservé seulement aux tentes, bien ombragé, à 150 m d'une plage. Sanitaires très corrects. Cuisine extérieure avec grand barbecue et espace commun pour les repas. Commerces à 500 m, dans le village. Location de kayak de mer (modèle familial) et de vélos. Igor, le proprio, organise aussi des excursions vers les Kornati à bon prix et dispense une mine d'infos sur les choses à faire dans le coin. Bon esprit communautaire.

⛺ **Auto-Camp FKK Sovinje :** *à 2 km au sud de Tkon, presque à la pointe de l'île.* ☎ *285-541.* ☏ *098-314-045.* ● *fkksovinje.hr* ● *D'avr à mi-oct. Env 230 Kn pour 2 avec tente et voiture en été (- 30 % hors saison).* Là aussi, un camping tranquille, réservé aux naturistes, avec 2 plages de sable sous de petites falaises. Équipement correct, barbecue à dispo, mais pas de *mini-market,* quelques installations sportives. Livraison de pain le matin et petit bar-resto à deux pas. Bon accueil.

🏠 **Apartmani MM, chez Marina Martinko :** *à env 1 km au nord du débarcadère de Tkon.* ☏ *091-577-20-30.* ● *martinko.marina@gmail.com* ● Passé le terrain de sport, à la fourche, prendre à droite. Avr-nov. Selon saison, 40-50 € pour 2, 60-85 € pour 4. Cette grosse bâtisse cossue tout en carrelage et granit recèle 6 chambres avec cuisine incorporée et salle de bains. Préférer celles qui donnent sur mer, bien sûr ! Grand barbecue à dispo dans le jardin et accès direct à une petite plage privée avec douche et transats.

|●| Restoran Trta Mrta : *dans une ruelle derrière les maisons du port.* ☎ *285-280. Tte l'année, tlj 11h-23h. Pizzas 35-55 Kn ; plats 45-80 Kn ; poisson 450 Kn/kg.* Cadre campagnard ou terrasse, au choix, pour quelques pizzas cuites au feu de bois et des plats typiques du coin. Le poisson est cher. Prévoir de l'attente.

À voir

Le monastère de Saint-Côme-et-Saint-Damien (Sv. Kuzma i Damjan) *: sur la colline dominant le sud de l'île (500 m de montée). Juin-sept, tlj sauf dim 16h-18h.* Magnifique but de promenade. Ce monastère bénédictin fondé en 1125 a été remis en activité dans les années 1960 et compte aujourd'hui 7 moines. L'église est de style gothique, mais le clocher roman. Tympan ouvragé. Au milieu, une Vierge du XIVe s et un Christ en croix du XVe s. Du monastère, joli panorama sur les environs, ça va de soi !

L'ÎLE DE DUGI OTOK   1 670 hab.   IND. TÉL. : 023

La plus grande île de l'archipel de Zadar. Avec environ 45 km de long sur 4 km dans sa plus grande largeur, *Dugi otok* mérite vraiment son nom (« longue île »). Elle est couverte de végétation dans sa moitié ouest, et bien plus sèche à l'est où elle se termine par le parc naturel de Telaščica. C'est aussi l'une des portes d'entrée pour l'archipel des Kornati. L'île connaît une saison touristique brève mais intense. Hors saison, c'est un lieu éminemment reposant. Dernière chose : l'eau potable est une denrée rare sur Dugi otok. Le nord de l'île en est totalement dépourvu. Le précieux liquide arrive par bateau-citerne de Zadar ; à Sali, ancienne capitale du sel, il y a un désalinisateur d'eau de mer, un comble !

Arriver – Quitter

➤ **Zadar :** en été, 3-4 liaisons/j. en ferry de la *Jadrolinija,* depuis le port de Gaženica pour le port de **Brbinj** ; 1h30 de trajet et 30 Kn/pers, 176 Kn/voiture. Pour un trajet plus rapide (50 mn), choisir l'un des 3 ou 4 bateaux passagers quotidiens de la compagnie *G & V Line Iadera* qui partent du port de la vieille ville de Zadar (desservent les ports de **Zaglav** et de **Sali**). Hors saison, un peu moins de liaisons.

Se déplacer sur l'île

➤ **En bus :** à chaque arrivée/départ de ferry, un bus vous mène de Brbinj à Božava et Veli Rat. Du nord, aucun bus pour Sali et le sud (si vous dormez à Sali, prenez le bateau rapide : il y débarque directement). En revanche, il existe une ligne Sali-Luka, via Zaglav, juil-sept (3-5 bus/j.).

➤ **À scooter :** vu la rareté des bus, obligation de louer un scooter pour

visiter l'île (voir avec les agences sur le port de Sali ou de Božava et auprès de certains restos et hôtels).
➢ *En voiture :* excellente route du nord au sud. **Attention, la seule station-service de l'île se trouve sur le port de Zaglav.**

SALI (23281)

La petite capitale de l'île (environ 750 habitants). Son nom provient des salines au Moyen Âge et apparaît la 1re fois dans un document en 1105. Au fond d'une vaste baie et protégée par une presqu'île, elle a pas mal de caractère. Façades des maisons aux tons pastel ou joliment patinées. Voir l'*église paroissiale Sv. Maria*, du XVe s et de style gothique. Beau maître-autel avec *Vierge à l'Enfant* datant de la Renaissance.

Adresses utiles

■ **Office de tourisme :** *sur le port.* ☎ *377-094.* ● *dugiotok.hr* ● *Tte l'année : lun-sam 8h-21h (9h-13h dim) en été ; lun-sam 8h-15h en hiver.* Infos sur les logements, mais pas de résas. Cartes de sentiers rando et vélo. Staff super sympa.
■ **Adamo Travel :** *sur le port, à côté du glacier.* ▯ *099-518-29-29.* ● *adamo. hr* ● *Juil-août tlj 8h-22h ; 8h30-20h hors saison.* Une agence qui peut vous trouver une chambre. Assure également le transfert vers le parc de *Telaščica* et la location de kayaks (2 places) pour partir à l'aventure sur ses eaux turquoise.
■ **Distributeur :** *sur le port.*
■ **Bureau du parc national de Telaščica :** *à l'arrière de la konoba Kod Sipe. Monter par les escaliers qui partent à droite du glacier, laisser l'église sur la gauche, c'est un peu plus haut sur la droite.* ☎ *377-096.* ● *pp-telascica.hr* ● *En saison, lun-ven 7h-15h.* Plans, infos sur la flore et la faune du parc.

Où dormir ? Où manger ?

🛏 **Chambres chez l'habitant et appartements :** *contacter l'agence Adamo (voir plus haut). Compter 40-60 € pour 2 en saison.*
🛏 |●| **Hotel Sali :** ☎ *377-049.* ● *hotel-sali.hr* ● *Pour y aller à pied, remonter la ruelle qui part du resto Kornat, sur le port, et marcher 200 m. Mai-sept. Doubles 60-90 € selon saison, avec petit déj. ½ pens possible.* Dans une pinède dominant la mer, 4 bâtiments très classiques au look balnéaire, abritant une petite cinquantaine de chambres tout confort avec terrasse. Baignade au pied de l'hôtel, dans une petite crique aux eaux cristallines. Resto très moyen, comme l'accueil.
|●| Plusieurs restos à prix moyens sur le port. La **konoba Trapula** avec ses tables aux nappes à carreaux est planquée dans la ruelle derrière la poste (▯ *091-234-32-74),* et propose une cuisine locale, tout comme le **Kornat** (☎ *377-315).* Mais rien de bien extraordinaire dans les 2 cas.

Où dormir ? Où manger dans les environs ?

🛏 |●| **Restaurant & Pansion Roko :** *à Zaglav, à 4 km au nord de Sali.* ☎ *377-182.* ▯ *098-627-133.* ● *konoba.roko zaglav@gmail.com* ● *Tte l'année. Resto tlj 9h-23h. Doubles 35-45 € selon saison ; petit déj en sus. Apparts 50-70 €. Repas env 90 Kn.* Gentilles chambres au-dessus du resto (dont 3 avec vue sur mer) et quelques appartements (pour 2 ou 4 personnes). Tous avec clim, frigo, TV, douche-cabine dans les salles d'eau. Tenu impeccablement. Resto très correct, à prix sages et qui bénéficie d'une agréable terrasse ombragée.

➢ À *Zaglav,* 2 petites plages, dont une très appréciable avec des enfants car en pente douce.

Fête

– **Saljske užance :** *le w-e qui précède le 15 août (le soir).* La grande fête de l'île, à Sali : musique à gogo, danses folkloriques, courses d'ânes, sardines grillées, le vin coule à flots. On y jouera de la *tovareća mužika*, littéralement « musique de l'âne », à l'aide de cornes de vaches (qui servaient jadis aux bateaux pour se signaler dans le brouillard) et de grands tambourins. Sacrée ambiance !

BOŽAVA (23286)

Ce port serait charmant si les bâtiments qui le bordent n'étaient pas si disgracieux. Entre l'hôtel *Maxim* (4 étages couleur poissonnerie) et les maisons en béton bâties à la va-vite, on ne peut pas dire que le développement de cette petite station ait été très heureux… Cependant, c'est un bon point de départ pour les balades dans la superbe partie nord-ouest de Dugi otok.

Où dormir ? Où manger dans le coin ?

▲ **Chambres et appartements :** *s'adresser à l'office de tourisme de Božava (☎ 377-607 ; en été : lun-ven 8h-21h, 9h-20h sam, le mat seulement dim).*

▲ **Hotels Božava :** *sur le port.* ☎ 291-291. • hoteli-bozava.hr • *Fin mai-fin sept. Selon saison, doubles 86-156 € pour les chambres ordinaires (Agava, Mirta et Lavanda), compter 130-200 € au Maxim ; petit déj compris.* Complexe hôtelier en bord de mer. Pas vraiment notre tasse de *caj*, mais on vous l'indique faute de mieux. Chambres confortables dans de vilains cubes de béton disséminés dans la pinède pour ce qui est du tout-venant. Piscine, excursions aux Kornati, location de vélos électriques. Le fleuron de la chaîne, *Maxim,* s'en sort mieux, c'est un vrai 4-étoiles avec ses 20 chambres et ses 8 appartements. Il donne directement sur la mer. Restaurant.

▲ I●I **Gorgonia Apartments :** *à Verunic, à 5 km de Božava (1ʳᵉ à gauche après Soline).* ☎ 378-153. 📱 091-737-98-23 (Gianni). • gorgonia.hr • *10 mai-15 oct. Propose studios pour 2 et apparts pour 2-3 tt confort 55-95 € et 65-100 € selon saison. Également des suites plus chères. Réduc de 10 % pour 3 nuits min sur présentation de ce guide sauf juil-août.* Dans un bâtiment pas très gracieux, mais face à la mer et bien isolé. Le restaurant de la maison est certainement le meilleur de l'île (pensez à réserver). Au choix : poisson frais, viandes, pâtes et quelques spécialités méditerranéennes. Très bons vins croates. L'assiette est copieuse et servie avec gentillesse par Miriam et son staff. *Coffee bar* dans le jardin, ouvert à tous *(de mai à mi-oct).* Location de scooters, vélos et bateaux. Accueil francophone. Le village est vraiment mignon et reposant.

I●I Les restos de Božava sont loin d'être extraordinaires. On retiendra quand même le **Veli Kamik** *(plats 50-100 Kn)* ; **Oleandar** est un peu moins cher et propose des plats simples (viandes et poisson grillés notamment).

Les plages

Plage, farniente et randonnée restent les activités principales.

🏊 Repos et baignades sur l'*île de Lavdara*, où l'on peut louer des maisons ainsi que le bateau pour s'y rendre (voir à l'office de tourisme de Sali ou à l'agence *Adamo*). Même chose sur l'*île de Zverinac*, accessible plutôt à partir de Božava. Renseignez-vous à l'office de tourisme de ce village.

Plages également à **Zaglav**, **Žman**, **Luka** et **Savar**. Près de cette dernière, sur une minipresqu'île, charmante petite *église Sv. Pelegrin.*

Le plus beau coin de l'île est sans doute le nord-ouest. Environ 4 km après Božava, une courte piste empierrée à gauche mène à **Sakarun,** de loin la plus belle plage de l'île : peu de sable, galets, eau turquoise peu profonde, petite buvette. Il y a quelques décennies, c'était une véritable plage de sable, mais celui-ci a été utilisé pour bâtir des maisons. Poursuivre vers *Veli Rat,* l'un de nos villages préférés, avec sa petite marina. À quelques brasses de là, de l'autre côté de la baie, on trouve le port encore plus modeste de *Verunic.* Continuer vers la pointe de la presqu'île. Au bout du bout, plage très populaire près du phare (40 m, le plus haut de l'Adriatique, dit-on !). Crique délicieuse avec rochers et petits cailloux, pins et vacarme des cigales.

Plongée sous-marine : voir plus haut « Adresses utiles » à Sali.

LE PARC NATUREL DE TELAŠĆICA

Le parc se compose d'une baie très profonde (9 km de long sur 1 à 2 de large) et des terres qui l'entourent. Protégé au sud des assauts de la mer par une haute falaise, c'est le refuge des bateaux depuis la nuit des temps. En tout, 25 minibaies, 5 îles et une végétation méditerranéenne de près de 300 espèces. L'idéal est de le découvrir en kayak de mer. *Infos :* ☎ 377-096. ● *pp-telascica.hr* ● *Entrée : 40 Kn/ pers si vous êtes en voiture ; 20 Kn/pers à pied ou à vélo ; réduc. Parking à l'entrée.*

➤ Pour digérer, 2 **balades** : la 1ʳᵉ mène en moins de 10 mn aux *falaises.* Au milieu d'une luxuriante végétation, on reste scotché par ce spectacle époustouflant et les 100 nuances de bleu et vert des eaux tout en bas. La 2ᵉ permet de découvrir, tout aussi rapidement, le *lac Mir.* Il possède plusieurs pittoresques caractéristiques : par exemple, contient 2 fois plus de sel que la normale, fait 6 °C de plus que la température de la mer, et son niveau monte et descend au gré des marées... mais pas en même temps.

ŠIBENIK ET SES ENVIRONS

● Les îles Kornati............251	● Brodarica : Zlarin et l'île de Prvić	● Skradin........................270
● Biograd na Moru........252		● Vers Knin....................271
● Pakoštane..................253	● La route de Trogir........267	● Bribirska Glavica
• Vrana	● Boraja	● Burnum
● Vransko Jezero..........255	● Le parc national	● Knin..............................271
● L'île de Murter............256	de Krka.................267	● Drniš............................272
● Šibenik........................257		

LES ÎLES KORNATI

L'archipel le plus sauvage de Croatie, classé parc national ; officiellement 89 îles, émiettant sur la mer un chapelet d'îlots et de gros rochers pratiquement déserts. Cet aspect dénudé est en partie dû au surpâturage pratiqué à une époque où l'archipel n'était pas encore protégé. Ici, pas d'habitants à l'année, les quelques propriétaires de ces îles totalement privées n'investissent leurs parcelles qu'à la période des vendanges ou de la

cueillette des olives. Ils y ont néanmoins bâti quelques maisons de pêche qu'ils louent (cher) l'été aux touristes. Ici pousse une végétation typiquement méditerranéenne : myrtes, lentisques, genévriers, sauge... Malgré l'âpreté du relief, près de 800 espèces sont recensées dans le parc.
L'île la plus longue, *Kornat,* mesure 25 km sur 3 km. Les pêcheurs de la région ont donné aux îles des noms évocateurs : *Bludni rat* (le « cap de la débauche »), *Prduša mala* (la « petite qui pète »), *Babina guzica* (le « cul de la vieille ») ou *Kurba vela* (la « grande putain »).
C'est le paradis des plaisanciers et des amateurs de beauté âpre et sans fard. La roche est dénudée, pelée, torturée, déchiquetée. Pas de plage (pieds sensibles, achetez des méduses !), mais des falaises tombant à pic dans une eau d'une transparence inouïe qui flirte avec les 25 °C une bonne partie de l'année. Les Kornati c'est aussi le paradis des amateurs de fonds marins, avec une faune et une flore sous-marines en totale reconstitution après des années de surpêche.

Comment y aller ?

Pas de ferry pour les Kornati.
➢ Nombreuses **excursions** organisées par des agences agréées depuis *Zadar* (en général sur de gros bateaux), *Iž, Sali* (sur Dugi otok), *Biograd na Moru, Murter* et *Šibenik.* Possible également au départ de Pakoštane. Au total une petite trentaine de compagnies se partagent le marché.
– Le droit d'entrée est intégré au prix des excursions et se paie par bateau (variable selon la longueur de bateau). Liste de ces agences et achats des droits d'entrée en ligne si vous avez loué un bateau sur • np-kornati.hr •

Où dormir ? Où manger ?

▲ Possibilité de **louer des maisons de pêche** dans de minuscules hameaux. Beaucoup apprécient de vivre ainsi une semaine ou plus dans ce silence minéral et dépouillé, dans ces premiers matins du monde (électricité solaire et citerne d'eau de pluie). Voir les agences à Murter ou à Sali (Dugi otok). 2 solutions : soit choisir un hameau totalement isolé ; en ce cas, prévoir le ravitaillement (un bateau passe 2 fois par semaine). Soit choisir un hameau possédant 1 ou 2 restos, les problèmes d'intendance sont alors résolus. Location des maisons environ 50 % plus chère que sur les autres îles et le continent. En principe, les locations ne se font qu'à la semaine, du moins en été. Ajouter le coût du bateau *(autour de 750 Kn A/R).* Toutes choses à organiser avec l'agence de location, ou de France.
I●I Pour **se restaurer** dans des ports de poche, il existe environ 20 restos dans les Kornati, inégalement répartis.

BIOGRAD NA MORU (23210) 5 530 hab. IND. TÉL. : 023

Port d'embarquement pour Pašman, Biograd na Moru est une escale privilégiée des plaisanciers en partance pour les Kornati. Animé l'été, son front de mer aligne ses nombreuses terrasses face à la marina. Biograd na Moru est citée dès le XIe s, sous le nom de *Belgradon.* En 1102, le roi hungaro-croate Koloman y est même couronné. Malheureusement, le terrible sac de la ville par les Vénitiens en 1125 ne laissa pas grand-chose debout, à part l'*église Saint-Jean-l'Évangéliste,* dont il ne reste que des ruines. Biograd est

PAKOŠTANE | 253

aujourd'hui une petite station balnéaire (nombreux hôtels et campings au sud de la ville), dotée d'un minuscule quartier historique, avec son église, ses ruelles et ses petites *konoba*.

Arriver – Quitter

➢ **Bateau pour Pašman :** liaisons pour **Tkon.** Une douzaine de traversées/j., 6h-22h30 (21h20 en demi-saison). Compter 14 Kn/pers et env 80 Kn/véhicule. Durée : 20 mn.

🚌 **Gare routière :** *trg Hrvatskih Velikana, en plein centre, sur la pl. principale.*
➢ **Zadar :** bus ttes les heures env.

Adresse utile

ℹ Office de tourisme : Hrvatsikh Velikana trg 2. ☎ *385-382* ou *383-123*. ● *tzg-biograd.hr* ● Bien caché, sous un porche, face à la pl. principale. Mai-oct, lun-sam 8h-20h (12h sam) ; hors saison, lun-sam 8h-15h. Fermé dim.

Où manger ?

I●I Guște : *face à la marina, à 200 m du débarcadère.* ☎ *383-025*. En arrivant du centre, prendre la grande avenue menant au ferry, c'est sur la gauche. Tte l'année, tlj 8h-minuit. Plats 50-110 Kn. Petit resto populaire sans fard, où les habitués chantent les louanges d'une cuisine sérieuse et de la meilleure viande de la ville. Spécialité de plats *pod pekom* (« cuits sous la cloche », sur commande 3h avant). Bon accueil et terrasse ombragée dans une courette, protégée du *maestral*.

À voir

✕ Le musée du Patrimoine *(Zavičajni muzej) :* Krešimirova obala 22, sur le port, face aux bateaux de pêche, à deux pas de l'embarcadère. ☎ *383-721*. ● *muzej-biograd.com* ● Juil-août, tlj sauf dim 7h-15h (9h-12h sam), 19h-22h ; horaires restreints hors saison. Entrée : 10 Kn ; réduc. À demi cachée par les terrasses des cafés, ce musée expose des trouvailles archéologiques locales, des vestiges de l'église Sv. Ivan, petits bronzes, poteries, verres, etc., et, toujours en contrepoint, au-dessus, une belle photo du site en noir et blanc ou en sépia. Au 1er étage, les découvertes effectuées sur l'épave d'un navire vénitien coulé au large en 1583 : minerais de fer stockés dans des tonneaux, petits instruments de mesure, céramiques possédant encore leurs fraîches couleurs, verres fossilisés sous l'eau.

PAKOŠTANE   (23211)   3 600 hab.   IND. TÉL. : 023

Petite station balnéaire agréable et à taille (encore) humaine, à 6 km au sud-est de Biograd na Moru. Outre quelques cafés autour du petit port et 2 belles plages, le village propose de nombreux appartements à louer disséminés dans les ruelles, et des petits campings dans de jolies baies aux alentours. Une bonne option pour rayonner dans les environs ou un départ pour une excursion dans les Kornati. **Plein d'activités nautiques à faire ici.**

Adresses utiles

Office de tourisme : *Kraljice Jelene 78.* ☎ *381-892.* ● *pakostane.hr* ● *Au rdc de la mairie. Mai-oct, tlj 8h-20h ; le reste de l'année, lun-ven 8h-15h.*

■ **Agence Dalmagite :** ☎ *381-268.* 📱 *098-937-21-42.* ● *bretonne-en-croatie.com* ● *Pas de bureau, contact par mail ou tél uniquement.* Guylaine Rasin, une Bretonne installée depuis de nombreuses années à Pakoštane, propose des locations d'appartements et fait de l'accueil des touristes français. Véritable ambassadrice de la Croatie, elle organise également des sorties pêche et des visites guidées de l'archipel des Kornati.

■ **Galeb Aventures :** *Obala Kresimira IV 72.* 📱 *091-542-39-02.* ● *galebaventures.com* ● *Face à la plage, à droite de la marina quand on regarde la mer. Tlj 9h-13h, 14h-18h.* Un Français de Pakoštane, Sébastien, marié à Manuela, une Croate, a monté sa petite affaire de location de kayaks de mer et de Zodiac, et propose des cours de catamaran et de planche à voile. Sympa et compétent.

■ **Dalmatia Adventures :** *Kralja Tvrtka 17 (mais aussi un kiosque sur le port).* 📱 *098-871-54-38 ou 095-518-81-21.* ● *dalmatiadventures.com* ● *Compter 55-70 €/pers la journée complète (8h30-17h30). Les entrées aux parcs des Kornati ou de Telašćica sont comprises.* Disposant chacun d'un bateau, Yvonne et Jure proposent des sorties en petit comité (11 personnes max) vers les îles Kornati et vers le parc naturel de Telašćica (Dugi otok). Location de vélos et de kayaks.

Où dormir ? Où manger ?

⚊ **Camping Paradiso :** *à Drage, à env 5 km au sud de Pakoštane, direction Šibenik (non fléché dans l'autre sens).* 📱 *098-192-00-44.* ● *campparadisodrage.com* ● *Mai-sept. Env 13-20 € pour 2 avec tente et voiture selon saison.* Au bout d'une petite piste dégringolant jusqu'à une paisible baie aux eaux cristallines, un petit terrain tout simple, malheureusement peu ombragé, doté d'installations et d'équipements sommaires. Des appartements également. Location de barques et d'embarcations à pédales. Accueil chaleureux.

⚊ **Appartements chez Ante Rasin :** *Splitska 6.* ☎ *381-678.* 📱 *098-160-25-97. En entrant dans Pakoštane, prendre la 2e ruelle à droite. Tte l'année. Selon saison, apparts (5-7 pers) 40-88 €, studios (climatisés) 30-50 €. CB refusées.* Dans 2 maisons attenantes, 4 vastes appartements très bien équipés (lave-vaisselle, micro-ondes, TV satellite, balcon) et 1 studio, le tout dans une ruelle paisible à 800 m de la mer. Une bonne adresse, impeccablement tenue par Ante, croate francophone très accueillant et ancien du *Club Med*.

⚊ **Appartements chez Niko et Ivanka Čudina :** *Boškovića 7.* ☎ *381-251.* 📱 *098-935-82-10. Dans une impasse, à gauche après le grand camping Kozarica, en direction de la plage. Tte l'année. Selon saison, apparts 40-60 € pour 2 pers, 50-100 € pour 4-8 pers, studios 30-45 €. CB refusées.* Dans un quartier résidentiel calme, à 300 m de la plage, des appartements et studios de taille variable, de bon confort et agréables. Tous sont suréquipés, climatisés et possèdent un balcon. Accueil plein d'humour de Niko, francophone à la double nationalité croate et suisse. Gare aux tortues dans le jardin !

⚊ |●| **Villa Mediterranea :** *Ante Starčevića 36.* 📱 *099-834-87-06. À 3 mn à pied de la plage et du centre. Tte l'année. Doubles 37-75 € selon saison, petit déj compris. CB refusées.* D'emblée, avec son sympathique petit bar installé dans la cour, cette maison annonce un esprit convivial qui se confirme par l'accueil chaleureux de la jeune propriétaire. Seulement 2 chambres, à l'étage, mignonnes comme tout, dans un style moderne, décontracté et coquet. Fait aussi resto, simple et peu onéreux. Un ensemble très plaisant et plein de bonne humeur !

|●| **Konoba Pakoštanac :** *Jelene*

Kraljice 23. ☎ 382-473. Tlj près du précédent, mais en s'éloignant de l'église. Mai-oct. Plats 60-140 Kn. À l'écart des restos touristiques du front de mer, petite *konoba* familiale avec terrasse dans une cour ombragée d'oliviers et agréable salle en véranda, à la déco marine. La spécialité de la maison est la cuisine au barbecue (poisson et viande), très appréciée des gens du cru.

Où dormir ? Où manger dans les environs ?

🏠 I●I *Maškovića Han Heritage Hotel*: Marina br. 1, à **Vrana**. ☎ 333-230. ● maskovicahan.hr ● À 7,5 km au nord-est de Pakoštane. Tte l'année. Doubles 70-120 € selon saison, petit déj compris. Cet imposant caravansérail turc, joliment restauré, abrite aujourd'hui un bel hôtel aux chambres élégantes et confortables. Du contemporain qui respecte un lieu historique, jusqu'à la très belle salle du resto, particulièrement réussie. Et, comble du bonheur, on y déguste une délicieuse cuisine, elle aussi très soignée, pour un prix étonnamment raisonnable. On peut aussi se contenter d'y boire un verre !

DANS LES ENVIRONS DE PAKOŠTANE

VRANA

À env 7,5 km au nord-est de Pakoštane. Un petit détour pour découvrir les ruines à l'abandon d'un ancien fort et, surtout, un **caravansérail turc** datant de 1644, œuvre de Jusuf Mašković, natif de Vrana et grand amiral de la flotte turque. Entièrement restauré, il abrite désormais un *hôtel de charme* et un excellent *resto* (voir ci-dessus « Où dormir ? « Où manger dans les environs de Pakoštane ?).
On peut continuer en voiture, direction Radasinovici, puis Bakovici, et là tourner 2 fois à droite, monter tout en haut de la colline jusqu'à la chapelle *Sv. Sveti*. Magnifique point de vue sur le lac de Vransko Jezero et sur l'archipel des Kornati. La chapelle a été construite en 1995, en hommage aux Croates exécutés là pendant la Seconde Guerre mondiale (et même après...).

VRANSKO JEZERO   IND. TÉL. : 023

Le parc naturel de Vransko Jezero recèle le plus grand lac de Croatie. Véritable sanctuaire pour un nombre incalculable d'oiseaux, c'est un véritable paradis pour les ornithologues de tout poil (ou plume, c'est comme on veut). Dans sa partie nord-ouest, plusieurs sites ont été aménagés afin de les observer, car de nombreuses espèces débarquent ici pour nidifier. Parmi les **256 espèces de zoziaux recensés, vous pourrez observer :** toutes sortes de canards, mais aussi des spécimens rares de hérons pourpres *(Ardea purpurea)*, des ibis... Sans oublier les poissons, d'eau douce ou salée puisque le lac communique avec la mer. Bref, amis naturalistes, à vos jumelles !

Adresse utile

ℹ️ *Bureau du parc naturel :* Kralja Petra Svačića 2 (au 1er étage), sur la pl. principale, à **Biograd na Moru.** ☎ 383-181. ● pp-vransko-jezero.hr ● Tlj (en principe) 8h-16h (20h en été). Entrée (parc) : 20 Kn ; réduc ; gratuit

LE NORD DE LA DALMATIE / ŠIBENIK ET SES ENVIRONS

moins de 7 ans. Possibilité de balades ornithologiques guidées (payantes). Balades à VTT possibles également (grand circuit faisant le tour du lac) et location du matériel sur place.

Où camper ?

Camping Vransko Lake Crkvine : *à 2 km de Pakoštane, en direction de Vrana, au bord du lac.* ☎ *251-726. Avr-oct. Selon saison, 130-260 Kn pour 2 avec tente et voiture.* Beau terrain de taille moyenne déroulé sur les berges du lac. Emplacements bien plats et ombragés (grands pins), équipements corrects, belle aire de jeux pour les enfants. Baignade, location de kayaks, de bateaux et de vélos. Jolie petite réserve ornithologique à côté.

Où manger ?

Fledermaus : *Put Vranskog Jezera 51/A.* ☎ *091-367-73-19. À env 4 km du centre of Pakoštane. Prendre la petite route à droite derrière la station-service, et longer le lac côté sud. Bien indiqué. Tte l'année midi et soir, sur résa uniquement. Menu 150 Kn.* Quelques tables posées au bord du lac dans un site isolé, des poules et leur coq en liberté, un four à *peka* comme autrefois... Voici l'univers un peu bohème de Jure, qui transforme cette terre caillouteuse en cultures généreuses depuis des décennies, au point de pouvoir nourrir ses nombreux habitués. Quelques animaux viennent compléter le tableau... et remplir les marmites. Au menu, une cuisine traditionnelle, viandes et poissons grillés, *peka*, cochon grillé le mercredi, goulasch le vendredi... et eau de vie maison pour digérer ! Loue aussi 2 mignons chalets dans les vignes, avec vue dominante sur le lac.

L'ÎLE DE MURTER (22243) 2 020 hab. IND. TÉL. : 022

À un peu plus de 30 km de Šibenik. Reliée à la terre ferme par un pont basculant, Murter est si proche du continent qu'on ne dirait pas une île. Jadis noyée sous les pins, l'île a connu un important développement touristique, avec la construction de marinas et de complexes hôteliers. Elle est aujourd'hui réputée pour la beauté de ses plages.
Tisno en est la porte d'entrée, on y trouve des campings. Mais l'île compte 2 autres villages, *Betina* et *Murter-ville* *(6-8 bus/j. pour Šibenik)*. **Outre ses plages (Zdrače, Plitka Vala et Kosirina), Betina recèle une jolie petite église baroque et un petit musée** *(mar-dim 9h-12h, 18h-22h)* **consacré à la construction navale**, une activité ancestrale toujours bien vivante (régates en été).
Pour l'ambiance vacances, Murter-ville offre parmi les plus belles plages de Croatie. Citons par exemple celle de sable de Slanica mais aussi celles de Čigrada et de Luke. Évidemment, vous n'y serez pas seul en été.
– Les habitants de Murter sont propriétaires d'une grande partie des îles Kornati. C'est donc ici qu'il faut s'adresser pour louer des maisons de pêche sur l'île.
– *Pour les excursions à la journée, compter autour de 200-300 Kn/pers.*

Adresses utiles

Office de tourisme de Murter : *Rudina bb.* ☎ *434-995.* • *tzo-murter.hr* • *Tlj 8h-22h (15h hors saison).*

Nacionalni park Kornati : *Butina 2 (à côté de l'office de tourisme).* ☎ *435-740 ou 742.* • *np-kornati.hr* • *Tlj 8h-20h.*

Où dormir ? Où manger ?

△ **Autocamp Slanica :** Podvrsak 8. ☎ 434-205. ● murter-slanica.hr ● À gauche, en arrivant sur Murter (c'est indiqué). De mi-avr à mi-oct. 125-180 Kn pour 2 avec tente et voiture selon saison. Isolé au bout d'un étroit chemin surplombant la plage de Podvrske, un camping de taille modeste au bord d'une adorable petite baie ombragée de pins. Vue formidable sur les Kornati au soleil couchant. Entretien moyen. Pour la baignade, mer extra, ça va de soi. Loue des appartements ainsi qu'une maison.

△ **Kamp Matija :** à **Betina.** ☎ 434-795. ● autocampingpark-matija.com ● À l'opposé de la route descendant à l'Autocamp Kosirina, prendre à droite, passer la barrière et le camping Plitka Vala. Mai-sept. Env 165-210 Kn pour 2 avec tente et voiture. Camping familial de taille moyenne. Terrain presque plat, oliviers, tentes dans la partie supérieure, séparées des camping-cars. Équipements simples mais suffisants. Accueil sympathique.

△ **Autocamp Kosirina :** à Betina. ☎ 435-268. ● kamp.kosirina@outlook.com ● Entre Tisno et Murter, sur la gauche, avt la bifurcation pour Betina (et donc assez éloigné de ce village). Mai-sept. Env 15-20 € pour 2 avec tente et voiture. Pas de réception. Camping familial, assez petit, basique et sauvage. Propreté aléatoire. À bonne distance de la route (et des commerces). Petit fast-food avec des tables et des hamacs sous les pins. Et toujours une baie superbe et verdoyante (2 plages dont une réservée aux naturistes).

🛏 |●| **Pansion-restoran Gina :** Put Jazine 9, à **Tisno.** ☎ 438-580. ● gina.hr ● En arrivant au pont, ne pas le traverser mais continuer vers la droite dans la rue longeant le port. Avr-oct. Doubles env 350-600 Kn, petit déj compris. Réduc de 10 % juin et sept sur présentation de ce guide. Dans un gentil petit hôtel familial, une douzaine de chambres accueillantes et très convenables (TV, ventilo), sur 3 niveaux, face au port. Très jolie vue depuis les balcons. Bon resto en terrasse ou en salle.

|●| Plusieurs **restaurants** sur la plage, à côté du camping Slanica. Pour une pizza ou une salade.

ŠIBENIK   (22000)   34 300 hab.   IND. TÉL. : 022

● Plan p. 258-259

Moins visitée que Dubrovnik, Split ou Zadar, Šibenik possède cependant une personnalité bien à elle et un charme certain. Nuit sur place obligatoire pour se perdre au moins une fois dans le halo des réverbères, le long de ses venelles pentues et de mystérieux passages. Sa cathédrale se révèle comme l'une des merveilles de la côte dalmate, et vous apprécierez l'atmosphère jeune et animée de son front de mer, particulièrement en été.

UN PEU D'HISTOIRE

Fondée au Xe s par les Croates et non, à la différence des autres grandes villes du pays, pendant l'Antiquité par les Grecs ou les Romains, la ville apparaît pour la 1re fois dans un texte en 1066, à l'occasion d'une grande réunion du roi Petar Krešimir IV rassemblant les principaux dignitaires du royaume et tous les évêques. Durant les 3 siècles qui suivirent, le pouvoir changea plusieurs fois

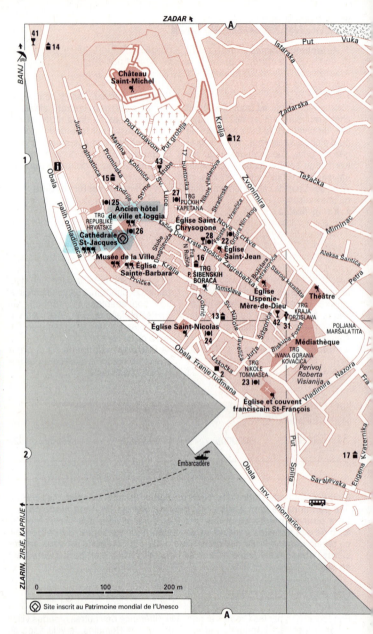

■ Adresses utiles

- **ℹ** Office de tourisme (A1)
- **2** Jadrolinija (A2)
- **4** Agence Nik (B2)

🛏 Où dormir ?

- **11** Chambres de Stanka Karađole (B1)
- **12** Hostel Mare (A1)
- **13** Hostel Indigo (A1)
- **14** Apartmani Ille (A1)
- **15** La Konoba Bed and Breakfast (A1)
- **16** Hotel Life Palace (A1)
- **17** Hostel Splendido (B2)

🍽 Où manger ?

- **21** Buffet Šimun (B2)
- **22** Konoba Marenda 1 (A1)
- **23** Konoba Nostalgija (A2)
- **24** She (A2)
- **25** Konoba - Vinoteka Pelegrini (A1)
- **26** Gradska Vijećnica (A1)
- **27** Konoba Gorica (A1)
- **28** Na Ma Lo (A1)

🍦 Où manger une bonne glace ?

- **31** Ka Grom (A-B1)

🍷 Où boire un verre ?

- **41** Bars sur Obala palih omladinaca (A1)
- **42** Vintage Bar (A1)
- **43** Lovre Cafe (A1)

LE NORD DE LA DALMATIE

ŠIBENIK

de mains entre Byzantins, Vénitiens et Hungaro-Croates. En 1412, Šibenik tombe dans l'escarcelle de Venise et restera sous sa domination jusqu'en 1797. Durant toute cette période, les Ottomans attaqueront la ville au moins 7 fois. La peste fera également de terribles ravages au XVIIe s. En 1797, la chute de Venise, provoquée par les victoires de Bonaparte contre les Autrichiens en Italie, fut entérinée par le traité de Campo-Formio. Autorités et habitants de Šibenik en profitèrent pour demander leur rattachement à l'Autriche. Puis, en 1806, la France récupéra la ville et tenta de séduire les habitants en construisant des routes et un hôpital, en améliorant l'agriculture, l'instruction, etc. Les Autrichiens s'emparèrent à nouveau de Šibenik en 1813 ; acquisition ratifiée par le traité de Vienne en 1815.

L'Autriche dut céder à son tour le territoire à l'Italie de 1918 à 1921. À la faveur du traité de Rapallo, Šibenik put enfin être partie prenante du royaume de Yougoslavie. Les troupes italiennes occupèrent à nouveau toute la région en 1941, remplacées par les troupes allemandes en septembre 1943. La ville subit alors à plusieurs reprises de violents bombardements anglo-américains. Enfin, les partisans de Tito délivrèrent la ville en novembre 1944.

ET LA LUMIÈRE FUT

En 1895, Šibenik fut la 1re ville d'Europe éclairée au courant alternatif, grâce à une centrale hydroélectrique (dont les ruines sont visibles dans le parc de Krka). Merci au génial inventeur Nikola Tesla, né serbe mais croate de cœur, qui, une fois émigré aux États-Unis, a imposé le courant alternatif (plus régulier et dont l'intensité est modifiable) contre Edison, qui ne jurait que par le courant continu.

Après la guerre, Šibenik devint l'un des grands ports de l'Adriatique et une cité industrielle. La proclamation de l'indépendance en juin 1991 sonna le glas de cette prospérité. L'armée et les milices serbes bombardèrent les usines, ce qui stoppa dramatiquement la production d'aluminium. Aujourd'hui, la ville reprend des couleurs, notamment grâce au tourisme et à ses nombreux festivals de qualité en été.

Arriver – Quitter

En train

🚆 *Gare ferroviaire (hors plan par B2) : Draga 14. ☎ 333-699.*
➢ Liaisons avec **Zagreb** et **Split**, très lentes (changement à Knin) et plus chères que les bus.

En bus

🚌 *Gare routière (Autobusni Kolodvor ; plan B2) : Draga 14. ☎ 060-368-368.* Liaisons nationales et internationales avec :
➢ **Split et Trogir :** env 30 bus/j.
➢ **Zadar via Biograd na Moru :** env 25 bus/j.
➢ **Rijeka :** env 10 bus/j.
➢ **Dubrovnik via Makarska :** env 9 bus/j. (le dernier vers 15h).
➢ **Zagreb :** env 15 bus/j.
➢ **Pula :** 3 bus/j.
➢ **Pag-Novalja :** 1 bus/j. le mat.

Liaisons locales et régionales avec :
➢ **Solaris :** en été, ttes les heures ; en basse saison, ttes les 2h.
➢ **Drniš et Knin :** env 5 bus/j.
➢ **Lozovac et Skradin (parc national de Krka) :** env 8 bus/j. (5 bus le w-e).
➢ **Primošten :** env 30 bus/j.
➢ **Murter :** 8-10 départs/j. (plus l'été, moins le w-e).

En bateau

Avec la compagnie *Jadrolinija* (voir « Adresses utiles », plus bas), bateaux pour les îles environnantes. Liaisons avec :
➢ **Žirje :** 5 bateaux/j. en été. Dessert l'île de *Kaprije* et, au passage, *Zlarin* et *Kaprija*. Env 1h30 de traversée.
Des traversées également pour *Jadrija*, la plage de la ville, située sur une péninsule.

ŠIBENIK / OÙ DORMIR ? | 261

Adresses utiles

🛈 Office de tourisme (plan A1) : Obala palih omladinaca 3. ☎ 214-411 ou 448. • sibenik-tourism.hr • Juil-août, tlj 8h-21h ; horaires restreints hors saison.

■ Jadrolinija (plan A2, 2) : Obala Franje Tuđmana 7. ☎ 213-468. • jadrolinija.hr • En été, tlj 5h30-21h15 ; le reste de l'année, lun-sam 8h-11h30, 17h30-22h.

🅿 Parkings : bien sûr, le stationnement est payant partout en saison 7h-21h, sauf dim. • gradski-parking.hr • Compter env 10 Kn/h sur le front de mer en été. On trouve plus facilement de la place dans les parkings autour de la gare routière (plan B2).

■ Agence de voyages : tous les services habituels (excursions, transports et la résa de chambres chez l'habitant). – **Nik** (plan B2, 4) : Ante Šupuka 5. ☎ 338-550 ou 331-350. • nik.hr • En été, lun-ven 8h-14h, 18h-20h ; sam 8h-13h. Une des plus anciennes de la ville.

Où dormir ?

AUBERGES DE JEUNESSE

🏠 Hostel Splendido (plan B2, 17) : Eugena Kvaternika 11. 📱 091-150-30-20. • hostel-splendido.com • Tte l'année. Selon saison, 100-170 Kn/pers en dortoir, doubles 220-450 Kn. Pas de petit déj. CB refusées. Dans un quartier sans charme mais proche du centre et à deux pas de la gare, cette maison toute simple abrite des chambres doubles et des dortoirs (4-8 lits) colorés, modernes, bien pensés et climatisés, avec ou sans salle de bains, parfois dotés d'un balcon. Salon TV et mignonne petite terrasse pour se poser. Sympa !

🏠 Hostel Mare (plan A1, 12) : Kralja Zvonimira 40. ☎ 215-269. 📱 098-180-59-38. • hostel-mare.com • Tte l'année. Selon saison, 100-160 Kn/pers en dortoir, triples sans sdb 330-420 Kn, doubles avec sdb 350-450 Kn. CB refusées. Cette AJ en bordure de la vieille ville est une agréable surprise. Au fond d'une courette calme, elle recèle des dortoirs impeccables et climatisés (6-10 lits), agrémentés d'une déco colorée. Également quelques chambres simples mais plaisantes. Salon TV, lave-linge (payant) et location de vélos. Pas de cuisine mais possibilité de se faire livrer un copieux petit déj (en sus). Le grand plus est l'accueil doux de Katarina, très disponible pour ses hôtes.

🏠 Hostel Indigo (plan A1-2, 13) : ul. J. Barakovića. ☎ 200-159. • hostel-indigo.com • Avr-sept. Réception ouv jusqu'à 22h. Lit en dortoir 130-160 Kn. CB refusées. Au cœur de la vieille ville, sur une placette calme, des dortoirs très propres sur 5 niveaux, avec une terrasse sur le toit. Il faut monter au 5e pour les douches, autant le savoir. Pas de cuisine. Bon accueil, personnel très serviable.

LOGEMENT CHEZ L'HABITANT

🏠 Chambres de Stanka Karađole (plan B1, 11) : Petra Grubišića 13. ☎ 330-421. 📱 098-714-493. • longa@net.hr • Tte l'année. Résa conseillée avec rdv par SMS à l'adresse (le proprio n'habite pas les lieux). Doubles 250-350 Kn selon saison. CB refusées. À quelques minutes de la vieille ville, dans un quartier tranquille que l'on atteint par un dédale de ruelles un peu complexe mais, en revanche, garantissant un calme total. Bien cachée au fond d'une courette, cette maison offre 6 chambres très simples mais agréables avec clim, TV (câblée) et frigo. Pas de petit déj. Possibilité de garer sa voiture dans la cour devant. Une aubaine !

🏠 Apartmani Ille (plan A1, 14) : Buta Harolda Bilinića 30. 📱 098-676-705. • apartments-ille.com • Entrée discrète sous le porche de la placette. D'avr à mi-oct. Doubles env 50-75 € selon saison ; 60-120 € pour 4 pers ; petit déj 7,50 €. CB refusées. Parking sur résa (7,50 €). Réduc de 10 % sur présentation de ce guide (pour une résa en direct). Un coup de cœur pour cette maison de famille rénovée, aménagée en appartements confortables pour

LE NORD DE LA DALMATIE

2 à 6 personnes, spacieux et lumineux, certains pourvus d'un balcon avec vue sur mer. Cuisine bien équipée, clim, TV. Copieux petit déjeuner à base de bons produits frais (charcuterie, fromage maison...) servis dans la taverne familiale (possibilité de table d'hôtes également). Accueil gentil de la fille des proprios.

▪ **La Konoba Bed & Breakfast** (plan A1, 15) : chez Maaike Kloppenburg et Jeroen Jansen, Andrije Kačića 8. ☎ 091-601-97-89. ● bbdalmatia.com ● Tte l'année. Studio 85-95 € pour 2-3 pers ; maison avec 2 chambres 115 € ; petit déj 9,50 €. CB refusées. Dans un lacis de ruelles au-dessus de la cathédrale (pas facile à trouver, d'ailleurs !), une belle chambre d'hôtes avec pierres apparentes et parquet, ainsi qu'un appartement à l'étage avec une vue sur les toits de la ville. Également une autre maison avec 2 chambres, toujours dans la vieille ville. Les proprios, un couple de Hollandais, ne sont pas toujours là, mais sur réservation, une amie viendra vous accueillir. Magnifique, mais tout de même cher !

HÔTEL

Très chic

▪ **Hotel Life Palace** (plan A1, 16) : trg Šibenskih palih boraca 1. ☎ 219-005. ● hotel-lifepalace.hr ● Tte l'année. Doubles env 140-380 € selon saison. Parking gratuit sur le port, à 5 mn de marche(s), avec possibilité de se faire aider pour porter ses bagages (ça grimpe !). L'établissement de prestige de Šibenik, au cœur de l'animation de la vieille ville. La rénovation de ce magnifique palais du XVe s, d'une quinzaine de chambres réparties sur 4 niveaux (ascenseur), est tout à fait réussie. Déco raffinée, alliant parfaitement le style Renaissance aux aménagements contemporains qui apportent un confort sans faille. Excellent petit déj. Sauna et jacuzzi.

Où camper dans les environs ?

À 6 km au sud de Šibenik se trouve un immense complexe avec hôtels pour groupes, camping et villas-appartements. On vous l'indique uniquement pour le camping parce que, franchement, les immeubles défigurent le paysage et c'est vraiment l'usine à touristes... Pour plus d'intimité, il faudra s'éloigner un peu, voir les petits campings de Brodarica et ceux du parc national de Krka.

▲ ▪ |●| **Amadria Park : plage de Solaris.** ☎ 361-017. ● amadriapark.com ● De mi-avr à mi-oct. Pas de résas, mais c'est immense. Selon saison, en se contentant des parcelles les moins chères 17-43 € pour 2 avec tente et voiture. Gigantesque camping ombragé par une pinède et coincé entre une marina et une plage. Propose également des studios, et des appartements pour 4 personnes. En été, animé quand toutes les tribus de l'Ouest et de l'Est se rencontrent (jusqu'à 3 000 personnes !). Sanitaires corrects. Piscine d'eau de mer, *aquapark* et minigolf. Supermarché, restos, snacks et bars divers, ça va de soi. Navettes régulières pour Šibenik.

Où manger ?

Bon marché

|●| **Buffet Šimun** (plan B2, 21) : Fra Jerolima Milete 17. ☎ 212-674. Lun-sam 7h-22h. Plats 30-60 Kn. Le p'tit caboulot comme on les aime, minuscule et sans vraie déco, mais plein de caractère. On vient s'attabler autour d'une bonne cuisine familiale, au rapport qualité-prix imbattable. Assez peu de touristes (heureusement, vu le peu de tables mais il y a tout de même une petite cour), et pas mal de choix : *teletina* (veau-petits pois), *paprike punjene* (poivrons farcis), *teleće pecenje* (veau rôti), etc. Propose la plupart des plats en petites portions (un tiers moins cher).

Konoba Marenda 1 (plan A1, 22) : *Nove Crkve 9. Tlj midi et soir. Plats 30-90 Kn.* Minuscule resto qui, faute de place, investit la ruelle en toute simplicité. La cuisine se contente de nourrir copieusement les travailleurs du coin, et les touristes en quête d'authenticité. Rien de compliqué ici, petits prix et ambiance assurés !

De prix moyens à chic

Konoba-Vinoteka Pelegrini (plan A1, 25) : *Jurja Dalmatinca 1. ☎ 213-701. Lun-mar : soir seulement ; midi et soir les autres jours. Résa indispensable. Menus 440-965 Kn ; plats 100-200 Kn.* Le meilleur resto de la ville (et même de Dalmatie), lauréat de multiples prix et étoilé au Michelin en 2018, c'est dire ! Quelques tables dans les escaliers, juste en face de la cathédrale. Également une belle terrasse chic, avec puits médiévaux, une fois passé le porche. Côté restauration, une carte courte mais innovante, proposant des mets d'un grand raffinement. Belle sélection de vins, évidemment.

She (plan A2, 24) : *Zlarinski Prolaz 2. ☎ 215-957. Tlj sauf dim 10h-11h. Plats 40-100 Kn.* Peu de places dans ce croquignolet petit resto végétarien (voire vegan), alors on s'installe sur l'avenante terrasse pour déguster une cuisine bio pleine de saveurs et d'idées. Impeccable pour satisfaire les papilles délicates et les estomacs fragiles ! Sur le toit, une autre terrasse tout aussi agréable, avec DJ en fin de semaine.

Konoba Gorica (plan A1, 27) : *France Dismanica 2. Avr-oct, tlj midi et soir sauf dim midi. Plats 70-130 Kn.* Sur une des nombreuses placettes de la vieille ville, ce resto ne propose qu'une carte limitée où se distingue en particulier le calamar farci *(punjene lignje na zaru).* Farci à quoi ? Au calamar, pardi !

Gradska Vijećnica (plan A1, 26) : *Republike Hrvatske trg 3. ☎ 213-605. Tte l'année, tlj midi et soir. Plats 75-150 Kn.* L'une des plus belles terrasses de la ville, installée sous les arcades de l'ancien hôtel de ville juste en face de la cathédrale. À l'intérieur, cadre élégant, un rien chicos. La cuisine n'a rien d'inoubliable, mais c'est évidemment sa situation privilégiée qui justifie une halte. Et ce n'est pas aussi onéreux que le standing de la maison semble l'indiquer.

Na Ma Lo (plan A1, 28) : *Fausta Vranjića bb. ☎ 099-827-88-93. Tlj 9h-1h (2h w-e). Vins au verre 15-25 Kn, cocktail env 40 Kn ; assiettes 70-200 Kn.* En face de l'église Sv. Ivan, une adresse gentiment branchée avec ses tables et chaises hautes. À la carte, une bonne soixantaine de vins croates et, pour joindre l'utile à l'agréable, des assiettes (petite et grande tailles) de viande, de jambon, de poisson mariné ou de fromages. Grand choix de *rakija* et de bières artisanales.

Konoba Nostalgija (plan A2, 23) : *Biskupa Fosca 11. ☎ 200-217. Tlj midi et soir. Plats 80-170 Kn.* Posée à l'abri de l'église Saint-François, une petite terrasse discrète et intime, dans le style chic et détendu. On y sert une cuisine moderne et bien faite à prix sage, sans grande fantaisie mais tous les produits sont locaux, jusqu'aux boissons. Inutile donc de demander un soda bien connu, ils n'en ont pas ! En attendant votre commande, vous pourrez consulter les sets de table présentant les personnalités de la ville.

Où manger une bonne glace ?

Ka Grom (plan A-B1, 31) : *Kralja Tomislava 1. Tlj 9h-minuit.* Le meilleur glacier de la ville, tout simplement !

Où boire un verre ?

Le matin, pour le petit déj, les terrasses du front de mer côté **Obala Franje Tuđmana** (plan A2) font parfaitement l'affaire. Pour l'apéro, retranchez-vous dans les **ruelles en retrait du port** où quelques terrasses animées ringardisent la trop sage animation côté front de mer. Enfin, le soir, glissez tout au fond du port sur *Obala palih omladinaca (plan A1, 41)*, où les terrasses des bars jeunes et étudiants se serrent les unes contre les autres.

🍸 🌴 *Vintage Bar (plan A1, 42)* : *Prolaz Bože Dulibića 4. Tlj 7h (8h dim)-1h (2h w-e). Musique live le w-e.* À l'intérieur, pas de véritable déco, hormis les bouteilles d'alcool qui occupent largement les murs. La terrasse couvre à elle seule une charmante placette, très paisible dans la journée, joyeusement animée le soir venu. Rendez-vous chaleureux des jeunes du coin qui viennent siroter une simple bière, ou déguster les meilleurs cocktails de la ville.

🍸 🌴 *Lovre Cafe (plan A1, 43)* : *Strme Stube 1. ☎ 212-515. Tlj 10h-minuit.* Dans les jardins du monastère Saint-Laurent ou Sv. Lovro restaurés après avoir longtemps été laissés à l'abandon. Très agréable glouglou de l'eau des bassins. Quelques grignotages également.

À voir

◎ ✟✟✟ **La cathédrale Saint-Jacques** (katedrala Sv. Jakov ; plan A1) : *juin-août, tlj 9h30-19h30 ; avr-mai et sept-oct, tlj 9h30-18h30 ; le reste de l'année, seulement pour la messe à 9h30 et 18h (plus 11h dim). Entrée payante : 20 Kn ; réduc.*

Une des cathédrales les plus fascinantes de Croatie et le plus bel exemple de transition gothico-Renaissance du pays.

Elle fut construite à partir de 1431 en 3 étapes. D'abord, avec des constructeurs vénitiens qui ne prévoient qu'une nef et réalisent la façade principale. Cependant,

GEORGES L'INGÉNIEUX

Pour la construction de la cathédrale Saint-Jacques, au XVe s, Georges le Dalmate inaugura de nouvelles techniques de construction qui ne nécessitaient aucun joint entre les pierres. Mais lorsqu'on restaura le dôme après les bombardements de la dernière guerre, les architectes ne surent pas réutiliser les ingénieuses techniques de Juraj. On dut bétonner (un comble !) pour faire tenir tous les éléments. Fort heureusement, ça ne se voit nullement de l'extérieur.

elle déçoit les édiles par sa sobriété. Ils font alors appel, en 1441, au grand architecte Georges le Dalmate *(Juraj Matejev* dit *Juraj Dalmatinac)*, dont la statue trône sur l'esplanade devant la façade. Il redonne une impulsion plus monumentale au projet, ajoutant les transepts, posant les bases d'une coupole hardie. Enfin, à la mort de Juraj, le relais est assuré par Nicolas le Florentin *(Nikola Firentinac),* un de ses élèves, qui y travaille jusqu'à sa mort, en 1505. La cathédrale ne sera pas consacrée avant 1555.

Admirez sur la façade la finesse de la rosace et de l'oculus. Mais le chef-d'œuvre de la cathédrale est sur son flanc : c'est le superbe ***portail*** typiquement Renaissance, utilisant des éléments de remploi roman, notamment les 2 colonnes supportées par 2 lions. Vous noterez bien sûr que ces derniers supportent eux-mêmes les personnages d'Adam et Ève, comme à Trogir. Au chevet de l'église, on peut admirer les 71 têtes sculptées, œuvre de Juraj. Véritables photomatons de l'époque, car il prenait comme modèles des gens ordinaires, des passants qui possédaient une tête intéressante ! Entre les 2 petits anges boudeurs, l'inscription « Cette église a été faite par Georges le Dalmate », posée avant même qu'elle ne soit achevée (bonjour l'ego !). Au-dessus, dans le médaillon, saint Jérôme dans le désert. Les chiens et lions en frise datent de la période gothique.

À l'intérieur, 3 nefs et voûte en berceau, timidement éclairées par des petites ouvertures. Là encore, on trouve le même foisonnement décoratif. Noter la finesse de ciselage des colonnettes de la galerie de part et d'autre, ainsi que celle de la barrière du chœur. Coupole octogonale. Jolie icône de madone du XVIIe s dans un coffret d'argent. À droite du chœur, le **baptistère,** chef-d'œuvre absolu de Juraj. Le brave Georges avait visiblement peur du vide : pas un espace qui ne soit sculpté, ciselé... C'est ici que se manifesta le style Renaissance pour la première fois en Dalmatie... au travers de chapiteaux corinthiens, conques, niches. Noter la grâce des *putti* qui soutiennent la cuve baptismale. Sur la voûte, au centre, figures de Dieu, du Saint-Esprit et des anges, là aussi dans l'esprit Renaissance. Tiens, 2 prophètes ont été « dénichés » !

🥾🥾 **L'ancien hôtel de ville** (Gradska vijećnica) **et la loggia** (plan A1) : *sur le flanc gauche de la cathédrale.* Édifice Renaissance typique, construit en 1533 sur les plans de l'architecte Michele Sammicheli. Fort bien reconstruit après les terribles bombardements alliés de la Seconde Guerre mondiale. Belle série d'arcades abritant un resto relativement chic (Gradska Vijećnica ; voir « Où manger ? » plus haut). Dans la loggia au-dessus étaient traitées les affaires judiciaires.

🥾🥾 **Le musée de la Ville** (muzej Grada Šibenika ; plan A1) : *Gradska vrata 3, derrière le chevet de la cathédrale.* ☎ 213-888. ● *muzej-sibenik.hr* ● *En saison, lun-sam 10h-13h, 18h-21h ; hors saison, lun-sam 10h-15h. Entrée : 30 Kn ; réduc.* Abrité dans l'ancien *palais du prince,* du XVe s, et séparé du *palais épiscopal* par la porte de la Mer *(Morska vrata).* Sur 3 niveaux, dans une muséographie moderne et bien pensée, présentation chronologique de l'histoire de la ville de ses origines au XIXe s. Riche collection archéologique dans l'atrium, puis, entre autres, aux étages supérieurs : pièces d'églises, nombreuses icônes de *Madone à l'Enfant* XVe-XVIIe s, collection d'armes XVIIe-XVIIIe s, partitions musicales, livres anciens, etc. Le clou de la visite est cette mystérieuse cloche en fonte datant de 1266, qui serait la plus ancienne de Croatie. Trouvée à Krapanj, au fond de la mer dans un bateau échoué, de quelle église provient-elle ? Personne ne le sait ! Tout juste sait-on que le bateau venait de Syrie.

Balade au long des ruelles

🥾🥾 Il faut se perdre dans les ruelles pour découvrir ici une église du XIe s, une autre du XVIIe s quelques marches plus bas, de fort jolies places, ou encore de belles demeures aristocratiques et petits palais de style gothico-Renaissance. Certes, on ne retrouve pas l'homogénéité de l'architecture de Dubrovnik ou de Split par exemple ; il n'est pas rare de voir de superbes portes ou consoles en pierres anciennes cohabiter, sans états d'âme, avec des éléments contemporains incongrus. Mais c'est aussi ce qui fait le charme de cette ville.

🥾 ⬳ **Le château Saint-Michel** (tvrđava Sv. Mihovil ; plan A1) : *mars, tlj 9h-17h ; avr-mai et sept, tlj 9h-20h ; juin-août, tlj 9h-22h ; en hiver, tlj 9h-15h. Entrée : 50 Kn ; réduc.* Fortifiée dès l'an mille, la colline dominant le quartier médiéval est aujourd'hui couronnée par les vestiges d'une forteresse du XVIe s. De la plus haute terrasse, panorama unique sur la vieille ville, la forêt de tuiles rouges, les églises, la cathédrale, les 2 presqu'îles enserrant le canal Saint-Antoine et au-delà... Sinon, rien à voir ou presque dans le château même. Le billet donne accès à une autre imposante forteresse, **tvrđava Barone,** un peu plus haut dans la ville *(plan B1 ; mêmes horaires).* Pas beaucoup plus à y voir, sauf si on y loue des lunettes à réalité augmentée qui permettent de revivre l'histoire du château et de la ville, notamment à travers un combat contre les Ottomans.

🥾🥾 **L'église Sainte-Barbara** (crkva Sv. Barbara ; plan A1) : *Kralja Tomislava.* De style gothique (1447), elle abrite un petit *musée d'Art religieux (Crkveni muzej ; lun-sam 9h-13h, 17h-21h ; entrée : 10 Kn).* Quelques sculptures, gravures, peintures diverses. En particulier, un polyptyque (ensemble de panneaux peints) de Blaž Jurjev (artiste de Trogir), du XVe s et représentant une *Vierge à l'Enfant* entourée de saints. Également, un autre polyptyque, de Nikola Vladanov, du XVe s.

266 | LE NORD DE LA DALMATIE / ŠIBENIK ET SES ENVIRONS

🛉 *L'église Saint-Jean* (Sv. Ivan ; plan A1) : édifice gothico-Renaissance de la fin du XVe s. La rampe à balustre ciselée est signée Nicolas le Florentin. Beau linteau représentant saint Jean dans le désert. Le clocher abrita en 1648 le premier carillon de cloches mécanique de la région.
À deux pas, sur la Zavorovića trg, l'église baroque du Saint-Esprit *(Sv. Duh)*. Sur Zagrebačka l'***église Uspenie-Mère-de-Dieu*** *(Uspenie Bogomatere ; plan A1)*. Édifice baroque des XVIIe et XVIIIe s. Rugueuse façade de pierre rehaussée d'un élégant campanile avec 2 balcons en cul-de-lampe. Ce sont les autorités napoléoniennes qui l'affectèrent au culte orthodoxe. À l'intérieur, belle iconostase de 1827 et nombreuses icônes de style italo-crétois.

🛉 *Le théâtre* (plan B1) : construit en style néo-Renaissance et ouvert en 1870, puis l'*ancien quartier général de la JNA (armée yougoslave ; plan B2)*, où s'est installée la nouvelle ***médiathèque*** municipale. Entre les 2 s'ouvrait la principale porte de ville jusqu'en 1864 *(la porte de la Terre-Ferme)*. Sur la gauche, vestige du rempart médiéval avec *sculpture de saint Michel*, le patron de la ville. Pour les architectes qui visitent la ville et les étudiants en architecture, la façon dont la structure moderne voisine intègre ce vestige reste un modèle du genre.

🛉 *L'église et le couvent franciscain Saint-François* (plan A2) : Sv. Frane ; plan A2 ; tlj 9h-17h. Un ensemble construit au XIVe s, d'une belle sobriété. À l'intérieur de l'église, un superbe plafond à caissons de 1674 et 4 beaux autels en bois sculpté de 1640. Sur 3 d'entre eux, les peintures sont de Matej Ponžoni, l'artiste dalmate le plus célèbre du XVIIe s. Petit musée d'art religieux de l'autre côté de la cour (GRATUIT mais donation bienvenue).

🛉 *L'église Saint-Nicolas* (Sv. Nikola ; plan A2) : du XVIIe s, de style baroque. C'est le sanctuaire des marins de la ville. À l'intérieur, des bateaux en guise d'ex-voto, bien sûr.

🛉 *Le grand marché* (plan B2) : Ante Starčevića. En contrebas de l'avenue descendant jusqu'à la gare routière. Coloré et animé. Abondance des bons fruits et légumes de la campagne disposés sur les dizaines d'étals numérotés.

DANS LES ENVIRONS DE ŠIBENIK

BRODARICA (22010)

À 5 km de Šibenik (vers Split), station balnéaire plutôt tranquille, dotée d'un petit port. En face, l'adorable *île de Krapanj*, accessible en 3 coups de rames.
Pour séjourner dans le coin, nombreuses chambres (et appartements) chez l'habitant.

Adresse utile

🛈 **Office de tourisme de Krapanj-Brodarica :** K. Spužvara 1. ☎ 350-612. ● visit-krapanjbrodarica.com ● À l'angle de la route principale et de celle menant à la plage. Juil-août, tlj 8h-20h ; lun-sam 8h-13h le reste de l'année.

Où dormir ? Où manger ?

🏕 **Autocamp Venera :** Gomljanik 52. ☎ 350-447. ● campvenera@net.hr ● À gauche en venant de Šibenik, face au petit office de tourisme. Tte l'année. Env 110-160 Kn pour 2 avec tente et voiture selon saison. Un camping de poche chez l'habitant, dans un jardin ombragé, avec sanitaires propres. Frigo, lave-linge (payant) et barbecue à dispo. Très simple mais bon accueil. Plage à 200 m.

🏠 🍽 *Pansion-restoran Zlatna Ribica :* *Krapanjskih Spužvara 46.* ☎ *350-695.* ● zlatna-ribica.hr ● *Tte l'année. Chambres et apparts pour 2 pers 70-80 € ; apparts 4 pers également, dont 1 duplex et 3 bungalows en bord de mer, pour 120 € ; petit déj en supplément. Au resto, plats 50-150 Kn ; poisson au poids 400-500 Kn/kg.* Un genre de minicomplexe dans un quartier calme de bord de mer, composé de 3 bâtisses abritant des chambres et des appartements confortables et de bon volume, avec balcon ou terrasse. Déco simple et claire partout, kitchenette extérieure pour certains appartements. Au resto, une bonne cuisine à déguster en terrasse, face à la mer et à l'île de Krapanj. Un bon rapport qualité-prix. Les propriétaires ont ouvert un petit musée de l'Olive, à 300 m.

À voir dans les environs

🥾 Si l'on a du temps, possibilité d'effectuer des excursions dans les petites îles alentour. Pour les bateaux, voir plus haut « Arriver – Quitter » à Šibenik. Notamment, visiter **Zlarin,** juste à l'embouchure du canal de Šibenik. Jolie *église Notre-Dame,* du XVe s (avec peintures-ex-voto de pêcheurs), place de charme et vieilles demeures. Les habitants sont réputés pour leur travail du corail.
De l'autre côté du canal, l'*île de Prvić* et ses 2 villages, *Prvić Luka* et *Šepurine.* Là aussi, belles maisons de pierre chauffant au soleil, avec une petite préférence pour Šepurine, village plus intime se pelotonnant autour de son église à clocher à bulbe.

LA ROUTE DE TROGIR

🥾 Les pressés prendront la route de (moyenne) montagne. Environ 50 km de trajet. Au milieu, le village de **Boraja,** réputé pour son agneau rôti à la broche. La *Gostionica Boraja* (fermeture le lundi) en propose et c'est le meilleur choix dans le village. Si cette étape gourmande n'est pas votre priorité, on vous conseille plutôt la route côtière, un peu plus longue mais très belle et qui permet, au passage, de découvrir *Primošten* (voir plus loin) !

LE PARC NATIONAL DE KRKA

IND. TÉL. : 022

Une des merveilles naturelles de la Croatie. Ce parc national a été créé en 1985 et s'étend sur 109 km². Il commence au nord, 2 km avant *Knin,* se termine à *Skradin* au sud et suit principalement la rivière Krka et ses rives. Tout au long de son cours, celle-ci a profondément entaillé le plateau karstique en une série de spectaculaires cascades. L'érosion des falaises et du lit de la rivière ajoutée à la calcification des plantes aquatiques a provoqué le dépôt de sédiments en créant des barrières naturelles constituées d'une pierre poreuse appelée travertin. Sous la poussée des eaux, ces barrières de travertin cèdent, ciselant un nouveau paysage, ouvrant de nouveaux passages d'eau et créant de nouvelles chutes. Bref, un processus géologique original, quasiment le même qu'aux célèbres lacs de Plitvice.
Après les *gorges de Među gredama,* la rivière connaît, au passage de *Roški slap,* ses premières chutes. Suit un long et paisible lac avec l'*île de Visovac,* qui abrite un monastère franciscain du XVe s, soit l'une des cartes postales les plus célèbres de la région.

Au sud du lac, les *chutes de Skradinski (Skradinski buk)*, les plus spectaculaires du parc (et même de Croatie !), les plus visitées aussi. Nombreux restos, buvettes et boutiques de souvenirs...

Tout à fait unique ici, la cohabitation harmonieuse d'espèces des régions chaudes et sèches et de régions humides et ombragées. Résultat, on a répertorié sur tout le parc pas moins de 860 variétés de plantes, 222 espèces d'oiseaux (meilleures périodes d'observation : le printemps et l'automne), une vingtaine d'espèces de poissons et moult reptiles (seule la vipère à corne est totalement venimeuse)... Beaucoup d'animaux en danger ailleurs s'épanouissent ici, comme les chauves-souris (18 espèces, un record !). Enfin, parmi les mammifères en voie de disparition, il y a le chat sauvage et... le loup, mais vous avez peu de risques de le rencontrer !

– *Un conseil :* venir le plus tôt possible pour profiter sereinement de cette nature exceptionnelle ; à partir de 10h, en été, c'est la ruée et tout le monde vient... se baigner ! Attention, le seul endroit autorisé à la baignade dans la partie touristique du parc est le plan d'eau au pied des *chutes de Skradinski*.

Arriver - Quitter

On peut accéder au parc par 5 entrées, dont les plus pratiques sont celles de **Lozovac** (en voiture) et de **Skradin** (pour la balade en bateau).

En voiture

➢ Accès par **Lozovac**, à une quinzaine de km de Šibenik, en direction de Knin. On laisse son véhicule au grand parking (billetterie, supérette, pizzeria et bar sur place) pour prendre une navette qui conduit aux chutes. Nov-mars : pas de navette, on peut alors entrer dans le parc avec son propre véhicule.

En bus

➢ De Šibenik, 4 bus/j. (3 bus/j. le w-e) en été pour **Skradin**, puis bateau. Le 1er bus est à 9h ; pour le retour, le dernier est à 19h45.

En bateau

➢ Depuis **Skradin** (env 12 km de Šibenik), un bateau conduit en 30 mn à la 1re cascade (compris dans le billet d'accès au parc). Départ ttes les 30 mn env en été (8h-17h, retour 8h30-18h30), ttes les heures en hiver. Parking (payant) à Skradin, proche de l'embarcadère.

À pied

➢ De **Skradin**, compter env 6 km assez agréables pour qui aime marcher. Sinon, loc de vélos face à l'embarcadère (env 50 Kn/j.). Compter env 3 km en descente depuis **Lozovac** (donc la même chose en montée au retour).

Avec une agence

C'est l'une des excursions les plus populaires. Programmée par toutes les agences de Šibenik.

Adresse utile

■ **Nacionalni Park Krka :** trg Ivana Pavla II, br 5, 22000 **Šibenik.** ☎ *201-777.* • *npkrka.hr* • *Tlj 8h-19h (9h-16h en hiver).* Également une antenne du parc à **Skradin** (voir plus loin).

Où dormir ?

À environ 3,5 km de l'entrée du parc en direction de Skradin, 2 campings très simples, en bord de route, proposent chacun une trentaine d'emplacements (arrêt de bus juste devant).

LE PARC NATIONAL DE KRKA / LA VISITE | 269

▲ ♦ **Marina Camp :** Skočići 6, 22221 **Lozovac.** ☎ 778-503. 📱 091-368-33-23. • camp-marina.hr • Avr-oct. Env 110-130 Kn pour 2 selon saison ; également des chambres à louer env 220 Kn pour 2. Grand terrain doté d'une piscine, très propre et bien ombragé, au calme dans le fond en s'éloignant de la route. Chambres correctes mais très simples. Resto et bar. Propriétaires chaleureux et accueillants. Transfert possible et excursion au parc.

▲ **Camp Krka :** Skočići 21, 22221 **Lozovac.** ☎ 778-495. 📱 098-848-012. • camp-krka.hr • Juste après le Marina Camp. Mars-oct. Compter 120-140 Kn pour 2 selon saison ; également 2 apparts à louer env 250 Kn. CB refusées. Sur une pinède de 1 ha bien ombragé, avec piscine. Sanitaires impeccables. Resto et bar. Machine à laver. Bon accueil et transfert possible également.

La visite

Parc ouv tlj 8h-20h en été (jusqu'à 18h-19h en demi-saison), 9h-16h en hiver. Entrée : 200 Kn juin-sept (pour les entrées après 16h : 150 Kn) ; 100 Kn avr-mai et oct ; 30 Kn en hiver ; réduc 7-18 ans. Également des billets valables 3 visites. Brochure en français incluse. Pour éviter de faire la queue (parfois de 2h en été !), billet téléchargeable sur smartphone. • npkrka.hr •

🌟🌟🌟 Attention, ce billet donne droit à la balade de 2,5 km autour des cascades de Skradinski buk et à la visite des chutes de Roški slap (si l'on s'y rend avec son propre véhicule), ainsi qu'au transfert jusqu'à Skradinski buk en bateau si l'on est entré dans le parc à Skradin, et en navette si l'on est entré à Lozovac. Pour accéder à l'île de Visovac par soi-même, il faut encore payer 50 Kn (de Remetić ou de Stinice) ou 100 Kn pour l'excursion Skradin-Visovac en bateau (durée 2h). Enfin, pour faire la grande balade de 4h en bateau au départ de Skradin, incluant la visite de Roški slap et Visovac, il faut ajouter 130 Kn au prix d'entrée *(pas de bateau déc-fév ; mars et nov, sur rdv seulement)*. Vous suivez ?

On déambule tranquillement (mais pas tout seul) sur un réseau de passerelles en bois à travers un paysage gorgé d'eau. Elle court, elle court un peu partout... Mares hyper calmes abritant d'exubérantes plantes, petits rapides courant entre les roches moussues, ruisseaux jouant entre les racines des arbres... Avec des bruits, des musiques, des glouglous toujours différents. Parfois, l'eau déboule de tous côtés en torrents impétueux créant de pittoresques tourbillons qui éclatent en de nouvelles chutes... Balade accompagnée tout du long du parfum subtil des mousses, dans un désordre végétal total. On se demande parfois comment peuvent résister à tant de force les buissons accrochés aux rochers. Tout au bout, **Skradinski buk,** une chute spectaculaire en multiples gradins donnant sur un vaste bassin. La baignade est autorisée, mais là non plus, vous ne serez pas seul ! Ne manquez surtout pas, à la fin, le petit **Musée ethnographique** (entrée comprise dans le tarif général). Voir notamment le *lavoir du meunier* (noter le bassin rond qui permet de brasser les vêtements). À côté, « l'adoucisseur de tissu », 2 pilons en bois qui écrasent le tissu grâce à une miniroue à aubes. En face, le *moulin à grain* (qui fonctionne encore avec ses grosses meules de pierre) témoigne de la richesse de la vie rurale jadis et de son adéquation totale avec la nature. En saison, des paysannes du coin viennent proposer leurs produits : miel, figues en collier, fruits secs, *šljivovica* maison (le tord-boyaux local), fromages artisanaux, etc.

🌟🌟 Ensuite, possibilité d'excursions (en supplément du prix d'entrée au parc, voir plus haut) sur l'**île de Visovac** et aux **chutes Roški slap** (un peu moins spectaculaires, mais baignade également possible).

➢ Pour l'*île de Visovac* : embarcadère au nord des chutes de Skradinski buk *(en principe, mars-nov et jusqu'à 4 fois/j. en été)*. Sur l'île, un *monastère franciscain* du XVᵉ s enfoui dans les arbres. On y verra quelques intéressantes peintures du XVIᵉ s et des pièces archéologiques.

LE NORD DE LA DALMATIE

LE NORD DE LA DALMATIE / ŠIBENIK ET SES ENVIRONS

➢ Pour *Roški slap* : par *Skradin, Dubravice, Rupe,* puis par une piste jusqu'à *Laškovica*.

🕺🕺 Dans la partie nord du parc, on peut visiter le **monastère orthodoxe de Krka,** fondé au XIVᵉ s (ne pas manquer ses catacombes et les fresques de l'église byzantine à côté). On s'en approche au départ de *Roški slap* par une excursion de 2h30 en bateau (avec passage par les **forteresses médiévales de Trošenj et Nečven**). Compter encore 100 Kn... mais pour les voir à distance seulement ! Ceux qui disposent d'un véhicule pourront s'y rendre par le village de *Kistanje* (à 36 km au nord de Skradin). On leur conseille, dans la foulée, de continuer vers le nord jusqu'aux chutes **Manojlovački slap,** les troisièmes plus importantes du parc (la plus grande fait 32 m !), visibles d'un belvédère dédié à l'empereur François-Joseph. En chemin, arrêt possible au **site archéologique de Burnum** (voir plus loin « Vers Knin »).

SKRADIN (22222) 620 hab. IND. TÉL. : 022

Village se nichant joliment au fond du lac *Prukljansko jezero,* en bord de Krka. C'est le point de départ des excursions en bateau pour le parc national de Krka. Difficile d'imaginer qu'il était largement ruiné en 1995, à la fin de la guerre. Mais, depuis, les magasins et restaurants ont poussé comme des champignons, redonnant une vie touristique à ce village, calme et agréable, surtout en soirée.

L'implantation de Skradin est très ancienne : illyrienne, grecque et romaine. Son nom actuel apparaît pour la 1ʳᵉ fois au Xᵉ s, comme évêché. Elle fut conquise par les Turcs de 1522 à 1683. La cathédrale a d'ailleurs été construite sur les ruines de la mosquée. Voir l'*église Sainte-Marie* dont le clocher de 1780 est détaché de l'église. L'autel est couvert de petits ex-voto en argent. 2 chaires : on y monte par le pilier. Voir aussi, à l'entrée, les photos de l'église dévastée pendant la guerre de 1991-1995.

➢ *Šibenik :* 8 bus/j. en saison (5 bus/j. le w-e).

Adresses utiles

🅘 **Office de tourisme :** *Male Gospe trg 3, sur le port.* ☎ *771-329.* ● *skradin.hr* ● *En été, tlj 8h-20h ; hors saison, tlj sauf dim 9h-15h.*

■ **Nacionalni Park Krka :** *antenne du parc national située à l'entrée du port, dans le bâtiment tout moderne.* ☎ *201-777.* ● *npkrka.hr* ● *Tlj 8h-20h (19h hors saison).* Mêmes tarifs d'entrée qu'à Lozovac, bien sûr (voir plus haut). Brochure en français. À l'étage, galerie multimédia pour découvrir le parc.

■ **Distributeurs de billets :** *Bankomat au « Market » en arrivant. Sinon, sur le port.*

Où dormir ? Où manger ?

Un seul hôtel, mais de nombreuses chambres chez l'habitant (liste à l'office de tourisme) et 2 *autocamps* pour les camping-caristes à quelques kilomètres vers le nord. Côté restos, plusieurs auberges pour goûter au poisson local. Également quelques supérettes à l'entrée du village et sur le port, ainsi qu'une boulangerie au bout du port.

🛏 **Hotel Skradinski Buk :** *Burinovac 2, dans le centre historique.* ☎ *771-771.* ● *skradinskibuk.hr* ● *Tte l'année.* Doubles env 400-630 Kn selon saison, petit déj compris ; également des apparts à louer dans le village. Parking gratuit. Seul hôtel de la ville, sans charme particulier mais moderne et bien tenu. Une trentaine de chambres classiques, fonctionnelles et confortables (clim, TV, frigo, balcon pour certaines). Restaurant en terrasse. Très bon accueil.

IOI Konoba Bonaca : *Rokovačka 5. ☎ 771-444. Au bout du quai, en retrait des restos touristiques du port. Avr-oct, tlj 12h-minuit. Plats 70-130 Kn ; poisson 120-140 Kn en portion (300-480 Kn/kg).* Grande terrasse agréable ou salle chaleureuse avec pierres apparentes et un côté familial sympathique. Le patron est pêcheur, et ça se sent dans le choix et la fraîcheur du poisson. On peut opter pour un simple mulet grillé ou une friture de poisson du lac, ou choisir des plats plus travaillés comme la seiche au four (délicieux !), ou encore la *jegulja* (genre d'anguille) cuite en sauce *(brudet)* ou frite à la poêle. Gouleyant petit vin du patron.

IOI Konoba Toni : *Franje Tuđmann 76. ☎ 771-177. Au bout de la rue commerçante principale, à l'opposé de la tour de l'Horloge. Mai-oct, tlj 15h-minuit. Plats 70-130 Kn.* Resto populaire fréquenté par les Croates. Spécialités de viande ou de poisson cuits sous cloche *(peka)*, à commander 2h avant de passer à table. Une bonne adresse pour le soir.

VERS KNIN

À partir de maintenant, vous pénétrez dans ce qui fut la *République serbe de Krajina*. Toute la région, avant 1990, était majoritairement habitée par des Serbes. À l'époque, pendant la guerre entre la Serbie et la Croatie, la possession de la Krajina était donc d'une importance hautement stratégique. Le nettoyage ethnique des Croates fut mené par les milices serbes de façon extrêmement brutale. En août 1995, lors de l'« offensive Tempête », l'armée croate reprit possession de la région en 2 jours, provoquant à son tour un exode massif des Serbes.

Résultat, on traverse des paysages qui devraient être sereins, mais qui ne sont jalonnés que par des maisons individuelles ou des villages en partie en ruine, comme *Đevrske*, *Kistanje* (où nombre des habitations sont encore détruites ou abandonnées), et tant d'autres. Et aujourd'hui, l'économie régionale est toujours sinistrée. Un peu de vignes par-ci, des troupeaux de moutons par-là, mais on sent que la ruralité est ici tout sauf un signe extérieur de richesse...

🐾 ***Bribirska Glavica :*** *à 18 km de Skradin.* La ville s'appelait *Varvaria* du temps des Illyriens et des Romains. Ville importante aussi à l'époque des princes de Bribir (XIIIe-XIVe s). Il reste dans la campagne quelques ruines se limitant aux fondations et amorces de murs.

🐾 ***Burnum :*** *entre Đevrske et Knin. À 2,5 km au nord de Kistanje : dépasser Rudele, c'est sur la droite de la route principale, juste avt l'intersection pour Drniš. Entrée : 40 Kn ; réduc.* Au passage, jetez donc un œil aux vestiges de ce camp militaire romain où campait la XIe légion avant qu'on y installe des vétérans. Il reste ces 2 arches miraculeusement debout et un amphithéâtre. Le billet d'entrée donne accès également au Musée archéologique à Puljane où sont exposés les objets découverts.

KNIN   (22300)   10 500 hab.   IND. TÉL. : 022

Ville chargée d'histoire, important nœud ferroviaire dans une vallée, à 55 km de Šibenik. Jadis éminente position stratégique à la frontière de la Lika, de la Dalmatie et de la Bosnie, Knin fut la capitale de la Croatie pendant le règne du roi Tomislav. Elle perdit ce statut après la *bataille de Gvozd* en 1097, où le roi

Petar de Croatie fut défait par Koloman, roi de Hongrie. Elle fut conquise par les Turcs en 1522. En décembre 1944, les partisans de Tito connurent là une de leurs plus grandes victoires face à l'armée allemande. Puis elle fut encore capitale, mais de la *Krajina* serbe, de 1990 à 1995.

Aujourd'hui définitivement retournée à la Croatie, la ville est dans une détresse économique visible. Reste la formidable forteresse, très impressionnante, qui domine la ville, édifiée en partie par les Turcs, puis restaurée par les Vénitiens et les Français *(entrée : 30 Kn, donnant accès à un petit musée situé dans les fortifications).*

¶ Pour ceux qui disposent d'un peu de temps, allez admirer, vers l'est, près des *sources de la Cetina*, les **ruines de Sveti Spas** *(Saint-Sauveur).* Une fort belle église, l'une des plus anciennes de Croatie. Appareillage de pierre rustique, haute tour carrée, quelques vieilles tombes autour, dans un environnement bucolique à souhait.

DRNIŠ (22320) 3 330 hab. IND. TÉL. : 022

Ville créée à partir de 1522 par les Turcs, nouveaux occupants de la région. Le site fut bien sûr choisi en fonction de ses qualités défensives, en hauteur, en bordure de canyon. Ainsi accrochée à ses collines, la ville, bien qu'ayant aussi beaucoup souffert de la dernière guerre, possède un côté pittoresque. Quelques vestiges de la présence turque, comme l'*église Saint-Antoine,* sur le chemin de la forteresse (rue Kardinala Utješinovića). C'est une ancienne mosquée dont on a abattu le minaret, mais conservé le corps principal. Vous noterez la coupole avec trompes en nids-d'abeilles, typique de l'art ottoman. En revanche, un peu plus loin, près des ruines de la forteresse, c'est le minaret qui a survécu !

– Petit **musée local,** avec quelques œuvres du sculpteur Meštrović, qui était originaire du coin. On peut voir son mausolée, à une dizaine de kilomètres, en direction de Siverić, à *Otavice (mai-sept, mar-dim 9h-19h ; le reste de l'année, mar-sam 9h-16h, dim 10h-15h ; entrée : 15 Kn, réduc).*

LA DALMATIE CENTRALE

ENTRE ŠIBENIK ET SPLIT.....................273	DE MAKARSKA............308	L'ÎLE DE ŠOLTA 338
L'ARRIÈRE-PAYS SPLITOIS....................305	EXCURSION EN BOSNIE-HERZÉGOVINE.............314	L'ÎLE DE HVAR................340
LA RIVIERA	L'ÎLE DE BRAČ 325	L'ÎLE DE VIS.....................361

● Carte p. 275

ENTRE ŠIBENIK ET SPLIT

● Primošten.....................273	● Salona	Cetina : Blato et Trilj
● Trogir 275	● Omiš : balade dans l'arrière-pays d'Omiš le long de la	● Descente de la rivière Cetina
● Kaštela 281		
● Split................................284		

PRIMOŠTEN (22202) 1 630 hab. IND. TÉL. : 022

À 28 km au sud de Šibenik et 35 km à l'ouest de Trogir. D'un côté, une langue de terre étroite et boisée (pinèdes), où sont enfouis les grands hôtels d'époque Tito. Au sud, une autre presqu'île rocheuse, presque sans arbres, en forme de raquette de ping-pong, où se tient le village de Primošten : des maisons aux toits de tuiles, des caves abritant des vieux tonneaux d'où émanent des parfums de vin de terroir, une église sur une butte et un cimetière orienté vers le couchant. Vues d'avion, ces 2 presqu'îles ressemblent à des oreilles jumelles, l'une verdoyante et habitée en été, l'autre rocailleuse habitée à longueur d'année. Un mince passage les relie à la terre ferme, d'où le nom du village : *Primošten* signifie en effet « relié par un pont ».

Arriver – Quitter

➤ *Gare routière :* à l'entrée de la presqu'île de la ville ancienne.
➤ *Split :* env 20 bus/j. Trajet : 1h.
➤ *Zagreb via Šibenik et Zadar :* env 7 bus/j.

Adresses et infos utiles

🛈 **Office de tourisme :** trg biskupa Josipa Arnerića 2. ☎ 571-111. • tz-primosten.hr • Dans le village ancien, sur la 1re petite place, juste à gauche après avoir passé le porche en pierre. En été, tlj 8h-22h ; hors saison, tlj 8h-14h.

■ **Turist biros :** il y en a plusieurs, dont 3 sur la pl. de la poste. Ces agences privées font bureau de change, proposent des locations de chambres et d'appartements et organisent des excursions.

■ **Distributeurs de billets :** juste devant l'office de tourisme ; un autre devant la poste.

■ **Diving Center Pongo :** dans l'enceinte du complexe touristique de l'hôtel Zora. ☎ 091-679-90-22. • pongo.hr • Club de plongée sous-marine, affilié PADI et CMAS.

🅿 Dans la descente, avant les presqu'îles, plusieurs parkings payants.

Où dormir ?

⛺ Signalons de nombreux **petits campings familiaux** entre l'Adriatiq Auto Camp et le village de Grebaštica, au nord de Primošten. Dans l'ordre : Tomas, Barinica, Ante & Toni, Tony, Olive et Maestral. Tous les pieds dans l'eau, abordables et plutôt sympas.

⛺ **Adriatiq Auto Camp :** à 1 km au nord de Primošten. ☎ 571-223. • auto camp-adriatiq.com • Avr-fin oct. Env 140-250 Kn pour 2 avec tente et voiture selon saison ; plus cher si l'on choisit une parcelle. Très grand camping entre route et mer (350 emplacements). Aménagé en terrasses sous une vaste pinède. Bon équipement (sanitaires en particulier). Aire de services pour camping-cars. Supérette, resto et bar de plage (petite plage de galets). Animations différentes à toute heure (sauf samedi). Tennis, sports nautiques, location de bateaux et club de plongée.

🏠 **Chambres chez l'habitant :** infos et résas auprès des turist biros (voir « Adresses et infos utiles »). Compter env 300-375 Kn pour une double, et env 375-750 Kn pour un appart selon nombre de pers et saison.

Où manger ?

|●| **Restoran Mediteran :** Briga put 13. ☎ 571-780. De la pl. principale du village, prendre la rue qui monte à gauche sur 100 m. De mi-avr à mi-oct, tlj 13h-minuit. Plats 90-250 Kn ; poisson au poids. Un brin à l'écart du flot touristique, une taverne de qualité, avec une romantique terrasse dans un patio, cuisine ouverte et une jolie salle à ciel ouvert. Quelques spécialités dalmates bien préparées, à base de bons produits frais (fruits de mer, coquillages, poisson, côtelette de mouton mariné...) et large choix de pâtes pour les petits budgets.

|●| **Konoba Babilon :** Težacka 15. ☎ 570-940. De la pl. principale du village, longer le quai vers la gauche (sud) sur env 200 m ; puis le fléchage en montant la ruelle à droite. Mai-sept, tlj mais seulement le soir 17h-minuit. Plats 70-190 Kn ; poisson au poids. Belle terrasse panoramique et accueil très chaleureux pour déguster quelques bonnes spécialités : la pašticada, les fruits de mer et le plata Babilon, assez cher mais pour 2 personnes. Une bonne adresse. Loue aussi des appartements.

|●| **Konoba Toni :** Podakraje 26. ☎ 091-899-34-84. Au bout du quai sud ; c'est l'avant-dernière terrasse. De mi-avr à mi-oct, tlj 12h-minuit. Plats 80-190 Kn. On vous l'indique plus pour sa sympathique petite terrasse au bord de l'eau que pour sa cuisine, honnête sans plus.

À voir

🔍 **Les vieilles ruelles du village :** la découverte se fait à pied, au fil d'un charmant labyrinthe de ruelles. En 30 mn, on a fait le tour du village juché sur sa presqu'île. Au sommet de la colline, vue superbe sur la mer depuis le cimetière.

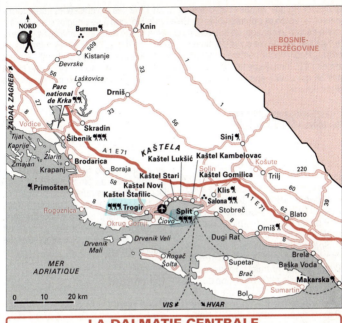

LA DALMATIE CENTRALE

TROGIR   (21220)   10 820 hab.   IND. TÉL. : 021

• Plan p. 277

Au nord, la ville reliée à la terre ferme par un pont, au sud, la presqu'île de Čiovo avec un autre pont et, entre les 2, la belle cité médiévale de Trogir, inscrite depuis 1997 sur la liste du Patrimoine mondial de l'Unesco. Une autre étape « obligatoire » entre Split (22 km) et Šibenik (62 km). C'est tout le Moyen Âge dalmate concentré dans une ville-musée qui n'est pourtant pas figée dans son passé.

– *Attention* : beaucoup de visiteurs en été, et de sérieux problèmes de circulation pour passer les 2 ponts. Si possible, allez-y au petit matin et évitez le vendredi, jour de pointe extrême. Parkings payants un peu partout.

UN PEU D'HISTOIRE

Occupée à l'origine par des Illyriens, Trogir devint une petite colonie grecque du nom de *Tragurion* (« l'île aux boucs » en grec, pas de barbichette, le bestiau) vers la fin du IIIe s av. J.-C. De cette époque, le plus beau vestige est sans conteste un petit bas-relief de marbre montrant la divinité du Moment propice, le *Kairos*, visible au couvent Saint-Nicolas. Pendant la période des rois croates, Trogir fut considérée comme une cité autonome et libre. Elle passa ensuite sous la souveraineté des rois hungaro-croates et se développa. En 1242, les envahisseurs tatars terrorisèrent la région et poussèrent le roi Béla IV de Hongrie à se réfugier dans la ville. Sauvé de cette menace, ce souverain confirma la cité dans ses privilèges. À partir de 1420, Trogir passa sous domination vénitienne, jusqu'en 1797. Pendant longtemps, Trogir vécut comme une forteresse côtière. Les portes de la cité étaient fermées à la tombée de la nuit. Les retardataires devaient s'abriter dans une petite maison qui devint ensuite le marché aux poissons (déplacé aujourd'hui dans la ville moderne).

Arriver – Quitter

En bus

De la **gare routière** *(plan B1)*, située sur la terre ferme, à côté du pont desservant la vieille ville, liaisons avec :
- **Šibenik :** départs ttes les 30 mn. Durée : 1h. Départ des bus en face de la pl. du Marché (au pied du centre commercial *Konzum*).
- **Split :** bus locaux ou *Intercity*. Les premiers (bus n° 37) partent ttes les 20 mn ; durée du trajet : 1h (avec arrêt dans ts les villages de la région de Kaštela entre Trogir et Split). Les seconds partent ttes les 30 mn env ; durée : 30 mn. Prix équivalents (env 21 Kn).
- **Vranjica (campings) :** bus n°s 47 à 50. Env 15 bus/j.
- **Slatine :** bus n° 42 très fréquent (une douzaine/j. ; moitié moins dim).

En bateau

Liaison avec **Split via Slatine** en saison, avec la compagnie *Bura Line*. Départ à gauche après le 2e pont à Trogir, face au palais de Dioclétien à Split. Tlj, 6 liaisons/j. Compter 35 Kn/pers. De loin la meilleure formule pour éviter les embouteillages et les problèmes de stationnement !

En avion

Aéroport de Split (hors plan par B1) : *à 5 km à l'est de Trogir, sur la route de Split passant par les villages de Kaštela*. De l'une ou l'autre ville, bus n° 37 ttes les 20 mn, 4h-23h45 (env 20 Kn). Nombreux loueurs de voitures.

Adresses et info utiles

Office de tourisme *(plan B1)* : *Ivana Pavla II trg 1, dans le palais communal.* ☎ 885-628. • *visittrogir.hr* • *Juin-sept, lun-sam 8h-20h, dim 9h-14h ; le reste de l'année, horaires réduits.*

Splitska Banka *(plan B1, 1)* : *Blaža Jurjeva Trogiranina 8. Derrière la cathédrale. Lun-sam 8h-14h (12h sam).*

Location de scooters et de vélos *(plan B2, 11)* : *au rdc de la Vila Sikaa, Obala Kralja Zvonimira 13.* ☎ 881-223.

En saison, compter env 200 Kn/j. pour un scooter. Nombreux autres loueurs de scooters et de vélos dans la ville.

Stationnement : *grand parking payant face à la vieille ville (plan A1), devant la passerelle qui permet de s'y rendre facilement. Autre parking un peu moins cher après la gare routière, sur la route de Split et en bordure du quai sur la presqu'île de Čiovo (au 2e pont à gauche).*

Où dormir ?

CAMPINGS

Autocamp Rožac : *Okrug Gornji, à 2 km de Trogir, sur la presqu'île de Čiovo.* ☎ 806-105. • *camp-rozac.hr* • *De Trogir, prendre à droite au pont et continuer tt droit. Bus n°s 43 et 44 ou bateau-taxi. Avr-oct. Env 17-30 € pour 2 avec tente et voiture selon saison ; davantage pour un emplacement en bord de mer.* Un camping de 2,5 ha et 180 emplacements, sous une pinède longeant une grande plage. Sanitaires corrects. Également des mobile homes

TROGIR / OÙ DORMIR ? | 277

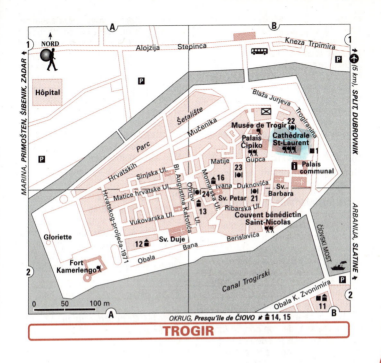

TROGIR

- **Adresses utiles**
  - **i** Office de tourisme (B1)
  - **1** Splitska Banka (B1)
  - **11** Location de scooters et de vélos (B2)

- **Où dormir ?**
  - **11** Vila Sikaa (B2)
  - **12** Hotel Concordia (A2)
  - **13** Villa Fontana (B2)
  - **14** Hostel Marina (hors plan par B2)
  - **15** Domus Maritima (hors plan par B2)
  - **16** Villa Sv. Petar (B1)

- **Où manger ?**
  - **21** Restaurant Calebotta (B2)
  - **22** Restaurant Vanjaka (B1)
  - **23** Restaurant Tragos (B1)
  - **24** Restaurant Alka (B2)

pour 4 à 6 personnes. Service de laverie. Resto et bar. Supérettes à proximité. Plein comme un œuf en été, avec alors quelques problèmes de propreté.

Autocamp Seget : à *Seget.* ☎ 880-394. ● *kamp-seget.hr* ● *À 1,5 km à l'ouest de Trogir (bus n° 37 ou liaison par bateau ttes les 30 mn). Mars-oct. Env 110-220 Kn pour 2 avec tente et voiture (réduc dès la 2e nuit) ; plus cher si l'on occupe une parcelle.* Camping de 450 places, de niveau moyen. Terrain en légère pente en bord de mer, partiellement ombragé. Également des chambres à louer dans 2 bâtiments austères. Plate-forme de baignade et petite plage. Supérette et location de vélos.

À signaler également l'existence de **petits campings** chez des particuliers sur la **presqu'île de Čiovo,** notamment à Miševac (camping *Ante Hrabar*) et à Slatine (camping *Domić* donnant sur la mer mais tout petit et bétonné...). Pas bien grands mais pas bien chers *(100-120 Kn pour 2 avec tente et voiture).*

AUBERGE DE JEUNESSE

Hostel Marina *(hors plan par B2, 14)* : *Put Cunbrijana 16.*

☎ 099-779-43-95. • hostelmarina-trogir. com • *Passer le pont de la presqu'île, prendre à droite, l'AJ est dans la 1re rue parallèle au quai. Mars-sept. En dortoir 150-220 Kn/pers selon saison, petit déj compris. CB refusées.* Sur une petite place calme, à deux pas de la vieille ville, une AJ de 4 dortoirs de 7 à 8 lits superposés. Petite kitchenette et coin salon avec TV. Très simple mais bien tenu. Bon accueil d'un couple allemand.

LOGEMENT CHEZ L'HABITANT

Contacter également les agences privées.

▲ **Domus Maritima** *(hors plan par B2, 15) : Cumbrijana put.* ☎ *881-481.* ☐ *091-513-78-02.* • *domus-maritima. com* • *Passer le pont Čiovski, c'est à droite en face du resto Lučica. Tte l'année. Doubles 50-120 € selon confort, jour de la sem et saison. Tarif dégressif à partir de la 3e nuit. Réduc de 10 % sur présentation de ce guide.* Vilim, peintre et sculpteur, a aménagé de belles chambres dans une charmante maison, de bon confort (double vitrage, clim, mais pas de TV !) et dotées d'une déco personnalisée. Certaines regardent le port et disposent même d'un balcon. Un des points forts de cette agréable adresse est sa terrasse face à la marina, composée de plusieurs petits salons à ciel ouvert, mignons comme tout. Possibilité de faire des tours en bateau, sur demande. Super accueil. Un coup de cœur !

▲ **Villa Sv. Petar** *(plan B1, 16) : Ivana Duknoviča 14.* ☎ *884-359.* ☐ *091-738-04-54.* • *villa-svpetar.com* • *Au cœur de la vieille ville. Mars-nov. Doubles 560-100 Kn selon confort, avec petit déj ; également 1 appart pour 4 pers. Parking 10 €/j. (sur le grand parking face à la vieille ville).* Face à une jolie église, dans un bâtiment ancien bien restauré, quelques chambres peu spacieuses mais confortables, à la déco sobre. Vaut surtout pour sa situation au cœur de la ville. Accueil de type hôtelier.

▲ **Sur la route d'Arbanija** *(hors plan par B2) :* de très nombreuses maisons privées et récentes louent des **chambres** *(300-500 Kn pour 2 selon saison), au bord de la route qui va de* Trogir à Arbanija, voire jusqu'à Slatine. Avantage : on est à l'écart de Trogir, sans en être trop éloigné. Le confort et les prix sont à peu près équivalents d'une adresse à l'autre. Demandez une chambre côté mer pour avoir la vue (mais attention au bruit de la circulation sur la route).

▲ **Dans la presqu'île de Čiovo** *(hors plan par B2) :* même chose, beaucoup de chambres à louer un peu partout, à prix plus doux que dans la vieille ville. Moins de charme aussi...

HÔTELS

Pas d'hôtel à prix économiques, ni même à prix modérés, dans cette ville. En revanche, si vous logez dans la vieille ville, le coût du stationnement est réduit en se garant sur le grand parking (voir « Stationnement » plus haut) et en faisant tamponner le ticket par l'hôtel.

Très chic

▲ **Hotel Concordia** *(plan A2, 12) : Obala bana Berislaviča 22.* ☎ *885-400.* • *concordia-hotel.net* • *Avr-oct. En saison, doubles 600-770 Kn selon vue (côté port ou pas), petit déj compris. Parking à tarif réduit (ticket à faire tamponner).* Cette maison de 3 étages, vieille de près de 300 ans, de taille familiale et humaine, propose une dizaine de chambres sans fantaisie mais impeccables, avec douche, w-c, TV satellite et clim. Les plus agréables (et donc les plus chères) donnent sur le port de Trogir. Cela dit, certaines sont extrêmement petites. Bon buffet pour le petit déj. Grande terrasse sur la promenade, pour boire un verre.

▲ **Villa Fontana** *(plan B2, 13) : Obrov 1.* ☎ *885-744.* • *fontana-trogir. com* • *À 50 m du quai du port (sud). Avr-oct. Selon saison, doubles standard et supérieures 640-850 Kn, petit déj compris. Parking à tarif réduit (ticket à faire tamponner).* Au cœur de la vieille ville, dans une demeure ancienne, des chambres simples, pas bien grandes mais bien tenues. Bon accueil (en anglais).

▲ **Vila Sikaa** *(plan B2, 11) : Obala Kralja Zvonimira 13.* ☎ *881-223.* • *vila-sikaa-r.com* • *Réception au* *rdc, chambres au dernier étage. Tte l'année. Doubles env 510-900 Kn selon saison, bon petit déj et parking compris ; également des chambres exclusive et supérieures, plus chères.* Une dizaine de chambres très confortables, la plupart donnant sur le port, avec double vitrage (la route est passante !), clim et TV satellite. Les plus chères sont les plus grandes et ont des douches ou baignoires hydromassantes. Fait aussi agence de voyages et loue également des scooters, des vélos (voir « Adresses et info utiles »).

Où manger ?

Malgré le grand nombre de restos, trouver une table le vendredi soir, en été, relève de l'exploit ! Pensez à réserver, ou tentez votre chance en vous présentant avant 18h.

De prix moyens à chic

I●I Restaurant Vanjaka *(plan B1, 22)* : *Radovanov trg 9.* ☏ *097-615-10-44. Avr-oct, tlj sauf dim. Plats 80-180 Kn.* Quelques tables dans une mignonne venelle et belle terrasse cachée à l'arrière de la cathédrale. On y vient pour déguster une authentique cuisine dalmate à base de bons produits frais. Au déj, belle assiette du pêcheur joliment dressée, et des steaks de 250 g pour les gros mangeurs, le soir. Riche carte des vins. Service impeccable. Propose également 3 jolies chambres d'hôtes.

I●I Restaurant Alka *(plan B2, 24)* : *Augustina Kazotica 15.* ☏ *881-856. Avr-sept, tlj. Plats 80-180 Kn.* Une belle terrasse chic au cœur du vieux Trogir, pour déguster une cuisine raffinée et joliment présentée, servie sur des tables impeccablement dressées. Une des meilleures tables de la ville.

I●I Restaurant Calebotta *(plan B2, 21)* : *Gradska 23.* ☏ *796-413. Tlj midi et soir. Plats 80-220 Kn.* Bien élégant, ce resto, avec sa salle haute de plafond, ses murs en pierre et ses tables nappées de blanc. La terrasse n'est pas mal non plus, posée sur une placette où se serrent les tables des bars et restos voisins. Pour plus d'intimité, une cour sur l'arrière qui attend les amoureux. La cuisine donne un coup de jeune aux recettes traditionnelles croates, s'appuyant sur des produits locaux préparés avec soin. C'est savoureux, sain, et plutôt généreux. Belle sélection de vins, dont le *Milan Pošip* (blanc) et le *Kairos Zinfandel Crljenak* (rouge), délicieux et de la région.

I●I Restaurant Tragos *(plan B1, 23)* : *Budislavićeva 3.* ☏ *884-729. Tlj midi et soir. Plats 75-120 Kn. Chanteur a capella jeu soir.* D'un côté de la venelle, une salle au décor rustique. De l'autre, une agréable cour sertie de vieux murs et partiellement couverte d'une treille. Un cadre typique donc, pour une cuisine qui lui ressemble, avec des plats mijotés, et de belles grillades de viande ou de poisson cuites à la braise. Simple, familial et sympa.

Où dormir ? Où manger dans les environs ?

🛏 **I●I Hotel Vila Tina** : *à Arbanija, 21224 Slatine.* ☏ *888-305.* ● *vila-tina. com* ● *À env 5 km de Trogir, sur le côté droit de la route en allant vers l'est de la presqu'île de Čiovo. Avr-oct. Doubles env 430-940 Kn selon confort et saison, petit déj inclus. Plats 60-180 Kn.* Petit immeuble légèrement en retrait de la route (étroite et peu passante), qui abrite des chambres classiques, impeccables, avec clim et balcon ombragé (vue sur la mer ou le jardin). Certes, la bâtisse en elle-même n'a pas de charme particulier, mais le confort est là, tout comme la tranquillité, et on peut se baigner dans les environs. Spa et sauna. Un bon rapport qualité-prix somme toute. Fait aussi resto avec une terrasse donnant sur la mer.

IOI Agroturizam Anin Dvor : *Put Čarijića 115, 21218 Seget Vranjica.* ☎ *091-588-67-00. À env 5 km à l'ouest de Trogir. 1 km après l'hôtel Medena (sur la gauche), prendre la route qui monte sur la droite. Le resto se trouve env 700 m plus loin (panneaux). Seulement en été. Menus 160-205 Kn ; plats 90-120 Kn. Résa indispensable.* Cette petite ferme cachée dans un hameau, avec vue dominante sur la mer, n'abrite pas seulement un excellent resto, c'est aussi l'occasion de vivre un moment formidable. On est d'abord accueilli par cette très sympathique famille qui nous fait visiter les lieux avec grande gentillesse. Puis les plats arrivent, absolument délicieux : *peka* de poulpe ou d'agneau (cuits sous cloche pendant 4h), charcuterie, fromages, vin maison... et plein d'autres très bonnes choses produites sur place ou à proximité. Bref, on se régale tout en apprenant beaucoup sur la vie rurale de cette région. Une adresse exceptionnelle, de celles qui marquent et font de beaux souvenirs !

À voir. À faire

La cathédrale Saint-Laurent (Sv. Lovro ; plan B1) : *en été, lun-sam 8h-20h, dim 12h-18h ; hors saison, lun-sam 9h-12h. Entrée : 25 Kn ; réduc.*
Une des plus belles cathédrales de Croatie. Bâtie au XIIIe s. La partie la plus remarquable est sans conteste son *portail*, véritable chef-d'œuvre de l'art roman, réalisé en 1240 par Radovan, un artiste croate. Il est encadré par 2 lions (ajoutés 2 siècles plus tard), symboles de la Venise triomphante, sur lesquels reposent Adam et Ève, nus comme au jardin d'Éden (si l'on excepte l'incontournable feuille de vigne nécessaire aux bonnes mœurs). Le tympan du portail illustre la *Nativité*, thème joyeux pour l'époque qui affectionnait particulièrement le sombre *Jugement dernier*.
À l'intérieur, la chapelle consacrée au bienheureux Jean de Trogir, très bel exemple d'architecture dalmate de la Renaissance signé Nikola Firentinac (Nicolas le Florentin). Sous une voûte à caissons sculptés d'angelots, le sarcophage du saint, entouré de belles statues du Christ et des apôtres. Dans la nef, les stalles en bois finement sculptées. Dans la sacristie, beau petit trésor d'art religieux. En ressortant par le portail, tout de suite à droite, voir le baptistère du XVe s mélangeant gothique fleuri et style Renaissance. Juste à côté se trouve l'entrée du campanile haut de 45 m (XIIe-XVIIe s). On grimpe d'abord par un escalier à vis très étroit avant de poursuivre par une passerelle métallique un peu vertigineuse, voire dangereuse pour des enfants en bas âge, alors prudence (d'ailleurs, on vous signale que vous montez « à vos risques et périls »). La vue est sympa, mais pas forcément indispensable (cela dit, comme le billet comprend aussi la montée...).

La place de la Cathédrale (trg Ivana Pavla II) **et le palais Čipiko** (plan B1) : bien qu'envahie par les terrasses de café et les parasols publicitaires en été, cette place mérite d'y jeter un œil. Juste en face du portail de la cathédrale, le vieux palais Čipiko, construit dans le style gothique vénitien et divisé en 2 bâtiments, le grand et le petit palais. Sous le porche du grand palais, remarquer un coq en bois qui serait un trophée rapporté par Alviz Čipiko, commandant de l'escadre de Trogir, lors de la bataille de Lépante en 1571, opposant une coalition regroupée autour des Vénitiens aux Ottomans.
Sur la place toujours, surmontée d'un petit beffroi, une élégante loggia de 1471 servait de tribunal en plein air, de prison provisoire et de salle de spectacle, comme dans les villes italiennes de la Renaissance (Florence).
À sa gauche, l'hôtel de ville de Trogir, qui était autrefois le palais du Recteur (XIIIe s). Donnant aussi sur cette place, l'église Sainte-Barbara (angle avec la rue Gradska), du IXe s, est la plus ancienne de Trogir.

Le musée de Trogir (muzej Grada Trogira ; plan B1) : *Gradska vrata 4.* ☎ *881-406. Face à la porte de la Terre-Ferme. Juil-août, tlj 10h-13h, 18h-21h ; juin et sept,* *lun-sam 10h-13h, 17h-20h ; oct-mai, lun-ven 9h-14h. Entrée : 20 Kn ; réduc.* Dans la demeure d'une vieille famille de commerçants de Trogir (XVe s), un musée un peu fourre-tout mais pas inintéressant. Dans la section ethnographique, une collection d'outils agricoles, du mobilier et des objets relatant le mode de vie de la bourgeoisie locale aux XVIIIe et XIXe s. Noter la tenue portée par Ivan Luka Garagnin lorsqu'il rendit une visite officielle à Napoléon, en 1806. Signalons une reproduction du fameux *Kairos,* exposée au couvent bénédictin Saint-Nicolas (voir ci-après), et les sculptures de Duknović, dont cette *Madone à l'Enfant* du XVe s retrouvée à Londres et que la ville de Trogir dut tout simplement racheter ! Également une belle bibliothèque du XIXe s (ouverte seulement le matin) composée de 5 000 livres rares et anciens, dont certains datent du XVe s. Par la jolie courette, on accède au *lapidarium* (l'accueil en fait) où sont exposées de vieilles pierres sculptées grecques et romaines. À l'étage, galerie exposant les œuvres de l'artiste croate Cata Dujsin Ribar (1897-1994).

Le couvent bénédictin Saint-Nicolas *(samostan Sv. Nikole ; plan B2) : Gradska vrata 2.* ☎ *881-631. Près de la porte de la Ville et de l'église Saint-Nicolas. En principe : juin-sept, tlj sauf dim et fêtes religieuses 10h-13h, 15h30-17h30. Entrée : 30 Kn. Petite brochure gratuite en français.* On ne peut voir que l'élégant cloître-patio, mais le clou de la visite se trouve dans le petit musée. Il abrite le très rare et méconnu *Kairos,* un bas-relief du IIIe s avant l'ère chrétienne représentant un jeune homme nu, la divinité grecque du Moment propice. Admirer également le beau polyptyque sur bois du XVe s *(Madone à l'Enfant),* la Madone romane du XIIIe (la plus ancienne de Trogir) et la belle collection d'icônes et de tableaux religieux.

Balade dans la ville : promenez-vous dans le labyrinthe de ruelles tortueuses bordées de belles maisons en pierre de taille. Au fil de la balade, on peut découvrir d'autres sanctuaires, comme *Saint-Jean-Baptiste (Sv. Ivan Krstitelj),* du XIIIe s (abrite des peintures prestigieuses). Voir aussi le *monastère dominicain.*

Le fort Kamerlengo *(plan A2) : au bout de la vieille ville, hors les murs. Juin-sept, tlj 9h-22h. Fermé hors saison. Entrée : 25 Kn.* C'était une vraie petite ville en cas d'attaque et sans doute le « coffre » des richesses du prince ! Au XVe s, des chaînes robustes reliaient la forteresse à l'île Čiovo, en face, interdisant l'entrée du port aux bateaux non autorisés.
Juste derrière, la **gloriette** *(plan A2),* une sorte de minuscule temple circulaire, à 6 colonnes, qui commémore la « bienfaisante » présence des Français en Dalmatie, de 1806 à 1814.

Les remparts et les portes : à l'ouest, la *tour Saint-Marc (kula Sv. Marko).* Au nord, la *porte de la Terre-Ferme (Kopnena vrata).* Au sud, la *porte de la Ville (Gradska vrata),* donnant du côté du canal Trogirski, avec des vantaux hérissés de clous pointus. À côté de celle-ci se trouve une petite loge où les étrangers désireux d'entrer dans la ville attendaient l'autorisation du magistrat.

La presqu'île de Čiovo : *au sud de Trogir.* Au Moyen Âge, on envoyait les lépreux et les prisonniers sur cette colline. Aujourd'hui, les habitations se succèdent sans grâce en bord de mer, et les chambres à louer sont légion. Quelques petites plages, hélas surpeuplées en été. La route jusqu'au village de Slatine n'est pas sans charme, mais l'intérêt de cette presqu'île reste tout de même limité.

KAŠTELA (21212) 38 500 hab. IND. TÉL. : 021

Au pied d'une ligne de collines karstiques (entre 600 et 700 m), la petite région côtière de Kaštela (sur 17 km entre Trogir et Solin) est formée par

une succession de 7 petits ports ayant la particularité de posséder chacun un château *(kaštel).* Construits au bord de l'eau, parfois sur des îlots, ces manoirs maritimes datent de l'époque où les riches bourgeois (et les nobles) de Trogir et de Split se faisaient bâtir des résidences d'été au bord de la mer. Pour se défendre de la menace turque, ces demeures furent fortifiées et entourées de murs épais. Certaines possédaient des ponts-levis.

Afin de faciliter le renouveau économique du secteur, après la guerre d'indépendance, les 7 villages de la baie furent réunis en 1995 dans une seule et même commune, qui forme une sorte de chapelet historique et culturel. En juillet, festival de chansons traditionnelles dalmates dans le village de Kaštel Kambelovac.

LE CÉPAGE QUI A CONQUIS L'AMÉRIQUE SANS LE SAVOIR !

C'est l'histoire du cépage le plus cultivé aux États-Unis à la fin du XIXe s, le zinfandel, très célèbre aujourd'hui. En 1967, un Californien se régalait les papilles en Italie avec le primitivo qui lui rappela le zinfandel. Mais le primitivo est arrivé en Italie par la côte adriatique... Les chercheurs sont tombés sur le crljenak kaštelanski, à Kaštela. Son profil génétique s'avéra identique au zinfandel. C'était en fait lui qui, exporté par la cour d'Autriche, avait conquis l'Amérique au XIXe s !

Arriver – Quitter

En bus

➢ *Split :* un bus local (ligne n° 37) dessert les différents villages du littoral. Voir plus loin la rubrique « Arriver – Quitter » de Split.

En voiture

➢ Une route étroite, parallèle à la route nationale, longe la mer en reliant les ports entre eux. En venant de *Split* ou de *Trogir* par la route nationale, il faut emprunter des routes secondaires perpendiculaires qui descendent vers la mer.

Adresse utile

Office de tourisme : le bureau d'infos touristiques principal se trouve à *Kaštel Lukšić,* dans le château Vitturi (dvorac Vitturi). ☎ 227-933.

● kastela-info.hr ● *En été : lun-ven 8h-21h ; w-e 8h-12h, 18h-21h (fermé dim ap-m) ; horaires aléatoires hors saison.*

Où dormir ? Où manger ?

Attention, à partir de Kaštel Štafilić, les avions de l'aéroport de Split ont tendance à faire des passages un peu bruyants...

CAMPINGS

3 campings répartis entre les villages, en bord de mer : à Resnik, à Kaštel Stari et Kaštel Kambelovac.

LOGEMENT CHEZ L'HABITANT

De nombreuses chambres à louer dans des maisons privées. Informations et réservations auprès de l'office de tourisme central des Kašteli, à Kaštel Lukšić (voir « Adresse utile » plus haut).

▲ *Villa Kristalia :* Gabine 9, à *Kaštel Štafilić.* ☎ 234-920. En France : ☎ 01-60-02-33-34. 📱 060-930-16-39. ● villakristalia.com ● *Mai-oct. Selon saison, pour 2-3 pers, chambres 45-55 € et studios 55-70 €. Taxes comprises mais ajouter 10 € pour un séjour de moins de 3 nuits. CB refusées.* Dans une villa de construction récente, à 50 m de la mer et d'une plage, des chambres et des studios tenus par une famille d'origine croate parlant parfaitement le français. De l'espace (mezzanine, balcon) et une piscine. Supplément de 5 € pour utiliser un espace cuisine commun. Excursions proposées, et soirée dansante le samedi.

🏠 *Villa Šoulavy* : *Šetalište Miljenka i Dobrile 18, 21215 Kaštel Lukšić.* ☎ *246-640.* 📱 *098-233-879.* ● *villa soulavy.hr* ● *À env 500 m à droite du château quand on regarde la mer. Tte l'année. En saison, env 410 Kn pour 2, 600 Kn pour 4 ; petit déj 45 Kn. CB refusées.* En bord de mer, dans une agréable maison du XVIe s convertie en pension dès 1909 par un médecin tchèque, 2 studios et 5 appartements, dont certains sur 2 niveaux. Décoration assez neutre et équipement impeccable, avec clim, kitchenette, salle de bains, TV satellite, plus une vue partielle sur la mer. Café-bar au rez-de-chaussée avec une belle terrasse couverte et une élégante statue représentant justement une jeune élégante. Si l'animation vous manque le soir, allez donc faire un tour au café *Twister*, devant l'église. Plein de jeunes et de la bonne musique.

À voir

Visite d'ouest en est, dans le sens Trogir-Split.

🎥 **Kaštel Štafilić :** petit port qui doit son nom à Stafileo, un riche bourgeois de Trogir. En 1508, il fit construire un château sur un îlot relié à la terre ferme par un pont-levis. Au village, église baroque du XVIIIe s. Une jolie maison-tour également.

🎥 **Kaštel Novi :** la tour quadrangulaire du château construit en 1512. Dommage qu'une construction récente, dans le style « ancien » certes, se soit collée à elle...

🎥 **Kaštel Stari :** le château de ce village est le plus vieux de la baie. Il fut construit en 1476 pour être la demeure de Koriolan Čipiko, oncle de Pavao Čipiko, un officier épris de belles lettres et d'humanisme.

🎥 **Kaštel Lukšić :** dans un secteur du littoral où poussent des cerisiers. La restauration du **dvorac Vitturi** a duré 10 ans. Aujourd'hui, c'est le plus beau « manoir maritime » de la côte (il est vraiment les pieds dans l'eau). Bâti en 1487 par les frères Jerolim et Nikola Vitturi, il présente un style original, transition entre la Renaissance et le baroque. À l'intérieur, très beau patio. La légende veut que, au XVIIe s, des amoureux, Miljenko et Dobrila, membres de 2 grandes familles s'opposant au travers de leur pouvoir féodal, aient vécu ici un destin à la Roméo et Juliette. Dans les étages, on trouve les bureaux de la municipalité, de l'administration locale, ainsi que l'office de tourisme et un **musée des Kaštela** retraçant l'histoire de cette microrégion (● *muzej-grada-kastela.hr* ● ; *juin-sept, lun-ven 9h-20h, w-e 18h-21h, dim 9h-13h ; hors saison, lun, mer et ven 9h-16h, mar et jeu 9h-19h, sam 9h-13h ; entrée : 15 Kn, réduc).* Sympathiques terrasses de café autour du château. On peut également apprécier l'ombrage du parc de la famille Vitturi qui date des XVIIIe-XIXe s. Petits labyrinthes de verdure, plantes médicinales et exotiques.
L'église du village, du XVIIIe s, affiche un décor baroque italianisant (et vénitien). À l'intérieur : sarcophage du bienheureux Arnir, réalisé en 1448 par Juraj Dalmatinac.

🎥 **Kaštel Kambelovac :** dans un petit port de pêcheurs. Du château local ne subsiste que la tour, de 1566. Plagette pour les enfants, avec une vue agréable sur Split.

🎥 **Kaštel Gomilica :** le *kaštel* fut construit au début du XVIe s sur un îlot. Cet ensemble fortifié abrite un ancien monastère de bénédictines (1519), une poignée de maisons et 2 églises.

SPLIT (21000)   172 200 hab.   IND. TÉL. : 021

- Plan d'ensemble p. 286-287
- Plan vieille ville, palais de Dioclétien (centre) p. 288-289

Imaginez un centre-ville d'environ 3 000 habitants installé depuis plus de 1 600 ans sur les restes grandioses d'un palais ayant appartenu à l'un des derniers empereurs romains. Imaginez un sphinx égyptien de près de 3 500 ans gardant une colonnade corinthienne à l'ombre d'un mausolée impérial devenu un temple de la chrétienté. À Split, la machine à remonter le temps fait des exploits. Par la seule contemplation de ruines, le visiteur est amené à traverser plusieurs époques en un seul instant. Cette étrange impression ressentie nulle part ailleurs, voilà le génie de Split.
Loin d'être une ville-musée, c'est une cité animée, vivante, dynamique et jeune. Ici, aucun problème de communication car beaucoup d'habitants parlent une langue étrangère.
Ne vous fiez surtout pas aux premiers abords, il faut bien l'avouer, assez laids de la ville. Il faut se diriger vers le cœur de la cité, face à la mer. L'essentiel est là : le palais de Dioclétien, noyau de la vieille ville. C'est un petit carré de 3,5 ha, abritant un labyrinthe de ruelles, avec des restes de remparts. Aucune flânerie en Croatie ne fait autant réfléchir sur l'apogée et le déclin des civilisations que ce « carré magique » du vieux Split.

UN PEU D'HISTOIRE

Sur cette presqu'île, au IIIe s av. J.-C., des colons grecs trouvèrent un site suffisamment protégé et s'y installèrent, le nommant *Aspalathos* (« genêt » en grec). À l'époque romaine, *Spalatum* (son nouveau nom) n'était qu'un petit port situé à une dizaine de kilomètres du centre politique de la région, situé au fond de la baie : *Salona*, la capitale de la province romaine de Dalmatie.

L'ascension du consul Dioclétien

On pense que c'est là, dans une famille dalmate d'origine modeste, que naquit en 244 Aurelius Valerius Diocletianus, plus connu sous le nom de Dioclétien. Il fit une brillante carrière dans l'armée, et accéda en 284 apr. J.-C. à la dignité d'empereur. À ce poste, il s'occupa de réorganiser l'armée et l'administration, mena des campagnes victorieuses aux confins de son empire et mit au point le système original de la *tétrarchie* (en 293).
L'empire était dirigé par 4 chefs : 2 Auguste et 2 César (sortes d'empereurs auxiliaires). Dioclétien régnait à Nicomédie (l'actuelle Izmit en Turquie), mais il dominait ses 3 collègues : Maximien à Milan, Galère à Sirmium (en Serbie actuelle) et Constance Chlore à Trèves. Par ce partage du pouvoir, il pensait résoudre les difficultés administratives engendrées par la taille de l'empire.
Dioclétien est aussi resté célèbre pour son zèle à persécuter les chrétiens. En 303-304, il déclencha la persécution la plus sanglante contre eux. Il introduisit également un rituel oriental à la cour : la prosternation devant l'empereur.

Les empereurs prennent leur retraite à 60 ans...

Une décennie fut nécessaire pour achever ce gigantesque palais de Split, de près de 38 500 m², où Dioclétien se retira en l'an 305 après avoir abdiqué, prenant une

sorte de retraite anticipée à l'âge de 60 ans, chose rare pour l'époque. Il vécut les dernières années de sa vie dans son palais, n'en sortant que rarement, et y mourut en 311.
Le système de tétrarchie qu'il avait instauré ne survécut d'ailleurs pas à son règne : suivront l'anarchie et les guerres civiles jusqu'à la victoire de Constantin (le 1er empereur romain converti au christianisme) sur ses rivaux.

Une ville installée dans un palais

Après la destruction de leur ville en 615 par les hordes d'Avars, les habitants de Salona, rivale de Split à l'époque, se réfugièrent dans le palais de Dioclétien. Avec des matériaux trouvés sur place, ils se construisirent des petites habitations. Leur « squat » devint une adresse permanente, en somme. Au fur et à mesure, le palais se métamorphosa en bourgade médiévale. Pas de destruction massive, mais plutôt une sorte de recyclage des monuments, des pierres, des vestiges romains.

> **UN PIED DE NEZ À DIOCLÉTIEN**
>
> *Littéralement construite sur le mausolée de Dioclétien du IVe s, la cathédrale de Split, édifiée 3 siècles plus tard, choisit d'accueillir les reliques des saints Domnius et Anastasius, 2 chrétiens que Dioclétien s'efforça consciencieusement de martyriser pendant son règne ! Juste revanche, Domnius est devenu le saint patron de Split.*

Quand Byzance étendit son influence en Méditerranée, Split devint un avant-poste de l'Empire byzantin, comme Raguse (Dubrovnik) et Trogir.
Les Byzantins cédèrent la ville aux Vénitiens en 1420. Le *Spalatum* des Romains se transforma en *Spalato*, qui a donné le nom actuel, *Split*.
Comme le reste de la Dalmatie, Spalato resta sous domination de Venise jusqu'en 1797. En 1537, les Turcs envahirent les Balkans, et pour se défendre de la menace ottomane, un avant-poste redoutable, la forteresse de Klis, fut édifié à 5 km de la ville. Et Split même fut fortifiée, avec 5 énormes bastions formant une étoile, démolis au XIXe s.

Split, le grand port de la côte dalmate

Après une courte période sous contrôle des Autrichiens, Split tomba aux mains des Français (1805-1813), comme le reste de la Dalmatie. La noblesse locale abandonna ses pouvoirs et ses privilèges au profit de gouverneurs étrangers. Ce fut néanmoins une période de prospérité économique. De nouvelles routes furent ouvertes, des ponts édifiés et Split devint un des ports majeurs de la côte. En 1813, les Français laissèrent la place aux Autrichiens qui gouvernèrent la ville jusqu'à la Première Guerre mondiale. Pendant la Seconde Guerre mondiale, les Italiens l'occupèrent.

Arriver – Quitter

En bus

Gare routière *(autobusni kolodvoz ; plan d'ensemble D3)* : Kneza Domagoja obala 12. ☎ 329-180. *Infos et résas :* ☎ (060) 327-777 *(n° payant).* ● ak-split.hr ● *et* ● promet-split.hr ● *(bus locaux). Consigne ouv 7h-21h.* Les bus sont confortables, sûrs et ils partent à l'heure. Plusieurs compagnies privées à peu près équivalentes en qualité. Liaisons avec :
➢ *Makarska :* env 30 bus/j.
➢ *Vrgorac :* env 4 bus/j. (1-2 bus dim).
➢ *Sinj :* env 40 bus/j.
➢ *Šibenik :* env 30 bus/j.
➢ *Zadar :* env 25 bus/j.
➢ *Dubrovnik :* env 20 bus/j.
➢ *Zagreb :* env 30 bus/j. 1 départ env

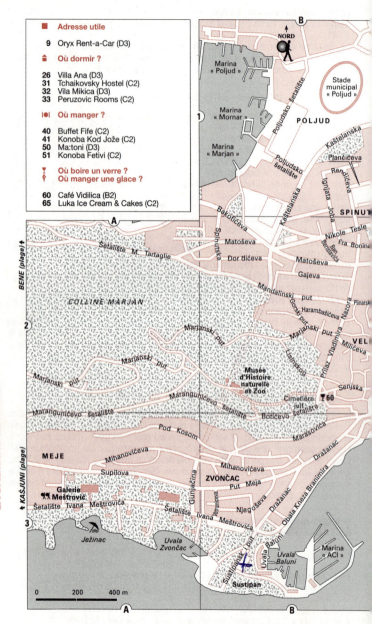

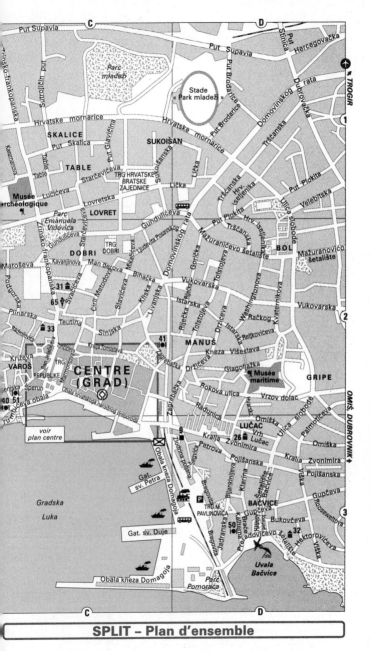

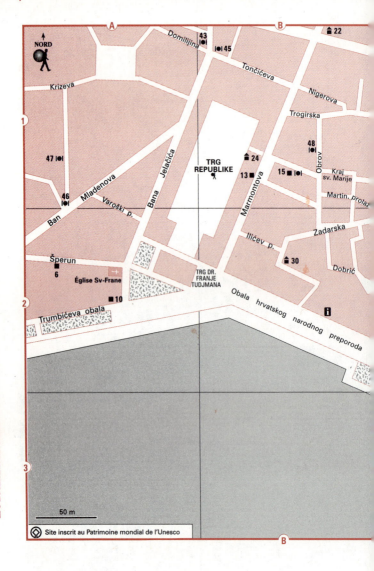

Adresses utiles

- **Offices de tourisme** (B2 et D2)
- 1 Kiosque Jadrolinija (D3)
- 4 Turistički biro (C2)
- 5 Splitska Banka – Société générale (C2 et D2)
- 6 Laverie Modrulj (A2)
- 10 Hertz (location de voitures) (A2)
- 13 Alliance française (B1)
- 14 Grand marché (D3)
- 15 Marché aux poissons (B1)

Où dormir ?

- 20 Grgur Ninski Rooms (D1)
- 21 Split Hostel Booze and Snooze (C1)
- 22 Silver Central Hostel (B1)
- 23 Inchy Accommodation (C-D2)
- 24 Procurator 7 (B1)
- 25 Peristil Luxury Rooms (D2)
- 26 Apartmani Djanovic (D1-2)
- 27 Hotel Slavija (C2)
- 28 Hotel Peristil (D2)
- 29 Hotel Vestibul (C2)
- 30 Goli ± Bosi (B2)

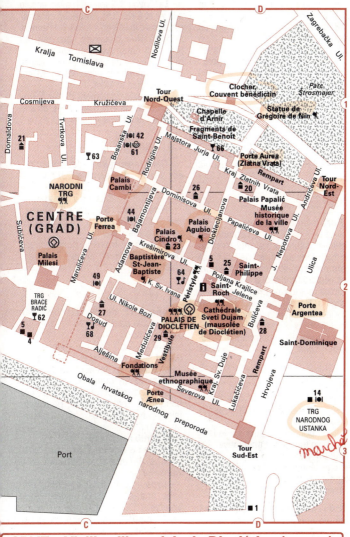

SPLIT – Vieille ville, palais de Dioclétien (centre)

🍴	Où manger ?
14	Grand marché (D3)
15	Marché aux poissons (B1)
42	None (C1)
43	Kantun Paulina (B1)
44	Mazzgoon (C2)
45	Pizzeria Galija (B1)
46	Konoba Varoš (A1)
47	Konoba Otprilike Ovako (A1)
48	Corto Maltese Freestyle Food (B1)
49	Kod Sfinge Vanevropske Zviri (C2)

🍴 **Où manger une pâtisserie ? Où boire un verre ?**

61 Tradicija (C1)

62 Kokolo Juice and Smoothie Bar (C2)

🍸♪ **Où sortir ?**

63 Gaga (C1)
64 Café Lvxor (D2)
66 Teak Caffé et Le Porta (D1)
68 Ghetto (C2)

ttes les 30 mn à partir de 6h. Compter 5-7h de trajet (direct ou non).
> **Plitvice :** env 6 bus/j., dont 2 de nuit (durée : 4h-5h50).
> **Et aussi :** liaisons fréquentes avec *Mostar* (6 départs/j. via Ploče, Vrgorac ou Imotski), *Metković, Ploče, Imotski, Rijeka* (env 10 bus/j.) et quelques liaisons avec *Pula* (3 bus/j.). Pour se rendre dans la région de *Kaštela* et *Trogir*, prendre un bus de la gare routière des bus urbains, à l'angle de Gundulićeva et Sukoišanska *(plan d'ensemble C-D1)*. Acheter un ticket de zone 4 (env 25 Kn). Prévoir 1h de trajet jusqu'à Trogir.

En bateau

Port *(plan d'ensemble C3) : face au palais de Dioclétien.* La compagnie *Jadrolinija* assure la majorité des liaisons maritimes au départ de Split. Les **ferries** embarquent les passagers et les véhicules, tandis que les **catamarans**, plus rapides, ne prennent que les passagers. Renseignements et achats des billets au kiosque *Jadrolinija (plan centre D3, 1 ; ☎ 338-333 ; ● jadrolinija. hr ●).* Kiosque de la compagnie *Krilo-Kapetan Luka* (☎ 645-476 ; ● krilo.hr ●).

Liaisons
Pour plus de détails sur ces destinations, se reporter à chaque île concernée.
Attention : pour embarquer sur le ferry avec une voiture, il faut impérativement **arriver 2h en avance.** Sinon, même avec une réservation, vous risquez de rester à quai et de poireauter jusqu'au prochain bateau !

> **Šolta :** 4-7 ferries et 2 catamarans/j. en été.
> **Brač :** pour Supetar, le port de la côte nord, une quinzaine de ferries/j. en été. Pour Milna (ouest de l'île) : catamaran 2-4 fois/sem.
> **Hvar :** 5-6 ferries/j. en été pour le port de Stari Grad. Également plusieurs liaisons/j. en catamaran pour la ville de Hvar.
> **Vis :** 2-3 ferries/j. En catamaran, liaison directe tlj sauf mar (escale à Hvar).
> **Lastovo :** 1-2 ferries/j. avec escale à Hvar et à Korčula. Sinon, un catamaran assure la liaison 1 fois/j. tte l'année.
> **Korčula :** plusieurs liaisons/j. en ferries et catamarans en saison, certains avec escale à Mljet, Brač, ou Hvar.
> **Dubrovnik :** tlj juin-sept via Milna, Hvar, Korčula et Mljet.
> Possibilité également d'aller à *Trogir* en bateau : env 6 A/R par j. en saison avec *Bura Line* (● buraline.com ●).

En train

Gare ferroviaire *(željeznički kolodvor ; plan d'ensemble D3) : Obala Domagoja 9.* ☎ *338-525 (infos) ou 060-333-444 (résas).* Casiers à bagages.
> **Knin :** env 5 liaisons/j. Durée : env 1h30, plutôt 2h15 s'il dessert les petites gares.
> **Zagreb :** 3 trains/j., dont 1 direct. Durée : 6h20 (direct), jusqu'à 7h10 avec changement.

En avion

Aéroport de Split *(hors plan d'ensemble par D1) : à 16 km à l'ouest de la ville, sur la route de Trogir.* ☎ *203-506.* ● split-airport.hr ● Point d'info ouvert selon les horaires d'arrivée des vols. Nombreux loueurs de voitures. Également un coin Internet gratuit. Plusieurs distributeurs de billets ; une banque, la *Splitska Banka*, permet de faire le change *(6h30-20h30).* Liaisons avec :
> **Zagreb :** plusieurs vols/j.
> **Paris :** 3 vols/sem en saison avec *Croatia Airlines* et 3 vols/sem avec *Transavia.*
> **Lyon :** 1 vol/sem avec *Croatia Airlines* (mai-sept) et 2 vols/sem avec *Volotea.*
> **Marseille :** 2 vols/sem en saison avec *Volotea.*

Liaisons entre l'aéroport et le centre-ville

> **En bus :** bus de la compagnie *Croatia Airlines.* Ils attendent à droite en sortant de l'aérogare. Les bus mettent 30-35 mn (sauf embouteillages) et vont jusqu'à la gare routière. Billet aller simple, env 35 Kn. On peut aussi prendre le bus n° 37 depuis la

SPLIT / ADRESSES ET INFOS UTILES | 291

route principale face à l'aéroport (ttes les 20 mn en sem et ttes les 30 mn w-e et pdt vac scol) et changer pour le n° 9 (c'est le plus direct pour prendre un bateau de la *Jadrolinija*), voire le n° 3 ou le n° 8 qui vous déposeront à proximité du port. 2 fois moins cher mais bien plus long (plus de 1h).
➢ *En taxi :* pour le même trajet, il en coûte env 300 Kn, prix fixe 1-4 pers.
➢ *En voiture :* très difficile de se garer à proximité du centre. Devant le palais de Dioclétien, compter env 15 Kn pour la 1re heure, puis 20 Kn/h. Un peu moins cher sur le port, le long des voies de chemin de fer.
Attention, impossible de franchir en voiture le front de mer, et le système de circulation impose des détours souvent longs et compliqués. Et là, on bénit l'inventeur du GPS !

Adresses et infos utiles

Informations touristiques

■ **Office de tourisme** (plan centre D2) : dans le péristyle. ☎ 345-606 ou 339-899. • visitsplit.com • En saison, tlj 8h-21h ; en hiver, tlj sauf dim 9h-16h (13h sam).
■ **Office de tourisme** (plan centre B2) : Obala hrvatskog narodnog Preporoda 9. ☎ 360-066. • visitsplit.com • Mêmes horaires que le précédent.
■ **Turistički biro** (plan centre C2, **4**) : Obala hrvatskog narodnog Preporoda 12. ☎ 347-100. • turistbiro-split.hr • En saison, lun-sam 8h-21h (20h sam), dim 9h-13h30 ; hors saison, lun-sam 8h-20h (13h sam). Agence privée spécialisée dans la location de logements chez l'habitant.

Argent, banques, change

■ **Splitska Banka – Société générale** (plan centre D2, **5**) : Poslovnica Peristil 23. ☎ 344-791. Lun-sam 8h-20h (12h sam). Extérieur moderne mais intérieur insolite : un pilier en pierre d'époque romaine se dresse au milieu de la salle et le sol est constitué de dalles antiques. Distributeur de billets. Fait aussi bureau de change et représente *Western Union*. Également une **autre agence** (plan centre C2, **5**) : à gauche du Turistički biro, sur Obala hrvatskog narodnog Preporoda. Mêmes horaires.
– Innombrables **distributeurs** et **bureaux de change** à l'intérieur et autour de la vieille ville.

Transports

■ **Jadrolinija** (plan d'ensemble C3) : Gat Sv. Duje 4. ☎ 338-333. • jadrolinija.hr • Vente de billets sur le port (plan centre D3, **1**).
■ **Location de voitures :**
– **Hertz** (plan centre A2, **10**) : Trumbiceva obala 2. ☎ 360-455. Lun-ven 8h-20h, w-e 8h-14h (12h dim). Également à l'aéroport (☎ 895-230).
– **Oryx Rent-a-Car** (plan d'ensemble D3, **9**) : Sv. Petra starog 1. ☎ 318-800. • oryx-rent.hr • Lun-ven 8h-16h. Également à l'aéroport (☎ 895-164), tlj 7h-21h. Compagnie nationale, véhicules récents et bien entretenus.

Culture, francophonie

■ **Alliance française** (plan centre B1, **13**) : Marmontova 3. ☎ 347-290. • split.alliance-francaise.hr • Lun-ven 8h-12h, 17h-20h. Journaux et livres en consultation gratuite.

Divers

■ **Grand marché** (Stari Pazar ; plan centre D3, **14**) : tlj 7h-13h (réduit dim). Venir entre 8h et 11h de préférence. Marché de fruits et légumes avec des éventaires tenus par les paysannes de la côte et de l'arrière-pays.
■ **Marché aux poissons** (ribarnica ; plan centre B1, **15**) : tlj 8h-12h. Particulièrement animé sam mat.
■ **Consigne à bagages :** à la gare routière et à la gare ferroviaire (voir plus haut).
■ **Laverie Modrulj** (plan centre A2, **6**) : Šperun 1, à gauche du resto Buffet Šperun. ☎ 315-888. 📱 098-931-64-00. Avr-oct, tlj 8h-20h ; hors saison, tlj sauf dim 9h-17h. Fait aussi consigne à bagages.

LA DALMATIE CENTRALE

Où dormir ?

AUBERGES DE JEUNESSE

â **Goli ± Bosi** (plan centre B2, 30) : Morpugova Poljana 2. ☎ 510-999. ● golibosi.com ● Fermé Noël-fin janv. Lit en dortoir 100-250 Kn/pers selon saison ; petit déj en sus (dans un resto voisin). Doubles 300-750 Kn, davantage pour les premium. Un concept original : un bâtiment ancien de 3 étages, naguère occupé par un grand magasin avec escalator (qui a été conservé), converti en design hotel et hostel. Autrement dit, un deux-en-un. En bas, un bar branché (indépendant de l'hostel) et, aux 1er et 2e étages, des dortoirs bien pensés pour 4 à 8 personnes, chaque lit protégé par un petit rideau et doté d'une lampe de chevet. Le lieu est très tendance, avec une déco moderne où dominent le blanc et le jaune flashy. Également des chambres doubles au 3e étage, bien plus chères mais à prix encore correct... pour Split !

â **Silver Central Hostel** (plan centre B1, 22) : Kralja Tomislava 1, à l'angle avec Marmontova. ☎ 490-805. ▯ 098-995-58-78. ● silvercentralhostel.com ● Au 1er étage. Avr-oct. Réception 8h30-22h30. Selon saison, dortoir 100-190 Kn/pers, 1 appart (à proximité) pour 2 pers, 300-610 Kn. CB refusées. Petite AJ très convenable, idéalement située, avec des dortoirs de 6 à 8 lits, simples et bien tenus. Petit espace commun et cuisine. Bonne ambiance. Également une adresse sœur (même propriétaire), à côté du marché, ouverte de mai à septembre, aux tarifs similaires, **Silver Gate Hostel** (plan centre D2 ; Hrvojeva 6 ; ☎ 322-587).

â **Tchaikovsky Hostel** (plan d'ensemble C2, 31) : Petra Iliča Čajkovskoga ul. 4. ☎ 317-124. ▯ 099-195-04-44. ● tchaikovskyhostel.com ● Tte l'année. Compter 75-230 Kn/pers selon saison, petit déj inclus. L'immeuble ne paie vraiment pas de mine, mais on est dans le centre moderne, dans une ruelle sans voitures et tout près du centre ancien. Et surtout, l'intérieur réserve une belle surprise : des dortoirs (4 ou 6 lits), nommés en hommage à Tchaïkovski (« Lac des cygnes », « Casse-noisettes »...) par le propriétaire mélomane. Hyper propres, avec une bonne literie et bien conçus (chaque lit disposant, par exemple, de sa prise électrique et d'un rideau). Un petit bémol : l'exiguïté des espaces communs. Excellente atmosphère (les fêtards, toutefois, auront intérêt à rechercher d'autres AJ à l'ambiance plus débridée).

â **Vila Mikica** (plan d'ensemble D3, 32) : Šetalište Petra Preradovića 7. ☎ 489-732. ● cdp-hostel.com ● De mi-juin à août. Selon période, 170-250 Kn/pers en petit dortoir ; doubles 440-720 Kn, petit déj compris. Membre de la Fédération croate des AJ. Dans une grande bâtisse typique d'un quartier résidentiel, remise au goût du jour (couleurs vives et pimpantes), une petite cinquantaine de lits répartis entre dortoirs et chambres doubles ou triples, simples mais impeccables et fonctionnels, plutôt spacieux, avec placard fermant à clé. Prix corrects pour Split. La plage de Bačvice, très populaire chez les Splitois, est à 100 m et c'est un vrai plus. Parking dans l'AJ.

â **Split Hostel Booze and Snooze** (plan centre C1, 21) : Narodni trg 8 (Pjaca). ☎ 342-787. ● splithostel. com ● Dans l'impasse cachée derrière le kiosque à journaux Tisak. Avr-oct. Résa conseillée en saison. Env 110-210 Kn/pers selon saison. CB refusées. Petite AJ privée un brin foutraque, mais bien située au cœur de la vieille ville. Dortoirs plutôt exigus de 6 à 11 lits, dont 2 avec salle de bains attenante. Pas de petit déj ni de cuisine, mais il y a un frigo pour mettre son pique-nique et une petite terrasse pour le manger. Organise également des excursions à prix abordables. Les propriétaires ont aussi une autre AJ, dans une maison classée : **Split Hostel Fiesta Siesta** (plan centre C1) : Kružićeva. ☎ 355-156. Prix similaires. Avec le Charlie's Bar au rez-de-chaussée, soirées animées garanties !

LOGEMENT CHEZ L'HABITANT

Certainement la meilleure solution à Split. Résas possibles auprès des agences privées ou au Turistički biro (voir plus haut « Adresses et infos utiles »). On vous rappelle que pour un séjour de moins de 3 nuits, les propriétaires ont l'habitude d'augmenter leur tarif de 30 % environ. Par ailleurs, ceux qui arrivent en bus, en train ou en bateau ne manqueront pas d'être abordés à leur arrivée dans la ville par des particuliers louant des chambres. Certains, non déclarés, ne sont pas assurés en cas de pépin. À vous de choisir... De toute façon, vous n'êtes pas obligé de rester si l'endroit ne vous plaît pas !

▲ *Inchy Accommodation (plan centre C-D2, 23) : Krešimirova 3 (palais Cindro). ☎ 343-058. 📱 091-323-49-99. ● ileanalistes8@gmail.com ● Au 2ᵉ étage. Avr-oct. Doubles 260-560 Kn selon saison. CB refusées.* On accède dans cet appartement tout simple par l'escalier de l'ancien palais Cindro, aujourd'hui bien fatigué mais qui ne manque pas d'allure. Chambres impeccables, climatisées avec salle de bains et TV satellite, dont une petite avec salle de bains privée mais sur le palier. Cuisine à disposition, et grand calme malgré sa situation on ne peut plus centrale. Accueil adorable de la propriétaire.

▲ *Apartmani Djanovic (plan centre D1-2, 26) : Dominisova 9. 📱 095-196-76-80 ou 091-763-69-16. ● baldo.djanovic@gmail.com ● Au 1ᵉʳ étage. Tte l'année, 100-350 Kn/pers selon type de logement et saison. CB refusées.* L'adresse, composée d'une bonne demi-douzaine d'options (doubles, quadruples, studios, appartements 2 chambres... avec cuisine ou pas), ne fait pas dans le grand luxe : c'est simple, le confort est standard mais suffisant (clim partout). Certaines chambres donnent sur le *Getski vrtal*, le seul espace vert de la vieille ville. Mais ce qui la distingue, c'est la gentillesse et le sens de l'accueil de Baldo, qui se met en quatre pour ses hôtes.

▲ *Peruzović Rooms (plan d'ensemble C2, 33) : Plinarska 11. ☎ 394-336. 📱 098-971-36-86. ● peruzovicrooms. com ● Doubles 205-580 Kn selon saison. CB refusées.* Dans un quartier plutôt tranquille, très proche du centre piéton, une dizaine de chambres climatisées, claires, modernes et pimpantes.

Également un agréable studio mansardé pour 2 personnes. Petite cour. Accueil gentil et serviable. Un bon rapport qualité-prix.

▲ *Grgur Ninski Rooms (plan centre D1, 20) : Dioklecijanova 8. 📱 098-265-695. ● bbgrgurninskirooms.com ● Fermé janv-fév. Doubles 70-200 € selon saison.* Dans une vieille maison restaurée avec goût, 4 chambres spacieuses occupant chacune un étage. Une ambiance claire et épurée, où quelques éléments d'architecture anciens, judicieusement conservés, s'harmonisent avec grande élégance aux meubles et au confort contemporains. Une vraie page de magazine !

HÔTELS

Peu d'hôtels abordables, du moins dans le centre historique. S'y prendre très à l'avance pour obtenir une chambre en saison.

Chic

▲ *Villa Ana (plan d'ensemble D3, 26) : Vrh Lučac 16, mais accès par Kralja Zvonimira. ☎ 482-715. ● villaana-split. hr ● Congés : nov-mars. Env 600-750 Kn selon saison, petit déj inclus. Réduc de 10 % en saison si on paie cash et en réservant directement avec l'hôtel.* Cette maison propose des chambres certes onéreuses, et à la déco standard, mais plutôt spacieuses et confortables (clim, TV satellite, minibar). Quelques places de parking juste devant, une aubaine ! On est à deux pas du centre historique.

Très chic

▲ *Hotel Slavija (plan centre C2, 27) : Buvinina 2. ☎ 323-840. ● hotelsla vija.hr ● Tte l'année. Affiche toujours complet en été : réserver bien à l'avance. Doubles 685-1 350 Kn selon saison, petit déj inclus.* On y accède par un bel escalier. Hôtel moderne, proposant des chambres aux murs blancs, mobilier en bois clair, clim et TV satellite. Les plus calmes sont situées au 4ᵉ étage. Pas un charme fou, un peu bruyant aussi, mais central, très propre et confortable. Accueil correct.

🛏 *Hotel Peristil* (plan centre D2, 28) : *Poljana Kraljice Jelene 5.* ☎ *329-070.* ● *hotelperistil.com* ● *Tte l'année. Doubles 900-1 320 Kn selon saison, petit déj compris.* L'hôtel est pratiquement collé au mausolée de Dioclétien... alors on paie surtout l'emplacement. Une douzaine de chambres sans caractère particulier, sur 3 niveaux (pas d'ascenseur), confortables mais pas très grandes. On vous recommande les nos 204 et 304, qui ont conservé un morceau du mur du palais ! Bon accueil.

🛏 *Procurator 7* (plan centre B1, 24) : *trg Republike 2.* ☎ *686-648.* ● *procurator7.com* ● *Au 3ᵉ étage (sans ascenseur). Tte l'année. En saison, 250-300 €, petit déj compris.* La place de la République, avec son air de place Saint-Marc à Venise, est entourée de bâtiments connus sous le nom de *Prokurative*, d'où vient l'appellation un peu austère de ce petit boutique-hôtel. Les chambres et suites, belles comme dans les magazines, n'ont quant à elles rien d'austère : superbement pensées par un décorateur splitois, elles respirent le luxe et la volupté. Petit déj servi dans les chambres, ou dans la mignonne cuisine.

🛏 *Peristil Luxury Rooms* (plan centre D2, 25) : *Poljana Kraljice Jelene 2.* 📱 *099-350-99-99.* ● *peristil-luxury-rooms.com* ● *Doubles 120-200 € selon chambre et saison.* Si l'expression « être aux premières loges » a un sens, c'est bien ici. Face à la cathédrale, les 4 chambres (une par étage et pas d'ascenseur) jouissent d'une vue imprenable. Bien entendu, cela a aussi des inconvénients (comme les cloches le matin ou l'animation une bonne partie de la journée). Certes, les chambres ne sont pas très grandes, mais elles sont propres, claires, dans un style épuré reposant. Celle du 4ᵉ étage est sous les toits (les grandes tailles n'apprécieront pas). Pas de réception, il faut convenir d'un rendez-vous.

Spécial coup de folie

🛏 *Hotel Vestibul* (plan centre C2, 29) : *Iza Vestibula 4.* ☎ *329-329.* ● *vestibulpalace.com* ● *Tte l'année. Doubles 140-500 € selon standing et saison.* Ce petit boutique-hôtel est tout simplement situé là où se trouvaient les chambres impériales du palais de Dioclétien. Belle alliance de moderne et d'ancien, avec quelques éléments gothiques et Renaissance : autant dire que l'originalité de cet hôtel peut difficilement être copiée. Chambres pas très spacieuses, mais à la déco soignée et parfaitement confortables, évidemment. Bon accueil. Également quelques chambres (un peu) moins chères dans la *Villa Dobrić (plan centre B2 ; Dobrić 7),* qui fonctionne comme annexe de l'*Hotel Vestibul.*

Où dormir dans les environs ?

Camping

⛺ *Camping Stobreč :* *Sv. Lovre 6, à l'entrée de Stobreč, à 5 km à l'est de Split.* ☎ *325-426.* ● *campingsplit.hr* ● *Tte l'année. Compter 130-350 Kn pour 2 avec tente et voiture, selon emplacement et saison. Douches payantes.* Ce camping de 400 emplacements se situe à la fois sous une pinède et en surplomb de la mer et d'une plage (avec une aire de jeux pour les enfants), ce qui ne parvient pas à faire oublier toutefois l'environnement urbain. Préférer, si possible, les emplacements proches de la plage (la 4-voies est vraiment très passante !). Bon équipement : sanitaires bien équipés, machines à laver, frigos, distributeur de glaçons. Supérette et bar. Resto. Loue également des tentes et des mobile homes.

Logement chez l'habitant

On trouve de nombreuses **pensions privées** et des **chambres et appartements chez l'habitant** le long de la nationale pour Dubrovnik, entre les villages de *Stobreč* (5 km à l'est de Split)

SPLIT / OÙ MANGER ? | 295

et de *Grljevac* (7 km). Le 1ᵉʳ critère de choix est l'emplacement par rapport à la route : préférer les pensions situées en surplomb de la mer et demander si possible une chambre côté mer, pour le calme comme pour la vue.

Où manger ?

Pour manger sur le pouce, des **boulangeries** en face du marché aux poissons *(plan centre B1, 15)*, avec pas mal de choix. Elles sont ouvertes de 6h à 21h ou 22h. Un supermarché **Konzum** derrière le marché, face à la porte Est *(lun-sam 6h30-20h, dim 8h-13h)*. Juste à côté, un autre supermarché, **Studenac** *(lun-sam 6h-21h, dim 7h-13h)*. Et tous les matins, nombreuses **échoppes** sur le marché *(plan centre D3, 14)* où l'on trouve sandwichs, fromages et autres *ćevapčići* pour une poignée de *kunas*.

Dans la vieille ville (dans l'enceinte du palais de Dioclétien)

Très bon marché

I●I **None** *(plan centre C1, 42)* : *Bosanska 4.* ☏ *091-398-24-42. Lun-sam 7h-23h (22h en hiver), dim 15h-21h. En-cas 12-20 Kn.* Malgré une petite odeur de graillon, des parts de pizza, des bruschettas et des sandwichs, le tout vraiment pas cher. À déguster debout sur un coin de table ou bien à emporter dans les ruelles de la vieille ville.

En dehors de la vieille ville

Bon marché

I●I **Kantun Paulina** *(plan centre B1, 43)* : *en face de la Pizzeria Galija. Tlj 8h (10h30 dim)-minuit. En-cas 18-30 Kn. CB refusées.* On mange debout au comptoir, ou sur un banc sur le trottoir. Le maître de maison sert notamment des boulettes de viande hachée qu'il glisse dans des pains coupés avec de la sauce rouge. C'est bon et pas cher.
I●I **Buffet Fife** *(plan d'ensemble C2, 40)* : *Trumbićeva obala 11.* ☏ *345-223. Tlj 7h-minuit. Plats 35-80 Kn. CB refusées.* Un des derniers restos du port ayant gardé son caractère, où l'on sert à toute heure. Cuisine populaire sans chichis, servie dans des assiettes bien remplies. Carte longue comme le bras, il y en a vraiment pour tous les goûts ! Un bon plan si vous ne craignez pas de manger au coude à coude avec les nombreux touristes qui auront eu la même idée que vous, et si vous ne demandez pas un service 3 étoiles. Terrasse et salle.
I●I **Pizzeria Galija** *(plan centre B1, 45)* : *Tončićeva 12.* ☏ *347-932. Tlj jusqu'à minuit. Pizzas 50-80 Kn, pâtes 60-90 Kn.* Une pizzeria classique (avec un four à bois), histoire d'avaler une bonne pizza bon marché, dans un décor rustique ou en terrasse.

De prix moyens à chic

I●I **Konoba Varoš** *(plan centre A1, 46)* : *Ban Mladenova 7.* ☏ *396-138. Tlj 9h-minuit. Plats 60-150 Kn ; poisson 300-400 Kn/kg.* Une taverne chaleureuse avec une belle déco en bois, des poutres, des bancs, des filets et des pierres apparentes. Nombreuses spécialités dalmates. Les viandes, poulpes et poissons cuits « sous cloche » *(peka)* sont servis pour minimum 4 personnes.
I●I **Ma:toni** *(plan d'ensemble D3, 50)* : *Prilaz Braće Kaliterna 6.* ☏ *278-457. Tlj sauf lun. Résa souhaitable. Plats 60-160 Kn.* Belle salle voûtée en sous-sol, avec des grilles qui renforcent l'aspect médiéval du lieu. Carte assez courte, avec une recherche dans les plats et une exigence de qualité à prix encore raisonnables. Jolie sélection de vins croates (chers, quelques-uns au verre). En sortant, vous pouvez faire un détour par l'œnothèque.
I●I **Corto Maltese Freestyle Food** *(plan centre B1, 48)* : *Obrov 7.* ☏ *587-201. Tlj 8h-1h. Plats 70-150 Kn.* Terrasse dans une petite rue piétonne tranquille. Ici, on joue plutôt la carte jeune avec la cuisine ouverte, et quelques bouquins ou objets chinés

LA DALMATIE CENTRALE

en guise de déco. La carte est au diapason avec des plats aux noms assez décalés, mais ils restent finalement assez sages et surtout d'un excellent rapport qualité-prix. Fait aussi des petits déj (« *breakfast and furious* » !).

|●| Konoba Kod Jože *(plan d'ensemble C2, 41) : Sredmanuška 4. ☎ 347-397. Tlj 10h-minuit. Viande 60-140 Kn, poisson 200-380 Kn/kg.* Petite maison avec une agréable terrasse sous une tonnelle et plusieurs petites salles au-dessus d'une ancienne cave, elle aussi aménagée. Bref, un vrai dédale ! Excellente cuisine familiale qui mitonne longuement, avec notamment une délicieuse *pastičada*, un bon risotto « noir » (à l'encre de seiche) et du poisson bien préparé. Service très aimable.

|●| Mazzgoon *(plan centre C2, 44) : Bajamontijeva 1. ☎ 098-987-77-80. Tlj midi et soir. Plats 90-190 Kn.* Où que l'on s'installe – dans la jolie salle à la déco actuelle, la charmante cour sertie de murs anciens, ou dans la petite venelle chargée d'histoire –, l'endroit dégage une belle atmosphère romantique. La cuisine associe des mélanges de saveurs parfois audacieux, toujours goûteux et savamment équilibrés. Belle sélection de vins, pour compléter cette adresse pleine d'atouts !

|●| Konoba Fetivi *(plan d'ensemble C2, 51) : Tomića Stine 4. ☎ 355-152. Tlj sauf lun. Plats 60-170 Kn.* Une cuisine familiale de bon aloi, servie dans une agréable cour style guinguette, ou dans une salle un brin rustique. Rien d'ébouriffant en termes de créativité, mais dans le registre traditionnel classique, on tient là une bonne adresse.

|●| Konoba Otprilike Ovako *(plan centre A1, 47) : Sinovčićeva 5. ☎ 091-440-97-00. Tlj sauf dim, et certains j. hors saison (mieux vaut téléphoner). Plats 90-180 Kn. Poisson au poids.* Ici, pas de terrasse, mais une salle rustique aux murs en pierre, dynamisée par quelques touches de modernité. Le cuistot établit sa carte en fonction de ce qu'il a trouvé au marché ou dans son jardin, avec le souci de faire peu mais bien. Des produits frais et locaux, des cuissons justes... Bref, une cuisine sincère et sans esbroufe, très réussie dans sa simplicité. Service attentionné et charmant.

|●| Kod Sfinge Vanevropske Zviri *(plan centre C2, 49) : Buvinina 1. ☎ 099-443-86-66. De mi-mars à oct. Tlj midi et soir. Plats 110-200 Kn.* Viande, poisson, fruits de mer sont de qualité égale, et les plats sont copieux et bien travaillés. Mention spéciale aux desserts. Excellent accueil de la petite équipe, qui a vite su imposer cette adresse parmi les bonnes tables encore abordables de Split.

Où manger une pâtisserie ou une glace ?
Où boire un verre ?

🍷🡥 Café Vidilica *(plan d'ensemble B2, 60) : Prilaz Vl. Nazora 1. Sur la colline Marjan (côté ouest), près du cimetière juif Židovsko groblje. Tlj 8h-minuit.* Cette belle balade part du port et monte sur la colline en suivant les rues Šperun et Senjska. La plus belle terrasse de la ville, idéale pour boire un verre au coucher du soleil en admirant les couleurs mordorées sur la ville et sur la baie. Superbe ! Vend des glaces en été.

🍷 Kokolo Juice and Smoothie Bar *(plan centre C2, 62) : trg Braće Radić.* Quelques places assises sur des coussins posés sur un muret, pour boire un bon jus de fruits frais.

|●| ✱ Tradicija *(plan centre C1, 61) : Bosanska 2. Tlj sauf dim 8h-21h (20h30 sam).* Cette toute petite boutique héberge un fabricant de biscuits à l'ancienne. Goûtez notamment à ceux aux noisettes, le *rafiol* et le *preznic*. Également des gâteaux classiques et des glaces. Pas de tables, juste un comptoir.

🍷 Luka Ice Cream & Cakes *(plan d'ensemble C2, 65) : Svačićeva 2. Tlj 8h-23h.* Un grand petit glacier, en quelque sorte ! Le rendez-vous préféré des Splitois gourmands et gourmets... comme en témoigne la longue file d'attente. Le choix est relativement limité, mais tous les produits sont frais et naturels, les saveurs aussi inhabituelles que délicates. Également d'excellentes pâtisseries, plus belles et appétissantes les unes que les autres. Pour les becs sucrés, c'est LA bonne adresse de la ville.

Où sortir ?

Split regorge de cafés ouverts tard, où l'ambiance s'échauffe à mesure que l'heure avance.

🍸 🎵 ⛪ **Café Lvxor** (plan centre D2, 64) : *dans le péristyle.* Ce café accueille chaque soir (en principe) un groupe ou un chanteur poussant la chansonnette dans ce superbe cadre. On s'assoit sur les coussins posés sur les marches de la cathédrale, tout en sirotant sa bière dans un cadre historique.

🍸 **Teak Caffé** (plan centre D1, 66) : *Majstora Jurja 11. Jusqu'à minuit (1h en été).* Agréable terrasse sur une belle placette ensoleillée et calme en journée, qui s'anime le soir. Au sous-sol, une salle ancienne avec des murs de pierre (les remparts du palais de Dioclétien). Très bonne adresse pour boire un verre, mais on peut aussi grignoter des petits plats style *bar food* à la croate. *Le Porta (lun-ven 7h-minuit, w-e 8h-1h),* juste à côté, est quant à lui réputé pour ses cocktails (une centaine).

🍸 🎵 **Ghetto** (plan centre C2, 68) : *Dosud 10, juste au-dessus du Café Figa. Tlj 10h-2h (minuit hors saison). Musique live ou DJ le w-e en été.* Dans une belle courette protégée par de hauts murs, avec quelques salles au décor oscillant entre branchouille et underground. Sinon, c'est un club (carte de membre à l'année pour les initiés) qui se la joue un peu, mais rassurez-vous, y'a pas de quoi !

🍸 **Gaga** (plan centre C1, 63) : *Iza Lože 5. Prendre le passage entre le No Stress Cafe et l'ancien hôtel de ville. DJ le w-e.* Bar sympa en journée comme en soirée, surtout pour sa petite terrasse tranquille en retrait de l'agitation.

🍸 🚶 Dans le **quartier de Bačvice,** au sud-est de la ville. C'est un des lieux de rendez-vous nocturne des jeunes Splitois en été. On peut continuer à pied le long de la mer jusqu'à Bačvice où l'on trouve quelques clubs.

À voir

◎ Toute la vieille ville se découvre à pied, en glissant d'un pas léger sur les dalles de calcaire lustré, la fameuse pierre de Brač. Chaque monument raconte une histoire, chaque palais possède ses secrets, que le voyageur saisira petit à petit en observant l'architecture, la couleur et l'âge des pierres.

🏛🏛🏛 **Le palais de Dioclétien** (*Dioklecijanova palača* ; plan centre C-D1-2-3) : on peut dire que la ville est installée dans le palais et le palais dans la ville ; 190 m de long d'est en ouest, 151 m du côté nord et 157 m du côté sud. En gros, 38 000 m²... une construction unique en Europe. Édifié aux alentours de l'an 300 apr. J.-C., il réunit les avantages de la villa romaine et l'aspect défensif d'un castrum romain, puisque des troupes y étaient logées.

Peu après l'effondrement de l'Empire romain, des habitants de Salona, fuyant les invasions barbares, se réfugièrent derrière les murs rassurants du palais de Dioclétien. Ils y bâtirent leurs maisons avec des matériaux de remploi, s'adossant aux divers monuments, intégrant leurs besoins d'habitation dans des ruines aux dimensions exceptionnelles.

Sur le plan de l'histoire de l'art, ce palais-ville mérite une attention particulière car il se situe à la charnière entre 2 périodes : l'Antiquité grecque et le style byzantin. Autre grande originalité : il raconte presque 17 siècles d'architecture, depuis le Bas-Empire romain jusqu'à l'époque de Napoléon, en passant par la période médiévale. Cette machine à remonter le temps traverse les époques sans transition. Des arches sculptées enjambent des ruelles sans raison apparente.

Une superbe colonne romaine se dresse au milieu d'une salle de banque climatisée. Des mamies font sécher leur linge sous les arcades de leur 3 pièces-cuisine, là où les belles courtisanes de l'empereur se prélassaient face à la mer. Est-ce une ville faite de bric et de broc ? Un bric-à-brac accumulant tous les âges et tous les styles ? Non : une belle leçon d'histoire.

La façade méridionale regarde la mer Adriatique. C'est là que se trouvaient les appartements impériaux alignés en enfilade. Les visiteurs arrivaient toujours du côté de la mer. Du côté de la terre ferme, le palais était fermé par des hauts remparts fortifiés gardés par des tours. Des lambeaux de remparts existent encore ici et là, avec les vieilles portes d'entrée. À l'origine, le palais comportait 16 tours massives pour se défendre. Il subsiste encore 3 tours d'angle.

Le péristyle (peristil ; plan centre D2) **:** c'est une cour rectangulaire à ciel ouvert, bordée de colonnes et de maisons restaurées (dont le café *Lvxor*). Du temps de Dioclétien, ce passage menait aux appartements impériaux (via le vestibule). Le *cardo* et le *decumanus* s'y croisent. Le péristyle, centre névralgique du palais, était un espace destiné au culte de l'empereur divinisé, fils vivant de Jupiter. Le peuple et les courtisans se retrouvaient là.

Cela n'a pas changé. Le site sert de lieu de passage à des foules de visiteurs et de lieu de rencontre aux Splitois. Observez bien ce péristyle : vous y lirez les strates historiques des civilisations qui se sont accumulées au fil des siècles. Une série de colonnes corinthiennes supporte des arches grecques. Au fond, sous les 4 colonnes de granit rose et noir surmontées d'un tympan, se trouvait une loge où l'empereur prenait place pour recevoir ses sujets. Du péristyle, on accède au *vestibule*, qui était l'antichambre des appartements impériaux. Notez la présence d'un *sphinx égyptien*, découvert avec 11 autres dans les ruines du palais (un autre se trouve dans le Musée historique de la ville). Il date du règne du pharaon Thoutmôsis III (1504-1450 av. J.-C.).

Du côté nord, les palais ont été construits au cours des siècles, prenant appui sur les colonnes sans les endommager. Les façades montrent plusieurs époques et divers styles. Dans les parties basses des maisons : époques romane, gothique, Renaissance, gothique vénitien. Dans les parties hautes : style néoclassique.

Le mausolée de Dioclétien et la cathédrale Sveti Dujam (katedrala Sv. Dujma ; plan centre D2) **:** *lun-sam 8h-19h, dim 12h-18h30. Entrée cathédrale, crypte et baptistère : 25 Kn ; entrée cathédrale, trésor, campanile et baptistère Saint-Jean-Baptiste : 45 Kn ; campanile seul : 20 Kn. Excellente brochure en français (payante). Attention à la montée au sommet du campanile si vous souffrez du vertige ou si vous êtes avec des enfants (escaliers étroits, marches très hautes et passerelle métallique qui peut faire peur).*

Grosse tour octogonale, assez basse et flanquée d'un clocher pyramidal, construite entre les XIIIe et XVIIe s, dans un style roman retouché de gothique, d'où la vue sur la vieille ville est vraiment belle. Quant au mausolée, il fut édifié pour abriter la dépouille de l'empereur Dioclétien vers l'an 316, soit 5 ans après sa mort. On ne sait pas s'il a vraiment reposé là, les historiens ayant perdu la trace du tombeau vers les VIIIe-IXe s. Dès le VIIe s, le mausolée fut transformé en cathédrale, ce qui en fait l'une des plus anciennes au monde, l'une des plus petites aussi.

À l'intérieur, sous la coupole, notez les élégantes doubles colonnes, ainsi que la frise où l'empereur Dioclétien et son épouse apparaissent en médaillons. L'autel principal, de style baroque tout en or et dorures, est encadré par les autels dédiés aux saints martyrs Anastase et Domnius, du XVe s. Parmi les autres éléments remarquables, la belle chaire en marbre finement ciselée date du XIIIe s, tout comme la magnifique porte sculptée en noyer qui retrace la vie du Christ (28 scènes au total), tandis que les frises encadrant les cases racontent la vie quotidienne des habitants de Spalatum. Notez encore les stalles en bois sculpté, elles aussi du XIIIe s, combinant les styles orientaux et occidentaux. La partie qui se trouve derrière l'autel principal a été ajoutée au XVIIe s, ornée de tableaux et d'un Christ sur une croix inhabituelle, en forme de Y.

Le trésor de la sacristie présente une riche collection d'objets et de vêtements liturgiques, ainsi que des petits sarcophages abritant des ossements.

🚶🚶 Les fondations du palais

(podrumi ; plan centre C2) : on y accède par la porte Aenea. Juin-sept, tlj 8h30-22h ; le reste de l'année, lun-sam 9h-17h, dim 9h-14h (à vérifier car horaires flexibles). Entrée : 42 Kn ; réduc. Ces grandes salles voûtées (en brique) témoignent de l'ampleur du palais de Dioclétien. Il s'agit des sous-sols des anciens appartements impériaux, qu'il a fallu surélever à cause de la mer. Cela étant, les salles les plus basses se trouvent sous le niveau de la mer. Le plan du vestibule et des galeries reproduit exactement celui des appartements supérieurs, ce qui permet d'avoir une idée de l'organisation générale de ce palais. On a l'impression de déambuler joyeusement dans le cadre d'une visite d'appartements organisée par un agent immobilier hors normes, d'autant que les lieux restent bien conservés pour des raisons assez originales (voir encadré). Au cours de la visite, notez également le pressoir à huile du Moyen Âge dont il subsiste quelques éléments, le petit sphinx et le buste de Dioclétien. Pas grand-chose d'autre à voir dans ce beau labyrinthe vieux de 1 700 ans, à part des panneaux décrivant les étapes de la construction de la ville.

> **ÉTAT DES LIEUX... IMPECCABLE !**
>
> *Les sous-sols étant restés inoccupés pendant des siècles, les habitants trouvèrent tout ce vide bien utile. Ils percèrent des trous dans le plancher de leurs maisons et y déversèrent leurs ordures ! Les salles basses se remplirent de détritus au fil des siècles. C'est d'ailleurs pour cette raison que les souterrains conservèrent si bien leur architecture, les différents occupants ayant toujours renoncé à vider les poubelles des précédents locataires...*

🚶 Le baptistère Saint-Jean-Baptiste ou temple de Jupiter

(Sv. Ivan ou Jupiterov hram ; plan centre C2) : dans la rue Sv. Ivana, très étroite (les Splitois l'appellent la rue « laisse-moi passer » !). Tlj 8h-19h30 ; hors saison, demander la clé à la cathédrale ou se joindre à un groupe si l'occasion se présente. Entrée : 10 Kn. Brochure en français au même tarif. Ce minuscule temple romain encore bien conservé (un des plus petits au monde), dont l'entrée est gardée par un sphinx, fut transformé en baptistère, consacré à saint Jean-Baptiste. Le plafond romain présente une série de visages grotesques. La façade date de la période dioclétienne. Les fonts baptismaux étaient autrefois cruciformes lorsque le baptême se faisait par immersion (ils sont aujourd'hui remplis de pièces de monnaie). Sur le 1er panneau sculpté en entrant (provenant sans doute d'une clôture d'autel de la cathédrale), on voit un roi croate qui tient une pomme dans sa main, symbole de fertilité. Sous ses pieds, un serviteur. Les motifs ornementaux sur les côtés sont typiques de l'art croate. Au fond du temple, une statue signée Meštrović, l'un de ses derniers travaux. En face se trouvaient 2 petits temples dédiés à Vénus, déesse de l'Amour, et à Cybèle, déesse de la Fécondité.

🚶 D'autres palais et la statue de Grégoire de Nin

le palais Agubio (plan centre D2), dans la rue Dioklecijanova, avec sa cour Renaissance. Le palais Cindro (plan centre C-D2), de style baroque, qui se dresse dans la rue Krešimirova. À la porte Aurea (Zlatna vrata ; plan centre D1), au nord du palais dont elle était autrefois l'entrée principale, statue monumentale, par Meštrović, de Grégoire (plan centre D1), l'évêque de Nin (Grgur Ninski), qui voulait introduire le croate à l'église, en remplacement du latin. Notez le travail de la main (dont l'index pointé en l'air semble démesuré) ainsi que l'aspect brillant du gros orteil (on dit à Split qu'il exauce le vœu de celui qui le frotte !).

🚶🚶 ⇐ Le Musée ethnographique

(Etnografski muzej ; plan centre D3) : Severova ul. 1. ☎ 344-164. • etnografski-muzej-split.hr • Juin-sept, lun-sam 9h30-19h, dim 10h-14h ; hors saison, lun-sam 10h-16h (9h30-13h sam). Entrée : 20 Kn ; réduc.

Dans un joli bâtiment restauré, une présentation de bijoux et d'armes, mais surtout une très intéressante collection de costumes anciens, de l'arrière-pays ou de la côte adriatique et des îles. Belles dentelles (confectionnées par les sœurs bénédictines de Hvar) faites en fibres d'agave, qui ne se lavent ni se repassent. Également une chambre à coucher traditionnelle de la fin du XIXe s. Une curiosité : le musée inclut au rez-de-chaussée l'intérieur d'une petite église (Saint-André-de-Fenestris), construite au VIIe s dans l'une des 6 chambres de la partie ouest de l'appartement impérial à l'époque de Sévère le Grand. Enfin, ne manquez pas de monter sur la terrasse, en haut du vestibule, qui offre une vue superbe sur la ville et le port.

🎭🎭 **Le Musée historique de la ville de Split** (muzej grada ; plan centre D2) : Papalićeva 1. ☎ 360-171. ● mgst.net ● *En été, mar-ven 9h-21h, sam-lun 9h-16h ; hors saison, tlj sauf lun 9h-17h (13h w-e). Entrée : 22 Kn ; réduc.* Dans le palais Papalić très bien restauré, avec une grande salle d'apparat au 1er étage très impressionnante. Sur 3 niveaux, témoignages de l'histoire de la ville de Split, de l'empereur Dioclétien jusqu'à aujourd'hui, en passant par Byzance, Venise, l'époque napoléonienne (amusants documents des douanes impériales en français), l'Empire austro-hongrois. Pierres sculptées, armes anciennes, poteries, chaise à porteur, etc.

La vieille ville de Split (hors du palais de Dioclétien)

🎭🎭 Au Moyen Âge, les maisons d'habitation débordèrent rapidement du palais et s'étendirent à l'ouest. Seules la tour nord-ouest et la porte Ferrea marquent la frontière avec le reste de la vieille ville. Par cette dernière porte, on arrive sur **Narodni trg** (plan centre C1-2), très jolie place bordée de demeures anciennes

> **PAUSE PIPI**
>
> Sur une des magnifiques places de Split, offrez-vous sans honte une pause Pipi, *sous le soleil exactement, à la terrasse d'un café. Le Pipi, ici, n'est autre qu'une boisson gazeuse à l'orange, genre* Fanta, *produite à Split même.*

et de palais Renaissance (à l'époque vénitienne, le palais du Recteur et l'hôtel de ville se trouvaient là). Les Splitois l'appellent *pjaca* (de l'italien *piazza*). Un des lieux les plus animés de la ville, déjà aux temps anciens, avec, comme il se doit, son *Café de la Ville* (Gradska kavana). Belle tour-maison agrémentée d'une horloge du XVe s et surmontée d'un clocheton gothique. Juste à côté, dans un angle, le **palais Ciprian**, du XIVe s. Noter les arcatures doubles découvertes et mises au jour en 1979 ! Dans la ruelle qui part sur le côté, une curieuse arche romaine du IVe s sort du mur, histoire de se faire remarquer.
Voir aussi l'**ancien hôtel de ville**, édifice de style gothique datant de 1433. Sur Preporoda trg, le **palais Milesi** (plan centre C2), de style Renaissance.
À l'est, la **porte Argentea** (plan centre D2) mène au grand marché (très animé) de la Narodnog ustanka trg. Elle n'a été rouverte qu'en 1950. À l'occasion, on a détruit des bâtisses construites sur le mur oriental du palais.

🎭 À mesure que l'on s'éloigne vers l'ouest, le caractère ancien de la ville s'estompe peu à peu : on atteint la **rue piétonne Marmontova**, artère très fréquentée qui porte le nom du célèbre maréchal français Marmont, nommé par Napoléon pour administrer les provinces illyriennes.
La **Republike trg** (plan centre A-B1-2) est une grande et jolie place à arcades située derrière la rue Marmontova. Son style néo-Renaissance et son organisation lui donnent un petit air vénitien, avec ses terrasses de café qui s'étalent généreusement. Chaque été, début juillet, un *festival de musique* se déroule dans la ville pendant 4 jours, et cet endroit s'anime.

Vers la colline Marjan

🏛️🏛️ **La galerie Meštrović** (plan d'ensemble A3) : Šetalište Ivana Meštrovića 46. ☎ 340-810. • mestrovic.hr • À env 2 km à l'ouest. Bus n° 12 depuis le centre-ville. Mai-sept, mar-dim 9h-19h ; hors saison, mar-sam 9h-16h, dim 10h-15h. Entrée : 40 Kn ; réduc. Le billet d'entrée inclut la visite du Kaštilac, à 300 m, côté mer.

Située dans la résidence d'été du maître, elle est construite dans le style des années 1930. Meštrović avait un côté mégalomane pour se faire bâtir une demeure si monumentale (digne d'un palais). Il y habita avant d'émigrer aux États-Unis en 1947. Né à Vrpolje (Slavonie) en 1883 dans une famille de paysans illettrés, Meštrović débuta très jeune dans la sculpture. Fils de berger, il commença par sculpter des morceaux de bois. À l'école du village d'Otavice, puis à Split, il se fit remarquer par son talent et obtint une bourse pour étudier à Vienne, puis à Paris où il connut Rodin. Ce dernier nota : « C'est mon élève le plus talentueux. » Il fréquenta les artistes de Montparnasse. C'est aux États-Unis qu'il fit sa fortune, en vendant très cher ses sculptures.

Meštrović laisse une œuvre abondante, en partie exposée dans ce musée. La femme (son corps surtout) et la religion (la Bible) sont les thèmes majeurs qui l'inspirèrent. Têtes et corps allongés, doigts démesurés, voilà quelques éléments aisément reconnaissables de son style. Parmi ses nombreuses œuvres remarquables, admirez la *Madone à l'Enfant* (bronze de 1917), les *Anges* monumentaux et les *Femmes* presque africaines (sculptures sur bois), la gaieté de la *Danseuse* (bronze de 1927), *L'Espoir* (bronze de 1936), un visage de femme dont l'expression puissante s'apprécie encore mieux en se postant derrière la statue, ou encore son *Job* de 1946, littéralement hurlant et comme écartelé. Décédé aux États-Unis en 1962, Meštrović s'est fait enterrer dans un mausolée monumental à Otavice. Sachez tout de même que la maison fut léguée au peuple croate et non aux héritiers naturels, d'où les tensions entre une de ses filles (responsable de la Fondation) et le gouvernement croate. La *Veuve* de 1908, superbe œuvre de jeunesse, en a fait les frais, puisqu'elle n'est (malheureusement) plus exposée dans ce musée.

La colline Marjan *(plan d'ensemble A-B2)*

🏛️🏛️ ← Belle **balade** à faire sur une demi-journée. Partir du *quartier Varoš (plan d'ensemble C2)*. Belle vue sur la ville depuis le *belvédère* de la colline Marjan. On y accède à pied, en montant des escaliers qui conduisent au café *Vidilica* et au cimetière juif, à l'abandon. Après le café, continuer sur le flanc sud du massif jusqu'à la jolie *chapelle Sv. Nikola* (XIIIe s). On peut faire une boucle en combinant la balade avec la visite de la *galerie Meštrović*. Il suffit de continuer la route qui passe par de belles propriétés et des jardins plus populaires. Au bout de la presqu'île, quitter la route pour monter dans le massif boisé. On passe sous un ancien *ermitage* (on en voit d'autres plus loin), puis par l'*église Saint-Jérôme*, flanquée d'une chapelle troglodytique. Ensuite, 2 chemins : *Marjanski put*, qui mène au zoo, ou *Marangunicevo šetalište*, qui conduit au café *Vidilica* (ne pas manquer d'y boire un verre au coucher du soleil pour sa superbe vue). À pied, de la galerie Meštrović au café, compter 1h30 à 2h. Ça monte un peu, mais le sommet du massif, le mont Marjan, ne culmine qu'à 178 m. Les plus courageux peuvent aussi faire tout le tour, via la plage de Bene, et rentrer par le côté nord du parc Marjan, où les Splitois aiment faire leur jogging.

Dans les quartiers modernes

🏛️ **Le Musée archéologique** *(Arheoloških muzej ; plan d'ensemble C1)* : Zrinsko-Frankopanska 25. ☎ 329-340. • armus.hr • *Juin-sept, tlj sauf dim*

9h-14h, 16h-20h ; même chose le reste de l'année, mais ferme à 14h sam. Entrée : 30 Kn ; réduc. Dans le jardin intérieur, une longue galerie abrite une série de pierres sculptées et de vestiges de l'Antiquité gréco-romaine découverts dans la région de Split, notamment sur le site de Salona où se trouvait la capitale romaine de la Dalmatie : sarcophages, bustes et stèles en pagaille. À l'intérieur, dans la grande salle, se succèdent les collections grecques avec des découvertes faites à Pharos (Hvar) et Issa (Vis), ainsi que les collections de l'époque romaine (Salona) jusqu'au début de la période médiévale : objets décoratifs, statuettes miniatures, figurines de bronze, fibules, pièces de monnaie, urnes cinéraires, ustensiles en verre, pinceaux à maquillage (déjà !). Une petite salle regroupe des découvertes datant de la préhistoire, notamment celles appartenant à la culture de la vallée de la Cetina, à la fin du Néolithique.

Le Musée maritime *(Hrvatski pomorski muzej ; plan d'ensemble D2) : entrée par Glagoljaška 18. ☎ 347-346. ● hpms.hr ● Dans la forteresse de Gripe. Juin-sept, lun-sam 9h-20h ; hors saison, lun-sam 9h-15h (19h jeu). Entrée : env 20 Kn ; réduc. Visite guidée possible (et payante) en anglais.* Certes, le musée paraît un peu vieillot, mais ce bric-à-brac recèle parfois quelques découvertes surprenantes. Entre les nombreuses maquettes de bateaux illyriens et de bâtiments de guerre modernes, on tombe sur un inventaire à la Prévert : par exemple, une gigantesque amphore âgée de 1 700 ans, un sabre du tsar Alexandre, un tableau des pavillons de marine en français, d'impressionnantes torpilles (dont une de 1866, l'une des premières, malheureusement...), de nombreuses boîtes de « filets d'anchois » ou de « sardines sans arêtes » (en français dans le texte !). Enfin, à l'extérieur, à côté de la chapelle, voir la proue et le poste de commandement du *Bakar,* l'un des premiers bateaux à avoir arboré le pavillon yougoslave.

LES ARMES VIENNENT DU MUSÉE...

Pendant la guerre d'Indépendance de la Croatie, en 1991, des combattants croates vinrent au Musée maritime de Split pour « emprunter » des armes encore en état de marche, en promettant de les rendre à la fin du conflit. Et en effet, après la guerre, ils rapportèrent les armes empruntées, comme le prouvent les formulaires roses de restitution, intitulés « Revers » , et visibles aujourd'hui dans le musée.

Les plages

La plage de Bačvice *(plan d'ensemble D3) : au sud de la ville, à l'est de la vieille ville.* La plage principale de Split se résume à une petite crique entourée de maisons, restaurants et cafés. Bien bétonnée et vite bondée.

La plage de Kašjuni *(hors plan d'ensemble par A3) : en suivant la promenade Šetalište I. Meštrovića. Bus n° 12 depuis Riva (arrêt près de l'église Sv. Frane). À pied, compter 30 bonnes mn depuis Riva.* Plage située au pied du mont Marjan, après la galerie Meštrović. Non loin, mais côté nord de la presqu'île, la **plage de Bene,** dans une crique environnée de pins. Restaurant, jeux pour enfants et rochers. Pour s'y rendre, bus n° 12 ou, si l'on se gare au niveau de la marina Spinut, accès à pied (ou à vélo : location sur place) par la promenade Šetalište M. Tartaglia.

Nombreuses occasions de se baigner sur la riviera, au sud de Split : sur les **plages** de **Krilo, Sumpetar, Dugi Rat** et jusqu'à **Omiš.** Plages et stations balnéaires se succèdent.

DANS LES ENVIRONS DE SPLIT

SALONA

À 5 km environ au nord-est de Split, à l'écart de la route de Klis, la ville de *Solin* se termine au nord par des champs où se trouvent les ruines de Salona, un site important pour qui s'intéresse à l'Antiquité.

Un peu d'histoire

Tout près de la mer Adriatique, au pied des montagnes, le site était (et demeure) exceptionnel. Dès 119 av. J.-C., le consul romain Lucius Cecilius Metellus s'y installa, accompagné de son armée. La cité prit son essor en 48 av. J.-C., après l'envoi par Jules César de colons venus de la péninsule. Au début de l'ère chrétienne, la *Colonia Martia Iulia Salona* fut érigée en capitale de la province romaine de Dalmatie. Vers la fin du IIIe s, sous le règne de Dioclétien, près de 60 000 personnes y habitaient. À la même époque, les 1ers chrétiens s'y réunirent secrètement. Dioclétien persécuta les prélats de l'Église, et notamment l'évêque Domnius (actuel saint patron de Split) et ses compagnons.
Dans les premiers temps de l'expansion du christianisme, les sites de leurs inhumations devinrent très vite des lieux de vénération populaire. Sur les tombes des martyrs, on édifia les premières basiliques. Sous la domination de Byzance (vers le VIe s), Salona, cité christianisée, connut sa dernière phase de prospérité. Quand les envahisseurs, Avars et Slaves, déferlèrent sur le littoral dalmate, Salona fut abandonnée et les nouveaux Barbares s'établirent juste à côté, fondant Solin, d'où ils achevèrent la dernière étape de leur invasion : le palais de Dioclétien.

Infos pratiques

➤ *Accès : depuis Split, prendre le bus n° 1 au bout de la rue Marmontova. En voiture : de Split, prendre la route de l'aéroport, et sortir à Soline (bien indiqué).*

– *Horaires et tarifs :* ☎ *212-900. Site ouv mai-oct, lun-sam 9h-19h, dim 9h-13h ; hors saison, lun-sam 9h-15h (13h sam). Entrée : env 30 Kn ; réduc.*

À voir

Le musée : à vrai dire, le jardin attenant possède plus de charme que ce petit musée très vite vu (quelques photos anciennes du site).

Les ruines : la visite commence par les ruines de la basilique et du cimetière de Manastirine (Ier s av. J.-C.) où fut enterré Domnius, 1er martyr de Dioclétien exécuté dans l'amphithéâtre en 304. Au IIe s apr. J.-C., la cité était protégée par 4 km de mur et 90 tours et s'étendait sur 1 600 m d'est en ouest et sur 700 m du nord au sud. Au fil de la promenade, on peut voir les fondations des thermes romains, les ruines du centre épiscopal, construit autour d'une église où le culte était pratiqué en secret, à l'époque des persécutions, le forum capitolin, les thermes, de grande dimension, et l'amphithéâtre au bout du site, assez loin vers l'ouest.

OMIŠ (21310)

Omiš est une cité balnéaire (15 800 habitants) à environ 23 km à l'est de Split, accessible par les bus n°s 60 ou 25. La ville est postée à l'embouchure de la

Cetina, un ancien repaire de pirates situé entre 2 massifs montagneux dignes d'une belle carte postale, et constitue une bonne base pour les amateurs de descentes de rivière en raft et canoë-kayak ou tout simplement pour explorer les petites routes de l'arrière-pays jusqu'à Sinj. En ville, peu à voir à part les 2 forteresses vénitiennes, *Mirabela* (20 mn de marche) et *Fortica* (1h de grimpette difficile).

Où dormir ?

Autocamp Lisičina : *Vl. Neven Mrčela.* ☎ *862-536.* 📱 *091-524-32-22.* • *ac-lisicina.hr* • *À l'arrière de la ville, non loin de la Villa Dvor. En été, env 150 Kn pour 2.* Situé entre des rochers. Plus ou moins ombragé. Sanitaires corrects. Bon accueil familial.

Également le camping *Galeb* (à Omiš), et le ***Daniel*** (à Lokva Rogoznica).

Hotel Villa Dvor : *Mosorska cesta 13.* ☎ *863-444.* • *hotel-villadvor. hr* • *De mai à mi-oct. Doubles 85-160 € selon saison, petit déj compris.* Cet hôtel, perché sur un piton rocheux à l'embouchure de la Cetina, est vraiment étonnant. Après s'être garé en contrebas, on y accède par un long escalier de pierre ou par un ascenseur. De là-haut, vue assez formidable sur la mer et l'embouchure de la rivière encadrée par de belles montagnes. Certes, la plupart des chambres (tout confort) sont standard, et les prix presque aussi élevés que le bâtiment, mais sa situation originale vaut peut-être la peine qu'on casse un peu sa tirelire... Certaines chambres ont un balcon, d'autres quelques particularités. Les n°s 109 et 210 bénéficient d'une double vue mer et montagne. Salle de resto avec terrasse et la fameuse vue. Accueil fort courtois.

Où manger ? Où boire un verre ?

Konoba Milo : *Knezova Kačića 15.* ☎ *861-185. Tlj 9h-minuit. Plats 50-130 Kn.* Dans la rue parallèle à la route principale, là où se regroupent la plupart des restos. Celui-ci nous a plu pour sa terrasse, la qualité de sa cuisine et l'accueil très aimable des serveurs. Bons plats de poisson (bar, daurade, thon, etc.) et de viande (escalopes, grillades). Qui plus est, l'apéro est souvent offert au visiteur...

Bar Lix : *Knezova Kačića, presque en face de la* Konoba Milo. *Tlj de 7h au dernier client.* Un tout petit bar légèrement branché, plein de couleurs, avec une belle déco et de la bonne musique.

À voir. À faire dans le coin

Balade dans l'arrière-pays d'Omiš le long de la Cetina : la balade (en voiture, ou alors à vélo pour les plus courageux, mais ça grimpe sec !) suit d'abord le chemin inverse des descendeurs en rafting. Elle part de l'*Hotel Villa Dvor,* à Omiš. On passe entre les beaux massifs montagneux qui encadrent la Cetina, puis on longe la rivière et les points d'arrivée des rafteurs jusqu'au charmant hôtel-restaurant *Radmanove Mlinice,* à 6 km d'Omiš. C'est un ancien moulin reconverti en auberge au bord de la rivière, très agréable aux beaux jours *(loue quelques chambres ;* ☎ *862-073.* • *radmanove-mlinice.hr* •*).* Une petite route, encore plus étroite, conduit ensuite jusqu'à Sviniśće. Soyez prudent, parfois ça passe à peu de chose près sur les bords. Là, dans ce coin perdu, vous trouverez un étonnant resto, *Kremenko (*☎ *860-291),* littéralement encastré dans le rocher. À l'intérieur, ce dernier affleure dans les petites salles où la déco rigolote s'inspire clairement de la famille Pierrafeu. Sympa pour boire un verre ou manger un morceau, mais c'est assez touristique et un poil cher.

Retour sur la route principale, au bord de la Cetina. Cette fois, on longe les points de départ des rafteurs jusqu'à Zadvarje, d'où ça grimpe dur jusqu'à Šestanovac. À partir de là, les vignes occupent la majeure partie du paysage et le climat devient un peu plus sec. À *Blato,* il y a une aire de camping avec possibilité de baignade dans la Cetina. Si vous avez un coup de cœur pour le coin, il y a parfois moyen de trouver une chambre à louer de façon informelle chez l'habitant. Plusieurs cafés-restos au carrefour avant l'aire de camping. Ensuite, les vignes se prolongent jusqu'à *Trilj* où se trouvent le site archéologique romain de *Gardun,* l'ancienne Trilurium et un petit *Musée régional (Muzej triljskog kraja, Don Ante Bucana 1 ;* ☎ *831-905).* De là, on peut rejoindre la ville de Sinj et l'arrière-pays splitois (lire plus loin).

➢ *Descente de la rivière Cetina :* pour le rafting, la meilleure partie de la rivière se situe entre les villages de Zadvarje et Slime (points de départ), et le restaurant-auberge *Radmanove-Mlinice* (6 km avant Omiš), point d'arrivée. Soit une descente d'environ 6 à 8 km. Pour le canoë-kayak, ça se passe plutôt entre Panj et Trilj, plus au nord sur la route de Sinj. En revanche, la plupart des (nombreux) prestataires sont basés à Omiš, où il faut vous rendre pour faire votre choix et votre réservation. Compter environ 250 Kn par personne pour une descente en raft, avec le transfert en minibus.

L'ARRIÈRE-PAYS SPLITOIS

● Klis..................................305 | ● Sinj.......................................306

Petite incursion dans la région montagneuse de Split en suivant la route nationale 1, vers Klis et Sinj. Après Split, le paysage devient plus rocailleux, le relief plus encaissé. Voilà des champs fertiles, de sombres forêts, des collines austères, tout un monde continental qui tourne le dos à la mer Adriatique. Si la côte dalmate fut très influencée par la présence vénitienne, l'intérieur a été marqué par l'Empire ottoman, qui domina la région pendant près de 200 ans. Une occupation qui a laissé des traces dans les coutumes et les mœurs, et des souvenirs dans la mémoire collective.

KLIS (21231) 2 990 hab. IND. TÉL. : 021

À environ 10 km au nord-est de Split, sur la route de Sinj, la forteresse de Klis s'élève sur un éperon rocheux. Elle servait à surveiller la route qui relie le littoral à l'arrière-pays, et elle était donc un avant-poste militaire dressé contre les ennemis venus de l'intérieur. C'est pour ce nid d'aigle étonnant qu'on vient à Klis, car le village en lui-même ne présente pas d'intérêt particulier.

UN PEU D'HISTOIRE

Dès le VIIe s, les rois hungaro-croates en firent un bastion défensif, entre la montagne et la mer, leur permettant de contrôler l'accès du col séparant les massifs du Kozjak et celui du Mosor.

306 | LA DALMATIE CENTRALE / L'ARRIÈRE-PAYS SPLITOIS

Le 12 mars 1537, les troupes de Soliman le Magnifique réussirent à s'emparer de la cité fortifiée. En 1648, les Ottomans en furent chassés par les Vénitiens. Environ 150 ans après, Klis avait toujours son utilité géostratégique. Entre 1805 et 1813, les Français, maîtres de la Dalmatie et des provinces illyriennes, la jugèrent suffisamment importante pour l'agrandir et lui refaire une beauté.

Adresse utile

Office de tourisme : Iza Grada 2. ☎ 240-578. • tvrdavaklis.com • Près de l'arrêt de bus et du square. Tte l'année, lun-ven 9h-16h.

Où manger ?

Les gorges de Klis (Grlo), à 1 km au nord de la forteresse, ne sont plus qu'un simple lieu-dit où passe la route nationale Split-Sinj. Cependant, on y trouve 2 restos (dont *Perlica*, voir ci-après), qui ont la particularité de servir du mouton à la broche. Cette coutume culinaire remonte à l'époque où Klis était aux mains des Turcs...

Restaurant Perlica : Trg Grlo 1. ☎ 240-004. À 1 km au nord de la forteresse, sur la gauche de la nationale en direction de Sinj. Tlj 9h-minuit. On s'y arrête surtout pour la spécialité de la maison, le fameux mouton rôti à la broche. Également des plats sous cloche *(peka)*, servis pour 4 personnes et sur commande. Excellents fromages de chèvre et de brebis. Le tout servi dans une salle plaisante.

À voir

La forteresse *(Tvrđava)* : accessible par une petite grimpette de 5 mn. ☎ 240-578. • tvrdavaklis.com • Bus n° 22 depuis Split. Tlj sauf lun 9h-19h (16h hors saison). Entrée : env 60 Kn. Brochure en français. Les fans de *Game of Thrones* la reconnaîtront, elle sert de décor pour la ville de Meereen. Perchée sur une crête rocheuse, avec laquelle ses murailles se confondent parfois, elle se découvre au fil de ses multiples terrasses. La chapelle, que les Turcs avaient transformée en mosquée au XVIe s, est restaurée. Également un petit musée présentant quelques armes et costumes. Vue admirable sur les monts environnants, la vallée, Split et, au loin, l'Adriatique.

SINJ (21230) 11 150 hab. IND. TÉL. : 021

À 36 km de Split. En arrivant de la côte, on change radicalement d'univers : voici l'arrière-pays. La ville s'étend au fond de la vallée de la Cetina, bordée par une chaîne de monts de faible altitude, qui servent de protection naturelle à Sinj. Le centre ancien est desservi par quelques rues piétonnes, très agréables aux beaux jours. La campagne environnante aux terres très fertiles vit essentiellement de l'agriculture.

UN PEU D'HISTOIRE

À l'origine, tout a commencé, ou presque, par l'Empire romain. Selon la coutume, Rome accordait des domaines à ses officiers, pour les récompenser de leurs bons et loyaux services. C'est ainsi que des chefs militaires de la légion se virent offrir des terres, autour de la cité d'Aequum (l'actuelle Citluk, à 4 km au nord de Sinj), où ils s'installèrent pour leur retraite. Près de 1 200 ans plus tard, un autre empire contrôla la région : l'Empire ottoman. Comme ailleurs dans les Balkans, les Turcs dominèrent la région de la Cetina pendant 186 ans (entre 1513 et 1686). De cet héritage historique, Sinj a gardé un esprit farouche de résistance guerrière, qui est fort bien illustré par la fête traditionnelle de l'Alka.

LES SEIGNEURS DE L'ANNEAU

La fête de l'Alka (ou Sinjska Alka), qui se déroule le 1er dimanche d'août, célèbre la victoire de la cavalerie de Sinj sur les Turcs en 1715. Des cavaliers en costume traditionnel, lancés au galop sur leur monture, doivent enfiler leur lance dans un anneau métallique de moins de 10 cm de diamètre, l'alka. Ce dernier est divisé en 3 triangles, un peu comme l'emblème de Mercedes... 500 000 personnes y viennent chaque année ! D'ailleurs, l'Unesco a inscrit cette fête au Patrimoine mondial immatériel de l'Humanité.

Adresse utile

Office de tourisme : Put Petrovca 12. ☎ 826-352. • visitsinj. com • Dans la rue principale en direction de l'Hotel Alkar. *En saison, tlj 8h-20h ; hors saison, en sem 8h-14h.*

Où dormir ?

Hotel Alkar : *Vrlička 50.* ☎ *824-474.* • *hotel-alkar.hr* • *Tt au bout de la rue principale (bien signalé). Tte l'année. Selon saison, doubles env 60-80 €, petit déj inclus.* Un hôtel moderne sans charme particulier, mais proposant des chambres de bon confort (clim), du niveau d'un 2-étoiles, avec des balcons pour certaines. Resto. Accès gratuit à la piscine municipale, juste à côté.

Où dormir dans les environs ?

Ferme-auberge de la famille Latinac : *Put Okolišta 9, à Trilj (21240).* ☎ *831-225.* • *cetinaholiday.com* • *Double env 290 Kn. CB refusées.* Dans une maison familiale bien tenue, des chambres avec salle de bains, clim et TV satellite, la moitié avec balcon (vue sur le village et la montagne). Piscine et sauna. Activités sportives possibles (kayak et rafting sur la rivière Cetina toute proche, équitation à 500 m, promenades...). Ante, le proprio, vous donnera toutes les indications en français. Vins et apéritifs maison en vente. Une bonne adresse agrotouristique.

Où manger ?

Caffé Fontana : *Trg kralja Tomislava 5.* Repérable à sa fontaine en pierre, d'où son nom. C'est l'une des nombreuses terrasses de la place principale, qui n'en manque pas ! Sert des pâtisseries et des sandwichs. Rendez-vous des jeunes le soir.

Konoba Ispod Ure : *Istarska 2.* ☎ *822-229. À 50 m du couvent franciscain (bien indiqué). Tlj midi et soir (sauf dim midi) jusqu'à 23h. Plats 50-100 Kn.* Une taverne chaleureuse aux vieux murs de pierre voûtés, installée dans une belle maison ancienne. La cuisine est en adéquation, typique, traditionnelle, et cuite à la braise essentiellement. Essayez par exemple la *plata Ispod Ure*, une espèce de barbecue copieux pour 2 personnes. Service agréable pour compléter cette bonne adresse.

À voir

🕯 *Le centre de Sinj :* la rue centrale de Sinj, en pente et piétonne, très vivante, concentre de nombreux cafés. Ambiance souvent festive et bon enfant.

🕯 *Le couvent franciscain* (Franjevački samostan) : *sur la pl. principale de la ville ; entrée par l'église Sv. Frane. Sur rdv uniquement. Entrée : env 10 Kn ; réduc.* Le cloître franciscain, bâti dans les dernières années de l'occupation turque, représente la partie la plus intéressante. Il est l'œuvre de moines venus de Rama (actuelle Bosnie) qui apportèrent à Sinj une précieuse icône, *Notre-Dame-de-Sinj (Sinjska Gospa),* réputée pour ses miracles et aujourd'hui exposée dans l'église. Dans le petit *musée* du couvent, exposition de pierres sculptées, poteries et autres vestiges grecs et romains. Collection ethnologique et trésor de l'église.

🕯 *Le musée de la Région de la Cetina* (muzej Cetinske Krajine) : *de la pl. principale, monter la rue à l'opposé du Caffé Fontana.* ☎ *821-949.* ● *mck-sinj.hr* ● *Lun-ven 8h-16h. Entrée : env 10 Kn ; réduc.* Vestiges de l'époque préhistorique et sculptures antiques. Expos temporaires également.

LA RIVIERA DE MAKARSKA

● Makarska ....309 ● Le massif du Biokovo ... 312	● Vrgorac : le parc naturel du Biokovo ● Les villages	autour de Vrgorac : Kokorići et Stilja

La riviera de Makarska s'étire sur environ 55 km de littoral entre *Brela,* au nord, et *Gradac,* au sud, blottie au pied du massif du Biokovo. La route côtière n° 8 qui va de Split à Dubrovnik la traverse. Surnommée la « Magistrale » ou encore le « Collier de perles », à cause des petits ports et des petites plages qui se succèdent, cette route dévoile des paysages moins rocailleux que dans la portion Zadar-Split. La mer, avec ses eaux bleues limpides, semble plus accessible. Les villages sont enfouis dans la végétation exubérante qui tapisse le littoral, tandis que de sévères éperons rocheux se dressent fièrement en surplomb de l'Adriatique.

– Nombreux campings tout au long du parcours. On trouve également des chambres chez l'habitant, partout : le long de la route principale, sur les versants des montagnes, dans le centre des villes, au fond des criques. Elles sont indiquées, comme d'habitude, par le panneau « *Sobe, Rooms, Zimmer* ».

DALMATIEN

Si ce célèbre chien est bien d'origine dalmate, on en trouve peu dans le pays. Ils sont bien plus courants en Angleterre. 20 à 30 % des dalmatiens souffrent de surdité.

Cette portion du littoral affiche un mélange inévitable d'anciens villages de pêcheurs et d'hôtels disgracieux pour tourisme de masse. L'ensemble reste assez beau, malgré les foules de baigneurs au mois d'août, avec un charme variable d'un village à l'autre.

➢ *Au nord de Makarska :* les stations se suivent et se ressemblent, ne variant que par leur site géographique et leur taille : *Mimice-Pisak* (petit village, un de nos préférés sur cette partie de littoral, accroché à un flanc de montagne, resté à taille humaine et calme, la nationale passant beaucoup plus haut), *Brela* (1 500 habitants), *Baška Voda* (2 200 habitants), *Promajna* (230 habitants) et surtout *Bratuš* (50 habitants) ont échappé au béton. Cette dernière station a un certain charme et propose de nombreuses chambres chez l'habitant.

MAKARSKA | 309

➢ *Au sud de Makarska :* on trouve encore d'autres stations balnéaires. *Podgora* (1 500 habitants), *Drašnice* (330 habitants), *Igrane* (400 habitants) et *Živogošće* (460 habitants). À *Drvenik* (350 habitants), 24 km au sud-est de Makarska, des bateaux relient le continent au petit port de Sućuraj, à l'extrémité est de l'île de Hvar. En allant encore vers le sud, on passe par *Zaostrog* (350 habitants), blottie dans les pins et les oliviers, *Podaca* (660 habitants), sur une pointe s'avançant dans la mer, *Brist* (450 habitants), qui n'est qu'un gros village, et *Gradac* (1 560 habitants), station plus importante, au pied des monts du Biokovo.
Passé la ville de Ploče, la route enjambe le delta de la Neretva, vaste plaine alluviale entourée de hautes montagnes.

Où dormir entre Omiš et Makarska ?

🏠 *Chez Ankica Bokšić :* maison ANJA, Zapadna ul. 19, 21317 **Pisak.** ☎ (021) 878-398. ● anjapisak.com ● *À 22 km au nord de Makarska (18 km au sud d'Omiš). Dans une rue sur la droite, en descendant vers le port. Une des dernières maisons à gauche sur la route goudronnée. Tte l'année. Selon saison, studios 45-70 € pour 2, apparts 55-100 € pour 4. CB refusées.* Dans un petit village de pêcheurs à flanc de colline, Anka loue 4 appartements pour 4 personnes (avec cuisine équipée, salle de bains, clim, TV satellite, terrasse et vue sur la mer) et 3 studios (2 ou 3 personnes). La déco est particulièrement agréable. Bonne adresse très bien tenue et située pour un séjour d'une semaine ou plus, plutôt que pour la nuit. En contrebas : 2 petites plages de galets (accès direct par une descente privée). La sympathique Anka est polyglotte : elle parle bien le français. Possibilité de visites dans la région avec un guide, membre de sa famille.

🏠 *Appartements chez Mirjana Vrdoljak :* Zapadna ul. 48, 21317 **Pisak** (à 50 m de l'adresse précédente). ☎ (021) 878-457. 📱 091-735-55-26. ● lidija.ercegovic@st.t-com.hr ● *Selon saison, compter 30-40 € pour 3 et 50-70 € pour 5.* 3 appartements sans fantaisie pour 4 à 6 personnes, avec cuisine et terrasse (vue sur mer), les plus grands avec clim. Accueil chaleureux des propriétaires, mais ils ne résident pas sur place et ne parlent ni l'anglais ni le français, mais un peu l'allemand. Mieux vaut réserver par l'intermédiaire de l'adresse précédente.

MAKARSKA   (21300)   13 500 hab.   IND. TÉL. : 021

Ville balnéaire, à 65 km au sud de Split, à la hauteur de l'île de Brač. Makarska s'étire sur les flancs de l'impressionnant massif du Biokovo, le long de la mer. Les faubourgs très laids sont trompeurs, et le petit centre-ville s'avère être une jolie et agréable surprise. Il se découvre facilement à pied, au fil des quais et des ruelles anciennes. Possibilité de se baigner sur la plage de Donja Luka, dans la partie nord de la ville, abritée par la presqu'île de Sv. Petar. Celle-ci forme une sorte de promontoire rocheux et verdoyant qui s'avance dans la mer, fermant la baie de Makarska. Belle promenade au coucher du soleil pour admirer les monts du Biokovo.

Arriver – Quitter

En bus

🚌 *Gare routière et compagnie Promet : Ante Starčevića 30.* ☎ *612-333.* ● *promet-makarska.hr* ● *À la hauteur de la rue kralja Zvonimira.* Liaisons avec :
➢ *Split :* env 40 bus/j. Durée : 1h15.

LA DALMATIE CENTRALE

➢ **Dubrovnik :** une dizaine de bus/j. Durée : 3h.
➢ **Zagreb :** env 8 bus/j. Durée : 6h30.
➢ **Ploče :** env 10 bus/j. Durée : 1h.
➢ **Baška Voda :** 4 bus/j. sauf dim. Durée : env 15 mn.
➢ **Vrgorac :** 2 bus/j. mais seulement hors saison, hors vac scol et aucun dim. Durée : 40 mn.
➢ **Mostar :** 3-8 bus/j. Durée : 3h.

En bateau

⚓ **Gare maritime :** *Obala kralja Tomislava.* ☎ *611-977.*
■ **Compagnie Jadrolinija :** *Obala kralja Tomislava 15.* ☎ *679-515. Sur le quai du port, kiosque à gauche de l'OTP Banka, non loin de l'hôtel Biokovo.* Résas et vente des billets.
➢ Liaisons avec **Sumartin** *(île de Brač)* : env 4 départs/j. juin et sept, 5 départs/j. juil-août. Compter env 33 Kn/passager et 160 Kn/voiture. Attention : capacité limitée (une grosse trentaine de véhicules seulement).
➢ De mi-juin à mi-sept, 1 liaison/j. en catamaran (passagers seulement) entre **Split** et **Dubrovnik** : départ le mat de Split, puis le bateau dessert Bol (Brač), Makarska, Korčula, Sobra (Mljet) avt d'arriver à Dubrovnik ; retour l'ap-m (mêmes ports desservis, en sens inverse).

Adresses utiles

🛈 **Office de tourisme :** *Obala kralja Tomislava 16.* ☎ *612-002.* ● *makarska-info.hr* ● *Au bout du quai vers l'agence Jadrolinija (ne pas confondre avec le Turist biro au milieu du quai, c'est une agence privée). Juin-sept, tlj 8h-21h ; hors saison, seulement en sem 8h-14h.* Infos sur la ville et sur la région : hôtels (pour l'hébergement chez l'habitant, s'adresser aux compagnies privées), restos, sorties, activités culturelles et sportives, plages, transports en commun (horaires des bus et des bateaux). Excellente brochure (en français) des randon-nées à faire dans la région.

■ **Privdena Banka Zagreb :** *face à l'hôtel Biokovo sur le front de mer. Lun-ven 8h-19h30, sam 8h-12h.* Distributeur de billets.
■ **Agence Biokovo Active Holidays :** *Kralja P. Kremimira IV 7b.* ☎ *679-655.* 📱 *098-225-852.* ● *biokovo.net* ● *Derrière l'hôtel Porin, dans une ruelle à gauche de la grande pl. centrale (église Sv. Marko).* Agence spécialisée qui organise des randos guidées pour les groupes dans le massif du Biokovo : à pied, à vélo, en kayak... tout est possible.

Où dormir ?

Camping

Voir « Où camper dans les environs ? ».

Logement chez l'habitant

Contacter les agences privées. Plusieurs possibilités de chambres dans le centre ou dans les faubourgs. *En été, compter 300-450 Kn la chambre double selon confort.*

🏠 **Villa L & L :** *Molizanskih Hrvata 46.* 📱 *098-834-047.* ● *topic.jure@gmail.com* ● *En venant de Split, tourner à gauche après le 1er feu de la ville. C'est la grande maison couleur saumon. Tte l'année. Selon saison, studios env 30-65 € pour 2 et 40-95 € pour 4. CB refusées. Parking.* On vous l'accorde, le quartier n'a rien de très séduisant ! Mais les petits studios sont impeccables, plutôt agréables et fonctionnels (coin cuisine, clim et TV satellite). Certains disposent d'un grand balcon (vue sur des habitations assez disgracieuses, mais la mer est en arrière-plan). D'autres, sans balcon, sont moins chers et donnent sur la montagne (et encore quelques maisons). La plage est à 5 mn et la ville à 15 mn à pied. Accueil anglophone.

Hôtel

🛏 **Hotel Porin :** *Marineta 2 (sur le front de mer de la vieille ville).* ☎ *613-744.* ● *hotel-porin.hr* ● *Doubles env 600-1 100 Kn selon saison, petit déj inclus ; quelques studios plus chers.* Les hôtels sympas ne sont pas légion dans le secteur. Celui-ci est notre préféré, un bel édifice couleur saumon bien situé sur le port, avec une volée de marches pour accueillir les clients. Chambres tout confort et plaisantes (clim, TV satellite et minibar), certaines avec vue sur la mer, d'autres sur la vieille ville et les montagnes. Petit déj à prendre en terrasse côté vieille ville.

Où camper dans les environs ?

⛺ **Kamp Baško Polje :** *à 10 km de Makarska en venant de Split, juste après* **Baška Voda.** ☎ *612-329.* ● *club-adriatic.hr/kamp-basko-polje* ● *De fin avr à mi-oct. Env 100-185 Kn pour 2 avec tente et voiture.* Un gigantesque complexe touristique dans une pinède, comprenant hôtel, camping, caravaning, bungalows, supermarché, boulangerie et, au bout de tout ça, la plage et son resto. Bon, il faut aimer. Mais rien à redire sur les installations, impeccables et fonctionnelles. Un petit chemin longeant la mer conduit à la station balnéaire de Baška Voda en 10 mn.

Où manger ?

De prix moyens à chic

🍽 **Konoba Kalalarga :** *Kalalarga 40.* 📱 *098-990-29-08. Remonter la rue Kalalarga presque jusqu'à Ante Starčevića. Plats 70-120 Kn.* Tout petit restaurant avec des tables et bancs en bois. Carte très courte, orientée mer et variant en fonction de l'humeur du jour. Tapas croates, poisson mariné ou fumé, poulpe... L'adresse est connue et se remplit vite. Accueil et service agréables.

🍽 **Restoran Ivo :** *A. Starčevića 41.* ☎ *611-257. Sur la route principale qui traverse la ville. Compter 180-200 Kn.* Quand les gens du coin veulent s'offrir un bon resto classique, c'est chez *Ivo* qu'ils choisissent d'aller. En terrasse, c'est vite complet, alors on s'installe dans une salle plaisante. Cuisine plus élaborée que dans la plupart des restaurants touristiques du port. Bonnes grillades de viande et de poisson, des plats mijotés, un excellent carpaccio de thon, des desserts gourmands et une belle carte des vins.

Où boire un verre ? Où sortir ?

🍸 **Deep Night Bar :** *sur la péninsule Osejava, à l'est du centre-ville.* Encore un bar original puisqu'il est également installé dans une grotte. La jeunesse dorée s'attable sur de longues estrades tout en sirotant sur fond de musique DJ. Hyper branché, *man !*

À voir

✱ **La place de l'église Saint-Marc** *(Sv. Marko)* : la plus jolie place de la ville, avec une fontaine au centre et la statue originale d'un poète régional, Andrija Kačić Miošić (céramique et instrument de musique). Quelques tavernes dans les ruelles et placettes adjacentes.

Le musée des Coquillages *(Malakološki muzej) : Franjevački put. À la sortie sud de la ville, par le bd Marineta, dans l'enceinte du couvent franciscain (franjevački samostan). Tte l'année, tlj sauf dim ap-m 10h-12h, 17h-19h. Entrée : 15 Kn.* Un joli clocher en pierre blanche se dresse au-dessus d'une cour intérieure rassemblant quelques vestiges archéologiques : un vieux puits sculpté et une pierre tombale du culte bogomile. À l'intérieur du musée, on peut admirer une collection de coquillages unique en son genre par sa qualité et sa diversité.

LE MASSIF DU BIOKOVO

Situé entre les rivières Neretva et Cetina, le massif du Biokovo est formé par des montagnes calcaires, arides et rocailleuses, se terminant par des falaises abruptes en surplomb de l'Adriatique... Superbe ! Il constitue une sorte d'ultime barrière rocheuse, de muraille infranchissable, parallèle à la côte dalmate, qui tombe brutalement dans la mer. Il peut être considéré comme partie intégrante du berceau de la Croatie. La route 62, qui va de Knin, au nord, à Metković, au sud, le traverse. Elle fut ouverte sous Napoléon entre 1806 et 1813. On peut monter en voiture jusqu'au sommet, mais attention, il neige parfois jusqu'au printemps.

Le Biokovo a été exploré dans les moindres recoins par l'alpiniste croate Stipe Božić, qui a réalisé plusieurs reportages et films sur le sujet. Ses émissions télévisées ont joué un rôle certain dans l'ouverture au tourisme du massif resté jusqu'à présent dans l'ombre du littoral.

VRGORAC (21276)

À 39 km au sud-est de Makarska (45 mn de voiture) et à 9 km de la frontière de la Bosnie-Herzégovine, cette petite ville de montagne est située sur la route 62. Dominant les maisons du village, la colline de Gradina porte les restes d'une forteresse construite par les Vénitiens sur des bases illyriennes. Ce fut longtemps une ville frontière entre 2 mondes ennemis (les Ottomans et les Vénitiens). Surnommée la « Terre nourricière du littoral », la région de Vrgorac se consacre à l'agriculture. Les habitants cultivent des fraises et produisent du vin. Le petit centre ancien de Vrgorac est protégé et se découvre rapidement à pied.

Adresse utile

Office de tourisme : *Rade Miletića 1. ☎ 675-110. ● tzvrgorac.hr ● Lun-ven 7h-15h. Fermé 1 sem en août et en fin d'année.* Demandez Neli Bajalo, qui parle couramment le français. Après avoir vécu à Bruxelles plusieurs années, Neli est revenue vivre au pays pour s'occuper du tourisme et prendre le temps de peindre. Elle connaît la région comme sa poche et en parle bien. Elle peut vous donner les meilleurs conseils pour les chemins de randonnée et les pistes adaptées au vélo, ainsi que pour l'hébergement. À la demande, elle peut organiser des visites guidées du Biokovo pour les groupes. En plus, c'est une personne très sympathique. Carte du Biokovo en vente sur place.

Où dormir ? Où manger ?

Chambres et table d'hôtes Chez Zeljko Borovac : *Pod Matokitom 9. ☎ 674-450. 📱 099-794-55-85. ● opg.borovac@hotmail.com ● Dans le haut du village, demander le chemin, c'est dur d'être précis. Tte l'année.*

LE MASSIF DU BIOKOVO | 313

Compter env 150 Kn/pers, petit déj inclus ; également un grand appart. Repas complet 100-150 Kn. CB refusées. Une maison perdue dans la végétation, au pied de la forteresse. Les 3 chambres (avec salle de bains commune) sont bien entretenues... et d'un kitsch rare ! L'appartement est bien plus moderne, tout juste terminé. À vrai dire, on vient surtout pour la grande gentillesse de l'accueil, le calme et l'excellente qualité des produits maison. La table, hélas réservée aux résidents, vaut le détour. Vous vous régalerez avec la charcuterie, les fromages, la volaille, les légumes ou encore le miel local. Ici, on élève des chèvres, des poulets et des cochons. Tout est fait maison, jusqu'au digestif final généreusement servi. Une petite aubaine, à déguster dans l'ancienne cuisine aménagée comme un petit musée ou sur la terrasse ombragée.

â *Hotel Prvan :* Zagrebačka 31. ☎ 674-208. 📱 098-264-955. • hotelprvan.hr • *Au bout du village. Tte l'année. Double env 500 Kn, avec petit déj. Sur présentation de ce guide, 20 % de réduc.* Un petit hôtel sans grand charme proposant des chambres avec salles de bains et clim. Piscine. Cela dit, le chaleureux propriétaire a restauré de ses mains un hameau du XVᵉ à Kokorići, à 6 km de là, pour en faire un « ethno-village » (lire ci-après « Où séjourner dans les environs ? »).

I●I *Restoran Tin :* dans la rue centrale du village. ☎ 674-125. *Lun-sam 9h-23h. Plats du jour 70-110 Kn.* La cantine de Vrgorac. On y sert 3 plats du jour tout simples (du style pot-au-feu croate, saucisse-flageolets, etc.) et des grillades. Plats traditionnels également, dont la *peka*, préparation de viande cuite sous cloche à commander 3h avant (plus cher, évidemment). Service en salle ou sur la terrasse située derrière une tour médiévale.

Où séjourner dans les environs ?

⚑ â I●I *Ethno-village de Kokorići :* à *6 km au sud-ouest de Vrgorac. S'adresser à l'Hotel Prvan (voir plus haut). Tte l'année. Compter env 56-154 € selon saison par maison ; ½ pension possible. Sur présentation de ce guide, 20 % de réduc.* Ne pas se fier à l'entrée peu engageante du village. Les gîtes constituent un petit hameau ancien de pierres sèches. L'entreprenant propriétaire a conçu ce village touristique basé sur la rando et l'écologie. Il propose 3 maisons pour 4 ou 5 personnes, avec piscine. Belle salle à manger empierrée gardant la fraîcheur et un vrai cachet à l'ancienne. L'idée, en fait, est d'accueillir des touristes désirant passer plusieurs jours au calme, partir en rando ou faire de la spéléo dans la région. Possibilité de planter sa tente *(26 € pour 2 pers – sur présentation de ce guide, 10 % de réduc.).* Également un petit musée ethno ; location de vélos (randos sympas à faire sur 2-roues ou à pied sur la « route Napoléon »).

À voir. À faire dans les environs

🥾 *Le parc naturel du Biokovo* (park prirode Biokovo) *: siège à Makarska, Tina Ujevića 1/I.* ☎ *616-924.* • *biokovo.com* • *Infos sur l'environnement du parc, rens pratiques : randonnées, sentiers, refuges, météo. L'entrée du parc se situe sur la route de montagne entre Makarska et Vrgorac, après Gornje Tučepi sur la gauche. Env mai-oct selon météo. Entrée : 50 Kn/j. par pers ; réduc. Le ticket à 100 Kn est valable 3 j.* Possibilité d'excursion jusqu'au mont Sv. Jure, le pic le plus élevé de Dalmatie et le 2ᵉ du pays (1 762 m). Il se trouve à 23 km de l'entrée du parc par une route également accessible en voiture si on le souhaite. Brochure en français sur place. On y trouve un plan du parc très simplifié. Il vaut mieux acheter une carte détaillée avant de venir pour suivre les chemins de rando.

LA DALMATIE CENTRALE

🅇 Les villages autour de Vrgorac : certains n'ont (presque) pas changé d'aspect depuis le XVIIe ou le XVIIIe s. À **Kokorići,** village situé à 6 km au sud-ouest de Vrgorac, se trouve l'intéressant ethno-village (voir plus haut « Où séjourner dans les environs ? »). Possibilité de randonnées et d'activités sportives sur une ou plusieurs journées. À la saison des vendanges, on boit la *bikla,* boisson typique du coin qui donne lieu à une fête le 2e week-end d'octobre à Vrgorac.

FIGURES DE STÈLES

Les stèles bogomiles, qu'on estime à près de 40 000 en Bosnie, Serbie et Croatie, ne portent généralement pas de croix, mais on peut y observer des symboles gravés (figures, emblèmes...) à la signification mystérieuse, en particulier la main levée que certains considèrent comme un appel à une force supérieure. Le bogomilisme, rappelons-le, est une religion proche du christianisme qui a inspiré le catharisme.

À **Stilja,** à 6 km au nord-ouest de Vrgorac, on peut voir des sépultures bogomiles éparpillées dans la nature. Influencés par le manichéisme iranien, persécutés par les catholiques et les orthodoxes, les bogomiles étaient très répandus dans les Balkans au Moyen Âge, principalement sur le territoire de l'actuelle Bosnie-Herzégovine. Ils furent pourchassés par l'Église, avant de disparaître.

EXCURSION EN BOSNIE-HERZÉGOVINE

| • Mostar ....314 | • Međugorje : |
| • Blagaj • Počitelj | le delta de la Neretva |

MOSTAR
128 500 hab.

(88000 pour Mostar-Ouest, 88104 pour Mostar-Est)
IND. TÉL. : 00-387 (code pays) et 036 (code régional)

• Plan *p. 317*

Bienvenue à Mostar, capitale de l'Herzégovine, à seulement 130 km de Sarajevo. Il y a peu, et encore aujourd'hui dans l'inconscient collectif, qui eût cru que l'on pourrait dire (ou redire) « bienvenue » dans cette ville et ce pays recomposés, recousus devrait-on dire, dont les images de guerre et de dévastation ont fait le tour du monde dans les années 1990 ?
Mais alors, il n'y a plus de problème de sécurité ? Et le Vieux-Pont tient-il encore debout ? Non, la sécurité ne pose aucun problème, et, oui, le Vieux-Pont a été reconstruit à l'identique, comme toute la vieille ville, d'ailleurs. Depuis 2005, celle-ci est inscrite au Patrimoine mondial de l'Unesco, comme une protection symbolique prenant le monde à témoin.
Mais quel contraste aujourd'hui... La vieille ville, entièrement restaurée, regorge de restaurants et de boutiques de souvenirs à destination des touristes. En fait, les stigmates de la guerre se voient surtout à l'extérieur de celle-ci, sur certains édifices publics criblés d'impacts ou à travers les panneaux accrochés à des pans de mur branlants et prévenant que la sécurité n'est pas assurée en attendant d'hypothétiques réhabilitations. La blessure

humaine n'est pas encore refermée. Mais les touristes reviennent, et en masse ! La plupart en excursion à partir de la Croatie. Ceux qui auront préféré passer une nuit dans la ville (et ils auront eu bien raison !) iront faire une balade dans les environs pour profiter de la fraîcheur des vallées pendant ces quelques heures. Ils auront ainsi le privilège d'apprécier pleinement la vieille ville en matinée et surtout en soirée quand le calme est revenu...

UN PEU D'HISTOIRE, ÉVIDEMMENT...

L'Herzégovine, d'abord illyrienne, passe sous domination romaine un peu avant la Bosnie. Au IVe s, la séparation entre l'Empire romain d'Occident et l'Empire byzantin préfigure l'écartèlement de la future Bosnie-Herzégovine. Aux siècles suivants, les Slaves du Nord peuplent la région. La population se convertit au christianisme, se partageant entre Rome et Byzance. Les luttes d'influence entre les 2 empires sont violentes et aboutissent au fameux grand schisme de 1054. Du Xe au XVe s, on assiste à l'avènement de la royauté bosniaque, parfois sous tutelle hongroise, parfois sous domination serbe. Au XVe s, Stjepan Vukčić, noble bosniaque, fait de l'Herzégovine un duché indépendant (*herceg* signifiant « duché »).

Entre 2 civilisations

Le nom de Mostar est mentionné pour la 1re fois en 1474. Les Ottomans viennent juste d'envahir la région, en 1468. Les conversions à l'islam sont nombreuses, et Mostar commence à prospérer. La Bosnie devient une province occidentale de l'Empire ottoman. Mais elle reste à la frontière des 2 civilisations et, en 1630, elle est dotée d'un statut spécifique dans le but d'attirer – par des exemptions fiscales – le plus possible de chrétiens fuyant l'Empire ottoman. Au XIXe s, de nombreuses insurrections font basculer à nouveau la région dans le monde occidental, en l'occurrence l'Empire austro-hongrois. Mostar connaît à nouveau un développement économique et culturel majeur. Au début du XXe s, la ville est peuplée, entre autres, de musulmans, de Croates catholiques et de Serbes orthodoxes.

Des 2 guerres mondiales à la Yougoslavie

L'idée de créer un État indépendant pour les Slaves du Sud est en germe et préfigure la future Yougoslavie. Mais le prince François-Ferdinand est assassiné à Sarajevo en 1914 par un nationaliste serbe dans le but politique de rattacher la Bosnie à la Serbie. On connaît la suite : c'est la Première Guerre mondiale. Fin 1918, la Bosnie intègre un royaume multiethnique (serbo-slovéno-croate), qui devient royaume de Yougoslavie en 1929 sous une autorité serbe, contre l'avis des nationalistes croates et slovènes. Pendant la Seconde Guerre mondiale, la Bosnie est intégrée à « l'État indépendant croate », qui collabore avec l'Allemagne nazie. Après la guerre, Tito gèle les haines et les conflits sous le glacis de la Yougoslavie communiste. En Bosnie, on peut être bosno-musulman, bosno-croate ou bosno-serbe. Tito accorde à la Bosnie une présidence tripartite en 1974.

La guerre des nationalismes

Après la mort de Tito en 1980, les tensions réapparaissent, et la situation économique se dégrade. En 1990, les 1res élections multipartites depuis la guerre voient éclore les partis nationalistes de tous bords. En 1992, un référendum boycotté par les Serbes proclame l'indépendance de la Bosnie-Herzégovine le 6 avril. Le jour même, les premiers combats ont lieu à Sarajevo. Le conflit s'étend finalement entre toutes les communautés, faisant 200 000 morts et mettant fin au mythe de la coexistence pacifique. Pour plus de détails, lire notamment les paragraphes « La guerre en Bosnie-Herzégovine » et « La reconquête de l'intégrité territoriale croate » dans la rubrique « Histoire » (« Hommes, culture, environnement »).

Le Vieux-Pont, symbole de Mostar

À Mostar, musulmans et Croates s'affrontent aussi, ces derniers détruisant symboliquement le Vieux-Pont (en 1993), ce vénérable symbole de la passerelle entre l'Orient et l'Occident, créant une ligne de séparation entre Mostar-Est, la musulmane, et Mostar-Ouest, la croate. Finalement, l'Occident s'implique dans la résolution du conflit, et les accords de Dayton sont signés en novembre 1995. Constituée de 2 entités autonomes (la Fédération croato-musulmane et la *Republika Srpska*), la Bosnie-Herzégovine est indépendante, mais sous tutelle des Nations unies. En 2002, elle entre au Conseil de l'Europe. La communauté internationale a depuis injecté de l'argent pour la reconstruction, comme le prouve la restauration à l'identique en 2004 de la vieille ville et la reconstruction du Vieux-Pont.

Arriver – Quitter

En voiture

➢ Depuis **Split** ou **Dubrovnik,** prendre la route littorale jusqu'à Opuzen, en face de la presqu'île de Peljesac, et tourner au panneau « Mostar » (notez qu'en venant de Dubrovnik on traverse déjà l'enclave bosniaque de Neum, seul accès à la mer de la Bosnie-Herzégovine). La frontière principale se trouve à Metković. Il y a des accès secondaires possibles, notamment depuis Makarska et Vrgorac par une jolie route de montagne passant ensuite par Medugorje, mais c'est plus long. Attention aux contrôles, la vitesse est limitée à 50 ou 60 km/h en moyenne sur la route principale M 17. Phares obligatoires. L'essence coûte un peu moins cher qu'en Croatie.

En bus

Gare routière (*Autobusna Stanica ; plan A-B1*) : trg I. Krndelja br. 4, soit à l'entrée de la ville en arrivant de Sarajevo, au nord du centre-ville. Bureau de la compagnie **Autoprevoz-Bus** et **point d'accueil touristique** efficace (voir « Adresses et infos utiles »). ☎ 552-025. ● autoprevoz.ba ● Consigne à bagages dans la gare, à gauche des guichets (compter 1 €).
➢ *Dubrovnik :* au départ de Mostar, 3 bus/j. 7h-12h30. Dans l'autre sens, également 3 bus/j. 8h-17h15. Durée : 2h30.
➢ *Split :* au départ de Mostar, env 3-5 bus/j. selon saison 7h-23h30. Au départ de Split, 3-4 bus/j. 9h30-17h. Durée : 4h.
➢ *Korčula (Vela Luka) :* en principe, départ de Mostar mar et ven-sam à 13h30 (seulement ven hors saison). Retour mer-jeu et dim.
➢ *Sarajevo :* au départ de Mostar, 6 bus/j. 6h-18h15. Au départ de Sarajevo, env 7 bus/j. 6h-20h. Un peu moins bien hors saison. Durée : 2h30.
➢ *Zagreb :* 3 bus/j. en saison 9h-22h. Durée : 9h.

En train

Gare ferroviaire (*Železnska Stanica ; plan A1*) : sur Maršala Tita, à côté de la gare routière.
➢ 2 trains/j. relient Mostar à *Sarajevo* en 2h20. Également 2 trains/j. de Mostar à *Ploče* (Croatie) ; compter 1h30 de trajet. Bon à savoir, la Bosnie-Herzégovine fait partie de la communauté *InterRail*.

En tour organisé

Avec les agences croates, au départ de Dubrovnik ou de Split. Mais vous ferez sans doute l'A/R dans la journée, ce qui est franchement court. Passez donc au moins une soirée à Mostar, cette ville à l'histoire si particulière le mérite bien. On l'apprécie bien davantage en dehors du flux touristique des excursions à la journée.

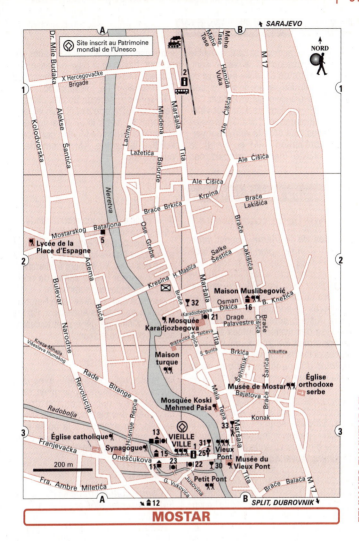

MOSTAR

LA DALMATIE CENTRALE

Adresses utiles
- 1 Office de tourisme (B3)
- 2 Point d'accueil touristique de la gare routière (A-B1)
- 5 Centre culturel français (A2)
- 13 Almira Travel Agency (A3)

Où dormir ?
- 11 Pansion Oscar Summer Garden (A3)
- 12 Pansion Rose (hors plan par A3)
- 13 Hotel Almira (A3)
- 15 Motel Emen (A3)
- 16 Maison Muslibegović (B2)

Où manger ?
- 21 Aščinica Saray (B2)
- 22 Cevabzinica Tima-Irma (B3)
- 23 Konoba Taurus (A3)

Où manger une glace ?
- 25 Caffé Slastižarna (B3)

Où boire un verre ? Où danser ?
- 30 Caffé Lounge (B3)
- 31 Tabhana (B3)
- 32 Terrasses de Braće Fejića (B2)
- 33 Ali Baba (B3)

Formalités et infos utiles

– **Papiers :** se munir de sa carte d'identité ou de son passeport et, le cas échéant, de son permis de conduire (national ou international), des papiers de son véhicule et d'une assurance couvrant le pays.
– **Argent :** en Bosnie-Herzégovine, pays multiethnique, il y a 3 monnaies autorisées, qui sont le *mark* convertible (abréviation : KM ou BAM), la *kuna* croate (dans la plupart des établissements) et l'*euro,* accepté partout, bien que le pays ne fasse pas encore partie de l'UE. Sachez que 2 marks valent 1 €. Facile, donc !
– **Téléphone :** hors de Bosnie, composer le 00-387 (code pays), puis le code régional 36 (sans le 0) et le numéro. Hors de la région de Mostar, composer le 036 et le numéro. À Mostar même, le numéro seul.

Adresses et infos utiles

Informations touristiques

Office de tourisme *(Tourist Information Centre ; plan B3, 1)* : *Rade Bitange 5.* ☎ *580-275.* ● *hercegovina.ba* ● *Dans la vieille ville. Tlj 9h-21h (8h-16h hors saison).* Peu efficace, mais on y trouve un plan de la ville et quelques brochures en anglais (parfois en français). Juste à côté, l'agence *Fortuna* propose des visites guidées pour les groupes, mais les guides sont vraiment jeunes et inexpérimentés.

Point d'accueil touristique de la gare routière *(plan A-B1, 2)* : *sur Maršala Tita, au nord du centre.* ☎ *551-900. Lun-sam 8h-16h (14h sam).* Géré par la compagnie **Autoprevoz-Bus**. Efficace, souriant, et on y parle l'anglais, parfois le français. Brochures et liste d'hôtels. Change (commission).

■ **Almira Travel Agency** *(plan A3, 13)* : *Rade Bitange bb.* ☎ *551-406.* 📱 *61-21-25-70.* ● *a.travel@bih.net.ba* ● *almira-travel.ba* ● *Tlj 8h-19h.* Avant de monter sa petite agence, Almira, charmante francophone, a travaillé auprès de Pechiney et de la SFOR (ONU). Elle a aussi vécu quelques mois à Toulouse en 1994 à cause de la guerre. Aujourd'hui, elle est bien décidée à faire partager aux touristes francophones sa connaissance de Mostar et de la Bosnie. On vous recommande sa visite guidée de la ville, intéressante *(20 €/pers),* ainsi que ses excursions guidées en français (Sarajevo, Blagaj, Počitelj, la route des Vins...). Elle peut évidemment vous proposer toutes sortes de prestations touristiques (notamment un rafting sympa dans la vallée de la Neretva). Location de voitures également. Bonne source d'infos en général et excellent accueil pour nos lecteurs.

Argent, change

Le mieux est d'être venu avec des euros ou des *kunas* puisqu'ils sont acceptés partout. Sinon, on trouve facilement des distributeurs de billets en ville, par exemple à la poste (voir plus haut) ou dans les banques de la même rue (Braće Fejića).

Culture

■ **Centre culturel français** *(Francuski Kulturni Centar Mostar ; plan A2, 5)* : *Kalajdžića 1.* ☎ *558-845.* ● *institutfrancais.ba* ● *Dans une ruelle face à l'Hotel Bristol.* Cours de français, expos artistiques dans l'ancien hammam et spectacles à la Maison de la culture. Peut être utile également en cas de pépin.

Où dormir ?

CAMPING

Pas de camping à Mostar même, mais on pourra en trouver plusieurs à **Blagaj**, à une dizaine de kilomètres au sud-est de la ville (voir « Dans les environs de Mostar »).

MOSTAR / OÙ MANGER ? | **319**

PENSIONS ET HÔTELS

Bon marché

▲ **Pansion Oscar Summer Garden** *(plan A3, 11)* : *chez Nazif Derviškadić, Onešćukova 33.* ☎ *580-237.* 📱 *61-82-36-49.* ● *pansionoscarsummergarden. com* ● *Tte l'année. Juin-sept, compter 14-22 €/pers avec sdb commune ou privée ; petit déj 5 €. CB refusées.* Bien placé dans la vieille ville, au-dessus du Petit-Pont (mais pas de vue). 3 chambres mansardées avec salle de bains commune et machine à laver, à l'étage de la maison principale de style ottoman. Également d'autres chambres avec salle de bains privée dans un bâtiment annexe, de bon confort, avec clim, TV et balcon pour certaines. Dans la cour, cocktail-bar le soir en saison. Un excellent rapport qualité-prix !

Prix moyens

▲ **Pansion Rose** *(hors plan par A3, 12)* : *Bulevar bb.* ☎ *578-300.* 📱 *61-60-99-00.* ● *pansion-rose.ba* ● *Tte l'année. Avr-oct, compter 45 € pour 2, petit déj inclus ; familiale 5-6 pers 80 €. CB refusées.* Réduc de 10 % pour les résas en direct sur présentation de ce guide. Malgré sa position un brin excentrée sur le grand boulevard qui ceinture le centre-ville, la pension *Rose* est très accueillante. Les chambres sont rénovées, insonorisées, avec salle de bains, clim et TV satellite. Agréable déco moderne et bon confort. Cuisine commune et parking privé. La patronne est chaleureuse et le patron parle le français.

▲ |●| **Hotel Almira** *(plan A3, 13)* : *Rade Bitange bb.* ☎ *554-310.* 📱 *61-21-25-70.* ● *almira-hotel.ba* ● *Tte l'année. Avr-nov, doubles env 50-60 €, petit déj et parking compris ; familiale 80 €. Repas 8-10 €.* Almira Grčić ne s'est pas contentée de son agence de voyages (voir plus haut « Adresses et infos utiles »), elle a également réalisé un projet longuement mûri : ouvrir un petit hôtel (16 chambres) dans le centre historique, avec de belles vues sur le Vieux-Pont. Chambres claires, de bon confort (clim, TV écran plat), mobilier en bois de qualité. L'ensemble a été bien pensé. Parking et garage. Une bonne adresse.

▲ **Motel Emen** *(plan A3, 15)* : *Onešćukova 32.* ☎ *581-120.* 📱 *61-84-87-34.* ● *motel-emen.com* ● *Tte l'année. Doubles 50-60 €, petit déj et parking inclus.* Tenu par une charmante patronne francophone, un hôtel moderne au design contemporain qui détonne à Mostar. Les chambres, confortables et raffinées, marient à merveille des couleurs harmonieuses. Éclairage bien pensé, TV satellite, clim, canapé en cuir moelleux, bains ou douche balnéo et terrasse pour les plus grandes ; l'hôtel, idéalement situé à deux pas du Vieux-Pont, a beaucoup d'atouts ! Le resto, qui accueille des groupes le midi, est moins convaincant. En revanche, agréable terrasse sur la rue piétonne.

Chic

▲ **Maison Muslibegović** *(plan B2, 16)* : *Osman Dikića 41.* ☎ *551-379.* ● *muslibegovichouse.com* ● *10 mars-10 nov. Doubles 75-90 € selon saison ; suite du pacha 105 € ; petit déj et parking inclus. CB refusées.* Cette belle demeure ottomane du XVIIe s, dont les parties communes sont ouvertes au public en journée (lire plus loin « À voir »), propose en service hôtelier de superbes petites chambres de charme. Toutes différentes, en boiserie et mobilier d'époque, elles sont de confort moderne avec clim, écran plat et salle de bains originale. Les suites du pacha au 2e étage, avec leur lit à baldaquin, sont de véritables petits nids d'amour. Accueil dévoué du gardien et de la jeune gérante, aux petits soins pour leurs hôtes. Un véritable coup de cœur pour ce lieu hors normes.

Où manger ?

On n'a pas beaucoup palpité du point de vue gastronomique. Cependant, les amateurs de cuisine roborative s'en mettront plein la panse pour pas cher, c'est déjà ça. Le plat le plus courant et qui permet de goûter à tout est l'assiette bosniaque *(bosanski sahan)*. Finir par le traditionnel et savoureux café local, bosniaque lui aussi, et que certains habitants refusent d'appeler « café turc » même s'il lui ressemble évidemment beaucoup... Il est généralement servi dans une cafetière miniature, et la tradition veut que l'on fasse des canards avec les sucres (coin-coin).

De bon marché à prix moyens

I●I Plein de *petits snacks-restos* dans la vieille ville pour se nourrir pour trois fois rien, autour de 2-3 € le plat.

I●I 🍽 **Aščinica Saray** *(plan B2, 21)* : *Karadzobegova 3 ul. 59.* ☎ *62-322-962. Dans la rue la plus animée du centre-ville menant à la vieille ville. Tlj 7h-23h. Plats 5-7 €.* Ce petit resto de quartier propose les plats bosniaques traditionnels. Honnête cuisine de cantine à prendre en salle ou en terrasse : *dolma, piletina* (poulet), soupe de veau *(teleća čorba)*... Sert aussi le petit déj, de bonnes salades et des pâtisseries orientales.

I●I **Cevabdzinica Tima-Irma** *(plan B3, 22)* : *Oneščukova bb.* ☎ *66-905-070. Tlj 7h-23h. Assiettes 5-7 €.* Une adresse qui fait le plaisir des touristes depuis plus de 30 ans. On y vient notamment pour ses bonnes viandes grillées (plateau pour 2 ou pour 4). Serveurs en costume traditionnel, déco qui l'est tout autant. Excellent accueil.

I●I 🍹 **Konoba Taurus** *(plan A3, 23)* : *Kriva Ćuprija 4.* ☎ *580-809. Plats 5-10 €.* Un vrai coup de cœur pour cette jolie taverne au bout du Petit-Pont où l'on se régale de plats traditionnels copieusement servis. Quand la température estivale atteint les 45 °C, il est bien plaisant de se poser sur la fraîche terrasse dominant la rivière Radobolja ou dans la salle climatisée décorée d'outils agricoles. Bonnes truites grillées et assortiment de viandes *(mjesano meso)* qui ne décevra pas les gros mangeurs.

Où manger une glace ?

🍦 **Caffé Slastižarna** *(plan B3, 25)* : *Onešćukova bb. Tlj 8h-22h.* Au bout du Vieux-Pont, côté ouest, sympathique café en terrasse proposant un bon choix de glaces à déguster sur place ou sur le pont en regardant les plongeurs.

Où boire un verre ? Où danser ?

🍷 🍹 **Caffé Lounge** *(plan B3, 30)* : *sans nom, sans adresse et sans tél, et très facile à trouver, en bordure de la Neretva, au pied du Vieux-Pont.* Installé sur de gros coussins moelleux ombragés, c'est de ce café en plein air que vous aurez, incontestablement, le meilleur point de vue sur le pont. Quel plaisir de se poser dans ce coin tranquille en journée pour observer l'agitation sur le pont (et le saut des plongeurs) ou en soirée pour jouir de son bel éclairage et d'une atmosphère tellement romantique !

🍷 **Tabhana** *(plan B3, 31)* : *dans la vieille ville, face à l'office de tourisme.* L'un des lieux les plus fréquentés par les jeunes de Mostar, une cour fermée regroupant quelques cafés dans d'anciens ateliers du cuir. Mais l'endroit est parfois désert en semaine.

🍷 🍹 Plein de **terrasses** remplies de jeunes dans les bars de la partie piétonne de la *rue Braće Fejića (plan B2, 32)*, qui mène de la vieille ville à la gare.

🍷 🎵 **Ali Baba** *(plan B3, 33)* : *Mala Tepa bb (également une entrée par la rue Maršala Tita). Tlj en saison, jusqu'à 4h. Entrée libre, conso autour de 2 €.* Un bar-boîte dans une grotte, le lieu est original ! Frais en journée pour boire un verre, le lieu se transforme en club branché le soir. Vaste bar, vidéo sur grand écran, coin VIP sous tente et quelques coins en hauteur pour se poser et humer l'ambiance électrique du lieu.

À voir

⊙ 🏛🏛🏛 **La vieille ville** *(Stari Grad)* : entièrement restaurée et inscrite sur la liste du Patrimoine mondial de l'Unesco en 2005, elle est évidemment la principale raison de votre visite à Mostar. On se balade dans ses superbes ruelles anciennes, pavées et restaurées, et dans l'ancien quartier *Kujundziluk*, du nom des orfèvres ottomans de l'époque turque. Hélas, ce vieux bazar est envahi de marchands de souvenirs qui proposent pour certains des objets d'un goût douteux (armes et douilles datant de la guerre, insignes nazis...).

🏛🏛🏛 **Le Vieux-Pont** *(Stari Most ; plan B3)* : construit entre 1557 et 1566, c'est le symbole de Mostar, connu dans le monde entier depuis son bombardement par les forces croates le 9 novembre 1993. Il a été reconstruit à l'identique de 2001 à 2004. On créa même une école de tailleurs de pierre pour l'occasion, car les pierres d'origine, restées dans l'eau trop longtemps,

> **COURAGE, FUYONS !**
>
> La légende raconte que l'architecte Mimar Hajrudin, effrayé par l'audace de sa construction, prit prudemment la fuite avant la fin des travaux de construction du pont, en 1566. Il savait bien qu'en cas d'échec sa tête s'en irait à Istanbul orner une niche prévue à cet effet par le sultan Suleyman Ier...

étaient inutilisables. Pont à une seule arche en dos d'âne, c'est un chef-d'œuvre de simplicité dont il faut effectuer l'ascension (si, si, vous verrez, ça grimpe) non seulement dans la journée mais aussi le soir quand il est superbement éclairé. Sa belle arche, qui mesure 28,20 m et se situe à 27 m au-dessus de la rivière, semble tendue comme la flèche d'un arc en suspension au-dessus de l'eau, comme par miracle. On raconte qu'en 1664, un amoureux téméraire fit le grand plongeon dans les eaux froides de la Neretva, pour épater sa fiancée. Depuis, l'acte de bravoure a fait des émules, et les plongeurs, un peu flambeurs, se succèdent pour le répéter. Un championnat a même été instauré en 1968 et la maisonnette Cardak au bout du pont est ouverte à qui veut y laisser ses vêtements pour effectuer le saut de l'ange. De jeunes Bosniaques désargentés attendent chaque jour sur le pont de réunir les 25 € quémandés aux quidams pour s'offrir en spectacle. On regrette malgré tout le côté mercantile du dangereux exploit.

🏛 **Le musée du Vieux-Pont** *(muzej Stari Most ; plan B3)* : *Mala Tepa bb.* ● *muzej hercegovine.com* ● *Au bout du Vieux-Pont, côté ouest. Avr-oct, tlj 10h-18h. Entrée : 2,50 €.* Installé dans la tour qui domine le Vieux-Pont, un petit musée confidentiel retraçant sur 5 niveaux la construction originale de l'édifice. En fait, pas grand-chose à voir, à part quelques panneaux et schémas explicatifs. Le chemin de ronde au sommet n'offre qu'une vision réduite de la vieille ville par de petites fenêtres. Le plus intéressant se trouve dans les souterrains de la tour, accessibles par un petit escalier à droite de l'entrée. Une fois passé un petit labyrinthe où sont effectuées des fouilles archéologiques, on accède à une salle d'expo marbrée retraçant la réhabilitation du pont à travers les siècles et la diffusion d'une vidéo montrant sa reconstruction d'après-guerre.

🏛🏛 **Le Petit-Pont** *(Kriva Ćuprija ; plan B3)* : construit en 1558 par les Turcs, son nom signifie le « pont recourbé » ; il fut conçu sur le modèle du pont romain en arc semi-circulaire et aurait servi de prototype au Vieux-Pont. Malheureusement, il s'est effondré en 1999 suite à des inondations. Il a été reconstruit avec le soutien de l'Unesco et du Luxembourg. Son arche mesure 8,56 m de long et se trouve à 4,15 m de hauteur au-dessus de la Radobolja, petit affluent de la Neretva. Il est mignon comme tout et offre en plein été, quand la température atteint les 45 °C, un lieu de fraîcheur très recherché aux terrasses des restaurants qui le bordent. Mostar comptait une vingtaine de ponts sous la période ottomane.

322 | LA DALMATIE CENTRALE / EXCURSION EN BOSNIE-HERZÉGOVINE

La Maison turque (Biščevića Ćošak ; plan A3) : *Biščevića ul. 13.* ☎ *550-677. Avr-oct, tlj 8h-19h ; le reste de l'année, tlj 9h-15h. Entrée : 2 €.* Une des demeures turques les mieux conservées de Mostar. Elle date de 1635 et appartient toujours à la même famille aujourd'hui. Elle est typiquement turque : pavement de la cour avec des motifs représentant des kakis, fontaine ornée de symboles, murs hauts protégeant les jeunes filles des regards indiscrets et répartition des pièces entre hommes et femmes. Dans la cour, cuisine à l'ancienne, évidemment le domaine de la femme. On se déchausse ensuite pour monter à l'étage dans la partie en bois de la maison. Salon des femmes avec métier à tisser, meubles en noyer sculptés de motifs floraux et pièce des enfants attenante. Puis c'est la chambre du pacha de la famille qui, bien sûr, est lumineuse, car elle donne sur la rivière Neretva. La pièce, où l'on recevait les invités, est soutenue par de très longs piliers. Belles portes sculptées. Une jolie visite.

La maison Muslibegović (Muslibegovića kuća ; plan B2) : *Osman Dikića 41.* ☎ *627-807.* • *muslibegovichouse.com* • *De mi-avr à mi-oct, tlj 10h-13h, 16h-18h. Entrée : 2 €.* Somptueuse résidence privée d'une riche famille ottomane du XVIIe s, restaurée en 1871, dans une cour pavée aux motifs de l'étoile de David, utilisée également à cette époque par les musulmans. La visite, guidée et en costume, fait revivre le quotidien de cette noble famille de marchands. Tout est en boiserie originale (sol et plafond). On passera du salon d'accueil avec mannequins en cire vêtus d'habits traditionnels aux pièces à vivre, telle cette chambre avec couverture brodée de soie et de fils d'argent, ou le salon privé des hommes, puis celui des femmes bénéficiant d'une vue sur la vieille ville. Le tout est agrémenté de mobilier finement ciselé et d'objets de la vie courante. Les chambres ne se visitent pas car réservées en chambres d'hôtes (voir « Où dormir ? » plus haut) pour qui veut vivre la vie de pacha.

Le musée de Mostar (muzej Hercegovine Mostar ; plan B3) : *Bajatova 4.* ☎ *551-602.* • *muzejhercegovine.com* • *Dans l'escalier au pied de la tour de l'Horloge. Tlj sauf lun 10h-18h (9h-15h hors saison). Entrée : 2,50 € ; réduc.* La porte n'est pas toujours ouverte, alors poussez-la. Petit musée ethnologique avec du mobilier ottoman sculpté, des objets usuels, outils agricoles, bijoux anciens, vestiges archéologiques, etc. Un brin vieillot mais sympa malgré l'absence de traductions en anglais. Le plus émouvant est sans doute ce petit film diffusé dans la vieille salle de projection et qui retrace l'histoire de la ville en 10 mn, depuis l'insouciance des années 1960 jusqu'aux bombardements du Vieux-Pont, sa reconstruction et son inauguration en 2004.

Les mosquées : pendant la période ottomane, du XVe au XIXe s, on compta jusqu'à 36 mosquées à Mostar. Toutes les mosquées de la ville portent le nom et le prénom du généreux donateur à l'origine de sa fondation. Toutes sauf une, *Tabačica,* face à l'office de tourisme. Son nom signifie « employés », car elle fut financée par les ouvriers tanneurs qui travaillaient dans le secteur (notamment à l'emplacement de l'actuel café *Tabhana* juste en face, voir plus haut « Où boire un verre ?... »). Petit droit d'entrée. Par ailleurs, sachez que toutes les mosquées ont leur minaret bâti sur la droite quand on les regarde. Seule la mosquée de la rue Velika Tepa a le minaret à gauche. Pourquoi ? Tout simplement parce que cette mosquée n'avait pas reçu l'aval du sultan. La quasi-totalité des mosquées furent détruites pendant la guerre et particulièrement leurs minarets, qui offraient un lieu recherché pour un tireur embusqué. Leur reconstruction à l'identique a été parfaitement réalisée.

La mosquée Koski Mehmed Paša (plan B3) : *à 100 m du Vieux-Pont. Tlj 9h-18h (15h nov-mars). Entrée : 3 € ; 6 € avec accès au sommet du minaret.* Cette mosquée date de 1617. C'est sans doute la plus élégante. Ses couleurs et sa décoration d'origine sont les mieux conservées de la ville. Fontaine au centre pour les ablutions et petit cimetière. On ne manquera pas d'accéder au sommet du minaret par ses 89 marches très étroites en colimaçon (à éviter en cas de grosse affluence). Du haut de ses 28 m, la vue sur le Vieux-Pont et la Neretva est la plus belle de la ville.

🕌 **La mosquée Karadjozbegova** *(plan B2) : Braće Fejića, la rue principale menant à la vieille ville. Entrée : 2,50 € ; 5 € pour le minaret.* C'est la plus vieille mosquée de Mostar (1557), mais elle a subi plusieurs fois des bombardements. Restaurée avec l'aide de la Turquie. En face, cimetière des victimes de la guerre, la plupart des tombes datent de 1993. Cimetière bien plus ancien de l'autre côté.

🕌 **L'ancien hammam** *(plan B3) : à droite de l'office de tourisme, reconnaissable à son dôme. Mai-oct, tlj 10h-16h. GRATUIT.* Expos temporaires d'artistes régionaux organisées à tour de rôle par le Centre culturel français (voir plus haut « Adresses et infos utiles ») et la Turquie. Il faut dire que le lieu a été rénové à 80 % par la France et à 20 % par l'État turc.

🕌 **Le lycée de la place d'Espagne** *(plan A2) :* situé sur l'ancienne ligne de démarcation entre Mostar-Ouest et Mostar-Est, sa belle façade austro-hongroise à l'architecture maure date de 1893. La récente restauration de ce bâtiment très abîmé pendant la guerre lui a redonné ses couleurs orangées, très flashy, qui détonnent parmi les autres constructions environnantes encore criblées de balles.

🕌 **L'église catholique** *(plan A3) :* son édification fut autorisée par le sultan de la ville en 1866. Détruite pendant la guerre, elle a été reconstruite, mais, faute de crédits, sa façade cimentée et terne attend toujours un bon coup de peinture.

🕌 **La synagogue** *(plan A3) : à côté de l'église catholique.* Anciennement située sur les hauteurs de la ville, côté est, elle fut détruite pendant la guerre. Ses ruines ont été offertes à la Ville qui en a fait un théâtre de marionnettes ! Un projet de nouvelle synagogue est à l'étude sur ce terrain vague où une stèle a été posée. À côté de l'église catholique et à proximité des mosquées, sa reconstruction attendue est tout un symbole pour que la ville retrouve sa grandeur multiculturelle et multiethnique, au carrefour des civilisations.

DANS LES ENVIRONS DE MOSTAR

BLAGAJ *(88201)*

À la sortie de Mostar par la M 17 en direction de Dubrovnik, prendre à gauche sur 9 km. Accessible par la navette Mostar Bus au départ de l'arrêt Lira face au terminal des bus ou de la pl. d'Espagne (compter 7 bus/j. 7h10-19h10).
Prononcer « Blagaye ». C'est un village bien plus ancien que Mostar. Les Illyriens implantèrent un village fortifié sur la montagne au IIIe s av. J.-C., que les Romains transformèrent en château fort. Au XVe s, la famille noble des Kosača en fit un château féodal, agrandi aux siècles suivants mais endommagé par le tremblement de terre de 1827. Il fut abandonné en 1835. On aperçoit toujours ses vestiges en levant la tête.
Une agréable balade le long de la rivière Buna, jusqu'à sa source, est l'occasion d'admirer quelques maisons du XVIIe s agrémentées de grenadiers (symbole de Mostar), avant de boire un verre ou de manger une truite au bord de l'eau. La source de la rivière Buna, au pied de la Maison des derviches, est un lieu saint. Personne ne s'y baigne. Ferme d'élevage de truites non loin de là et *maison de la famille Velagić* un peu avant, classée Monument historique et que l'on peut visiter sur demande.

Où dormir ? Où manger ?

River Camp Aganovac : *dans le village, à droite.* 61-16-94-95. ● camping-blagaj.com ● *Tte l'année. Résa conseillée. Compter env 15 € pour 2 avec tente et voiture, taxes comprises. CB refusées.* Adorable petit camping de quelques places en bordure de la rivière. Ombragé, frais, il fera le régal des amateurs de petits coins de nature bien préservés et des pêcheurs de truites. Sanitaires très simples et cuisine à dispo. Location de tentes.

Autocamp Mali Wimbledon : *à droite avt l'entrée du village.* 62-48-00-87. ● campingmostar.ba ● *Avr-oct. Compter 13-17 € pour 2.* Un petit terrain déplumé et sans ombre qui peut dépanner, faute de mieux, pour 1 nuit ou 2 un camping-car. Bar, sanitaires très propres et bon accueil d'une famille francophone. Propose également quelques chambres *(30-34 €)*. Terrain de foot et court de tennis herbeux, comme à Wimbledon.

Villa Velagić : *Branilaca Bosne bb.* ☎ 572-373. 61-70-70-88. ● villavelagic.com ● *Dans le village, prendre à droite face au cimetière (fléché). Double 50 €, petit déj compris. CB refusées.* Attention, ne pas confondre avec l'éco-musée du même nom sur le chemin de la Maison des derviches (voir plus haut). Dans une belle maison moderne avec terrasse dominant la rivière, 8 chambres confortables et spacieuses avec un brin de couleur et douche à hydrojets pour la plupart. Vaste salle à manger marbrée pour prendre le petit déjeuner ou le repas (sur résa), piscine dans le jardin et bon accueil. Pour une pause au calme.

Most : *prendre une rue à droite au centre du village, face au camping Aganovac, au bord de la rivière.* ☎ 572-998. *Compter 8 € pour une truite ou une anguille, 6 € pour une viande.* À l'écart des restos qui s'agglutinent autour de la Maison des derviches, une charmante petite auberge à l'allure de guinguette dans un décor bucolique et calme. La truite n'y est pas chère et on pourra la voir encore frétiller. Une salle également pour l'hiver. Un lieu accueillant et plein de fraîcheur.

À voir

La Maison des derviches (Tekijà) : *tt au bout de la petite route qui longe la rivière. Tlj 7h-23h (9h-20h en hiver). Entrée : 2 €. Parking payant.* Installée sous la roche, cette maison du XVe s abrite la confrérie mystique musulmane des derviches (tourneurs, danseurs et parfois, paraît-il, hurleurs !). À l'étage, après s'être déchaussé, couvert les jambes (et même la tête pour les femmes), on peut observer les sarcophages des chefs derviches. Joli plafond en bois sculpté dans la salle de prière à droite et toilettes avec ciel étoilé. Le reste des pièces est vide, donc peu de choses à voir. Librairie au rez-de-chaussée. Derrière la maison, c'est dans cette grotte que la rivière Buna prend sa source pour se jeter 7 km plus loin dans la Neretva. Des barques proposent en saison d'accéder au fond du gouffre. L'eau, transparente et poissonneuse, est à 10 °C.

POČITELJ

À 27 km au sud de Mostar, sur la M 17 en direction de Dubrovnik ; accessible également en bus local avec Mostar Bus. Accolé à la colline, un village-musée en vieille pierre, entièrement orienté vers la rivière Neretva et couronné de remparts à son sommet. Bâti au XVe s et entièrement reconstruit depuis la guerre, le village est une étape appréciée des touristes en excursion venant de Croatie et des artistes peintres qui lui redonnent vie. La mosquée, la tour de l'Horloge, l'ancien hammam et l'école coranique, tous bien restaurés, méritent une visite (mais l'intérieur n'est pas toujours accessible). On ne manquera pas de grimper par les ruelles escarpées jusqu'au château en ruine dominant la vallée de la Neretva. Quelques restos et chambres chez l'habitant.

MEĐUGORJE

À 25 km au sud-ouest de Mostar. Ce gros village est le lieu de pèlerinage catholique le plus important de l'ex-Yougoslavie depuis que la Vierge est « apparue » à 6 enfants du village en 1981 qui affirment que, depuis, elle leur apparaît chaque jour ou presque pour leur délivrer des messages. Non reconnues officiellement par l'Église, ces « apparitions » font débat et polémiques. Devenue le Lourdes local, la ville attire chaque année des centaines de milliers de visiteurs étrangers, certains venant même du bout du monde. Si vous n'êtes pas croyant, aucune autre raison de vous y rendre (pas de vieille ville, uniquement une église et des commerces de bondieuseries autour).

À faire dans le coin

Le delta de la Neretva : possibilité de faire du rafting au départ de Glavatičevo, à 70 km au nord-ouest de Mostar, pour une descente d'environ 30 km dans le profond canyon de la Neretva jusqu'à Konjic. Intéressante excursion également dans le marais Hutovo Blato près de Capljina au sud de Mostar, l'un des mieux préservés d'Europe. À bord d'un *trupica*, bateau local adapté à ce milieu, on appréciera une belle nature et de nombreux oiseaux des marais. S'adresser aux agences sur place ou à *Almira* à Mostar (voir « Adresses et infos utiles »). Activités également proposées par les agences croates de Split, voire de Dubrovnik.

L'ÎLE DE BRAČ

| • **Supetar**........................328 | de Lovrečina • Pučišća | • La grotte du Dragon |
| • Škrip • Dol • La plage | • **Bol**................................331 | • **Blaca**............................337 |

• Carte *p. 326-327*

À 1h de bateau et seulement une douzaine de kilomètres au sud de Split s'étend Brač (14 000 habitants), longue de 40 km et large de 12 km. C'est la 3e île de la côte adriatique par sa superficie (395 km^2) et la plus vaste des îles de Dalmatie centrale. La végétation y est abondante : pinèdes (pins d'Alep surtout), maquis et collines karstiques rocailleuses, traversées par des ravins, débouchant dans la mer par des criques de galets et des petits ports secrets. La côte nord est moins sauvage, moins élevée que la côte sud, abrupte. Les plongeurs apprécient surtout la partie du littoral entre Milna et Bol, et les plagistes vont à Bol.

UN PEU D'HISTOIRE

On pense que les Grecs avaient établi une petite colonie sur l'île, mais ce n'est pas prouvé. Après les périodes romaine et byzantine, des moines chrétiens se réfugièrent sur l'île, fuyant la menace ottomane sur le continent. De 1420 à 1797, l'île vécut sous l'administration vénitienne. Les vignes, les oliviers, un peu d'agriculture et la pêche : telles étaient les bases traditionnelles de l'économie. À l'apogée de la production viticole au début du XXe s, on délaissa

LA DALMATIE CENTRALE / L'ÎLE DE BRAČ

les oliviers et on les coupa. Pas de chance, la vigne française tomba malade. Le phylloxera s'exporta jusqu'en Dalmatie, contaminant les vignes de Brač qui, toutes, furent détruites par la maladie. Le vignoble n'a jamais été récupéré depuis.

Conséquence de ce désastre : les insulaires émigrèrent vers l'Australie, la Nouvelle-Zélande, le Canada ou le Chili, pays où vivent encore aujourd'hui quelque 50 000 descendants d'émigrés originaires de Brač. Brač est aujourd'hui moins peuplée qu'au début du XXe s.

PIERRE QUI ROULE

La clarté et la pureté de la fameuse pierre de Brač étaient célèbres du temps de Pline le Jeune. Une autre de ses caractéristiques est de durcir au contact de l'air. Cette pierre calcaire a servi à la construction du palais de Dioclétien et des maisons de Split. Elle se retrouve dans les grands monuments de Vienne et de Budapest, mais aussi au Reichstag de Berlin, et même au Vatican et à la Maison-Blanche.

L'ÎLE DE BRAČ / ARRIVER – QUITTER

LES ÎLES DE BRAČ, HVAR, ŠOLTA ET VIS

À présent, le tourisme représente l'un des facteurs du renouveau de l'île. Il n'est pas le seul. Les oliveraies y sont de plus en plus nombreuses, un signe des temps ! On dit même que la production d'olives pourrait suffire à la Croatie tout entière !

Arriver – Quitter

En bateau

Liaisons

➢ **Split :** une quinzaine de ferries (voitures et passagers) tlj en été entre le port de Split et celui de **Supetar,** dans le nord de l'île. Hors saison, au moins 5 A/R par j. Traversée : 1h. Env 155 Kn/voiture et env 33 Kn/pers. Un catamaran de la compagnie *Kapetan Luka* qui effectue la liaison Split-Dubrovnik s'arrête à **Milna.** 1 desserte/j. juin-début oct, 3-4 fois/sem en mai et oct. Un 2e catamaran de la même compagnie effectue également

la liaison Split-Dubrovnik, quotidiennement de mi-juin à mi-sept : il s'arrête à Bol (et continue sur Korčula et Sobra à Mljet avt d'arriver à Dubrovnik ; retour par les mêmes ports dans le sens inverse).
➢ **Makarska :** selon saison, 4-5 liaisons/j. entre Makarska et le port de **Sumartin,** situé à l'extrémité est de l'île. Mêmes tarifs que de Split.

➢ Également un catamaran 1 fois/j. entre **Split, Bol (île de Brač)** et **Jelsa (île de Hvar).**

En avion

✈ **Petit aéroport :** *à 15 km au nord de Bol.* ☎ *559-711.* • *airport-brac.hr* •
➢ **Zagreb :** 2 vol/sem (60 places) avr-oct assuré par *Croatia Airlines.*

Comment circuler ?

Il y a un bon réseau de bus sur l'île (voir plus loin « Arriver – Quitter » dans chaque commune). On peut également louer des scooters et des voitures (voir plus loin « Adresses utiles » à Supetar et à Bol) ou, bien sûr, embarquer son véhicule à bord des ferries venant de Split ou de Makarska. L'île ne compte que 4 stations-services : à Supetar, Bol, Milna et Sumartin. En principe, tlj 7h-21h en saison.

SUPETAR (21400) 3 225 hab. IND. TÉL. : 021

C'est ici qu'arrivent les ferries de Split. C'est un port agréable, à visage humain, qui s'étale entre mer et colline. Quelques grands hôtels se regroupent derrière la plage de Vela Luka et de nombreuses villas et pensions s'agglutinent au long de rues qui se coupent à angle droit entre la mer et la route périphérique. Au fait, pour ceux qui s'interrogeraient ou s'amuseraient du nom de la ville, *Supetar* signifie tout simplement « Saint-Pierre »...

Arriver – Quitter

En bus

– **Infos horaires :** ☎ *631-122 et à l'office de tourisme.*
Juil-août, liaisons avec :
➢ **Milna :** env 7 bus/j. (5 dim).

➢ **Bol :** 8-10 bus/j.
➢ **Sumartin :** env 5 bus/j. (3 dim).
➢ **Dol et Škrip :** env 3 bus/j. (1 dim). Liaisons un peu moins nombreuses le reste de l'année.

Adresses utiles

🛈 **Office de tourisme :** *sur le port.* ☎ *630-551.* • *supetar.hr* • *Juste à droite après le quai de débarquement, quand on descend du bateau. En saison, tlj 8h-22h (15h30 en mai et 1re quinzaine d'oct) ; de mi-oct à avr, lun-ven 8h-15h30.* Service aimable et efficace. Plein de docs gratuits, dont certains en français. Plan gratuit, horaire des bateaux, etc. Visites guidées de Supetar ou de l'île de Brač.

■ **Agences de tourisme :** on en compte une dizaine. Dans la liste, disponible à l'office de tourisme, on distinguera **Atlas,** *sur le port* (☎ *635-233*). Services habituels d'agence : logement chez l'habitant, excursions, réservations de billets, transports.
■ **Privedna Banka Zagreb :** *à gauche du resto* Palute *sur le port.* Distributeur de billets.
■ **MB** *(location de scooters et de*

voitures) : face à l'office de tourisme sur le port. ☎ *630-709.* 📱 *091-250-94-91.* ● *mb-rental.hr* ● *Tlj 7h-22h (20h hors saison).* Loue aussi des bateaux.

Où dormir ?

Logement chez l'habitant, pensions

Pas mal de panneaux bleus dans le village indiquant des locations privées de chambres et d'appartements. On peut également passer par l'une des agences citées dans « Adresses utiles ».

🏠 ■ **Rooms Sunce :** *Josipa Bana Jelačića 39A.* ☎ *631-435.* 📱 *091-222-06-84.* ● *roomsunce.com* ● *Dans le haut du village, quartier de Vojalo. 15 juin-15 sept (quelques possibilités hors saison). Doubles 38-68 € selon saison et standing, les plus chères avec sdb privative. Selon saison, 2-5 nuits min. CB refusées.* Dans un quartier calme et sympa, sur les hauteurs, une maison récente avec une courette blanche dotée d'une terrasse couverte. Un compromis entre la pension et l'AJ (chambres 2-4 lits), avec 3 catégories de chambres (*budget*, standard et supérieures). Cuisine, coin salon avec TV et petite terrasse. Petite vue sur la mer depuis les étages. Bon accueil en anglais.

■ **Fun Dive Club :** *rens à l'hôtel Waterman Svpetrvs.* 📱 *098-130-73-84.* ● *fundiveclub.com* ● *Mai-oct.* Bonne adresse pour la plongée.

🏠 ■ **Pansion Opačak :** *1 Svibnja 15.* ☎ *630-018.* ● *pension-opacak.com* ● *Dans le quartier de Pasike, à 5 mn de la plage d'Uvala Vela Luka. Mai-sept. Doubles 44-52 € selon saison, petit déj inclus. ½ pens possible. CB refusées.* Cette bonne maison en pierre du pays abrite une dizaine de chambres, toutes impeccables, propres et sans prétention. Le patron, ancien restaurateur en Allemagne, parle l'allemand et l'anglais. Accueil jovial.

Hôtel

🏠 ■ **Villa Adriatica :** *Vele Luke put 31.* ☎ *755-011.* ● *villaadriatica.com* ● *27 avr-18 oct. Doubles standard env 720-1 580 Kn, supérieures 790-1 925 Kn, petit déj inclus.* Dans une belle villa moderne, une série de chambres pas bien grandes mais aux couleurs pimpantes et à la déco agréable, avec une petite piscine et une terrasse. Jacuzzi et salle de sport. Pas donné quand même...

Où manger ? Où boire un verre ?

|●| ⚜ 🌴 **Restoran Punta :** *Punta 1, sur la pointe Saint-Nicolas.* ☎ *631-507. Derrière l'hôtel Svpetrvs, après le cimetière en direction de Vela Luka. Avr-oct. Viandes 70-140 Kn, poisson 300-400 Kn/kg.* Avec sa terrasse sur la jetée, face à la mer, le resto tourne un peu le dos au complexe hôtelier, et à l'attraction touristique (sauf en été bien sûr). La salle est plutôt chic, mais on vient ici, évidemment, pour manger les pieds dans l'eau. Ça tombe bien, le poisson est frais et bien préparé, il faut juste ne pas oublier de demander son poids à la commande pour ne pas avoir de surprise sur la facture. En entrée, belles salades de poulpe ou de thon.

Également des grillades pour les carnivores. Bon service.

|●| **Konoba Vinotoka :** *Jobova 6.* ☎ *630-969. Très proche du port, dans la ruelle centrale qui part de la pl. principale. De mi-mai à fin oct. Tlj 15h-minuit (23h hors saison). Plats 60-120 Kn, poisson 200-350 Kn.* 2 salles : une ancienne cave à vins qui a notre préférence, avec un décor intérieur chaleureux (pierre et bois), mais ouverte seulement en saison ; et une salle plus moderne, avec une charpente en carène de bateau renversée, mais plus touristique que réellement authentique (et sur fond de musique folklorique). Le patron et son

fils, qui possèdent leur propre bateau de pêche, proposent des poissons d'une grande fraîcheur, selon la pêche du jour. Également un grand choix de viandes. Bon accueil.

iOi **Konoba Pizzeria Palute :** *Porat 4 (sur le port, non loin du quai des ferries).* ☎ *631-730. Tlj 8h-minuit. Plats 60-130 Kn.* Il y a plusieurs terrasses sur le port, bien sûr, mais celle-ci est la seule installée côté mer et bateaux. Une partie ombragée, une partie ensoleillée. Cuisine très correcte de *konoba* : risotto noir, assortiment de poissons grillés se distinguent dans une carte honorable.

Où dormir ? Où manger dans les environs ?

⌂ **Pansion Panorama :** *à Splitska, à 6 km à l'est de Supetar.* ☎ *717-209 ou 210.* ● *pension-panorama-brac.eu* ● *De début mai à mi-oct. Selon saison, apparts 225-370 Kn pour 2 (min 4 nuits), petit déj et taxes non compris. CB refusées.* Malgré ses abords d'hôtel de bord de route, la maison propose 4 petits appartements bien aménagés avec cuisine, clim et TV satellite. Les n°s 1 et 2 ont une très belle vue sur le village et la mer. Bon accueil.

iOi ⌂ **Apartmani et Konoba Toni :** *à Dol, à 10 km à l'est de Supetar.* ☎ *632-693.* ▪ *091-516-65-32.* ● *toni-dol. info* ● *Avr-nov. Plats 60-120 Kn.* Et la taverne est à l'image du village, rustique et chaleureuse. À l'intérieur, c'est un décor de cave à vins, avec cuves et tonneaux, on peut même grimper à l'échelle pour voir le vin fermenter. Pour accompagner le bon p'tit cru de la maison sous la jolie tonnelle, une bonne assiette de fromage ou de charcuterie fera l'affaire. Également du calamar et du poisson. Loue aussi des appartements à Dol même et plusieurs autres à Postira, à 2 km d'ici, dans une maison moderne toute blanche et avec tout le confort.

iOi ❀ **Kaštil Gospodnetić (Agroturizam) :** *à Dol.* ▪ *091-799-71-82. Mai-oct. En saison, lun-sam 14h-22h, dim 17h-22h. Réserver. Menus 180-200 Kn.* C'est la grande et belle maison rose saumon aux volets verts, sur la gauche du village (fléché quand on arrive). La famille vous fait d'abord visiter sa vénérable demeure. Pour le repas sont proposés plusieurs menus fixes conçus autour d'un plat principal. Poulpe ou agneau cuit à l'étouffée (excellent) ou *pašticada*. Évidemment, les vins du domaine (*plavac mali* ou *maraština*) sont à l'honneur. On peut aussi y venir juste pour acheter du *pršut*, du vin, de l'huile d'olive.

À voir. À faire

🏖 **La plage de Vela Luka :** *située à l'ouest de la ville (à env 1 km), dans le quartier de Vela Luka.* C'est la seule plage de sable du coin, très fréquentée en été. À la fois des jeunes et des familles, ce qui fait le charme de l'endroit.

✠ **Le cimetière :** *sur la pointe Saint-Nicolas (punta Sv. Nikole), à l'ouest du centre-ville, dans le quartier des grands hôtels. Accès libre.* Un très beau cimetière implanté dans un site exceptionnel et protégé, au bord de l'eau. On y voit aujourd'hui de nombreuses sépultures sculptées dans la pierre de Brač, de vieux sarcophages du début du christianisme et des mausolées familiaux dont certains sont d'extraordinaires œuvres d'art. Le plus impressionnant d'entre eux est le mausolée de la famille Petrinović, de style byzantin. Mais de nombreuses tombes méritent le détour, comme cette *pietà* sur la tombe de Mihovil Franasović réalisée par Ivan Rendić, l'un des plus grands sculpteurs croates du XIXe s.

DANS LES ENVIRONS DE SUPETAR

✠ **Škrip :** *village situé sur une colline, à 7 km au sud-est de Supetar.* C'est sans doute ici que fut bâti le 1er village de l'île. Selon l'histoire locale, des Illyriens y auraient vécu puis des Grecs réfugiés ici après la guerre de Troie. Le site fut ensuite habité par des Romains, qui nommèrent l'endroit *Scrupulus* (« rocher pointu »), d'où dérive le nom actuel du village, et qui auraient commencé à exploiter des carrières de calcaire. Aujourd'hui, le village, à l'habitat dispersé, est plutôt quelconque, mais le quartier du cimetière, avec sa petite église *(Sveti Duh)* et quelques vieilles demeures valent le coup d'œil. Également un petit musée privé de l'Huile d'olive, chez un producteur, à une bonne centaine de mètres du musée ci-dessous.

LES « PIPOLS » DE ŠKRIP

Qui aurait cru qu'un hameau de la taille de Škrip accueillerait autant de personnalités... chrétiennes ? D'une part, un mausolée romain abriterait les dépouilles de la femme et de la fille de Dioclétien, Prisca et Valeria, converties au christianisme puis chassées du palais à la mort de l'empereur. D'autre part, des historiens de l'Église assurent qu'Hélène, la mère de l'empereur Constantin (le premier à se convertir au christianisme), serait née ici. D'ailleurs, l'église paroissiale a été baptisée Sainte-Hélène-de-la-Sainte-Croix.

– **Le musée de l'île de Brač** *(muzej otoka Brača)* **:** *à Škrip, dans le quartier du cimetière.* ☎ *091-6370-920. En été, tlj 8h-20h ; hors saison, demander la clé. Entrée : env 20 Kn.* Il est installé dans une remarquable demeure : la maison-tourelle Radojković, construite à l'époque des invasions turques (XVIe et XVIIe s) mais bâtie sur des vestiges de l'époque illyrienne. Vestiges grecs, dont une pierre sculptée représentant Héraclès (ou Hercule), justement... le patron des tailleurs de pierre. Restes de la 1re période du christianisme et, bien plus anciens, quelques-unes des découvertes faites dans la grotte de Kopačina. Plus loin, admirer la superbe figure de proue, en bois sculpté, provenant d'un navire de guerre, le *Buon Viandante,* qui affronta les Anglais dans le port de Split, en 1809, lors d'une bataille navale.

Dol : au fond d'une vallée, mais encore proche de la mer et facile d'accès, cet « ethno-éco-village » offre une magnifique unité architecturale : les maisons de pierre à l'ancienne reposent sur un socle de rochers et de grottes. Ne pas hésiter à se balader et à monter sur les hauteurs pour admirer ces vieilles demeures aux toits couverts de lauzes.

La plage de Lovrečina : *à 3,5 km à l'est de Postira (accessible par un chemin côtier, cyclable, ou par la route qui passe plus haut et continue sur Pučisca).* Idéale pour les familles (sable, peu de profondeur). Resto-bar. Derrière la plage, des ruines d'une basilique paléochrétienne.

Pučišća : gros village tranquille joliment niché au fond d'une baie évoquant un minifjord. L'école réputée des tailleurs de pierre, *Klesarska škola* (avec un internat), assure une petite activité à l'année. Des maisons cossues (en pierre, cela va sans dire) sont alignées sur les quais.

BOL   (21420)   1 625 hab.   IND. TÉL. : 021

● Plan *p. 334-335*

Sur la côte sud, à 34 km de Supetar, au pied du mont Vidova gora (778 m), Bol est la station balnéaire la plus importante de l'île de Brač. La descente de 8 km pour passer du plateau central de l'île au littoral est assez impressionnante. Le centre du village s'ordonne autour d'un petit port, bordé par des

LA DALMATIE CENTRALE

quais réservés aux piétons. Des ruelles étroites et fleuries grimpent sur les flancs de la colline. À l'est, sur une paisible pointe rocheuse, se dresse le monastère des dominicains. À l'ouest se concentrent 4 grands complexes hôteliers sans charme, plus ou moins cachés dans les pinèdes. Plus à l'ouest encore s'étend la plage de Zlatni rat, une des plus photogéniques de Croatie, qui forme une très curieuse avancée triangulaire dans la mer, ce qui lui a valu le surnom de « Corne d'or » ou, pour les plus triviaux, de « String »...

Arriver – Quitter

En bus

Gare routière (plan A-B2) : l'arrêt des bus se trouve à l'entrée du port, près de la station-service. Infos horaires (compagnie Autotrans) : ☎ 631-122. Pour la ligne Bol-Supetar.
➤ *Supetar :* en été, 8-10 bus/j. ; hors saison, seulement 5 bus/j. Compter 1h de trajet (très sinueux). Prévoir tout de même une bonne marge horaire si vous avez un bateau à prendre.

En bateau

➤ *Liaisons Split-Bol-Jelsa :* juin-sept, 1 liaison/j. Départ pour Split le mat (en principe vers 7h30), retour l'ap-m à 17h25. Durée : 25 mn pour Jelsa, 1h30 pour Split. Compter respectivement 35 et 55 Kn/pers en haute saison.

Adresses utiles

■ **Office de tourisme** (plan B2) : sur le port. ☎ 635-638. ● bol.hr ● En été, tlj 8h30-22h ; juin et sept, tlj 8h30-14h, 16h30-21h ; hors saison, lun-ven 8h30-14h. Infos sur la ville et l'île (logement chez l'habitant, campings, hôtels, transports et excursions), mais pas de résas.
■ **Splitska Banka** (plan B2, 5) : Frane Radica 16. Lun-sam 8h-14h (12h sam). Distributeur de billets (à 100 m, près de l'église). Fait aussi le change, autorise les retraits au guichet avec la carte Visa et représente Western Union.
■ **Agence More** (plan A2, 3) : Obala V. Nazora 28. ☎ 642-050. ● more-bol. com ● Avr-oct, tlj 8h-22h ; en hiver, seulement le mat. Propose des locations de scooters, de voitures et des logements chez l'habitant. Fait aussi du change.
■ **Agence Adria Tours** (hors plan par A2, 6) : Bračka cesta 10. ☎ 635-966. ● adria-bol.hr ● Mai-sept, tlj 8h-20h ; hors saison, lun-ven 9h-15h. La plus grosse agence locale, avec tous les services habituels d'une agence. Également un bureau à côté de la station de bus.

Où dormir ?

Campings

X **Kamp Mario** (hors plan par A2) : Uz Gospojicu 2. ☎ 635-028. ● kampmario-bol.com ● De mi-avr à mi-oct. En hte saison, env 160 Kn pour 2 avec tente et voiture. Camping propre et bien conçu, avec une cinquantaine d'emplacements ombragés par des tonnelles. Sanitaires corrects. Machine à laver (payante). Resto et aussi une cuisine commune pour préparer sa tambouille. Location de tentes possible. En été, navette (payante) pour la plage.
X **Camping Aloa** (hors plan par A2) : route de Murvica, à 3 km à l'ouest de Bol. ▯ 098-177-64-84. ● camping-bol. com ● De mi-mai au 1er oct. Compter 22-26 € pour 2 selon saison. Grand camping étalé entre la route et la mer, avec de grandes terrasses. Beaux emplacements sous les pins, dans un très joli cadre. Sanitaires récents. Location de tentes-lodges, façon glamping. Activités nautiques sur place (kayaks et bateaux à louer).

Logement chez l'habitant

Voici notre sélection. Sinon, contacter les agences privées (voir « Adresses utiles »). On vous rappelle que les loueurs ne servent généralement pas de petit déj (à fortiori pour un appartement) et que les cartes de paiement sont refusées partout.

▲ *Villa Mira (plan B1, 11) : chez Jurica et Mira Marinković, Novi put 16.* ☎ *635-505.* • *villamira-bol.com* • *À 5 mn à pied du port, juste à gauche de la Villa Giardino. Tte l'année. Chambres 400-660 Kn pour 2 ; apparts avec 2 chambres 560-950 Kn selon taille. Petit déj 75 Kn. CB refusées. Loc de vélos.* Maison récente très bien tenue, située dans un quartier calme, à flanc de colline. La porte métallique extérieure semble hermétique, mais l'intérieur, neuf et impeccable, est accueillant. Les sympathiques proprios, qui produisent par ailleurs du vin et de l'huile d'olive dans leur ferme, louent 5 chambres et une petite dizaine de studios et d'appartements pour 2 à 5-6 personnes ; la plupart des appartements ont une vue sur la mer et tous ont une cuisine, la clim et une TV satellite. Terrasse commune. On y parle l'anglais.

▲ *Chez Paula Lalić (plan C1-2, 14) : Hrvatskog Preporoda 9.* ☎ *635-869.* 📱 *091-152-73-27.* • *aprtmanilalic.com* • *Env 450 Kn pour 2 en été.* Maison simple et sans prétention aucune, tenue par un vieux couple mais aidé par Paula, qui parle un peu l'anglais. 2 studios et 7 appartements (max 6 personnes) avec cuisine, clim, salle de bains et TV satellite. Petit jardin et terrasse avec vue sur la mer. L'environnement n'est pas aussi verdoyant qu'ailleurs, mais l'adresse reste très fréquentable.

Hôtels

▲ *Villa Giardino (plan B1, 16) : Novi put 2.* ☎ *635-900.* • *dalmacija.net/bol/villagiardino* • *Déposer ses bagages devant l'hôtel, puis se garer au parking gratuit face à la maison jaune sur la route principale en surplomb du village. Mai-sept. Doubles 800-910 Kn, petit déj compris. CB refusées.* Enfin un véritable petit hôtel de charme ! C'est en fait une villa de la fin du XIXe s dotée d'un magnifique jardin (récemment récompensé par un prix). L'ancien propriétaire, aujourd'hui disparu, a égayé les lieux avec des gravures des XIXe-XXe s et quelques-unes de ses œuvres personnelles, de belles sculptures dont certaines sont joliment érotiques. Les chambres sont spacieuses, fort bien meublées à l'ancienne et tout confort. Notre préférée est la n° 4 (en 1875, l'empereur François-Joseph y a dormi !). Cerise sur le gâteau, le petit déj servi sous la tonnelle est d'une qualité à faire pâlir la concurrence. Enfin, le service est réellement à la hauteur. Une adresse remarquable.

▲ *Hotel Bol (plan A1, 17) : Hrvatskih domobrana bb.* ☎ *635-660.* • *hotel-bol.com* • *26 avr-5 oct. Doubles standard 611-1 472 Kn.* Hôtel design, d'une vingtaine de chambres. Le ton est donné dès la réception avec sa déco marine. Quant aux chambres, vraiment spacieuses, elles tirent sur un vert du plus bel effet. Mobilier de qualité, lits *king size*... Le prix est certes élevé, mais pas scandaleux au vu des prestations. Petit déjeuner royal pour couronner le tout. Également un 2e hôtel tout nouveau, *Vitar*, encore un peu plus cher.

Où manger ?

Bon marché

Sur le **port,** plusieurs restos et pizzerias.

|●| *Pizzeria Topolino (plan B2, 34) : Riva 2.* ☎ *635-995. Mai-oct, tlj midi et soir. Pizzas 40-70 Kn.* Bonne adresse populaire, avec une terrasse ombragée sur le port qu'un musicien anime généralement en saison. Réputée pour ses honnêtes pizzas à accompagner d'une bonne salade. Bon service.

|●| *Pizzeria Skalinada (plan A2, 31) : Rudina 30.* ☎ *635-727. Tlj midi et soir en été ; seulement le soir hors saison.*

334 | LA DALMATIE CENTRALE / L'ÎLE DE BRAČ

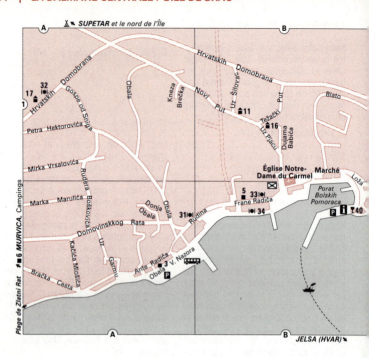

- **Adresses utiles**
  - Office de tourisme (B2)
  - **3** Agence More (A2)
  - **5** Splitska Banka (B2)
  - **6** Agence Adria Tours (hors plan par A2)
- **Où dormir ?**
  - **11** Villa Mira (B1)
  - **14** Chez Paula Lalić (C1-2)

Congés : nov-Pâques. Pizzas env 40-70 Kn. Un cadre assez banal, juste au-dessus du port, mais les pizzas y sont bonnes et pas chères, et l'accueil impeccablement gentil. Bref, sans prétention mais fort honnête.

De prix moyens à chic

|●| ***Ranć** (plan A1, 32) : Hrvatskih domobrana bb.* ☎ *635-635. Avr-oct, tlj 16h-minuit. Plats 60-170 Kn ; seafood platter 410 Kn.* Ambiance champêtre dans ce restaurant situé un peu loin du port (ça monte pour s'y rendre) : on mange dans un jardin, au milieu des roseaux, d'arbres fruitiers, assis à une robuste table en bois. Les portions sont généreuses et les prix plutôt raisonnables. Les grillades sont excellentes. Les plats cuits à la *peka* (pour 4 minimum) sont à commander à l'avance.

|●| ***Konoba Dalmatino** (plan B2, 33) : Frane Radiča 14.* ☎ *635-911. Derrière l'hôtel Kastil, tt près de la pl. centrale. Pâques-oct, tlj 12h-2h. Plats 70-120 Kn. CB refusées.* Bonne vieille taverne, avec un intérieur sombre et lourdement décoré, tenue avec soin. Jolies tables et bancs en bois, gravures, objets campagnards. On y cuisine des plats traditionnels dalmates de très bonne qualité *(pastičada, brodet,*

BOL / OÙ BOIRE UN VERRE ? | 335

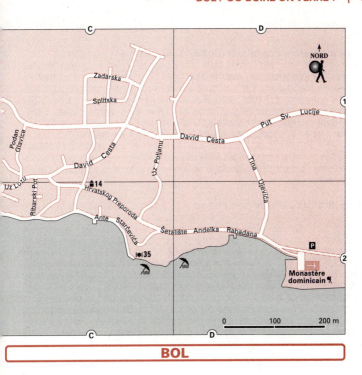

BOL

16 Villa Giardino (B1)	33 Konoba Dalmatino (B2)
17 Hotel Bol (A1)	34 Pizzeria Topolino (B2)
	35 Ribarska Kućica (C2)
Où manger ?	
31 Pizzeria Skalinada (A2)	**Où boire un verre ?**
32 Ranć (A1)	40 Terrasses du port (B2)

gregada), même si c'est à des prix certes plus élevés qu'ailleurs.

Ribarska Kućica *(plan C2, 35) : au-dessus de la plage de Kotlina.* ☎ *635-033. Mai-oct, tlj midi et soir. Plats 80-150 Kn ; poisson env 300-400 Kn/kg.* Le restaurant dispose de 2 terrasses : la particularité du lieu étant que l'accès à la plage en dessous passe par le resto, choisir la seconde pour éviter les allées et venues. Pas de grande cuisine, mais l'établissement est très bien pour des calamars grillés ou un risotto avant de retourner à la plage, ou le soir pour les jolies couleurs au coucher du soleil. Le service est assez lent, sans doute pour vous laisser le temps d'admirer le paysage ?

Où boire un verre ?

On vous recommande bien sûr les **terrasses du port,** particulièrement côté est *(plan B2, 40),* sur le quai au début de la digue qui ferme le bassin. C'est plus calme de ce côté. Citons, par exemple, le *Café Big Blue* ou *Loza.*

LA DALMATIE CENTRALE

À voir. À faire

Le monastère dominicain (Dominikanski samostan ; plan D2) : *à 500 m à l'est du port, sur une petite pointe.* On y accède à pied en suivant le bord de mer. Très belle balade, mais le plus beau point de vue sur le monastère reste sans aucun doute celui qu'on a depuis la route principale et qui le surplombe entièrement (il suffit de tomber sur une carte postale pour s'en rendre compte !). L'ancien monastère, fondé aux XIe et XIIe s, abrite l'église Saint-Jean-Baptiste. Mais la plus vieille église de Bol est l'église préromane *Sv. Ivan i Teodor* du XIe s, située juste devant le monastère. Petit **musée** *(juin-oct, tlj 10h-12h, 16h-19h ; fermé nov-mai ; entrée : env 10 Kn).* L'histoire de Bol y est présentée au travers de vestiges archéologiques, objets anciens, vieux missels, documents et peintures. Signalons notamment un tableau attribué à l'école du Tintoret.

La plage de Zlatni rat (hors plan par A2) : *à 3 km à l'ouest du centre de Bol. On peut y aller soit en petit train, soit en bateau, soit, tout simplement, à pied (env 15 mn). En voiture, sur place le parking coûte env 50 Kn la journée. Le petit train part ttes les 30 mn avr-oct du parking situé à côté de la station-service du port de Bol. Autre option, le bateau-taxi ; départ ttes les 30 mn du port 9h-minuit en saison (compter 30 Kn A/R).* La **Corne d'or** (*Zlatni rat* en version croate) est une très belle plage de cailloux et de petits galets. Le plus intéressant ici n'est pas la nature du sol, ni celle des estivants (attention à la surpopulation en été !), mais bel et bien sa forme en fer de lance. Il s'agit d'une sorte de triangle arrondi de plus de 630 m de long et qui s'avance dans la mer sur près de 300 m. Son originalité réside dans le fait que cette langue de terre varie d'une année sur l'autre de quelques centimètres selon les marées et les courants. Elle se déplace tantôt vers l'ouest, tantôt vers l'est...

Les plages sportives : avant celle de *Zlatni rat,* vous trouverez la plage de *Potočine,* un spot pour la planche à voile (location sur place), et la plage de *Borak,* point de départ des plongeurs.

■ **Big Blue Diving Center :** *hôtel Borak, sur la plage du même nom, entre le centre de Bol et Zlatni rat.* ☎ *098-425-496.* ● *big-blue-diving.hr* ● *Avr-oct.* Le meilleur centre de plongée de l'île. Cet organisme possède un magasin de sport sur le port (nombreuses autres activités) et un café du même nom.

DANS LES ENVIRONS DE BOL

La grotte du Dragon (Dragonja ou Zmajeva spilja) : *à env 2 km par un sentier au nord du village de Murvica, lui-même à 6 km à l'ouest de Bol. Se visite seulement sur rdv avec un guide local, Zoran.* ☎ *091-514-97-87. Résas possibles chez Adria Tours ou à l'agence More. Entrée : 50 Kn. Départ de Murvica à 8h30, compter 4h pour la sortie.* La légende dit que cette grotte aurait servi aussi de cachette aux moines de l'ermitage de Blaca (voir ci-après) en fuite face à l'invasion ottomane (1512), mais cette version est contestée. Quoi qu'il en soit, à l'intérieur, observez les parois sculptées de motifs étranges et de reliefs gravés : ici, une scène de l'Apocalypse, un lion ou un dragon, là, des têtes d'hommes et de femmes, plus loin, un quart de lune à visage humain. Certains historiens y voient des motifs des bogomiles, d'autres une forme d'art naïf.

BLACA

IND. TÉL. : 021

La balade qui va à l'ermitage de Blaca (prononcer « Blatsa »), situé dans une région sauvage au relief encaissé et au cœur d'un paysage rocailleux et aride, est sans doute la plus belle de l'île de Brač. À découvrir de préférence le matin... À l'époque des invasions ottomanes sur le continent (XVIe s), des moines catholiques vinrent se réfugier dans ce ravin isolé et y établirent un petit monastère afin de poursuivre une vie contemplative et laborieuse à la fois. Détruit par un incendie, l'ermitage fut reconstruit au XVIIIe s. Son aspect n'a pas changé depuis cette date. Le dernier moine qui y résidait est mort en 1963. Aujourd'hui, 2 frères (payés par l'État) entretiennent le monastère et effectuent les visites.

Comment y aller ?

En bateau et à pied

➢ La meilleure façon d'accéder à ce beau site consiste à y arriver à pied, après avoir fait une petite excursion en bateau au départ de **Bol.** Plusieurs agences de cette ville proposent la balade sur une demi-journée, avec un départ tôt le mat et un retour vers 14h. La partie pédestre depuis la côte jusqu'à l'ermitage prend env 30 mn, tandis que le voyage sur mer demande à peu près 1h. Compter env 80 Kn/pers, sans la visite de l'ermitage. Prévoir son pique-nique à emporter.

En voiture et à pied

➢ Aller jusqu'à **Nerežišča,** village situé au centre de l'île, entre Bol et Supetar. On roule encore 4 km en direction de Bol, là, bifurcation pour *Blaca,* continuer sur 800 m environ et prendre la piste de droite sur 6,6 km. À la patte-d'oie, il reste encore 4,5 km de piste. Arrivé sur le parking, mettez vos chaussures de marche et partez à la conquête des 2,5 km de sentier. Attention, très peu d'ombre sur ce chemin en descente (donc à remonter au retour...). Prévoir un chapeau, de quoi grignoter et de l'eau.

➢ *Au départ de Murvica et Bol :* depuis Murvica, compter 6h de marche A/R sans les pauses ni la visite. Et pour ceux qui se poseraient la question, il faut env 8h de marche A/R depuis Bol, sans compter la visite et les plages de repos nécessaires en plein été sous le cagnard. À vrai dire, ce n'est pas recommandé sauf pour les marcheurs vraiment expérimentés partant très tôt le matin. Attention, on peut rencontrer quelques serpents.

À voir

🦎🦎 **L'ermitage de Blaca** (pustinja Blaca) : *tlj sauf lun 9h-17h. Entrée : env 40 Kn ; réduc. Visite guidée dans un français approximatif, mais ça en vaut la peine. ATTENTION : vérifier les conditions de visite auprès des offices de tourisme.*
Accroché à une falaise abrupte, l'ermitage a été fondé en 1551 par des moines fuyant l'invasion des Ottomans sur le continent. Après avoir habité dans la grotte en surplomb, ils bâtirent l'ermitage. Ces religieux étaient appelés « glagolitisants », car ils utilisaient les caractères anciens (le « glagolica ») de la langue croate, assez proches du cyrillique russe.
Les moines de l'ermitage de Blaca ne se contentèrent pas de fuir les Turcs, ils firent travailler 150 personnes dans l'agriculture (vigne et olivier) et dans l'apiculture. Le dernier père supérieur, Nikola Miličević, poète, écrivain et astrophysicien, décida d'investir une année de production afin d'acquérir, en 1926, un

télescope de 1 t fabriqué par la célèbre firme Zeiss. Ce dernier, monté à dos de mulet, grossissait 100 fois et permit au père Miličević de faire des découvertes saluées dans le monde entier.

Aujourd'hui, le lieu est un petit musée qui retrace de manière vivante la vie de la communauté religieuse d'autrefois. On peut y voir des outils et objets agricoles, telle cette grande maie à blé. On visite ensuite la salle de classe (15 élèves arrivaient à pied chaque matin de 3 villages différents), la cuisine du XVIe s restée dans son jus (avec une espèce de « cocotte-minute » du XIXe s), la chambre du père Miličević, remplie de mobilier viennois, de documents et de lettres venues du monde entier, l'armurerie avec quelques fameuses pétoires, la bibliothèque, quelques ouvrages imprimés sur place au rythme d'un par an à partir de 1894, un disque de *La Marseillaise* sur un vieux gramophone, un piano (400 kg, il a fallu l'apporter jusque-là !) et enfin le télescope (voir plus haut).

À l'extérieur, voir la chapelle du XVIe s, avec son petit confessionnal, ainsi que les tombes devant l'édifice. Sur place, buvette et vente de produits locaux autour d'un vieux pressoir.

🔥 Au retour, si vous êtes en voiture, faites un détour par le **mont Vidova Gora,** point culminant de toutes les îles de l'Adriatique (778 m). Sur place, un relais hertzien. Magnifique vue panoramique, évidemment.

L'ÎLE DE ŠOLTA

● Carte *p. 326-327*

CP : 21432 ; 1 675 hab. ; IND. TÉL. : 021
**Petite sœur et voisine de l'île de Brač, sur son flanc ouest, Šolta ne mesure que 20 km de long sur une moyenne de 4 km de large. En 295 apr. J.-C., Šolta intéressa l'empereur Dioclétien, qui y implanta des bassins d'élevage pour les poissons et aménagea des thermes.
C'est une île relaxante, qui offre plein de belles balades et baignades. Les olives ainsi que l'huile méritent une attention particulière. Šolta produit aussi un vin de terroir, fait par les familles pour leur consommation personnelle. Le miel bénéficie d'atouts majeurs : taux d'ensoleillement exceptionnel, température élevée, maquis méditerranéen aux senteurs et aux fleurs variées.**

Arriver – Quitter

➤ **Split :** juin-sept, 5-6 ferries/j. avec *Jadrolinija* et 2 bateaux rapides/j. avec la compagnie *LNP* (☎ *021-338-310).* Le port principal de l'île est *Rogač.* Env 155 Kn/voiture et 35 Kn/pers.

Il y a aussi 2 catamarans/j. (30 mn de trajet) tte l'année mais pour passagers seulement ; certains desservent *Stomorska.*

Se déplacer sur l'île

➤ **En voiture :** routes asphaltées en bon état.
➤ **En bus :** ils attendent au port à chaque arrivée de ferry et relient Rogač aux principaux villages de l'île. 2 lignes, une pour l'est de Šolta (Maslinica) et une pour l'ouest (Nečujam,

Stomorska), qui passent ttes les 2 par Grohote. Bus 6h-20h30 ou 21h (rarement ponctuels).
➤ Possibilité de louer un *scooter* (env 250 Kn/j.), un *vélo* (env 150 Kn/j.) ou de faire du *stop.*

L'ÎLE DE ŠOLTA | 339

Adresses et info utiles

❶ *Travel Tourist Service :* bureau principal à **Stomorska** (Veli Dolac 15). ☎ 718-309. • m-tts.com • Mai-oct. Également un bureau au port de **Rogač** (☎ 654-232) et un petit à **Maslinica**. Résas de chambres chez l'habitant (studios, appartements) et excursions en bateau. Change, location de scooters.

■ À Grohote, on trouve une **supérette**, un **distributeur de billets** et une **pharmacie**.

Où dormir ? Où manger ?

À Stomorska

⚐ *Camping Mido :* Krušice put 3, à 100 m du port. ☎ 658-011. • mido.camp@gmail.com • Env 120 Kn pour 2. Le seul camping de Šolta. Tout petit, avec une dizaine d'emplacements !

🏠 *Apartmani Rina Kalebić :* ☎ 658-169. 📱 098-164-64-99. • rina.hr • Doubles env 350-450 Kn. La patronne parle un peu l'anglais. Elle tient l'agence *Rina*, sur le port, et loue des chambres, studios et appartements (2-3 lits) pour des séjours plus longs. Chambres au mobilier bon marché mais qui bénéficient souvent d'une terrasse avec vue sur le port et d'une kitchenette. Bon accueil.

I●I *Konoba Nevera :* sur le quai, après Feral. ☎ 658-063. Poisson et viande à la dalmate et à prix sages. Charmante terrasse.

I●I Également une poignée de **pizzerias** de part et d'autre de la rade.

À Maslinica

🏠 *Chambres chez l'habitant :* nombreuses, mais pas toujours indiquées par un panneau. Voir avec l'annexe de *Travel Tourist Service.*

I●I *Restoran Martinis Marchi :* juste à droite en arrivant au port. ☎ 718-838. Mai-sept, tlj. Plats à partir de 120 Kn. Il s'agit d'un petit château du début du XVIIIe s (1708) qui appartenait à un riche Vénitien, transformé en hôtel de luxe (6 suites très chères). Le resto propose une carte qui s'inspire de la « nouvelle cuisine croate ».

I●I *Konoba Gajeta :* tlj 9h-23h. À la fois la moins chère et celle qui offre l'ambiance la plus sympa. Menu très varié, risotto noir savoureux...

I●I *Konoba Moni et konoba Saskinka :* 2 autres tavernes sur le port. Plats à partir de 60 Kn. Elles servent du poisson (pêche du jour).

À voir. À faire

🌴 *Rogač :* port principal, sur la côte nord de l'île. Ravissant, même s'il n'y a pas de quoi s'éterniser.

🌴 *Nečujam :* à 9 km à l'est de Rogač. Un grand complexe hôtelier (bungalows abritant 1 200 chambres), une discothèque de 400 places, des restos, une plage de galets et quelques maisons au fond d'une baie : cet endroit plaira aux groupes plus qu'aux individuels. Pour le calme et le cadre, mieux vaut aller voir ailleurs.

🌴 *Stomorska :* plus petit, plus intime et moins construit que Nečujam, au fond d'une baie en forme de V. Pas mal d'animation (restos et bistrots : voir plus haut « Où dormir ? Où manger ? »).

🌴🌴 *Maslinica :* à 9 km de Rogač. Ce port pittoresque d'une centaine d'habitants se cache à l'ouest de l'île, dans une baie encaissée et très abritée. En été, des dizaines de bateaux de plaisance y font escale, tout comme les groupes de plongeurs venus de Split ou de Trogir. Au large, 7 petites îles, éparpillées entre 100 m et 1 km du littoral, auxquelles on accède par des bateaux-taxis (demander aux

LA DALMATIE CENTRALE

locaux ou à une agence). Sur place, pas de taverne, n'oubliez pas d'emporter votre pique-nique. Plusieurs criques rocheuses pour naturistes.

➢ *Les plages :* pour se baigner, plusieurs îles (avec plages naturistes) à l'ouest et des criques rocheuses un peu partout sur la côte nord. Sur la côte sud, on trouve des criques encore plus sauvages mais difficiles d'accès.

L'ÎLE DE HVAR

• **Hvar (la ville)**.................341 • Brusje et ses environs • L'île de Sveti Klement (Palmižana) et l'archipel des Pakleni Otoci • Les îles Jerolim et	Marinkovac • Dubovica • **Stari Grad**.....................353 • La presqu'île Kabal • La plaine agricole d'Ager • **Vrboska**........................357 • **Jelsa**............................358	• La côte sud de l'île : Pitve, Zavala, Ivan Dolac et Sveta Nedelja • **La route entre Jelsa et Sućuraj**.....................360 • Sućuraj

• Carte *p. 326-327*

11 000 hab. ; IND. TÉL. : 021
Hvar est la plus connue et la plus séduisante des îles de l'Adriatique. Elle s'étire d'est en ouest, sur 68 km de long pour 11 km de large dans sa partie la plus « ventrue », au large du continent, entre les îles de Brač et de Korčula. Les habitants vivent essentiellement à l'ouest, où se trouvent les ports abrités et les terres fertiles. La partie centrale de l'île, aride, rude et peu peuplée, descend de manière abrupte dans la mer Adriatique sur son versant sud, et d'une façon plus douce côté nord.
Au programme, des senteurs chaudes de lavande et de pin, des collines sauvages tapissées d'un épais maquis et vierges de toute construction, des criques solitaires et difficiles d'accès, des villages aux élégantes maisons et des chemins de chèvre qui incitent à la rêverie. La culture de la lavande et la fabrication d'essences ont constitué par le passé une activité importante. La lavande se cultive encore aujourd'hui dans des champs en terrasses, et se récolte entre début juin et fin juillet. Voilà pour Hvar côté campagne.
Côté ville, un côté Saint Trop' bien assumé ; depuis que la jet-set s'est entichée de l'île, les prix, évidemment, suivent... Fréquentation internationale maximale chaque été. Sachez-le : dans les ruelles de Hvar, vous ne serez pas seul !

UN PEU D'HISTOIRE

En 385 av. J.-C., des marins et des marchands grecs venus de l'île de Paros (Cyclades) fondèrent *Pharos* (Stari Grad) et *Dimos* (Hvar) sur des sites déjà connus des Illyriens. Puis vinrent les Romains, Byzance, les rois de Croatie-Hongrie et enfin, en 1420, la république de Venise. Au début du XIXe s, le général Marmont, représentant de Napoléon, ouvrit des routes nouvelles et ordonna d'agrandir la forteresse de Hvar, située sur une colline stratégique. En 1870, Hvar était déjà une des stations balnéaires réputées du littoral dalmate, qui recevait ses hôtes fortunés dans le premier palace dalmate.

CUISINE ET VINS

Hvar est l'occasion idéale de goûter au poisson, version *brodet* (en matelote) ou *gregada* (sorte de bouillabaisse). L'île produit aussi de bons vins.

Traditionnellement, on y boit le *prožek* (un vin très sucré à boire en apéro), mais aussi le *plavac*. Il peut être rouge, comme le plavac Mali, ou blanc, comme le *bogdanuša*. Il y a aussi le *opol*, un rosé très foncé. Pour les amateurs, on conseille une balade dans la région des vignobles autour de Sveta Nedelja, dans le sud de l'île.

Arriver – Quitter

En bateau

Les **ferries** pour véhicules et passagers accostent au port de *Stari Grad*, que les panneaux routiers indiquent par « Trajekt ». Il est situé à environ 15 km à l'est de Hvar (ville), pas dans le village même de Stari Grad (si vous êtes à pied, compter 25 mn de marche). Les **catamarans** (passagers seulement) accostent au port de Hvar, ainsi qu'au port de Jelsa. Les tarifs ci-dessous correspondent à ceux relevés en 2018.

➢ **De Split à Stari Grad :** env 5-6 liaisons/j. en été (2-3 liaisons/j. en hiver) avec les ferries de la *Jadrolinija* (● jadrolinija.hr ●). Durée : 2h. En hte saison, compter env 47 Kn/pers et 310 Kn/voiture.

➢ **De Split à Hvar-ville :** juin-sept, 1 liaison/j. avec un catamaran de la compagnie *Kapetan Luka* (● krilo.hr ●) qui continue sur Mljet (port de Pomena), Korčula et Dubrovnik. Mai et oct, 3-4 liaisons/sem. La compagnie *Jadrolinija* dessert aussi Hvar avec 1 catamaran/j. et également avec un autre qui continue sur Korčula (sauf en sept), sans parler de ceux desservant Lastovo et Vis. Hvar est donc très bien desservie en hte saison. Compter 1h pour les trajets directs et 55-80 Kn/passager.

➢ **De/vers Dubrovnik, Mljet et Korčula :** le catamaran de la compagnie *Kapetan Luka* relie Split (voir plus haut) à Dubrovnik via Korčula, Brač et Mljet (Pomena). 1 liaison/j. juin-sept et 3-4 fois/sem en mai et oct.

➢ **De/vers Bol** *(île de Brač)* **:** en catamaran. 1 liaison/j. entre les ports de Jelsa et Bol (durée : 25 mn). Il poursuit ensuite jusqu'à Split.

➢ **De/vers Milna** *(île de Brač)* **:** juin-sept, le catamaran de la compagnie *Kapetan Luka* effectuant la liaison Split-Hvar-Korčula-Dubrovnik fait un arrêt à Milna 1 fois/j. Mai et oct, 3-4 liaisons/sem.

➢ **De/vers Vela Luka** *(île de Korčula)* **:** tte l'année, 1 fois/j., le catamaran de la *Jadrolinija* effectuant la liaison Split-Lastovo via Hvar fait un arrêt à Vela Luka.

➢ **De/vers Vis :** le catamaran Vis-Split s'arrête à Hvar le mar.

➢ **De Drvenik à Sućuraj :** le petit port de Drvenik est situé sur la route qui relie Dubrovnik à Split. Une douzaine de bateaux/j. juin-sept, dans les 2 sens ; aux intersaisons, env 5 bateaux/j. Attention ! Le bateau ne peut contenir qu'une grosse trentaine de voitures et de passagers. Arriver bien en avance pour être sûr de ne pas rester en plan sur le quai (aucune résa possible). Durée de la traversée : 35 mn. Compter env 16 Kn/pers et 108 Kn/voiture.

HVAR (LA VILLE) (21450) 41 400 hab. IND. TÉL. : 021

● Plan *p. 344-345*

La ville principale porte le nom de l'île. Située à l'extrême ouest de celle-ci, au fond d'une baie bien abritée par un chapelet d'îles surnommées (à tort !) les *îles Damnées* ou encore les *îles de l'enfer (Pakleni otoci)*, elle est entourée

de collines coiffées par des forts. Avec la fréquentation de célébrités de la jet-set (et leurs yachts !), Hvar est devenue le Saint-Tropez de la côte croate. Les eaux limpides au ras des quais, les belles dalles calcaires lustrées, la place centrale piétonne bordée d'immeubles élégants, les ruelles en escalier, la proximité des plages et des îles : voilà bien des raisons d'être séduit par ce port ancien.

Conseils

– Le centre de Hvar est exclusivement réservé aux piétons. Il faut laisser son véhicule à l'entrée est de la ville, sur l'un des parkings payants (plan C1) situés autour de la gare routière. Pas donné : en été, compter environ 10 ou 18 Kn/h, possibilité d'acheter un ticket à la journée (100-120 Kn).

– En juillet-août, il est impératif d'avoir réservé un hébergement avant de mettre le pied sur l'île. En août, il est arrivé, paraît-il, de voir des gens dormir dans le cimetière !
– L'île ne compte que 3 stations-services : à Hvar, à Jelsa et à Vrboska.

Arriver – Quitter

En bus

🚌 **Gare routière** (plan C1) : à l'entrée de Hvar. La compagnie Čazmatrans (☎ 765-904 ou 911) dessert les principaux villages de l'île. Nous donnons ici les fréquences en été (moins nombreuses hors saison). À savoir : à chaque départ ou arrivée de ferry, liaison de bus pour Hvar, le port et les principales villes de l'île. Liaisons avec :
➤ **Le port de Stari Grad** (Trajektna Luka) : env 10 bus/j. Durée : 20 mn.
➤ **Stari Grad (ville) :** env 12 bus/j. Durée : 25 mn.
➤ **Jelsa :** env 10 bus/j.
➤ **Vrboska :** env 10 bus/j.
➤ **Sućuraj :** seulement 1 bus/sem.

Adresses et info utiles

🛈 **Office de tourisme** (plan B1) : Sv. Stjepana trg 42. ☎ 741-059 ou 742-977. • tzhvar.hr • Sur la pl., au pied de l'arsenal. En saison, tlj 8h-21h ; en demi-saison, horaires réduits ; en hiver, ouv seulement le mat. Un 2e bureau (plan C1) à la gare routière, aux horaires similaires.
■ **Splitska Banka** (plan B2, 1) : dans une vieille loggia à arcades. Lun-sam 8h-19h (12h sam hors saison). Distributeur de billets. Retrait possible au guichet avec la carte Visa. Bureau de la Western Union.
■ **Privedna Banka Zagreb** (plan A1, 2) : distributeur de billets à droite de l'agence Atlas.
■ **Change** (plan B1, 3) : sur la pl. centrale. Tlj 7h30-minuit en été (21h aux intersaisons).
■ **Compagnie Jadrolinija** (plan B2, 4) : à droite de l'Hotel Riva. ☎ 741-132. Lun-sam 6h-20h ; dim 8h-19h. Horaires réduits hors saison.
■ **Luka Rent** (plan B2, 7) : au-dessus de l'Hotel Riva. ☎ 742-946. 📱 091-591-71-11. • lukarent.com • En été, tlj 9h-23h. Location de vélos, scooters, voitures et bateaux.
■ **Pelegrini Tours** (plan B2, 5) : à gauche de l'Hotel Riva. ☎ 742-743. • pelegrini-hvar.hr • En été, tlj 7h30-22h. Bonne agence. Excursions, location de véhicules. Logements chez l'habitant et appartements.
■ **Atlas** (plan A1, 6) : Fabrika 27. ☎ 741-911. • hvar-atlas.com • En été, tlj 9h-21h. Excursions, location de véhicules et hébergements.
■ **Hvar Adventure** (plan B1, 10) : J. Matijevića 20. ☎ 717-813. 📱 091-228-00-88. • hvar-adventure.com • Agence spécialisée dans les activités sportives : kayak de mer (randos

accompagnées), escalade, randos pédestres...
– **Marché local :** *tlj entre la pl. Sv. Stjepan et la gare routière.* Fromages de chèvre, poissons, fruits et légumes.

Où dormir ?

CAMPINGS

Excepté le camping de Vira, à 4 km de Hvar, et celui de Milna, les autres terrains sont situés à Stari Grad, Vrboska et Jelsa, et sont présentés plus loin dans les chapitres concernant ces localités.

✕ **Camp Vira :** *à **Vira**, à 4 km au nord-ouest de Hvar-ville.* ☎ *741-803.* ● *campingvira.com* ● *Mai-sept. Selon saison, 150-260 Kn pour 2 avec tente. Également des parcelles plus chères.* Ce camping 4 étoiles, appartenant à la chaîne d'hôtels *Suncani Hvar*, donnant sur la côte nord et donc un peu isolé, a fait le choix du haut de gamme... Une centaine d'emplacements en terrasses, plus ou moins ombragés, avec vue sur la mer. Location de tentes. Laverie, change, supérette, distributeur de billets, resto et *beach bar*. Plage de galets.

✕ **Camping Mala Milna :** *à **Milna**, à env 4 km de Hvar-ville, par la route de Stari Grad.* ☎ *745-027.* ● *camping-mala-milna.com* ● *Mars-nov. Env 200 Kn pour 2 en été.* Grand camping en terrasses sous les pins, face à la mer. Plage de galets juste en dessous. Équipements simples mais corrects. Location de kayaks, vélos, scooters. Petit resto populaire.

AUBERGES DE JEUNESSE

🛏 **Hostel Green Lizard** *(hors plan par C3, **11**) :* **Domovinskog Rata.** ☎ *742-560.* 📱 *098-171-87-29.* ● *greenlizard.hr* ● *Mai-sept. En dortoir, 100-235 Kn/pers selon saison ; doubles 240-510 Kn. Réduc de 10 % sur présentation de ce guide.* En retrait du centre, à l'est du port, cette maison propose des dortoirs de 4 ou 7 lits avec salle de bains commune. Sinon, 3 chambres doubles, dont 2 avec salle de bains privée et 1 avec balcon. Cuisine extérieure et 2 terrasses à disposition. Machine à laver (payante). Pas un charme fou, mais le tout est propre et bien tenu. Bon accueil.

🛏 **Hvar Out Hostel** *(plan B2, **19**) :* **Kroz Burak 32.** ☎ *717-375.* 📱 *098-165-70-65.* ● *hvarouthostel@gmail.com* ● *De mai à mi-oct. Dortoirs 90-280 Kn/pers selon saison.* AJ festive et bariolée, très fréquentée par une clientèle anglo-saxonne qui est souvent passée par l'AJ splitoise *Booze & Snooze* (mêmes propriétaires). Bien située dans une vieille demeure en pierre au-dessus du port. Dortoirs de différentes tailles (4-12 lits), avec ou sans salle de bains attenante. Chambres privées disponibles en intersaison. *Roof terrace*, très appréciée... et donc très fréquentée ! Cuisine bien équipée.

🛏 **Helvetia Hostel** *(plan B2, **18**) :* **Grge Novaka 6.** 📱 *091-519-39-36.* ● *hajduk.hvar@gmail.com* ● *De mi-avr à mi-oct. Env 120-260 Kn/pers selon saison. Doubles (lits jumeaux) 320-650 Kn. CB refusées.* Cette adresse discrète, bien cachée dans une ruelle, propose des dortoirs de 4 à 6 lits, avec salles de bains communes. Ils sont vraiment petits, mais plaisants et colorés. Cuisine équipée. L'ensemble est impeccablement tenu et calme (mieux vaut choisir cette adresse si vous venez à Hvar pour faire la fête !). Agréable terrasse sur le toit avec une des plus belles vues qui soient à Hvar. Excellent accueil. Également des appartements dans une autre maison.

LOGEMENT CHEZ L'HABITANT

Renseignements et réservations auprès des agences privées, comme *Pelegrini* ou *Atlas*. Également une liste de 600 locations disponible à l'office de tourisme. Possibilité de consulter les offres sur le site ● *tzhvar.hr* ● On vous rappelle que pour un séjour de moins de 3 nuits, les propriétaires augmentent souvent le prix de 30 % et que les cartes de paiement sont refusées. En été, plus on s'approche du port de Hvar, plus les prix des logements chez l'habitant sont généralement élevés. Une alternative : allez dormir du côté

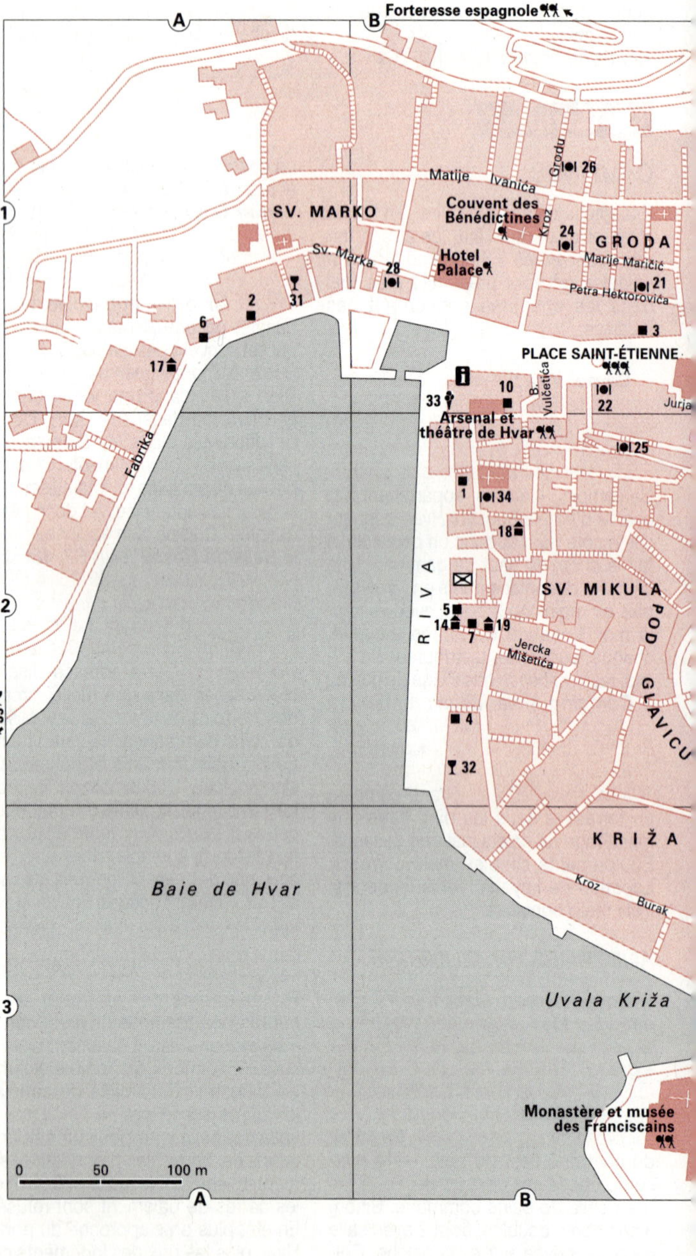

344

LA DALMATIE CENTRALE

Forteresse espagnole

SV. MARKO
Matije Ivaniča
Couvent des Bénédictines
Kroz Godu
GRODA
Sv. Marka
Hotel Palace
Marije Maričić
Petra Hektorovića

PLACE SAINT-ÉTIENNE
B. Vulčetića
Arsenal et théâtre de Hvar
Jurja

RIVA
SV. MIKULA
Jercka Mišetića
POD GLAVICU

KRIŽA
Kroz Burak

Fabrika

Baie de Hvar

Uvala Križa

Monastère et musée des Franciscains

0   50   100 m

345

■ Adresses utiles

- **ℹ** Offices de tourisme (B1 et C1)
- **1** Splitska Banka (B2)
- **2** Privedna Banka Zagreb (A1)
- **3** Change (B1)
- **4** Compagnie Jadrolinija (B2)
- **5** Pelegrini Tours (B2)
- **6** Atlas (A1)
- **7** Luka Rent (B2)
- **10** Hvar Adventure (B1)

🛏 Où dormir ?

- **11** Hostel Green Lizard (hors plan par C3)
- **12** Apartments Mira (C3)
- **13** Apartmani Šurlin (C3)
- **14** Riva Yacht Harbour Hotel (B2)
- **15** Chez Jagoda & Ante Bracanović (C2-3)
- **16** Pension Oaza (C1)
- **17** Hotel Adriana (A1)
- **18** Helvetia Hostel (B2)
- **19** Hvar Out Hostel (B2)
- **20** Kampanel (C2)

🍽 Où manger ?

- **21** Giaxa (B1)
- **22** Pizzeria Kogo (B1)
- **23** Konoba Lesina (C1)
- **24** Macondo (B1)
- **25** Fig Cafe (B2)
- **26** Taverne Menego (B1)
- **27** Konoba Maestro (C2)
- **28** Dalmatino (B1)
- **29** Restoran Đorđota Vartal (C3)

🍽🍦 Où manger une pâtisserie ou une glace ?

- **33** Slatisčarnica Hvar (B1)
- **34** Nonica (B2)

🍷 Où boire un verre ? Où sortir ?

- **31** Kiva Bar (A1)
- **32** Carpe Diem (B2)
- **35** Falko Beach Bar (hors plan par A2)

LA DALMATIE CENTRALE

HVAR – La ville

de Stari Grad, Vrboska et Jelsa. Les prix y sont plus raisonnables et le stationnement y est bien plus aisé.

🏠 **Apartments Mira** *(plan C3, 12)* : *Ambroza Barišića 7.* ☎ *741-089.* 📱 *091-503-50-20.* ● *divinohvar@gmail.com* ● *Mai-sept. Selon saison, studios env 220-600 Kn pour 2 ; apparts pour 4, 300-900 Kn. CB refusées.* Très bien placée derrière le monastère, une maison avec un beau jardin qui descend en terrasses vers la mer. On y trouve 3 jolis appartements (dont 1 studio dans une maisonnette indépendante) lumineux et modernes, avec vue superbe sur la baie. Ana vous accueillera dans un très bon français, et avec le sourire ! Elle possède également un restaurant sur le port *(Divino).* Une adresse très plaisante.

🏠 **Chez Jagoda & Ante Bracanović** *(plan C2-3, 15)* : *Sime Buzolica Tome 21 (juste au-dessus de l'école).* ☎ *741-416.* 📱 *091-520-37-96.* ● *hvar-jagoda.com* ● *Tte l'année. Résa recommandée. Selon saison, doubles 270-380 Kn, appart (pour 3) 410-560 Kn. CB refusées.* Des chambres et 1 appartement simples, propres et climatisés, dotés d'un balcon avec vue sur mer. Agréable terrasse ombragée et fleurie (avec barbecue). Cuisine à disposition. Parking. Plein de documentation, une salle TV et un bon accueil en anglais de Jagoda, dont le prénom veut dire « fraise ».

🏠 **Apartmani Šurlin** *(plan C3, 13)* : *Kroz Burak 58.* ☎ *741-538.* ● *apart manisurlin-hvar.com* ● *Mai-sept. Env 365-400 Kn pour 2, 600-650 Kn pour 4.* Dans un quartier tranquille, cette maison abrite des appartements décorés simplement, mais impeccables et bien équipés, tous avec terrasse, la plupart avec vue sur mer. Bon accueil. Si c'est complet, pas mal d'autres locations dans le secteur.

🏠 **Kampanel** *(plan C2, 20)* : *Jurja Novaka 8.* 📱 *091-504-91-98.* ● *kam panelhvar.com* ● *Compter 50-100 € pour 2 selon saison.* Dans une solide maison en pierre, sur 3 niveaux, 3 studios pour 2 ou 3 personnes, pas bien grands mais joliment remis à neuf et très bien situés derrière la cathédrale. Coin cuisine, équipement très correct dans chacun. Bon accueil.

🏠 **Pension Oaza** *(plan C1, 16)* : *Hanibala Lucića 6.* ☎ *717-845.* 📱 *091-531-95-22.* ● *pensionoaza.com* ● *Doubles 50-100 €, petit déj inclus. CB refusées.* Une pension tenue par une sympathique famille franco-croate, offrant des chambres doubles (dans la maison principale) et 1 appartement (dans une maisonnette au fond du jardin) confortables (TV satellite, minibar, clim). Ambiance familiale chaleureuse et détendue. Juste à côté, le fils loue également des studios et 1 appartement, légèrement plus chers mais plus modernes aussi.

HÔTELS

Très chic

🏨 **Hotel Croatia** *(hors plan par A1)* : *Vlade Avenija 7, Majerovica bb.* ☎ *742-400.* ● *hotelcroatia.net* ● *À l'ouest du port. De mi-avr à mi-oct. Doubles 80-260 € selon situation (vue parc ou mer) et saison ; petit déj inclus.* Cette grande et chic villa, située dans un quartier résidentiel à une quinzaine de minutes de marche du centre, offre une vingtaine de chambres confortables et assez spacieuses pour la plupart. Joli jardin avec terrasses donnant sur la mer. Fait aussi resto (pas terrible). Salle de fitness, sauna, jacuzzi. Une belle adresse classique, dommage que le service et l'accueil ne suivent pas...

🏨 **Riva Yacht Harbour Hotel** *(plan B2, 14)* : *Obala Rive 27, sur le port.* ☎ *750-100 ou 555 (résas).* ● *suncanihvar.com* ● *Doubles 200-325 € selon saison. Surveiller les offres (tarifs très flexibles sur Internet).* C'est l'un des fleurons du groupe Suncani Hvar. Grand confort, déco design avec, par exemple, des portraits géants d'acteurs et d'actrices en tête de lit ou des lavabos rouges, dessins dans les couloirs... Certaines chambres avec balcon côté mer, d'autres avec des douches transparentes à double vue. Bar branché et belle terrasse sur le quai.

🏨 **Hotel Adriana** *(plan A1, 17)* : *Fabrika 28, sur le port.* ☎ *750-200 ou 555 (résas).* ● *suncanihvar.com* ● ✿ *Selon saison, doubles env 130-500 €. Nombreuses offres sur Internet.* Sans doute le plus bel hôtel du groupe *Suncani Hvar*. Une soixantaine de chambres et une douzaine d'appartements, évidemment plus chers côté mer, avec une jolie déco design là aussi et de belles couleurs. Grande et agréable terrasse, un spa (en supplément) et, sur le toit, une belle piscine en céramique avec système d'eau de mer à débordement (chauffée). Enfin, le *Top Bar* accueille la fine fleur de la branchitude, people ou routards (très) aisés en goguette.

Où manger ?

Pour manger sur le pouce, faire ses achats aux petits supermarchés sur la grande place *(plan B1)*. Sinon, le *Fast Food Nemo (plan B2)*, juste à côté de l'agence *Jadrolinija*, propose des « sandwichs » bon marché et préparés devant vous : une pita en fait, garnie selon votre commande, mise au four, rapidement servie et toute chaude. Excellent !

Bon marché

|●| **Pizzeria Kogo** *(plan B1, 22)* : *sur la pl. centrale, près de la cathédrale. Tlj midi et soir. Plats 60-90 Kn.* Grande terrasse immanquable. Pizzas copieuses. Simple, populaire et peu onéreux.

Prix moyens

|●| **Konoba Maestro** *(plan C2, 27)* : *Jurja Novaka 12. ☎ 097-701-37-98. De mai à mi-oct, tlj à partir de 18h. Sur résa. Plats 80-140 Kn ; poisson au poids.* Notre coup de cœur à Hvar ! Les cloches de la cathédrale nous rappellent qu'elle est seulement à quelques marches de là, alors qu'on se trouve dans une ruelle paisible ignorée de la foule. Ce resto étant tenu par 3 frères pêcheurs, la carte s'adapte à ce qu'ils ont trouvé dans leurs filets. Hormis la *peka* et la *pastičada*, la cuisine est plutôt d'inspiration méditerranéenne, très réussie dans sa simplicité. Le tout à prix doux et servi avec le sourire.

|●| **Restoran Đorđota Vartal** *(plan C3, 29)* : *Fulgencia Careva 1. ☎ 743-077. 15 mars-15 oct, tlj midi et soir. Pizzas 40-70 Kn, plats de viande 80-160 Kn.* Ce restaurant familial offre une bonne alternative aux restaurants tendance du port. Terrasse agréable, un peu en hauteur face au monastère des franciscains. En plus des viandes, qui sont le point fort de l'établissement, *pastičada*, *brodet* et poissons, évidemment. Également des pizzas. Bon accueil.

|●| **Fig Cafe** *(plan B2, 25)* : *F. Biundovica. ☎ 099-267-98-90. Avr-oct. Tlj 9h-minuit. Plats 70-120 Kn.* Une adresse un peu cachée, aux tables posées dans une ruelle où l'on ne passe guère. La cuisine puise son inspiration d'un peu partout sur la planète, et offre un bon choix de plats végétariens. Le tout servi très copieusement (*doggy bag*, au cas où...). Service très sympathique du patron, californien et polyglotte.

|●| **Taverne Menego** *(plan B1, 26)* : *Kroz Grodu 26 (la montée vers la citadelle). ☎ 717-411. Avr-oct. Fermé dim hors saison. Plats 70-140 Kn.* Pour déguster des sortes de tapas à la mode croate, sur une petite terrasse agréable. Hors saison, c'est dans une salle en sous-sol que ça se passe, parmi les jambons qui pendent et les vieux outils agricoles. Goûter à l'assiette du pêcheur (*ribarski pjat*), à la *kulen* (saucisse épicée) ou aux fromages de chèvre et de brebis. Des plats végétariens également. En dessert, ces « figues saoules » *(pijane smokve)*, fourrées à l'amande et bien imbibées de *rakija*. Une bonne maison, où l'on est accueilli par des serveurs en costume traditionnel.

|●| **Konoba Lesina** *(plan C1, 23)* : *Težačka 2. ☎ 733-026. Tlj 12h-14h, 17h-minuit. Plats 70-190 Kn. CB refusées.* On s'installe dans la cave à vin de la maison, ou sur une mignonne terrasse à l'écart de l'agitation. Peu de choix, mais impeccable pour manger un poisson grillé bien frais, quelques plats simples et bien faits, ou encore un bon brunch.

Chic

|●| **Giaxa** *(plan B1, 21)* : *Petra Hektorovića 3. ☎ 741-073. Avr-oct, midi et*

LA DALMATIE CENTRALE

soir. Plats 95-240 Kn. La belle salle, plantée de colonnes, n'est pas moins qu'une pièce d'un palais du XVe s. Il y a aussi une ravissante terrasse intime sur l'arrière et, si c'est complet (souvent le cas !), des tables posées dans la ruelle. Cadre romantique à souhait donc, et cuisine en adéquation, élégante et raffinée elle aussi. Belle sélection de vins. Pas donné certes, mais prix justifiés. Parfait pour passer un très agréable moment, où esthétisme et saveurs se conjuguent parfaitement.

I●I *Dalmatino* (plan B1, **28**) : *Sveti Marak 1.* ☎ *091-529-31-21. Avr-oct, tlj midi et soir. Plats 100-200 Kn.* Dans une ruelle plutôt tranquille et pourtant à deux pas de l'activité trépidante du port. Cuisine sans fausse note, un peu plus orientée viande que poisson (steaks à toutes les sauces), à tarifs raisonnables. Quelques très bons desserts maison également. Serveurs sympathiques et plein de petites attentions pour les clients.

I●I *Macondo* (plan B1, **24**) : *Marije Maričić 7.* ☎ *742-850. À droite du couvent des bénédictines. Fermé dim midi hors saison. Plats 100-210 Kn.* En plein dans le vieux quartier aristocratique, *Macondo* est une bonne taverne, au décor agréable. Goûter notamment à la *gregada*, son plat fétiche, la bouillabaisse version croate. Plats copieux arrosés avec de bons petits vins. Terrasse dans la ruelle.

Où dormir ? Où manger dans les environs ?

🛏 I●I *Pansion Villa Jagodna* : *à Jagodna, Brusje (21454).* ☎ *091-174-10-15.* ● hvar-jagodna.com ● *De Hvar, prendre la route de Brusje et, après la (moche) décharge, tourner à gauche sur env 2,3 km vers Jagodna. Au bout de la route, prendre à gauche. Juin-fin sept. Selon saison, doubles 145-160 €, petit déj inclus ; apparts 4 pers env 200-250 €. ½ pens possible. CB refusées.* Si vous avez envie de vous isoler un peu de l'agitation hvaroise, vous trouverez du charme à cette pension de famille chic donnant directement sur l'eau bleue de la crique de Jagodna. Chambres nickel et confortables. Une adorable terrasse sous les pins et une salle de resto rustique achèveront sans doute de vous séduire. Ah, qu'il est bon de ne rien faire... Cuisine familiale.

I●I 🚩 *Moli Onte* : *à Milna, à 4 km de Hvar par la route de Stari Grad.* ☎ *745-025 ou 017. Avr-oct, tlj midi et soir. Plats 60-180 Kn.* La plupart des restos de Milna disposent d'une terrasse en surplomb : le *Moli Onte,* en plus, dispose d'une autre terrasse au ras des flots, sur les rochers. Inutile de dire que les places sont chères, d'autant que la cuisine fait mieux que se défendre (toute la panoplie des plats dalmates) et que les tarifs sont raisonnables. Patronne polyglotte avenante, qui règne sur cette adresse familiale. Appartements à louer à l'arrière.

Où manger une pâtisserie ou une glace ?

I●I *Nonica* (plan B2, **34**) : *Kroz Burak 23.* ☎ *091-739-23-90. Lun-sam 8h-14h, 17h-23h ; dim 17h-23h.* Cette toute petite pâtisserie s'est vite imposée comme celle qui compte sur l'île. Tiramisù, gâteau de Hvar ou « Dame en rose » *(Lady in pink)* et encore bien d'autres spécialités locales ou créations... de quoi caler un creux ou se faire plaisir. Juste quelques places pour s'asseoir dans la ruelle, ou sur les petits coussins posés sur les marches de la petite chapelle à côté.

🍦 *Slatiščarnica Hvar* (plan B1, **33**) : *à côté du théâtre. Pâques-nov seulement ; tlj en été 7h-3h.* De bonnes glaces à déguster face aux bateaux à quai.

Où boire un verre ? Où sortir ?

Les cafés de la place centrale : si la place symbolise le « salon de Hvar », les cafés et les terrasses sont les lieux où se tiennent les spectateurs de cette scène ensoleillée.

Falko Beach Bar (hors plan par A2, 35) : Setaliste Tonija Petrica 22. Tte la journée jusque tard. Sous les pins, presque au bout de la promenade, on s'installe dans un hamac ou sur un pouf. Ambiance décontractée, agréable à tout moment de la journée, et particulièrement quand le soleil se couche. Smoothies, cocktails, bons cafés et, pour les petites faims, sandwichs, wraps, etc.

Kiva Bar (plan A1, 31) : Fabrika 10-11. Pâques-sept, tlj 21h-2h ; hors saison, seulement w-e. Un bar de nuit très fréquenté par les jeunes en été. Tequila « dum-dum » (frappée sur un casque !).

Carpe Diem (plan B2, 32) : sous les arcades, au bout du port. ☎ 742-369. Pâques-sept : en été, tlj 9h-2h. Petit déj ; env 75-110 Kn pour un cocktail alcoolisé. Le bar le plus branché de Hvar, avec ses fauteuils moelleux et sa musique cool, style Buddha Bar. Soirées DJ (ils en ont quelques-uns sous la main !). Large choix de jus de fruits frais, milkshakes, smoothies et cocktails, ainsi que quelques grignotages sympathiques. A également une 2ᵉ adresse, tout aussi festive et chic, Carpe Diem Beach, plage de Stipanska, sur l'île de Marinkovac (des bateaux-taxis font la navette entre le Carpe Diem et l'île).

À voir

Autour de la place centrale

La place Saint-Étienne (Sv. Stjepana trg ; plan B1) : la place centrale, réservée aux piétons, ourlée côté sud par des terrasses de café. Un vaste salon en plein air en quelque sorte, couvert de ces merveilleuses dalles en pierre de Brač usées et patinées par les siècles. Selon les Hvarois, leur pjaca est la plus grande place de l'Adriatique après la place Saint-Marc de Venise !
Au centre de la place, admirez le **vieux puits** datant de la période vénitienne (XVIᵉ s) et sa grille du XVIIIᵉ s.

L'arsenal (plan B1-2) : on le remarque d'emblée, car il est ouvert côté port par une grande loggia voûtée. **En restauration ; se renseigner sur l'éventuelle réouverture.** Il fut construit au milieu du XVIᵉ s, détruit lors d'une attaque de la flotte turque, puis reconstruit en 1611-1612. Il servait, comme son nom l'indique, à entreposer les canons, les armes et les barils de poudre. Plus pacifique, il abrite aujourd'hui un petit théâtre Renaissance et une galerie de peinture moderne. Voir aussi le lion vénitien à l'arrière de l'édifice.

Le théâtre de Hvar (plan B1-2) : **en restauration**

L'ANCÊTRE DU THÉÂTRE POPULAIRE

Au XVIᵉ s, seule l'aristocratie fortunée pouvait se payer le luxe d'avoir un théâtre. Mais une petite « révolution culturelle » se produisit à Hvar. Les bourgeois de l'île étaient contraints (comme le peuple) d'assister aux spectacles donnés sur les places des villages ! Auparavant seuls les aristocrates fréquentaient les théâtres. D'ailleurs, on ouvrit en 1612 le premier théâtre populaire d'Europe à Hvar. Cela dit, ce n'était pas parfait puisque, jusqu'au milieu du XIXᵉ s, les femmes n'y étaient pas admises.

également. L'étage de l'arsenal est occupé par l'un des plus anciens théâtres d'Europe. Si son architecture n'a rien d'exceptionnel (elle est classique, du XVIIᵉ s), ce qui retient ici, c'est sa taille – il est tout petit, prévu pour une grosse centaine de personnes – et sa forme en fer à cheval. Cet aspect « théâtre miniaturisé » en fait un théâtre de poupées, ce qui le rend vraiment original. Voilà une rareté historique et culturelle.

🦌🦌 *La cathédrale Saint-Étienne* (katedrala Sv. Stjepan ; plan B-C1) : *tlj 9h-13h, 17h-19h. Entrée : 10 Kn.*
Élégante façade mêlant le style baroque au style Renaissance, flanquée d'un beau clocher-campanile du XVIIᵉ s. De grandes portes en bronze ouvrent sur l'intérieur qui est d'apparence classique.
De nombreux autels et des tableaux réalisés par des maîtres vénitiens. Un autel porte l'une des plus vieilles icônes de Croatie. À droite de l'autel central, bustes en bronze des 2 stars locales, Petar Hektorović et Hanibal Lucić. À gauche, un sarcophage abrite les reliques de saint Prosperus (Sv. Prošper, le saint patron de l'île), dont le corps est momifié. Sa fête est célébrée chaque année le 10 mai. L'autre saint vénéré à Hvar est Sv. Stjepan (fête le 2 octobre). Jeter également un œil au *Musée épiscopal* à gauche de l'église.

🦌 *Le couvent des Bénédictines* (samostan Benediktinki ; plan B1) : *au nord de la pl. centrale. Juin-sept, tlj sauf dim 10h-12h. Fermé hors saison. Entrée : env 10 Kn.*
Le couvent fut bâti en 1664 sur les terres du poète Hanibal Lucić, dans le quartier où vivait autrefois l'aristocratie. Les sœurs suivaient la règle très stricte de saint Benoît, vivant cloîtrées. Pour s'occuper, elles confectionnaient des dentelles réalisées à partir des fils de l'agave, une tradition artisanale à Hvar depuis plus d'un siècle.
Le petit musée du couvent expose quelques pièces de ces belles dentelles, qui ont la particularité de ne pas pouvoir être lavées ni repassées. Également des tableaux, vêtements et objets liturgiques, plus quelques icônes du XVᵉ s très bien conservées.

🦌 *L'hôtel Palace* (plan B1) : avec ses élégantes arcades en pierre ouvrant sur une terrasse, il domine fièrement la place centrale. C'est le plus vieil hôtel de Hvar, inauguré en 1903, construit là où le gouverneur vénitien siégeait (il ne reste du bâtiment ancien qu'un mur, un linteau et 2 élégants lions vénitiens sur le flanc gauche). Dans les années 1900, une riche clientèle de bourgeois viennois venait s'y reposer, fuyant les miasmes de la capitale impériale, trop agitée à son goût.

Plus au sud

🦌🦌 ⇐ *Le monastère et le musée des Franciscains* (Franjevački samostan ; plan B3) : *à env 800 m au sud de la ville, accessible par une belle promenade piétonne qui suit le bord de la mer. Mai-sept, tlj sauf dim 9h-15h, 17h-19h. Entrée (musée) : 35 Kn.*
Ce monastère du XVᵉ s est certainement l'un des plus beaux endroits de la ville. À l'intérieur, on descend quelques marches pour pénétrer dans la vaste salle à manger des moines. Elle abrite une grande et belle peinture du XVIIᵉ s représentant la Cène, peinte par Matej Ponzomi. Notez que quel que soit l'endroit où l'on se place, Jésus nous fait toujours face... Parmi les pièces remarquables du musée, ne manquez pas l'*Atlas de Ptolémée*, imprimé au XVIᵉ s. Les différentes salles exposent des pièces découvertes lors de fouilles archéologiques sous-marines : amphores, billets de banque, pièces de monnaie. Voir aussi les œuvres d'artistes contemporains et la série d'icônes. Dans l'église attenante, vous trouverez la tombe du poète Hanibal Lucić, 3 polyptyques de Francesco da Santacroce et une *Crucifixion* de Bassano du XVIIᵉ. Dans le cloître, jolie Vierge sculptée par Nikola Firentinac. Soirées musicales classiques en saison.

Dans le jardin, admirez d'une part le porche Renaissance de Firentinac, d'autre part le cyprès vieux de 500 ans qui s'est développé horizontalement sous l'effet du temps et des vents. Ses branches, quelque peu aplaties, ont même poussé en forme de croix, ô miracle ! De la terrasse du jardin, la vue est superbe sur la baie et l'archipel des Pakleni Otoci et sur la petite île juste en face (l'ancienne léproserie).

En surplomb de la ville

La forteresse espagnole (fortica ou tvrđava Španjola ; hors plan par B1) : au nord de la ville. En été, tlj 8h-22h (21h aux intersaisons). Fermé nov-Pâques. Entrée : 40 Kn ; réduc. La montée à pied depuis le centre-ville demande une vingtaine de minutes. Sinon, une route monte à l'entrée de la forteresse. Beaux points de vue et belle végétation (agaves, cactus). Elle est appelée espagnole en raison de la présence d'ingénieurs militaires venus de la péninsule Ibérique au XIVe s, mais ce sont les Vénitiens qui en finirent la construction, qui se sera finalement étalée de 1282 à 1551. Les habitants de Hvar s'y réfugièrent en 1751 face à une attaque turque et la foudre s'abattit sur le stock de poudre en 1579, provoquant une explosion terrible ! Les réparations eurent lieu sous domination autrichienne. Bien sûr, très beaux points de vue sur le port et la mer. Une salle abrite une petite collection archéologique (amphores retrouvées à Palagruža et Lastovo ou au large de Hvar). Enfin, descendre dans la prison pour apprécier la profondeur et l'étroitesse des geôles. Café au sein de la forteresse.

Festival

– *Festival d'été de Hvar : avr-oct.* Des concerts de musique classique sont organisés au monastère franciscain. Programme à l'office de tourisme.

DANS LES ENVIRONS DE HVAR

Brusje et ses environs : à env 5,5 km au nord-est de Hvar-ville. Sur la route de Brusje, passez la décharge où les mouettes se régalent, puis prenez l'une des petites routes qui partent sur la gauche et conduisent aux criques de *Jagodna*, *Lozna* et *Stiniva*. On peut d'ailleurs loger dans la première (voir « Où dormir ? Où manger dans les environs ? » à Hvar). Après le sympathique village de Brusje, connu pour sa production de lavande, observez les beaux monticules de pierres qui parsèment littéralement le paysage. Ensuite, belle vue également sur Stari Grad et sur la mer.

Les plages

À l'ouest, quelques criques après l'hôtel *Amphora*. La petite crique privée juste en face de l'hôtel *Amphora*, appelée « Bonj les bains », est gratuite d'accès si on n'utilise pas les chaises longues et les parasols (et là, c'est très, très cher !). Elle reçoit régulièrement le label « drapeau bleu », gage de propreté. Après, on ne peut pas continuer très loin, mais il y a au moins une balade sympa à faire avant, en direction du quartier de Podstine. Tout à l'opposé, à l'est, après le monastère franciscain, suivre le chemin longeant la mer. En 30-40 mn, on arrive à la baie de Pokonji Dol (plage de galets), du nom de l'îlot juste en face. 2 cafés-restos dont l'honnête *Mustačo*. Possibilité de continuer à pied vers Milna (1h10). Environ 20 mn plus loin, criques de Mekićevica, la première avec des galets blancs, la seconde, ombragée et plus aménagée, avec café-resto *(Robinson)*.

352 | LA DALMATIE CENTRALE / L'ÎLE DE HVAR

➤ **L'île de Sveti Klement (Palmižana) :** *située au large de Hvar et accessible en bateau-taxi depuis le quai du port, au pied de l'arsenal. Compter 20 mn pour y aller et env 60 Kn l'A/R.*
Sveti Klement, souvent appelée Palmižana (c'est le nom du petit hameau principal seulement habité en saison), appartient à l'**archipel des Pakleni Otoci**, situé juste en face dans la baie de Hvar. Le nom de *Pakleni*, qui signifie « enfer » en croate, vient de *paklina*, un goudron à base de résine de pin utilisé pour calfater les bateaux, noir comme... l'enfer !

JARDIN DES PLANTES

*En 1807, un médecin de l'armée napoléonienne, Gaugiran, décida de se reposer à Hvar. Impressionné par la flore de Palmižana, il se lança avec succès dans la production d'huiles essentielles. Un certain Meneghello devint alors son assistant puis son gendre. Les Meneghello achetèrent l'île au XIX*e *s. Sous Tito, l'ingénieur Meneghello y réalisa un merveilleux jardin exotique composé de plantes du monde entier. Le tout avec... l'argent du régime communiste.*

Sveti Klement mesure grosso modo 8 km de long. Parsemée de collines à la végétation méditerranéenne, elle se découvre uniquement à pied par un chemin qui relie Palmižana à Vlaka en 45 mn, voire jusqu'à Momića polje, à l'ouest de l'île. Nombreuses criques de galets pour se baigner, dont certaines sont réservées aux naturistes. Et en saison, plusieurs adresses où dormir et se restaurer.

▲ |●| **Pansion Tonči Sv. Klement :** à **Vlaka**. ☎ 098-727-186. ● pensiontonci.com ● *De mai à mi-oct. Env 65 €/ pers en ½ pens. CB refusées.* Dans un village paisible, accessible uniquement à pied (45 mn). Cette petite pension de famille, avec un joli jardin touffu et une décoration rigolote, propose quelques jolies chambres, dont 2 petites à l'arrière avec terrasse. Électricité solaire. Tonnelle pour les repas. Proche de la mer et d'une belle plage. Bon accueil.

▲ **Hotel Meneghello :** *en arrivant à la marina, à 5 mn à pied par un sentier sur la gauche.* ☎ 717-270. ▯ 091-478-31-11. ● palmizana.com ● *Pâques-oct. Résa indispensable. Selon saison, bungalows 2-4 pers 120-250 € ; également des villas pour 6 pers. En été, séjour de min 1 sem.* Une institution locale, sacrément originale, héritée de l'odyssée de l'ingénieur Meneghello (voir l'encadré plus haut). Dans la famille depuis 1906, le site est devenu une sorte de conservatoire botanique doublé d'un lieu d'exposition d'art et d'un complexe hôtelier. Statues dans le jardin, nombreuses œuvres signées par mama Meneghello et d'autres artistes contemporains, le tout au milieu des cactus et des plantes rares. Bref, malgré les prix élevés, une atmosphère très réussie. La douzaine de « bungalows » et de villas sont au diapason. Cerise sur le gâteau, ce beau resto sous la tonnelle proposant tous les classiques de la cuisine dalmate et hvaroise. Accueil dynamique.

|●| ☂ **Toto's :** *en contrebas de l'*Hotel Meneghello. ☎ 718-242. *Pâques-oct, tlj 10h-23h. Plats 60-130 Kn ; poisson 250-460 Kn/kg.* Ce resto propose une grande et belle terrasse verdoyante sur la mer et une carte très abordable (si l'on évite les poissons, comme d'hab). Bonnes pizzas, grillades, et délicieux risotto aux fruits de mer. Service un peu lent en saison... ce qui laisse le temps d'apprécier la vue ! Petite plage juste devant.

➤ D'autres *îles* plus petites sont accessibles aussi en bateau-taxi au départ de Hvar : principalement **Jerolim,** surnommée le « paradis des naturistes », la plus proche de Hvar avec 2 bar-restos ouverts en saison et **Marinkovac** (plages de Zdrilca, Mlini et Stipanska – le *Carpe Diem* a ouvert une seconde adresse sur cette dernière plage). Attention, les naturistes ne peuvent fréquenter que les plages marquées du signe « FKK » (donc Jerolim et Stipanska). *Prix de la traversée pour rejoindre ces îles en bateau-taxi : env 50 Kn.*

Dubovica : à 9 km de Hvar, sur la route de Stari Grad. Le bus pour Stari Grad peut vous y déposer. En voiture, parking improvisé (souvent plein) le long de la route. Plage en contrebas de la route, accessible par un sentier assez raide en 10 mn de marche (être correctement chaussé, pierres tranchantes). Une des plus belles plages de l'île (de galets pas trop gros) avec un port de poche, une chapelle et un petit resto sympa.

STARI GRAD (21460)   1 900 hab.   IND. TÉL. : 021

En raison de la saturation touristique de la ville de Hvar au cœur de l'été, Stari Grad (la « vieille ville ») constitue une base plus abordable pour séjourner sur l'île en juillet et en août. De plus, ce charmant petit port, situé au fond d'une baie profonde aux rivages découpés, est une petite cité dalmate authentique, à l'architecture homogène qui s'apprécie au fil d'une balade particulièrement agréable dans ses ruelles anciennes. Le quartier qui s'étend au nord de la baie est moins séduisant (constructions modernes et hôtels), mais il donne accès à la presqu'île de Kabal, toute proche, un de nos coups de cœur. Au départ de Stari Grad, de nombreuses possibilités vous sont offertes (plages cachées, criques de galets, randonnées pédestres).
Pour résumer, si la foule et le côté « glamour » de la ville de Hvar vous hérissent le poil, cap à l'ouest pour la délicieuse Stari Grad, sans hésitation !

Arriver – Quitter

En bus

Liaisons avec la ville

➢ *Hvar :* une dizaine de bus/j. en été ; env 5-8 bus/j. hors saison.
➢ *Jelsa et Vrboska :* une douzaine de bus/j. en été (8 bus seulement dim) ; un peu moins hors saison.
➢ *Le port de Stari Grad :* bus à l'arrivée et au départ des ferries, direction Stari Grad-ville, Hvar-ville, Vrboska et Jelsa.
➢ *Sućuraj :* 1-2 bus/j.

Liaisons avec le port (Luka)

➢ *Hvar : env* 10 bus/j. en été ; 5-8 bus/j. hors saison.
➢ *Stari Grad (ville), Jelsa, Vrboska :* selon les arrivées et les départs des ferries.

Adresses utiles

ℹ Office de tourisme : Obala Dr Franje Tudmana bb. ☎ 765-763. • stari-grad-faros.hr • *De mi-juin à mi-sept, tlj 8h-21h ; en demi-saison, tlj 8h-14h, 15h-20h ; en hiver, lun-sam 8h-14h.*
■ *Hvar Touristik : Siberija 31.* ☎ *717-580.* 📱 *091-895-77-33. • hvar-touristik.com • À l'entrée de la ville, près de la gare routière. Mai-oct : juil-août, tlj 10h-14h, 16h-20h ; en demi-saison, lun-sam 10h30-13h30 (12h30 mai et oct), 16h30-19h30 (18h30 mai et oct).* Résas de chambres privées, location de scooters et de voitures, excursions, etc.

■ *Hvar Unlimited : juste avt d'arriver sur le port à gauche.* ☎ *765-160.* • hvar-unlimited.com • Résas de chambres chez l'habitant, locations de scooters et de voitures, excursions...
■ *Alternative Tourist Board : Srinjo Kola 17.* 📱 *092-169-38-28. À côté de la boutique Za Pod Zub (voir plus bas). Mai-oct. Compter 300 Kn/pers pour une visite de 1h15 env.* Organise des visites guidées (en anglais) passionnantes de la ville.
■ *Location de vélos, scooters et voitures : pour un vélo, compter env*

90-120 Kn/j. en saison. Pour un scooter, env 200-280 Kn/j. selon puissance de la bête et loueur. Pour une voiture, 500-720 Kn/j. selon modèle. S'adresser par exemple à l'agence *Hvar Touristik* (voir plus haut). Également quelques stands de location de scooters et de vélos directement sur le port.
- **Nautica Diving Center :** à l'hôtel Helios. ☎ 743-038. • hvar@nautica.pl • Mai-sept. Moniteurs polonais parlant l'anglais.
- **Plusieurs distributeurs de billets,** mais pas de banque.

Où dormir ?

Logement chez l'habitant

Nombreuses possibilités à Stari Grad même et dans les hameaux environnants. Renseignements et réservations auprès des agences privées, ou sur le site de l'office du tourisme (voir « Adresses utiles », plus haut).

- **Villa Lili Sunset :** Put Od Lanterne 1. ☎ 098-907-94-43. • lilisunsethouse@gmail.com • Entre le port des ferries et l'entrée de la vieille ville (env 500 m). Tte l'année. Double 80 € ; apparts pour 4 pers 120-150 €. Idéalement placée sur le quai, dans un coin paisible, cette maison abrite des appartements confortables et vraiment ravissants. Style scandinave soigné, épuré et joyeux, avec terrasse ou balcon pour savourer la superbe vue sur la mer. Possibilité de louer la maison entière, idéal en famille ou entre amis. Accueil en français. Une de nos adresses préférées sur l'île.

Auberge de jeunesse

- **Sunce Hostel :** don Mihovila Paulinovića 2. ☎ 765-402. ☎ 091-270-79-86. • hostel.starigrad@gmail.com • Du parking de la gare routière, prendre Siberija en direction du centre, jusqu'à croiser la rue de l'hostel. Réception ouv jusqu'à 23h. Env 100-140 Kn/pers (petit déj 20 Kn). Petite AJ familiale qui propose des chambres doubles ou triples (ici, pas de dortoir !) au confort modeste et à la déco on ne peut plus simple, mais à des prix très démocratiques pour Hvar.

Où dormir dans les environs ?

À *Dol*, situé à 3 km au sud de Stari Grad, ou *Rudine*, modeste hameau ancien à 3 km au nord-ouest, sur la route de la presqu'île Kabal. Les hameaux de *Mudri Dolac* et *Basina*, situés dans une jolie baie à 3,5 km au nord de Vrboska, fourmillent également de logements chez l'habitant, souvent face à la mer.

- **Chambres et camping chez la famille Lusić :** à *Mudri Dolac*. ☎ 091-501-89-24. • mudridolac.com • À env 8 km de Stari Grad, sur la route de Jelsa, prendre à gauche, direction Basina. Suivre cette petite route et continuer tt droit (sans descendre à Basina), jusqu'au bout. Mai-oct. Compter 130-150 Kn pour 2 avec tente et voiture ; studio pour 2 pers 230-300 Kn ; appart pour 4 pers 460-600 Kn. CB refusées. Dans un petit port de poche encaissé, un tout petit terrain de camping familial, globalement sans ombre mais quasi les pieds dans l'eau. Accès à l'électricité et aux douches inclus. Également 1 studio au rez-de-chaussée et 1 appartement à l'étage de la maison, climatisés, simplement aménagés, avec terrasse et vue sur mer. Rien de bien luxueux, mais tranquillité assurée !

Où manger ?

- **Pizzeria Alfonso :** Trg Stepana Radica 17. ☎ 099-660-07-03. Tte l'année. Pizzas 60-120 Kn ; plats 70-160 Kn. Une agréable terrasse posée tranquillement sur une placette, pour déguster d'excellentes pizzas réalisées dans les règles de l'art par un vrai pizzaïolo italien. Attention à l'huile pimentée... elle l'est vraiment ! Bonnes viandes grillées également, grosses salades, etc. Une très bonne adresse, à prix doux qui plus est, voilà qui nous plaît bien !

|●| ⛺ Eremitaž : *Hrvatskih Braniteļja 2.* ☎ *766-167.* 📱 *091-542-83-95. Du côté de la presqu'île, en direction des complexes hôteliers, à 500 m du fond du port. De Pâques à mi-oct, tlj midi et soir. Plats 60-160 Kn.* Un très beau lieu ! Une jolie salle de resto tout en pierre, installée dans un ancien ermitage du XVe s devenu hôpital pour voyageurs puis quarantaine de marine, avec une délicieuse terrasse difficile à quitter. Atmosphère sereine, et service d'une grande gentillesse. Parmi les bonnes spécialités : le plateau « *Eremitaž* » pour 2, le *brodet,* les coquillages, les moules à la *buzara* ou encore la *pašticada.*

|●| Jurin Podrum : *Donja Kola 11.* ☎ *765-448.* 📱 *098-502-747. Avr-sept, tlj midi et soir. Résa conseillée. Plats 70-140 Kn ; poisson env 350 Kn/ kg. CB refusées.* Les gens du coin connaissent bien ce petit resto familial, pour la qualité de ses poissons et ses fruits de mer soigneusement préparés. Le calamar grillé est excellent, comme le fromage mariné ou autres spécialités dalmates. La salle-cave étant toute petite, les tables investissent la ruelle en été, pour notre plus grand plaisir !

|●| Antika : *Božji Račić.* ☎ *765-479. Tlj midi et soir. Congés : janv. Plats 60-130 Kn ; poisson à partir de 200 Kn/ kg.* On y va d'abord pour le décor, 2 adorables salles tout en pierre, dans 2 maisons de part et d'autre d'une charmante ruelle. Il y a même une petite mezzanine très cosy côté bar. Mobilier comme chez grand-mère pour la rusticité. Côté carte, salades, risotto, pâtes, viandes et poissons. Les classiques croates *(brodet, gregada, pašticada)* sont à réserver la veille. Bon accueil de la patronne qui n'a pas la langue dans sa poche.

Où manger dans les environs ?

|●| Kokot : *à Dol.* ☎ *765-679. À env 4 km au sud de Stari Grad (bien indiqué). Mai-sept, seulement le soir. Résa indispensable et commande à l'avance pour la peka. Plats 50-220 Kn. CB refusées.* Attention, adresse exceptionnelle ! On s'installe sur la terrasse devant le four et le grand grill ou, quelques marches plus bas, sur une terrasse plus intime, face aux vignes, aux vergers et à la montagne. Tout ce que vous trouverez dans votre assiette et votre verre vient de la ferme, ou pêché (voire chassé !) dans les environs. On se régale, c'est goûteux, délicieux, généreux. Formidable, autant pour les papilles que pour le plaisir de se trouver dans un lieu comme il n'en existe plus guère.

Où acheter de bons produits ?

⚜ Za Pod Zub : *Srinjo Kola 11.* 📱 *095-819-77-92. Dans la principale ruelle de l'intérieur du vieux village, quasi parallèle au quai. Avr-oct, tlj.* Ouverte par un couple de jeunes Français installés sur l'île depuis 2012, cette épicerie fine propose de nombreux produits locaux ou originaires des autres îles croates, tous d'excellente qualité. Également de bonnes glaces artisanales. Ne pas hésiter à demander conseil. Excellent accueil.

À voir

🏛🏛🏛 La maison de Petar Hektorović (Tvrdalj) : ☎ *765-068. Tlj 10h-13h, 17h-20h (18h en mi-saison). Fermé nov-Pâques. Entrée : env 20 Kn, brochure en français incluse ; réduc.*

En 1520, le poète Petar Hektorović fit construire cette magnifique demeure qui ressemble à un petit manoir fortifié. Cet écrivain fut tout de même le troisième au monde à traduire l'œuvre d'Ovide, et son œuvre maîtresse, *Pêche et Conversations entre pêcheurs*, le fit entrer directement dans le panthéon de la littérature croate. Il vécut presque toute sa vie dans cette maison.

> **LA MÉTÉO POUR LES NULS**
>
> *Poète sensible et inspiré, écrivain fortuné, personnage excentrique et original, Petar Hektorović (1487-1572) fit un jour l'acquisition d'un canon. Mais celui-ci n'était pas destiné à lutter contre les Turcs. Le poète désirait seulement trouer les nuages pour provoquer des chutes de pluie et arroser son jardin. Un pétard bien peu efficace.*

Au cours de la visite, on peut admirer une cuisine dalmate reconstituée à l'ancienne, une cave à vins. Peu à voir en fait, mais il se dégage du lieu une grande poésie et une belle sérénité, notamment grâce au ravissant jardin flanqué d'un harmonieux bassin. Enfin, avec la petite brochure en français, on peut s'amuser à décrypter toutes les pierres portant encore des inscriptions en croate, italien et latin, et sculptées par le poète. Par exemple : « Garde l'avenir en mémoire »... Tout un programme !

↟ La cathédrale Saint-Étienne (katedrala Sv. Stepjan) : *sur une petite place où se tiennent des concerts en été.* Autrefois, il y avait un évêque à Stari Grad. D'où le titre de cathédrale donné à cet édifice, consacré à saint Étienne Ier, pape et martyr. Le clocher est très exactement à l'emplacement de la porte d'entrée de la ville grecque antique.

↟ Le musée de la Ville (muzej Staroda Grada, palača Biankini) : *derrière la maison Hektorović.* ☎ 766-324. • msg.hr • *Juil-août, tlj sauf dim mat 10h-13h, 19h-21h ; mai-juin et sept-oct, lun-sam 10h-13h. Entrée : 20 Kn.* Dans le beau palais néo-Renaissance du XIXe s d'une grande famille locale, les Biankini. Collection d'amphores, provenant d'un bateau ayant fait naufrage au large de la côte nord de Hvar, vestiges de l'ancienne Pharos la Grecque, devenue ensuite Pharia la Romaine puis Stari Grad. Également une collection marine, du mobilier, des livres et des cartes postales, qui évoquent l'histoire de la ville. Expo de peintures d'artistes locaux.

↟ Le musée du Monastère dominicain (muzej Dominikanskog samostana) : *de mi-mai à mi-oct, tlj 9h30-12h30, 16h-18h30. Entrée : env 20 Kn.* Le monastère date du XVe s, mais il fut endommagé par les Turcs au siècle suivant. Le musée abrite des peintures, dont une pietà attribuée au Tintoret commandée par l'incontournable célébrité locale, Petar Hektorović. Le poète est d'ailleurs représenté sur la toile en compagnie de sa fille et de son gendre ! Également des icônes, des pierres anciennes, des bijoux, des pièces de monnaie grecques remontant à l'époque de Pharos, et un vieux pressoir à vin sculpté dans la pierre à même le sol.

↟ L'église Saint-Jean (Crkva sv. Ivana) : une charmante petite église, l'une des plus anciennes de l'île, couverte d'un beau toit en lauze. Elle est hélas souvent fermée, mais si vous avez la chance de pouvoir y entrer, vous y verrez une belle mosaïque du VIe s représentant des paons. Derrière l'église, un petit **site archéologique** de l'ancienne Pharos (libre d'accès).

↟ Gallery Fantazam : *Ivana Gundulića 6.* ☎ *098-953-29-67.* • fantazam.com • *Pâques-oct. Tlj 10h-23h. GRATUIT.* Cette adorable petite galerie, tenue par le sculpteur Zoran Tadić (qui parle le français), tient une place importante dans la culture de la ville, notamment en exposant des artistes locaux. Y sont aussi organisés divers évènements, et parfois des petits concerts.

Manifestations

– **San Roko :** *16 août.* Procession très populaire. On porte la statue du saint en musique avec force dégustations culinaires et œnologiques. Feu d'artifice sur la place principale.
– **Marathon international Faros :** *dernier w-e d'août.* Il réunit des sportifs qui relient à la nage la ville à l'extrémité de la baie. Distance : 15 km.
– **Rassemblement de bikers :** *3ᵉ w-e de sept.* Ils viennent de tout le pays et même d'ailleurs. Si vous n'êtes pas un inconditionnel de la moto, pour vos oreilles et vos nerfs, évitez la ville à cette époque.

DANS LES ENVIRONS DE STARI GRAD

La presqu'île Kabal : hmm, Kabal ! Très belle balade à faire sur cette presqu'île assez sauvage, assez rugueuse. Se procurer à l'office de tourisme la brochure avec la carte des chemins à parcourir à VTT. La partie la plus surprenante se trouve sur le littoral, vers l'est, entre la baie de Crni Bok et celle de Vela Travna. Une route goudronnée, puis caillouteuse à partir de Žukova, traverse la presqu'île jusqu'à la pointe nord-ouest, soit 11 km en tout. Attention, la végétation est parfois si touffue qu'il est dur pour ceux qui ne se sentent pas une âme d'Indiana Jones, ou craignent les égratignures, de quitter cette route pour rejoindre les criques magiques au bord de l'eau. Cela dit, on y accède le plus souvent en 5 ou 10 mn de marche.

La plaine agricole d'Ager : *entre Stari Grad et Vrboska.* Longue de 6 km, large de 2 km, c'est une vraie curiosité. Elle est occupée par des parcelles cultivées sans interruption depuis l'époque antique, et qui sont quasiment restées en l'état. Depuis 2008, la plaine est inscrite au Patrimoine mondial de l'Unesco. Le but est de sauvegarder les murs de pierres sèches et les réservoirs qui ont plusieurs siècles d'âge.

VRBOSKA

(21463) 540 hab. IND. TÉL. : 021

À 4,5 km de Jelsa et 7 km de Stari Grad, Vrboska est un petit port tranquille, niché dans une baie plus étroite que celle de Stari Grad. La rive nord de Vrboska est constituée d'une longue pointe verdoyante (cyprès, pins), semée de quelques maisons, tandis que sur la rive sud, plus construite, se trouve le noyau historique du village avec cette église-forteresse, très originale, qui mérite vraiment un coup d'œil. En été, des bateaux et des vedettes séjournent à la (petite) marina ACI.

Arriver – Quitter

En bus

Arrêt des bus : *à l'entrée du village, avt le petit pont sur la rivière.* Liaisons avec :
➢ **Hvar :** env 10 bus/j.
➢ **Jelsa :** env 10 bus/j.
➢ **Le port de Stari Grad :** selon arrivées et départs des ferries.
➢ **Le centre de Stari Grad :** une dizaine de bus/j.

Adresse utile

Office de tourisme : *à gauche en arrivant au port.* ☎ 774-137. ● vrboska. info ● *En été, lun-ven 8h-14h, 15h-21h ; w-e 8h-13h, 18h-22h.*

LA DALMATIE CENTRALE

Où dormir ?

Camping

Autocamp Nudist : à 2 km à l'est de Vrboska, dans la presqu'île de Glavice. ☎ 091-261-11-26. ■ nudistcamp-vrboska.hr ● Sur la gauche, juste après l'entrée du Senses Resort. Mai-sept. Env 150-235 Kn pour 2 selon saison. Un joli camping de 140 emplacements sur 2,5 ha, avec plus d'espace que celui de Stari Grad, mais exclusivement réservé aux nudistes... comme son nom l'indique. C'est spacieux, bien ombragé par la pinède, calme et bien entretenu. Certains emplacements en terrasses ont vue sur la mer. Supérette et resto sur place. Bon accueil.

Logement chez l'habitant

Chez Johanna et Ratka Domine : sur le quai, à côté du bar Kappars. ☎ 774-319. ■ 098-195-72-82. ● ratka domine@yahoo.fr ● Mai-oct. Env 54 € pour 2 et 110 € pour 4. Possibilité de louer la maison entière (1 500 €/sem pour 10 pers). CB refusées. Si vous avez envie de vous retrouver en (bonne) compagnie francophone, Ratka parle très bien le français car elle a vécu 30 ans en Suisse. Elle loue 3 chambres avec salle de bains commune, et un appartement bien équipé de 2 chambres, dont 1 avec vue sur l'eau et les bateaux. Déco un peu datée et un brin chargée, mais bon accueil !

Où manger ?

Buffet-Pizza Skojić : sur le quai sud. ☎ 774-241. Mai-oct, tlj 12h-minuit ; hors saison, seulement w-e. Plats 60-200 Kn. Longue carte de plats dalmates, à tendance italienne. Sans éclat, mais correct et copieux. À propos, les pizzas existent en 2 tailles. À moins d'être en pleine croissance ou d'avoir jeûné pendant une semaine, la « petite » devrait vous suffire. Cour intérieure assez agréable. Service sans fioritures.

À voir. À faire

L'église fortifiée Notre-Dame (Sv. Marija) : elle domine le bourg du haut de sa butte. On y accède à pied en 5 mn par un chemin qui part du quai. Mai-fin sept, tlj 10h-12h, 19h30-20h30. Entrée : env 15 Kn. Cette église du XVe s, unique en son genre en Croatie, s'avance tel un vaisseau, fruit d'une alliance hybride entre l'église et la forteresse. En fait, elle fut fortifiée après une attaque turque. Au nord, une muraille en forme de proue de navire, à l'arête très fine. Comme dans un château fort, à l'est se dresse une tour de défense arrondie et crénelée. Concerts l'été.

La plage : après le camping naturiste, au bout de la route de la presqu'île de Glavice. Petite plage familiale et coins (un peu) plus isolés sur de grandes roches plates. Resto-bar sur place. On peut aussi tenter de faire trempette dans la petite crique d'Uvala Maslinica. Accès par une petite piste en arrivant dans le centre sur la gauche (avant le port).

JELSA

(21465)   1 800 hab.   IND. TÉL. : 021

Plus grand que Vrboska, orienté vers l'est, ce port tranquille compte quelques belles maisons vénitiennes qui lui donnent un certain cachet. Sur ses quais, les terrasses de bistrots et de restos invitent à se poser, pour savourer la douceur de vivre dalmate, tout simplement. On n'y dormira pas forcément, mais Jelsa mérite cependant une petite visite.

Arriver – Quitter

En bus

➢ **Hvar :** env 10 bus/j.
➢ **Stari Grad :** une douzaine de bus/j.
➢ **Vrboska :** env 10 bus/j.

En bateau

➢ **Split et Bol (île de Brač) :** juin-sept, 1 liaison/j. en catamaran (passagers seulement) sur la ligne Split-Bol-Jelsa. Également des bateaux-taxis pour Bol.

➢ Des bateaux-taxis assurent également la liaison avec l'*île naturiste de Zečevo*.

Adresses utiles

Office de tourisme : *sur le port.* ☎ 761-017. ● tzjelsa.hr ● *Lun-sam 8h-14h, 15h-21h ; dim 9h-12h, 18h-21h. Horaires réduits hors saison.*

■ **Splitska Banka :** *entre le parking et le port.* Distributeur de billets.

Où dormir ?

Campings

⚴ **Autocamp Mina :** ☎ 761-210. ● nudistcamp-vrboska.hr/en/2/camp-mina/ ● *À 1 km à l'est de la ville, sur une petite pointe entourée par des criques de galets. Mai-sept. Selon saison, 125-215 Kn pour 2 avec tente.* Camping municipal 1 étoile, de 270 emplacements en terrasses, situé sur 1,5 ha de pinède au bord de l'eau. Faute d'être spacieux, les emplacements sont bien ombragés. Grosses installations gonflables qui piquent un peu les yeux dans cette jolie petite crique, mais les enfants adorent, évidemment ! Moins de charme que le *Grebišće,* mais plus près du centre à pied.

⚴ **Grebišće Camp :** ☎ 761-191. ● grebisce.hr ● *À 2 km de la ville, sur la route de Sućuraj. Mai-oct. Selon saison, 150-205 Kn pour 2 ; également des parcelles avec cuisine équipée, sdb et terrasse couverte : 315-360 Kn.* Très beau camping en terrasses, à flanc de colline, avec une jolie crique juste en bas, de l'autre côté de la route (plage de sable). Terrain bien ombragé sous les pins, égayé par de jolis murets de pierre. Machines à laver, bar, cafétéria, petite épicerie, ping-pong, cours de gym et de yoga. Location de vélos, scooters, paddles, kayaks et bateaux. Très complet, presque chic ! Bon accueil.

Où manger ?

|●| **U Smokve :** *Jelsa 479/A.* ▤ *098-929-66-60. Sur le quai. Mai-oct, tlj 8h (10h hors saison)-minuit. Plats 40-130 Kn.* Modestement calé dans un coin sur une placette face au port, ce p'tit resto propose une cuisine bien plus intéressante qu'il n'y paraît. Des plats originaux et riches en saveurs, de belles planches de poissons fumés, *zucchini* de courgettes, salades colorées parsemées de graines germées, etc. Les légumes viennent du jardin, et les produits sont bio dans la mesure du possible. Parfait pour se refaire une santé sans s'ennuyer, ni vider son porte-monnaie. Quelques tables en

terrasse ou dans une petite salle pimpante. Accueil jeune et souriant.

I●I Restoran Murvica : *Jelsa 375. ☎ 761-405. Avt la poste, prendre à droite et 1re à gauche. Avr-oct. Plats 60-150 Kn.* On ne vient pas pour le cadre, sans charme particulier, mais pour les bonnes spécialités, notamment les plats cuits sous cloche *(peka)*, à commander à l'avance. Excellent accueil.

DANS LES ENVIRONS DE JELSA : LA CÔTE SUD DE L'ÎLE

De Jelsa, traverser le joli village de **Pitve,** puis passer le tunnel étroit de 1,4 km sous la montagne. Il y a parfois un petit bouchon en saison à cause des feux de régulation... On arrive ensuite à **Zavala,** face à l'île de Šćedro. Village moderne, sans doute pas le plus charmant de Hvar, mais offrant un autre visage de l'île. Plein de locations, quelques restos. Nombreuses criques sympathiques en s'éloignant. La route suit la côte vers **Ivan Dolac,** à 6 km à l'ouest de Zavala. Paysages magnifiques, les vignes s'accrochent sur des pentes abruptes dévalant vers la mer. On peut pousser jusqu'à **Sveta Nedelja,** connu pour son vignoble, mais ensuite il faudra rebrousser chemin, c'est un cul-de-sac.

Où dormir ? Où manger ?

⌂ Stella Mare : *à Zavala, Jelsa (21465). ☎ 767-128. ● stellamare. hr ● De mi-avr à mi-déc. Selon saison, compter 90-150 € pour 2, avec petit déj ; grand appart 130-350 €.* Une structure moderne qui ne détonne pas dans le village (moderne lui aussi). De plus, la résidence reste à taille humaine et s'avère bien aménagée. Une douzaine de studios et appartements tout confort (clim, kitchenette, etc.). Grande terrasse et beau jardin planté d'arbres fruitiers et d'oliviers, avec une jolie vue sur la mer et sur l'île de Šćedro. Accueil aimable.

I●I Konoba Dvor-Duboković : *à Pitve. ☎ 098-172-17-26. Mai-sept, tlj 18h-minuit. Résa conseillée. Plats 60-130 Kn, plats sous cloche et poisson env 300 Kn/kg.* Au cœur du village de Pitve, voici une immense terrasse composée de jolis murets de pierre et de tonnelles, avec vue sur un beau paysage. Spécialités locales comme la *pašticada* pour les petits budgets, le *brodet* et la *gregada* pour les budgets moyens. Mais si vous le pouvez, réservez le matin (ou mieux, la veille) un plat cuit sous cloche *(peka)*, le cadre se prête merveilleusement à ce genre de festin. En dessert, ne manquez pas la *rožata* ou le tiramisù. En toute logique, la maison devrait vous offrir une *grappa* pour finir. Celle aux 5 herbes dégage un parfum vraiment enivrant... alors, attention en repartant !

LA ROUTE ENTRE JELSA ET SUĆURAJ

Une route va de Jelsa à Sućuraj en traversant la partie centrale de l'île de Hvar. Sinueuse au début, elle devient assez facile une fois sur le plateau. Pour faire ces 56 km, compter environ une bonne heure. C'est un autre monde, plus rude, plus sauvage, moins touristique que l'ouest de l'île. La **grotte de Humac** (Grapčeva cave) témoigne d'un peuplement ancien puisqu'elle fut habitée il y a 6 000 ans. On y a retrouvé des vestiges du Néolithique et du Moyen Âge.
Les collines, plantées ici et là d'oliviers et de pins, descendent vers la mer, au nord et au sud.

Le littoral cache quelques jolies criques sauvages qui plairont aux randonneurs solitaires. Les villages sont rares et situés sur les hauteurs, non en bord de mer.
– *Possibilité de faire une belle balade (guidée) jusqu'à la grotte de Grapčeva à Humac, sur résa :* ☎ *099-577-17-70 ; en principe lun-mer et sam ; rdv à 9h au resto Konoba Humac (voir plus loin). Ascension en 40 mn env (compter env 40 Kn/pers).*

Où manger sur la route ?

I●I ← *Konoba Humac :* à *Humac, à 10 km à l'est de Jelsa.* ☎ *091-523-94-63. Juin-sept, tlj midi et soir sauf dim. Plats 70-130 Kn. CB refusées.* En v'là de la pierre, en v'là... Comment ne pas s'extasier en arrivant dans ce hameau composé d'émouvantes maisons en pierre, plus ou moins debout, plus ou moins en ruine, et qui domine la mer ? C'est dans ce cadre enchanteur qu'on déguste la spécialité d'agneau rôti (résa très conseillée), ou encore une *peka* (cuisson sous cloche) d'agneau, de légume, poulet ou poulpe (sur résa 24h avant). Un lieu hors du temps et formidable, encore plus magique le soir quand l'éclairage à la bougie prend le relais du coucher du soleil !

SUĆURAJ (21469)

Petit port de 465 habitants situé à l'extrémité est de l'île de Hvar. Route étroite et sinueuse : si vous venez de Hvar-ville pour entrer sur le continent, pensez qu'il faut 1h45 pour parcourir les 70 km de route...
– Rien de particulier à voir, mais c'est une escale nécessaire pour ceux qui arrivent en bateau au départ de *Drvenik* (continent). Pour connaître la fréquence des liaisons maritimes, voir plus haut « Arriver – Quitter » sur l'île de Hvar.
➢ Bus locaux, tlj en été (mais rares le reste de l'année), pour *Stari Grad*.

L'ÎLE DE VIS

● Vis (le village) ....362 | ● Komiža 364

● Carte p. 326-327

La plus occidentale des îles de Dalmatie centrale. Petite (91 km²), peuplée d'environ 3 500 habitants, elle se compose d'une dizaine de villages et hameaux situés à l'intérieur des terres, sauf Vis et Komiža, nichés au fond de grandes et superbes baies. Longtemps fermée au tourisme, elle s'ouvre au monde extérieur comme une huître abritant une perle. Les crêtes calcaires sont couvertes de maquis et de pinèdes. Dans les plaines (dolines) fertiles recouvertes de terre rouge (parfois de la terre sablonneuse), on cultive la vigne et l'olivier. Les habitants vivent surtout de la pêche et de la culture des primeurs.
Après le départ de l'armée yougoslave en 1992, l'île se retrouva encore plus isolée. Il s'ensuivit une période difficile. À présent, les insulaires misent sur un développement durable fondé sur un tourisme mesuré et de qualité. Cette petite île, belle mais fragile, n'est de toute façon pas faite pour le tourisme de masse.
Les 700 ha de vignoble donnent de bons vins, comme le *plavac mali* (rouge) et le *vugava* (blanc), les 2 principaux crus de l'île.

UN PEU D'HISTOIRE

Les 1ers habitants furent des Illyriens, au IIe millénaire av. J.-C., comme le prouvent les découvertes archéologiques faites sur les hauteurs de l'île (oppidum, tumulus). Vers 385 av. J.-C., des colons grecs envoyés par Denys l'Ancien, le tyran de Syracuse (Sicile), s'établirent sur l'île, qu'ils nommèrent Issa. L'île devint alors une île-État autonome qui frappait sa monnaie. Elle fonda même ses propres colonies à Lumbarda, sur l'île de Korčula, et sur le continent, à Trogir et à Stobreč.
Du temps des Romains, Issa se dota d'un forum, d'un théâtre, d'un temple et de thermes. On ne sait pas quand les tribus slaves se fixèrent ici. Le nom croate de l'île n'apparut qu'au XVe s.
L'île subit l'influence byzantine, puis vénitienne de 1420 à 1797 quand l'Autriche s'empara de l'île. Après un chassé-croisé de puissances européennes (les Français, puis les Britanniques), les Autrichiens reprirent la petite Vis en main. Ils l'administrèrent plus d'un siècle (1814-1918). De nombreux habitants émigrèrent aux États-Unis au cours des XIXe et XXe s.

Tito à Vis

Pendant la Seconde Guerre mondiale, l'île servit de refuge à la résistance contre l'occupation italienne (de 1941 à 1943) et les nazis. Un quartier général fut établi dans une grotte de la colline de Hum, au centre de l'île. C'est de là que Tito coordonna ses actions avec les forces alliées qui utilisaient Vis comme une base militaire (les Britanniques surtout). Dévolue à la marine yougoslave de 1945 à 1989, elle fut interdite aux touristes. Occupée par cette même marine yougoslave durant la guerre, en 1991, elle ne sera évacuée que fin mai 1992.

Arriver – Quitter

➢ **Split :** 3-4 ferries/j. en saison, 2 en moyenne saison, 1 seul en hiver (compagnie *Jadrolinija*). Traversée : 2h30. Compter env 54 Kn/passager et 340 Kn/voiture. Aussi un catamaran de la compagnie *Kapetan Luka* (• krilo. hr •), qui circule tlj, tte l'année ; départ de Split en fin d'ap-m, départ de Vis tôt le mat. Traversée : 1h15. Compter 55 Kn/pers.
➢ **Hvar :** 1 catamaran/sem, seulement mar. Traversée : 1h15. Compter env 55 Kn.

Se déplacer sur l'île

En bus

➢ **De Vis à Komiža :** 1 bus attend à l'arrivée du ferry. Seulement quelques liaisons ensuite. Env 20 mn de trajet.

À scooter

Une bonne formule pour circuler dans l'île. Location sur le port, soit en face de la jetée, soit à l'agence *Ionios,* ou bien encore au *Rent-a-Scooter Center* au début de la route pour Komiža (100 m à gauche en sortant du bateau). Loueurs à Komiža également. Machines en parfait état, prêtes à attaquer les virages en épingle à cheveux et les montagnes russes de la route reliant le village de Vis à Komiža !

VIS (LE VILLAGE) (21480) 1 920 hab. IND. TÉL. : 021

Sur la côte nord-est de l'île, au fond d'une superbe baie en fer à cheval sertie par la colline de Gradina, le village de Vis est la principale agglomération.

Dominé par des fortifications du XIXᵉ s, il se divise en 2 quartiers ravissants, parés d'églises et de maisons anciennes : Luka, le port où arrivent les ferries, et Kut, à l'autre extrémité de la baie. Une délicieuse balade d'une quinzaine de minutes, entre belles ruelles et bord de mer, permet d'aller de l'un à l'autre.

Adresses utiles

❶ **Office de tourisme :** *Šetalište Stare Isse 5. ☎ 717-017. ● tz-vis.hr ● À côté de la jetée. En été, tlj 8h-14h, 17h-21h ; en demi-saison, tlj sauf sam ap-m et dim 8h30-13h30, 18h-20h ; en hiver, lun-ven 8h-14h.*

■ **Splitska Banka :** *sur le port. Lun-ven 8h-14h ; sam 8h-12h.* Distributeur et change.

Où dormir ?

– Pas de camping sur l'île.
– Nombreux **appartements et chambres chez l'habitant** à louer. Voir le site de l'office de tourisme ou les agences privées sur le quai.

🏠 **Villa Vis :** *Jakšina 11 (à Kut). 📱 098-948-74-90. ● villaviscroatia.com ● Entrée par Ribarska Ulica. De mi-mai à mi-oct. Doubles 120-140 €, petit déj inclus.* On aime beaucoup ce *B & B* de charme, posé dans un coin paisible légèrement en retrait du port. Derrière l'élégante façade ancienne où courent un bougainvillier et une glycine, des chambres douillettes dans un style contemporain ponctué de quelques touches asiatiques. Le petit déj (excellent et bon vrai café !) se prend dans la cuisine-salon, chaleureuse et bien jolie elle aussi. Un ensemble à la fois chic et décontracté, très plaisant, d'autant que l'accueil (en anglais) est extrêmement sympathique. Une belle et bonne maison !

🏠 |●| **Hotel San Giorgio :** *Petra Hektorovica 2 (à Kut). ☎ 607-630. ● hotelsangiorgiovis.com ● Tte l'année. Doubles 105-170 € selon saison, petit déj inclus.* Petit hôtel de charme dans une ancienne maison en pierre de Brač. Chambres très confortables à la déco contemporaine, épurée et reposante, certaines avec vue plus ou moins dégagée sur la mer, terrasse ou balcon. On mange dans une élégante cour-jardin, à la lueur des bougies (restaurant *Boccadoro*). Accueil agréable, tout comme l'ambiance.

🏠 **Hotel Tamaris :** *200 m à gauche en sortant du ferry (à Luka). ☎ 711-350. ● hotelsvis.com ● Avr-sept. Doubles 500-900 Kn selon saison.* Il règne dans cette imposante bâtisse, postée sur le quai, un petit air de la Yougoslavie d'autan qui ne manque pas de charme. Chambres assez petites mais hautes de plafond, au mobilier inchangé depuis les années 1970. Essayez d'avoir une vue sur mer, c'est quand même l'atout majeur du lieu. Gros bémol cependant : l'insonorisation date de la même époque que les meubles !

Où manger ? Où boire un verre ?

|●| **Villa Kaliopa :** *Vl. Nazora 34 (à Kut). ☎ 711-755. Tlj en saison mais seulement le soir. Repas à partir de 160 Kn.* Dans une demeure du XVIᵉ s qui ouvre sur un somptueux jardin à la romaine. Bonne nourriture, cadre enchanteur, pêche du jour toute fraîche... Un superbe lieu, un peu cher tout de même.

|●| **Restaurant Pojada :** *Don Cvjetka Marasoviča 10 (à Kut). ☎ 711-575. Midi et soir de Pâques à mi-oct, seulement le soir le reste de l'année. Plats 75-110 Kn ; poisson au poids.* Pas de vue sur mer, mais une grande cour plaisante, plantée de bambous, citronniers et orangers. Cuisine familiale sans chichis, et l'occasion (rare) de découvrir

LA DALMATIE CENTRALE

quelques spécialités de l'île, assez rustiques, souvent à base de légumineuses et de céréales. Sans oublier le poisson, d'une fraîcheur irréprochable. L'une des valeurs sûres de Vis, qui a su garder son authenticité... et ses prix doux.
- ⚑ ❢ ⚐ *Lola Konoba & Bar :* Matije Gupca 12 (à Kut). ☎ 095-563-32-46. Pâques-oct ; seulement le soir. Menus 290-370 Kn. Quel bel endroit ! Un jardin plein de poésie, un écrin d'un romantisme fou... une merveille. La cuisine suit, proposant des menus raffinés, eux aussi tout en délicatesse, autant pour les papilles que pour les yeux. Certes, ce n'est pas donné, mais les prix sont justifiés. On peut aussi se contenter d'y boire un verre...

À voir. À faire

- *L'église Notre-Dame-de-la-Grotte* (Gospe od Špilica) : située au milieu du port, composée de 3 nefs, elle date du XVIe s et fut modifiée les 2 siècles suivants, d'où un intéressant mélange de styles gothique, Renaissance et baroque.

- *La nécropole grecque* (nekropola) : derrière les courts de tennis, entre la jetée et la presqu'île avec le cimetière. GRATUIT. Enfoui dans la végétation (il s'agit d'un terrain privé plus ou moins laissé en friche), l'ancien cimetière d'Issa où l'on peut encore voir des stèles datant des IIIe et IIe s av J.-C. En faisant 100 m de plus, vous pourrez voir les fondations de petits thermes romains et quelques belles mosaïques.

- *Le monastère de Saint-Jérôme* (Samostan Sv. Jeronima) : à gauche de la baie. Fondé sur les vestiges d'un théâtre romain, il forme un bel ensemble avec l'église voisine construite au XVIe s, sur cette charmante petite péninsule de Prirovo.

- *Le Musée archéologique* (Arheološki muzej) : entre Luka et Kut, dans la forteresse Gospina-Batarija. ☎ 711-729. Juin-sept, tlj sauf dim 9h-13h, 17h-21h. Fermé le reste de l'année. Entrée : 20 Kn. Ce musée regroupe ce qui fait le passé lointain et proche de Vis : amphores romaines rappellant la longue histoire vinicole de l'île, outils agricoles, objets retrouvés après des batailles navales qui firent rage dans les eaux aujourd'hui paisibles de l'Adriatique... Belle collection d'objets de l'époque hellénistique (la plus riche de Croatie), dont une magnifique tête en bronze de la déesse Artémis.

- Les plages se trouvent tout au fond de la baie.

- *Plongée sous-marine :* avec ANMA Diving Center, au début de la presqu'île où se trouve le monastère. ☎ 092-114-74-20. • anma.hr • Formation SSI. Tous niveaux acceptés. Entre les Romains qui coulaient avec leurs amphores et les cargos à vapeur des années 1930, Vis regorge d'épaves intéressantes pour les plongeurs.

KOMIŽA (21485)   1 375 hab.   IND. TÉL. : 021

Mignon petit port à 13 km de Vis, sur la côte ouest, blotti au pied du mont Hum. Des quais partent des ruelles étroites à flanc de colline, ourlées de maisons des XVIIe et XVIIIe s. Si le village de Vis était plutôt réservé à la noblesse, Komiža a longtemps été un village entièrement tourné vers la pêche, comme en témoigne le musée qui rend hommage à cette longue et importante tradition maritime.

Adresses utiles

Office de tourisme : *Riva Sv. Mikule 2.* ☎ *713-455.* ● *tz-komiza.hr* ● *En été, tlj 8h-20h ; horaires variables hors saison.*

■ **Agence Darlić & Darlić :** *Mučenika 8.* ☎ *713-760.* Location de vélos, voitures et scooters.

■ **Distributeur :** *sur le port.*

■ **Arrêt des bus :** *à l'entrée de la ville, au niveau de la poste.*

Où dormir ?

🏠 Il n'existe qu'un seul hôtel, le *Biševo*... mais mieux vaut l'ignorer. En revanche, nombreuses **chambres chez l'habitant** (voir le site de l'office de tourisme).

🏠 **Villa Anka :** *Brig 17.* 📱 *098-986-55-47.* ● *gitaapartmani@gmail.com* ● *Derrière l'office de tourisme. Avr-oct. Doubles 50-90 €, petit déj inclus.* Un peu en retrait du port, on accède à cette mignonne maison par un lacis de ruelles. Petits appartements nickel et décorés simplement, certains disposant d'un balcon protégé par une treille, avec vue sur les vieilles maisons biscornues du village. Un bon rapport qualité-prix pour Komiža.

Où manger ?

Quelques pizzerias, snacks et cafés sur le port, pour satisfaire une petite faim sans se ruiner.

|●| ↑ **Konoba Bako :** *Gundulićeva 1.* ☎ *713-742. Tlj, seulement le soir. Compter 80-200 Kn ; poissons et crustacés au poids.* Une terrasse quasi les pieds dans l'eau, avec vue sur le port et les collines environnantes. Mais ce resto ne se contente pas d'être placé dans un endroit de rêve, il offre aussi une cuisine de qualité qui fait la part belle au poisson bien sûr, mais également aux viandes grillées à la braise. C'est le moment de découvrir les bons vins de l'île, notamment le *vugava* (blanc), particulièrement délicieux. Enfin, si le temps n'est pas de la partie, repli dans la belle salle rustique décorée d'outils agricoles, pas mal non plus !

– Juste à côté, le restaurant **Barba** offre lui aussi une très belle terrasse. Même qualité, tarifs similaires, mais plus orienté viande que poisson.

Où manger dans les environs ?

|●| **Pol Morvu :** *à Žena Glava, un hameau à env 10 km au sud-est de Komiža, à l'intérieur des terres.* ☎ *715-002. Tlj midi et soir. Compter 70-150 Kn.* Une taverne comme il n'en reste plus guère dans l'Adriatique. Des gens du cru tiennent ce resto au sous-sol de leur maison, dans une salle rustique, et installent quelques tables dans le jardin en été. Viandes en sauce (hmm, la *pašticada* au thon !), produits de la mer, légumes bio du jardin... C'est délicieux et copieusement servi. Accueil chaleureux.

À voir

🎣 ⇐ **Le musée de la Pêche** (Ribarski muzej) : *sur le port.* ☎ *713-019. Dans la tour d'un fortin vénitien de 1585, le Kaštel. Tlj juin-sept 10h-12h, 19h30-22h30. Entrée : 20 Kn.* Musée un peu fouillis, où s'entassent divers objets liés à l'histoire maritime du village, quand les pêcheurs partaient de longues semaines pour approvisionner les conserveries de Komiža. Vous y verrez aussi une réplique de *Falkuša*, cette belle embarcation en bois longue de 9 m, à bords amovibles, typique de l'île. Joli panorama du haut de la tour.

L'église Notre-Dame-des-Pirates (crkva Gospa Gusarica) : *au nord de la baie.* Personne ne sait exactement pourquoi cette église fut ainsi nommée, mais les histoires de pirates ne manquent pas à Komiža ! Construite au XVIe s, elle présente une forme inhabituelle, avec ses 3 façades triangulaires qui regardent la mer. À l'intérieur, belles nefs voûtées de style gothique. On peut aussi y voir le plus vieil orgue de Dalmatie.

L'église Saint-Nicolas (crkva Sv. Nikole) **et le couvent bénédictin** (Benediktinski samostan) : *à l'est de la ville, sur une hauteur nommée Mustar.* Un bel ensemble, constitué d'un monastère fortifié du XIIIe s, et d'une église de la seconde moitié du XVIIe s.

Au large

L'île de Biševo : *à 5 km au large de Komiža. Pour y aller : 1 bateau/j. en été (50 Kn A/R) ; départ vers 8h, retour vers 16-17h. Entrée de la grotte : env 80 Kn. Possibilité de se faire déposer au 1er arrêt pour visiter la grotte (à Mezuporat), puis traverser l'île à pied (env 40 mn) pour aller sur la plage de Porat où ce bateau s'arrête aussi. Sinon, plusieurs bateaux privés : compter 170 Kn pour la grotte bleue seulement (durée 1h) ; 220 Kn pour la grotte bleue et la plage de Porat (durée 4h). Excursions possibles au départ de Vis également.* On se rend sur cette petite île avant tout pour visiter la **grotte bleue** (Modra Špilja), qui présente un étrange phénomène de réfraction de la lumière. Les rayons du soleil y pénètrent par une ouverture sous-marine, donnant à l'eau une couleur aussi étonnante que spectaculaire, d'un bleu argenté. Il est interdit de s'y baigner, mais vous pourrez le faire sur la belle **plage de sable de Porat,** de l'autre côté de l'île (40 mn de marche). On y trouve 3 petits restos, simples et très sympa.

LE SUD DE LA DALMATIE

| L'ÎLE DE KORČULA..........367 | L'ÎLE DE LASTOVO ....400 | ET SES ENVIRONS ......410 |
| LA PRESQU'ÎLE DE PELJEŠAC..............389 | L'ÎLE DE MLJET................401 DUBROVNIK | EXCURSION AU MONTÉNÉGRO ......450 |

L'ÎLE DE KORČULA

| ● Korčula (la ville) ....369 ● La forteresse Saint-Blaise ● La colline Saint-Antoine ● L'île de Badija | ● Lumbarda.....................383 ● Račišće..........................386 ● Sur la route de Korčula à Vela Luka ....386 | ● Žrnovo ● Pupnat et la baie de Pupnatska Luka ● Smokvica ● Blato ● Vela Luka......................387 |

● Carte *p. 370-371*

16 182 hab. ; IND. TÉL. : 020

Voilà le Grand Sud dalmate, éclatant de beauté, de senteurs et de couleurs. Autant dire que Korčula est recherchée par les touristes. Elle a conservé sa beauté naturelle, son charme sauvage et un trésor sorti intact des péripéties de l'histoire : la vieille ville de Korčula.

Séparée de la presqu'île de Pelješac par un étroit chenal (1,2 km), l'île s'étend sur 47 km de long et sur 6 à 8 km de large (ce qui correspond à 279 km^2), avec un relief assez accidenté (point culminant à 569 m). C'est la 2e île croate par le nombre d'habitants. Une chaîne de petites montagnes, couvertes d'une végétation de type méditerranéen, forme son épine dorsale, d'est en ouest. Elle jouit d'un climat très doux. La vigne s'y épanouit. L'île produit d'excellents vins blancs secs, le *grk* (prononcez « geurk ») et le *pošip* (prononcez « pochip »).
Pour bronzer, on trouve en majorité des plages de galets, avec des petits rochers. Les sites pour se baigner se comptent par dizaines, cachés dans des baies aux eaux transparentes et dans des criques accessibles par des sentiers ou en barque. Prenez garde néanmoins aux oursins, très présents sur cette île.

UN PEU D'HISTOIRE

L'île, habitée par les Illyriens, a été colonisée par des Grecs, venus de Cnide (Asie Mineure), puis de Corfou et enfin de l'île de Vis, pour fonder des comptoirs. Les

LE SUD DE LA DALMATIE / L'ÎLE DE KORČULA

bois de chênes verts (ou noirs) étaient si abondants à l'époque, la végétation si dense, que les Grecs lui donnèrent le nom de *Korcyra melaina*, « la Corfou noire » en v.f. Les Romains s'y implantèrent en 35 av. J.-C.
Au VIIe s, ce sont les Slaves qui envahissent Korčula. Vers l'an 1000, les doges de la république de Venise étendent leur mainmise sur la côte et les îles. Le 1er statut de la ville et de l'île de Korčula date de 1214. Chassée par les rois de Croatie-Hongrie, Venise s'y rétablit en maître en 1420, instaurant une période de stabilité (relative) qui dura jusqu'en 1797.
Toute la puissance et le raffinement de la culture vénitienne se lisent dans les pierres de la vieille ville de Korčula : palais élégants, églises somptueusement décorées, places dallées, demeures de riches marchands patinées par les siècles.
La France gouverna l'île de 1807 à 1813, puis les Anglais jusqu'en 1815. Après le congrès de Vienne et le nouveau partage de l'Europe, l'île passa sous contrôle de l'Empire austro-hongrois et ce jusqu'en 1918.

Arriver – Quitter

En bateau

Il existe 4 ports dans l'île : celui de *Dominče* (pour les ferries), situé à 3 km de Korčula-ville, le vieux port à l'entrée de la vieille ville, celui face à l'office de tourisme, et le port de *Vela Luka*, à l'ouest de l'île. Les tarifs et horaires indiqués ci-dessous sont ceux relevés pendant l'été 2018.

Liaisons de/vers Korčula

➢ ***De/vers Orebić :*** pratique pour ceux qui viennent de Dubrovnik par la route. Rejoindre Ston (63 km, 1h), puis aller de Ston à Orebić en traversant la presqu'île de Pelješac par une très belle route (64 km, env 1h). D'Orebić, liaison régulière avec le *port de Dominče* avec la compagnie *Jadrolinija*. En été, 2 ferries fonctionnent, 4h-0h30, avec 1 départ ttes les heures en journée. Hors saison, 1 seul ferry partant presque ttes les heures, 5h30-minuit. Compter 16 Kn/pers et 76 Kn pour un véhicule léger. Traversée : env 20 mn.
Juin-sept, des bateaux pour piétons, répondant aux doux noms de *Tamaris* et *Lovor*, font la navette entre Orebić et la ville de Korčula (arrivées et départs quai face à l'office de tourisme). Départs réguliers de Korčula, 7h-23h, et d'Orebić 20-30 mn plus tard. Un 1er départ à 5h et 5h20 également. Compter env 15 Kn/pers.
➢ ***De/vers Ploče (continent) :*** ceux qui viennent du nord de la Croatie pourront également rejoindre Korčula par un ferry de la compagnie *Jadrolinija* au départ d'Orebić (voir plus haut). Pour ne pas avoir à traverser la presqu'île, il existe une liaison régulière qui permet de traverser en ferry également le chenal de Pelješac, du port de Ploče à celui de Trpanj (à 12 km au nord d'Orebić) en 1h. Env 7 départs de Ploče, 5h-20h, et autant de Trpanj, 6h15-21h (seulement 4 départs/j. en hiver). Compter env 32 Kn/pers et 138 Kn/voiture.
➢ ***De/vers Split :*** tte l'année, un catamaran de la *Jadrolinija* fait chaque jour la navette entre Korčula et Split avec escales à Prigradica (sauf oct-mai) et l'île de Hvar. Départ du port de la vieille ville de Korčula à 6h (13h dim en hiver) et de Split à 17h (16h30 hors saison). Compter 60-80 Kn/pers et 3h de trajet. Billets en vente sur le quai face à l'office de tourisme. Début juin-début sept, un autre catamaran de la *Jadrolinija*, bien plus cher (140 Kn), fait la liaison entre Split et Korčula avec escale à Hvar. Départ de Split à 9h15 et du port de la vieille ville de Korčula à 13h. Enfin, liaison saisonnière également avec un catamaran de la compagnie *Kapetan Luka* (voir ci-dessous).
➢ ***De/vers Dubrovnik :*** juil-août seulement, 4 fois/sem avec le catamaran *Nona Ana* (compagnie *GV-Line*, •*gv-line.hr*•). Départ à 8h de Dubrovnik (mar et jeu), 9h15 (lun et sam), retour à 16h. Le bateau passe par les îles de Mljet (Sobra et Polače) et Šipan. Compter env 90 Kn/pers et 2h30-2h45 de

trajet. Départ du quai face à l'office de tourisme. Également liaisons 3-4 fois/sem mai et oct, et tlj juin-début oct, entre Split et Dubrovnik, via Hvar, Korčula et Mljet, avec la compagnie *Kapetan Luka* (● *krilo.hr* ●). Le catamaran part à 7h40 de Split, arrive à Korčula vers 10h, et à Dubrovnik à 12h ; retour en soirée (départ de Dubrovnik à 16h30 – 16h sept-oct –, arrivée à Korčula vers 18h20 et à Split à 20h45 – 30 mn plus tôt sept-oct). Compter env 120 Kn/pers. Enfin, une liaison, toujours en catamaran, avec la compagnie *Jadrolinija* relie Dubrovnik à Split, avec escale à Korčula, Bol et Hvar. Tlj de juil à mi-sept. Départ de Dubrovnik à 7h15, retour de Korčula à 19h. Compter 120 Kn/pers et 2h15 de trajet. La même compagnie a mis en service en 2017 une nouvelle ligne, quotidienne de mi-juin à mi-sept : Dubrovnik-Mljet (Sobra)-Korčula-Makarska-Bol-Split.

Compter 1h40 de trajet entre Korčula et Dubrovnik.

Liaisons de/vers Vela Luka (à l'ouest de l'île de Korčula)
➤ *De/vers Split et Ubli :* juin-sept, 1 liaison/j. Split-Hvar-Vela Luka-Ubli (île de Lastovo) avec le catamaran de la compagnie *Jadrolinija*. Départ de Vela Luka à 5h20 (8h dim), 15h de Split. Durée : env 2h30 (avec escale à Hvar). Compter 45-65 Kn/pers. Également 2-3 liaisons/j. en car-ferry (toujours avec *Jadrolinija*) mais sans escale à Hvar.

En bus

🚌 Avec la compagnie **Autotrans.** ☎ *(060) 373-060.* ● *autotrans.hr* ●
➤ En été, 2 bus/j. pour *Dubrovnik* et *Ston* (6h45 et 15h45 de Korčula ; 9h et 15h de Dubrovnik). 1 bus pour *Zagreb* en fin de journée.

Circuler dans l'île

– On trouvera 2 **stations-services** principales dans l'île, l'une au port de *Dominče,* l'autre à *Vela Luka,* à la pointe ouest de l'île. Également un point de vente en dépannage à la sortie de Smokvica, en direction de Brna.
➤ Quelques *taxis* également (aux ports de *Dominče,* de *Vela Luka* et à l'entrée de la vieille ville), mais pratiquant un tarif prohibitif.
➤ *En bus :* rens au ☎ *(060) 373-060.* ● *autotrans.hr* ● En saison, de Korčula, 6-7 bus/j. pour *Vela Luka,* une dizaine pour *Lumbarda* via *Dominče,* 6-7 bus pour *Pupnat* et *Žrnovo,* et 5 pour *Račišće.* Service réduit dim : seulement 2-5 bus selon destination.

KORČULA (LA VILLE)

(20260) 2 840 hab. IND. TÉL. : 020

● Plan général *p. 372-373* ● Vieille ville (zoom) *p. 375*

Au pied des collines couvertes de bois sombres, la vieille ville s'étend sur une petite péninsule. Elle renferme, derrière des restes de remparts, une ribambelle d'élégantes demeures serrées les unes contre les autres.
Son plan, dessiné au XIIIe s, est d'une grande subtilité. Une rue principale traverse du nord au sud ce centre historique, d'où descendent une bonne vingtaine de ruelles disposées comme les arêtes d'un poisson. Elles sont droites du côté ouest pour recevoir le *maestral,* un vent doux, et légèrement courbes à l'est pour empêcher que la *bura,* un vent glacial du nord, ne s'y engouffre trop brutalement. Cet urbanisme intelligent permettait aussi à la ville de mieux se protéger contre les projectiles des assaillants.

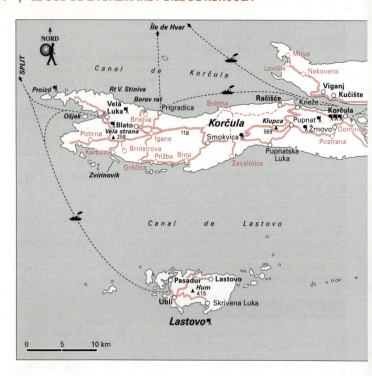

Tout se fait à pied, car les voitures y sont interdites. On se laisse guider par les vents et par la bonne humeur. Et si quelqu'un vous lance : « *Veselo !* », prenez-le comme un honneur ; cette salutation typiquement korculanaise signifie : « Sois joyeux ! »

MARCO POLO EST-IL VRAIMENT NÉ À KORČULA ?

Pour les habitants de l'île, c'est évident, il est un fils du pays. Des boutiques de souvenirs ont fleuri. Selon certains biographes, il serait né à Venise en 1254, sur l'île du Rialto. Son père ? Niccolo Polo, un riche marchand. De cette enfance vénitienne, nulle trace pourtant dans les archives. « C'est normal », disent les Korčulais, puisqu'il a vu le jour à Korčula. À l'époque, le nom Polo était très répandu dans l'île. Il y a d'ailleurs encore plusieurs Polo (ou Depolo) qui y vivent.

Marco Polo se serait installé à Venise en 1269 et aurait embarqué pour la Chine en 1271, accompagné de son père et de son oncle. En Chine, il aurait été l'ami personnel et le conseiller de Kubilaï khan (petit-fils de Gengis khan qui contrôlait l'empire du Milieu). À son retour, en 1295, personne ne veut croire à ses aventures inouïes, jugées trop fantasques. Venise, incrédule et moqueuse, le traite de « *Messer Millione* ». Pour les Vénitiens, il n'est qu'un millionnaire mythomane.

KORČULA / ADRESSES ET INFO UTILES

LES ÎLES DE KORČULA, LASTOVO, MLJET ET LA PRESQU'ÎLE DE PELJEŠAC

Qu'importe ! Avec l'argent de sa famille, Marco contribue à la défense de Venise menacée sur le rivage dalmate par sa rivale : Gênes. En 1298, au cours d'une bataille navale sanglante au large de Korčula, qui s'est achevée par la défaite de l'armée vénitienne, il aurait été fait prisonnier par les Génois. Pendant sa détention, il aurait dicté ses mémoires à un certain Rustichello, son compagnon d'infortune originaire de Pise. Une fois libéré, ce dernier fit publier ce qui devait devenir un best-seller de l'époque : le *Livre des merveilles*.

Adresses et info utiles

Informations touristiques

■ **Office de tourisme** (zoom C1) : Obala Franje Tuđmana 4. ☎ 715-701. ● visitkorcula.eu ● *Juil-sept, tlj 8h-21h ; juin et oct, tlj sauf dim 8h-14h, 17h-20h ; nov-mai, lun-sam 8h-14h seulement.* Face au quai, dans une très belle loggia de style vénitien. Infos sur les logements chez l'habitant, les excursions, les activités sportives et culturelles, brochures, cartes. Personnel super efficace.

Services

■ **OTP Banka** (zoom C1, 1) : Plokata 19 Travjna 1921. *Lun-sam 8h-16h (12h sam).* Distributeur de billets à l'extérieur, mais ça ne manque pas à Korčula…

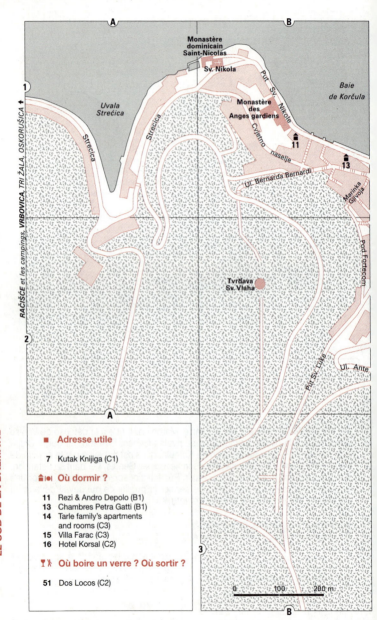

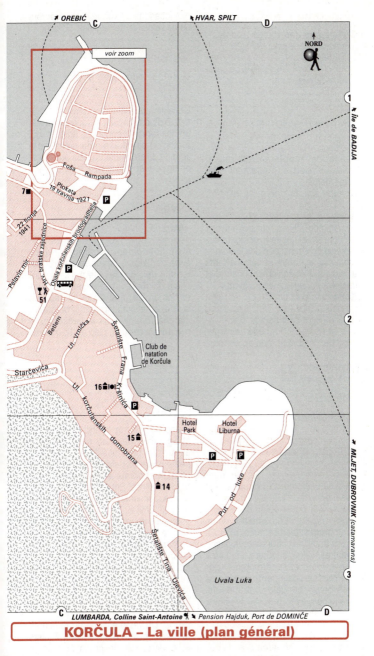

KORČULA – La ville (plan général)

Compagnie maritime

■ *Compagnie Jadrolinija (zoom C1, 4)* : *Plokata 19 Travnja 1921.* ☎ *715-410. Tlj 5h30-6h, 7h30-20h (13h w-e hors saison).* Résas des billets de catamarans et ferries.

Agences

■ *Cro Rent (zoom C1, 8)* : *à côté du supermarché Konzum.* ☎ *711-908.* ● *cro-rent.com* ● *Mai-sept, tlj 8h-21h.* Location de scooters, voitures et bateaux. Propose également des hébergements.

■ *Agence Kaleta (zoom C1, 9)* : *Plokata 19 Travnja 1921.* ☎ *711-282.* ● *kaleta.hr* ● *Avr-oct, tlj 8h-21h (22h juil-août).* Agence efficace proposant des logements chez l'habitant, de nombreuses excursions, ainsi que des locations de voitures, scooters et vélos à tarifs intéressants. Fait également change et consigne à bagages. Accueil sympa.

■ *Korkyra Info (zoom C1, 6)* : *trg Petra Šegedina 3a.* ☎ *711-750.* ● *korkyra. info* ● *Tte l'année, tlj 8h-21h (22h juin-août, 14h en hiver).* Propose des logements chez l'habitant, des excursions, des locations de voitures, de scooters ou de vélos. Vente de billets *GV-Line.*

Culture

■ *Kutak Knjiga (plan général C1, 7)* : *Kovački prolaz.* ☎ *091-496-02-64. Lun-ven 9h30-19h30, sam 9h30-14h30.* Librairie internationale ouverte à l'initiative d'un Français, amoureux de l'île (et des livres !) depuis des années, qui a attendu sa retraite pour ouvrir cette librairie. Elle comble un vide sur l'île et on ne peut que vous conseiller d'y faire un tour.

Divers

– *Marché :* *chaque mat devant la porte de la vieille ville.* Fruits et légumes.

🅿 *Stationnement :* on trouvera quelques parkings à l'orée du centre historique de Korčula-ville mais ils sont chers (25 Kn/h !). Mieux vaut se garer en bordure de route sur les hauteurs de la ville, ou au parking gratuit du supermarché *Tommy* dans la descente, et rejoindre le centre à pied en 10-15 mn.

Où dormir ?

CAMPINGS

⚐ *Port 9 Camping :* à *3 km au sud-est de la vieille ville, à proximité du port de Dominče, à côté de l'hôtel Bon Repos.* ☎ *726-801.* ● *port9resort.com* ● *De mi-mai à sept. Forfait pour 2 env 100-220 Kn selon saison.* Récemment rénové, ce camping de 125 places est le plus proche de la ville *(à 15 mn à pied par un sentier côtier ou en bateau-taxi pour 50 Kn/pers).* Les emplacements sont ombragés, bien séparés, et quasi les pieds dans l'eau. Sur place, location de voitures, vélos, scooters, et juste à côté bar, resto et supermarché *Konzum.* Propose également une dizaine de très beaux bungalows tout neufs, bien équipés, avec terrasse privative, mais très chers *(compter 108-221 € pour 2-4 pers selon saison, frais de nettoyage inclus).*

⚐ *Autocamp Vrbovica :* à *Vrbovica.* ☎ *721-257.* ● *kamp-vrbovica. hr* ● *À 6 km de Korčula sur la route de Račišće, à droite. Juin-sept. Forfait pour 2, env 125-165 Kn selon saison.* Camping pas trop grand (110 places) et agréable, dans un coin tranquille au bord d'une jolie baie, avec une petite plage de galets équipée de jeux pour les enfants et d'un *beach bar* façon paillote. Emplacements en terrasses, convenables et bien ombragés. Accueil familial. Sanitaires nickel, salle commune avec TV et cheminée. Location de frigos. Supérette à 50 m.

⚐ *Kamp Oskorušica :* *Oskorušica 73, Kneže,* *sur la route côtière entre Korčula et Račišće, à 5 km de cette dernière, juste avt* *Kneže* *sur la gauche (indiqué).* ☎ *710-897.* *098-950-30-68.* ● *camposkorusica.com* ● *Mai-sept. Forfait pour 2 env 110-140 Kn selon saison.* Un vaste et superbe terrain en terrasses planté d'amandiers, figuiers et oliviers, fait de coins et recoins naturellement délimités par des petits

375

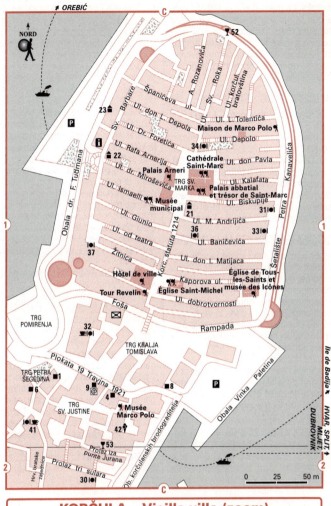

KORČULA – Vieille ville (zoom)

Adresses utiles
- Office de tourisme (C1)
- 1 OTP Banka (C1)
- 4 Compagnie Jadrolinija (C1)
- 6 Korkyra Info (C1)
- 7 Cro Rent (C1)
- 9 Agence Kaleta (C1)

Où dormir ?
- 21 Hostel Korčula (C1)
- 22 Chambres Vitaić (C1)
- 23 Hotel Korčula De La Ville (C1)

Où manger ?
- 30 Fish & Go (C2)
- 31 Filippi (C1)
- 32 Konoba Škver (C1)
- 33 Silk (C1)
- 34 Adio Mare (C1)
- 36 Konoba Marco Polo (C1)
- 37 Aterina (C1)

Où déguster une pâtisserie ? Où manger une glace ?
- 41 Pâtisserie Cukarin (C1)
- 42 Kiwi (C1)

Où boire un verre ? Où sortir ?
- 52 Cocktail-bar Massimo (C1)
- 53 Vinum Bonum (C1-2)

LE SUD DE LA DALMATIE

rochers. La mer est en contrebas, il n'y a que la route à traverser. Sanitaires simples mais impeccables et 2 barbecues à disposition. Quelques emplacements réservés aux camping-cars. Accueil adorable. Notre camping préféré sur l'île.

AUBERGE DE JEUNESSE

🏠 **Hostel Korčula** (zoom C1, **21**) : Biskupije 2. ☎ 095-822-36-71. ● plesnar.josip@gmail.com ● Mai-sept. Compter 16-29 €/pers en dortoir ; pas de petit déj. Une petite AJ (la seule à Korčula), très simple, avec 3 dortoirs pour 6 à 8 personnes. Neufs et bien tenus, ils disposent chacun de la clim et d'une salle de bains. Kitchenette et petite salle commune à dispo. Bon accueil.

LOGEMENT CHEZ L'HABITANT

– Les agences privées de la ville proposent des chambres chez l'habitant, comme *Kaleta* ou *Cro Rent*. Petite commission pour ce service.
– Seulement une vingtaine de chambres chez l'habitant dans la vieille ville où les prix ne sont pas forcément plus élevés qu'en dehors des murs.
– Les cartes de paiement sont généralement refusées.
– *Conseil :* il est impératif de réserver le plus tôt possible en haute saison, soit entre le 15 juillet et le 20 août. Comme partout, 30 % d'augmentation si vous restez 1 ou 2 nuits.

🏠 **Rezi & Andro Depolo** (plan général B1, **11**) : Sv. Nikole put 28. ☎ 711-621. ☎ 098-964-36-87. ● tereza.depolo@du.t-com.hr ● *Maison jaune juste avt le monastère des dominicaines (Samostan Anđela Cuvara). Doubles 270-350 Kn selon saison et vue ; pas de petit déj. CB refusées. Parking privé gratuit.* 4 chambres claires, agréables et climatisées, avec meubles et parquet en pin. Jolie vue, soit sur le port (terrasse pour l'une d'entre elles), soit sur le jardin fleuri de Tereza. Une seule chambre dispose d'une cuisine *(payante si on l'utilise : 50 Kn),* mais un frigo commun est à dispo. Grande terrasse avec vue sur la ville. Accueil adorable.

🏠 **Pansion Hajduk** (hors plan général par D3) : Ul. 67, br. 6. ☎ 711-267. ☎ 098-287-216. ● hajduk1963.com ● *Entre Korčula-ville et le port de Dominče. Du centre-ville, si vous êtes à pied, passez devant l'Hotel Marko Polo, allez tt droit, dépassez les pompiers, c'est en haut sur la droite (compter 20 mn de marche). En voiture, direction Dominče, laissez l'hôpital sur la gauche, c'est sur la droite (fléché). 15 avr-1er oct. Doubles 330-380 Kn, petit déj compris. CB refusées. Parking gratuit.* Difficile de ne pas être séduit par cette bonne maison. D'abord, parce que dans le jardin poussent des tomates, de la vigne et des figuiers et qu'en saison tout ça finit dans votre assiette (voir « Où manger ? » plus loin). Ensuite, parce que toute la petite famille se met en quatre pour vous accueillir. Côté hébergement, une quinzaine de chambres simples mais confortables, avec clim, et puis une belle piscine, des terrasses ombragées pour se reposer, un espace pour les enfants et même une salle de muscu ! Très relax.

🏠 **Chambres Petra Gatti** (plan général B1, **13**) : Sv. Nikole put 22. ☎ 715-632. ☎ 091-919-13-04. *Sur le port, le long d'un quai très agréable, c'est la maison avec un balcon en fer forgé. Doubles 250-300 Kn ; pas de petit déj.* Au rez-de-chaussée d'une vieille maison ayant un certain charme, tenue par une dame élégante qui vous accueille avec le sourire, 2 chambres aux couleurs agréables, parfaitement tenues, avec double vitrage, parquet, frigo, belle salle de bains et coin cuisine. Courette commune à l'arrière pour étendre le linge ou garer les vélos. Une bonne adresse, centrale, tout en étant à l'écart de la foule.

🏠 **Villa Farac** (plan général C3, **15**) : Šetalište Frana Kršinića 106. ☎ 711-825. ☎ 091-542-90-40. ● jimmyfarac@hotmail.com ● *À 5 mn à pied de la vieille ville. Tte l'année. Studios 225-450 Kn ; apparts 300-600 Kn. CB refusées.* Studios bien équipés (salle de bains, cuisinette et clim), clairs et plaisants, profitant de jolies vues sur la mer depuis les balcons. L'un des 3 est organisé de façon originale en duplex. Également un vaste appartement récent et très confortable, avec une grande cuisine ouverte sur un salon et une terrasse donnant sur la baie, s'il vous plaît ! Bon accueil des jeunes proprios, qui habitent au rez-de-chaussée. Une adresse agréable et au calme.

KORČULA / OÙ MANGER ? | 377

≜ *Tarle family's apartments and rooms* (plan général C3, **14**) : Šetalište Frana Kršinića 57. ☎ 711-712. 📱 091-764-00-70. *Une grande maison de plusieurs étages (la 2ᵉ après l'Hotel Marko Polo, en venant du centre-ville). Tte l'année. Doubles 260-300 Kn ; studios 500-700 Kn ; apparts 4-5 pers 750-1 500 Kn. Parking.* Une vraie petite entreprise, avec des hébergements pour différents budgets ! À l'étage de la maison de la sympathique propriétaire (accès indépendant), des chambres et des appartements datés mais impeccables, et convenablement équipés (salle de bains, balcon, clim). Pour plus de confort, direction la 2ᵉ villa, juste en face, avec de beaux appartements contemporains de standing : mobilier sobre et moderne, électroménager pimpant... Quant à la belle piscine, elle est accessible à tous les résidents !

≜ *Chambres Vitaić* (zoom C1, **22**) : *Dr Dinka Miroševića 8.* ☎ 715-312. 📱 *091-988-86-29 ou 091-576-57-18.* ● *familyvitaic@gmail.com* ● *Dans la vieille ville. Mai-sept. Doubles 45-90 € et triples 55-120 € selon saison. CB refusées.* Dans sa maison vieille de 400 ans, la famille Vitaić propose 6 chambres simples avec salle de bains privative, qui ont pour principal avantage leur situation au cœur de la vieille ville dans une ruelle tranquille. C'est propre, et doté du confort de base (frigo, TV, clim). En dépannage, compte tenu des tarifs un brin surévalués. Accueil sympathique.

HÔTELS

De chic à très chic

≜ *Hotel Korčula De La Ville* (zoom C1, **23**) : *Obala dr. Franje Tuđmana 5.* ☎ *726-306.* ● *korcula-hotels.com* ● *Doubles standard env 100-280 € selon saison ; petit déj inclus. Parking 100 Kn (sur résa).* Entièrement refait, ce grand hôtel de la vieille ville a retrouvé sa splendeur d'antan ! Les chambres, de style contemporain, luxueuses et spacieuses, ont presque toutes une belle vue sur mer. Lit *queen size*, salle de bains moderne, clim... elles sont charmantes et très confortables. Copieux buffet pour le petit déj, belle terrasse avec mobilier élégant face au quai, hall clinquant avec lustres imposants et personnel dévoué comme il se doit dans ce type d'établissement. Seul bémol, pas d'ascenseur.

≜ |●| *Hotel Korsal* (plan général C2, **16**) : *Šetalište Frana Kršinića 80.* ☎ *715-722.* ● *hotel-korsal.com* ● *Mai-oct. Selon saison, doubles standard 168-218 €, jusqu'à 288 € pour une supérieure, petit déj inclus. Plats 80-200 Kn ; plus cher pour les poissons. Stationnement gratuit dans la partie haute de la rue.* C'est l'hôtel de charme de Korčula : idéalement situé sur le chemin piéton menant à la vieille ville, il occupe 2 anciens bâtiments de mariniers réhabilités avec goût et modernité. Chambres à la déco élégante, pas immenses mais offrant tout le confort attendu et profitant de belles vues sur la mer. Calme, atmosphère raffinée mais sans chichis. L'hôtel propose également des dégustations de vins locaux dans sa cave insolite (une ancienne citerne !), et dispose d'un resto à la cuisine soignée. Pour parfaire le tout, accueil dynamique et fort sympathique.

Où manger ?

Bon marché

|●| 🍴 *Konoba Škver* (zoom C1, **32**) : *Plokata 19 Travnja 1921.* ☎ *716-524. Dans une courette derrière la poste. Tlj midi et soir. Plats 50-120 Kn ; petit déj 30 Kn.* La bonne petite adresse cachée que l'on se recommande à l'oreille en demandant de ne pas l'ébruiter. C'est le resto des locaux qui travaillent dans la vieille ville et passent pour avaler en 15 mn chrono l'un des 2 copieux plats du jour proposés à 50 Kn ! Sinon carpaccio de poulpe, plats de pâtes, risotto, *pašticada*, calamars farcis... Agréable terrasse dans une cour au calme, à l'écart du flot des touristes (mais jusqu'à

LE SUD DE LA DALMATIE

quand ?) et salle sympa avec pierres apparentes et de belles maquettes de bateaux. Patron serviable.

Fish & Go (zoom C2, **30**) : *Hrvatske Bratske Zajednice trg. ☏ 095-848-84-28. Face au port, à l'entrée de la ville. Snack env 50 Kn, plats 80-100 Kn.* Pour un repas sur le pouce, un bon *fish & chips* qui offre 3 avantages : c'est rapide, pas cher et les tables installées sur la jolie place offrent un cadre sympa (et pas d'odeur de graillon !). Outre le poisson, les crevettes ou le calamar frits, des *ćevapi* (boulettes de viande hachée) et de belles salades.

Prix moyens

Aterina (zoom C1, **37**) : *Korčulanskih Klesara i Kipara trg. ☏ 091-986-18-56. Mai-oct, tlj. Plats 75-100 Kn.* C'est l'histoire de 2 copines qui ont décidé d'ouvrir une *konoba* gourmande, conviviale et sans complications. Les portions ne font pas dans le gargantuesque (on distingue les plats « à la fourchette », « à la cuillère » ou « à la petite cuillère »), mais les produits sont locaux, frais, et toutes les préparations sont maison. Petite carte : roulé d'aubergines, pâtes maison, crevettes *buzara*, salade de poulpe, bruschettas... mais pas de viande. En prime, vous êtes sur l'une des plus jolies placettes de la vieille ville.

Silk (zoom C1, **33**) : *Šetalište Petra Kanavelića. ☏ 721-111. Mai-oct, tlj midi et soir. Plats 50-150 Kn.* Une sorte de *street food* asiatique qui détonne sur le chemin de ronde où s'alignent les restos les plus chers de la vieille ville. Des tables hautes à la japonaise, une cuisine ouverte et un comptoir où l'on passe commande. Bon choix de plats goûteux et originaux, qui changent du risotto et des pâtes : canard grillé croustillant à souhait, crevettes ou poulet au curry rouge, yakitori, *tataki* de saumon, soupe *miso*, porc *pad thaï*, *dim sum*... Il y en a pour tous les goûts et toutes les bourses.

Konoba Marco Polo (zoom C1, **36**) : *Jakova Baničevića ul. 9. ☏ 715-643. Tlj midi et soir (soir seulement à la mi-saison). Plats 80-150 Kn.* On aura le choix entre s'attabler dans la ruelle étroite ou dans une salle à la déco inspirée par le grand voyageur. Dans l'assiette, une cuisine somme toute classique mais très correcte et à prix juste, axée principalement sur les produits de la mer.

Resto de la Pansion Hajduk (hors plan général par D3) : *voir « Où dormir ? ». Avr-oct, tlj, le soir seulement. Compter env 200 Kn/kg de plat cuit sous cloche pour 2 (à commander min 3h avt) ; sinon, plats 50-100 Kn.* Dans cette bonne adresse où loger, on se restaure sous la treille dans une ambiance familiale et chaleureuse. Spécialités de la région cuites sous cloche *(peka)* à base de viande (agneau, veau, bœuf) ou encore de poulpe. Sinon, plats savoureux comme la *pašticada*, les macaronis maison ou le *brodetto* (poisson, sauce tomate et polenta). En saison, certains des légumes proviennent du potager de la maison.

Chic

Adio Mare (zoom C1, **34**) : *Sv. Roka 2. ☏ 711-253. De mi-avr à mi-oct, tlj sauf dim midi ; service le soir seulement à la mi-saison. Résa conseillée. Plats 70-200 Kn.* La terrasse à l'étage, plutôt chic, située entre le campanile de la cathédrale et la maison de Marco Polo, fait souvent le plein. Cuisine de qualité, régulière, appréciée des insulaires qui y viennent, parfois depuis les années 1970, pour les viandes, poissons, risottos et fruits de mer, toujours très bien préparés. Service très pro. Attention, on paie le couvert ici !

Filippi (zoom C1, **31**) : *Šetalište Petra Kanavelića. ☏ 711-690. Avr-oct. Plats 130-230 Kn ; couvert 15 Kn/pers.* Être situé en plein sur le chemin de ronde a des conséquences : c'est plus cher qu'ailleurs, mais on profite d'une très belle vue sur la mer et le continent, juste en face. Ce qui motive vraiment la visite, c'est la qualité de la cuisine, un cran au-dessus de la moyenne. Les spécialités dalmates sont élaborées avec de bons produits frais, bien travaillés, et servies avec un vrai effort de présentation. Une table soignée, mais les vins sont hors de prix !

Où dormir ? Où manger dans les environs ?

Quelques petites adresses de terroir à quelques encablures de Korčula. Un bon prétexte pour visiter les villages.

🏠 **Appartements Grgić :** *Žrnovska Banja 842, à **Žrnovska Banja**.* ☎ *721-026.* • *ljiljana_grgic@yahoo.com* • *À 4 km de Korčula sur la route de Račišće. Passer le petit supermarché et tourner tt de suite à gauche dans la ruelle escarpée. C'est la maison la plus haute, sur la droite (indiqué). 5 mai-20 oct. Selon saison, studios 80-102 €, apparts 4 pers 102-165 €. Min 3 nuits en juil-août. CB refusées. Réduc incluse sur présentation de ce guide.* Au cœur d'un secteur résidentiel tranquille, une grande maison moderne offrant 4 beaux studios et 2 appartements spacieux, tous très bien équipés, clairs et plaisants. Vue dominante des terrasses sur les 2 baies toutes proches, où l'on peut se baigner. Terrasse commune avec barbecue, et piscine pour se rafraîchir. Accueil charmant de Ljiljana. Quant à son mari, fin gourmet, il saura vous indiquer les meilleures tables.

|●| **Konoba Belin :** *sur les hauteurs du village de **Žrnovo**, quartier Prvo Selo, à 3 km au sud-ouest de Korčula (sur la route principale, tourner à droite au panneau « Žrnovo Prvo Selo »).* ☎ *091-503-92-58. Mai-sept, tlj, le soir seulement. Plats 50-120 Kn ; poisson 300-380 Kn/kg. CB refusées.* Une belle et vaste tonnelle, une bonne cuisine familiale authentique et un accueil souriant suffisent à notre bonheur. Au choix, soupe de poisson, macaronis façon Žrnovo, brochettes ou côtelettes d'agneau, poisson du jour, à moins d'opter (sur résa la veille) pour les savoureuses spécialités de viandes cuites sous la cloche. Petite production de vin et pain maison. Une valeur sûre.

|●| **Konoba Mate :** *à **Pupnat**, à env 10 km de Korčula.* ☎ *717-109. Dans le village, à côté de l'église. Pâques-oct, tlj sauf dim midi. En saison, résa obligatoire. Plats 60-100 Kn. CB refusées.* On s'installe sur la petite terrasse ombragée de la maison familiale, face aux vignes. Tout est fait maison, du pain aux raviolis au chèvre, en passant par le jambon, le tout parfumé avec les herbes aromatiques du coin. L'accueil de la maison, simple et convivial, ne rend que plus savoureuse cette rencontre avec une cuisine du terroir rustique et généreuse.

|●| **Agroturizam Pagar :** *à **Pupnat**, à env 10 km de Korčula.* ☎ *717-065.* 📱 *091-569-99-55. Sur la route principale Korčula-Vela Luka qui contourne le village (ne pas y entrer), sur la gauche quand on vient de Korčula. Mai-oct : tlj midi et soir en juil-août, le soir seulement à la mi-saison. Plats 50-100 Kn ; poisson 140-300 Kn.* Cette grosse maison en pierre surplombe la route et la terrasse abritée semble surveiller les collines. Lorsque le fils présente les poissons pêchés le matin par le père, vous n'aurez qu'une idée en tête, les confier à la mère pour qu'elle les grille direct dans la cheminée ! En attendant, profitez-en pour goûter la délicieuse salade de poulpe. Une adresse authentique, qu'il s'agisse de l'accueil sympathique ou de la cuisine rustique et goûteuse.

|●| **Konoba Ranč Maha :** *à la sortie de **Žrnovo**, direction Pupnat.* 📱 *092-138-17-96. Accès par un chemin sur la gauche ; c'est à 700 m. Juin-oct, tlj, le soir seulement. Menus 110-170 Kn ; plats 95-170 Kn.* Une adorable maison en pierre, perdue dans une belle nature. Sous une agréable tonnelle, on déguste de bons produits maison (agneau, chevreau, veau, légumes), le tout arrosé d'un petit vin bien sympathique. Essayer l'assortiment de viandes par exemple, cuit sur l'immense barbecue. Une bonne adresse, pleine de charme, loin de l'agitation du monde...

Où déguster une bonne pâtisserie ?
Où manger une glace ?

|●| 🍰 **Pâtisserie Cukarin** *(zoom C1, 41) : Hvratske bratske zajednice bb.* ☎ *711-055. Tlj sauf dim 8h-12h, 17h-19h30.* Une petite institution locale.

Impeccable pour le petit déj ou le petit creux de 17h. Goûter aux délicieux gâteaux (cukarini, klašuni, amarete, Marko Polo bombica). Également un choix de vins, alcools et huiles d'olive.

Kiwi (zoom C1, 42) : à deux pas du musée Marco Polo. Tlj 8h-23h (minuit en été). Un bon choix d'excellentes glaces et de bons gros gâteaux. On peut s'asseoir pour les déguster.

Où boire un verre ? Où sortir ?

Cocktail-bar Massimo (zoom C1, 52) : Šetalište Petra Kanavelića. ☎ 711-878. Mai-sept, tlj 18h-minuit (1h en été). Bar à cocktails au sommet d'une tour fortifiée à laquelle on accède par un escalier assez raide. Mesdames, évitez la jupette ce soir-là ! Jolie vue sur le clocher de la cathédrale et sur la mer.

Vinum Bonum (zoom C1-2, 53) : Punte Jurana. Mai-sept, tlj 18h-minuit. La salle de ce bar à vins est minuscule, mais tout se passe dans la ruelle, autour d'une poignée de tables hautes où l'on dispose quelques charcuteries afin de déguster au mieux les crus de la région. Sympa pour se faire le palais avant d'aller chez les vignerons !

Dos Locos (plan général C2, 51) : face à la gare routière. Tlj à partir de 18h. L'un des endroits les plus animés de la ville dans la soirée. Terrasse festive dans la rue et projection géante de clips sur le mur de l'immeuble en face, ou carrément de ce qui se passe au dance floor. Souriez, vous êtes filmé ! Bonne musique.

À voir

Dans la vieille ville

À découvrir à pied, les voitures étant interdites. L'entrée de cette cité médiévale avec quelques restes de remparts est marquée par un petit pont (le Punat) qui mène à la tour Carrée. En suivant la ruelle, tout droit, on arrive sur la place où se trouvent la cathédrale et le palais abbatial transformé en musée.

La cathédrale Saint-Marc (katedrala Sv. Marka ; zoom C1) : mai-oct, tlj 9h-19h ; nov-avr, tlj 8h-9h, 16h-18h. Entrée : 10 Kn ; 25 Kn avec le palais abbatial à côté. Montée au campanile : 25 Kn.
Le plus beau monument de la vieille ville. De style roman tardif, elle fut construite à partir de 1420 avec des pierres des îles voisines de Vrnik et de Kamenjak. Des maîtres étrangers participèrent aux travaux, comme le Milanais Bonino, auteur du somptueux portail flanqué de 2 lions soutenus par une représentation inattendue d'Adam et Ève. Plusieurs ornements architecturaux typiques du style gothique flamboyant des Pouilles.
À l'intérieur, nombreuses représentations sculptées sur les chapiteaux. Le plafond de la nef évoque une coque de navire, rappelant la vocation maritime de Korčula. Au bout de cette nef se dresse un autel précédé d'un *ciborium* de Marko Andrijić, son chef-d'œuvre réalisé en 4 ans, une sorte de haut baldaquin reposant sur 4 fines colonnes. Le maître-autel est orné d'un retable de 1550, œuvre de jeunesse du Tintoret, qui représente 3 des saints patrons de la ville, Marc, Barthélemy et Jérôme (*Marko, Bartul* et *Jerolim* en croate). À droite de l'autel se trouve le sarcophage contenant les reliques de saint Théodore, un autre saint patron de la ville. Dans la nef latérale de *Saint-Jacques,* on peut admirer *L'Annonciation,* tableau de l'école du Tintoret. Le campanile renferme un baptistère et un christ ressuscité, une sculpture en bronze de François Kršinić, ainsi qu'une *pietà* d'Ivan Meštrović. Enfin, ceux qui ont le pied agile ne manqueront pas l'ascension jusqu'au clocher (interdit aux moins de 10 ans) : après une série d'escaliers étroits vraiment pas évidents à négocier (croisements difficiles !), on parvient à la vue la plus jolie sur la vieille ville.

KORČULA / À VOIR | 381

¶¶ Le palais abbatial et le trésor de Saint-Marc (Opatska Riznica ; zoom C1) : *pl. Saint-Marc (Sv. Marka trg).* ☎ *711-049. Juste à droite de la cathédrale. Mai-sept, lun-sam 9h-19h ; oct, lun-sam 9h-17h ; dim et le reste de l'année, sur rdv (☎ 099-213-62-64). Entrée : 25 Kn (inclus l'entrée à la cathédrale) ; réduc.* Dans un bel édifice de 2 étages bâti entre 1876 et 1880. Le trésor abbatial occupe le 1er étage : importante collection de livres rares (incunables), de pièces de monnaie, d'objets religieux (reliquaires) et de vêtements ecclésiastiques (superbes chasubles brodées de fils d'or). La salle des arts dalmates présente de nombreuses peintures dalmates des XVe et XVIe s et des œuvres vénitiennes de la Renaissance italienne. Dans la salle de l'art baroque, noter la chaire de l'évêque et la collection de blasons sur les murs. Avant de repartir, jetez donc un coup d'œil sur la jolie courette agrémentée de quelques fragments lapidaires.

¶ Le palais Arneri (zoom C1) : *juste à droite du Musée municipal et en face de la cathédrale. Ne se visite pas.* De style gothique tardif, il est formé par plusieurs bâtiments aux façades élégantes, qui communiquent autour d'une cour intérieure. La famille Arneri fut naguère l'une des plus prestigieuses de la ville.

¶¶ Le Musée municipal (Gradski muzej ; zoom C1) : *pl. Saint-Marc.* ☎ *711-420. ● gm-korcula.com ● Juil-sept, tlj sauf dim 9h-21h ; le reste de l'année, lun-ven 10h-14h. Entrée : 20 Kn ; réduc. Dépliant en français inclus. Attention, le bâtiment est en travaux.* Situé dans le palais de la famille Gabrielis, une puissante famille qui fit construire cette demeure au XVIe s. Observer la façade extérieure ornée de croisées et de balcons somptueux.
Le musée, un peu hétéroclite, présente au rez-de-chaussée une section regroupant quelques découvertes archéologiques sous-marines (amphores, vases) et de nombreux documents sur la vie et l'histoire de l'île. Parmi les pièces intéressantes : la copie de la stèle (pséphisme) de Lumbarda qui porte les noms des 200 colons grecs fondateurs venus de Vis pour établir la cité au IVe s av. J.-C. (l'original se trouve au Musée archéologique de Zagreb). Dans la salle voisine, toutes sortes d'outils et de sculptures rappellent l'importance de la taille de la pierre sur l'île jusqu'au XIXe s. À l'étage, intéressante reconstitution d'un intérieur bourgeois, et une salle consacrée à la construction navale (outils, maquettes, aquarelles), l'autre activité phare de la région. Enfin, la cuisine est installée sous les toits, car, à l'époque, on ne construisait pas de cheminée ni de conduit d'aération au rez-de-chaussée.

¶ La maison de Marco Polo (kuća Marka Pola ; zoom C1) : *Depolo ul. Juin-août, tlj 9h-21h ; sept, tlj 9h-15h, 17h-19h. Fermé oct-mai. Entrée : 20 Kn.* Selon la tradition locale, Marco Polo serait né et aurait passé son enfance dans cette maison. La visite de la tour n'offre qu'un point de vue sur la ville et quelques reproductions de documents d'époque, notamment la carte de son périple en Asie. On peut se contenter de jeter un coup d'œil à la façade gothique tardif de la maison.

¶ L'église de Tous-les-Saints et le musée des Icônes (crkva Svih Svetih ; zoom C1) : *au bout de Kaporova.* ☎ *711-306 ou 868. En principe, mai-sept, lun-sam 10h-15h, 17h-18h ; sinon sur rdv (☎ 091-883-38-79). Entrée : 15 Kn ; réduc.* Cette église (la plus ancienne de la ville) au clocher circulaire fut, dès 1301, le siège de la confrérie de Tous-les-Saints. Elle abrite dans la sacristie une collection d'icônes byzantines des XIIIe, XIVe et XVe s, venues de Crète après la défaite de Venise contre les Turcs (siège d'Héraklion entre 1645 et 1669). Des documents et des objets exposent la riche histoire de cette confrérie : robes des frères, bougies pour les processions, système de vote secret, recueil de chants, ainsi que des actes écrits de la vie de la confrérie. Belle vue plongeante sur la nef depuis l'escalier conduisant à la sacristie.

¶¶ L'église Saint-Michel (crkva Sv. Mihovil ; zoom C1) : ☎ *091-593-96-53. Mai-oct, tte la journée.* Jolie petite église baroque, datant de 1412-1651, qui abrite la confrérie de Saint-Michel. Sur la droite, chapelle dédiée à la Vierge Consolatrice. Sur les murs, les règles de la confrérie datant de 1603.

LE SUD DE LA DALMATIE

¶ **L'hôtel de ville** *(zoom C1) : à gauche à l'entrée de la vieille ville. En face de l'église Saint-Michel.* Date de 1525. L'intérieur ne se visite pas.

¶ **La tour Revelin** *(kula Veliki Revelin ; zoom C1) : à l'entrée de la vieille ville. Juin-août, tlj 9h-21h ; sept, tlj 9h-15h, 17h-19h. Fermé oct-mai. Entrée : 20 Kn ; réduc.* Une tour restaurée qui garde l'entrée de la vieille ville. Vaut seulement le coup d'œil pour le point de vue sur celle-ci. Petite expo sur la *moreška*, la danse des épées (voir plus loin « Fêtes et manifestations »).

À l'extérieur de la vieille ville

¶ **Le musée Marco Polo** *(Marko Polo muzej ; zoom C1) : Depolo 1a.* ☎ *098-970-53-34.* ● *marcopolo.com.hr* ● *Juin-sept, tlj 9h-21h ; mai et oct, tlj 10h-19h. Fermé nov-avr. Entrée avec audioguide : 60 Kn ; réduc. Compter 30 mn de visite audioguidée.* L'histoire du héros racontée sur le mode épique, au moyen de 7 petites reconstitutions avec des mannequins en costume et décors grandeur nature : son embarquement, la traversée du désert, la rencontre avec le khan, la bataille entre Venise et Gênes... Sympa (on passe de tableau en tableau en empruntant des couloirs revisités façon cale de bateau) mais tout de même un peu cher.

Balades autour de Korčula

¶ **La forteresse Saint-Blaise** *(tvrđava Sv. Vlaha ; plan général B2) :* c'est une balade à faire à pied en fin d'après-midi. Elle mène au sommet de l'une des 2 collines qui dominent la vieille ville. Pour y aller : en sortant de la vieille ville, prendre la Plokata 19 Travnja 1921, puis, un peu plus loin derrière, la rue Bernarda Bernardi, avec ses escaliers qui gravissent la colline, en surplomb du monastère dominicain et de la baie de Korčula. Au sommet de la colline (86 m) se dresse une station de télécommunications installée près des ruines du fort Wellington. Cette forteresse anglaise fut construite en 1813 sur les restes d'un bastion français. Les Français avaient fait la même chose avec les Vénitiens, en récupérant leur forteresse, bâtie en 1616. Malheureusement mal entretenue, et la vue est gâchée par la végétation.

¶ **La colline Saint-Antoine** *(Glavica Sv. Antuna ; hors plan général par D3) : à env 2,5 km au sud de la vieille ville, en direction du port de Dominče et de Lumbarda. Au niveau de l'hôpital, l'ul. 36 croise la route Dubrovačka cesta. Ne pas tourner à gauche vers le port. Continuer vers Lumbarda tt droit sur 100 m et prendre une petite route sur la gauche.* Monter à pied par un sentier d'une centaine de marches bordé de cyprès centenaires. Au sommet se dresse l'église du même nom qui domine l'archipel. Superbe vue. Chaque année, l'endroit s'anime (vers mi-juin, normalement le 13) pour la fête de la Saint-Antoine.

¶ **L'île de Badija** *: juste en face du port de Dominče, dans la baie de Korčula. Accès en navette (départ du port de Korčula), compter 55 Kn/pers l'A/R (plus cher en taxi-boat).* Cette île de 1 km² est une colline boisée très peu construite. Voir le monastère franciscain. Pas grand-chose à y faire, sauf s'allonger sur une plage, mais le paysage est préservé et on y croise parfois quelques cerfs. Également un resto, si besoin.

Fêtes et manifestations

De nombreuses fêtes, souvent liées au calendrier religieux, sont organisées tout au long de l'année dans les différents villages de l'île. Consultez l'office de tourisme pendant votre séjour pour connaître l'agenda. Parmi les plus importantes ou remarquables :

– *Semaine sainte :* les 3 confréries religieuses de la ville se rassemblent pour la grande procession du Vendredi saint, avant Pâques. À la nuit tombée, environ 500 confrères, vêtus de leurs tuniques traditionnelles, défilent dans les rues de la vieille ville en portant des croix, des bannières et des lanternes.
– *Spectacle de moreška :* juil-août, lun et jeu à 21h au cinéma de plein air (ljetno kino) ; juin et sept, jeu à la même heure. Spectacle de 1h30. Env 100 Kn. Rens à l'office de tourisme et dans les agences de voyages. Korčula est la seule île de l'archipel dalmate à perpétuer la tradition de la *moreška,* la danse des épées. Chaque été, la ville de Korčula organise un festival sur ce thème (spectacles dans les différents villages). Cette tradition très ancienne serait venue d'Espagne au XVIe s, peut-être après le siège turc de 1571. Les combats dansés symboliseraient la lutte des chrétiens contre les musulmans. Les chevaliers du roi Blanc (les chrétiens) affrontent les chevaliers du roi Noir (les Maures) pour récupérer une jolie princesse du nom de Bula, enlevée par Moro, le fils du roi Noir. Bula finit par être libérée et retourne près du roi Blanc. Des musiciens jouant d'instruments à vent accompagnent le rythme endiablé des danses et les coups d'épée sont de plus en plus violents. Le spectacle se déroule en 7 tableaux. Pour les habitants de l'île, la *moreška* n'est pas uniquement une manifestation folklorique, c'est aussi un rituel de la mémoire collective célébrant leur combat pour la liberté. Avant de devenir une attraction touristique, la *moreška* n'était dansée que le 29 juillet, jour de la Saint-Théodore *(Sv. Todor),* le protecteur de la cité.
– *Fête de la Kumpanija :* à Blato. Se renseigner à l'office de tourisme pour connaître les dates, très variables. Différente de la *moreška,* cette fête dansée repose sur la même idée de lutte pour la liberté. Elle met en scène le combat des réservistes qui autrefois défendaient l'île (les *Kumpanije*) contre les envahisseurs, d'où son nom. Le moment le plus prenant est la danse du porteur de drapeau *(Alfir).* À Žrnovo, on danse au son de la cornemuse la *moštra* qui a une origine similaire et se terminait autrefois par la mise à mort d'un taureau.
– *Carnaval d'Été :* 30 juin. Défilé masqué, concerts et autres animations de rue dans la vieille ville de Korčula.
– *La Makarunada :* à Žrnovo, début août. Fête de village colorée et gourmande, dont l'objectif est de faire découvrir les macaronis locaux en mettant la main à la pâte... puisqu'on participe à leur fabrication ! On peut aussi se contenter de les déguster à prix démocratique, en profitant des animations (concerts...).
– *Korkyra Baroque Festival :* 1re quinzaine de sept. • korkyrabaroque.com • Rassemble de grands concertistes internationaux pour une quinzaine de concerts de prestige.

LUMBARDA   (20263)   1 225 hab.   IND. TÉL. : 020

À 7 km au sud-est de Korčula, Lumbarda s'étend sur une péninsule découpée par de superbes baies et des collines basses qui glissent vers les eaux claires de l'Adriatique, en se terminant par des plages de petits galets et les 2 seules plages de sable de l'île (dont celle de *Pržina* de couleur gris clair, c'est rare !). Le village possède un bourg ancien, mais les maisons aux toits de tuiles rouges sont basses et éparpillées dans des quartiers et des hameaux. Presque chaque maison possède sa parcelle de vigne dans un vignoble qui donne un excellent vin blanc réputé pour sa finesse, le *grk* (prononcez « geurk » !). Celui-ci n'est produit nulle part ailleurs. Il existe une demi-douzaine de vignerons-producteurs. On vous conseille la cave *Branimir Cebalo* (quartier de Vela Glavica) et les pensions *Marinka* et *Lovrić* (voir plus loin « Où dormir ? Où manger ? »).

➤ *Korčula :* en saison, bus env ttes les heures 7h-19h (4 seulement dim).

UN PEU D'HISTOIRE

Lumbarda fut fondée par des colons grecs venus de l'île de Vis au IVe s av. J.-C. Une stèle appelée « pséphisme de Lumbarda » (une copie est conservée au Musée municipal de Korčula) porte l'une des plus vieilles inscriptions sur pierre qui soient en Europe. Ce texte a pour sujet la division des parcelles de terre entre les 200 colons grecs nouveaux venus et les Illyriens autochtones. L'inscription se termine par cette exclamation : « Que la chance vous accompagne ! » Le site fut ensuite occupé par des Romains qui y développèrent la vigne. À la Renaissance, l'endroit, toujours aussi plaisant, attirait de riches familles qui y construisirent des villas fortifiées (les *kašteli*), dont certaines subsistent encore aujourd'hui.

Adresses utiles

Office de tourisme : *Prvi žal.* ☎ 712-005. ● *tz-lumbarda.hr* ● *En saison, tlj 8h-21h ; hors saison, lun-ven 8h-14h.* Bonne carte de Lumbarda avec les sentiers de randonnée. Infos sur les chambres chez l'habitant (disponibles aussi sur le site internet).

✉ Juste à côté de l'office, **distributeur de billets, bureau de poste** *(lun-ven 8h-11h),* petit **bureau de change** à l'agence *Boana* (☎ *098-938-75-02),* qui fait également location de vélos et de scooters, et vente de billets pour l'île de Mljet. **Supérette** *Konzum* et arrêt de bus en face.

Où dormir ? Où manger ?

Pas de grands immeubles, rien que des maisons particulières dans la végétation méditerranéenne. Nombreux hébergements chez l'habitant. On vous rappelle qu'il faut ajouter 30 % sur les tarifs pour un séjour de moins de 3 nuits.

Autocamp et appartements Milina : *dans la 1re baie, côté nord.* ☎ 712-106. 📱 *091-597-49-01.* ● *tonci. milina-aga@du.t-com.hr* ● *Mai-sept. Forfait pour 2 env 125 Kn ; apparts 2-4 pers 360-600 Kn.* Un tout petit terrain dont les emplacements en terrasses sont bien ombragés et joliment situés face à une calme baie. Sanitaires simples et propres. Accueil très gentil. Également, dans la maison des propriétaires, des appartements très convenables et bien tenus, donnant sur la mer. Une bonne option à prix doux.

Autocamp Vela Postrana : *un peu après l'office de tourisme, à droite.* 📱 *091-539-38-89.* ● *velapostrana@ gmail.com* ● *Mai-oct. Forfait pour 2 env 125 Kn.* Un grand terrain légèrement en pente séparé de la route par un pré. Peu d'ombre, rustique et rudimentaire (sanitaires basiques), mais pratique car suffisamment au calme tout en occupant une situation centrale et proche des commerces. Accueil très sympa.

Sinon, un autre petit camping très sommaire, avec une poignée d'emplacements dans le jardin des propriétaires de la **Mala Glavica** (☎ *712-342 ; compter 125 Kn pour 2 pers),* situé un peu après l'*Autocamp Vela Postrana*, à gauche.

Pansion Lovrić (Agroturizam) : *à env 300 m du centre.* ☎ *712-052.* 📱 *098-909-79-48.* ● *lovric.info* ● *Au nord de la 2e baie, à gauche après la petite église. Tte l'année. Selon saison et confort, doubles 305-610 Kn, avec petit déj ; apparts 310-610 Kn pour 2 et 420-915 Kn pour 4, sans petit déj. Menu 120 Kn. CB refusées. Réduc de 10 % sauf juil-août sur présentation de ce guide.* Bienvenue chez des vignerons très chaleureux, qui accueillent leurs hôtes dans leur grande villa moderne surplombant la baie, ou dans une annexe pimpante juste en face. Chambres et appartements très bien équipés, rénovés dans la maison principale (avec belles vues depuis les balcons), impeccables dans la belle annexe *Maris*, récemment ouverte. Dans tous les cas, le confort est au rendez-vous. Côté resto (ouvert aux non-résidents), on profite des produits bio de la maison et d'une cuisine goûteuse servie sur la baie en jolie terrasse d'où la vue est superbe. Ne pas manquer de goûter le *grk* et le *plavac mali* produits, en petite quantité, par l'exploitation familiale. Une très bonne adresse.

🏠 🍽️ **Apartments & Restaurant Bebić :** *à 500 m du centre.* ☎ *712-505.* • *bebic.hr* • *Au nord de la 2ᵉ baie, à gauche après la petite église, puis à droite dans la montée après avoir longé le quai. Tte l'année. Doubles 240-300 Kn ; studios 350-400 Kn ; apparts pour 4 pers 480-600 Kn. CB refusées.* En tout, une douzaine de chambres, studios et appartements récents pour 2 à 4 personnes, dans une petite résidence hôtelière moderne comprenant 2 bâtiments séparés par une agréable terrasse. Bon équipement, entretien impeccable, et des terrasses ou balcons pour tout le monde (sauf 1 chambre) avec vue sur la mer. Côté resto (ouvert aux non-résidents), des plats copieux et goûteux à base de produits locaux (poisson, jambon maison, fromages paysans). Possibilité d'excursions sur demande et location de bateaux et canoës. Une excellente adresse, tenue par une famille très sympathique qui peut venir vous chercher à votre arrivée au débarcadère.

🏠 🍽️ **Pansion Marinka (Agroturizam) :** *à env 300 m du centre.* ☎ *712-007.* 📱 *098-344-712.* • *bire.hr* • *En venant de Korčula, à droite juste après la petite église et le début de la 2ᵉ baie ; c'est la 1ʳᵉ pension sur la droite. Tte l'année. Double 300 Kn ; petit déj 50 Kn. Appart 360 Kn. Dîner env 150 Kn, vin compris. CB refusées.* Maison appartenant à des vignerons sympas mais qui ne parlent pas le croate (pas toujours évident de se comprendre !). Au choix, de petites chambres mansardées ou des studios simples mais plaisants, certains avec balcon. Possibilité de table d'hôtes (réservée aux résidents), pour déguster les produits bio de la maison et le fameux *grk.* Une adresse rustique mais pas chère.

🍽️ **Feral :** *au sud du port, après la petite plage de Tatinja.* ☎ *712-090. De mai à mi-oct, tlj midi et soir. Plats 60-90 Kn ; poisson plus cher. CB refusées.* Un bon petit resto familial, sans surprise mais très régulier. On mange soit au bord des flots (une poignée de tables), soit sur la terrasse à l'étage. Spécialité de la maison : le poulpe pané. Sinon, à la carte, vous trouverez tous les classiques de la cuisine croate préparés avec sérieux.

🍽️ **Konoba Dušica :** *dans l'anse de la 2ᵉ baie, à gauche juste après la petite église.* ☎ *712-179. Plats 55-135 Kn.* Taverne familiale proposant une correcte cuisine de la mer servie en terrasse dans une jolie baie incitant au farniente. Certains soirs (en principe lundi, mercredi et samedi), on peut se laisser tenter par la spécialité, l'agneau à la broche, qui a cuit lentement tout l'après-midi. Loue également d'agréables appartements dans une bâtisse à l'arrière et de l'autre côté de la baie.

🍽️ **Konoba More :** *au cœur de la 2ᵉ baie, dans la rue du front de mer (en bas des escaliers).* ☎ *712-068. Mai-sept. Plats 70-160 Kn ; plus cher pour le poisson.* Petite terrasse bien cachée en contrebas de la rangée de maisons du front de mer, posée directement sur l'eau ! On peut aussi s'installer dans la véranda, ou dans la petite salle entourée de viviers... Produits de la mer, évidemment, et quelques classiques bien réalisés, mais mieux vaut ne pas être trop pressé car tout est fait maison.

À voir. À faire

🎯 **Le centre de Lumbarda :** modeste mais très agréable, avec un petit port fermé par une digue et des plages. La vue sur la baie est vraiment séduisante et l'atmosphère du village n'est pas sans rappeler certains villages du sud de la France.

🎯 **La péninsule :** en continuant au-delà du port, on passe par *Tatinja* (toute petite plage de sable agréable mais bien chargée en été) et le hameau de *Vela Glavica.* Le chemin continue vers la pointe de la péninsule. Côté sud, la plage de *Vela Przina,* la plus sympathique (avec un petit resto).

RAČIŠĆE   (20264)   460 hab.   IND. TÉL. : 020

À 13 km au nord-ouest de Korčula, dans une petite baie bien abritée de la côte nord, le port de Račišće (prononcer « Ratchichetchè ») a la forme d'un fer à cheval. Une route bordée d'oliviers y mène. C'est le petit port de pêche tranquille et typique : 2 épiceries, une poste, un bistrot face aux bateaux et un terrain de pétanque, le tout aligné au pied d'un amphithéâtre de collines couvertes de maquis et d'arbustes bien verts.

➢ *Korčula :* 5 bus A/R en saison env 5h45-19h15. Seulement 2 bus le w-e.

Où manger dans le coin ?

|●| *Bistro Dalmatino : à la sortie de Kneže, en direction de Račišće.* ☎ 710-730. 📱 098-285-532. *Mai-sept. Assiettes variées et plats 50-120 Kn ; poisson 280-400 Kn/kg.* Belle situation pour cette cabane pimpante et colorée, avec sa terrasse les pieds dans l'eau, prolongée par 2 plages de poche. Impeccable pour se mettre en appétit en attendant de passer à table, pour goûter jambons et fromages locaux, pâtes maison aux crevettes façon Žrnovo, ou de délicieuses Saint-Jacques. Tout est grillé au barbecue. Agréable lumière d'ambiance le soir pour un dîner en tête à tête. Accueil charmant.

À faire

🏖 *Les plages de Vaja et de Samograd : à 2 km à l'ouest du village (accès par la mer ou par un chemin vicinal).* Fréquentées par les naturistes.

🥾 Pour les randonneurs, un sentier conduit jusqu'au village de *Pupnat,* à travers la montagne. Compter de 2h30 à 3h de marche.

SUR LA ROUTE DE KORČULA À VELA LUKA

🥾 *Žrnovo :* charmant village avec des maisons anciennes en pierre aux lourds toits en lauzes. Et puis il y a quelques bonnes tables servant des produits du terroir (voir plus haut « Où dormir ? Où manger dans les environs ? » à Korčula).

🥾 *Pupnat* est un village agréable, le plus élevé de l'île (pas bien haut quand même). Jeter un œil à l'église Saint-Georges (XIVe s) et à Notre-Dame-de-la-Neige (XVIIe s). Pour un plan baignade et farniente, prendre la route qui mène à la *baie de Pupnatska Luka.* Parking payant (30 Kn). Très beau paysage en surplomb de la mer. Ne pas louper le chemin qui descend vers la crique sur la gauche. La récompense est au bout.

🥾 *Smokvica :* au centre de l'île. Vaut surtout pour la visite de la cave de Paval Baničević *(Pošip Toreta i Rukatac Toreta :* ☎ *832-100 ; résa conseillée).* On y parle le français et on y produit de succulents vins blancs secs. Et surtout le grand vin de l'île : le *pošip.* Dégustation et vente sur place. Également un petit *musée ethnographique* avec une centaine d'objets liés à la production du vin.

🥾 *Blato :* dans la partie ouest de l'île, à 9 km de Vela Luka, un village qui n'a rien de spécial sauf, quand même, une belle allée de tilleuls (longue de 2 km), qui forme un tunnel de verdure sous lequel passe la route. En continuant vers Vela Luka, on traverse une vaste étendue fertile de 3 km de long environ sur 1 km de large, occupée par des champs et des prés. En 1912, la construction d'un aqueduc souterrain permit l'assèchement du site, en évacuant les eaux qui l'occupaient vers la côte nord (baie de Bristva).

VELA LUKA

VELA LUKA (20270) 4 130 hab. IND. TÉL. : 020

À l'extrémité ouest, Vela Luka, plus peuplée que Korčula, n'en a pas le charme mais rien ne la défigure pour autant. Dans les environs, une belle nature faite de collines semi-boisées, semi-arides encercle de petites baies aux eaux bleues transparentes, cachant de magnifiques criques rocheuses accessibles par des chemins ou en bateau à moteur. La région de Vela Luka est la 1re de Croatie pour la production d'huile d'olive.

Arriver – Quitter

En bus

> Avec la compagnie *Autotrans* (☎ 812-078 ; ● autotrans.hr ●).
> *Korčula :* en été, en moyenne 6-7 bus/j. (seulement 4-5 dim) 6h55-20h15 au départ de Korčula, 5h15-18h30 de Vela Luka. Compter 1h-1h15 pour faire les 48 km via Smokvica et Blato.

En bateau

> *Split :* voir en tête de chapitre « Arriver – Quitter. En bateau. Liaisons de/vers Vela Luka ».
> *Ubli (île de Lastovo) :* 2-3 ferries/j. en saison. Durée : 1h30. Un catamaran fait également 1 A/R par j. en saison. Compter 30-40 Kn/pers, 195 Kn pour une voiture.

Adresses utiles

Office de tourisme : *sur le port.* ☎ 813-619. ● tzvelaluka.hr ● *En saison, lun-sam 8h-21h, dim 9h-14h ; en mi-saison, lun-ven 8h-15h, 17h-20h et sam 9h-12h ; hors saison, lun-ven 8h-15h.* Bonnes infos sur cette partie de l'île et quelques brochures en français. Personnel dynamique et efficace.

■ **Otp Banka et Splitska Banka :** *sur la place avt d'arriver au port. Lun-sam 8h30-15h (12h sam).* Change ; représentants de *Western Union*. Distributeur de billets à l'extérieur.

Où dormir ?

Camping

Autocamp Mindel : ☎ 813-600. ● mindel.hr ● *À env 6 km au nord-ouest de Vela Luka, sur la route qui traverse la péninsule, au nord de la baie. Mai-sept. Forfait tente-voiture pour 2, 110-125 Kn selon saison. CB refusées.* Isolé en plein maquis, un camping de 120 places, suffisamment équipé et propre. Bien ombragé par des oliviers et des amandiers. Plusieurs petites baies à proximité avec possibilité de se baigner sur des plages de galets. Pas d'épicerie sur place, mieux vaut prévoir de faire ses courses avant de se poser pour une robinsonnade. Accès gratuit à un tennis. Un bon camping, à l'accueil sympa.

Logement chez l'habitant

La plupart des adresses n'ouvrent que de mi-juin à fin août et sont situées à flanc de colline, face au port. Se renseigner auprès des agences privées.

Villa Telenta : *ul. 1 br. 57.* ☎ 814-230. 📱 091-503-52-76. ● telenta.net ● *Mai-oct. Doubles 525-830 Kn ; apparts pour 2-4 pers 715-1 210 Kn ; avec petit déj. Parking.* Dans un charmant jardin escarpé, ombragé par des oliviers, des chambres et appartements modernes et confortables, parfaitement tenus, avec terrasse privative offrant une superbe vue sur la baie. L'ensemble est organisé en paliers descendant jusqu'à la

Hôtel

🛏 **Hotel Korkyra :** *Obala 3 br. 21.* ☎ *601-000.* • *hotel-korkyra.com* • *À droite de l'office de tourisme, sur le port. Tte l'année. Doubles 80-180 € selon confort, vue et saison. Parking.* Cet hôtel luxueux à la déco design offre un confort irréprochable. Séduisantes chambres aux couleurs harmonieuses, avec parquet, clim, salles de bains ouvertes très tendance, et parfois des balcons. L'ensemble, fait de matériaux naturels, est résolument contemporain et de bon goût. Belle piscine et spa tout en mosaïque (compris dans le prix). Resto élégant à l'image du lieu. L'hôtel organise des excursions en bateau pour aller lézarder sur l'île de Proizd. Accueil impeccable et sans chichis.

Où manger ? Où boire un verre ?

I●I **Konoba Ribar :** *Obala 4 br. 5.* ☎ *813-864. Juste après l'Hotel Korkyra, vers l'embarcadère des ferries. Tte l'année, tlj midi et soir. Plats 60-140 Kn.* Dans la partie la plus calme du port, sympathique resto proposant une cuisine principalement axée sur les produits de la mer, servie en terrasse ou dans une salle à la déco forcément marine (*ribar* signifie « pêcheur »).

I●I **Konoba Lučica :** *ul. 51 4.* ☎ *813-673. Dans la ruelle entre les 2 banques, en surplomb de la place avt le port. Ouv seulement le soir. Plats 55-130 Kn ; poisson 180-390 Kn/kg.* Une cour intérieure agréable, très calme, où poisson et viande sont grillés au barbecue sous le regard gourmand des habitués. Accueil très sympathique. Une valeur sûre, depuis des lustres.

🍸 **Caffé-bar Inglezo :** *Obala 4.* 📱 *091-520-74-39. Mai-sept, tlj jusqu'à minuit.* Terrasse ombragée face au port, avec canapés en osier garnis de gros coussins. Atmosphère détendue pour laisser le temps filer au son d'une musique d'ambiance agréable, plus rock le soir.

À voir. À faire

🔎 **Le musée de la Ville** *(muzej) : entre l'église et le port. En été, lun-ven 8h-15h, sam 9h-13h ; le reste de l'année, lun-ven seulement le mat. Entrée : 15 Kn.* Rassemble les trouvailles archéologiques faites dans la région. Petite collection de peintures et de sculptures.

🔎 **La grotte de Vela Spila :** *à env 3 km au nord de la ville si l'on s'y rend en voiture, ou à pied par un sentier au départ du port (et là, ça monte...).* ☎ *813-602.* • *vela-spila.hr* • *Juin-sept, lun-sam 9h-19h, dim 10h-15h. Visite guidée en sem 11h-12h. Entrée : 15 Kn.* Ce site archéologique est le plus important de l'île, bien que cette cavité soit modeste. Il témoigne de la culture mésolithique, néolithique, hellénique et romaine de la région. Les vestiges, essentiellement trouvés dans cette grotte, sont présentés au musée de Vela Luka.

🔎 **Les petites baies des environs :** *sur la pointe nord-ouest, à env 5 km de Vela Luka, par une petite route, se trouve la* **baie de Gradina,** *une de nos préférées.* En saison, possibilité de balade en barque à moteur. L'église Saint-Jean *(Sv. Ivan),* de 1419, se dresse sur une adorable presqu'île. Il y a encore beaucoup d'autres baies et des criques, plus sauvages, plus étroites, moins accessibles. Par exemple : le long du littoral découpé de la pointe de Privala, qui ferme la grande baie de Vela Luka. Au sud de Vela Luka, la baie de Poplat (environ 8 km), d'où partent des sentiers qui s'enfoncent dans la péninsule boisée de Saknja rat.

🐚 **Se baigner :** *dans les criques.* Pour y aller, des bateaux-taxis partent du port et se rendent dans les différentes baies. Prix à discuter avant de partir.

STON ET MALI STON | 389

🍴 **L'île de Proizd :** *en été, accessible en navette depuis le port (face à l'office de tourisme). Départ ttes les heures 9h30-13h30, retour 17h-19h. Compter 50 Kn/pers ; réduc.* À proximité de Vela Luka, une île paradisiaque aux eaux cristallines. 4 plages de cailloux blancs, fièrement annoncées comme les plus belles de Croatie. Reliées par des sentiers, certaines ne sont pas encore trop fréquentées (naturisme autorisé sur l'une d'entre elles). Bon resto sur place, mais un peu cher.

LA PRESQU'ÎLE DE PELJEŠAC

- Ston et Mali Ston 389
- Žuljana
- Orebić 393
- Viganj et Kučište 398

● Carte *p. 370-371*

De l'isthme de Ston à l'est au petit port de Lovište à l'ouest, elle s'étend sur une soixantaine de kilomètres, dessinant une curieuse langue de terre pointue dont l'île de Korčula se serait détachée. Ce ne sont que des montagnes rocheuses (calcaires), couvertes du maquis de la mer Adriatique. Des pins et des palmiers, des orangers et des plantes exotiques poussent sous ce climat. La route principale la traverse sans trop s'approcher des côtes, escarpées, en suivant plus ou moins celle esquissée à l'époque de l'occupation française (d'ailleurs, il existe encore un itinéraire appelé « route Napoléon » au départ de Ston, aujourd'hui réservé aux cyclistes ou aux marcheurs). Le vignoble produit parmi les meilleurs vins croates : le fameux *dingač* (rouge) et le *maraština* (blanc). Hormis la station balnéaire de Trpanj sur la côte nord, les villages les plus charmants sont situés sur le versant sud, face à Korčula.

STON ET MALI STON

(20230)   550 et 140 hab.   IND. TÉL. : 020

2 villages situés dans la partie extrême-orientale de la presqu'île de Pelješac, à seulement 4 km de la nationale Dubrovnik-Split. Mali Ston, porte d'entrée de la presqu'île, est un tout petit port abrité au fond d'un minifjord aux rivages boisés. C'est l'un des centres ostréicoles et mytilicoles les plus connus de Croatie. Le village de Ston est situé environ 1 km plus au sud au fond d'un autre fjord, où l'on extrait le sel dans des salines protégées par un parc naturel. Les 2 sont reliés par la fortification la plus longue d'Europe, une sorte de minimuraille de Chine qui épouse le relief. Incontournable !

Arriver – Quitter

En bateau

➢ **Mljet :** tlj 5 fois/j. en été (4 fois/j. hors saison) sur un ferry de la *Jadrolinija* depuis le port de *Prapratno* (à 3 km de Ston) jusqu'à *Sobra* (Mljet). Durée : 45 mn. En été, tlj 7h-20h30, retour 6h-19h. Compter env 30 Kn/pers et 140 Kn/voiture. Les ports de Prapratno et de Sobra ne sont que des cales avec seulement un guichet de la compagnie et un café, pas de restauration ni de distributeur sur place.

LE SUD DE LA DALMATIE

LE SUD DE LA DALMATIE / LA PRESQU'ÎLE DE PELJEŠAC

En bus

➤ **Dubrovnik :** tte l'année, 7 bus/j. (4-5 dim) 9h-20h30 au départ de Dubrovnik, 5h20-19h de Ston, avec la compagnie des bus de Dubrovnik *Libertas* (c'est la ligne n° 15) ou avec *Autotrans* sur la ligne d'Orebić. Durée : 1h. *Infos sur ● libertasdubrovnik.com ● et ● autotrans.hr ●*

Adresse utile

Office de tourisme : *Peljeski put bb, sur la route principale, à Ston.* ☎ 754-452. ● ston.hr ● *Avr-oct : en été, lun-sam 8h-19h, dim 9h-12h, 17h-19h ; en mi-saison, lun-sam 8h-14h, 16h-19h.* Petite brochure en français, plan de la ville, et une carte bien faite pour découvrir les vignobles et les caves de la région. Liste de chambres d'hôtes. Accueil dynamique et efficace.

Où dormir ?

Camping

Autocamp Prapratno : *à Prapratno, face à l'embarcadère pour aller à Mljet.* ☎ 754-000. ● duprimorje.hr ● *À 3 km au sud de Ston, au fond d'une superbe baie ; suivre les panneaux. Mai-sept. Compter, pour 2 avec voiture et tente, 120-200 Kn selon saison.* Près de 1 000 personnes peuvent camper sur ce beau terrain plat et partiellement ombragé par des oliviers, au pied d'une montagne couverte de maquis. Sanitaires très propres. Épicerie et resto. Belle plage de sable devant ce camping très agréable, qui profite d'une certaine quiétude (pas ou peu de passage). Accueil aimable.

Logement chez l'habitant

Ston Apartments : *en arrivant de Mali Ston, tourner à gauche au grand parking au centre du village, puis, au niveau de la police, à droite, c'est le bâtiment jaune immanquable en hauteur.* ☎ 754-497. ▫ 099-407-65-41. ● ston-apartments.com ● *Tte l'année. Env 340-520 Kn selon appart et saison (+ 20 % pour 1 nuit seulement). CB refusées. Parking gratuit.* Bien situés, un peu à l'écart du centre, 3 appartements spacieux, pour 2 à 4 personnes, avec terrasse aux étages de la maison familiale. Soignés, modernes, ils sont très bien équipés (clim, TV, machine à laver...). Belle terrasse commune avec barbecue, mais la cerise sur le gâteau c'est la petite piscine avec vue panoramique sur les murailles ! Excellent accueil de la famille Mage.

Hôtel

Hotel Ostrea : *au port de Mali Ston.* ☎ 754-555. ● ostrea.hr ● *Tte l'année. Doubles 510-890 Kn selon vue et saison. ½ pension possible. Plats 90-140 Kn ; poisson 380-450 Kn/kg.* Dans une belle maison en pierre plantée sur le port, un petit hôtel de charme aux chambres élégantes et confortables meublées d'ancien (10 dans le bâtiment principal, 4 dans une dépendance). 3 niveaux de tarification : *economy*, standard et supérieure, mais les différences ne sont pas énormes. Atmosphère intimiste et très calme. À proximité, sur la place donnant sur le port, le restaurant **Kapetanova Kuća** (« La Maison du Capitaine ») appartenant à la même famille offre une belle terrasse et une cuisine soignée réputée de longue date.

Où camper dans les environs ?

Autocamps Vrela & Zakono : *Brijesta 10, à Brijesta.* ▫ 098-344-204. ● brijesta-dubrovnik.camp ● *À 8 km à l'est de Drače, sur la côte : prendre* *la route qui longe la baie vers l'est. Avr-oct. Forfait pour 2, 100-145 Kn selon site et saison.* Ces 2 campings de poche (20 et 40 emplacements) appartiennent au même sympathique propriétaire et ne sont séparés que par quelques enjambées. Le plus petit longe la belle plage bordée de tamaris, le second est un peu plus ombragé. Dans tous les cas, le site est paisible et plein de charme, et les sanitaires, installés dans de petites bâtisses en pierre, vraiment nickel. Petit resto sur place où le très chaleureux Nedjeljko propose ses huîtres, ses moules, sa pêche du jour et son vin maison, sinon épicerie de dépannage à deux pas, dans le village. Un lieu enchanteur (la baie est superbe), impeccable pour se ressourcer entre deux balades. Également des bungalows et des appartements.

Où manger ?

|●| ↑ Stagnum : *Imena Isusova 23, à Ston.* ☎ *754-158. Dans le centre piéton. Mai-sept, tlj midi et soir. Salades, pizzas et plats 60-140 Kn.* Il y a bien une sympathique petite salle aux allures de taverne, mais ce qui attire les foules, c'est l'adorable terrasse cachée dans une cour verdoyante ombragée par une treille. Impeccable pour goûter à une cuisine copieuse et goûteuse, qu'il s'agisse d'une salade toute simple ou d'un très bon risotto noir. C'est d'ailleurs le gros avantage de la carte, sans prétention, qui n'hésite pas à faire le grand écart entre des sandwichs bien pratiques, des pizzas et des plats de poisson plus élaborés. Rapport qualité-prix impeccable, et l'accueil est charmant.

|●| ↑ Konoba Bakus : *Mihalja Viševića, à Ston.* ☎ *754-270. Dans le centre piéton, à côté de la pharmacie. Tte l'année, tlj midi et soir. Plats 50-110 Kn ; poisson plus cher ; couvert 8 Kn/pers.* Agréable terrasse, tout en longueur, qui profite du cadre pittoresque d'une jolie petite rue piétonne. Le risotto aux fruits de mer et les moules sont des valeurs sûres, mais c'est le moment d'une dégustation d'huîtres élevées ici même, à 1 € pièce, à accompagner d'un bon vin de Pelješac. Une belle adresse, bien que très touristique... il faudra s'armer de patience les jours d'affluence !

|●| ↑ Ficović : *hameau de Hodilje, à Ston.* ☎ *095-393-41-85. À la sortie de Ston vers Orebić, prendre à droite après la forteresse (fléché), puis tt droit sur env 3 km. Tte l'année, tlj midi et soir. Plats 60-120 Kn ; poisson 340 Kn/ kg. CB refusées.* Pour ceux qui sont véhiculés, l'adresse idéale pour un déjeuner des plus agréable. Une adorable taverne les pieds dans l'eau, avec terrasse ombragée par des canisses et petite plage avec paillotes face aux parcs à huîtres. Le paradis des amateurs de fruits de mer : huîtres (crues, gratinées, en soupe), clams, vénus et *kunjci* (un mollusque rare, savoureux, à la forme évocatrice !). Également du poisson grillé d'une grande fraîcheur, à prix très correct. On s'y est fait un festin inoubliable ! Accueil aussi zen que le lieu.

À voir

🎭🎭🎭 La grande muraille de Ston (Stonske zidine) : *accès au chemin de ronde tlj 8h-19h30 juin-juil, 8h-18h en mi-saison, 9h-15h en hiver. Entrée : 70 Kn, accès à la forteresse du village inclus ; réduc. Compter 1h pour relier Mali Ston par le chemin de ronde et revenir à Ston par le sentier piéton en bord de route. 3 entrées : 2 à Ston même et 1 à Mali Ston.* Une formidable muraille de pierre en forme de W, longue de 5 km (les plus longues fortifications d'Europe), enjambe une colline très abrupte, pour relier Ston et Mali Ston. Elle servait à protéger des Ottomans l'arrière-pays et les marais salants, source de revenus importante. Ordonnés par Venise, les travaux durèrent de 1333 à 1506. Cet ensemble colossal, proportionnellement à un si petit village, comportait 40 tours et 5 forteresses. La rénovation de la muraille se poursuit, mais elle est presque totalement visitable par son chemin de ronde. Attention, ça grimpe raide, mais quel paysage !

🥾 **Le village de Ston :** à 1 km au sud du port de Mali Ston, sur la route d'Orebić. Intéressant plan en damier (bien visible de la muraille). Quelques vestiges de l'époque où Ston était une ville clé du dispositif défensif de Venise : le palais des évêques, un couvent franciscain du XIVe s, avec une église de style roman tardif et une imposante forteresse fraîchement restaurée, mais les salles, pour l'heure, sont bien vides.

🥾 **Les salines :** *entrée face à la forteresse.* ☎ *754-027.* ● *solanaston.hr* ● *Mars-oct, tlj 8h-19h. Entrée : 15 Kn ; 25 Kn pour la visite guidée.* Remontant à la préhistoire, ce sont les plus anciennes et les mieux préservées de la Méditerranée. Le mode de production n'a pas changé au cours des siècles. L'entretien des salines pour la cristallisation du sel et son extraction manuelle sont faits par les paludiers tôt le matin, entre 6h et 10h. Agréable balade à faire autour des bassins.

DANS LES ENVIRONS DE STON ET MALI STON

ŽULJANA (20247)

🥾 *À 26 km à l'ouest de Ston, sur la route d'Orebić.* Après le village de Dubrava, un panneau indique cette petite route secondaire menant à Žuljana (20 habitants permanents), port charmant, niché au fond d'une baie entourée de montagnes rocheuses et boisées. Le village, qui se remplit en été, s'étend le long d'une modeste plage (sable et galets). Aucun hôtel, mais de nombreuses chambres chez l'habitant et quelques commerces, dont une petite épicerie. S'informer auprès de l'office de tourisme. Petites balades en mer proposées par les pêcheurs.

Adresse et info utiles

🛈 **Office de tourisme :** *en arrivant dans le village.* ☎ *756-227. Juil-août, tlj 8h-19h ; juin et sept, lun-sam 8h30-13h ou 13h-19h selon les jours.* Personnel dévoué et disponible pour vous trouver un logement chez l'habitant.

– Plongée : *se renseigner chez Dragan (voir ci-après). Compter 27 € avec son propre matériel (15-20 € de plus avec équipement fourni) pour une sortie de 2h, et env 45 mn de plongée.*

Où dormir ? Où manger ?

Kamp Vučine : ☎ *756-143.* 📱 *098-344-103.* ● *vucinezuljana.com* ● *À 600 m du port, sur les hauteurs. Au bout du village, prendre la route qui monte puis redescend (c'est indiqué). Tte l'année. Selon saison, compter env 100-140 Kn pour 2 campeurs ; apparts 35-55 € pour 2, 80-100 € pour 4.* Un camping de taille moyenne qui descend en miniterrasses vers la mer, ombragé par des pins, amandiers, figuiers et oliviers. Les emplacements du haut ne présentent pas grand intérêt, mais ceux donnant sur la petite langue de plage sont vraiment très sympas. Également une douzaine d'appartements rénovés, simples mais nickel, certains avec une belle terrasse privative. Très agréable balade côtière (5 mn à pied) pour se rendre au village.

Chez Dragan : *au bout du village, prendre la rue à gauche sur 100 m, c'est l'avant-dernière maison sur la gauche.* ☎ *756-108.* 📱 *098-166-31-65 ou 099-216-25-10.* ● *divingcentrezuljana.com* ● *Avr-oct. Apparts 2-4 pers 40-65 € selon taille et saison (et un plus*

cher, jusqu'à 80 €). Ce sympathique moniteur de plongée loue une dizaine d'appartements modernes, agréables et parfaitement tenus, avec tout l'équipement nécessaire et des balcons pour lézarder. Il propose aussi des sorties en mer et, bien sûr, des plongées. Madame cuisine très bien, ce qui ne gâche rien. Très bon accueil.
I●I Pour manger, *3 tavernes* simples et bon marché sur le quai du port.

OREBIĆ

(20250)   1 970 hab.   IND. TÉL. : 020

● Plan *p. 394-395*

À 68 km par la route à l'ouest de Ston, dans la partie occidentale de la presqu'île de Pelješac, dite aussi « riviera de Pelješac ». En face du port de Korčula, de l'autre côté du chenal maritime, Orebić est un village très étendu au pied des montagnes sèches qui le dominent. Cette petite station balnéaire a su garder son charme latin et son esprit slave.
Des générations de marins et de capitaines y ont vu le jour et se sont distinguées sur toutes les mers du monde, avant de revenir passer leur retraite ici, se faisant construire de belles demeures entourées de jardins exotiques. Tournez au niveau des ferries pour Korčula et garez-vous au port. Le centre ancien du village, bordé par la mer, se découvre à pied, au fil d'une promenade sans voitures très agréable. La plage la plus sympathique, à l'est du village, est celle de Trstenica (plage de sable).

Arriver – Quitter

En bateau

Liaisons avec l'île de Korčula

🛳 Liaison régulière avec le port de *Dominče* (à 3 km au sud de Korčula-ville) avec la compagnie *Jadrolinija (plan A2, 1)*. Les billets s'achètent à côté de la poste. Les tarifs indiqués ci-après correspondent à ceux relevés en 2018. Durée : 20 mn. Compter 16 Kn/pers et 76 Kn pour un véhicule léger.
– *En été :* 1 départ ttes les heures en journée, 4h-0h30.
– *Hors saison :* une quinzaine d'A/R, env 5h30-minuit.

🛳 En été, des **navettes pour piétons** *(Tamaris et Lovor ; plan A2, 2)* font la liaison entre Orebić et Korčula-ville. Départs chaque heure de Korčula 7h-23h et d'Orebić 20-30 mn plus tard (avec également un 1er départ à respectivement 5h et 5h20). Durée : 15-20 mn. Compter 15 Kn/pers.

Liaisons Trpanj-Ploče

🛳 Avec la compagnie *Jadrolinija*, une liaison régulière en été permet de traverser en ferry le chenal de Pelješac du port de Trpanj (à 12 km au nord d'Orebić) à Ploče en 1h env. Bien pratique pour rejoindre Split sans avoir à traverser les quelque 70 km de la presqu'île. 6-7 départs de Trpanj, 6h15-21h, et autant de Ploče, 5h-20h (en hiver, seulement 4 départs/j.). Compter 32 Kn/pers et 138 Kn/voiture.

En bus

🚌 *Gare routière (plan A2) : sur le parking en face du départ des bateaux.* Les bus s'arrêtent ensuite sur l'axe principal de la ville, Bana Josipa Jelačića *(plan C1)*. Avec la compagnie *Autotrans* (☎ 060-373-060 ; ● *auto trans.hr* ●). Liaisons avec :
➢ *Lovište via Kučište et Viganj :* 3 bus/j. 6h-15h30. Durée : 40 mn.
➢ *Dubrovnik :* 3 bus/j. en principe à

LE SUD DE LA DALMATIE

OREBIĆ | 393

LE SUD DE LA DALMATIE / LA PRESQU'ÎLE DE PELJEŠAC

■ Adresses utiles

- **ℹ** Office de tourisme (B2)
- **1** Jadrolinija (A2)
- **2** Navettes pour piétons (A2)
- **3** Orebić Tours (A1-2)

⌂ Où dormir ?

- **11** Villa Melita (D2)
- **13** Hotel Adriatic (B2)

4h45, 7h20 et 16h15 d'Orebić ; à 9h, 14h15 et 15h de Dubrovnik. Durée : env 2h30.

➤ **Ston :** même bus que pour Dubrovnik. Durée : env 1h.

➤ **Trpanj :** 2 bus/j. en période estivale, à 5h30 et 14h25 d'Orebić, à 6h20 et 16h15 de Trpanj. Durée : 30 mn.

➤ **Zagreb :** 1 bus/j. vers 20h. Durée : min 11h.

Adresses utiles

ℹ **Office de tourisme** *(plan B2)* : *Zrinsko Frankopanska 2.* ☎ *713-718.* ● *visitorebic-croatia.hr* ● *À 300 m du port. Juin-sept, tlj 8h-20h (22h juil-août) ; le reste de l'année, tlj 8h-14h.* Infos sur la ville et la région : hébergement chez l'habitant, hôtels, campings, location d'appartements, mais ne fait pas de réservations. Renseignements sur les horaires de bus et de bateaux.

OREBIĆ / OÙ DORMIR ? | 395

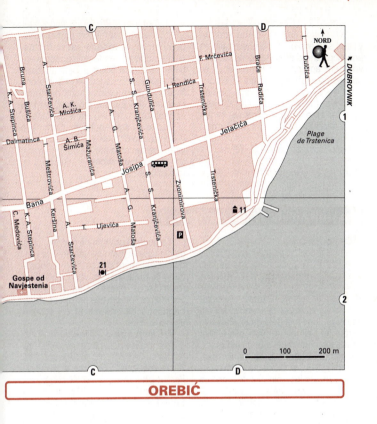

OREBIĆ

|◦| **Où manger ?**	🍴🍺 **Où prendre un petit déjeuner ? Où boire un verre ?**
13 Stari Kapetan (B2)	
20 Restaurant Babilon (B2)	
21 Konoba Karako (C2)	30 Croccantino (A2)

■ *Change :* à la poste et, juste à côté, la **Splitska Banka** *(lun-sam 8h-14h – 12h sam)*. Représente également *Western Union*. Distributeur de billets.
■ *Orebić Tours (plan A1-2, 3) : Bana Josipa Jelačića 84A.* ☎ *713-367.*

● orebic-tours.hr ● *Lun-sam 8h-21h (17h en mi-saison).* Agence spécialisée dans la location d'appartements chez l'habitant. Location de voitures également, transfert jusqu'aux aéroports de Dubrovnik et Split (cher) et excursions.

Où dormir ?

Plus de 500 logements chez l'habitant dans la station balnéaire, on n'aura pas de mal à trouver une chambre, même au plus fort de la saison.

🏠 *Villa Melita (plan D2, 11) : chez Melita et Juro Mateljak, Šetalište Kneza Domagoja 47.* ☎ *713-056.* ● *orebic-ferien.com* ● *De mi-mai à fin sept.*

LE SUD DE LA DALMATIE

Apparts 40-108 € selon taille et saison. CB refusées. Parking. Cette grande villa et son annexe moderne totalisent une douzaine d'appartements récents vraiment agréables, bien équipés et calmes. Quelques orangers et citronniers dans le joli jardin. Petite piscine pour se prélasser et plage toute proche. Une bonne adresse, tenue par un couple charmant (mais non anglophone).

▲ *Hotel Adriatic* (plan B2, 13) : Šetalište Kneza Domagoja 8. ☎ 714-488. ● hoteladriaticorebic.com ● Tte l'année. Doubles « comfort » et « tradition » env 95-180 € selon saison, avec petit déj. Enfin un bel hôtel de charme : la maison est pleine de cachet (une ancienne église reconvertie en demeure bourgeoise), la situation exceptionnelle (sur le quai piéton, face à la mer), et les chambres franchement séduisantes (poutres, pierres apparentes, parquet, lits à baldaquin et tout le confort souhaité). Comme il n'y en a que 6, toutes braquées sur le large (certaines avec balcon), l'atmosphère est indéniablement intime... et romantique !

Où dormir dans les environs ?

✕ *Camp Paradiso* : à **Postup**, à 6 km à l'est d'Orebić, à gauche après le village. ☎ 713-431. ▯ 098-934-15-34. ● autokamp-paradiso.com ● De mai à mi-nov. Compter 120-200 Kn pour 2 avec voiture et tente. Dans un très beau site de vignobles et de maquis, sur les hauteurs, face à la baie de Korčula. Un terrain tout simple et particulièrement pentu, bien ombragé, tout en terrasses. Sanitaires refaits et propres. En bas, une miniplage, et plusieurs petites criques à proximité. Loin des commerces et restos si vous n'êtes pas véhiculé. Également quelques mobile homes, mais on ne vous les conseille pas (très vétustes).

✕ ▲ *Camp Adriatic* : à **Mokalo**, à 4 km à l'est d'Orebić. ☎ 713-420. ● adriatic-mikulic.hr ● Avr-oct. Forfait pour 2 env 100-235 Kn selon saison ; studios et apparts 2-4 pers 600-1 000 Kn. Camping pas donné mais très agréable et bien ombragé, offrant des emplacements en escalier qui dégringolent jusqu'à la plage. Superbe *beach bar* avec piscine creusée dans la roche et terrasses réparties sur plusieurs promontoires. Les voitures restent au parking dans la partie haute. Location de canoës, club de plongée et resto sympa dans la verdure. Également des studios et appartements modernes en service hôtelier, mais assez chers. Bien entretenu (sanitaires modernes impeccables), beaucoup de charme et un accueil enthousiaste.

✕ ▲ *Camp Vala* : à **Mokalo**, à 4 km à l'est d'Orebić, après le camping Adriatic. ☎ 678-147. ▯ 098-165-38-22. ● vala-matkovic.com ● Avr-oct. Forfait pour 2 env 17-24 € selon saison ; apparts env 45-65 € pour 2-4. Sous les pins, un camping convivial réparti entre un terrain assez plat et dégagé, et un autre très pentu, où les emplacements occupent des petites terrasses qui descendent vers une charmante petite plage de gravier avec un *beach bar* sympa en saison. Assez paisible puisque les voitures restent à l'entrée. Loue aussi dans une maison à flanc de colline 5 appartements spacieux et récents, tous avec clim, balcon ou grande terrasse offrant une vue dégagée sur la baie et les vignes (les propriétaires sont également vignerons).

Où manger ?

|●| *Restaurant Babilon* (plan B2, 20) : Divoviceva 2. ☎ 713-352. Derrière l'église, dans une ruelle calme et agréable. De mai à mi-oct, tlj 12h-23h. Pizza env 50 Kn, plats 50-130 Kn. Tables en terrasse sous une large tonnelle, ou dans la petite salle intérieure. On y sert un bel éventail de plats classiques de la cuisine

dalmate (poissons, pâtes, risotto). Un très bon point pour la qualité des viandes. Bon accueil et service diligent.

|●| **Konoba Karako** (plan C2, 21) : *Šetalište Kneza Domagoja 32. ☎ 098-976-83-71. De mi-avr à mi-oct : tlj midi et soir de juil à mi-sept, sinon le soir seulement. Plats 80-120 Kn ; poisson 240-360 Kn/kg.* Jolie taverne sur la promenade piétonne du front de mer. On choisira de s'installer en terrasse ou dans la salle à la déco chaleureuse mêlant objets marins et cailloux insolites ramassés sur le littoral. Au menu, le poisson et les fruits de mer sont à l'honneur, accompagnés de bons légumes frais. C'est délicieux, mais l'attente est de mise pour savourer une cuisine de l'instant, qu'il s'agisse d'un plat mijoté, d'un risotto, ou de poisson et de calamars grillés. Un lieu très convivial.

|●| **Stari Kapetan** (plan B2, 13) : *c'est le resto de l'Hotel Adriatic. En saison, tlj midi et soir. Plats 60-150 Kn ; poisson env 400 Kn/kg.* Sous la direction du vieux capitaine à la barre, la casquette vissée sur la tête, on embarque pour un petit voyage qui satisfera même ceux qui n'ont pas le pied marin. Bon, si le navire n'est qu'une réplique en bois installée sur la terre ferme, la cuisine, elle, se tourne résolument vers les produits de la mer : moules, calamars, poisson. Ajoutez un service enjoué et vous pouvez considérer que la traversée a été bonne.

Où prendre un petit déjeuner ?
Où boire un verre ?

☕ ♠ **Croccantino** (plan A2, 30) : *à côté de la poste. Tlj 7h-23h.* Pour un bon petit déj à prendre sur la terrasse ensoleillée, à deux pas de l'embarcadère pour Korčula. Ou pour boire un verre tout simplement, et, le cas échéant, caler un petit creux avec un strudel ou un baklava.

Où danser ?

🕺 **Discothèque Hookah Bar Orebić :** *sur la grande plage Trstenica, à 5 km à l'est de la ville. En été, tlj à partir de 23h ; hors saison, seulement sam. Entrée payante.* La boîte jeune de l'été.

À voir

☆☆ Les vieilles maisons des capitaines : on peut en admirer plusieurs le long de la rue qui longe la mer, en traversant le village. De l'office de tourisme, aller vers l'est. Souvent construites en retrait de la promenade, au fond d'un jardin légèrement en pente où pousse une végétation luxuriante, ces demeures étaient naguère habitées par des marins et des capitaines à la retraite. Une porte grillagée ouvre sur une allée ombragée par une treille, qui mène du jardin à la maison, de 2 ou 3 étages selon la richesse du propriétaire. Moins luxueuses que les villas de la noblesse ragusaine, ces demeures ont une vraie personnalité non dénuée d'élégance. Hélas, l'extérieur est souvent bien plus charmant que l'intérieur. Le n° 5 Mimbeli trg est un bel exemple de maison située au fond d'un jardin. On imagine bien un vieux loup de mer, fumant la pipe, les yeux fixant le large et racontant à ses descendants ses lointaines aventures sur les mers du monde. Voir aussi le n° 8, non dénué de charme.

☆ Le musée de la Marine (Pomorski muzej ; plan B2) : *dans l'ancien hôtel de ville du village, au 1ᵉʳ étage. ☎ 713-009. Juin-sept, lun-ven 8h-20h, w-e 16h-20h ; oct-mai, lun-sam 8h-14h30. Entrée : 15 Kn.* Abrite une petite collection de maquettes de bateaux, des peintures de voiliers, des portraits de capitaines, ainsi que des instruments de navigation et des cartes marines. Renseignements aussi sur les familles d'Orebić, qui ont presque toutes donné à l'histoire de la marine des marins et des navigateurs.

%% Le couvent franciscain (Franjevački samostan ; hors plan par A1) **:** à 1 km de la route principale, en allant vers l'ouest et Kučište, par une petite route indiquée sur la droite. En saison, tlj sauf dim 9h-12h, 16h-19h. Entrée : 20 Kn ; réduc. Adossée aux murs du couvent, l'église Notre-Dame-des-Anges (Gospa od Anđela), que les marins avaient l'habitude de saluer par 3 coups de sirène afin de lui demander sa protection au moment du départ, et pour la remercier d'avoir navigué sans encombre au retour. De là-haut, vue superbe sur le chenal séparant la presqu'île de Pelješac et l'île de Korčula. À l'intérieur du couvent : petit cloître très paisible et un musée. Collection d'ex-voto, de maquettes de navires, de tableaux représentant des bateaux en péril. Voir aussi la belle carte de la Dalmatie (1692).
– Non loin de l'église, le **cimetière des Capitaines** renferme les sépultures de nombreux navigateurs originaires d'Orebić.

VIGANJ ET KUČIŠTE

(20267)   280 et 210 hab.   IND. TÉL. : 020

À 8 km à l'ouest d'Orebić, on passe d'abord par Kučište, un village tout en longueur bordé par une route qui mène à Viganj, plus balnéaire avec ses plages de galets alignées les unes après les autres comme un chapelet. Viganj jouit d'un ensoleillement idéal en été et accueille de nombreux véliplanchistes (c'est un spot renommé, surpeuplé en été). Ici et là, quelques vieilles maisons de capitaines, cachées dans leur jardin à la végétation touffue. Nombreuses chambres à louer chez l'habitant.

Adresse utile

ℹ Office de tourisme de Viganj : maison sur la droite de la route en venant d'Orebić. ☎ 719-059. Seulement de mi-juin à mi-sept, en principe ts les mat.

Où dormir ?

Camping

※ Camping Antony Boy : ☎ 719-077. • antony-boy.com • À l'entrée du village de Viganj, face à la mer. Tte l'année. Env 170-210 Kn pour 2 avec tente et voiture selon saison. Dans un site peu ombragé mais superbement étagé face à la mer et aux plages de galets, un camping à l'esprit jeune et sportif qui dispose d'une école de kitesurf et de toutes sortes d'équipements à louer (planches, kites, vélos...). Petite épicerie et quelques beach bar et restos à proximité.

Logement chez l'habitant

À Viganj, le long de la route côtière, de nombreuses maisons privées louent des chambres. Panneaux très visibles.

🏠 Appartements Dalmatin : Viganj 226. ☎ 098-344-905. • viganj.org/dalmatin • À la sortie de Viganj en direction de Lovište, 1re maison à droite après le carrefour avec la route principale. Tte l'année. Selon saison, env 35-55 € pour 2, 45-65 € pour 3-4. CB refusées. Les sympathiques Dino et Yolanda proposent 3 beaux appartements pour 2 à 4 personnes à l'étage de

VIGANJ ET KUČIŠTE | 399

leur maison récente. Déco moderne et souriante, aux couleurs vives, mobilier contemporain, clim, terrasse et jolie vue sur la mer... Le lieu est vraiment séduisant. Également 5 autres appartements (sous le nom de *Paštar*), à des prix similaires, juste à côté. Barbecue, machine à laver, vélos à dispo et une plage quasi privée en contrebas, accessible par un chemin pentu. Dino tient également un resto-*beach bar* qui marche fort, le **Ciringito**.

▲ *Apartmani Klara* : *Viganj 87.* ☎ *719-021. Presque au bout du village de Viganj, dans une petite rue perpendiculaire à la mer. Bien indiqué. Mai-oct. Selon saison, 30-50 € pour 2, 50-90 € pour 4 (+ 20 % pour 1 nuit seulement). CB refusées. Parking.* À flanc de colline, petite maison classique abritant 2 studios et 1 appartement (pour 2 ou 4 personnes, voire 6 dans l'appart) avec entrée indépendante, coin cuisine, clim, terrasse et vue sur la mer. Le tout est fort bien tenu par une petite dame très consciencieuse et souriante, dont le fils parle un peu l'anglais.

▲ *Villa Klara, chez Asja-Anita Perčić* : *Viganj 209.* ☎ *719-074.* ● *villa-klara.com* ● *Juste au-dessus des Apartmani Klara. Mai-oct. Selon saison, studio 30-50 € pour 2, villa 180-290 € pour 8-10. CB refusées.* La sœur de la propriétaire des *Apartmani Klara* est tout aussi sympathique, mais voit les choses en plus grand : sur un terrain coquet disposant d'une belle piscine et d'une terrasse profitant d'une vue dégagée sur la mer, elle loue une grosse villa nickel et suréquipée (3 cuisines !), ainsi qu'un studio flambant neuf, au mobilier contemporain et à l'équipement impeccable (clim, frigo...).

Hôtel

▲ **Hotel Villa Mediterane** : *Viganj 224.* ☎ *719-196.* ● *villamediterane.be* ● *Situé sur la droite de la route qui monte à la sortie de Viganj. Juin-sept. Doubles 37-50 €, avec petit déj ; studios 60-80 € pour 2 ; apparts 80-105 € pour 4-5 pers. CB refusées.* Une villa moderne à l'architecture étudiée, transformée en petit hôtel par Louisa, une Belge francophone adorable. Chambres, studios et apparts impeccables, entièrement rénovés, clairs et calmes, avec salle de bains, clim et balcon donnant sur le jardin quasi tropical ou sur la mer. Nos préférés sont ceux qui occupent la petite annexe de plain-pied en surplomb de la belle piscine. Jeux pour enfants et petite plage en contrebas de la route. Propose des excursions en bateau pour Hvar et Mljet.

Où manger ? Où boire un verre ?

|●| ♥ **Bistro Montun** : *Viganj 81.* ☎ *098-725-841. Au bout du village de Viganj, au bord de l'eau, juste avt la ruelle des appartements Klara. Tlj 10h-minuit. Snacks et plats 25-65 Kn, spécialités 95-120 Kn.* On viendra en journée pour un plat rapide (assiettes froides, salades, moules ou risotto). Le soir, on reviendra goûter aux spécialités que l'on aura pris soin de commander : poulpe cuit sous cloche ou agneau à la broche (en principe le mardi et le samedi). Un régal ! Fait aussi bar le soir avec billard et fléchettes. Patron sympathique et personnel souriant. Dispose également d'appartements.

|●| ♥ **Restoran Villa Vrgorac** : *Perna 24, Kučište.* ☎ *719-152. À env 8 km d'Orebić sur la route de Viganj, sur la droite. Mai-oct, tlj midi et soir. Plats 45-120 Kn.* Un resto apprécié pour sa cuisine concoctée avec soin, à base de bons produits de saison. Les fruits de mer dans le risotto et les huîtres de Ston sont d'une fraîcheur exemplaire, les viandes et poissons sont servis généreusement. De belles pizzas au feu de bois également, garnies de jambon maison et de fromage de chèvre local. On y mange soit en terrasse, les pieds dans l'eau, à côté d'un ponton de baignade, soit sous la treille, de l'autre côté de la route. Ambiance familiale et beaucoup d'habitués. Loue quelques chambres aussi, mais simples et un peu chères.

L'ÎLE DE LASTOVO

• Carte p. 370-371

CP : 20290 ; 790 hab. ; IND. TÉL. : 020

Isolée à environ 15 km au sud de Korčula, Lastovo, l'ancienne *Augusta Insula*, mesure grosso modo 10 km de long sur 5 km de large (47 km²). C'est un petit bout du monde où il n'y a pas beaucoup d'activités, mais on s'y sent bien, loin de l'agitation. C'est aussi un parc naturel d'environ 200 km², riche de 45 îles : on paie donc un droit d'entrée *(25 Kn)*. Lastovo plaira à ceux qui aiment la nature, le calme et la solitude (sauf en plein mois d'août). Le WWF a classé Lastovo parmi la douzaine de « jardins d'Éden » existant en Méditerranée. Un relief accidenté, des collines cailouteuses couvertes de la classique végétation méditerranéenne, un point culminant à 417 m (mont Hum) ouvrent la voie à de jolies balades. La « capitale », Lastovo, est un ravissant village perché dans lequel vous adorerez vous perdre. Quant à la baie de *Skrivena Luka* (« le port caché »), elle reste l'un des endroits les plus agréables pour musarder au soleil les pieds dans l'eau limpide. Vu le charme de l'île et la distance qui la sépare des côtes, il serait dommage à notre avis d'y passer moins de 3 jours.

Arriver – Quitter

➤ **Liaisons avec Split, Hvar, Dubrovnik et Korčula :** quotidiennes en été avec *Jadrolinija* (ferry et catamaran). Certains ferries ne desservent pas Hvar. Durée : env 3h en catamaran (contre 4h30-5h en ferry). Compter env 68 Kn/pers en ferry pour le trajet Split-Lastovo. Le catamaran de la compagnie *GV Line*, lui, part de Dubrovnik et s'arrête toujours à Mljet et à Korčula, desservant Lastovo 2 fois/sem en juil-août (en principe mar et jeu). Compter 95 Kn/pers de Dubrovnik (tarif été 2018).

Adresses utiles

ℹ Office de tourisme : à *Lastovo*, *en bord de route*. ☎ 801-018. • tz-lastovo.hr • *En hte saison, tlj 8h-14h, 18h-22h ; hors saison, lun-ven 8h-14h. Antenne à Ubli, en été seulement.*

■ **Distributeurs d'argent :** *à Ubli – à côté du bureau Jadrolinija – et dans la rue principale de Lastovo.*

■ **Location de scooters et de vélos :** utile dans cette île qui ne brille pas par la fréquence de ses transports en commun (5-6 bus/j. sur l'axe Lastovo-Ubli-Pasadur). *Loc possible au bar Lounge Lizard, à Ubli. Tlj 7h30-minuit. Compter env 200 Kn pour un scooter. Également auprès de particuliers à Pasadur et à l'Hotel Solitudo.*

Où dormir ? Où manger ?

Attention, peu de transports le soir à l'arrivée du bateau. D'où l'intérêt de réserver pour qu'on vienne vous chercher au débarcadère.

⚑ |●| Camp Skriveni : à *Skrivena Luka (à 7 km du village de Lastovo)*. ☎ *801-189.* • campskriveni.com • *Compter 120 Kn pour 2.* Situation sympa pour ce modeste camping planté au milieu des oliviers, 500 m avant la baie. Possibilité de restauration sur place. Terrain cailouteux et ombragé.

⚑ Nombreuses **chambres chez l'habitant**, propres et à prix sages. On peut se renseigner notamment au bar *Lounge Lizard*, sur le port.

⚑ Villa Malo Lago : à *Pasadur*, port

de plaisance situé tt à l'ouest de l'île, à 3 km d'Ubli. ☎ *091-752-75-90. ● lastovo-malolago.com ● Selon saison, compter 180-420 Kn pour 2 et 315-510 € pour 4 ; petit déj en sus. ½ pens possible.* Une grosse demi-douzaine d'appartements pour 2 à 4 personnes dans cette grosse maison entourée d'un beau jardin. Tenu par un gentil couple à la retraite. Salle de bains, cuisine, balcon. Un très bon plan.

🏠 |●| **Hotel Solitudo :** *à Pasadur.* ☎ *802-100. ● hotel-solitudo.com ● 21 avr-20 oct. Doubles standard 51-113 € selon saison, avec petit déj. Des suites également.* Chambres très confortables et coquettement agencées. Sauna, jacuzzi. Au resto, formule demi-pension intéressante, d'autant qu'il n'y a pas grand-chose d'autre dans le coin. Reste que c'est un grand hôtel (60 chambres et 12 suites) qui ne conviendra pas forcément aux amateurs de « solitude ».

|●| **Augusta Insula :** *à Zaklopatica, très jolie baie azur située à 2,5 km de Lastovo-ville.* ☎ *098-571-18-84.* Ce resto propose des plats à base de produits de la mer ainsi que de l'agneau *pod pekom* (cuit à l'étouffée). Une des bonnes adresses de Lastovo. Excellent accueil.

|●| **Konoba Triton :** *à Zaklopatica.* ☎ *801-161.* Resto familial dont la salle vitrée surplombe la baie. Spécialisé dans le poisson grillé au barbecue. Pas trop cher et accueil à la bonne franquette. Loue également des appartements.

|●| **Taverne Porto Rosso :** *à Skrivena Luka.* ☎ *801-261.* On y sert la pêche du jour et la langouste est l'une des reines du menu, sans oublier l'agneau de l'île. Vaste terrasse meublée de grandes tables de bois. Patron sympa et prix normaux.

|●| **Bačvara :** *à Lastovo, dans les ruelles du bas du village.* ☎ *801-131. Tlj à partir de 18h.* Dans un cadre rustique, de la cuisine « à l'ancienne » qui change des calamars frits.

À voir. À faire

🚶 3 localités principales : **Ubli,** le débarcadère du ferry (un nom qui ne s'oublie pas !), **Pasadur,** un mignon port de plaisance au nord-ouest de l'île, et **Lastovo,** sur le versant nord. Dans ce village, on peut voir l'*église Saint-Côme-et-Saint-Damien (crkva Sv. Kuzime i Sv. Damjana),* du XIVe s, ainsi que de nombreuses maisons de styles gothique et Renaissance possédant des cheminées très originales : la cheminée, symbole de l'île, représentait la richesse de son propriétaire. Plus elle était élaborée, plus le prestige de sa maison était grand. Les habitants de l'île vivent plus ou moins en autarcie, pratiquant la culture des oliviers, des vignes, des légumes et des arbres fruitiers et s'adonnant à la pêche.

– Tous les dimanches en été, **danses folkloriques** en costume près de l'église Saint-Côme-et-Saint-Damien au village de Lastovo.

🏊 Quelques petites **baies** et **criques** rocheuses pour faire trempette. Très sympa au sud de l'île, jolis fonds. Lastovo est d'ailleurs réputée pour ses bons spots de plongée. Voir avec le *centre Ronilački Raj* à Pasadur *(*☎ *805-179 ; ● ronilacki.raj@gmail.com ●)* ou à l'*Hotel Solitudo* (voir plus haut « Où dormir ? Où manger ? »).

L'ÎLE DE MLJET

● Carte *p. 370-371*

CP : 20226 ; 1 080 hab. ; IND. TÉL. : 020

De toutes les îles de Croatie, Mljet (prononcez « Mliette ») est, avec Lastovo, la plus méridionale. Avec ses 37 km de long et 3 km de large, c'est aussi la

plus grande (100 km²) de l'archipel de Dubrovnik. Elle fut longtemps considérée comme un petit paradis, en raison de son monastère posé sur un îlot au cœur d'un lac salé *(Veliko jezero),* de ses monts rocheux et sauvages et de son littoral découpé par des baies aux eaux limpides. On y trouve aussi de beaux villages anciens et des ports de poupées. La partie ouest, la plus boisée de l'île, est protégée par un parc national créé en 1960. La partie sud est la plus abrupte, tandis que la côte nord accueille de charmants petits ports, des baies abritées *(Pomena, Polače, Sobra)*... et des yachts de luxe de plus en plus nombreux. Quelques plages de galets dans les criques secrètes, notamment à l'est. Malgré le nombre grandissant de touristes en été, Mljet reste superbe. Si vous le pouvez, venez donc aux intersaisons... D'octobre à avril, l'île est déserte, la plupart des habitants ont une maison sur le continent et ne viennent que pour la saison estivale.

UN PEU D'HISTOIRE

Les Grecs connaissaient déjà Mljet sous le nom d'Ogygie. Selon la légende, Ulysse, le célèbre navigateur, y aurait séjourné plusieurs années, délaissant Ithaque pour une belle insulaire du nom de Calypso (mais beaucoup d'autres îles méditerranéennes sont également candidates au titre de l'île-qui-a-abrité-les-amours-d'Ulysse-et-Calypso !). Vers l'an 61 apr. J.-C., saint Paul, l'apôtre itinérant de l'Église, y aurait fait naufrage à Saplunara, au cours d'une tempête. Le saint, qui aurait passé un hiver sur Mljet, est aujourd'hui encore invoqué dans les prières locales. Dans ses écrits, il se plaint des nombreux serpents de Mljet et décrit les habitants comme de « vertueux barbares ». Les Romains établirent le siège du gouverneur à Polače. Au VIIIe s, les Illyriens peuplèrent l'île actuelle. Puis l'île fut offerte aux moines bénédictins de l'*abbaye de Pulsano de Monte Gargano,* dans les Pouilles (Italie). Leur influence dura jusqu'au début du XIXe s.

LE PARC NATIONAL DE MLJET

Il s'étend sur 5 375 ha dans la partie ouest de l'île. Il s'agit avant tout de protéger l'environnement, de maintenir la forêt méditerranéenne (pins d'Alep, cyprès, oliviers, maquis), qui couvre 70 % de l'île, et de préserver la faune et la flore. L'originalité de l'île est, à l'ouest, ce lac salé composé de 2 bassins communiquant avec la mer. Une autre particularité réside dans la présence de petits lacs d'eau saumâtre qui s'assèchent périodiquement. Parmi les animaux, signalons, bien sûr, quelques sangliers et des raretés, comme la tortue caouanne, en voie d'extinction, et les mangoustes (voir encadré). Avec un peu de chance, dans le maquis, on peut en surprendre.

ARROSEUR ARROSÉ

En 1910, on a introduit sur l'île 7 mangoustes mâles et 4 femelles. Leur mission : débarrasser l'île de ses vipères venimeuses. En fait, ces petits mammifères importés d'Inde sont eux-mêmes une espèce invasive et qui fait aussi des dégâts, en boulottant les oiseaux, par exemple. C'est donc d'eux qu'on essaie aujourd'hui de se débarrasser...

Arriver – Quitter

En bateau

Il existe 3 ports à Mljet.
– **Sobra :** *situé à 2 km du village du* même nom et à env 25 km de Polače *(parc national).* Peu d'infrastructures : un bureau de la compagnie *Jadrolinija,* un petit office de tourisme, un café, un

loueur de voitures et une station-service. C'est dans ce port qu'arrivent les ferries de Prapratno, et donc les voitures, les catamarans n'y font qu'escale. Si vous venez en catamaran et que vous ne comptez pas résider à l'est de l'île, on vous conseille de poursuivre jusqu'à Polače.
– **Polače :** *au cœur du parc national, à 30 mn en bateau de Sobra.* Débarcadère du catamaran *Nona Ana.* Bus gratuit à l'arrivée pour rejoindre Pomena. Pas de ferries.
– **Pomena :** débarcadère du catamaran *Krilo* et petit port de plaisance pour les yachts de luxe et les bateaux d'excursions à la journée des agences de voyages.

Liaisons
➢ **Dubrovnik**
– *En ferry :* pas de liaisons en ferry au départ de Dubrovnik, si vous êtes véhiculé, départ seulement du port de Prapratno (au sud de Ston, sur la presqu'île de Pelješac).
– *En catamaran :* liaisons assurées par 3 catamarans, *Nona Ana* pour les ports de Sobra et Polače avec la compagnie *GV Line* (☎ 020-313-119 ; ● gv-line.hr ●) et *Krilo* (2 catamarans) pour les ports de Pomena et Sobra avec la compagnie *Kapetan Luka* (☎ 021-645-476 ; ● krilo.hr ●). Les billets se prennent au *kiosque* devant le bateau, 30 mn avt le départ pour *GV Line* (pas de résas) ; au guichet de l'agence *Elite* à la gare maritime pour *Kapetan Luka* (ou directement sur le bateau sans résa). Compter, en hte saison, env 60 Kn/pers l'aller pour Sobra et 70 Kn/pers pour Polače avec *GV Line ;* 80 Kn/pers pour Pomena avec *Kapetan Luka.* À moins que vous ne désiriez loger à l'est de l'île, on vous déconseille de débarquer à Sobra pour éviter le coût du transfert jusqu'au parc national en bus privé ou en *speed boat.* Juin-sept, avec *GV Line,* départ de Dubrovnik vers 9h15 (8h mar et jeu en juil-août), puis 19h10 mais pour Sobra seulement. Retour de Polače vers 17h. Avec *Kapetan Luka,* départ de Dubrovnik vers 16h30 (16h en sept), retour de Pomena à 10h45. Durée de la traversée : 1h15 pour Sobra, 1h45 pour Polače et Pomena. Oct-mai, fréquences et horaires différents.
➢ *Korčula* ou *Split*
– Juil-août, le catamaran *Nona Ana* de la compagnie *GV Line* en provenance de Dubrovnik (voir plus haut) continue sa route certains jours jusqu'à *Korčula* (en principe, lun-mar, jeu et sam). Embarquement le mat à Polače ou à Sobra. 2 catamarans de la compagnie *Kapetan Luka* relient également Dubrovnik à *Split* dans l'ap-m via Pomena, Korčula, Hvar et Milna (Brač) pour l'un, et via Sobra-Korčula, Makarska, Bol (Brač) pour l'autre. Retour ensuite le lendemain mat sur Dubrovnik en effectuant le trajet inverse. Liaisons opérées en principe tlj juin-sept et 3-4 fois/sem de mi-avr à fin mai et oct pour le catamaran passant par Pomena et quotidiennement juin-fin sept pour celui passant par Sobra.
➢ *Prapratno (au sud de Ston, sur la presqu'île de Pelješac) :* le ferry de la compagnie *Jadrolinija* débarque à Sobra. En saison, 5 départs/j. au départ de Prapratno, tlj 7h-20h30 ; au départ de Sobra, tlj 6h-19h. Oct-mai, 4 départs/j. seulement. Compter env 30 Kn/pers ; 140 Kn/voiture. Durée : 45 mn.

Se déplacer sur l'île

À pied

Difficile si vous arrivez à Sobra, les distances sont longues, l'île s'étend sur 37 km de long et 3 km de large, et les montées sont féroces ! Si vous arrivez à Polače ou à Pomena, c'est beaucoup plus simple puisque vous serez en 30 mn aux lacs. En tout cas, l'île est idéale pour faire de petites randonnées autour des lacs où se trouve le *monastère de Sv. Marija.* Et plus si affinités dans l'ensemble du parc national.

En bus ou en taxi

C'est le principal problème de l'île : pas de transports publics entre les villages. En revanche, une navette gratuite est disponible le matin à l'arrivée du catamaran à Polače pour l'entrée principale du parc national. Enfin, il existe des taxis de 8 places, notamment *Mljet Taxi* (☏ *098-203-142* ; ● mljettravel@gmail.com ●). Compter env 300 Kn pour un transfert Sobra-Pomena, 100 Kn pour un transfert Polače-Pomena, à partager avec d'autres voyageurs pour alléger les frais, bien sûr !

En voiture et à scooter

Possibilité de louer de petits véhicules, style buggy, Golf décapotables ou Fiat pot-de-yaourt ainsi que des scooters, aux ports de Sobra, Polače et Pomena, auprès de l'agence *Mini Brum* (voir « Adresses et infos utiles » ci-après). Une jolie route asphaltée mais étroite traverse l'île. Attention dans les virages ! – *N.B.* : l'unique **station-service** de l'île se trouve au port de Sobra. *En principe, tlj 8h-20h juin-oct, 18h hors saison.*

Adresses et infos utiles

ℹ Office de tourisme : à *Polače.* ☎ *744-186.* ● mljet.hr ● *En été, lun-sam 8h-13h, 16h-19h, dim 9h-13h ; hors saison, lun-ven 9h-14h seulement.* Bon accueil et bonnes infos pratiques. Petite carte gratuite de l'île et vente du topoguide pour les randonneurs. Distributeur à l'extérieur.

ℹ Également un petit **office de tourisme** sur la jetée des ferries à *Sobra.* ☎ *746-025. Juil-août, tlj 9h-19h ; juin et sept, lun-sam 9h-14h, 16h-19h, dim 9h-14h ; hors saison, lun-ven 9h-14h.* Peu efficace. Possède toutefois la liste des hébergements.

■ **Kiosques d'information du parc :** à *Pomena.* ☎ *744-041.* ● np-mljet.hr ● Une petite baraque sur le quai, à 50 m de l'Hotel Odisej. Également un kiosque au débarcadère de Polače et 3 autres autour des lacs. Le siège du parc se trouve dans le village de Pristanište, à l'est de Pomena. *Pâques-oct : tlj 8h-20h en été ; jusqu'à 19h en mi-saison.* On y vend le billet d'entrée du parc (détails plus loin, au début de la rubrique « À voir »). Petite brochure gratuite en français et vente du topoguide de l'île avec chemins pédestres et cyclables.

■ **Change :** à *l'Hotel Odisej,* à *Pomena.* Petite commission. Distributeur de billets à l'intérieur. *Sinon, le petit bureau de poste de Pristanište, à l'est de Pomena, fait aussi bureau de change (seulement lun-ven 8h-12h).*

■ **Radulj Tours** (location de vélos, VTT, voitures, scooters et canoës) **:** face à *l'Hotel Odisej,* à *Pomena* ; et à *Mali Most* et *Pristanište, aux départs des* bateaux pour le monastère. ☏ *098-176-70-48. Mai-sept.*

– Signalons que dans presque tous les villages des VTT sont à louer *(env 40 Kn/h et 180 Kn/j.).* Également des locations de kayaks, notamment à l'embarcadère de Mali Most pour canoter sur les lacs *(env 70 Kn/h et 230 Kn/j.).*

■ **Agence Mini Brum** (location de véhicules) **:** à *Pomena,* ainsi qu'au port de *Sobra.* ☎ *745-084.* ☏ *099-611-55-74.* ● rent-a-car-scooter-mljet.hr ● *Avr-sept, tlj 9h-19h. En été, mieux vaut téléphoner pour réserver. Env 250 Kn/j. pour un scooter ; 390-500 Kn pour une voiture ; moins cher pour une loc 9h-19h ; tarifs dégressifs à partir de 2 j. Loc min 5h et caution pour l'essence 150 Kn (50 Kn pour un scooter).* Location de scooters, buggys, petites Fiat 126 Cabriolet, adaptées à l'étroitesse des routes de l'île ; et même des Golf, voire des 4x4 Suzuki Vitara...

■ **Diving Center Aquatica :** à *Pomena.* C'est le centre de plongée sous-marine de l'Hotel Odisej. ☏ *098-479-916.* ● aquatica-mljet.hr ● *De mai à mi-oct, tlj 9h-19h. Compter 550 Kn pour un baptême. Loc de matériel, mais assez cher également.* Un des sites les plus intéressants est l'épave du *Schnellboot 57,* un navire de guerre allemand coulé par la marine anglaise pendant la Seconde Guerre mondiale. Elle repose par 39 m de fond et est visible en baptême. Également une centaine d'amphores romaines, découvertes récemment.

Où dormir ? Où manger ? Où boire un verre ?

Campings

Le camping est interdit à Mljet dans le secteur protégé du parc national à cause des risques d'incendie. À proximité, on pourra trouver :

Autocamp Lovor : à *Kozarica*. ☎ *098-702-200.* • *autocamp-mljet. com* • *Au bout du village, prendre le chemin à droite aussitôt après la Pension Radulj. Mai-oct. Compter 150-180 Kn pour 2 selon saison.* Situation privilégiée pour ce joli terrain isolé à l'écart du village, dont les terrasses ombragées par les oliviers surplombent de petits plans d'eau. Confort simple mais suffisant pour une étape (bloc sanitaire correct avec eau chauffée à l'énergie solaire, buvette, et un parking séparé de la trentaine d'emplacements pour préserver le calme du site). Accueil très sympa.

Autocamp Marina : à *Ropa, à l'entrée du parc mais à 10 km de Polače.* ☎ *745-071.* ☎ *098-915-56-76.* • *kampmarina@gmail.com* • *Mai-sept. Compter env 150 Kn pour 2 campeurs ; apparts 45-60 € pour 3.* À environ 1 km de la route Polače-Babino Polje, en surplomb d'une jolie petite crique. Vraiment sympa et assez bien ombragé, un terrain caillouteux en terrasses, planté d'oliviers. Sanitaires simples mais très propres et toilettes sèches. Superbe balade de 10 mn pour descendre jusqu'à la crique (au retour ça grimpe sec !). Dans la bâtisse surplombant le camping, 2 appartements simples mais propres et climatisés, une petite épicerie de dépannage, un espace commun avec coin cuisine et frigos, plus un resto simple et convivial (pour le soir seulement). Une adresse au calme, à l'ambiance AJ, la sono assurée par les cigales.

Hôtel, pensions, logement chez l'habitant, restaurants, bars

Attention : dormir à Pomena ou à Polače signifie que l'on paie également le droit d'accès au parc que l'on randonne ou non sur les sentiers menant aux lacs (plusieurs points de contrôle). Un rappel : comme partout, certaines pensions demandent une majoration de 30 % pour les séjours en dessous de 3 nuits.

À Pomena

Pension et restaurant Matana : *Pomena 10.* ☎ *744-066.* ☎ *098-934-08-68.* • *guest-house-matana-pomena. com* • *À l'entrée du village, sur la gauche, légèrement en retrait du port. Tte l'année pour les chambres, mai-sept pour le resto (soir seulement). Doubles env 200-375 Kn selon saison ; apparts 300-600 Kn selon taille et saison ; petit déj en sus et ½ pens possible. Plats classiques 80-140 Kn ; spécialités (sur résa 3h avt) 260-300 Kn. CB refusées.* Maison récente sans caractère particulier, sur un terrain en pente. Loue 3 petites chambres simples et sobres et 5 appartements fonctionnels pour 2 à 4 personnes (avec clim et TV), certains avec vue sur la mer. Confort et propreté standard. Le resto, installé sur une grande terrasse en hauteur, propose une cuisine très copieuse et goûteuse, qui s'efforce de privilégier les recettes traditionnelles locales (spécialités à base de fromage de chèvre, ragoût de poisson ou d'agneau façon Mljet, poisson en portion ou au poids, bien moins cher que sur le port). Accueil attentif d'une famille adorable. Bon rapport qualité-prix.

House Slavica Stražičic : *Pomena 10B.* ☎ *091-533-74-20.* • *slavica.mljet@gmail.com* • *À l'entrée du village, sur la gauche avt le port. Tte l'année. Apparts 300-600 Kn pour 2, 450-750 Kn pour 4. CB refusées.* Dominant le port, cette grande et belle bâtisse en pierre recèle sur 3 niveaux une dizaine d'appartements très récents, et même tout neufs pour ceux mansardés au dernier étage. Tous offrent un bon volume, beaucoup de confort (clim, TV, cuisine bien équipée, salle de bains pimpante, etc.) et une terrasse ou un balcon avec une belle vue dégagée sur la mer. Possibilité de table d'hôtes avec du poisson frais. Accueil vraiment gentil et dévoué.

⌂ **Chambres Ante et Ankica Stražičic :** *Pomena 5, sur le quai opposé à celui de l'Hotel Odisej, au-dessus du resto Ana (de gestion différente).* ☎ *744-101.* 📱 *098-676-804.* ● *ire nastrazicic@net.hr* ● *De mai à mi-oct. Doubles 260-375 Kn ; petit déj en sus. CB refusées.* Une bonne affaire : les 2 chambres, toutes simples mais propres, avec salle de bains privative (sur le palier pour l'une d'elles), profitent d'une situation exceptionnelle, avec vue sur l'eau (et les yachts au mouillage) depuis les balcons. Tonnelle et vigne vierge à l'arrière pour prendre le petit déj. Bon accueil familial.

|●| **Taverne Galija :** *Pomena 7.* ☎ *744-029. Sur le quai opposé à celui de l'Hotel Odisej, au milieu des autres tavernes. Avr-oct. Plats 100-200 Kn ; poisson env 450 Kn/kg. CB refusées.* Notre resto préféré parmi ceux alignés sur ce joli quai où viennent mouiller les voiliers de passage. Un lieu privilégié pour assister à un coucher de soleil. Touristique comme ses voisines, cette taverne se démarque par la fraîcheur de ses produits, sa cuisine goûteuse et ses portions généreuses, voire gargantuesques pour certains plats ! Service efficace, jeune et pro.

⌂ |●| **Hotel Odisej :** *face au quai du catamaran.* ☎ *362-111.* ● *adriaticluxuryhotels.com* ● *De Pâques à mi-oct. Doubles 500-1 400 Kn selon confort et saison, avec petit déj.* Une grande structure moderne rassemblant différents bâtiments, bien placée sur le port. Le seul véritable hôtel de Mljet, très fréquenté par les groupes. Plus de 150 chambres à la décoration impersonnelle, de confort correct (frigo, TV, clim), malgré des salles de bains vieillissantes. Certaines bénéficient d'un balcon avec vue sur mer ou sur le quai, mais en soirée ce dernier est squatté par des yachts souvent bruyants. Petit déjeuner-buffet classique et copieux. Fait aussi resto. Organise des excursions (à la grotte d'Ulysse, entre autres) et dispose d'un centre de plongée.

🍸 **Beach Bar de l'Odisej :** *seulement en été.* Terrasse en bois au bout du quai, idéale pour prendre un verre au coucher du soleil. Espace baignade à côté.

À Polače

⌂ **Chambres Marija Dabelić :** *Polače 35, derrière la Konoba Antika, face au kiosque du parc.* ☎ *744-080.* ● *apartmani-dabelic-mljet.hr* ● *Mai-sept. Selon saison, doubles 200-350 Kn ; apparts 280-430 Kn. CB refusées.* Dans une grande maison familiale perchée en retrait du port, une ribambelle de chambres et d'appartements, tous avec salle de bains privée et vue sur mer. Selon le tarif, aménagements spartiates ou équipements plus soignés (clim, coin cuisine), et la présence ou non d'un balcon. Rien de transcendant, mais, à ce prix-là, on fait une bonne affaire. D'autant que l'accueil est particulièrement bon.

⌂ |●| **Chambres et restaurant Ogigija :** *Polače 17.* ☎ *744-090.* 📱 *098-606-863.* ● *ogigija@hi.t-com.hr* ● *Au milieu du quai. 15 avr-15 oct. Doubles 250-340 Kn ; apparts 5-6 pers 450-900 Kn. Petit déj 60 Kn. Plats 50-160 Kn. CB refusées.* 6 chambres très simples et propres, dont certaines avec kitchenette, balcon et une bien jolie vue, ainsi que 5 beaux appartements situés dans un immeuble récent à proximité. Joliment aménagés dans un style contemporain et parfaitement équipés, ces derniers disposent d'un agréable salon, d'une cuisine ouverte et de 2 chambres dotées chacune d'une salle de bains. Du haut de gamme. Côté resto, cuisine locale servie sur la terrasse ombragée, directement sur le quai, au bord de l'eau.

|●| **Restaurant Stella Maris :** *Polače 22.* ☎ *744-059.* 📱 *098-619-287. Plats 55-150 Kn.* Cuisine classique servie sur une terrasse décorée de drapeaux façon pub en surplomb du quai. Propose également des petits déj et toutes sortes d'en-cas (sandwichs, formule lunch...) pour caler une petite faim. Bon accueil.

|●| **Konoba Antika :** *juste avt la porte d'entrée du parc, au bout du port.* 📱 *091-699-98-76. Résa vivement conseillée pour le soir. Plats 70-170 Kn.* Un bon resto familial installé sur 2 terrasses surplombant le port, face aux voiliers. La carte propose poissons et viandes grillés, mais surtout la fameuse spécialité de la maison :

de l'agneau ou du poulpe cuits sous cloche (à commander au minimum 3h à l'avance). Une adresse régulière.

À Soline

Difficile de trouver plus tranquille que ce charmant hameau isolé au cœur du parc, accessible uniquement par des chemins de randonnée, ou par une route étroite interdite aux véhicules (sauf ceux des résidents) qui serpente le long de la berge. À l'arrivée, quelques barques, une poignée de maisons égrenées au bord de l'eau et 2 bonnes tavernes familiales au bord de l'eau (Konoba Pikala et Konoba So).

🏠 |●| **Villa Bjelac (chez Sandra Srsen) :** Soline 10. ☎ 744-032. ● sandra.srsen@gmail.com ● Au bout du hameau. Tte l'année. Selon saison, doubles 230-380 Kn, apparts 4 pers 300-600 Kn ; petit déj 40 Kn, dîner 100 Kn. CB refusées. Parking (demander le pass au kiosque de l'entrée du parc). La maison est idéalement située, mais, ce qui la distingue, c'est la qualité des chambres et des appartements : modernes, bien conçus, confortables, et tous dotés d'un balcon donnant sur la rivière. Vaste terrasse commune au rez-de-chaussée, où l'on sert une cuisine familiale orientée sur les produits de la mer. Accueil jeune et dynamique. Idéal pour un séjour au calme dans un cadre d'exception. Un gros coup de cœur.

À Prožurska Luka

C'est le port en contrebas de Prožura, situé dans un site encaissé et au pied d'une petite baie paradisiaque. Accessible seulement à pied à partir du parking situé à 50 m en surplomb de la baie. Pas grand-chose à y faire, à part se baigner et profiter du temps qui passe, au calme... et c'est déjà beaucoup !

🏠 **Appartements Mirjana :** sur la droite de la baie. ☎ 746-145. 📱 098-303-528 ou 098-975-64-57. ● holiday-rentals-mljet.com ● Accessible en voiture sur le chemin à droite de l'entrée du parking. Mai-oct. Apparts 2 pers 40-80 € ; grand appart 6 pers 85-150 € ; maison avec 2 chambres 100-170 €. CB refusées. Au bord de l'eau, une belle et grande maison blanche, bordée d'oliviers. Au rez-de-chaussée, vaste appartement avec 3 chambres, très bien équipé (clim, machine à laver, grand salon...). À l'étage, 3 appartements pour 2 ou 4, impeccables, également équipés de tout le confort moderne, avec en prime un balcon pour 2 d'entre eux offrant une superbe vue. Four à pain sur la terrasse utilisable en barbecue pour griller son poisson, que l'on n'aura pas de mal à trouver sur le quai. L'accueillante patronne habite à l'année au village et dispose d'une autre maison (House Frana) à louer au centre de la baie.

|●| **Konoba Marijina :** au bout du village, en longeant la baie par la droite. ☎ 746-113. Mai-nov. Résa indispensable en été. Plats 55-140 Kn. Outre les grands classiques de fruits de mer et poisson, quelques spécialités : fromage de chèvre conservé dans l'huile d'olive maison, huîtres gratinées (gardées dans l'eau fraîche de la baie), langouste, cochon sauvage et chevreau local. Tout cela est à déguster sous les charmantes tonnelles au bord de l'eau. Café turc et *mrča* (digestif local à base de myrte) pour finir. Une bonne adresse gourmande.

À Saplunara

À la pointe est de l'île, petite station balnéaire toute simple avec quelques jolies plages de sable à proximité. Un véhicule est indispensable pour résider dans ce coin isolé.

🏠 Une dizaine de familles louent des **chambres chez l'habitant** et des **appartements à la semaine.** Rens sur place ou à l'office de tourisme de Polače (☎ 744-186).

🏠 |●| **Pansion Franka :** dans le village, en contrebas de la route. ☎ 746-177. 📱 099-474-61-77. ● saplunara.com ● Tte l'année. Doubles 40-55 € ; apparts 50-75 €. Plats 55-95 Kn. CB refusées. Une adresse simple et familiale offrant différents types de chambres et d'appartements répartis dans 3 bâtiments face à la mer. L'ensemble est bien tenu, fonctionnel et très convenable, mais les hébergements les moins chers ne disposent ni de balcon ni de vue. Bon accueil, plutôt en italien, mais le fils anglophone n'est jamais très loin. Au resto, avec sa grande terrasse sur l'eau, pas de carte mais poisson fraîchement pêché par le papa et légumes du jardin de la maman, à bons prix.

🏠 🍽 **Appartements et restaurant Stermasi :** *en haut du village (indiqué).* 📞 *098-939-03-62.* • *stermasi.hr* • *Avr-nov. Au resto, service en continu tte la journée ! Selon saison et taille, studios 45-75 € pour 2 pers, 70-130 € pour 4 ; petit déj 10 €. Plats 60-170 Kn ; davantage pour le poisson. CB refusées (mais acceptées au resto).* Tout pour plaire. Côté resto, on s'installe avec plaisir sur l'une des petites terrasses surplombant la mer, à l'ombre des pins squattés par les cigales, dans une belle végétation. Les poissons sont pêchés du matin, les langoustes et homards viennent du vivier. Sinon, on se régale de spécialités locales sous la cloche (sur résa), ou de plats plutôt élaborés et dressés avec soin, dont un excellent risotto noir (à l'encre de seiche) servi dans un coquillage. Tout est frais et fait maison. Belle carte des vins. Côté hébergement, une dizaine de studios et appartements répartis dans différents bâtiments, modernes, tout confort (clim) et impeccablement tenus. Également location de scooters et de bateaux. Petit promontoire en contrebas pour piquer une tête et plage de sable pas très loin. Rien à redire, d'autant que l'accueil francophone est très sympa.

À voir. À faire

À l'ouest de l'île, le parc national

– **Entrée du parc :** *env 125 Kn/pers juin-sept (70 Kn/pers le reste de l'année) valable pour tt le séjour, sans limitation de durée ; réduc enfants et étudiants. Attention, le billet est obligatoire dès que l'on pénètre dans la zone du parc (dont Pomena et Polače font partie), que l'on aille ou non en balade autour du lac et sur l'île du monastère. En revanche, le prix inclut l'A/R en bateau pour Sv. Marija et le minibus qui fait la liaison entre Polače et l'entrée du parc : avr-oct, ttes les heures 8h50-17h50 (18h50 août), retour 10h15-19h35 (20h15 août).*

– **Accès aux lacs :**

➤ *De Polače,* 2 possibilités :
– le plus simple est de prendre la navette du parc au départ du débarcadère du catamaran jusqu'au parking Vrbovica, à 5 mn de marche de Pristanište (au bord du lac). De là, possibilité de prendre le bateau-navette pour le monastère ;
– à pied par un petit sentier qui prend à gauche de la route principale, au niveau du kiosque où l'on achète les billets. Une jolie balade de 30 mn (environ 2,5 km) jusqu'à Pristanište.

➤ *De Pomena :* un sentier dallé part sur la droite derrière la dernière maison (pension *Matana*). Compter 10 mn de marche jusqu'à la rive du lac Malo jezero. Celui-ci communique avec l'autre lac (Veliko jezero) par un petit pont *(Mali Most)* d'où part également le bateau-navette pour le monastère.

🌟🌟🌟 **Les lacs :** peut-être la partie la plus belle de Mljet (mais toute l'île est superbe !), certainement la plus fréquentée. En fait, il y a 2 lacs : un grand, le **Veliko jezero** (145 ha), et un petit, le **Malo jezero** (24 ha), dont la température ne descend pas en dessous de 30 °C en été. En hiver, le phénomène s'inverse et la mer compte 3 °C de plus que les lacs. Ils communiquent par un étroit passage creusé autrefois par les moines bénédictins, au niveau de *Mali Most* (le « petit pont »). Les moines avaient volontairement ouvert un autre canal donnant sur la mer (à l'opposé du grand lac, au nouveau pont de *Veliki Most*, vers Soline) afin de profiter du mouvement des marées et alimenter un moulin à farine. 2 fois par jour, les (toutes petites) marées et les courants renouvellent les eaux des lacs dont la salinité est plus forte que celle de la mer. Les collines environnantes, couvertes d'une épaisse végétation méditerranéenne, sans aucune construction (hormis les vieilles maisons des hameaux sur les rives), composent un paysage d'une beauté sauvage.

➢ Un chemin de 11 km de long, accessible seulement aux piétons et aux vélos, fait le tour du lac. De *Mali Most,* possibilité de louer un VTT, un kayak ou de partir à pied sur l'une ou l'autre rive du lac. On conseille de commencer par la rive nord (à gauche de *Mali Most*) ; on traverse d'abord Babine Kuće à 2 km (hameau très joli avec sa rangée de palmiers et son sympathique bar-resto *Mali Raj*) puis Pristanište (siège du parc national et point de départ pour ceux qui arrivent par la navette, location de VTT également) avant d'atteindre le pont flambant neuf en forme d'arche de *Veliki Most,* d'où un chemin longeant la rivière part vers le hameau de Soline (où l'on trouvera 2 bonnes petites auberges pour se restaurer, *Pikala* et *So*). Le retour se fait par l'autre rive, au sud, passant devant l'*île* et le *monastère bénédictin de Sainte-Marie* (voir plus loin) puis revenant au pont de *Mali Most* pour fermer la boucle. Compter en tout environ 2h30 à pied, mais la balade est plus sympa à vélo car le sentier est entièrement goudronné. En chemin, possibilité de piquer une tête bien méritée des berges aménagées en ponton de baignade.

➢ Du parking de *Pristanište*, un petit sentier de randonnée, à gauche, permet de monter, en 1h, au sommet du *Montokuc* (253 m). La vue y est exceptionnelle ! Parcours balisé de ronds rouges, sans difficulté particulière (il est quand même préférable d'avoir la carte de l'île). Une petite grimpette à ne surtout pas manquer.

🍴🍴 **L'île et le monastère bénédictin de Sainte-Marie** (Benediktinski samostan Sv. Marija) : *départ du bateau-navette (inclus dans le billet d'entrée du parc) de Pristanište ou de Mali Most. Avr-oct, ttes les heures 9h-19h (18h aux intersaisons), dernier retour à 20h20 (19h20 aux intersaisons).*
Voici l'un des paysages des plus « romantiques » de Croatie. Des collines boisées entourent le lac aux eaux limpides, avec un petit couvent bénédictin qui se dresse sur un îlot solitaire. Le monastère ne se visite pas, à l'exception de l'église romane du XIIe s, fraîchement restaurée. Les 1ers moines, des bénédictins, s'installèrent ici à partir de 1151. Ils y restèrent jusqu'à l'arrivée de Napoléon, dans les provinces illyriennes (début du XIXe s), qui décréta la fermeture du monastère. On peut faire le tour de l'île par un petit sentier pédestre. Au passage, on remarquera 2 mignonnes chapelles, un petit cimetière et quelques vagues vestiges romains.
Un restaurant, *Melita*, idéalement placé au bord de l'eau, reçoit un nombre impressionnant de visiteurs, pourtant le rapport qualité-prix, autant que l'accueil, est peu convaincant. Également un snack moins cher à côté, toujours bondé lui aussi. À vrai dire, l'îlot est tout petit, envahi par les touristes et sa visite est décevante. En revanche, la baignade dans les eaux chaudes du lac, des berges aménagées au sud, est un pur moment de bonheur !

🍴🍴 **Pomena :** *à la pointe de la côte nord-ouest, à env 3 km de Polače.* Adorable petit port de 50 habitants permanents envahi en été par de luxueux yachts et voiliers de plaisance qui mouillent là pour la nuit. C'est le lieu de résidence le plus sympa et le plus proche pour la visite des lacs. On y trouve une ribambelle de restos (ouverts pour certains seulement le soir), un petit supermarché, une boulangerie et un nombre de loueurs de vélos assez surprenant pour un si petit village.

🍴 **Polače :** *sur la côte nord-ouest.* Un petit port d'une centaine d'habitants composé de quelques maisons alignées au pied d'une colline, au fond d'une très jolie baie, bien abritée des vents et entourée de coteaux boisés. À la sortie du village, en direction de Pomena, la route passe sous une sorte d'arche qui est un vestige d'une demeure romaine. Les gens d'ici l'appellent le *Palatio*. Il s'agit d'un vieux palais romain (désigné aussi sous le nom de Villa Rustica), construit au IIIe ou IVe s, où vivait le gouverneur romain de l'île. D'ailleurs, *polače* signifie « palais ».

Au centre de l'île

✴ **Babino Polje :** village d'environ 350 habitants, capitale administrative de l'île. Quelques jolies maisons en pierre locale. La « grotte d'Ulysse » *(Odisejeva spilija)* est située à proximité, sur la côte sud, accessible en 30 mn à pied par un petit sentier partant du parking de la supérette *Tommy,* en contrebas du village (descente raide), à droite quand on vient du parc national (accès également en bateau au départ de Pomena, se renseigner à l'*Hotel Odisej*).

À l'est de l'île

✴✴ **Prožura :** *à env 2 km après le village de Sobra, sur la route de Saplunara (extrémité est).* Adossé aux collines, c'est un village d'une cinquantaine d'habitants. En bas, une petite baie vraiment adorable dessine une forme de coquillage au fond duquel se cache le tout petit port de **Prožurska Luka.** Accessible par une route étroite, c'est un endroit très tranquille, où l'on peut se baigner dans un cadre idyllique. Pas d'épicerie, mais 2 restos et quelques chambres à louer chez l'habitant, presque tous de la même famille.

✴ **Saplunara :** *à l'extrémité est de l'île.* De petites collines couvertes de pins et de cyprès et un maquis dense entourent ce hameau aux maisons éparpillées, à proximité des criques rocheuses. Dans le village (35 habitants), il y a une épicerie, des appartements et chambres à louer, et quelques restos. Pas notre village préféré néanmoins, sauf si l'on recherche un peu plus de tranquillité qu'à Pomena ou à Polače en saison. Dans un coin de la baie, agréable petite plage. Un sentier permet de rejoindre à pied, en 20 mn, la *plage d'Uvala Blace,* qui est naturellement belle mais qui pourrait l'être encore plus si elle ne recevait pas des détritus en provenance du large... Heureusement, la plage est nettoyée régulièrement.

DUBROVNIK ET SES ENVIRONS

• Dubrovnik..................410	• Zaton 441	• Le village de Čilipi et
• Les plages	• Trsteno 442	son spectacle folklorique
• L'île de Lokrum	*Au sud de Dubrovnik......443*	• Le musée Konavle
• Les îles Élaphites	• Mlini 443	à Čilipi • Ljuta • Sokol
Au nord de Dubrovnik.....441	• Cavtat 445	Grad • Molunat

DUBROVNIK (20000)   42 600 hab.   IND. TÉL. : 020

• Plan d'ensemble *p. 412-413* • Vieille ville (Centre) *p. 414-415*

Une ville-musée mais bien vivante, une des plus belles d'Europe, entourée de remparts, au pied d'une montagne qui tombe brutalement dans les eaux de l'Adriatique d'un bleu méditerranéen limpide. Des maisons couvertes de tuiles, des palais, des églises, des couvents, un dédale de ruelles dallées de pierres blanches, des places comme des théâtres de chambre de la Renaissance, une avenue dont les pierres polies brillent comme un décor de cinéma. Dubrovnik est un subtil mélange de raffinement vénitien et d'esprit slave. Les pieds dans l'eau, la tête au soleil.

UN PEU D'HISTOIRE

Au VIIe s, des habitants d'Epidaurum (l'actuelle Cavtat), las de voir leurs habitations détruites par les envahisseurs slaves, se réfugièrent dans un petit village de pêcheurs, sur un îlot rocheux appelé Laus et le fortifièrent. Ce refuge gréco-latin se « slavisa » à son tour, absorbant la communauté slave qui résidait en face, sur la côte. Au IXe s, Raguse, comme elle se nommait alors, était une petite république indépendante sous la suzeraineté nominale des empereurs de Byzance, puis des rois de Serbie et de Croatie. La ville et son territoire (l'île avait été unie au continent par le comblement du canal qui l'en séparait) couvraient moins de 1 000 m², mais ses navires sillonnaient toutes les mers du Levant, de l'Adriatique au Bosphore. C'était une petite Venise, qui avait sa propre flotte de guerre.

L'âge d'or de l'Athènes slave

À la fin du XIIe s, désormais fortifiée, Raguse était une petite république qui élisait son gouverneur de manière démocratique. La puissante république de Venise, dont les bateaux faisaient escale sur la côte dalmate, souhaitait annexer ce port stratégique pour son commerce. L'armée vénitienne passa à l'acte en 1205. Elle la prit et la conserva jusqu'en 1358, mais Raguse (ou Dubrovnik, du mot croate *dubrava,* le « bois de chêne ») réussit néanmoins à obtenir un statut spécial. Cette protection permit à Raguse de se développer économiquement en tirant parti des ressources qu'offraient la Serbie et la Bosnie. Quand Venise dut quitter Raguse à la suite d'une défaite face à la Hongrie, elle devint, de fait, indépendante, la suzeraineté du roi de Hongrie étant théorique.
En 1442, Dubrovnik conclut avec le sultan de l'Empire ottoman un traité qui autorisait les marchands de Dubrovnik à commercer dans les Balkans, contre une taxe. Grâce à cet accord, Dubrovnik fut épargnée par la vague ottomane qui passa plus au nord en Bosnie, moyennant finance, bien entendu : la taxe se transformera en tribut annuel, qu'un ambassadeur ira porter à Istanbul chaque année jusqu'en 1718. La limite historique de l'expansion turque correspond exactement à la frontière actuelle entre la Croatie et la Bosnie-Herzégovine. Les Ottomans s'arrêtèrent au sommet de la grande montagne qui surplombe comme un rempart naturel la ville, mais ne descendirent pas plus bas. Ils entourèrent d'une sorte de protection cette petite cité chrétienne active, vouée au commerce.

Une ville libre de l'Adriatique

Toute l'économie de la cité reposait sur la navigation et le commerce maritime, jusqu'en Asie et en Afrique. Naviguer était si important que chaque homme se devait, durant sa vie, de planter 100 cyprès. Cela explique l'agréable présence de ces arbres sur les collines environnant la ville. La flotte de Raguse à la grande époque (XVIe s) se composait de 200 bateaux. Son expansion se poursuivit régulièrement jusqu'au séisme de 1667 qui provoqua la mort de près de 5 000 personnes dans la ville et les environs. L'Empire ottoman, vaincu devant Vienne en 1683, relâcha sa pression au début du XVIIIe s.

La main de fer de Napoléon

Ayant remporté des victoires décisives sur l'Autriche, Napoléon Ier gagna des territoires situés au sud des Alpes, sur le littoral adriatique, entre Trieste et Dubrovnik. Ses troupes vinrent défendre Dubrovnik assiégée par les Russes et les Monténégrins et s'y installèrent en 1806. En 1808, un décret napoléonien mit fin à

LE SUD DE LA DALMATIE

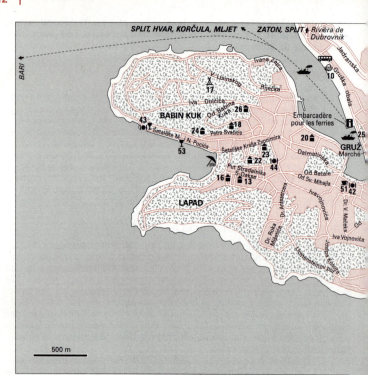

■ **Adresses utiles**	24 Villa Katarina
	25 Hostel EuroAdria
🛈 Offices de tourisme de Gruž et Lapad	26 Dubrovnik Backpackers Club
🛒 10 Supérette Konzum	27 Villa Gloria
⛺🏠 **Où dormir ?**	🍴 **Où manger ?**
11 Appartements Ivušić	41 Magellan
12 Chambres chez Mirjana Stanković	42 Taverna Otto
13 Chambres de la rue Put	43 Restaurant Levanat
Stradalnika S-Dakse	44 Pantarul
14 Bokun Guesthouse	
15 Chambres chez Mladenka et	☕ **Où prendre le petit déjeuner ?**
Milena Matušić	
16 Appartements chez Ivanka Franušić	51 Pâtisserie Klara
17 Camping Solitudo	
18 Appartements de la rue Petra Svačića	🍸 **Où boire un verre ?**
19 HI Hostel Dubrovnik	
20 Hotel Lapad	52 Art Café
21 Hotel Lero	53 Cave Bar More
22 Hotel Aquarius et Villa Micika	
23 Hotel Zagreb	

LE SUD DE LA DALMATIE

413

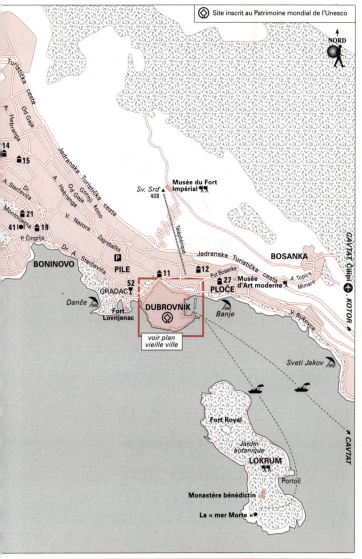

DUBROVNIK – Plan d'ensemble

LE SUD DE LA DALMATIE

■ Adresses utiles	🛏 Où dormir ?	🍴 Où manger ?
🛈 @ Office de tourisme de la vieille ville (A1)	62 Chambres et studios chez Ivo et Matko Jelić (B3)	72 Buffet Škola (B2)
4 Privredna Banka Zagreb et OPT Banka (C2)	64 Appartements chez Vesna Miletić (B3)	73 Restaurant Kamenice et Pizzeria Castro (C2)
8 Perla Adriatica (D1)	65 Hostel Old Town (B1)	74 Kopun (C3)
10 Supérettes Konzum (A1, C3 et D1)	66 City Walls Hostel (B3)	75 Restaurant Dundo Maroje (C2)
	67 Hotel Stari Grad (B2)	76 Restaurant Moby Dick (B1)
	68 Villa Flores (B2)	

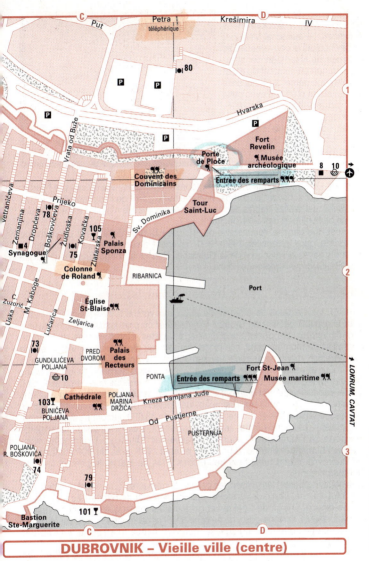

DUBROVNIK – Vieille ville (centre)

- 77 Restaurant Proto (B2)
- 78 Barba (C2)
- 79 Azur (C3)
- 80 Pizzeria Tabasco (C-D1)
- 81 Spaghetteria Toni (B2)
- 82 Konoba Taj Mahal (B2)
- 83 Restaurant Lady Pi-Pi (B1)

Où prendre le petit déjeuner ? Où boire un verre ? Où écouter de la musique ?

- 101 Café Buža II (C3)
- 102 Kavana Dubravka (A2)
- 103 Cafés de la place Buničeva poljana (C3)
- 104 Café Buža I (B3)
- 105 Café Libertina (C2)
- 106 Caffé-bar Galerie (B2)
- 107 The Gaffe (B2)

Où danser ?

- 111 Sky Bar (hors plan par A1)

la république de Raguse, qui fut rattachée ensuite aux provinces illyriennes. Le maréchal Marmont en devint alors le gouverneur. Les hommes de Napoléon construisirent un fort au sommet du mont Srđ. Ils accordèrent aux juifs de la ville un statut d'égalité avec celui des autres citoyens. En 1815, au *congrès de Vienne*, Dubrovnik et son territoire passèrent sous contrôle autrichien jusqu'en 1918. Le déclin de l'Athènes slave ne fit que s'aggraver. En 1873, Émile Isambert, auteur du guide *Orient* (Hachette et Cie), écrit, consterné : « Ses rues où pousse l'herbe, ses palais qui achèvent de tomber en ruine témoignent de l'abandon dans lequel Dubrovnik est laissée depuis des années. Néanmoins elle n'a pas l'aspect triste et morne de la plupart des cités déchues. »

Ce n'est que dans la Yougoslavie de Tito, que Dubrovnik retrouva une certaine prospérité, dans les années 1960-1970, devenant la ville balnéaire la plus recherchée du pays, la « vitrine » de la Dalmatie. Quand la Yougoslavie se disloqua en 1989, Dubrovnik replongea dans le noir.

> ### SE RETROUVER DANS LE *LAROUSSE* !
>
> *Le maréchal Marmont, fait duc de Raguse par Napoléon, ne resta pas fidèle à l'Empereur jusqu'au bout : en 1814, pendant la campagne de France, il rejoignit les ennemis qui assiégeaient Paris. Ce revirement fut à l'origine de la création de 2 mots : « raguser » (trahir) et son dérivé, « ragusade » (trahison).*

Guerre et paix... puis invasion touristique

En 1991, les électeurs de la région de Dubrovnik votèrent, presque à l'unanimité, pour la république libre de Croatie. Pour arrêter ce processus d'indépendance, l'armée yougoslave déclara la guerre aux Croates. Composée en majorité de Serbes et de Monténégrins, elle lança une attaque d'une extrême violence (à la fois terrestre, maritime et aérienne) sur Dubrovnik. Son objectif : annexer coûte que coûte toute la région de Dubrovnik à la « Grande Serbie », en chassant les Croates de leurs terres. Le 6 décembre 1991, l'artillerie serbe bombarda sans répit la ville depuis le sommet du *mont Srđ*. La cité fut assiégée pendant 6 mois. Dans les alentours, de nombreux villages et des milliers de maisons furent occupés par les soldats serbes et monténégrins. Près de 33 000 personnes durent quitter leur maison. Le monde entier assista, impuissant, à cette agression sauvage de la « perle de l'Adriatique », pourtant classée par l'Unesco au Patrimoine mondial de l'humanité. Entre octobre 1991 et août 1995, près de 200 combattants de Dubrovnik furent tués, tous très jeunes. Près de 100 civils périrent lors des bombardements.

Des obus frappèrent les églises, les palais, les demeures historiques. Un bâtiment sur 3 fut touché. Ironie de l'histoire, pas un morceau de rempart ne fut démoli : les Serbes ont pris garde à préserver cette manne touristique qu'ils convoitaient ! « La Liberté ne se vend pas, même pour tout l'or du monde », telle est la devise ancestrale de cette cité courageuse, qui s'est battue toute seule pour assurer son salut.

Le retour du tourisme a permis un regain de la prospérité, mais ce succès, largement mérité, est devenu excessif avec le passage quotidien de 3 énormes paquebots de croisière de 3 000 à 5 000 passagers chacun. Mais en 2019, il a été annoncé que seuls 2 navires seraient autorisés à décharger une cargaison de 5 000 passagers maximum. Ce qui n'est pas sans conséquences : excédés par les tarifs en hausse continuelle et par les foules innombrables qui engorgent les rues en saison (et la saison, à Dubrovnik, dure bien jusqu'à fin octobre), ses habitants délaissent de plus en plus la vieille ville au profit des quartiers périphériques. Dubrovnik est plus que jamais une ville-musée, mais pour laquelle une régulation du flot touristique est vivement souhaitable.

POUR LES *GAME OF THRONES ADDICTS*

Les fans de la série *Game of Thrones* ne l'ignorent pas : Dubrovnik est un haut lieu de tournage de la série, puisqu'elle a été choisie pour représenter *King's Landing,* la capitale de Westeros. Les producteurs avaient initialement choisi la ville de Mdina (Malte), mais ils ont ensuite été séduits par les possibilités bien plus nombreuses qu'offre Dubrovnik. Les équipes de tournage ne passent pas inaperçues en ville, vu les impressionnants moyens mis en œuvre ! Très logiquement, 3 compagnies concurrentes se partagent en saison le marché juteux du *Game of Thrones Tours.* Elles proposent plusieurs formules pour passer en revue les lieux de tournage : circuit de 2h à pied dans la ville, de 4h avec une balade en bateau à Lokrum, de 5h avec une sortie en bus au parc de Trsteno, de 7-10h pour l'ensemble... *Départs 10h-17h de la porte Pile, devant la fontaine d'Onofrio. Pas de résas. Compter tt de même 180-620 Kn selon formule !*

Topographie

Si la vieille ville, entourée de remparts, se révèle assez petite, Dubrovnik dans son ensemble s'étale assez loin sur les versants des montagnes et jusqu'au bord de la mer, débordant sur les presqu'îles environnantes, au nord vers *Lapad,* et dans le faubourg de *Gruž,* le quartier du nouveau port (à 3 km au nord de la vieille ville). Au sud, la montagne tombe si brutalement dans l'Adriatique qu'il n'y a pas de place pour que la ville s'étende dans cette direction. La majorité des hôtels se trouve dans la presqu'île de Lapad et autour du port de Gruž.

Arriver – Quitter

En bus

🚌 **Gare routière de Dubrovnik** *(autobusni kolodvor Dubrovnik ; plan d'ensemble)* **:** un peu au nord du port de Gruž. ☎ 060-357-020 ou 0800-1910 (n° gratuit). ● *libertasdubrovnik. hr* ● *Ouv 4h30-22h. Consigne :* compter 5 Kn/bagage puis 1,50 Kn/h. Distributeur et bureau de change. Pour se rendre dans la vieille ville, prendre le bus n° 1A, 1B ou 1C (le taxi est cher : env 75 Kn).
– *Plusieurs compagnies :* Croatia Bus, Promet Split, Croag, Autotrans, Croatia Zadar Line. Ces compagnies privées se partagent les destinations. Équivalentes au niveau du confort (clim, propreté, espace), de la ponctualité et des prix (quelques variations tout de même).
– *Les destinations et les horaires :* il y a des panneaux électroniques dans la gare routière qui affichent ces informations. Les destinations sont toujours écrites à l'avant du bus, sur un panneau posé contre le pare-brise. Les mots *Polazak,* signifiant « départ », et *Dolazak,* « arrivée », sont souvent notés en abrégé, exemple : « Pol. 14h », « Dol. 17h ».

Liaisons

➢ **Orebić** (presqu'île de Pelješac, via Ston) **et Korčula :** 3 bus/j. en principe à 9h, 14h15 et 15h (seulement 1 départ hors saison). Durée : 2h30 pour Orebić, où l'on prend le ferry pour Korčula.
➢ **Ploče :** départ ttes les heures 5h-21h. Durée : env 2h.
➢ **Makarska :** départ presque ttes les heures 5h-21h. Durée : 3h.
➢ **Split :** 1 bus/h 5h-22h. Durée : 4-5h.
➢ **Šibenik et Zadar :** 9 bus/j. 5h-17h.
➢ **Trogir :** 7 bus/j. 5h-15h30.
➢ **Zagreb :** 16 bus/j. 6h-22h. Durée : env 10h.
➢ **Rijeka :** 4 bus/j. 6h30-17h. Durée : 12h.
➢ **Pula :** 1 bus/j. vers 15h30. Durée : 12-13h.
➢ **Mostar** (Bosnie-Herzégovine) **:** 3 bus/j. 8h-17h15. Durée : 3h.

➤ *Sarajevo* (Bosnie-Herzégovine) : 2 départs/j. à 8h et 16h. Durée : 6h.
➤ *Kotor et Budva* (Monténégro) : 5-6 départs/j. 7h-20h30. Durée : 2h30-3h.
➤ *Pour les environs de Dubrovnik (au nord jusqu'à Ston et au sud jusqu'à Molunat) : les départs des bus orange se font également de Gruž*. Liaisons ttes les heures avec Cavtat (ligne n° 10) et Mlini (lignes n°s 10 et 16). Seulement 3-4 départs/j. pour Molunat (ligne n° 11) et Ston (ligne n° 15).

En bateau

– *Conseils :* mieux vaut acheter les billets de bateaux directement auprès de l'agence centrale *Jadrolinija*, au kiosque *GV Line* sur le port de Gruž ou au comptoir de l'agence *Elite* à la gare maritime pour *Kapetan Luka*. Résas possibles en ligne sur le site des compagnies.
– Si vous voyagez en voiture, faites votre résa le plus tôt possible en été (au moins 3 j. avt le départ).
➤ *Pour les îles Élaphites :* voir le texte qui leur est consacré dans le chapitre « Dans les environs de Dubrovnik ».
➤ *Pour l'île de Mljet :* voir « Arriver – Quitter » dans le chapitre consacré à l'île de Mljet.
➤ *Pour Korčula :* voir « Arriver – Quitter » dans le chapitre consacré à Korčula, plus haut.
➤ La compagnie *GV Line* (☎ *313-119 ;* ● *gv-line.hr* ●) assure la liaison en saison pour *Mljet* (tlj), *Korčula* (4 fois/sem) et *Lastovo* (2 fois/sem en juil-août) avec le catamaran *Nona Ana*. Billet à prendre sur le quai 1h avt le départ. Compter 1h45 pour Mljet (Polače), 2h45 pour Korčula et 4h pour Lastovo. Compter 70 Kn pour Polače, 90 Kn pour Korčula et 95 Kn pour Lastovo (tarifs 2018).
➤ La compagnie *Kapetan Luka* dessert, avec le catamaran *Krilo*, *Mljet (Pomena)*, *Korčula*, *Hvar*, *Milna* et *Split*. Départ de Dubrovnik tlj à 16h30 juin-août, 16h sept, certains jours seulement en mai et oct. Compter 1h20 de trajet pour Mljet, 2h pour Korčula, 3h15 pour Hvar et 4h15 pour Split. Retour le lendemain mat. Compter 80 Kn pour Mljet, 120 Kn pour Korčula, 190 Kn pour Hvar ou Split. *Infos :* ☎ *021-645-476.* ● *krilo.hr* ●
En 2018, la même compagnie a mis en service un autre catamaran sur la ligne sœur Mljet (Sobra), Korčula-Makarska-Brač (Bol)-Split. En principe, 1 départ/j. de mi-juin à mi-sept (départ à 16h, arrivée à Split à 20h30). Retour le lendemain mat (départ de Split à 7h30, arrivée à Dubrovnik à 12h).
➤ *Pour Bari* (Italie) : la compagnie *Jadrolinija* (☎ *418-000 ;* ● *jadrolinija.hr* ●) assure 2-4 liaisons/sem avr-nov entre *Dubrovnik* et *Bari* (Italie) dans les 2 sens. Durée : 10h.

En avion

✈ *Aéroport de Čilipi :* à env 17 km au sud-est de Dubrovnik, sur la route qui mène à Cavtat. ☎ *773-333 ou 773-377 (infos).* ● *airport-dubrovnik.hr* ●
🛈 *Bureau d'info :* tlj 8h-20h. Demander le livret touristique de la ville (très complet) et un plan.
■ *Change :* au bureau de poste situé à côté du bureau d'info ou à la banque juste en face. Taux peu avantageux.
■ *Location de voitures :* quasiment tous les loueurs internationaux sont représentés (Hertz, Avis, Budget, Sixt, Auto Rent...) ainsi que certains loueurs nationaux. Station-service sur la route, à l'entrée de l'aéroport.

Comment aller dans le centre ?

➤ *En bus :* solution la plus économique. Des bus *Atlas* sont garés juste à la sortie du bâtiment de l'aéroport à droite en sortant. Trajet : env 30 mn. Billet : 40 Kn. Arrêt à la porte de Pile (près des remparts de la vieille ville) et terminus à la gare routière de Dubrovnik, au port. Également une autre compagnie (Obrt Dare), sur la gauche en sortant, au même tarif. Pour retourner à l'aéroport, le départ se fait de la gare routière, avec un arrêt au-dessus de la vieille ville (Put Petra Krešimira IV, devant la station de téléphérique).
➤ *En taxi :* compter env 260-300 Kn pour le centre-ville de Dubrovnik ou le quartier de Lapad et env 120 Kn pour Cavtat. Les taxis ont des compteurs affichant les prix des courses. Les chauffeurs ne discutent pas les prix.

Se déplacer en ville

Avertissement si vous êtes en voiture

La vieille ville étant totalement piétonne et l'espace aux alentours très limité, le stationnement pose beaucoup de problèmes, notamment en été. En arrivant de l'aéroport ou de Gruž, la majorité des places de parking se trouve dans la longue rue à sens unique qui descend vers la vieille ville ainsi que dans les parkings fermés au bas de celle-ci, au pied des remparts. Si vous n'y trouvez pas de place, il vous faudra continuer vers la porte Pile (évitez son parking très cher, 40 Kn/h !) puis par Gruž avant de revenir au point de départ et recommencer... Les places dans la rue sont selon les zones de 10 à 20 Kn/h et ce de 6h du mat à 22h ou 2h du mat selon la zone. En fonction des secteurs, achat des tickets aux guichets prévus à cet effet, aux parcmètres ou via SMS : vérifiez les instructions indiquées sur les panneaux. Sinon, possibilité de laisser sa voiture dans le grand parking souterrain situé *Ilijina Glavica (Zagrebačka ulica)* : en saison, env 40 Kn/h ou 480 Kn pour 24h (moins cher hors saison). Une amende coûte env 130 Kn et 500-1 000 Kn pour récupérer son véhicule à la fourrière, rien de moins. Bref, un bon conseil : abandonnez l'idée de circuler en voiture à Dubrovnik et prenez le bus. Vous gagnerez du temps, de l'argent, préserverez vos nerfs... et la couche d'ozone ! En principe, les hôtels disposent de parkings (payants le plus souvent), et les chambres d'hôtes ont toujours quelques solutions à proposer.

En bus

Les lignes de bus les plus pratiques sont les lignes n°s 5 (Lapad), 6 (Babin Kuk) et 1A, 1B et 3 (Gruž). Toutes permettent d'atteindre la porte Pile et passent ttes les 15 mn env 5h30-1h. Prix du billet : 12 Kn en kiosque et 15 Kn dans le bus (prévoir l'appoint). On peut aussi opter pour la *Dubrovnik Card*, qui comprend la gratuité des transports publics (lire plus loin l'introduction de « À voir. La vieille ville »).

Adresses utiles

Informations touristiques

■ @ **Office de tourisme de la vieille ville** *(plan centre A1)* **:** *Brsalje 5.* ☎ *312-011.* ● *tzdubrovnik.hr* ● *Sur la place, face à la porte Pile. Tlj 8h-22h (19h oct-mai).* Donne un plan, un livret très complet sur la ville et ses environs et des infos pratiques. Demander le journal gratuit *Dubrovnik Times* et le fascicule *Dubrovnik in your Pocket* qui fourmillent d'infos et de bonnes adresses. Personnel efficace mais très sollicité.

■ **Offices de tourisme de Gruž et Lapad** *(plan d'ensemble)* **:** *le bureau de Gruž est situé dans la gare maritime.* ☎ *417-983. En saison, tlj 8h-21h (20h en mi-saison) ; en hiver, lun-ven 8h-15h, sam 8h-13h.*

■ **Association des guides de Dubrovnik** *(društvo turističkih vodića Dubrovnik)* **:** *pas de bureau, par tél seulement,* ☎ *323-608 (lun-ven 10h-12h).* ● *vodici-dubrovnik.hr* ● *Compter env 500 Kn pour un groupe jusqu'à 6 pers.*

■ **Renseignements touristiques :** attention, les *turist biro* sont nombreux à se présenter comme des bureaux d'information, ce qu'ils ne sont pas. Il s'agit simplement d'agences commerciales vendant leurs prestations.

Argent et change

■ **Privredna Banka Zagreb** *(plan centre C2, 4)* **:** *Placa 12 (Stradun). Lun-sam 8h-15h (12h sam).* Pas de commission. Distributeur de billets à l'extérieur.

■ **OPT Banka** *(plan centre C2, 4)* **:** *Placa 16 (Stradun), à 30 m à gauche de la Privredna Banka Zagreb. Lun-sam 8h-20h (12h sam).* Pas de commission. Distributeur de billets à l'extérieur. Représentant de *Western Union*.

■ Nombreux ***distributeurs de billets*** dans le centre.

Compagnies aérienne et maritime

■ ***Croatia Airlines :*** *pas de bureau en ville, à l'aéroport de Čilipi seulement.* ☎ *66-76-555.* • *croatiaairlines.com* • *Lun-ven 8h-20h, w-e 9h-17h.*
■ ***Compagnie Jadrolinija*** *(plan d'ensemble) : sur le port de Gruž.* ☎ *418-000.* • *jadrolinija.hr* • *Mar, jeu et sam 8h-20h ; lun, mer et ven 8h-22h ; dim 8h-9h30, 18h30-20h30.*

Location de voitures

■ ***Avis – Budget :*** *K. Stepinca 60.* ▯ *095-922-23-33. Dans le quartier de Babin Kuk, sur la route qui mène aux grands hôtels. Tlj 8h-20h.*
■ ***Hertz :*** *Frana Supila 9.* ☎ *425-000. Aux abords de la vieille ville, après la porte Ploče. Lun-sam 8h-20h (13h sam). Également à l'aéroport :* ☎ *771-568.*
■ ***Oryx Rent a Car :*** *Zagrebačka bb.* ☎ *420-030.* • *oryx-rent.hr* • *Lun-ven 8h-20h, sam 8h-14h, dim 8h-12h.* Facile à trouver : le bureau est au niveau du grand parking souterrain d'Ilijina Glavica. Également à l'aéroport *(*☎ *773-870 ; tlj 8h-21h).* Véhicules récents, bien entretenus.

Location de scooters

Environ 180-250 Kn selon saison pour la location d'un scooter 50 cc pour une journée. Le plus souvent, le permis de conduire national suffit. Un dépôt de garantie est exigé au moment de la prise du véhicule (montant variable). S'adresser aux agences de voyages comme *Perla Adriatica,* aux hôtels ou aux loueurs de voitures.

Agence touristique (locations, excursions)

■ ***Perla Adriatica*** *(plan centre D1,* ***8****) : Frana Supila 2.* ☎ *422-766.* ▯ *098-334-500.* • *perla-adriatica.com* • *En saison, tlj 8h30-22h (20h en mi-saison) ; horaires restreints en hiver.* Petite agence privée et multiservices. On y trouve une liste de chambres à louer chez l'habitant (pour une ou plusieurs nuits) et des appartements (de préférence à la semaine). Bien préciser ce que vous cherchez exactement (emplacement dans la vieille ville ou non, niveau de confort, fourchette de prix). En haute saison, pour un séjour de 1 à 3 nuits, compter environ 450 Kn pour une double. Loue aussi des scooters, des voitures, des bateaux. Infos sur la plongée sous-marine. Organise également des excursions (Mostar, Mljet, Korčula, îles Élaphites...). Possibilité de réserver par e-mail.

Divers

✾ ***Supérettes Konzum*** *(plan centre A1, C3 et D1,* ***10****) : il y en a 3 dans la vieille ville, une sur la pl. du marché (pl. Gundulićeva), une face à la porte Pile et une autre à la porte Ploče, à côté de l'agence Perla Adriatica. En principe, tlj 7h-21h (20h dim).* Aussi un supermarché de la même enseigne au niveau de la gare routière, à Gruž *(plan d'ensemble,* ***10****).*

Où dormir ?

Les formules les moins onéreuses, à part les AJ ouvertes à tous, sont les chambres chez l'habitant. Elles se comptent par dizaines et sont situées dans la vieille ville, aux abords de celle-ci, ou encore plus loin dans les quartiers résidentiels environnants de Lapad et de Babin Kuk ou autour du port de Gruž. Bien sûr, il est préférable de pouvoir séjourner chez l'habitant dans le centre ancien, mais pensez toutefois aux escaliers qu'il faudra souvent emprunter avec vos bagages.

Téléphonez toujours pour fixer un rendez-vous, sinon vous trouverez porte close, surtout dans la vieille ville. Les proprios, le plus souvent, n'habitent pas sur place et ne se déplacent que sur réservation (ou vous

DUBROVNIK / OÙ DORMIR ? | 421

envoient quelqu'un). Enfin, si vous êtes en voiture, ils vous expliqueront où vous garer.
Comme partout, majoration de 20 à 30 % si vous restez moins de 3 nuits. Les hôtels, assez chers et sans âme, se trouvent en majorité à Lapad et à Babin Kuk.

Dans la vieille ville ou à proximité

AUBERGES DE JEUNESSE

â **Hostel Old Town** (plan centre B1, **65**) : *Od Sigurate 7.* ☎ *322-007.* ☐ *099-444-41-11.* • *dubrovnikoldtownhostel.com* • *Mars-nov. Selon saison, en dortoir 3-5 lits 125-300 Kn/pers, doubles 150-375 Kn/pers, avec petit déj. CB refusées.* Au cœur de la vieille ville, un ancien palace racheté par Mike, un Américain très sympa qui en a fait une AJ dynamique et pleine de caractère. Sur 3 niveaux, dortoirs convenables de 3 à 5 lits (mixtes ou pour filles) et 3 chambres doubles impeccables, avec salle de bains commune à chaque étage. Ceux du 1er étage ont beaucoup de cachet avec leur fresque d'origine au plafond. Quelques balcons pour profiter de la vue sur les bâtiments historiques environnants. Cuisine de poche donnant sur un petit salon très fraternel, laverie, et plein d'infos fournies par la jeune équipe à l'accueil. Un vrai coup de cœur.

â **City Walls Hostel** (plan centre B3, **66**) : *Svetog Šimuna 15.* ☐ *091-799-20-86.* • *citywallshostel.com* • *De mi-mars au 1er nov. En dortoir 4-6 lits 120-350 Kn/pers ; doubles 400-700 Kn.* Dans la partie sud de la vieille ville, proche des remparts et de la mer, une petite AJ aux couleurs vives et à l'ambiance très cosmopolite. Dortoirs bien tenus pour 4 ou 6 personnes, divisés en 2 par une cloison centrale, tous avec salle de bains. Celui de 4 lits, mansardé, au dernier étage, est vraiment sympa ! Il est voisin de la seule double de la maison, avec vue sur mer, réservée aux amoureux. Petite cuisine commune partageant l'espace vital avec un salon TV-Internet pimpant et cosy.

LOGEMENT CHEZ L'HABITANT

De prix moyens à chic

â **Villa Gloria** (plan d'ensemble, **27**) : *Iva Racica 3.* ☐ *091-530-27-99 ou 091-572-97-26.* • *villa-gloria.com* • *Située à 150 m des remparts, dans une ruelle en escalier : on y accède soit par le haut, depuis Petra Krešimira IV (à hauteur du nº 21), soit par le bas depuis Frana Supila (monter les escaliers au niveau du nº 7). Avr-oct. Doubles 55-75 € ; studios 70-90 € et grands apparts pour 2-4 pers 90-140 €. CB refusées.* Cette belle villa cossue a tant d'avantages qu'on lui pardonne les quelques escaliers (raisonnables) pour y parvenir ! La situation parfaite (proche de la vieille ville, au cœur d'un jardin soigné offrant une vue magnifique sur la mer), le confort irréprochable (chambres, studios et appartements climatisés avec balcons ou terrasses et... cerise sur le gâteau, une piscine !). Accueil charmant et francophone. Un gros coup de cœur.

â **Chambres chez Mirjana Stanković** (plan d'ensemble, **12**) : *Matije Gubca 15.* ☐ *098-182-73-38.* • *pension-stankovich.weebly.com* • *Un peu à l'extérieur de la vieille ville. Prendre la rue Petra Krešimira IV, tourner à gauche à la patte-d'oie dans la rue Bruna Bušića et la suivre jusqu'à la rue Ante Topića Mimare ; Matije Gubca, piétonne, est un peu plus loin, perpendiculaire à cette dernière (plan précis sur le site internet). Tte l'année. Doubles 50-80 € selon confort et saison ; petit déj en sus.* Chambres simples, très propres, avec clim, balcon et cuisine, ainsi que des appartements très agréables à l'étage, neufs et bien équipés, se partageant une grande terrasse d'où vos mirettes se régaleront de la vue plongeante sur la vieille ville et l'île de Lokrum. Une fois sur place, abandonnez la voiture sur le parking (gratuit) et musclez-vous les gambettes en dévalant les quelque 350 marches jusqu'à la vieille ville. Excellent accueil, avec quelques mots de français, d'une famille chaleureuse qui habite sur place.

â **Chambres et studios chez Ivo et Matko Jelić** (plan centre B3, **62**) :

LE SUD DE LA DALMATIE

Zvijezdićeva 11. ☎ *098-345-877.* • *apart ments dubrovnik.com* • *Au sud de la vieille ville. Tte l'année. Selon saison, 50-80 € pour 2, 60-90 € pour 3. CB refusées. Réduc de 10 % sur présentation de ce guide à partir de 4 nuits.* Ivo, le propriétaire, parle couramment le français. Ancien guide, il connaît Dubrovnik (et la région) comme sa poche et n'hésite pas à donner de bons conseils. Il habite en dehors des remparts. Ici, c'est la maison de son enfance. Autant dire qu'il en prend soin ! Lui et son fils Matko louent 3 studios impeccables et de bon confort dans cette vieille maison parfaitement rénovée, donnant sur une superbe ruelle verdoyante et escarpée. Notre préféré est le studio mansardé (style grenier-chalet) du 3e étage. Une bonne adresse intra-muros.

▲ **Appartements chez Vesna Miletić** *(plan centre B3, 64)* **:** *Poljana Mrtvo Zvono 1.* ☎ *436-306.* ☎ *098-951-09-52 (Katarina, fille anglophone de la propriétaire).* • *villa-vesna.com* • *Tte l'année. Selon saison, apparts 60-80 € pour 2, + 10 €/pers supplémentaire. CB refusées.* La famille Miletić, qui habite à Lapad, propose un studio confortable et un grand appartement qui conviendra bien aux petites familles avec ses lits individuels sous le toit et son clic-clac dans le séjour. L'ensemble est agréable, rénové avec du mobilier fonctionnel et idéalement situé dans un coin très tranquille de la partie haute de la vieille ville.

▲ **Appartements Ivušić** *(plan d'ensemble, 11)* **:** *Zagrebačka bb (mais les propriétaires habitent dans la ruelle perpendiculaire, Bernarda Shawa 1).* ☎ *432-654.* ☎ *098-162-08-50.* • *apartmani-ivusic.hr* • *Situé à l'extérieur des remparts, au-dessus de la tour Minčeta ; à pied, de la porte Pile, remonter l'escalier qui longe le resto Posat. Tte l'année. Doubles 40-70 € ; apparts 70-120 €. CB refusées. Parking privé gratuit devant.* On y vient pour sa proximité de la vieille ville, sa belle vue sur les remparts et la mer au loin. Certes, la rue Zagrebačka est très passante, mais les chambres sont insonorisées. Jolie maison ancienne en pierre, couverte de tuiles rouges et bordée d'un petit jardin. Rénovée, elle abrite 1 chambre et 2 appartements mansardés modernes et impeccables, pour 2 à 4 personnes, avec clim. Parking devant la maison.

De chic à très chic

▲ **Villa Flores** *(plan centre B2, 68)* **:** *Sveti Josipa 5.* ☎ *098-487-301 ou 091-541-49-27.* • *dubrovnikflores.com* • *Tte l'année. Selon saison, chambres et studio 60-135 € pour 2 pers, apparts 85-165 € pour 2-4.* Dans une ruelle calme du centre historique, très proche des restos, 4 appartements climatisés, aux couleurs vives et au mobilier moderne. De l'espace, coin salon, petite cuisine bien équipée. Pas de vue sauf depuis celui du 4e étage, d'où l'on voit les remparts. Également des chambres et un studio dans la partie haute de la vieille ville, juste au-dessus du restaurant *Moby Dick (plan centre B1 ; Kuniceva 5).* Les propriétaires proposent aussi d'autres locations, dont certaines nettement moins chères, à Lapad. Excellent accueil.

HÔTEL

Très chic

▲ **Hotel Stari Grad** *(plan centre B2, 67)* **:** *Od Sigurate 4.* ☎ *322-244.* • *hotelstarigrad.com* • *Tte l'année. Doubles 269-399 € selon saison, avec petit déj.* Dans une ruelle typique où les restos abondent, un hôtel de charme chic dans un bâtiment historique du XVIe s, rénové, naguère résidence de la noble famille des Drašković. En tout, 8 chambres cosy à la déco soignée et au confort moderne (clim, TV, minibar, douche hydromassante...). Le seul hôtel digne de ce nom de la vieille ville a néanmoins un inconvénient : l'absence d'ascenseur. L'accès à la superbe terrasse du 6e étage, unique dans son genre dans la vieille ville, et où se prend le petit déj, se mérite !

À Lapad, à Babin Kuk et à Gruž (le port moderne)

CAMPING

▲ **Solitudo Sunny Camping** *(plan d'ensemble, 17)* **:** *V. Lisinskog 17.* ☎ *448-686.* • *camping-adriatic.com* • *Bus n° 6 (de la vieille ville) ou n° 7 (du port de Gruž). Avr-oct. Compter pour 2*

DUBROVNIK / OÙ DORMIR ? | 423

avec voiture et tente env 36-56 € selon saison. Hors de prix, le seul camping de Dubrovnik, dans un parc de 5 ha. Grand, relativement ombragé et bien équipé. Rien ne manque : resto-snack, sanitaires impeccables, laverie, épicerie, tennis, et même une piscine à 10 mn de là, ainsi qu'une plage (bétonnée). Bon accueil. Également des mobile homes.

AUBERGES DE JEUNESSE

▣ **Dubrovnik Backpackers Club** *(plan d'ensemble,* **26**) : *Mostarska 2D.* ☎ *435-375.* 📱 *098-198-72-97.* ● *dubackpackers.com* ● *Bus nº 6 (de la vieille ville) ou nº 7 (du port). Accueil au 3e étage. Mars-oct. En dortoir, 150-350 Kn/pers selon saison ; petit déj 30 Kn. CB refusées.* Certes, c'est excentré, mais cette AJ de poche perchée sur les hauteurs de Babin Kuk n'est qu'à 15 mn de bus de la vieille ville. Pour le reste, son accueil familial et sa taille (24 places seulement) garantissent une atmosphère très conviviale, que l'on soit au balcon pour profiter de la vue ou en terrasse autour de la table commune. Côté confort, c'est simple, mais suffisant : 5 dortoirs classiques de 4 à 6 lits avec clim et salle de bains, ainsi qu'une cuisine commune minuscule.

▣ **Hostel EuroAdria** *(plan d'ensemble,* **25**) : *Metohisjska 2.* ☎ *550-257.* 📱 *091-220-02-34.* ● *dubrovnik-hostel.com* ● *En retrait du square face au port de Gruž. Mai-déc. Selon période, 18-35 €/pers ; pas de petit déj.* Une toute petite AJ avec seulement 3 dortoirs de 3 à 5 lits (doubles ou superposés), mais vraiment nickel, spacieux, colorés et lumineux. Sa situation face au port de Gruž et à proximité de la gare routière est bien pratique. Pas de cuisine mais réduction de 10 % pour un petit déj au café du coin. Une petite adresse fonctionnelle, donc, pour routards de passage.

▣ **HI Hostel Dubrovnik** *(plan d'ensemble,* **19**) : *Vinka Sagrestana 3 (accès au niveau du nº 15 de la Bana Josipa Jelačića).* ☎ *423-241.* ● *dubrovnik@hicroatia.com* ● *Situé à Boninovo, quartier résidentiel, pas trop loin de la vieille ville en direction de Lapad. On y accède par un escalier situé à côté du bar Modena. Avr-nov. Selon période, 100-180 Kn/pers ; petit déj en sus. Sans la carte de membre, + 10 Kn/j.* Membre du réseau *Hostelling International*, cette grande bâtisse reconstruite après la guerre civile (elle servit de caserne aux combattants croates) abrite 19 dortoirs de 4 à 6 lits. Cadre neutre et tristoune (hormis une grande terrasse assez sympa), mais c'est fonctionnel et propre. Côté confort, c'est très léger : simple ventilo dans les chambres et cuisine commune bien défraîchie au sous-sol. Pas génial, mais pas cher.

LOGEMENT CHEZ L'HABITANT

▣ **Chambres de la rue Put Stradalnika S-Dakse** *(plan d'ensemble,* **13**) : plusieurs maisons se suivent sur la gauche de cette rue en venant de Tomislava. Des panneaux indiquent clairement : « *Rooms, Sobe, Zimmer* ». Les chambres sont propres, économiques et disposent du confort minimal. Vue sur les jardins et les flancs de la colline. Les prix sont à discuter avec les propriétaires, qui parlent tous un peu l'anglais. Si vous êtes en voiture, stationnement aisé dans la rue (payant). Pour un peu plus de confort, des appartements neufs chez l'habitant s'alignent dans la **rue Petra Svačića** *(plan d'ensemble,* **18***)*, sur les hauteurs de Lapad. Un peu plus chers, ils bénéficient d'une belle vue dégagée sur la baie et du calme d'un quartier résidentiel huppé.

▣ **Bokun Guesthouse** *(plan d'ensemble,* **14**) : *Obala Stjepana Radica 7.* ☎ *357-290.* 📱 *098-969-73-29.* ● *bokun-guesthouse.com* ● *Dans une impasse étroite près de la gare maritime ; indiqué par un panneau jaune au niveau de la porte fortifiée. Tte l'année. Doubles 90-130 € selon saison ; également des apparts 105-160 € ; petit déj en sus. CB refusées.* Les chambres sont installées dans une partie indépendante de la maison. Elles ne sont pas bien grandes mais agréables et climatisées. L'accueil adorable de Toni, la terrasse ombragée et le grand jardin coloré bien caché derrière ses murs en font une adresse sympathique et très paisible. Belle piscine en prime.

LE SUD DE LA DALMATIE

Chambres chez Mladenka Matušić (plan d'ensemble, **15**) : ss Kranjčevića 5. ☎ 356-985. 📱 098-915-81-49. ● lmatusic@yahoo.com ● Au bout du quai de la gare maritime, au niveau de la petite porte fortifiée, par une jolie ruelle en escalier. Tte l'année. Doubles env 40-65 € selon saison ; studio 60 €. CB refusées. On apprécie beaucoup l'accueil de Mladenka, toujours souriante et pleine de gentillesse. Sa maison est proprette et son potager mignonnet. 2 chambres impeccables, avec salle de bains privée, et 1 studio avec accès indépendant.

Chambres chez Milena Matušić (plan d'ensemble, **15**) : ss Kranjčevića 7. ☎ 357-219. Doubles 50-65 €. CB refusées. Dans la maison voisine, la belle-sœur de Mladenka (lire ci-avant) propose 3 chambres très simples mais propres et tout à fait correctes pour le prix, avec salle de bains privée. Anglais moins facilement parlé mais accueil familial tout aussi touchant.

Villa Micika (plan d'ensemble, **22**) : Mata Vodopića 10. ☎ 437-332. 📱 098-243-717. ● vilamicika.hr ● Tte l'année. Doubles 36-48 € selon saison. Parking gratuit. On est dans le quartier des grands hôtels, tout près de la plage de Lapad, et cette petite adresse peut sembler décalée en comparaison. Malgré le nom inscrit en façade, ce n'est pas la grosse villa sur rue, mais la maison récente juste derrière. Chambres doubles et triples, on ne peut plus simples, sur 2 niveaux. Grande terrasse ensoleillée. À ce prix-là, on ne fera pas trop les difficiles, d'autant que le propriétaire, Toni, est très chaleureux et serviable.

Appartements chez Ivanka Franušić (plan d'ensemble, **16**) : Mandaljenska 2. ☎ 437-389. ● franusicivanka@gmail.com ● En descendant la rue Put Stradalnika S-Dakse, dans l'avant-dernière ruelle en escalier sur la gauche avt l'hôtel Komodor. C'est la 1re maison sur la droite. Selon saison, de 50-70 € à 70-90 € selon appartement. CB refusées. Une maison ancienne, rénovée avec soin, entourée d'un petit bout de jardin. Calme, car suffisamment à l'écart du passage. Au total, 3 petits appartements pour 2 à 4 personnes, propres et fonctionnels (mais sans clim), avec balcon. Cuisine, salle à manger, machine à laver et grande terrasse à disposition. Plage, cafés et épicerie à proximité. Une bonne adresse.

Villa Katarina (plan d'ensemble, **24**) : Petra Svačića 3. ☎ 436-487. ● villakatarina-dubrovnik.com ● Mars-nov. Apparts 50-170 € pour 2-4 pers selon confort et saison. Surplombant la baie et la plage de Lapad, sur les hauteurs, cette petite structure de style très contemporain rassemble 7 appartements luxueux au confort très moderne, avec clim, chaîne hi-fi, kitchenette bien équipée, belle salle de bains avec douche hydromassante, balcon à la vue exceptionnelle... et une minuscule piscine commune pour se rafraîchir. Beaucoup d'atouts, donc, mais à un prix élevé...

HÔTELS

Très chic

Hotel Aquarius (plan d'ensemble, **22**) : Mata Vodopića 8. ☎ 456-111. ● hotel-aquarius.net ● Avr-nov. Doubles 126-186 €, avec petit déj ; apparts 146-218 €. Supplément pour un balcon 10 €. Parking. Bel hôtel de taille moyenne, situé au fond d'un petit jardin paisible avec piscine et palmiers. Chambres de style très contemporain, agréables et très confortables (clim, douche hydromassante). Un bon compromis entre les grands hôtels modernes impersonnels et les hôtels de charme devenus inabordables à Dubrovnik. Très bon accueil.

Hotel Zagreb (plan d'ensemble, **23**) : Šetalište Kralja Zvonimira 5, rue piétonne. ☎ 438-930. ● hotelzagreb-dubrovnik.com ● Avr-oct. Selon saison, doubles standard 450-1 350 Kn, avec petit déj. Parking. Une élégante maison ancienne dans les tons orangés, entourée par un beau jardin soigné. Atmosphère chic et décontractée, à l'image de la vingtaine de chambres confortables et hautes de plafond, dotées d'un bon niveau de confort (clim, minibar, coffre...). Certaines disposent d'un balcon sur le jardin. Bars, restos et tennis à côté.

DUBROVNIK / OÙ MANGER ? | 425

🛏 **Hotel Lero** (plan d'ensemble, 21) : Iva Vojnovića 14. ☎ 341-333. ● hotel-lero.hr ● À 1,2 km de la vieille ville (20 mn à pied) ; bus n° 4. Tte l'année. Doubles 120-250 € selon saison. Parking payant. Cet immeuble récent et rénové dans un style actuel reçoit beaucoup de groupes. Chambres contemporaines confortables et assez spacieuses, donnant sur la baie (route au premier plan) ou sur l'arrière (aucune vue mais plus calme). Accueil pro et sympathique. Location de voitures. Bon resto (le *Taj Mahal*, même maison que celui de la vieille ville, voir « Où manger ? Dans la vieille ville »).

🛏 **Hotel Lapad** (plan d'ensemble, 20) : Lapadska Obala 37. ☎ 455-555. ● hotel-lapad.hr ● À 3 km de la vieille ville (bus n° 6), face aux quais du port. Ouv 20 mars-10 nov. Doubles 90-358 € selon confort et saison (surveillez les promos sur le site). Parking payant. Une séduisante bâtisse centenaire située dans un secteur agréable et tranquille. Les 150 chambres (parfois un peu petites pour le prix) ont été relookées dans un style résolument contemporain plutôt réussi. Les « classiques » dans le nouveau bâtiment donnent sur un jardin, les « supérieures » sur la belle piscine. Restaurant et bar à l'image du lieu, élégants et chic.

Où manger ?

Dans la vieille ville

Sur le pouce

|●| **Buffet Škola** (plan centre B2, 72) : Antuninska 1. ☎ 321-096. Tlj 8h-23h. Sandwich env 30 Kn. Cette adresse familiale se résume à quelques tables dans l'une des ruelles qui dégringolent sur Placa et une salle minuscule avec son zinc. C'est sans prétention, mais le pain est fait maison, et le jambon et le fromage sont très bons. Accueil discret et sympathique.

|●| **Barba** (plan centre C2, 78) : Boškovićeva 5. 📱 091-205-34-88. Tlj 10h-23h. Plats 35-80 Kn. Un fast-food résolument tourné vers les produits de la mer qui se démarque de ses confrères. Ici, la courte carte propose : burger au poulpe (oui !), sandwichs aux anchois, salade de seiches, huîtres frites... C'est tout petit, mais le lieu a été aménagé de manière plaisante : on partage la table, juché sur son tabouret haut, avec les autres convives. Très sympa.

Bon marché

|●| **Restaurant Kamenice** (plan centre C2, 73) : Gundulićeva poljana 8. ☎ 323-682. Tlj 10h-23h. Plats 60-100 Kn. Cette adresse vieille école, pourtant stratégiquement située, n'a pas succombé aux pièges du tourisme de masse. Service à l'ancienne et carte (en plusieurs langues, quand même !) proposant risottos, calamars, petite friture, huîtres (à l'unité !), moules à la *buzara* et belles salades. C'est plutôt bon, frais, généreusement servi... et vraiment pas cher pour Dubrovnik ! Une référence locale, dont la terrasse est toujours bondée.

|●| **Spaghetteria Toni** (plan centre B2, 81) : Nikole Božidarevića 14. ☎ 323-134. Tlj 11h-minuit. Plats 70-100 Kn. Petit resto italien agréable, légèrement à l'écart de l'agitation des ruelles alentour. Bonnes salades, *bruschette*, lasagnes et pâtes, le tout à prix tout doux. Quelques tables dans la ruelle, vite prises d'assaut en saison.

|●| **Pizzeria Castro** (plan centre C2, 73) : Gundulićeva poljana 5. ☎ 323-781. Fermé en cas de mauvais temps (il n'y a pas de salle). Pizzas 60-100 Kn. De nombreux locaux conseillent cette pizzeria, nous aussi. Certes, le cadre y est pour beaucoup : une terrasse sur l'une des plus belles places de la ville. Travaillées à la main, les pizzas se révèlent très convenables et d'un honnête rapport qualité-prix pour le secteur.

|●| **Pizzeria Tabasco** (plan centre C-D1, 80) : Cavtatska ul. 11. ☎ 429-595. À l'angle du parking, au niveau des escaliers pour le téléphérique. Tlj 11h-minuit (23h hors saison). Pizzas 50-100 Kn. Servies en format classique ou XXL, les pizzas ne font pas dans la

LE SUD DE LA DALMATIE

finesse, mais ont le mérite de mater l'appétit d'un ogre. Sympa, d'autant que l'agréable terrasse en escalier profite quand même de la vue sur les remparts, de l'autre côté du parking. Très fréquenté par les locaux.

De prix moyens à chic

I●I *Kopun* (plan centre C3, 74) : Poljana Rubera Boškovića 7. ☎ 323-969. *Tlj midi et soir (jusqu'à minuit). Plats 80-190 Kn.* Sur une jolie place face à l'église Saint-Ignace, une accueillante terrasse d'allure élégante. Au menu, de belles assiettes pleines de fraîcheur, dressées avec soin, notamment de bons calamars farcis et la spécialité maison, qui lui donne son nom, un fameux chapon proposé dans tous ses états (en salade, en risotto, mijoté en sauce au miel et oranges amères ou aux cèpes...). Une bonne adresse pour une pause gourmande dans un cadre romantique. Service efficace et en français !

I●I *Azur* (plan centre C3, 79) : Pobijana 10. ☎ 324-806. *Avr-nov, tlj midi et soir (jusqu'à 23h). Résa conseillée. Plats 90-150 Kn.* Dans un secteur plutôt calme, comparativement aux autres endroits de la vieille ville, l'essentiel du passage consistant dans la clientèle du café *Buza*, à deux pas. Ce restaurant est à la base croate, mais il lorgne sur la cuisine asiatique, épices comprises. Il faut dire qu'un des 2 frères aux manettes a eu un resto en Chine et que l'autre a épousé une Indonésienne. Ce mariage de la Méditerranée et de l'Asie est réussi. Petite carte proposant currys, thon, espadon relevés par des sauces coco, thaïe, etc. Quant aux desserts, ils sont croates (quoique le baklava « croasian » ne cache pas ses influences) et pas mauvais du tout non plus.

I●I ✝ *Restaurant Lady Pi-Pi* (plan centre B1, 83) : Peline bb. ☎ 321-154. *De mi-avr à début oct, tlj midi et soir, sauf en cas de mauvais temps (pas de salle). Plats 80-180 Kn.* Sur les hauteurs de la vieille ville, au pied des remparts, 2 terrasses sous une treille, l'une d'entre elles offrant une vue exceptionnelle. Ceux qui auront fait l'effort de monter jusque-là seront récompensés par des grillades au feu de bois toutes simples mais bonnes (poissons, crustacés et assortiment de viandes...), spécialités de la maison. Mais, attention, cette adresse ne prend pas de réservations et, le succès aidant, elle se remplit très vite ! Mieux vaut venir tôt ou tard, sinon vous ferez comme les autres, vous attendrez devant l'entrée qu'une table se libère. Au fait, pourquoi *Lady Pi-Pi* ? Vous le comprendrez en voyant la statue à l'entrée, pour le moins déroutante !

I●I *Konoba Taj Mahal* (plan centre B2, 82) : Gučetića 2. ☎ 323-221. *Tlj midi et soir. Plats 90-180 Kn (et quelques plats plus chers aussi).* Quelques tables dans la ruelle. Pas de serveuse en sari et, c'est bien une carte orientalisante qui vous est présentée, elle est bosniaque ; soupes (*čorbe*), ćevapi généreux, délicieux *burek*, *sudzukice* (saucisse fumée). Parmi les spécialités, le *Veseli Bosanac* (littéralement le « joyeux Bosniaque »), une roulade de veau aux légumes et fromage. Assiette végétarienne pour ceux qui trouveraient cela un peu riche. En dessert, excellents baklavas ou essayer le *tufahija*. Également un 2ᵈ *Taj Mahal* à l'hôtel *Lero* (Iva Vojnovića 14).

I●I *Restaurant Dundo Maroje* (plan centre C2, 75) : Kovačka bb. ☎ 321-021. *Avr-nov, tlj midi et soir jusqu'à 23h. Formule déj (servie jusqu'à 18h) env 125 Kn ; plats 80-180 Kn.* Tables alignées sur une seule rangée dans une ruelle étroite, et petite salle un peu tristounette en cas de pluie. Rien de rare, mais une cuisine à base de produits frais, bien mijotée et servie comme il faut. À la carte, peu de choix mais des valeurs sûres : calamars, risotto aux fruits de mer et un bon steak maison (le bifteck « *Dundo Maroje* »). Bon strudel maison en dessert.

I●I *Restaurant Moby Dick* (plan centre B1, 76) : Prijeko 20a. ☎ 321-170. *Tlj jusqu'à 23h. Plats 90-190 Kn.* Allez, on se risque à vous signaler un resto de la rue Prijeko, cette rue au-dessus de Placa où ils sont à touche-touche et plus chers qu'ailleurs. Pourquoi ? Pour la jovialité des serveurs qui savent y faire pour charmer le client et pour les premiers plats à la carte, sans surprise mais d'un rapport qualité-prix encore convenable pour la vieille ville. Si vous avez envie d'être accueilli dans votre langue natale, c'est pour vous.

Restaurant Proto (plan centre B2, 77) : Široka 1. ☎ 323-234. Tlj jusqu'à 23h. Congés : déc-fév. Menu 720 Kn ; plats 150-300 Kn ; couvert 12 Kn/pers. Une adresse de référence depuis des lustres. On choisit de s'installer dans la salle, sombre mais pas désagréable, à une table dans la venelle ou sur la superbe terrasse du 1er étage. Les prix sont nettement plus élevés qu'ailleurs et il faut s'acquitter d'un couvert, mais on est là dans le meilleur resto de poisson de la ville. Tout est soigné et goûteux, poissons et crustacés de première fraîcheur. Longue carte des vins.

À Lapad et à Gruž (le port moderne)

De prix moyens à chic

Pour ceux qui louent un appartement avec cuisine non loin du port, il y a un très agréable **marché aux fruits et légumes** chaque matin sur le port de Gruž.

Magellan (plan d'ensemble, 41) : Iva Vojnovica 7A. ☎ 333-594. Entre la vieille ville et Lapad. Arrêt de bus juste devant (ligne n° 4). Tlj midi et soir. Résa conseillée. Menu déj env 150 Kn ; plats 120-230 Kn. Cuisine gastronomique de haut vol à prix encore raisonnables, plats inventifs et raffinés aux saveurs surprenantes, dressés avec élégance. La clientèle est en large majorité locale, fuyant la vieille ville et ses restos trop chers ; certains ne viennent qu'en fin de soirée pour ne déguster qu'un dessert, d'exception lui aussi. Ça se passe dans une jolie salle de style contemporain, ou en terrasse avec vue dégagée (mais sans charme particulier). Serveurs jeunes et efficaces, pleins d'humour et fiers de servir des plats de cette qualité. Pourvu que ça dure !

Pantarul (plan d'ensemble, 44) : Kralja Tomislava 1. ☎ 333-486. Tlj sauf lun 12h-16h, 18h-minuit. Résa conseillée. Plats 85-230 Kn. Menus 5 plats env 400 Kn. Réserver. Cette « Fourchette » (c'est ce que signifie Pantarul en croate) connaît un véritable engouement depuis son ouverture, et la propriétaire a organisé le buzz en sortant opportunément un livre de recettes à succès. Déco moderne dans le goût du jour. Pas de sommets gastronomiques, mais une cuisine de qualité régulière, avec des viandes et des poissons bien préparés, des produits frais, des pâtes maison, des tapas croates et un service pro. Bonne sélection de vins (que l'on peut boire au verre).

Taverna Otto (plan d'ensemble, 42) : Nikole Tesle 8. ☎ 358-633. Tlj sauf mar midi 12h-16h, 19h-23h. Congés : de janv à mi-fév. Plats 95-200 Kn. La cuisine n'a rien de spécifiquement croate, mais si l'on est sur le port de Gruž, l'endroit constitue la meilleure option. Petite carte, bien maîtrisée : souris d'agneau, travers de porc, thon grillé... La terrasse est très agréable, sinon la salle voûtée est chaleureuse également. Bonne sélection de vins croates.

Restaurant Levanat (plan d'ensemble, 43) : Šetalište Meda i Nika Pucića 15. ☎ 435-352. Accessible à pied par la corniche bordée de villas au départ du sentier piéton de la plage de Lapad, ou en voiture par K. Stepinca (parking au-dessus du resto). Avr-oct, tlj midi et soir. Plats 120-240 Kn ; couvert 18 Kn/pers. Superbes terrasses les pieds dans l'eau, dont les banquettes en pierre garnies de coussins garantissent une vue somptueuse sur la baie de Lapad. Un lieu agréable en journée entre 2 plongeons des promontoires rocheux de la corniche, et romantique en diable le soir au coucher du soleil. Dans l'assiette, une cuisine traditionnelle dalmate sans grande envergure et assez onéreuse, mais on s'en sort à bon compte avec un risotto ou des moules buzara. Sinon on peut juste prendre un verre, car on est là avant tout pour le cadre exceptionnel.

Où prendre le petit déjeuner ?
Où boire un verre ? Où écouter de la musique ?

Pour le petit déjeuner

– Pour ceux qui n'ont pas le courage de se faire le petit déj (on est en vacances, quoi), ou alors juste pour boire un verre, les **terrasses de Placa** (Stradun) ont bien du charme du côté de l'église Saint-Blaise et du palais Sponza, surtout quand le soleil est de la partie. Vous prenez quand même le café sur l'une des plus belles avenues d'Europe ! En revanche, accueil assez inégal. Dommage.

❦ **Kavana Dubravka** (plan centre A2, **102**) : pl. Brsalje, à la porte Pile. Un des grands classiques de Dubrovnik. On vous l'indique pour un verre ou un petit déj sur sa vaste terrasse ombragée sous les arbres et sa vue géniale sur les remparts, plus que pour sa carte trop chère et son service un brin blasé, affluence oblige.

❦ **Pâtisserie Klara** (plan d'ensemble, **51**) : N. Tesle 14, à Gruž. Quand on arrive de la vieille ville au port de Gruž, tt de suite à gauche devant le bassin principal, suivre le quai, c'est 200 m plus loin. Lun-sam 6h-20h, dim 9h-16h. Une petite salle banale et quelques tables en terrasse, mais, pour le petit déj ou le goûter, c'est tout simplement la meilleure pâtisserie de Dubrovnik. Peu de choix mais que du bon : strudel pomme-cannelle, čupavac (coco-chocolat) et excellent espresso.

Bistrot croate

❦ **Café Libertina** (plan centre C2, **105**) : Zlatarska 3, à 50 m de la pl. centrale. Tlj 10h-1h en été, 23h hors saison. Un petit bistrot du cru ouvert depuis plus d'un quart de siècle. Quand une clochette retentit, cela signifie qu'un client offre à boire à toute la salle, une vieille tradition de ce café. Mais, attention, il y a 3 types de clochettes selon la saison et son budget... Renseignez-vous avant de payer une tournée à toute la ville !

Bars à djeuns

❦ **Caffé-bar Galerie** (plan centre B2, **106**) : Kuniceva 5. Tlj tte la journée. Dans une ruelle étroite, un café « normal » le matin, fréquenté par les habitants de la ville et déjanté le soir, quand on pousse la sono à fond pour séduire particulièrement les djeuns anglo-saxons avides de mojitos et autres cocktails costauds à consommer à la paille dans des seaux de plage ! Chaude ambiance, donc.

❦ **Art Café** (plan d'ensemble, **52**) : Branitelja Dubrovnika 25. Tlj 10h-2h. On y vient pour sa déco originale (tables faites à partir de tambours de machine à laver, sièges issus de baignoires découpées), plus que pour la vue (à dire vrai, il n'y en a pas et la rue est vraiment passante). La musique est bonne, les consos aussi, en particulier les cocktails (et c'est un poil moins cher que dans la vieille ville, qui n'est pas bien loin).

Terrasses branchées et bars musicaux

❦ **Les cafés de la place Buniceva poljana** (plan centre C3, **103**) : au pied du mur ouest de la cathédrale se cache une petite place adorable qui servait autrefois aux marchands de fruits et légumes. Aujourd'hui, dès la nuit tombée, c'est l'endroit le plus animé de la ville avec des foules de jeunes rassemblés à la terrasse des cafés. De bons groupes musicaux de jazz s'y produisent en plein air, devant le café Troubadour (Hard Jazz Cafe) notamment, un des plus connus et fréquentés, ainsi qu'au café Micro (plus rock).

❦ **The Gaffe** (plan centre B2, **107**) : Miha Pracata. Un Irish pub classique, mais celui-ci a l'avantage de posséder une belle terrasse. Toujours bondé, souvent festif (surtout à l'occasion des retransmissions de matchs).

Bars insolites

❦ **Café Buža I** (plan centre B3, **104**) : 098-361-934. Repérable à une pancarte « Cold Drinks » et à une grille noire en fer. Tlj 10h-1h (ou 2h) en été ; seulement aux beaux jours et *jusqu'à minuit le reste de l'année.* On peut apercevoir un passage percé dans les pierres de la muraille et la mer en arrière-plan. En descendant quelques marches taillées à même les rochers abrupts, on arrive dans le plus incroyable des bars en plein air, avec pas mal de tables, sur 3 niveaux de terrasses en surplomb de l'Adriatique. Le grand truc est de regarder les jeunes Croates exhiber leurs plaquettes de chocolat et plonger du haut du rocher. Beaux couchers de soleil. Fort de son succès, le patron a ouvert le **Café Buža II,** situé peu après le bastion Sainte-Marguerite *(plan centre C3, 101).* Là encore, une poterne discrète dans le rempart conduit à une série de terrasses dans le même esprit, aménagées dans les rochers fouettés par les vagues, mais elles ont l'avantage d'être généralement nettement moins bondées.

Cave Bar More *(plan d'ensemble, 53)* : Šetalište Nika i Meda Pucića *(agréable promenade au départ de la plage de Lapad). Avr-oct, tlj jusqu'à minuit.* Ici, le spectacle est à l'intérieur, où une grotte, découverte pendant la construction de l'hôtel qui est au-dessus, a été aménagée et accueille un bar des plus original. Comme on s'en doute, les consos ne sont pas aux prix les plus démocratiques, mais l'endroit vaut le détour. Les claustrophobes préféreront la terrasse les pieds dans l'eau, mais attention, les places sont chères.

Où danser ?

Sky Bar *(hors plan centre par A1, 111)* : Brsalje, après la porte Pile, juste après l'office de tourisme. *De mai à mi-oct, tlj sauf dim à partir de 22h30.* *Entrée payante.* Plein de jeunes de toutes les nationalités. Musique techno, R'n'B et pop-rock.

À voir

LA VIEILLE VILLE

Il existe une **Dubrovnik Card,** valable à la journée, 3 jours ou à la semaine, donnant accès aux remparts, à différents musées décrits plus bas ainsi qu'aux transports gratuits (plafonnés à 6 et 10 trajets pour celles de 3 et 7 jours). Faites vos calculs en fonction des visites que vous prévoyez, pour voir si l'achat vaut le coup. Si vous faites la visite des remparts, très chère, c'est intéressant. *En vente dans les offices de tourisme de la ville. Env 250 Kn pour 24h, 300 Kn pour 3 j. ou 350 Kn pour 7 j. ; 10 % de réduc pour un achat en ligne.* • dubrovnikcard.com •
Il existe aussi un billet commun à 6 musées *(130 Kn ;* • dumus.hr •*).* Pas de billets à l'unité dans ces musées, on paie forcément chaque fois 130 Kn.

Dubrovnik est une des villes de la côte dalmate qui possède l'un des styles les plus cohérents du Bassin méditerranéen. La vieille ville regroupe, bien entendu, tous les monuments et églises dignes d'intérêt. Entourée de remparts, elle compte environ 2 000 habitants. C'est le royaume des piétons, qui auraient même tendance en saison à se piétiner !

La promenade des remparts (Gradske Zidine) : 3 points d'accès. Entrée principale : juste après l'entrée de la porte Pile, à gauche de l'église Saint-Sauveur. Autres entrées : au pied de la tour de l'Horloge, près de la porte de Ploče et près du fort Saint-Jean au niveau du Musée maritime. Tlj, tte l'année : en saison, 8h-19h30 (dernière entrée à 18h30) ; en mi-saison jusqu'à 18h ; en hiver, 9h-15h. Accès : 200 Kn ; réduc ; gratuit avec la Dubrovnik Card. Exorbitant et scandaleux ! Pensez à garder le billet d'accès aux remparts, qui permet de visiter (quand même !) la forteresse Lovrijenac (plan d'ensemble).

Comptez maximum 2h (2 km environ), en prenant votre temps, pour faire le tour de la vieille ville. Le parcours se fait dans le sens inverse des aiguilles d'une montre. Évitez les heures trop chaudes en été, sachant qu'il faut affronter quelques séries de marches qui nécessitent un peu d'énergie, notamment dans la montée vers le point culminant (le fort de Minčeta). Et tâchez d'y entrer à temps si vous voulez profiter d'un beau coucher de soleil sur la ville et ses toits de tuiles (de Toulouse…). Petit réconfort : 4 cafés permettent de se désaltérer sur le trajet.

QUELLES TUILES !

Après les bombardements de la guerre civile (1991-1992), il fallut réparer : on dénombra alors 500 000 tuiles cassées ou endommagées, donc à remplacer. Petit problème : l'usine de tuiles de Kupari, à côté de Dubrovnik, était fermée depuis belle lurette. On en commanda donc à Toulouse, qui en fournit la moitié. Mais, pas de chance, on s'aperçut alors que la couleur miel des tuiles croates et celle, rose, des tuiles toulousaines, n'allaient pas tout à fait ensemble…

Commencés au VIIe s, les remparts furent plusieurs fois réaménagés, entretenus, consolidés jusqu'au XVIe s. Au fil de la balade, on découvre des successions harmonieuses de toits de tuiles rouges, 2 forts, de discrètes petites cours intérieures, des jardins, de grosses tours de garde, d'insoupçonnables ruelles, de belles demeures ornées de riches blasons et même 2 secteurs restés ruinés car jamais reconstruits après le tremblement de terre de 1667. La partie de la ville située au nord de Placa, construite plus tardivement que la partie bas, possède un plan au carré avec un quadrillage de rues. Il y a là de beaux escaliers et des balcons abondamment fleuris. Pour accéder à la *forteresse Lovrijenac*, ça grimpe (170 marches pour y arriver), mais le point de vue sur les remparts et l'île de Lokrum récompensera les courageux.

La porte Pile *(vrata od Pile ; plan centre A2)* : cette porte Renaissance (arche de 1537) constitue encore l'entrée principale de la vieille ville. À l'extérieur, c'est le point de rassemblement général des groupes.

La porte de Ploče *(vrata od Ploče ; plan centre D1)* : située au nord-est de la vieille ville, attenante au fort Revelin, elle présente une architecture identique à celle de la porte Pile. Juste derrière, agréable petite terrasse pour prendre un verre avec vue sur le port en contrebas.

Le fort Minčeta *(tvrđava Minčeta ; plan centre B1)* : au nord-ouest des remparts, côté montagne. Une grosse et belle tour crénelée construite en 1319, et agrandie par le Florentin Michelozzi et Georges le Dalmate *(Juraj Dalmatinac)*. Au sommet, la plus belle vue sur la ville (c'est le point le plus haut).

Le fort Saint-Jean *(tvrđava Sv. Ivana ; plan centre D3)* : au sud-est des remparts, côté mer. Il protégeait l'entrée du port. Autrefois, une chaîne tendue entre la *tour Saint-Luc* et la *tour Mul* (ancien nom du *fort Saint-Jean*) obstruait le passage. Il abrite le *Musée maritime* (au 3e étage) et l'*aquarium* (au rez-de-chaussée). Ce dernier n'a rien d'extraordinaire.

L'ouest de la vieille ville

Placa *(Stradun ; plan centre B-C2)* : la rue principale de la vieille ville, entre le port et la porte Pile.
La petite Raguse était autrefois une île, et Placa était en fait le canal qui délimitait sa frontière nord. Puis la ville s'étendit et on y rattacha la ville slave de Dubrovnik. Plus tard, le canal fut comblé. Aujourd'hui, les maisons anciennes de cette longue rue piétonne ont des magasins au rez-de-chaussée, qui se caractérisent par leurs

« portes à genoux », sortes de portes-fenêtres. Ce qui retient d'abord l'attention, c'est la couleur claire des maisons et le dallage en pierre calcaire de Brač, à la surface lisse, polie, lustrée par les siècles. Une merveille !

Autre observation : la grande unité de style de Placa. Si les constructions du XVIe s rivalisaient de richesses et d'ornements, celles qui furent édifiées après le séisme du XVIIe s devaient respecter un certain nombre de règles. Ainsi, au 1er étage, on mettait les chambres à coucher. Au 2e étage se trouvait la cuisine. Pourquoi ? Pour éviter la propagation des incendies.

Ceux qui viennent à Dubrovnik en fin de saison verront peut-être cette table de 200 m de long dressée le long de la rue *(dubrovačka trpeza)*, qui offre la possibilité de goûter à la gastronomie locale pour une somme modique (l'événement clôture le Good Food Festival vers la mi-octobre).

La fontaine d'Onofrio (Onofrijeva fontana ; plan centre A-B2) : *juste au début de Placa, au niveau de la porte de l'église du couvent des Franciscains.* De forme circulaire, elle fut élevée pour commémorer l'achèvement des travaux de construction du nouvel aqueduc (1438) qui

L'ORDRE ET LA DÉLATION

La réglementation des ordures était très stricte à Raguse. Il était même possible de dénoncer son voisin qui souillait la rue et d'empocher ainsi la moitié de l'amende.

servait à approvisionner la ville en eau depuis la source de la rijeka Dubrovačka (à 12 km de là). De l'eau potable et fraîche coule par les bouches des figures sculptées. Aujourd'hui, les touristes s'assoient sur la margelle pour se reposer et observer un rituel à la mode : tenir en équilibre sur la pierre qui sort du mur du monastère des Franciscains juste en face. Les plus audacieux tentent même de se déshabiller et de se rhabiller sans tomber...

L'église et le monastère des Franciscains (Franjevački samostan ; plan centre B1-2) : *Placa 2.* ☎ *321-410. Tlj 9h-18h (17h nov-mars). Entrée : 30 Kn ; réduc ; gratuit avec la Dubrovnik Card.*

Quelques moines franciscains vivent encore dans ce monastère, classé Monument historique et ouvert à la visite.

– Tout d'abord, à l'extérieur, admirer le **portail monumental** avec une très intéressante *pietà* gothique, du XVe s, réalisée par les frères Petrović, maîtres sculpteurs de Dubrovnik.

– À l'intérieur, en allant vers le cloître, sur la gauche dans l'entrée, vous passez devant la **vieille pharmacie** (Ljekarna, voir plus loin). Une fois acheté votre billet, vous arrivez au **cloître** de style roman tardif, construit au XIVe s, l'endroit idéal en été pour prendre le frais en admirant la galerie à arcades romanes et les fresques sur les murs. Les arcades sont soutenues par des colonnettes jumelées et des chapiteaux finement travaillés et tous différents les uns des autres (motifs décoratifs très variés : animaux, fleurs, grotesques...). C'est l'un des plus beaux de Dalmatie. Au centre du cloître, un patio à la végétation exubérante.

– Dans l'ancienne salle du chapitre, aujourd'hui un petit **musée** (appelé également « vieille pharmacie », ce qui peut prêter à confusion avec celle de l'entrée) qui présente une remarquable collection de pots d'apothicaire en bois, de boîtes pharmaceutiques en céramique, d'appareils de distillation. Une petite chapelle contient des objets d'orfèvrerie, des icônes, des reliquaires somptueux, des tableaux anciens et des livres rares.

La vieille pharmacie (Ljekarna ; plan centre B2) : *dans le couloir conduisant au cloître. Tlj sauf dim 7h-19h (15h sam). GRATUIT.* L'une des plus anciennes pharmacies d'Europe (1317). Depuis sa création, elle n'a jamais cessé de fonctionner et n'a jamais fermé ses portes. Longtemps tenue par les moines, elle est aujourd'hui gérée comme un magasin d'État avec des vendeuses en blouse derrière leur comptoir ancien. On peut y acheter des produits classiques, ainsi que quelques

432 | **LE SUD DE LA DALMATIE / DUBROVNIK ET SES ENVIRONS**

curiosités élaborées sur place selon des recettes (gardées secrètes) qui remontent au Moyen Âge : cire d'abeille (pour les peaux sèches), essence de rose (pour nettoyer le visage), lait à l'huile d'amande et au cacao (un antirides), essence de lavande de Hvar. Une autre source d'inspiration fut le grand livre de pharmacopée écrit par le pharmacien de Napoléon, qui servit aux étudiants croates au XIXe s.

L'église Saint-Sauveur (crkva Sv. Spas ; plan centre B2) : sur Placa, à côté du monastère des Franciscains. Petit monument de la Renaissance (1520), abritant une décoration originale des Andrijići. En été, concerts de musique de chambre.

Le couvent Sainte-Claire (samostan Sv. Klare ; plan centre A2) : au sud de la porte Pile, près de la grande fontaine Onofrio. Construit vers la fin du XIIIe s. En 1434, un centre d'accueil pour les enfants naturels et abandonnés y fut créé. Ce fut l'une des premières institutions charitables de ce type dans le monde. À l'arrivée de l'armée napoléonienne, les religieuses durent s'en aller pour laisser la place à un arsenal et à une écurie. À présent, l'ancien couvent abrite le restaurant *Klarisa*.

Le nord de la vieille ville

L'église, le cloître et le musée du couvent des Dominicains (Dominikanski samostan ; plan centre C1-2) : rue Sv. Dominika 4. Dans le quartier nord-est de la vieille ville, près de la porte de Ploče. Tlj 9h-18h (17h nov-mars). Entrée : 30 Kn.
L'un des plus beaux monuments religieux de Dubrovnik. Construit entre le XIVe et le XVIe s (à partir de 1301) pour accueillir des moines de l'ordre des Dominicains venus d'Italie. Ce couvent mêle plusieurs styles : roman, gothique fleuri, Renaissance et baroque.
– De la rue Sv. Dominika, on accède au couvent par un **escalier extérieur** à colonnettes finement sculptées. Observer la partie basse séparant les colonnettes : elle est fermée par une pierre de quelque 30 cm de haut. À l'époque, on était pudibond. Ces pierres servaient à cacher les chevilles des dames qui montaient à l'église dans leurs longues robes.
– À l'intérieur du couvent, la partie la plus remarquable est sans conteste le **cloître,** exemple achevé du style « gothique fleuri dalmate ». Réalisé entre 1456 et 1483 selon les plans d'un architecte florentin, Maso di Bartolomeo, il est plus récent que le cloître du monastère des Franciscains. Formé d'une cour intérieure plantée d'orangers et de citronniers, il est entouré d'une galerie reposant sur d'élégantes colonnes. Durant l'occupation de Dubrovnik par les troupes napoléoniennes, le couvent servit d'écurie à la cavalerie française et le cloître fit office de mangeoire. Les chevaux pouvaient boire et manger dans des cavités creusées exprès par les soldats de l'armée napoléonienne dans le muretin de pierre séparant la cour intérieure de la galerie à arcades. On voit encore très bien ces trous.
– L'**église des Dominicains,** de plan rectangulaire, est assez banale dans sa décoration. Au-dessus de la nef, au niveau de l'autel, un grand *crucifix* de Paolo Veneziano.
– Un **petit musée** abrite une collection de peintures de l'école de Dubrovnik des XVe et XVIe s, avec des œuvres de Dobričević, Hamzić, Nikola Božidarović. On y trouve aussi un manuscrit du XIe s et de nombreux reliquaires en argent. Parmi les peintures religieuses, un superbe diptyque des Flandres d'Hans Memling (dans la salle des Bijoux). Ses panneaux articulés représentent d'un côté Jésus-Christ, de l'autre la Vierge. Quand ils sont refermés, une tête de mort portant un sablier apparaît (à voir dans le miroir à l'arrière). Elle est le symbole de la fuite du temps et de l'approche du Jugement dernier. Dans la salle suivante, *Marie-Madeleine avec saint Blaise et saint Tobias,* une peinture de Titien. Saint Blaise tient une maquette de Dubrovnik dans ses mains. Noter aussi, en endroits, les plaques tombales (on marche dessus sans s'en apercevoir), qui renferment les restes des nobles de Dubrovnik. Une de ces plaques est réservée aux pauvres et aux étrangers.

DUBROVNIK / À VOIR / LA VIEILLE VILLE | 433

Le centre de la vieille ville

🕯 ***La colonne de Roland*** *(Orlandov stup ; plan centre C2) : entre le palais Sponza et l'église Saint-Blaise.* Colonne de pierre à laquelle s'adosse la statue de Roland, en chevalier du Moyen Âge. Il porte une armure, un glaive et un bouclier. Sculptée par Bonino da Milano en 1418, elle est restée depuis le symbole de la liberté de la ville. Selon la légende, au VIIIe s, le preux chevalier aurait aidé Dubrovnik à se libérer des pirates arabes qui assiégeaient la ville.

🕯 ***Le palais Sponza*** *(palača Sponza ; plan centre C2) : face à l'église Saint-Blaise. Tlj 9h-21h. Entrée : 25 Kn ; non inclus dans la Dubrovnik Card.*
Superbe édifice Renaissance percé de fenêtres gothiques au 1er étage. Il fut construit à partir de 1516, avec l'aide d'architectes et de sculpteurs de l'île de Korčula. Destiné à l'origine à la douane, il devint le centre culturel de Raguse, où se réunissaient les membres de l'académie des érudits, et abrita la 1re école de la ville. La visite, un peu courte, permet de découvrir la belle cour intérieure entourée d'arcades, qui était le point de rencontre des commerçants et des hommes d'affaires. Elle sert désormais d'écrin à toutes sortes d'expositions temporaires sans grand intérêt. Sur le côté, quelques fac-similés réunis dans une enfilade de petites pièces donnent un aperçu de la richesse des archives de Dubrovnik, conservées à l'étage mais accessibles seulement aux chercheurs. Elles sont parmi les plus prestigieuses en Europe : près de 7 000 volumes et 100 000 manuscrits allant du XIIe s à la chute de la république (1808). Dès le XIIIe s, la république avait rendu obligatoires l'enregistrement et la conservation de tous les documents juridiques, publics et privés, rédigés devant les autorités de l'État dans les livres officiels.
– Sur la gauche en entrant, une ***salle en mémoire des combattants de Dubrovnik*** *(tlj 9h-21h en saison, 10h-15h hors saison ; GRATUIT).* Cette petite salle commémorative rend hommage aux combattants morts pendant la guerre entre 1991 et 1995. Nombreux portraits des jeunes Croates qui défendirent la ville au prix de leur vie.
– Attenante au palais, la ***loggia des Cloches*** (« Luža »). Ses cloches sonnaient autrefois pour convoquer le conseil ou donner l'alerte.

🕯 ***La tour de l'Horloge*** *(Gradski zvonik) : à droite du palais Sponza, près de l'édifice du corps de garde (1490).* Sorte de clocher haut de 31 m, cette tour fut reconstruite en 1929 pour remplacer la tour d'origine (1444) qui penchait trop et menaçait de s'effondrer. Sur le mur, une horloge mécanique avec une aiguille indiquant les phases de la Lune. Des figures de bronze (dites *zelenci*) sonnent la cloche pour marquer les heures. Ce sont des copies : les originaux sont conservés dans le palais des Recteurs.

🕯🕯 ***L'église Saint-Blaise*** *(crkva Sv. Vlaha ; plan centre C2) : en face du palais Sponza. GRATUIT.*
Construite de 1706 à 1715 sur le site d'une ancienne église incendiée en 1706, elle a été dessinée sur le modèle de l'église Saint-Maurice à Venise. De forme carrée, surmontée d'une coupole, avec une façade de style baroque.
À l'intérieur, remarquer la statue de saint Blaise à gauche en entrant. Le patron de la ville de Dubrovnik tient dans une main une maquette de la ville avant le séisme de 1667. Ce saint d'origine arménienne est réputé, selon la tradition, pour guérir les maux de gorge (son principal fait de gloire étant d'avoir sauvé un enfant qui avait avalé une arête et allait s'étouffer). Évêque de Sébaste (actuelle Sivas, en Turquie) et martyr des Romains, il entra dans l'histoire en sauvant la ville d'une attaque vénitienne. Dom Stojko, le curé, eut un songe. Le saint homme lui apparut, coiffé de sa mitre, un bâton à la main, l'avertissant du danger à venir. On dit que ce fut le 1er miracle accompli par saint Blaise. Raguse récupéra ses reliques et le déclara patron de la ville, en l'an 972. Ses restes se trouvent dans le trésor de la cathédrale. Chaque année, le 3 février, la fête de la Saint-Blaise (voir plus loin « Festival et fête ») rassemble la plupart des habitants de la ville de Dubrovnik.

434 | **LE SUD DE LA DALMATIE / DUBROVNIK ET SES ENVIRONS**

🍴🍴 *Le palais des Recteurs (Knežev dvor ; plan centre C2-3)* **:** *Pred dvorom 3. Tlj 9h-18h fin mars-début nov et jusqu'à 16h en hiver. Billet combiné avec le musée ethnographique Rupe, le Musée archéologique, le musée d'Histoire contemporaine et le Musée maritime : 130 Kn. Si l'on ne visite que le Musée historique de la ville, billet à 100 Kn, réduc ; gratuit avec la* Dubrovnik Card*).*
Observez la richesse de la façade extérieure, l'entourage sculpté des fenêtres, des portes et de la cour. Le palais servait de résidence au recteur de Dubrovnik (une sorte de doge, c'est-à-dire le gouverneur de la cité) et de siège à l'administration de la république. Son mandat renouvelable durait 1 mois. Pendant cette période, il vivait là, seul et sans sa famille. Il lui était interdit de sortir de ses appartements, sauf pour des affaires officielles. Le recteur s'occupait des affaires de la ville. Chaque soir, selon un rituel immuable, il recevait les clés des portes de la ville. La garde de la cité lui était confiée pendant la nuit et personne ne pouvait y entrer. À l'aube, il remettait les mêmes clés aux gardes pour ouvrir les portes.
Le palais date du XIIIe s, mais son apparence actuelle porte la marque du XVe s. Une violente explosion de poudre l'endommagea en 1463. Il fut restauré par un architecte florentin qui lui apporta les éléments de la Renaissance. Après le séisme de 1667, on y ajouta des éléments baroques, car c'était la mode vénitienne à l'époque. Pendant l'occupation de l'armée napoléonienne, le palais fut pillé, et de nombreux et précieux objets disparurent. À l'époque des recteurs (donc avant 1808), au rez-de-chaussée, on trouvait une prison (jeter un œil aux cellules, basses de plafond). Au-dessus, l'arsenal (rempli de poudre à canon). On comprend pourquoi, quand celui-ci explosa, le palais fut considérablement endommagé.
– À l'intérieur, une belle *cour* entourée d'arcades : il s'agit de l'*atrium*. Au centre de la cour, la statue d'un armateur ayant légué sa fortune à la Ville. C'est ici que se déroulent des concerts de musique classique l'été. L'intimité et l'acoustique y sont parfaites. Sous l'horloge, l'emblème de Dubrovnik. Au fond, à gauche, une porte voûtée conduit à des galeries servant à l'occasion pour des expositions temporaires. Sur le côté, une élégante salle rappelle les fonctions administratives du bâtiment : on y trouvait la chancellerie et une étude notariale.
– Au rez-de-chaussée, petite collection de peintures de l'école de Dubrovnik, ainsi qu'une série d'œuvres italiennes. Quelques sculptures également, dont les plus notables les *zelenci* (les petits hommes verts, car en bronze) Maro et Baro, les jacquemarts du XVe s qui sonnèrent les heures de la cloche de la tour municipale jusqu'à son effondrement. Collection de coffres anciens.
– Discrète, une « mezzanine » (en fait, un étage intermédiaire) rassemble quelques collections (vêtements de la noblesse, pièces de monnaie, médailles, sceaux et le travail des orfèvres – voir la tête de saint Blaise avec sa mitre). Également des armes (épées, hallebardes, vieux mousquets...).
– Le 1er étage est occupé par le *Musée historique de la ville*. Ces anciens appartements exposent du mobilier des XVIIe et XVIIIe s, dont un beau cabinet d'origine napolitaine en ébène et écailles de tortue avec des scènes de la mythologie. Dans une petite vitrine, copies des clés de la ville (une pour chaque porte). On y voit également des tableaux de peintres italiens du XVIIe s.

🍴 *La place Gundulićeva (Gundulićeva poljana ; plan centre C2-3)* **:** *en face du palais des Recteurs.* Par une ruelle étroite, on accède à cette place où se tient tous les jours un petit marché. À 12h pile, un employé de la ville vient nourrir les pigeons qui attendent sagement leur pitance sur les toits. Impressionnante nuée de volatiles aux 12 coups de l'horloge.

🍴🍴 *La cathédrale (katedrala ; plan centre C3)* **:** édifiée dans le style baroque à la place de celle du XIIe s qui fut détruite par le tremblement de terre de 1667. L'intérieur, tout blanc et rénové dans un style moderne et hétéroclite, dégage peu d'émotions esthétiques (ou spirituelles !). On peut apercevoir les photos des excavations d'une église byzantine du VIe s (dont l'existence a été ignorée jusqu'en 1981). Au-dessus de l'autel principal, une *Assomption* de Titien, probablement pas une œuvre majeure. Sur la droite, un autel en marbre polychrome intéressant.

– Ne manquez pas le ***trésor*** *(lun-sam 9h-17h, dim 11h-17h ; entrée : 40 Kn)*, notamment les reliquaires de saint Blaise, d'or et d'argent, avec des motifs en filigrane et émaux d'inspiration byzantine. Ils conservent le crâne (le « chef reliquaire » en forme de couronne byzantine), une demi-jambe et un bras du saint. On peut voir aussi d'autres pièces précieuses. Un pot ciselé d'or et d'argent sur lequel sont représentés la flore et la faune de la région ainsi qu'un aigle, emblème de Richard Cœur de Lion, une *Madone* de l'école de Raphaël. Un triptyque de l'école flamande servait d'autel lors du déplacement des délégations qui se rendaient à Constantinople remettre le tribut de la ville aux Ottomans.

🎗 ***La synagogue*** *(sinagoga ; plan centre C2) : Žudioska ul. 5. Au 2e étage de la maison de style gothique. Lun-ven 10h-20h (15h nov-mai). Entrée : 50 Kn.* La synagogue date vraisemblablement du XIVe s et c'est une des plus anciennes d'Europe. La communauté juive de Dubrovnik, pour l'essentiel venue d'Espagne ou du Portugal après 1492, vivait autrefois dans un ghetto situé dans cette rue ; elle ne compte plus aujourd'hui qu'une quarantaine de personnes.

Le sud de la vieille ville

🎗 ***L'église des Jésuites Saint-Ignace*** *(Jezuitski samostan ou Sv. Ignacija ; plan centre B-C3) : sur la poljana Ruđera Boškovića.* L'église fut commencée en 1699 (achevée en 1725) dans le pur style baroque : c'est en partie la copie de l'église Saint-Ignace de Rome. Elle abrite 4 autels latéraux et une grotte de Lourdes (à droite en entrant) qui est considérée comme une des plus anciennes d'Europe (1885)... et probablement parmi les plus kitsch ! L'autel baroque, relativement sobre en dorures pour l'époque, est orné de belles peintures. À côté, l'ancien *Collegium Ragusium*, aujourd'hui collège privé, caché derrière ses hauts murs. Le quartier autour de l'église fut épargné par le tremblement de terre de 1667 et les bombardements de 1991.

🎗 ***Le musée ethnographique Rupe*** *(Etnografski muzej Rupe ; plan centre B3) : od Rupa 3. Dans le quartier de Sv. Marija, au sud-ouest de la vieille ville. Tlj sauf mar 9h-20h 15 juin-15 sept, le reste de l'année 9h-16h. Billet combiné avec le palais des Recteurs, le musée d'Histoire contemporaine, le Musée archéologique et le Musée maritime : 130 Kn ; réduc ; gratuit avec la Dubrovnik Card.* Le Rupe est l'ancien magasin à blé de la ville, mentionné pour la première fois au XIVe s. *Rupe* signifie « trou ». On voit en effet 15 grandes fosses creusées dans la roche, dans lesquelles jusqu'à 1 200 t de blé étaient entreposées. Mais, à cause des sols karstiques du secteur, la ville en importait souvent (d'Albanie, de Syrie, d'Égypte et de France). Expos temporaires au rez-de-chaussée. Dans les 2 étages, collections ethnographiques : au 1er, présentation de la vie paysanne d'autrefois (reconstitution d'un foyer traditionnel, objets, ustensiles, matériel agricole...) et, au 2d, costumes traditionnels du comté de Dubrovnik et des environs (Lastovo, Mljet), ainsi que des instruments de musique ou des armes anciennes. Belle vue sur la ville depuis les fenêtres de l'escalier.

L'est de la vieille ville

🎗🎗 ***Le Musée maritime*** *(Pomorski muzej ; plan centre D3) : ☎ 323-904. Dans le fort St-Jean : accès par od Pustjerne. De fin mars à mi-sept, tlj sauf lun 9h-20h, de mi-sept à début nov, tlj sauf lun 9h-18h ; en hiver, tlj sauf lun 9h-16h. Billet combiné avec le musée ethnographique Rupe, le musée d'Histoire contemporaine, le Musée archéologique et le palais des Recteurs : 130 Kn ; réduc ; gratuit avec la Dubrovnik Card.* Il mérite une visite car il permet de mesurer l'importance de la mer dans l'histoire de la ville depuis les établissements grecs et romains jusqu'à l'apogée de la république de Dubrovnik, qui coïncida avec l'affaiblissement de

Venise. Dans la grande salle du rez-de-chaussée, nombreux documents (comme la reproduction d'un document d'assurance maritime datant de 1395, le plus ancien connu, ou cette liste impressionnante des consulats que la république avait dans de nombreux pays méditerranéens), cartes anciennes des routes maritimes, nombreuses maquettes de bateaux à voile et à vapeur, tableaux décrivant l'activité de la ville dont l'économie reposait sur la navigation, instruments de marine (sextants), matériel caractéristique (coffres de voyages, malle à pharmacie, etc.). En 1806, au moment de l'occupation française, ordre fut donné à tous les navires, via les consulats, de renvoyer les équipages : l'arrêt de mort de la marine semblait signé, mais l'industrie de la marine se releva. À l'étage, 2 autres salles consacrées à la période des grands voiliers (bricks, schooners...). On apprend aussi que le passage aux navires à la vapeur au XIXe s ne se fit pas sans difficulté pour les armateurs de Dubrovnik. Expo de photos du siège de Dubrovnik à la fin de la visite.

🏃 **Le Musée archéologique** (Arheološki muzej ; plan centre D1) : *au pied du fort Revelin. ☎ 324-041. Entrée sous les remparts, au niveau de la porte de Ploče. Tlj sauf mer 10h-16h. Entrée : 130 Kn (fait partie du billet groupé permettant de visiter 6 musées) ; non inclus dans la Dubrovnik Card.* En fait d'archéologie, si vous pensez à la période antique, vous resterez sur votre faim, mais si vous vous intéressez à l'architecture des églises de la ville et plus précisément à la sculpture médiévale du IXe au XIIe s, alors ce musée est pour vous. Une partie du musée est consacrée à la construction du bastion Revelin lui-même.

PLOČE

🏃 **Le musée d'Art moderne** (Umjetnička galerija ; plan d'ensemble) : *Frana Supila 23. ☎ 426-590. Tlj sauf lun 9h-20h. Entrée : 130 Kn (fait partie du billet groupé permettant de visiter 6 musées) ; gratuit avec la Dubrovnik Card.* Dans un très beau bâtiment, qui appartint à un riche armateur de la ville, face au Lazaret. Au 1er étage, grande galerie tout en longueur où l'on découvrira une série de paysages et de portraits de Mato Celestin Medović, une douzaine de portraits de Vlaho Bukovac, le peintre de Cavtat, surtout des portraits de femmes, chacune avec la même expression mystérieuse. Beaucoup d'autres artistes croates également, ainsi que des sculptures. Au 2e étage, expos temporaires (art contemporain).

LE MONT SRĐ

Dominant la ville du haut de ses 408 m, le mont Srđ offre un point de vue exceptionnel sur toute la riviera et ses îles environnantes. En octobre 1991, de nombreux habitants trouvèrent refuge dans son fort lors de l'attaque de la ville par les 11 000 soldats de l'armée serbe et monténégrine, avant d'être pris par l'ennemi et de servir de base à ses tireurs postés.
L'accès se fait par le téléphérique ou par un chemin de mulets, appelé à juste titre « la serpentine », ou encore par la route en passant par le village de Bosanka à l'est de la ville.

🏃 **Le téléphérique** (plan centre D1) : *départ de la rue Petra Krešimira IV, au-dessus de la porte Ploče. ● dubrovnikcablecar.com ● ♿ Juin-août, tlj ttes les 30 mn 9h-minuit (22h sept, 21h mai, 20h avr et oct, 16h ou 17h en hiver). Billet A/R : env 150 Kn ; réduc ; gratuit moins de 4 ans.* La montée est rapide (3 mn environ) et sans secousse. À l'arrivée, un resto et café panoramique, un promontoire qui offre une vue grandiose et un beau musée.

🏃🏃 **Le musée du Fort impérial** (muzej Domovinskog Rata ; plan d'ensemble) : *avr-sept, tlj 9h-21h ; en hiver, tlj 9h-18h. Entrée : 30 Kn ; réduc.* Construit par l'armée napoléonienne entre 1806 et 1812, avec des pierres de la ville montées à dos de mulets, ce fort qualifié d'imprenable servit déjà de refuge lors de l'invasion austro-hongroise de 1882. Dans les années 1980, il fut un temps une boîte de nuit avant de devenir le symbole de la résistance croate lors de sa reconquête en 1992. Aujourd'hui, ses salles voûtées aux murs bruts renferment une courte section consacrée à l'historique du site, puis un vaste espace muséographique retraçant le conflit de 1991-1995. D'impressionnantes photos et archives vidéo (certaines d'amateurs) montrent la violence du conflit. Exposition de mines, d'explosifs divers et de nombreuses armes... Pour se remettre de ses émotions, on pourra accéder au toit de la forteresse et apprécier, au pied du drapeau croate, le calme et la splendeur retrouvés de la ville.

GRUŽ (nouveau port de Dubrovnik)

🥾🥾 *Les anciennes résidences d'été de la noblesse ragusaine :* l'une des mieux conservées (car elles sont souvent en piteux état) est sans doute la *villa Gundulić*, Obala Stjepana Radića, en allant vers la gare routière, juste avant le marché. On la voit bien de la route, car elle se distingue nettement par son mur d'enceinte et sa gloriette. En face, de l'autre côté du bassin du port, la *villa Sorkočević* est probablement la plus ancienne. Située à 200 m environ après l'hôtel *Lapad,* sur la gauche de Lapadska obala (facile à trouver). Elle ne se visite pas mais se voit bien de la route.
Ces élégantes villas furent construites à partir du XIVe s. Elles possèdent un grand jardin intérieur clos de murs derrière lesquels se cachent de vrais petits univers secrets, autrefois arrangés avec le plus grand soin selon l'art de vivre de la Renaissance. Influencés par la culture humaniste, les architectes se référaient à l'idéal antique de la villa du patricien romain : une demeure latine et cossue, avec de grandes pièces finement décorées. Des fresques, une bibliothèque et des meubles « en pierre », des fontaines-lavabos, des cheminées et des niches. À l'extérieur, la maison communique avec une terrasse, donnant à la fois sur le jardin et sur la mer grâce à une loggia indépendante, sorte de pavillon d'été pour prendre l'air. Les jardins étaient plantés d'arbres fruitiers (citronniers, orangers) et traversés par des allées pavées qui passaient sous des pergolas couvertes par de la vigne et des plantes grimpantes. À l'époque, les familles de l'aristocratie ragusaine, enrichie dans le commerce maritime, y séjournaient pendant les mois les plus chauds de l'année. D'autres résidences d'été parsèment la région de Dubrovnik. On en trouve encore sur les îles de Lopud et Šipan ainsi que sur les rives de la « riviera de Dubrovnik » au nord de la ville.

Festival et fête

Le festival « Jeux d'été » de Dubrovnik *(Dubrovačke Ljetne Igre)*

Chaque année depuis 1956, du 10 juillet au 25 août, se déroule le Festival d'été. Le programme comprend de nombreux concerts de musique classique et des pièces de théâtre, qui sont donnés dans la vieille ville, sur les lieux historiques, dans les églises ou en plein air. Le jour de l'inauguration, un drapeau de la Liberté est hissé au sommet de la colonne de Roland, devant l'église Saint-Blaise. La 1re nuit commence par des chants et des danses. Ce festival est le moment fort de l'animation estivale. Décor naturel très agréable. ● *dubrovnik-festival.hr* ●

La fête de la Saint-Blaise

La fête de la Saint-Blaise (le patron de Dubrovnik, Sv. Vlaha) est la plus populaire de la ville. Elle a été inscrite en 2009 sur la liste représentative du Patrimoine immatériel de l'humanité. Elle se déroule tous les ans, du 2 au 4 février, le jour le plus important étant le 3 février. La veille, on procède à un lâcher de colombes afin de rappeler que Dubrovnik demeure une ville libre et indomptable. Les habitants de la ville et ceux de la région, vêtus de leurs plus beaux costumes traditionnels, forment des cortèges à travers la ville et se réunissent devant l'église Saint-Blaise. Les drapeaux blancs sont hissés (les « Libertas ») à l'effigie du saint patron de Dubrovnik. Après la messe solennelle, une procession traverse la vieille cité. En tête, les porte-bannières, suivis des membres des confréries des églises, tous en tenue festive. Puis viennent les premières communiantes, les religieuses et les évêques. Ces derniers portent les reliques de saint Blaise, que les fidèles touchent de la main ou du bout des lèvres. Des gâteaux sont distribués aux enfants et les fidèles reçoivent des figues séchées, du vin et de l'huile d'olive. La fête se poursuit avec des concerts, des représentations théâtrales, des expositions. Quand la nuit approche, le Stradun (Placa), la rue principale et les ruelles alentour éclatent de mille feux, un peu à la manière de la *passeggiata* italienne.

DANS LES ENVIRONS DE DUBROVNIK

● Carte *p. 439*

LES PLAGES

Peu ou pas de plages à Dubrovnik. Parfois, des rochers plats suffisent pour s'allonger et une échelle vous permet d'accéder à l'eau depuis une dalle de ciment. Les seules « vraies » plages sont bien souvent recouvertes de cailloux ou de petits galets blancs. Une des seules petites plages de sable et gravier, Banje, se trouve à l'est des remparts, à 200 m du port. Sortir par la porte de Ploče, on la voit en contrebas. Presque totalement squattée par les transats, parasols et lits à baldaquin d'un resto-bar-discothèque. Eau assez propre car le petit port a une activité très réduite, mais tranquillité relative due aux sports d'eau proposés par ce même établissement (ski nautique, banane, canoë, parachute...). Plus loin, à 1,5 km, une autre plage, moins fréquentée, Sveti Jakov, tout au bout de la rue V. Bukovca (bus n° 5).
Assez loin du centre, au nord du quartier de Babin Kuk, on peut se baigner sur la plage de Copacabana (bus n° 6) ou à partir de petits promontoires rocheux sur le chemin côtier. Plus sympa, la promenade au départ de la plage de Lapad (en direction du resto *Levanat*), avec de petites échelles dans les rochers pour accéder à la mer. Sinon, reste l'île de Lokrum, très fréquentée en été.

L'ÎLE DE LOKRUM

Arriver – Quitter

➢ Les bateaux partent du vieux port ttes les 30 mn 9h-20h en été ; et ttes les heures 9h30-17h aux intersaisons. Compter env 150 Kn/pers (le billet comprend le droit d'entrée au jardin botanique) et 15 mn de traversée. ☎ *311-738.* ● *lokrum.hr* ●
⛴ Le *débarcadère* de Lokrum se trouve dans la baie de Portoč.

Infos utiles

– À Lokrum, seulement des sentiers réservés aux promeneurs, qui traversent l'île de long en large. Nul besoin de carte détaillée pour s'y retrouver. En marchant tout droit, on arrive toujours à la mer en moins de 10 mn.

DANS LES ENVIRONS DE DUBROVNIK / L'ÎLE DE LOKRUM

LES ENVIRONS DE DUBROVNIK

|O| Y Sur place : un petit resto, des boutiques à sandwichs et des buvettes.

– Ne pas oublier d'emporter de l'eau minérale, des lunettes de soleil et un chapeau.

À voir. À faire

Cette petite île (2 km²) est un petit paradis dans la baie de Dubrovnik. Protégée par l'Unesco, c'est désormais une réserve naturelle régie par des règles strictes : les animaux de compagnie ne sont pas autorisés, et tout type de feu est formellement proscrit (de même que la cigarette !). Ici, pas d'habitation, pas d'hôtel ni de camping, puisqu'il est également interdit d'y passer la nuit. Aucun village en tant que tel, mais subsistent les traces d'un passé pas si vieux que ça. Le *fort Royal* est un souvenir de l'occupation française par l'armée napoléonienne. C'est aujourd'hui un beau belvédère d'où la vue sur Dubrovnik est de toute beauté.
– Le vieux *monastère bénédictin* du XIIe s servit aux moines puis devint la résidence d'été (1859) de l'archiduc Maximilien d'Autriche, qui possédait toute l'île. Celui-ci fit bâtir un château en forme de tour qui abrite l'Institut de biologie de l'Académie croate des sciences et des arts et un petit *musée d'histoire naturelle* (collection d'oiseaux empaillés de la région de Dubrovnik). On y trouve également un restaurant.

– Aucune plage de sable, mais de nombreuses pierres plates permettent de bronzer au soleil. À l'est de l'île, des espaces réservés aux nudistes. De petites échelles facilitent la descente dans les eaux translucides. Avant ou après la baignade, on peut se balader dans l'exubérante végétation, et faire un crochet par le *jardin botanique* avant de rejoindre les lieux-dits *Lazaret* et *Fort-Royal*. Peut-être découvrirez-vous ce petit bassin d'eau de mer d'une vingtaine de mètres de diamètre (appelée « la mer Morte ») qui fait la joie des enfants.

LE SUD DE LA DALMATIE

LES ÎLES ÉLAPHITES

Ces îles, un petit archipel de 13 îlots et îles dont 3 seulement habités, furent annexées par la république de Dubrovnik au XIVe s. Suivant le déclin de celle-ci au XVIIIe s, elles commencèrent à se dépeupler. On y voit aujourd'hui quelques jolies églises anciennes (romanes et préromanes) et certaines résidences des riches patriciens de la grande époque de Raguse. Quelques jolies plages également. On a plus de chances, en haute saison, de trouver un peu de place sur l'une des îles Élaphites que sur Lokrum.

Comment y aller ?

➢ *Pour Koločep, Lopud et Šipan :* avec la compagnie *Jadrolinija* (☎ 418-000 ; ● jadrolinija.hr ●), juin-sept, 4 liaisons/j. 10h-20h (9h-21h dim ; 2 liaisons seulement dim en juin et sept). Compter env 23 Kn pour *Šipan*. Les tickets s'achètent au bureau de la compagnie sur le port de Gruž ou directement au kiosque sur le quai. Durée : 30 mn pour *Koločep,* 55 mn pour *Lopud* et 1h15 pour *Šipan* (Suđurađ). Réservé aux piétons. Pour les voitures, 1-2 ferries/j. pour *Suđurađ* (le port le plus accessible de Šipan sur la ligne Dubrovnik-Sobra), avec escale à Lopud 2 fois/sem.
– Avr-oct, de nombreuses compagnies privées proposent également des **excursions à la journée** comprenant le déjeuner (voir les vendeurs dans leur kiosque sur le vieux port ou dans la rue piétonne menant à la plage de Lapad). Départ vers 10h30 pour un retour vers 18h30. Compter env 250 Kn/pers, repas inclus (comme le tarif est le même pour toutes les compagnies, préférez les petits bateaux).

À voir. À faire

Koločep est la plus proche et la plus petite des îles (2,6 km²) regroupant à peine 150 habitants. Rien de spécial si ce n'est 2 villages (*Donje Celo* au nord, où accoste le bateau, et *Gornje Celo* au sud), quelques plages et des sentiers de balade. Café-resto à l'arrivée. Pas de voitures. On l'appelle « l'île de la connaissance » depuis qu'une association ainsi dénommée s'y est installée (elle possède l'hôtel et 2 belles villas).

Lopud : un peu plus grande que Koločep (4,6 km²). C'était la préférée des bourgeois et des armateurs de Raguse qui s'y firent construire de somptueuses demeures. Si le tourisme reste assez modéré aujourd'hui, Lopud est l'île la plus fréquentée et la plus intéressante. Elle abrite à la fois un agréable village, quelques édifices anciens, une plage de sable, un bon choix de cafés-restaurants et des chambres à louer. Également un point d'info en saison, un distributeur d'argent liquide et une poste. Si vous aimez la grimpette un peu raide, montez donc en 40 mn vers les vestiges du fort Kastio et de l'église Sv. Ivana, d'où vous aurez un beau point de vue. Voir également l'église Sainte-Marie de Spilica du XVe s, juste derrière la poste. Quelques chapelles et maisons intéressantes le long du quai. Enfin, pour vous baigner, cherchez le panneau indiquant la plage de Sunj au milieu du quai, au niveau de l'ex-*Grand Hôtel ;* compter environ 30 mn de marche. Beaucoup de monde en saison après 10h-11h quand les bateaux débarquent les plagistes pour la journée.

|●| Parmi les restos du village, *Obala* offre une terrasse sympa avec d'élégantes colonnettes de pierre recouvertes de vigne vierge et quelques tables sous les palmiers. Cuisine savoureuse à base de fruits de mer et bon accueil. Sur le chemin de la plage de Sunj, la *konoba Barbara* n'est pas mal non plus : on a l'impression de manger chez des amis, sur la terrasse familiale.

Šipan : la plus éloignée, la plus grande (16,5 km²) et la moins développée. Peu de choses à faire à part de bonnes balades au milieu des collines, des oliviers et des vignes. Bon plan si vous recherchez la tranquillité. Au nord, le village principal de **Šipanska Luka** abrite les vestiges d'un palais ducal et une villa ornée de lions sculptés. Quelques chambres à louer. Petite plage de sable et coins de baignade après la jetée des ferries. Possibilité de faire une sympathique balade vers le village de **Suđurađ** à 7 km au sud (et si vous êtes vraiment pressé, il y a un bus). Voir les tours de pierre, vestiges d'un palais d'été du XVIe s.

Balades en bateau ou en kayak

– La navette de la compagnie **Adriana** (☏ 098-344-511 ; ● adriana-cavtat.com ●) relie chaque jour d'avril à octobre le vieux port de Dubrovnik à Mlini, Plat et Cavtat. *12 départs/j. 10h-22h. Compter 100 Kn pour l'A/R.*

– Le **Karaka** (☏ 091-349-64-10 ; ● karaka.info ●), réplique d'un vieux gréement du XVIe s, propose plusieurs formules de croisières, de la balade à la journée aux îles Élaphites au dîner en soirée autour de Lokrum. Départs du port de Gruž ou du vieux port de Dubrovnik selon l'excursion. *Compter 400-450 Kn selon formule, repas compris.* Également des sorties costumées sur la thématique de *Game of Thrones*...

– Plusieurs autres compagnies proposent également des balades au départ de Gruž (par exemple, *Elite Travel* avec le *Tirena*) sur des vieux gréements ou des bateaux à fond transparent. *Infos sur le quai ou à la gare maritime.*

– Pour les plus sportifs, plusieurs petites compagnies proposent des sorties accompagnées en kayak. Il faut dire que les remparts vus de la mer, ce n'est pas mal non plus. *Stands d'info devant l'office de tourisme et mise à l'eau sous la porte Pile. Prévoir 230-250 Kn pour 2h30-3h de pagaie.* Les plus courageux pourront même faire le tour de Lokrum (plus long et plus cher).

■ **Adventure Dubrovnik :** ☏ *098-531-516 ou 099-336-13-36.* ● *adventuredubrovnik.com* ●

■ **Sea Kayaking Dubrovnik :** ☏ *091-566-59-42 ou 091-526-38-13.* ● *adventuredalmatia.com* ●

AU NORD DE DUBROVNIK

ZATON   (20235)   858 hab.   IND. TÉL. : 020

Depuis l'ouverture du pont sur la baie de Dubrovnik, Zaton, le village le plus intéressant de la « riviera de Dubrovnik », n'est plus qu'à 8 km au nord de « la perle de l'Adriatique ». C'est un port, composé de 2 parties (Zaton Mali et Zaton Veliki), tranquille au fond d'une jolie baie entourée de collines, plein de villas (à louer) et de jolis jardins touffus. Possibilité de se baigner dans les eaux propres et claires qui arrivent au ras des quais. Zaton peut être un agréable point de départ pour rayonner dans la région.

Adresse utile

🛈 **Petit office de tourisme :** *à Zaton Veliki, sur la route de Ston, à l'intersection avec la route pour le port de Zaton Veliki.* ☎ *891-230. Lun-ven 8h-20h, w-e 9h-14h ; en mi-saison, lun-sam mat ou ap-m selon les jours.* Peu de doc mais accueil sympa et on peut vous trouver des chambres chez l'habitant. Distributeur de billets à côté.

Où dormir ? Où manger ?

🛏 **Villa Mare & Filip :** *Obala Stjepan Radica 52.* ☎ *891-345.* ● *ivana-vojvoda.t-com.hr* ● *Au milieu de la baie de Zaton Mali. Tte l'année. Doubles 35-57 € selon saison ; petit déj 11 €. Studios 44-71 € ; appart 4 pers 89-142 €. CB refusées.* Posée dans une rue tranquille longeant le front de mer, une grande maison à l'intérieur sobre et moderne, très bien entretenue. Une dizaine de chambres impeccables et fonctionnelles, avec clim, certaines avec balcon. Grande terrasse commune à disposition, donnant sur l'eau et sur le jardin qui entoure la maison. Également des studios et un appartement confortable avec balcon ouvert sur la baie. Ambiance paisible et excellent accueil.

|●| **Konoba Kasar :** *au bout du port de Zaton Veliki, après l'église Sv. Stepjan (ne pas s'engager en voiture).* ☎ *891-226. Tlj 12h30-minuit. Plats 100-180 Kn.* Les plats sont sans doute un peu plus chers qu'ailleurs, mais la qualité est au-dessus de la moyenne. Quant au cadre, il est formidable avec cette terrasse les pieds dans l'eau. Impeccable pour goûter un bon risotto, bien exécuté et généreux.

Où camper dans les environs ?

⛺ **Autocamp Pod Maslinom :** *20234 Orašac.* ☎ *891-169.* ● *orasac.com* ● *À env 4 km au nord de Zaton sur la route de Trsteno. Avr-fin oct. Compter, selon saison, env 110-150 Kn pour 2 avec voiture et tente.* Petit camping coquet (environ 50 emplacements en paliers), familial, assez calme malgré la proximité de la route et planté d'oliviers, d'où son nom. Emplacements bien ombragés, certains profitant d'une jolie vue sur la mer. Sanitaires très corrects et buvette à la réception. Petite plage à 350 m en contrebas avec un petit port tout mignon et une taverne. Location de bateaux et possibilité d'excursions pour les îles Élaphites, juste en face. Accueil très sympa et francophone.

TRSTENO   (20233)   222 hab.   IND. TÉL. : 020

À 18 km au nord-ouest de Dubrovnik, Trsteno est un village paisible qui mérite au moins un arrêt pour son superbe parc Renaissance du XVe s surplombant l'Adriatique. À l'arrêt de bus, sur la placette du village où les mamies vendent quelques produits, on trouve aussi de majestueux platanes asiatiques vieux de 5 siècles. En continuant après l'arboretum la route étroite descendant vers la mer, on arrive à un superbe port de pêche (et de poche), dominé par un château à l'abandon. Possibilité de baignade.

Où camper ?

⛺ **Camping Trsteno :** *en face de l'arboretum.* ☎ *751-060.* ● *trsteno.hr* ● *Mai-sept. Compter env 130 Kn pour 2 avec voiture et tente ; petit déj sur demande.* Un petit camping charmant, étagé et assez bien ombragé, flanqué d'un sympathique caboulot et de son agréable terrasse pour boire un verre. Bon entretien général, à l'image des sanitaires récents et du cadre fleuri et verdoyant. Excellent accueil du patron francophone. Attention, accès assez étroit, peu favorable aux camping-cars. Plage à 600 m par un sentier pentu.

À voir

L'arboretum : ☎ *751-019. Au centre du village, prendre la petite rue en direction de la mer (fléché). Accessible en bus de la gare routière de Dubrovnik (ligne n° 12, 7 bus/j. en saison ; il est également possible de prendre le bus n° 15 ou 35). Tlj 8h-19h (16h en hiver). Entrée : 50 Kn ; réduc. Dépliant en français.*

Romantique en diable, un magnifique parc Renaissance créé au XVe s dans la résidence d'été de la famille patricienne des Gučetić. Unique survivance des nombreux jardins Renaissance que comptait la côte adriatique, il fut confisqué (on pourrait dire « nationalisé ») par le pouvoir communiste en 1948. Depuis le pavillon (les fans de la série reconnaîtront un des lieux de tournage de la 3e saison de *Game of Thrones*), superbe point de vue sur l'Adriatique et l'adorable petit port de Trsteno. Derrière la villa ouverte aux vents, rafraîchissante fontaine baroque dont Neptune est le héros, entouré de quelques nymphes. Elle est alimentée par un aqueduc composé de 14 arches. Voir également un vieux pressoir destiné à produire de l'huile d'olive.

Mais on viendra surtout ici pour faire une balade au frais dans les 28 ha de ce jardin ouvert sur la mer. On y recense environ 500 espèces de plantes locales ou régionales et 400 espèces exotiques (palmiers, camphriers, poivriers, bambous, etc.), dont les 2 tiers proviennent d'Asie et d'Europe et une petite partie d'Amérique. Elles sont arrivées essentiellement au XIXe s et au début du XXe s. Enfin, quelques arbres vieux de plus d'un siècle et demi le long de l'aqueduc (ginkgo, tulipier, cyprès de l'Himalaya).

AU SUD DE DUBROVNIK

Au sud de Dubrovnik s'étend l'autre « riviera de Dubrovnik », appelée la *Župa dubrovačka* en croate, une portion du littoral qui va jusqu'à Cavtat. Cette microrégion ensoleillée abrite plusieurs stations balnéaires de taille moyenne qui se succèdent rapidement – on a même l'impression, en suivant la route qui conduit à l'aéroport, qu'elles s'enchaînent en continu (Kupari, Srebreno, Mlini, Soline et Plat). Certaines sont défigurées par de hideuses constructions ou d'immenses hôtels modernes, mais Mlini et sa voisine Soline gardent encore un certain charme avec leur belle végétation méditerranéenne de bord de mer.

MLINI   (20207)   5 000 hab.   IND. TÉL. : 020

À une douzaine de kilomètres au sud de Dubrovnik, ce charmant petit village, tout en bas d'une route bien sinueuse, s'étale au pied du mont Spilan, en plein cœur de la *Župa dubrovačka.* Le village doit son nom aux moulins, *mlini*, que les eaux de la Zavrelja actionnaient autrefois : il en reste quelques vestiges. Avec ses plages de petits galets (et même une de sable fin !), ses criques rocheuses, sa végétation subtropicale (palmiers, cactus) et ses vieilles maisons enfouies dans les cyprès à flanc de colline, ce village révèle beaucoup de charme. Dommage qu'un hôtel de luxe de taille démesurée se soit installé entre le port et la plage principale ! Attention, pas facile de trouver une place pour se garer tout en bas, au petit port.

Arriver – Quitter

En bus
➤ *Dubrovnik :* départ ttes les 30 mn-1h depuis la gare routière de Dubrovnik. Le bus va jusqu'à Cavtat (ligne n° 10) ou Plat (ligne n° 16) et rentre ensuite sur Dubrovnik.

En bateau
➤ *Dubrovnik (et Cavtat) :* env 12-15 bateaux/j. en saison selon les compagnies (*Adriana* et *Vivado*). Ils partent du vieux port de Dubrovnik et vont jusqu'à Cavtat, avec arrêt à Mlini. Compter 20-30 mn et env 100 Kn l'A/R. Kiosque sur le petit port ou vente du billet à bord. Ces compagnies proposent également des excursions aux îles Élaphites et sur l'île Supetar, en face, pour une journée de plage.

Adresse utile

■ **Agence de voyages Mlini :** *sur le quai du port. ☎ 485-966. Avr-sept, en principe tlj 8h30-20h.* Propose des logements chez l'habitant, des locations de voitures et scooters ainsi que des excursions sur l'île de Lokrum et les îles Élaphites.

Où dormir ?

Camping

⛺ *Autocamp Kate :* Tupina 1. ☎ 487-006. ● campingkate.com ● *Sur la route principale. Avr-oct. Selon saison, compter pour 2 avec voiture et tente env 95-140 Kn. CB refusées.* Un petit camping (un peu plus de 60 emplacements) très agréable et bien entretenu, sur 2 niveaux et en partie ombragé. Éviter les emplacements à l'entrée, trop proches de la route. En revanche, ceux au fond, dans la partie en paliers réservée aux tentes, sont vraiment sympas et profitent d'une belle vue sur la mer. Sanitaires récents et très propres. La plage est en contrebas, à 5 mn. Commerces à proximité. Excellent accueil.

Logement chez l'habitant

Plusieurs chambres chez l'habitant, indiquées par un panneau extérieur. Plus on s'éloigne du bord de mer, plus on monte sur la colline vers les hauteurs et plus les prix baissent. Informations à l'agence *Mlini*, sur le port (voir plus haut).

🏠 *Villa Palma* (chez Jelka et Ivo Handabaka) *:* Šetalište M. Marojice 32. ☎ 486-304. ● molina.hr ● *À côté du Caffé-bar Hogar, face au port. Tte l'année. Doubles 35-50 € selon saison ; petit déj 7 €. Studios 40-60 € ; appart 100-150 €. CB refusées. Parking gratuit.* Sur la façade poussent des vignes et des bougainvillées. La famille Handabaka propose 2 chambres et 2 studios rénovés dans un style moderne et coloré, tous bien équipés, avec clim, coin cuisine (sauf pour une chambre) et frigo. Petits balcons avec vue sur la mer pour chacun d'entre eux. Également un grand appartement pour 4 à 6 personnes, avec 2 chambres et une vaste terrasse. Petit déj en terrasse sous une treille, face au port. Accueil familial très sympathique.

🏠 *Villa Mlini :* Šetalište M. Marojice 33. ☎ 486-306. ● villamlini.hr ● *Sur le port, à côté de la Villa Palma. Tte l'année. Pour 2, compter env 42-55 € ; apparts 45-75 €. CB refusées. Parking payant.* Une des plus coquettes maisons du port, avec bougainvillées et clématites dégringolant des balcons. Les 2 chambres et les 2 appartements (pour 4, dont 2 enfants) sont nickel et fonctionnels, avec clim et petit balcon ombragé donnant sur la mer. Petit déj servi sur la terrasse fleurie. Transfert possible pour l'aéroport *(10 €).* Accueil charmant là aussi.

Où dormir dans les environs ?

🏠 **Comfort Zovko :** *à Soline.* ☎ *488-851.* 📱 *098-251-774.* ● *confortzovko@gmail.com* ● *À env 2 km au sud de Mlini, vers Cavtat. De la route principale, emprunter la rue sur la droite juste après le panneau d'entrée du village et la descendre – c'est assez raide – jusqu'à la maison (indiquée). Avr-oct. Studio 60-70 € ; apparts 80-90 €. Pas de petit déj. CB refusées.* Dans une grande maison moderne magnifiquement située sur la colline dominant la baie, 6 studios et appartements récents, spacieux et impeccables, tous bien équipés avec lit *queen size,* clim et balcon (quelle vue !). Le jardin planté de mandariniers et de citronniers est superbe, avec plusieurs terrasses pour prendre son petit déj ou manger des grillades près du barbecue. Ljubomir et son fils, vraiment adorables et dévoués, font leur vin et leur huile d'olive. En contrebas, une belle crique quasiment privée. Un havre de paix délicieux...

Où manger ? Où boire un verre ? Où prendre le petit déjeuner ?

🍴 **Restaurant Lanterna :** *sur le port.* ☎ *486-686. Tlj midi et soir. Menus déj 40-50 Kn ; plats 70-140 Kn.* Jolie vue sur le port depuis la salle en surplomb, qui est traversée par un arbre qui pousse de façon insolite en plein milieu ! Sa cuisine de poisson et de fruits de mer, bien préparée, en fait la meilleure adresse du coin. Loue aussi quelques chambres. Accueil chaleureux et francophone.

🍷 **Caffé-bar Hogar :** *sur le port.* ☎ *485-966.* Petit café sympa très couru pour sa terrasse sur le quai. Idéal pour un petit déjeuner et agréable à toute heure.

Les plages

🏖 Belle plage de sable fin et galets, après le port, malheureusement en partie squattée par l'hôtel de luxe installé juste devant. Sinon une plage semi-ombragée accessible par le sentier côtier de **Srebreno**.

🏖 Quelques plages, dont une naturiste, sur l'**île Saint-Pierre** *(Supetar)* accessible par la navette *(A/R 60 Kn).*

CAVTAT   (20210)   2 140 hab.   IND. TÉL. : 020

À une vingtaine de kilomètres de Dubrovnik. Voilà un de nos ports préférés du sud de la côte dalmate. Hormis les habituelles horreurs hôtelières en béton de l'époque Tito (heureusement à l'écart du vieux village), tout y est resté intact, à dimension humaine, d'une grande douceur. En été, la ville attire beaucoup de monde venu par la navette maritime de Dubrovnik pour la journée. La ville s'enorgueillit d'une certaine tradition culinaire dalmate, et les bonnes tables sont légion face au port où mouillent de luxueux voiliers. L'accès au port, tout comme aux restos et aux logements chez l'habitant sur la presqu'île du Rat, est interdit aux véhicules en saison *(grand parking payant sur le port ; compter 10 Kn/h, 120 Kn/j. (!) ; moitié moins en mi-saison).* Il est bon de savoir aussi que Cavtat se situe en plein sous le couloir aérien emprunté par les avions atterrissant à l'aéroport de Dubrovnik tout proche. En saison, la quiétude des lieux s'en trouve un peu perturbée...

UN PEU D'HISTOIRE

Cavtat (prononcer « Tsavtat ») dérive du mot latin *civitas* (cité). Dans l'Antiquité, le site, où une colonie grecque s'était installée, s'appelait Epidaurum. Puis vinrent les Romains. La localité fut dévastée au VIIe s avec l'invasion des tribus slaves. Les survivants s'enfuirent plus au nord et fondèrent tout simplement la cité de Raguse (future Dubrovnik). Plus tard, vers le XVe s, Raguse devint si prospère qu'elle put racheter la région des Konavle. Les riches Ragusains firent alors bâtir des maisons dans le style de Dubrovnik, avec la même pierre blanche de Brač.
Quelques célébrités croates des XIXe et XXe s y sont nées : Baltazar Bogišić, scientifique renommé et collectionneur passionné, Vlaho Bukovac, artiste, et Frano Supilo, homme politique.

Arriver – Quitter

➢ **En bateau de/vers Dubrovnik :** la meilleure solution, la plus agréable. Navettes (compagnies *Vivado* et *Adriana*) ttes les 45 mn-1h, 10h-22h, au départ du vieux port de Dubrovnik en été (18h en mi-saison), arrivée sur le port de Cavtat. Env 100 Kn A/R et 1h de traversée.

➢ **Par la route :** compter env 40 mn. Nombreux bus partant de la gare routière de Dubrovnik (ligne n° 10, env 20 Kn), arrivée face à l'office de tourisme et au grand parking.

Adresses utiles

■ **Office de tourisme de Cavtat et des Konavle :** *Zidine 6.* ☎ *479-025.* • *visit.cavtat-konavle.com* • *Sur le petit port, face au parking. Tlj 8h-21h juil-août, jusqu'à 20h mai-juin et sept, 19h avr et oct, 15h le reste de l'année.* Documentation sur la région des Konavle, brochures sur les sentiers de randonnées pédestres et cyclistes au départ de Cavtat. Ne fait pas de résas de logements mais liste complète et détaillée (avec photos) des nombreux hébergements sur leur site.

■ **OTP Banka :** *Trumbićev put 7.* ☎ *062-201-312. Face à la poste. Lun-sam 8h-19h (12h sam).* Distributeur de billets.

■ **Agence Delfin :** *Trumbićev put 2.* 📱 *099-496-54-50. À l'entrée de la ville. Avr-oct, tlj 8h30-22h.* Location de scooters *(27 €/j.)* et de voitures *(à partir de 45 €/j.).* Organise également des excursions.

Où dormir ?

Logement chez l'habitant

Les agences touristiques dans la rue qui descend au port disposent d'une liste de logements chez l'habitant. Les chambres à louer les plus charmantes se trouvent dans la rue Prijeko, la ruelle principale du vieux Cavtat. Comme partout, compter 20 % de plus pour une nuit seulement en haute saison.

🏠 **Apartments Stijepo Miljanić :** *Tihe put 22A.* 📱 *098-327-776.* • *apartmentsmiljanic.com* • *Au-dessus du bar Samba, dans l'anse à l'opposé du port, après le terrain de foot. Tte l'année.* *Doubles 360-650 Kn selon saison, petit déj en sus ; apparts 2-4 pers 360-760 Kn (sans petit déj). CB refusées. Parking gratuit.* Petite structure moderne proposant 3 chambres et 6 appartements confortables, nickel et fonctionnels, certains en duplex, tous avec balcon donnant sur le charmant petit port de plaisance. Une adresse au calme, à l'écart du port principal. Petit déj servi en terrasse au resto *Ludo More* (même patron). Location de vélos, voitures et même de bateaux. Excellent accueil.

🏠 **Appartements Kralj :** *Vulićevićeva 4.* ☎ *478-532.* 📱 *098-313-832.* • *dubrovnik-riviera.net* • *Dans la ruelle* partant de la Taverna Galija, *au bout du port. Tte l'année. Apparts 2-6 pers 50-180 € selon taille et saison. CB refusées*. Vastes et superbes appartements dans un calme jardin fleuri avec piscine et terrasse commune sous la treille. Tous sont spacieux et ont été soigneusement rénovés dans un style actuel de bon goût, enrichis d'équipements récents (cuisine bien équipée, TV, clim...). Accueil très affable. Demandez un *pass* pour venir déposer vos bagages ainsi qu'une carte de résident pour la gratuité au parking. Transfert possible pour l'aéroport *(150 Kn)*.

Hôtel

🏠 **Hotel Supetar :** *Obala A. Starčevića 27.* ☎ *430-830.* ● adriaticluxuryhotels.com ● *Au bout du quai principal. Fin avr-oct. Doubles 100-150 € selon vue et saison, avec petit déj. Devant l'hôtel, le stationnement est réservé aux habitants, se garer au parking payant de la ville ou au parking gratuit de l'Hotel Croatia (même groupe), à 15 mn à pied sur les hauteurs (pas pratique !).* Idéalement situé au calme au bout du port et à l'entrée de la presqu'île, un hôtel de taille moyenne au confort très convenable, mais avec une déco néanmoins un brin vieillotte et des moquettes franchement usées dans les parties communes. On préférera, bien sûr, les chambres donnant sur la mer. À l'étage, belle terrasse ouverte sur le port pour le petit déj.

Où manger ?

De prix moyens à chic

|●| ⚓ **Taverna Galija :** *Vuličevićeva 1.* ☎ *478-566. Juste à côté de l'église, au bout du port, sur la droite. Plats 60-180 Kn ; plus cher pour le poisson au poids.* Bonne cuisine de la mer, mais aussi des viandes pour les carnivores. La belle terrasse, tranquille et toute proche de l'eau, est charmante, et l'ombre des grands pins bien agréable. Quand le temps fait grise mine, on se réfugie dans la salle un peu plus haut dans la rue pavée.

|●| **Konoba Kolona :** *Tihe put 2.* ☎ *478-269. Juste en arrivant au port de Cavtat, sur la droite, près de la 1re anse, non loin de l'office de tourisme. Avr-oct, tlj 9h-minuit. Plats 50-180 Kn.* C'est vrai, la terrasse ne donne pas sur le port... mais que de bonnes surprises dans l'assiette ! Le patron étant un pêcheur averti, la fraîcheur est garantie pour les excellents carpaccios de poulpe, d'espadon et de thon, ou tout simplement pour les spaghettis aux fruits de mer et les moules *buzara*. Les végétariens pourront se régaler avec les aubergines farcies, goûteuses à souhait. Excellent accueil et service attentionné. Une très bonne adresse.

Chic

|●| **Restorant Leut :** *Trumbićev put 11.* ☎ *478-477. Sur la pt. centrale, à gauche, en entrant dans le vieux port de Cavtat. Mars-nov. Plats 90-250 Kn, plats plus légers à midi 60-110 Kn.* Une institution dans la région, tenue avec sérieux par la famille Bebić. Cuisine dalmate traditionnelle proposant toute la panoplie de plats classiques : risotto, salade de poulpe, moules *buzara*, poisson de l'Adriatique. Belle terrasse, immense véranda lumineuse, ou salle intérieure assez chic. Cher, mais les poissons sont de première fraîcheur et la réalisation soignée. Bon accueil.

|●| **Bugenvila :** *Obala Ante Starčevića 9.* ☎ *479-949. Au centre du vieux port. Avr-oct. Fermé dim soir. Plats 145-200 Kn, tasting menu 650 Kn proposé le soir (!).* Cette grande table au cadre original et coloré propose une cuisine raffinée et créative, mais très chère. On vous la recommande pour ses menus du midi, dont le rapport qualité-prix est exceptionnel. De belles découvertes gastronomiques à prix abordables ! Pour le soir, il faudra casser sa tirelire.

Où boire un verre ?

▼ Bien sûr, les **terrasses du port** sont tout indiquées pour boire un verre en regardant la mer et les yachts de luxe avec leur étonnante population, mais pour le coucher de soleil, on vous recommande vivement le **Beach Bar Little Star,** sur la pointe de la presqu'île de Rat.

À voir

Le vieux Cavtat : les quais, les ruelles, les vieilles maisons Renaissance forment un ensemble harmonieux encore préservé et charmant. Sur les quais du port, plantés de petits palmiers, les cafés et les terrasses des restaurants sont alignés. En empruntant les ruelles et les venelles en pente, on peut s'éloigner de l'agitation touristique et grimper à flanc de colline, pour y admirer quelques vieilles maisons aux toits de tuiles, cachées dans des jardins touffus, ou dissimulées derrière des murs qui parfois ne sont pas loin de tomber en ruine. La *rue Prijeko,* ruelle principale du vieux village, a particulièrement du cachet avec ses maisons et ses petites chapelles anciennes.

La maison Bukovac (kuća Bukovac) : *Bukovčeva 5.* ☎ *478-646.* ● *kuca-bukovac.hr* ● *Mai-oct, tlj 9h-13h, 16h-20h ; hors saison, mar-sam 9h-13h, 14h-17h, dim 14h-17h. Entrée : 30 Kn.* Du front de mer, repérer la statue de Franjo Tuđman sur la placette, c'est dans la ruelle derrière. C'est la maison des parents du peintre Vlaho Bukovac (1855-1922), né à Cavtat. C'est ici qu'il découvrit son talent d'artiste, en réalisant des peintures murales. Plus tard, il étudia aux Beaux-Arts à Paris, puis s'installa à Zagreb avant de rentrer à Cavtat pour quelques années. Toutes les périodes de son activité créatrice sont représentées. L'atelier a été préservé. Une occasion de se familiariser avec ce peintre, fondateur de l'école coloriste de Zagreb.

Le musée et la collection de Baltazar Bogišić (muzej i zbirka Baltazara Bogišića) : *à côté de l'église Saint-Nicolas, dans l'ancien palais des Recteurs.* ☎ *478-556. Avr-oct, lun-sam 9h-13h30 ; en hiver, lun-ven 9h-13h. Entrée : 20 Kn ; réduc.* Les nombreuses pièces ont été réunies par Baltazar Bogišić, homme de culture à la fois juriste, savant et collectionneur érudit de réputation européenne. Bref, la mémoire de Cavtat, soit plus de 22 000 livres rares et 70 incunables, des archives anciennes, des milliers d'estampes et gravures, une série de pièces de monnaies antiques, des armes, des objets trouvés dans les fouilles archéologiques et une collection ethnographique.

La pinacothèque (pinakoteka) : *derrière l'église Saint-Nicolas, dans la ruelle.* ☎ *478-249. En principe, lun-sam 9h-13h (ainsi que 19h-22h mar, jeu et sam en saison). Entrée : 10 Kn.* Fondée en 1952, elle présente des peintures, des objets liturgiques, des icônes du XVe s, ainsi que des œuvres des peintres italiens Reggio et Genarri, et du Croate Vlaho Bukovac.

L'église et le monastère Notre-Dame-des-Neiges (samostan Gospe od Snijega) : *sur le port, au bout du quai, au pied de la presqu'île de Rat, après la ribambelle de terrasses.* Construite en 1484, elle renferme des tableaux du XVe s ainsi qu'une polychromie datant de 1509. À côté de l'église, le cloître du couvent franciscain date de la Renaissance, des concerts de musique classique y sont parfois organisés en soirée.

La presqu'île de Rat : elle forme une avancée naturelle qui protège au nord le port de Cavtat. Il s'agit d'une colline couverte d'arbres et de sous-bois à la végétation méditerranéenne (des pins et des cyprès). Très jolie promenade et nombreuses possibilités de baignade.

Du quai du port, juste à droite de l'église Saint-Nicolas, un chemin sinue d'abord entre les ruelles puis monte à flanc de coteau jusqu'au sommet de la presqu'île. Il débouche sur le petit *cimetière,* tourné vers le soleil couchant. Des archéologues assurent que, à l'époque de la colonie grecque d'Épidaure, des temples (un sanctuaire d'Asclépios notamment) et une mini-acropole grecque se dressaient au sommet de cette colline inspirée.

🛉 *Le mausolée de la famille Račić* (mauzolej obitelji Račić) : *dans le cimetière, au sommet de la presqu'île de Rat. Connu sous le nom de « chapelle Saint-Roch ».* ☎ *478-646. Env 10 mn de marche depuis le port de Cavtat. Avr-nov, lun-sam 10h-17h. Entrée : 20 Kn (mais accès libre au cimetière).* De là-haut, on a une vue quasi panoramique. Le mausolée fut construit en 1920-1922 avec la pierre calcaire de l'île de Brač sur les plans du grand sculpteur croate, Ivan Meštrović. Il est dédié à la famille Račić, de riches armateurs de Dubrovnik. À l'intérieur, tester l'étonnante résonance sonore.

DANS LES ENVIRONS DE CAVTAT

🛉 *Le village de Čilipi et son spectacle folklorique :* situé après Cavtat, en direction de l'aéroport. Infos : ☎ *771-007.* ● cilipifolklor.hr ●
Difficile de croire aujourd'hui que ce village fut entièrement incendié par l'armée yougoslave pendant la guerre (seule l'église est restée intacte). Un spectacle folklorique de 45 mn est présenté sur la place du village chaque dimanche de Pâques à fin octobre, après la messe, à 11h15. L'entrée du village est alors payante : 50 Kn par personne, une boisson d'accueil et la visite du musée sont comprises dans le prix. Il est possible de venir en bus, soit au départ de Dubrovnik, soit au départ de Cavtat. Ce jour-là, vous croiserez des habitants en costume local. Quelques repères pour ceux qui se sentiraient l'âme de joli cœur : les jeunes filles en coiffe rouge sont célibataires, mais pas toutes « bonnes à marier ». Messieurs, notez bien la nuance : les coiffes rouges aux broderies dorées désignent les demoiselles en âge de se marier, celles ornées d'un cordon blanc sont réservées aux jeunettes dont l'heure d'être unie par les liens du mariage n'est pas encore venue. Les femmes mariées portent des coiffes blanches. Quant aux veuves, on les reconnaît à leur col brodé de couleur noire. Le spectacle présente des chants et danses traditionnels dalmates. Se succèdent sur la scène de fortune musiciens et jeunes danseurs (tous originaires du village et non professionnels) en tenue locale. Chaque morceau est introduit par une courte explication en plusieurs langues (dont le français).

🛉 *Le musée Konavle* (Zavičajni muzej Konavala) : *sur la pl. principale de Čilipi, à gauche de l'église.* ☎ *772-249. Tlj sauf lun 9h-16h (14h dim). Entrée : 15 Kn.* Petit musée ethnographique présentant une belle collection de costumes traditionnels de la région. Également des objets de la vie courante, de l'artisanat et un vieux métier à tisser.

🛉🛉 *Ljuta :* après Čilipi, tourner à gauche au village de Gruda. Suivre la direction de « Konavoski Dvori ». Ljuta est le nom du village et de la rivière qui le traverse. Sous ses airs pépères et modestes, cette petite rivière n'alimentait pas moins de 11 moulins et, étant la seule source d'eau d'une telle abondance, jouait un rôle primordial dans cette région très sèche. *Konavoski Dvori* est aujourd'hui un resto très chic, recevant régulièrement des stars de la politique ou du show-business, merveilleusement placé au milieu des roues et au bord de la rivière (c'est d'ailleurs elle qui fait tourner la broche pour cuire l'agneau !).

I●I **Konoba Vinica** (famille Monković) : *juste au pied du pont, sur la route du Konavoski Dvori.* 📱 *099-215-24-59. Tte l'année, tlj midi et soir. Plats 70-130 Kn.* Manger au milieu d'une rivière, pourquoi pas ? C'est ce que propose ce sympathique resto familial, bien moins cher que le *Konavoski Dvori.* De la délicieuse viande *peka* (cuite « sous cloche », à commander au minimum 3h à l'avance), de la truite que l'on savoure avec un soupçon de mauvaise conscience en voyant ses copines sautiller au loin, une « assiette de la maison » dont vous nous direz des nouvelles, des légumes du jardin et un petit vin maison pas mal du tout... Bref, une bonne adresse chaleureuse, pour un repas traditionnel entouré par l'eau, son chant et celui des cigales.

🍴 *Sokol Grad :* *à 22 km au nord-est de Cavtat (prendre la route de Ljuta, et, arrivé au rond-point, continuer vers le village de Dunave, c'est indiqué). Tlj 10h-19h (18h avr-mai, 15h ou 16h en hiver). Entrée : 70 Kn ; réduc.* Le site, un rocher escarpé de 25 m de haut, a été occupé dès la préhistoire, puis par les Illyriens, les Grecs et les Romains. Au Moyen Âge, ce fut d'abord un fortin en bois puis un véritable petit château fortifié qui passa sous le contrôle de Dubrovnik, pièce maîtresse dans le dispositif de lutte contre les invasions ottomanes. Abandonné à la fin du XVIIe s, le site a été réhabilité ces dernières années et est ouvert à la visite depuis 2014. À vrai dire, si le site, un petit nid d'aigle, est impressionnant, il y a quand même assez peu à visiter à l'intérieur : juste 2 salles, la pièce des gardes et l'ancienne demeure du « castellan », qui ont quelques vitrines permettant d'évoquer la vie dans le fort. Pour le reste, on peut toujours faire des efforts d'imagination. Attention aux enfants, les marches sont très hautes. Petit café.

🍴 *Molunat :* *le village le plus au sud de Croatie, à une vingtaine de km de Cavtat.* Accès depuis Čilipi ou après Gruda (où il faut faire son ravitaillement si l'on souhaite rester à Molunat). Petites îles en face de la baie. Un camping *(Monika)* et des locations en pagaille. À proximité, le « parc » de Prevlaka : reprendre la route de Gruda puis bifurquer à droite pour la presqu'île de Prevlaka, ancienne base militaire, rendue à la Croatie en 2002. Les plus courageux iront jusqu'au phare (beaux panoramas). L'entrée des bouches de Kotor est juste là.

EXCURSION AU MONTÉNÉGRO

Les bouches de Kotor..................450	• Kotor..................................450 • Perast : les mosaïques romaines de Risan

LES BOUCHES DE KOTOR

• Carte *p. 452-453*

KOTOR   IND. TÉL : 00-382 (code pays) et 032 (code régional)

• Plan Kotor *p. 455*

 Kotor, situé à environ 90 km de Dubrovnik, peut faire l'objet d'une belle excursion d'une journée, soit par ses propres moyens, soit en passant par une agence, mais on conseille d'y passer la nuit, pour profiter de son atmosphère détendue en soirée, quand les groupes de touristes sont repartis.

Les bouches de Kotor *(Boka Kotorska)* sont d'abord un site naturel exceptionnel, une immense et profonde baie fermée, plus précisément un ensemble de 6 baies, avec 2 détroits très serrés. C'est un lieu commun que de le décrire comme un fjord « norvégien », à ceci près... qu'il n'est pas en Norvège ! Au fond du décor, pour ajouter au grandiose, de hautes montagnes et le mont Orjen culminant à 1 895 m, alors qu'il n'est qu'à une dizaine de kilomètres de la mer à vol d'oiseau.
Quand on arrive de Croatie, la route longe la rive gauche de la baie pour rejoindre Kotor située à l'est, de l'autre côté des bouches. Il faut en faire tout le tour, soit une trentaine de kilomètres. Les plus pressés pourront toujours prendre un bac pour passer plus rapidement sur la rive est, mais ils rateront le village de *Perast* dont les traces d'un riche passé historique au bord de l'eau ne manquent pas de charme.

UN PEU D'HISTOIRE

Cité inscrite au Patrimoine mondial de l'Unesco, Kotor a un passé assez comparable à celui de Dubrovnik, avec ses propres spécificités. C'était une sorte de petite république maritime, où la puissante confrérie des marins jouait un rôle majeur et constituait un contrepoids à la noblesse locale. Du XIIe au XIVe s, Kotor fut une cité libre au sein du royaume serbe. Quand les Vénitiens devinrent maîtres des lieux, ils laissèrent également une liberté (relative) à Kotor, lui accordant de nombreux privilèges. La prospérité de la ville était fondée sur le commerce, Kotor étant idéalement située sur les routes maritimes vers l'Orient, mais la cité a compté tout autant en tant que centre artistique, notamment pour ses écoles de peinture d'icônes et ses ateliers d'orfèvrerie. Au XVIIIe s, sa flotte comptait encore dans les 300 vaisseaux, mais Kotor et la région tout entière connurent un déclin irrémédiable, lorsque le développement des navires à vapeur, vers 1870, signifia la fin de la marine à l'ancienne et que les nouveaux maîtres de la côte dalmate, les Autrichiens, choisirent de développer Trieste au détriment de Kotor. La cité s'est alors endormie, réveillée périodiquement par des secousses sismiques. Entre-temps, les Russes puis les Français tentèrent en vain d'en prendre le contrôle. En 1946, la région est passée dans le giron du Monténégro, au grand dam des Croates.
Le fort séisme de 1979 a provoqué pas mal de destructions et a décidé l'Unesco à classer la ville sur la liste du Patrimoine mondial. On entreprit alors un gigantesque programme de travaux de restauration qui s'est poursuivi pendant des années. Cela a donné un nouveau souffle au tourisme, et aujourd'hui les bouches de Kotor sont en ce domaine un des ajouts majeurs du jeune Monténégro indépendant.

Arriver – Quitter

En voiture

➢ Quitter Dubrovnik direction Cavtat, continuer vers le Monténégro jusqu'à la frontière. Après une cinquantaine de kilomètres, on arrive à *Herceg-Novi,* à l'entrée des bouches, en laissant sur sa droite la péninsule de Prevlaka ; Kotor est à une bonne trentaine de kilomètres. En été, bouchons possibles (et même probables) à la frontière. On peut alors mettre 3h pour relier les 2 villes, alors que la route peut se faire en moins de 2h hors saison.
– Si vous décidez de mettre votre véhicule sur le ***bac***, sachez qu'il se prend à *Kamenari* à l'aller et à *Lepetane* au retour. Il fonctionne 24h/24, avec 1 départ ttes les 5 mn en été et 20 mn hors saison. Compter env 5 €/véhicule. Traversée en 15 mn. Attention, prendre le bac n'est pas forcément un gain de temps en été, d'abord la file d'attente peu être longue, puis la route côtière

452 | LE SUD DE LA DALMATIE / EXCURSION AU MONTÉNÉGRO

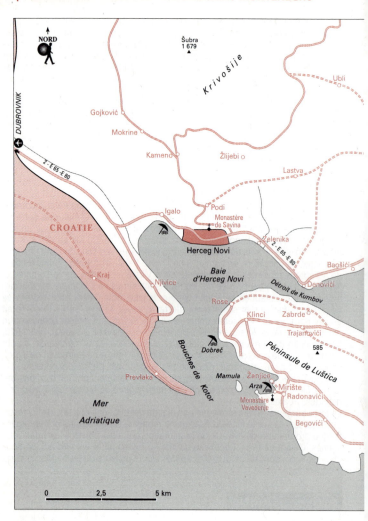

reliant ensuite *Lepetane* à *Kotor* est étroite, il est difficile de s'y croiser, ce qui engendre de gros bouchons. Ainsi, faire le tour de la baie de Risan et de Kotor peut s'avérer plus rapide !
– On vous conseille de garder vos phares allumés au Monténégro, et sachez que la **limitation de vitesse** est de 50 km/h, voire de 30 km/h aux abords de la frontière ! À respecter impérativement car les contrôles sont très fréquents.

En bus

➢ Pour *Kotor,* 5-6 bus/j. (7h-20h30) de la gare routière de Dubrovnik. Dans

KOTOR / FORMALITÉS ET INFOS UTILES | **453**

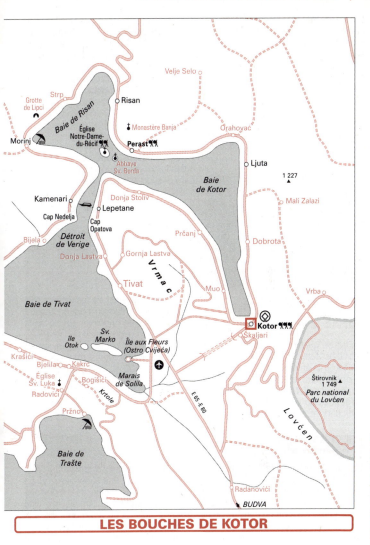

LES BOUCHES DE KOTOR

l'autre sens, env 7 bus/j. (7h10-18h50). La gare routière de Kotor est route de Budva, à 1 km au sud de la vieille ville *(☎ 325-809).*

Formalités et infos utiles

– *Papiers :* carte d'identité ou passeport (pas de visa nécessaire). Si vous franchissez la frontière avec une voiture de location croate, pensez préalablement à signaler à votre loueur que la voiture sortira du

territoire national (une assurance complémentaire peut être à souscrire pour certaines compagnies). Avec votre véhicule personnel, vérifiez que la carte verte d'assurance inclut le Monténégro.
– *Argent :* au Monténégro, la monnaie est l'*euro,* qui a succédé, en 2002, au mark allemand !
– *Téléphone :* hors du Monténégro, composer le 00-382 (code pays), puis le code régional 32 (sans le 0) et le numéro. Hors de la région de Kotor, composer le 032 et le numéro. À Kotor même, le numéro seul.

Adresses et infos utiles

Infos touristiques

🛈 Kiosque touristique *(plan A1) : juste à l'extérieur de la porte principale.* ☎ *325-950.* • *tokotor.me* • *Tte l'année, tlj 8h-20h (18h nov-mars).* On y parle l'anglais. Personnel compétent et dévoué mais très sollicité. Donne une bonne carte détaillée de la vieille ville. Vous remarquerez que les rues de Kotor ont la particularité de ne pas avoir de nom ! Se repérer par rapport aux places, donc.

Services

On trouve quasiment tous les services habituels autour de la place d'Armes *(plan A1),* en entrant dans la vieille ville : la **poste** *(lun-ven 8h-21h, sam 10h-16h30),* des **distributeurs de billets** et 2 **agences de voyages** qui louent des véhicules et peuvent vous organiser des excursions, vous trouver des guides francophones *(compter env 40 €/h)* ou des locations de chambres *(compter 35-70 € pour 2 selon saison)* dont :

■ **Vizin Travel Agency** *(plan A2,* **1***) : Stari Grad 365/1, trg od Oružja, à droite à l'entrée de la vieille ville.* ☎ *302-548.* • *vizin.travel@t-com.me* • *Tlj sauf dim 9h-20h30 (15h sam).*

Stationnement

🅿 La vieille ville est exclusivement piétonne. On trouve un parking payant face à l'entrée principale (porte de la Mer) mais il est cher *(compter 9 €/h, 20 €/j.).* Sinon, on trouvera un grand parking gratuit (mais non surveillé) à environ 300 m, de l'autre côté du pont vers le sud, après le port et l'*Hotel Porto In* sur la gauche en longeant la baie (il est un brin caché par la végétation).

Où dormir ?

Quelques bons hôtels dans la vieille ville, mais ils sont chers. Heureusement, on trouvera des chambres plus abordables dans les AJ (ouvertes à tous), chez l'habitant ou dans de petits hôtels de catégorie moyenne. Voir également dans les environs, notamment dans la ville moderne de Dobrota ou plus loin dans le charmant village de Perast.

Auberges de jeunesse

🛏 **Old Town Kotor Hostel** *(plan A3,* **10***) : Stari Grad 284.* ☎ *325-317.* • *hostel-kotor.me* • *Entre la cathédrale et la porte sud. Selon saison, lit en dortoir 9-18 €, doubles 34-54 €, petit déj inclus.* Une superbe AJ qui ne comprend pas moins de 14 dortoirs (5-12 lits), propres et climatisés, et une bonne dizaine de chambres de bon confort avec lit matrimonial (et salle de bains privée pour la plupart). Le tout est réparti dans 3 bâtiments anciens, joliment rénovés, mettant en valeur ses vieilles pierres. Cuisine équipée et salle commune accueillante dans chacun d'eux. L'ensemble est bien tenu et l'accueil excellent. Ambiance assez festive le soir.

🛏 **Guest House Cent** *(plan B1,* **11***) : Stari Grad 410a.* 📞 *067-593-971.* • *hostel.cent@gmail.com* • *À deux pas de la porte nord, dans la ruelle*

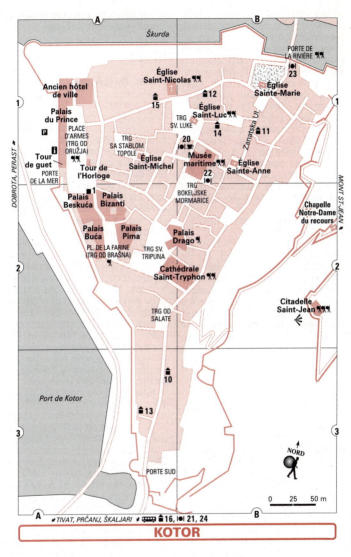

KOTOR

Adresses utiles

- **ℹ** Kiosque touristique (A1)
- **1** Vizin Travel Agency (A2)

Où dormir ?

- **10** Old Town Kotor Hostel (A3)
- **11** Guest House Cent (B1)
- **12** Hostel Centrum (B1)
- **13** Villa Ivana (A3)
- **14** Hotel Rendez-Vous (B1)
- **15** Hotel Marija (A1)
- **16** Hotel Porto In (hors plan par A3)

Où manger ?

- **20** Konoba Marinaio (B1)
- **21** Galerija (hors plan par A3)
- **22** Luna Rossa (B1)
- **23** Bastion 1 (B1)
- **24** Galion Restoran (hors plan par A3)

face au n° 492 de la rue Zanatska (l'une des seules rues à porter un nom !). Mai-oct. Selon saison, lit en dortoir 10-27 €. CB refusées. Une mignonne et toute nouvelle AJ (et pas une *guesthouse* même si une réglementation lui impose cette appellation !), toute riquiqui, avec minicuisine commune et minipatio intérieur. Pas de doubles, mais 3 dortoirs de 10 lits, chacun à un étage de cette bâtisse ancienne dans une ruelle étroite. L'ensemble est bien pensé (3 salles de bains modernes et nickel par dortoir, la clim, du carrelage brillant...) et baigne dans une atmosphère calme. Plus pour le repos que pour la fête, donc. Accueil doux également.

▲ **Hostel Centrum** (plan B1, **12**) : *Stari Grad 459.* ☎ *520-097.* 📱 *068-212-552.* ● *centrumhostelkotor.com* ● *En retrait de la pl. Saint-Luc. Juin-sept. Selon période, lit en dortoir 7-16 €.* Très simple mais très central (on l'aurait deviné avec ce nom !), un *hostel* classique avec 7 dortoirs climatisés pour 4 à 8 personnes, sans charme particulier. Peu d'espace mais tout de même une cuisine commune pour se socialiser. Des projets de rénovation étaient à l'étude lors de notre passage. Personnel sympa.

Logement chez l'habitant

▲ **Villa Ivana** (plan A3, **13**) : *à l'entrée de la vieille ville, par la porte sud.* 📱 *069-489-434. Accueil au magasin de souvenirs mitoyen. Selon saison, apparts 40-60 € pour 2, 80-100 € pour 4.* Une très bonne adresse que cette belle maison ancienne où s'étagent 8 appartements autour d'une calme cour. Tous sont spacieux et de très bon confort avec clim, matelas récent, cuisine et salle de bains bien équipées. Le grand plus c'est cette superbe terrasse commune installée sur les remparts. Sûrement le meilleur rapport qualité-prix de la ville.

Hôtels

▲ **Hotel Rendez-Vous** (plan B1, **14**) : *od Mlijeka trg.* ☎ *323-931.* ● *rendez vouskotor@yahoo.com* ● *Derrière l'église Saint-Luc. Doubles 35-75 € ; apparts 45-90 €.* Un hôtel modeste avec de petites chambres, sobres, avec clim, TV et petit frigo, ainsi qu'une poignée d'appartements peu spacieux. Rien de très folichon, mais central et très correct pour une nuit si l'on souhaite voir Kotor *by night.* Plutôt bruyant en raison de la présence des terrasses de restos sur la place.

▲ **Hotel Marija** (plan A1, **15**) : *dans une ruelle sur la gauche quand on entre dans la cité.* ☎ *325-062.* ● *hotelmarija. me* ● *Doubles 60-90 € selon saison.* Installé dans une ancienne maison rénovée. 17 chambres confortables et de bon volume, avec clim, parquet brillant et salle de bains très correcte. Un rapport qualité-prix honorable pour Kotor, d'autant que l'accueil est fort sympathique. Les mêmes propriétaires possèdent un second hôtel *(Marija II)* dans la ville moderne, à Dobrota, un peu moins cher *(doubles 50-74 €).*

▲ **Hotel Porto In** (hors plan par A3, **16**) : *Njegoševa 211.* ☎ *326-300.* ● *kotor-hotelportoin.com* ● *À 200 m au sud-ouest de la vieille ville. Passer le pont et continuer tt droit au rond-point. Doubles 80-140 € selon saison. Stationnement gratuit dans la rue et parking à 100 m (gratuit également).* Un bon hôtel très récent, qui ne paie pas de mine mais aux chambres spacieuses et de grand confort. Déco design, lit vaste et moelleux, salle de bains avec douche à l'italienne, balcon, petit déj à la carte de grande qualité... Rien à redire, tout y est (sauf la vue). Personnel agréable, serviable et très pro.

Où manger ?

Sur le pouce

🍴 ☕ **Konoba Marinaio** (plan B1, **20**) : *dans la ruelle entre le Musée maritime et la pl. Saint-Luke. Tlj 8h-1h. Sandwichs et assiettes 6-10 €.* Sur une adorable placette où trône l'ancienne pompe à eau principale de la ville, un petit café-snack-bar à vins à l'accueil des plus chaleureux qui propose des sandwichs fait à la commande à base de produits locaux. On pourra aussi opter pour une assiette de charcuterie et de fromage ou des bruschettas à petits prix. Bien également pour le petit déj (ou l'apéro !).

De prix moyens à chic

|●| *Galerija* (hors plan par A3, 21) : *en face de la porte sud de la vieille ville, passer le pont puis longer le quai à droite.* ☎ *322-125. Plats 8-20 €.* Un p'tit resto sur le port proposant une cuisine sans prétention mais bien moins chère que dans la vieille ville. Salade de poulpe, risotto noir ou copieux steak « Montenegro » sont servis sur une agréable terrasse, au bord de l'eau. Un bon plan pour qui veut fuir la foule et déjeuner au calme. Patron adorable.

|●| *Luna Rossa* (plan B1, 22) : *sur la jolie place à côté du Musée maritime.* ☎ *322-458. Plats 9-22 €.* C'est le resto de l'hôtel *Montecristo*, plutôt chic mais qui propose des plats pour tous budgets, à base de produits de qualité, cuisinés avec soin et joliment présentés. L'une des meilleures options intra-muros pour le soir également, d'autant que la terrasse bordée de palais vénitiens, superbement éclairés, est romantique à souhait. Ambiance sonore jazzy apaisante de l'*Evergreen* voisin et service efficace autant que gentil. Et ici, pas de rabatteurs !

|●| *Bastion 1* (plan B1, 23) : *à la porte nord de la vieille ville, quasiment au pied des escaliers qui montent au bastion Saint-Jean.* ☎ *322-116. Plats 7-16 € ; poisson plus cher.* Installé sur une place tranquille au pied d'une fontaine, ce resto propose des plats simples et classiques du genre risotto et pâtes. Rien de très élaboré et de qualité très variable quand on monte en gamme.

|●| *Galion Restoran* (hors plan par A3, 24) : *sur le port, après le Galerija.* ☎ *325-054. Plats 11-22 €.* Un resto élégant à la déco contemporaine. On s'installe sur une superbe terrasse en teck posée sur l'eau ou dans la salle toute vitrée. Tout est beau (même les toilettes !), chic et cher. On y mange essentiellement du poisson, fort bien préparé et joliment présenté, avec quelques inspirations nordiques (le chef est suédois). Impressionnante liste de vins (150 références !). Superbe vue sur le port, la vieille ville et la muraille.

Où manger dans les environs ?

|●| *Stari Mlini* : *à Ljuta, à 8 km sur la route de Perast.* ☎ *333-555. Plats 15-22 €.* Très belle maison de 1670, bien restaurée, avec terrasse posée au cœur d'une végétation luxuriante entourée d'une petite rivière qui fait tourner une roue à aubes. Spécialités monténégrines, dont le fromage local conservé dans l'huile dans des jarres anciennes. Vraiment classe mais encore abordable.

À voir

🗝🗝🗝 *La cité médiévale* : joyau de la baie, Kotor a été magnifiquement préservée. L'impressionnante muraille qui l'entoure, longue de 4,5 km, haute de 20 m et dotée d'une dizaine de bastions, grimpe sur le flanc abrupt du mont Lovčen. Une petite muraille de Chine, toutes proportions gardées, évidemment. La visite de la vieille ville est un enchantement si on fait obstruction du flot touristique excessif, dû en partie aux énormes paquebots de croisière qui y font escale pour la journée. 3 portes seulement pour y accéder.

🗝🗝 *La place d'Armes* (od Oružja trg ; plan A1) : c'est la place principale de la ville. Accès par la porte ouest, face à la baie, ou *porte de la Mer* (XVIe s). Relief gothique du XVe s sous le porche. Sur la place, grosse tour à horloge modifiée par

458 | **LE SUD DE LA DALMATIE / EXCURSION AU MONTÉNÉGRO**

les Français lors de l'occupation napoléonienne. Avant 1602, cette tour était un lieu de torture, d'ailleurs une pyramide (aujourd'hui reconstituée) servait de pilori pour punir les condamnés. De gauche à droite de la place, le *palais du Prince* (XVIe-XIXe s), l'*ancienne mairie* (XVIIIe s), connue aussi sous le nom de *théâtre de Napoléon*, l'*arsenal vénitien* (XVIIIe-XIXe s), et enfin le *palais Bizanti* sur la droite, dans lequel se trouve la poste, du nom d'un commandant de galère ayant péri contre les Turcs pendant la bataille de Lépante (1571).

🦎 *La place de la Farine* (pjaca od Brašna ; plan A2) : en y allant par la rue qui part à droite du palais Bizanti, jeter au passage un œil aux modestes palais Pima et palais Buća. L'influente famille Buća, dont un des membres fut ambassadeur de la cour serbe auprès de la Couronne française, fut autorisée par cette dernière à incorporer la fleur de lys dans son blason, comme en témoigne la façade de cet édifice.

🦎🦎 *La cathédrale Saint-Tryphon* (katedrala Sv. Tripuna ; plan A-B2) : *sur la place du même nom (rien à voir avec le professeur Tournesol !). Tlj 9h-19h (17h mai, 18h oct-nov, 15h en hiver). Entrée : 2,50 €.* La cathédrale est le principal édifice religieux, reconstruite maintes fois à cause des séismes. Son histoire est plus passionnante que son architecture d'aujourd'hui. On raconte qu'au IXe s un bateau en difficulté trouva refuge dans le port de Kotor. Il transportait la tête et les reliques de saint Tryphon, martyr chrétien persécuté et décapité par les Romains au IIIe s. Les habitants de la cité, qui cherchaient à ce moment-là un protecteur, en profitèrent pour acheter le tout ! La cathédrale, de style roman avec des éléments gothiques et baroques, a connu une histoire mouvementée : construite au XIIe s sur les bases d'une église plus ancienne, elle a été en grande partie détruite par le séisme de 1667, particulièrement violent, qui mit à bas les 2 tours-campaniles, aussitôt reconstruites. Le *ciborium* (baldaquin en pierre sculptée), de style gothique, est l'une des plus belles pièces de l'édifice, derrière, superbe retable en argent doré datant de 1445. Voir aussi le sarcophage d'Andrea Saracenis qui fut à l'origine de l'achat des reliques et de l'édification de la 1re église. Enfin, à l'étage, une chapelle en marbre rose de Carrare abrite les fameuses *reliques* du saint, sa « tête glorieuse » et un coffre argenté du XVe s, puis un *musée d'art religieux,* réparti sur 2 salles séparées par un passage extérieur entre les tours.

🦎 *Le palais Drago* (palata Drago ; plan A-B2) : *à côté de la cathédrale.* Ne se visite pas mais ne pas manquer la jolie façade du palais de la famille Drago, une des grandes familles de Kotor à l'époque de sa splendeur. Bel exemple de fenêtre gothique. Notez que le blason des Drago est un... dragon.

🦎🦎 *Le Musée maritime* (palais Gregorina ou Grgvrina ; plan B1) : *trg Bokeljske Mornarice.* ☎ *304-720.* ● *museummaritimum.com* ● *Juil-août, lun-sam 8h-23h, dim 10h-16h ; en mi-saison, lun-sam 8h-18h, dim 9h-13h ; nov-mars, lun-ven 9h-17h (12h w-e). Entrée : 4 €, audioguide compris ; réduc.* Repérable à ses 2 canons et 2 ancres posées devant, le musée est installé dans un palais baroque du XVIIIe s construit en pierre de Korčula et conçu sur le modèle des maisons vénitiennes. Sur 3 niveaux, il présente une importante collection de maquettes de bateaux anciens, tableaux, objets de navigation, costumes, bijoux, nombreuses armes à feu ciselées (or et nacre) et salons cossus reconstitués avec du mobilier de demeures patriciennes de Kotor. Au 2e étage, la marine de guerre et commerciale est abordée.

🦎🦎 *L'église Saint-Luc* (crkva Sv. Luka ; plan B1) : *tte petite, au centre de la place du même nom. En principe, tlj sauf dim 9h-19h.* Datant de 1195, elle a d'abord été utilisée pour le culte catholique avant d'héberger le culte orthodoxe lors de l'invasion turque au XVIIe s. Il y eut donc 2 autels jusqu'à l'occupation française du XIXe s ! Puis l'église devint culte orthodoxe à part entière. Nombreuses icônes de toute beauté, œuvres de l'école du peintre Dimitrije au XVIIe s.

DANS LES ENVIRONS DE KOTOR / PERAST | 459

✱✱ *L'église Saint-Nicolas (crkva Sv. Nikola ; plan A-B1) :* tlj 9h-20h. Cette grande église serbe édifiée au début du XXᵉ s sur le site d'un monastère dominicain du XVIᵉ s vaut une visite pour ses icônes des XVIIᵉ et XVIIIᵉ s.

✱✱ *La porte de la Rivière (plan B1) :* porte nord donnant sur un pont en pierre au-dessus de la rivière Skurda. Une église encore, celle de **Sainte-Marie** *(Sv. Marije od Rijeke)*, de style roman, remarquable pour son portail dont la porte en bronze sculptée retrace les saynètes d'une sainte locale qui a combattu les pirates de Barberousse. Derrière, joli porche en pierre surmonté d'un lion vénitien.

✱✱✱ ⬅ *La citadelle Saint-Jean (Sv. Ivan ; plan B2) : en empruntant les escaliers situés à la porte de la Rivière (porte nord) ou ceux au départ de la pl. od Salate au sud de la cathédrale. Entrée : 8 €. Prévoir 45 mn-1h de grimpette sans grande difficulté. Penser à prendre de l'eau !* Cet édifice accroché à 280 m de hauteur est le point culminant de la ville fortifiée, là où tout a commencé, puisque c'est ici que furent édifiées les 1ʳᵉˢ fortifications byzantines puis vénitiennes. On conseille de partir de l'entrée au sud de la cathédrale, la montée est moins abrupte et la vue panoramique non cachée par le mur de fortification. En 15 mn, on atteint la chapelle *Gospe od Zdravlja (Notre-Dame du Recours* ou *de la Santé)* qui offre déjà une vue exceptionnelle sur la baie. Les moins courageux peuvent redescendre par les escaliers étroits qui ramènent à la porte nord, tandis que les autres continueront la grimpette jusqu'à la citadelle *Saint-Jean* (compter environ 30 mn de montée sans risque). On félicite ceux qui en ont compté les marches : 1 503 !

Manifestation

– Le **carnaval** traditionnel issu de la Renaissance vénitienne est un des plus importants de la région. Il suit la Saint-Tryphon en février, mais est répété début août, afin d'être vu d'un plus grand nombre de visiteurs. Pas bête, après tout !

DANS LES ENVIRONS DE KOTOR

PERAST (85336)

Adorable village au bord de l'eau que l'on traverse en longeant la baie jusqu'à Kotor (sauf si l'on prend le bac). Perast est le village le plus ancien des bouches de Kotor (on y a trouvé des vestiges remontant à 3500 av. J.-C.). Il prit sa forme actuelle aux XVIIᵉ et XVIIIᵉ s et reste l'un des plus beaux exemples d'architecture baroque dalmate de la région avec ses nombreux palais et églises. Situé à la frontière de la République vénitienne et de l'Empire turc, Perast tira son épingle de cette position stratégique et périlleuse à la fois en développant la construction navale, militaire et commerciale. On y formait donc des officiers de marine et un *Bokelj,* comprendre un natif des bouches de Kotor, fut même amiral de la flotte baltique de Pierre le Grand, tsar de Russie.
– *Accès aux véhicules interdit dans le village. Parkings payants (2 €) aux entrées est et ouest.*
– *Accès possible de Kotor avec un petit bateau d'excursion de* Miki Travel, *qui fait halte sur l'îlot de Notre-Dame-du-Récif. De mi-avr à fin oct, départs à 12h et 14h du quai face à la porte de la Mer de Kotor. Retour 2h30 plus tard. Compter 15 €/ pers. Infos :* 📱 *069-233-163.* ● *montenegro-boatexcursions.me* ●

Où dormir ? Où manger ?

🏠 **Palace Matzurevitc** : *dans la ruelle derrière l'Hotel Admiral.* ☎ *373-525.* 📱 *069-551-000.* ● *perast-apartments. com* ● *Fermé déc-fév. Apparts 2-4 pers*

LE SUD DE LA DALMATIE

env 25-30 €/pers. CB refusées. Idéalement situé dans une ruelle au calme, ce palace, qui en a plus le nom que l'allure extérieure, abrite sur 3 étages de très spacieux appartements, à la déco sobre, bien équipés et tous avec vue sur mer (un peu réduite au 1er étage). Celui qui est tout en haut est carrément immense ! Bon accueil d'une gentille mamie qui ne parle que le monténégrin.

|●| *Konoba Školji :* au centre du quai. ☎ 069-419-745. Avr-oct, tlj midi et soir. *Plats 8-20 €.* Cette agréable petite auberge propose de bons plats locaux à des prix bien inférieurs à ceux pratiqués par ses concurrents qui possèdent un ponton-terrasse. Installé dans une jolie cour face à la mer, on déguste du poisson bien frais, de bonnes pâtes aux fruits de mer, du risotto ou une fameuse et énorme assiette d'agneau cuit lentement « sous cloche » au feu de bois. Service efficace et souriant. Un bon plan.

À voir dans le coin

🎥🎥 **L'église de Notre-Dame-du-Récif** (crkva Gospa od Skreplja) **:** sur l'îlot au milieu de la baie. La navette locale de la compagnie Dado (embarcadère près du musée) coûte env 5 €/pers l'A/R ; également taxi-boat mais plus cher. Avr-nov, tlj 9h-18h30. Accès gratuit à l'église, 1 € pour le musée. Parking payant également.
Cet îlot a été créé par les marins locaux au XVe s autour d'un simple rocher dans le but d'édifier une église pour honorer la Vierge qui serait apparue à deux d'entre eux. On utilisa les pierres locales mais aussi des épaves de bateau pour combler. Depuis, chaque 22 juillet, la date anniversaire de la fondation de l'église (en 1452), des barques locales remplies de pierres font cortège jusqu'à l'îlot pour y déverser leur contenu au crépuscule, perpétuant l'œuvre entreprise par leurs aïeux.
Notez en arrivant la forme ronde du clocher, assez unique sur la côte adriatique. Mais c'est bien sûr l'intérieur totalement baroque de l'**église** qu'il ne faut pas manquer. Tout de suite, c'est le superbe plafond et les nombreuses peintures qui frappent le visiteur. L'œuvre la plus précieuse est logée dans l'autel : c'est l'icône de la Madone du XVe s, objet du culte local dû au maître gothique Dobričević. Les 68 œuvres recouvrant les murs locaux de la nef et tout le plafond de l'église sont du peintre local autodidacte Tripo Kokolja (1661-1713). Son style évolua au fil du temps, comme on le voit en passant des grandes compositions murales inspirées de l'Ancien Testament à la réalisation de certaines peintures du plafond inspirées des Évangiles selon saint Luc et saint Thomas. Les quelques ex-voto en argent encore présents dans le chœur de l'église sont l'œuvre d'ateliers de Kotor entre les XVIIe et XIXe s.
Dans la sacristie, un **petit musée** présente quelques vestiges archéologiques, objets religieux et votifs. Enfin, à l'étage, la **salle des Réconciliations**, recouverte de tableaux sur le thème de la marine, servait à régler discrètement les conflits locaux.
Avant de repartir, on pourra apprécier la pittoresque **île Saint-Georges** voisine, qui ne se visite pas. Sa petite abbaye bénédictine encadrée de cyprès est très photogénique.

🎥 **Le musée d'Histoire locale** (muzej grada Perasta) **:** sur le quai de Perast, dans le beau palais Bujovic construit en 1694. Tlj 9h-20h juil-août, 18h en mi-saison, 15h en hiver. Entrée : 2,50 € ; réduc. Beau portique à arcades. À l'intérieur, un autoportrait de Tripo Kokolja, dont on retrouve les peintures à Notre-Dame-du-Récif (lire plus haut). Œuvres marines, collection d'armes, documents d'époque, costumes, etc., provenant des collections des notables et armateurs locaux. Pas inintéressant mais sans aucune explication, la visite nous a laissés sur notre faim.

🎥🎥 **Les mosaïques romaines de Risan** (Rimski mozaici) **:** à **Risan**. ☎ 371-233. ● risanmosaics.me ● À env 3 km après Perast, en longeant la baie, à droite de l'église Saints-Pierre-et-Paul à l'entrée du village. Tlj 8h-20h de mai à mi-sept,

18h ou 19h en mi-saison, 15h en hiver. Entrée : 3 € ; gratuit moins de 12 ans. Fiche explicative en français. En bordure du centre ancien de ce gentil village endormi, ces superbes mosaïques d'une villa romaine remontent à la fin du IIe s apr. J.-C. Protégées par une structure métallique, elles composent les 7 salles qui entourent un atrium central. 4 d'entre elles ont été superbement restaurées en 2007. Dans la salle n° 5 (la salle à manger), de beaux motifs géométriques et floraux entrelacés avec dans chaque coin des calamars aux tentacules qui se terminent en feuille de vigne, dans la salle n° 7, la plus importante, représentation rarissime du dieu grec du sommeil *Hypnos* (*Somnus* chez les Romains), un beau jeune homme ailé qui se repose en s'appuyant d'une main sur un coussin. Les fouilles sont encore en cours dans 2 autres salles.

HOMMES, CULTURE, ENVIRONNEMENT

BOISSONS

En signe d'hospitalité, on vous proposera toujours de boire un petit quelque chose et, vous le verrez, les Croates adorent buller aux terrasses des cafés.

– **Le café et le thé :** en fin de repas, comme dans toutes les petites pauses de la journée, l'habitude est de prendre un café. Si tous les restaurants et les cafés sont équipés de machine à *espresso*, en revanche, le *café turc (turska kava)* reste la coutume à domicile. Les variations sur la préparation du café sont nombreuses et l'on peut, outre les cappuccinos, commander un *kava sa šlagom*, café à la crème fraîche fouettée ! Les amateurs de thé se verront souvent proposer des thés fruités qui ressemblent plutôt à des infusions. Pour éviter cela, demander du *ruski čaj*.

– **Les jus de fruits :** si *sok* (pluriel *sokovi*) est le terme général pour les sirops ou jus de fruits, *djus* désigne le jus d'orange ; le mot n'est qu'un anglicisme (adaptation de *juice*), et les puristes préfèrent *sok od narandze*. Quant au *gusti sok*, c'est l'appellation pour les jus de fruits épais, et plus précisément un nectar de pêche ou d'abricot.

– **Le vin :** la plupart des régions de Croatie en produisent. Le long de la côte adriatique et sur les îles, on trouvera le *postup* ou le célèbre *dingač*, tous les 2 de la presqu'île de Pelješac, le *crljenak kaštelanski* de la région de Kaštela, ou encore le *teran* d'Istrie. Ce sont souvent des vins rouges corsés, mais le *prošec* de la région de Hvar et de Dubrovnik est un vin d'apéro sucré, tandis que le *plavac* (toujours à Hvar) se décline également en blanc. Du côté des vins blancs, justement, signalons le *malvazija* (en Istrie), le *pošip*, le *grk* (tous 2 de Korčula, mais le 2ᵈ est nettement meilleur), le *bogdanuša* (Hvar), le *kujundžuša* et la *žlahtina* et le *muškat*. En Slavonie orientale, le vin blanc est le vin dominant, comme le *traminac* ou le *kutjevačka graševina*. Attention, ne faites pas de crise cardiaque en voyant les Croates couper leur vin avec de l'eau plate ou pétillante, c'est très courant par ici ! On appelle *gemišt* le vin blanc coupé d'eau gazeuse et *bevanda* le vin rouge coupé d'eau plate. Il n'est pas inutile non plus de savoir que, sur l'étiquette, *vrhunsko vino* indique que l'on a un vin supérieur en qualité à, justement, un *kvalitetno vino*.

– **La bière :** les plus consommées sont 2 blondes, l'*Ožujsko pivo* et la *Karlovačko pivo*. On en trouve souvent à la pression ; de nombreuses brasseries locales existent dans le pays.

– Enfin, et surtout, vous pourrez déguster en apéritif ou en digestif, pour accompagner votre café, différentes sortes d'**eaux-de-vie** (*rakija*) – celle à base de prune (*šljivovica*) ou celle à base de raisin (*lozovača*) – ou encore un **marc de raisin** aromatisé aux herbes médicinales (*travarica*). À la vôtre : *Živjeli !*

CUISINE

Les habitudes alimentaires diffèrent selon les régions, mais, d'une manière générale, on prend un gros petit déj le matin vers 9-10h, après s'être souvent contenté d'un café au réveil ; le déjeuner, quant à lui, se prend vers 14-15h, beaucoup de Croates travaillant en journée continue.

Bien évidemment, la cuisine en Croatie reflète les différentes influences qu'a connues ce pays au cours des siècles. Elle comprend donc plusieurs traditions gastronomiques, reflet des apports des habitudes culinaires austro-hongroises, ottomanes ou méditerranéennes. *Dobar tek !* (« Bon appétit ! »)

Le paradis des carnivores

De manière générale, on peut dire qu'il ne fait pas bon être végétarien en Croatie, tant la viande est appréciée et partie intégrante de tous les repas. Elle peut être mangée grillée, comme l'attestent les agneaux *(janje)* ou porcs *(odojak)* entiers qui dorent sur les broches des restaurants de bord de route. Mais elle est également souvent panée *(pohana)*. La *svinjetina* est la viande de porc grillée ou rôtie. Les Croates mangent leur viande très cuite et il est difficile d'expliquer qu'on la souhaite saignante (le terme n'existe pas vraiment en croate).
Les influences culinaires austro-hongroises ont particulièrement marqué le nord de la Croatie, où l'on retrouve des viandes panées mais aussi du goulasch *(gulaš)*, du chou farci *(sarma)*, plat d'hiver par excellence, ou mariné *(kiseli kupus,* littéralement « le chou aigre », ingrédient de la *sarma*). En Slavonie, la spécialité est la charcuterie, avec de nombreuses saucisses *(kobasice)*, dont la fameuse *kulen,* une sorte de saucisson proche du salami. Dans la région de Zagreb, on prépare des *štrukli,* petits feuilletés au fromage cuits à l'eau.
La Dalmatie et l'Istrie sont des régions bien connues pour leurs jambons fumés *(pršut)*. Signalons également les nombreux restaurants proposant, sur réservation uniquement, les plats de viande (et parfois de poulpe) cuits « sous cloche », c'est-à-dire à l'étouffée, ce qui se dit *peka* en croate. Il faut parfois être 4 personnes minimum et avoir commandé à l'avance.

Mais si, les poissons ont la cote !

En Istrie et en Dalmatie, la cuisine est logiquement à tendance méditerranéenne. Sur la côte et dans les îles, le poisson est évidemment un aliment incontournable, même s'il demeure la denrée la plus chère (le plus souvent facturé au poids). Quand il n'est pas tout simplement grillé, il peut être cuisiné en *brodet* (ou *brudet*), un ragoût de poisson, ou en *gregada,* sorte de bouillabaisse locale, 2 plats que l'on retrouve surtout dans les îles dalmates. Les plats à la *buzara* désignent une préparation à base de vin blanc et d'huile d'olive. Les calamars *(lignje)* sont consommés sous différentes formes : grillés *(na žaru),* frits ou farcis *(punjene)*. Ils peuvent également entrer dans la composition du risotto *(rižoto).* On vous proposera aussi des crevettes *(gambori)* et, sur le littoral, les fruits de mer (coquillages : *školjke ;* moules : *mušule* ; huîtres : *kamenice)* sont à l'honneur.

Les restes de l'Empire ottoman et de l'occupation italienne

Enfin, comme dans le reste des Balkans, les influences ottomanes ont laissé des traces et, pour un petit casse-dalle, vous pourrez manger des *ćevapčići* (petites boulettes de viande hachée avec des oignons), des *ražnjići (shish kebab),* c'est-à-dire des brochettes, ou encore des *burek,* feuilletés parfois fort gras au fromage *(od sira)* ou à la viande *(od mesa)*. Dans la région de Klis, soit l'arrière-pays de Split, on mange de l'agneau à la broche accompagné seulement d'oignons frais, de pain et de vin, une coutume culinaire remontant à l'époque ottomane. En Istrie, l'influence est plutôt italienne. Tous les restos proposent des

---

FRANCUSKA SALATA

La Macédoine a beau avoir été une composante de l'État yougoslave, en Croatie, la macédoine de légumes est appelée « salade française ». En Serbie voisine, affinité oblige, c'est une salade... russe, et pour ne fâcher personne sans doute, en Roumanie, c'est une salade... orientale !

spécialités de pâtes et gnocchis, notamment les *fuži,* de petites pâtes fraîches finement roulées. Nombreuses pizzerias également, servant des pizzas à la pâte fine, à la mode napolitaine.

Condiments, fromage et dessert

Parmi les petites denrées ou condiments que l'on retrouve dans toutes les régions de Croatie et d'ex-Yougoslavie se trouvent l'*ajvar*, une purée de poivron et aubergine qui accompagne toutes sortes de plats ou les poivrons farcis *(punjene paprike)*. Le *sirni* est, quant à lui, un fromage frais, qui peut être parfumé aux poivrons ou aux herbes, que l'on tartine *(namaz)*. Enfin, sachez qu'une bonne cuisinière n'oublie jamais d'utiliser du *Vegeta*, un mélange tout prêt d'aromates déshydratés, auquel on préférerait sans doute du thym sauvage, mais qui fait ici l'unanimité !

> **LE PAIN D'ÉPICE À L'UNESCO !**
>
> *La tradition du pain d'épice, venant des monastères, remonte au Moyen Âge. En forme de cœur, ces friandises ont toujours la même recette et sont fabriquées surtout dans le nord-est de la Croatie, lors des fêtes. Désormais inscrite par l'Unesco sur la liste du Patrimoine culturel immatériel de l'Humanité, cette tradition séculaire ne risque plus de disparaître. Bizarrement, en Alsace, on fabrique aussi des pains d'épice en forme de cœur, pour Noël. Qui a copié ?*

Les amateurs de fromages pourront en déguster différentes sortes. Sur les marchés, vous trouverez du fromage blanc épais *(svježi sir)* vendu dans de petits sacs en plastique et qui se mange le plus souvent salé et poivré, accompagné d'une salade. Le fromage de brebis de l'île de Pag, le *paški sir,* est le plus réputé des fromages secs. C'est toutefois dans l'art des pâtisseries que les différentes influences se font le plus sentir. Ainsi, sur les rayons des *slastičarne* (pâtisseries), vous trouverez souvent côte à côte des gâteaux crémeux d'inspiration autrichienne et des gâteaux orientaux dégoulinant de miel et de noix. Bien difficile de choisir parmi les spécialités proposées dans les vitrines, où les *kremšnite* (gâteaux à la crème) rivalisent avec les *savijače* (sortes de strudels) et les *baklave* (baklavas), etc. La *rožata* est une sorte de crème brûlée, spécialité de Dubrovnik et de Hvar. Les Croates sont aussi de très gros consommateurs de glaces *(sladoled)*.

ÉCONOMIE

La Croatie est depuis la fin de la guerre dans une longue période de transition. Exit l'autogestion et l'économie planifiée, voici venu le temps du libéralisme et de l'Union européenne. Aujourd'hui, avec environ 8,5 % de chômage officiel (il a beaucoup baissé), un PIB annuel par habitant d'environ 13 000 €, et une dette publique estimée à 80 % du PIB, même si la Croatie est encore loin d'avoir tous les indicateurs au vert, elle se rapproche petit à petit des standards de ses voisins d'Europe occidentale. Pourtant la crise était passée par là : entre 2009 et 2015, la Croatie a connu 6 années de récession. Son activité économique s'est contractée de 12 %. N'oublions pas que la Croatie a dû faire face, en moins de 20 ans, à un conflit armé sur son territoire, aux transformations dues à la fin du système d'autogestion (nombreuses privatisations) et à l'éclatement de l'espace économique yougoslave. Bilan alourdi par le coût de 5 ans de guerre – estimé à 37 milliards de dollars –, la destruction de nombreuses infrastructures et habitations, l'occupation pendant 5 années d'un quart du territoire croate, 500 000 réfugiés, 50 000 blessés et 15 000 morts.

La Croatie est membre de l'Union européenne depuis le 1er juillet 2013. Les citoyens de Croatie y ont vu un mariage de raison plus que d'amour : si l'appartenance à l'UE apparaît comme une promesse de développement, elle inquiète aussi en raison du grand nombre de contraintes à venir... L'économie croate, marquée par une productivité faible et un manque d'investisseurs étrangers, était fortement subventionnée, du moins soutenue par l'État, et Bruxelles ne tolère pas cela... Par exemple, les 5 chantiers navals que comptait la Croatie ont dû être privatisés à la va-vite : concrètement, ils ont plutôt été bradés (il faut dire qu'ils étaient en déficit chronique) et les licenciements ont été nombreux. L'agriculture paie aussi un lourd tribut à la doxa européenne. Les subventions nationales ont été supprimées, sans que la politique agricole commune de l'UE ne vienne compenser le manque à gagner. D'autre part, l'intégration européenne a rendu caducs les traités commerciaux régionaux passés avec les voisins de la Croatie, avec pour effet immédiat des exportations moins compétitives, en raison de l'application de nouveaux droits de douane. Reste les fameux fonds structurels et autres aides (environ 11 milliards jusqu'à 2020), que l'Union distribue aux nouveaux entrants pour leur permettre d'investir dans la modernisation de leurs infrastructures. Mais ces fonds ne sont versés qu'en cofinancement, l'État croate doit mettre la main à la poche pour que l'Union ouvre le porte-monnaie. Mais, puisque Bruxelles exige de la Croatie qu'elle baisse ses dépenses (chère austérité), l'État n'investit pas, et les fonds européens restent bloqués. De toute façon, pour recevoir des fonds, il faut entrer dans les clous des sacro-saints critères de convergence, à savoir maintenir son déficit public en dessous de 3 %. Or, celui de la Croatie avait dépassé cette limite en 2014 et 2015.

En 2014, la Croatie a donc été placée sous surveillance pour « déficit excessif » et se voit sommée d'accélérer le démantèlement de son État providence (assouplissement du marché du travail, réforme de la protection sociale et des retraites, etc.). Cette PDE (« procédure de déficit excessif ») a été levée en 2016.

Beaucoup de chômeurs ne reçoivent pas d'indemnisation, ou alors celle-ci est très faible. Le retard de paiement des salaires et des retraites n'est pas rare. Alors, on se débrouille en cumulant des petits boulots, souvent sur le marché parallèle, en vendant des légumes du jardin... En misant aussi sur le tourisme, qui a dépassé le niveau d'avant-guerre, avec désormais plus de 18 millions de visiteurs. Le tourisme compte désormais pour environ 25 % du PIB. Au hit-parade des nationalités, les touristes allemands (près d'un quart des touristes à eux seuls) devancent les Italiens, les Slovènes, les Autrichiens, les Tchèques, les Hongrois et les Français (environ 500 000).

ENVIRONNEMENT

Les amoureux de la nature sont servis. Outre la diversité des paysages qui stupéfie tous les visiteurs, la Croatie possède 8 parcs nationaux, tous plus étonnants les uns que les autres. Le plus connu est sans aucun doute celui des lacs de Plitvice. Seize lacs sont reliés entre eux par des chutes d'eau au sein d'un plateau karstique. Ouvrez les yeux lors de vos promenades car y demeureraient des ours bruns et des loups gris !

Les retenues et chutes d'eau, c'est aussi ce qui émerveille dans le parc national de la Krka, où la rivière creuse le plateau karstique de l'arrière-pays de Šibenik, créant cascades et lacs. Dans les montagnes au nord de Rijeka se trouve le parc national de Risnjak. Au nord du massif du Velebit, le parc national du sjeverni Velebit (Velebit septentrional) comprend les plus hauts sommets du massif karstique.

Paklenica est l'autre parc national de la chaîne du Velebit. Les 2 gorges Velika Paklenica et Mala Paklenica sont creusées dans le karst du Velebit. Au sommet des falaises qui les surplombent viennent se poser vautours griffons et faucons pèlerins.

La côte regorge aussi de sites protégés : l'archipel des Kornati, chapelet de 89 îles regroupées sur 300 km², est en majeure partie classé parc national. Ces îles pelées au milieu des eaux cristallines sont inhabitées. Le parc national de Mljet englobe depuis 1960 un tiers de l'île du même nom au sud de la Dalmatie. De quoi être stupéfié par ces « lacs » d'eau salée au cœur d'une végétation de pins d'Alep et de jasmin. Outre les parcs nationaux, la Croatie possède 10 parcs naturels, principalement des espaces de montagnes. L'un d'eux a été touché par la guerre, sur le front de la Slavonie orientale occupée par l'armée fédérale yougoslave : la réserve ornithologique de Kopački rit, parc naturel depuis 1967. C'est une large zone de marécage entre le Danube et la Drave, où vivent toujours des centaines de cormorans, hérons cendrés, cigognes et pygargues à queue blanche.

Les eaux transparentes de l'Adriatique en laisseront plus d'un bouche bée. Outre les holothuries noires, vulgairement appelées « concombres de mer », et oursins que vous ne louperez pas, vous croiserez des sars, rougets...

Vous remarquerez aussi que les habitants de Croatie prennent soin de leur environnement, et il est rare de se retrouver dans un lieu sauvage couvert de sacs en plastique. Toutefois, la décision, en décembre 2018, d'autoriser la prospection et l'expoitation du gaz de schiste sur 1/3 du territoire, risque de nuire à l'image du pays... et à la sérénité de la Croatie intérieure.

GÉOGRAPHIE

La variété des paysages dans un pays aussi petit que la Croatie est sans doute ce qui émerveille le plus les visiteurs. Vaste de 56 594 km², le pays forme un long croissant étiré autour de la Bosnie-Herzégovine.

La région pannonienne se compose des vastes plaines de la Drave et de la Save. D'argile et de lœss, ce sont des régions très fertiles. Les champs de maïs et de blé s'étalent sur des kilomètres. La Slavonie, vaste plaine agricole s'étendant à l'est de la capitale, est limitée au nord par

LA NAISSANCE DES ÎLES CROATES

La particularité de la côte croate est la multitude d'îles qui la bordent (1 246 exactement, mais on a compté chaque îlot, jusqu'aux récifs !). Ces îles se sont formées à la fin de la dernière glaciation lorsque la mer a fini par envahir les zones montagneuses. Les sommets se sont alors transformés en îles séparées par des chenaux de mer turquoise, ce qui explique leur forme allongée et parallèle à la côte.

la Drave, au sud par la Save et à l'est par le Danube. La Croatie centrale est une région vallonnée ou de plaines, qui regroupe, notamment autour de la capitale, Zagreb, les régions du Zagorje (nord) et du Meimurje.

Les zones montagneuses sont constituées par les Alpes dinariques. Au nord, le Gorski kotar, au sud, le plateau de la Lika avec de vastes *polja*, des affaissements qui forment de petits plateaux. La chaîne du Velebit, qui culmine à 1 700 m, sépare le littoral de l'arrière-pays. Toutes ces régions sont des zones karstiques. Le karst est un relief particulier de roche calcaire érodée par l'eau. On y trouve une sorte de phénomène géologique étonnant : les *dolines*, affaissements circulaires au milieu des champs. Elles apparaissent en groupe, plusieurs dolines formant un *uvala*. Les amateurs de lapiaz (un sol déchiqueté en raison du ruissellement des eaux de pluie dans les roches calcaires) et de grottes seront aussi émerveillés, notamment dans le massif du Velebit.

Enfin, sur le versant adriatique des Alpes dinariques, on trouve une étroite bande de littoral densément peuplée, le Primorje, l'une des zones les plus touristiques du pays d'où émergent les îles croates. Les plus grandes sont les îles de Krk, Cres, Brač, Hvar et Korčula.

HISTOIRE

Les 1ers habitants

Des tribus indo-européennes (les *Illyriens* – Histres, Dalmates, Liburnes) seraient venues s'installer à l'âge du bronze. Au IVe s av. J.-C., les Celtes se mêlent aux Illyriens, suivis des *Grecs,* qui établissent des comptoirs dans des îles au sud de la Dalmatie. Puis c'est au tour des *Romains* d'arriver sur la côte. Ils soumettent les Illyriens au début du Ier s de notre ère. Ces territoires prennent le nom de « provinces romaines de Dalmatie ».
Après la chute de l'Empire romain d'Occident en 476, les territoires de la Croatie actuelle sont envahis par les Germains, les Wisigoths, les Lombards et les Huns, puis passent sous l'autorité de Byzance.

L'arrivée des Croates

Au début du VIIe s, c'est au tour des Slaves de migrer des Carpates vers le sud. Parmi ces différents peuples : les *Croates.* On pense qu'ils venaient du nord de l'Asie centrale après avoir fait une halte autour de Cracovie, région de la Pologne actuelle, autrefois appelée Croatie blanche. Lors de leur arrivée, les populations romanisées se réfugient dans les villes côtières, laissant aux nouveaux venus l'arrière-pays. Ils se mélangent peu à peu.
Dès le début du VIIIe s se développent des formes primitives d'États, des banats (duchés). La conversion au christianisme s'effectue à cette époque, la première des peuples slaves.
L'empire d'Occident, avec à sa tête Charlemagne, et l'empire d'Orient se disputent la Dalmatie. L'accord d'Aix-la-Chapelle de 812 divise le territoire. Les villes du littoral, au sud de Zadar, restent sous la domination de Byzance, tandis que les duchés sont rattachés à la sphère d'influence de l'empereur franc.

Le royaume croate

Le prince Tomislav est l'un des 1ers personnages célèbres de Croatie. En effet, il est parvenu, au cours de son règne (925-928), à rétablir l'unité du littoral et de l'arrière-pays après avoir vaincu les Hongrois et les Bulgares. Il établit la frontière nord du pays sur la Drave. Mais l'unité ne dure pas, et il faut attendre Petar Krešimir IV (1058-1074) pour que le pouvoir royal se consolide à nouveau. Ce prince conquiert des territoires entre la Save et la Drave.
Dmitar Zvonimir (1076-1089), roi de Croatie et de Dalmatie, annexe, quant à lui, les territoires de la Croatie byzantine. Une courte période de paix et de prospérité ! Mais, le roi n'ayant pas d'héritier, Il faut régler la question par un accord avec la dynastie hongroise régnante. C'est le début de *8 siècles de relations étroites entre la Hongrie et la Croatie.* Le roi de Hongrie est reconnu souverain légitime de Croatie et de Dalmatie dont il nomme le ban (sorte de vice-roi). La domination hongroise va de pair avec la mise en place du système féodal dans le pays.

La Croatie entre la Hongrie, Venise et l'Empire ottoman

La période qui va suivre est marquée une fois encore par la division entre le littoral et l'arrière-pays. Une nouvelle puissance s'affirme dans la région : *Venise,* qui achève en 1205 la conquête de toute la côte adriatique et des îles. Raguse (l'actuelle Dubrovnik) reste hors de portée de Venise.
À partir du XVe s, c'est d'Orient que vient la menace principale avec l'avancée de l'Empire ottoman, qui conquiert la Bosnie en 1463. Après la bataille de Mohacs (1526), c'est Ferdinand Ier de Habsbourg qui devient roi de Hongrie et de Croatie. Cette bataille permet aux Turcs de soumettre Buda, mais pas Zagreb. Les territoires de Croatie sont toutefois bien restreints, puisque le royaume n'est plus que

le tiers de ce qu'il était. C'est à cette époque que s'illustrent les haïdouks (hajduk), ces bandes de brigands qui résistèrent aux Ottomans.

Pour empêcher l'avancée ottomane, les confins militaires sont créés. Il s'agit d'une longue bande de territoire à la frontière de ce qui est aujourd'hui la Bosnie, laquelle, depuis 1630, possède un statut spécifique dans le but d'attirer – par une exemption fiscale notamment – le plus possible de réfugiés chrétiens fuyant l'Empire ottoman. C'est de cette époque que date l'installation de Serbes en Croatie dans les régions de Lika et de Banija. Ces confins militaires sont placés sous administration autrichienne,

DERRIÈRE LA CRAVATE

Pendant la guerre de Trente Ans (1618-1648), des hussards croates combattaient aux côtés des Français. Un détail vestimentaire les distinguait : les femmes de ces cavaliers avaient coutume de leur offrir, avant leur départ, un foulard qu'ils nouaient autour de leur cou, afin qu'ils se souviennent d'elles. La mode de la hrvat (« cravate » en français) fut d'abord lancée chez les officiers français puis arriva à la cour de Louis XIV.

même s'ils font officiellement toujours partie du territoire de la Croatie. Après l'échec du siège de Vienne en 1683 par les Ottomans, les victoires des armées de l'Empire habsbourgeois permettent à la Croatie de récupérer une partie de ses terres. Le *traité de Karlowitz* (1699) établit les frontières de la Croatie sur ce qui constitue grosso modo l'actuelle frontière bosniaque.

L'absolutisme habsbourgeois et les provinces illyriennes

Au XVIIe s, l'*absolutisme dit « éclairé »* des Habsbourg entraîne le mécontentement de la noblesse croate. Sous Marie-Thérèse (1740-1780), la politique centralisatrice se traduit par la suppression du Parlement de Croatie. La politique de modernisation s'accompagne aussi d'une volonté de germanisation de l'administration... Commence alors une longue période de résistance linguistique.

C'est à cette époque qu'entre en jeu la **France napoléonienne.** Les 2 républiques marchandes de Venise et de Raguse disparaissent. Napoléon unifie alors l'espace croate au sud de la Save sous le nom de **« provinces illyriennes »**. Ces provinces n'existeront que de 1809 à 1813, mais cette période est marquée par une grande modernisation des infrastructures, une pénétration des idées de la Révolution française, des réformes économiques et juridiques et surtout la promotion des langues locales, notamment dans l'éducation. Suite aux traités de Vienne (1815), la plupart des territoires croates se retrouvent de nouveau sous l'autorité austro-hongroise.

La renaissance nationale

Cette période glorieuse pour la Croatie consacre le développement d'un **mouvement national croate,** appelé « illyrien », qui propose une **union de tous les Slaves du Sud** et permet notamment un certain rapprochement des langues écrites serbe et croate.

Toute la région est en ébullition, et le « Printemps des peuples » de 1848 touche particulièrement la Hongrie voisine. L'empereur d'Autriche désigne comme ban de Croatie le **baron Joseph Jelačić,** un homme connu pour ses sympathies pour le mouvement illyrien mais fidèle officier autrichien. Le personnage est perçu par les Croates comme un héros national. C'est sous son mandat que le *Sabor* (Parlement) adopte les « demandes du peuple », programme du mouvement national qui abolit le servage, réunifie les terres croates (Dalmatie, Croatie et Slavonie) et instaure le croate comme langue officielle à la place du... latin ! Mais, dans le même temps, le baron Jelačić s'engage aux côtés de Vienne pour écraser la révolution hongroise. Ce loyalisme envers Vienne ne sera

pas récompensé par une plus grande autonomie comme il l'espérait. Bien au contraire, les institutions croates sont supprimées en 1850.
L'empereur François-Joseph établit en 1867 le dualisme austro-hongrois. La Croatie est une **nation politique à l'intérieur de la Hongrie** (un « royaume » de Croatie-Slavonie est créé). Mais, une fois de plus, les terres croates sont divisées : l'Istrie, la Dalmatie et les Confins restent sous administration de Vienne, la Slavonie et la Croatie centrale sous administration hongroise.
La fin du XIXe s voit la naissance de plusieurs partis politiques dont les options divergent. La mouvance illyrienne revendique l'union des Slaves du sud d'Autriche-Hongrie (Slovénie, Croatie, Bosnie et Voïvodine). D'autres souhaitent la création d'un État croate indépendant. La *coalition croato-serbe* (HSK), qui réunit plusieurs partis politiques croates et serbes de Croatie militant pour l'union et l'autonomie de tous les Slaves du sud de la monarchie remporte les élections de 1906 et conserve le pouvoir jusqu'en 1918.

Le royaume des Slovènes, Croates et Serbes, et la première Yougoslavie

En 1914, le déclenchement de la Première Guerre mondiale valut à la ville de **Sarajevo** une place de choix dans les livres d'histoire. L'*assassinat du prince héritier François-Ferdinand* par un jeune nationaliste serbe, Gavrilo Princip, plonge la région dans le conflit (entraînée par le jeu des alliances).
Au cours de ces 4 années de guerre, de nombreux Croates se rallient à l'idée de la nécessité d'un **État yougoslave** (Yougoslave signifiant « slave du Sud »). En 1918, le royaume des Serbes, des Croates et des Slovènes (royaume SHS) est créé dans l'urgence sous le sceptre des Karaorđević. Cet État comporte en fait la Slovénie, la Croatie, la Bosnie-Herzégovine, la Serbie, la Macédoine et le Monténégro. Mais l'Italie conserve, par le traité de Rapallo, d'importants territoires croates (Istrie, Kvarner, Zadar). Rijeka est proclamée ville libre, mais sera annexée par Mussolini en 1924. En 1921 est adopté le principe d'un État unitaire et centralisé dont la capitale est Belgrade. Toutes les voix discordantes sont réprimées, et le Parti communiste est interdit. Cette période est marquée par une opposition entre Belgrade et Zagreb où le Parti paysan de Stjepan Radić est le principal militant d'une décentralisation. En 1928, en plein Parlement de Belgrade, un élu du Parti radical serbe tire dans les rangs des députés : 2 morts et 3 blessés, dont Stjepan Radić, qui décède quelques jours plus tard. Ses funérailles se transforment en une manifestation massive contre l'hégémonie de Belgrade.
En 1929, le roi Alexandre supprime tout bonnement la Constitution et le Parlement. Le royaume prend le nom de **Yougoslavie**.
Sous l'influence des idéologues fascistes et nazis, certains groupes se radicalisent. Les **oustachis croates** choisissent l'option terroriste. Ils seront responsables, avec l'ORIM (Organisation révolutionnaire intérieure de Macédoine), de l'assassinat du roi Alexandre à Marseille en 1934.
Son successeur, le régent Paul, adhère en 1941 au pacte tripartite – accord de non-agression avec l'Allemagne nazie : un coup d'État militaire appuyé par la Grande-Bretagne s'ensuit.

La Yougoslavie dans la Seconde Guerre mondiale et « l'État indépendant croate » d'Ante Pavelić

La défaite de la Yougoslavie face à l'Axe est foudroyante. Le pays est alors littéralement dépecé. Allemagne, Italie, Hongrie et Bulgarie se servent.
Ce qui reste prend le nom d'« État indépendant croate ». Les frontières de cet État, proclamé le 10 avril 1941, comprennent la Croatie, sans l'Istrie et la Dalmatie (administrées par l'Italie), ainsi que toute la Bosnie-Herzégovine et une partie de la Voïvodine (Sirmie). Hitler et Mussolini décident de sous-traiter l'occupation de

la Croatie en faisant appel à un groupuscule d'ultranationalistes croates, les oustachis, dirigés par Ante Pavelić, qui est placé à la tête de l'État. Il prend le titre de *Poglavnik,* équivalent de Duce ou Führer !

Si l'attitude de beaucoup de Croates face au gouvernement de collaboration est restée réservée, l'existence d'un État, qui n'avait pourtant d'indépendant que le nom, fut applaudie par une majorité de ceux qui refusaient la dictature « grand serbe » de la première Yougoslavie. L'Église catholique fut la 1re à s'en féliciter et l'archevêque de Zagreb, Alojzije Stepinac, s'empressa de reconnaître le nouvel État avant de prendre ses distances et de condamner publiquement la législation raciste des oustachis.

Dès avril 1941 sont promulguées les *1res lois racistes.* Sont reconnus comme Croates les catholiques et les musulmans de Bosnie. Les Serbes, eux, se voient interdire l'accès à la plupart des institutions. Ils sont contraints, tout comme la population juive et les Roms, à porter des brassards. À cela s'ajoute la mise en place d'un système concentrationnaire. Le plus important de la vingtaine de camps créés sur le territoire est le *camp de Jasenovac.* Y sont déportés, de manière planifiée, Serbes, Juifs, Roms et Croates opposants au régime. Les chiffres du nombre de victimes dans ce camp sont encore aujourd'hui sujets de vives polémiques. Selon des historiens sérieux, le nombre de victimes du seul camp de Jasenovac serait de 85 000 au minimum (50 000 Serbes, 13 000 juifs, 12 000 Croates et 10 000 Roms).

La Résistance

2 réseaux de résistance se forment sur le territoire yougoslave. L'un d'eux est dirigé par le chef du Parti communiste yougoslave, le ***Croate Josip Broz, dit « Tito ».*** Il est rejoint par nombre de citoyens de Croatie (100 000 en 1943). Menant une véritable stratégie de guérilla, les partisans parviennent à créer des « zones libérées », chassant les forces allemandes et italiennes. Dans ces zones s'établissent de nouvelles formes de pouvoir fondées sur les « comités de libération nationale », qui parviennent à gagner un véritable soutien populaire. Tito crée en 1943 un gouvernement provisoire qui adopte le principe fédéral pour la Yougoslavie future.

Une autre résistance s'était déjà formée dès le début de la guerre : les tchetniks. Royalistes, anticommunistes et nationalistes, avec à leur tête des officiers de l'armée royale yougoslave, ils recrutent exclusivement parmi la population serbe et monténégrine.

Les alliances passées par les tchetniks, notamment avec les Italiens au Monténégro et en Dalmatie, et leurs actions concertées avec les forces d'occupation nazies en Bosnie, vaudront de sérieux revers aux partisans. Pourtant, en dépit de leur collaboration, les tchetniks, soutenus par le gouvernement serbe en exil à Londres, conservent l'appui des Britanniques jusqu'au début de l'année 1944.

La Libération

Les partisans entrent à Zagreb le 8 mai 1945 : Pavelić et ses collaborateurs fuient et se rendent aux troupes d'occupation anglaises en Autriche. « Rendues » à Tito, des dizaines de milliers de personnes seront alors massacrées. Pavelić, lui, parvient à s'enfuir et s'exile en Argentine, puis en Espagne franquiste !

Le nombre des victimes de cette région a été colossal. Plus de 1 million pour l'ensemble de l'ex-Yougoslavie (sur une population totale de 15 millions) dont environ 300 000 pour la Croatie et la Bosnie.

Dès la fin des années 1980, les propagandes récupéreront les symboles de la guerre et l'amalgame Croates = oustachis, Serbes = tchetniks reprendra de la vigueur. Les symboles de la Croatie indépendante de 1991, drapeau à damier rouge et blanc, nom de la monnaie nationale *(kuna),* seront directement importés de cette époque (mais ils avaient eux-mêmes été usurpés par les oustachis et, par la suite, diabolisés par le régime titiste !).

La Yougoslavie de Tito

En 1945, la République populaire fédérative de Yougoslavie est proclamée. Le nom du pays deviendra en 1963 République socialiste fédérative de Yougoslavie. 6 républiques la composent : la Croatie, la Slovénie, la Bosnie-Herzégovine, le Monténégro, la Macédoine et la Serbie, à laquelle sont rattachées les 2 régions autonomes du Kosovo et de la Voïvodine. L'*idéologie communiste* doit servir de ciment à l'intégration de tous les peuples dans un État commun. Mais derrière les discours, la Yougoslavie de Tito montre vite son vrai visage avec la mise en place d'une police politique répressive qui s'attaque aux adversaires réels ou supposés du régime, notamment l'Église catholique. Le pluralisme politique est supprimé. Le pays est dirigé par un parti unique, le Parti communiste yougoslave, qui prend en 1952 le nom de Ligue des communistes. Tito, tout d'abord secrétaire général, deviendra président à vie, et son culte s'accentuera au cours des années.

En 1948, *la Yougoslavie est exclue du Kominform.* Staline, après avoir tenté de faire tomber Tito, décide d'isoler la Yougoslavie. Mais les États-Unis et la Grande-Bretagne accordent des prêts à la Yougoslavie. Jusqu'à la mort de Tito, les régimes occidentaux auront d'ailleurs un fonds de sympathie pour cette dictature.

Ce schisme Tito-Staline va donner jour à un modèle yougoslave original, la « voie yougoslave au socialisme », qui se caractérise notamment par l'autogestion et le non-alignement. La politique de non-alignement s'affirme progressivement. Et c'est en 1961, à Belgrade, qu'a lieu la 1re conférence du mouvement des non-alignés, rejetant la logique d'affrontement entre les 2 blocs.

Un nouveau modèle voit le jour : l'*autogestion.* Avec les 1res lois de 1950 sur les conseils ouvriers, c'est officiellement aux travailleurs qu'appartiennent les moyens de production. Un modèle qui aura un grand prestige à l'étranger.

Dans le même temps est mise en place une décollectivisation des terres, qui laisse une place importante au secteur privé. Ces années de forte croissance économique s'accompagnent de grands bouleversements sociaux marqués notamment par un fort exode rural. Dans le cadre du système fédéral et afin de parer au développement inégal des différentes républiques est mis en place, en 1965, le Fonds fédéral d'aide aux régions peu développées. Un système qui ponctionne toutes les entreprises du pays pour assurer aux régions les moins développées (Bosnie-Herzégovine, Macédoine, Monténégro et Kosovo) des crédits à taux favorables.

Le réveil des aspirations croates

En 1966, un vent de liberté souffle sur la Yougoslavie. En Croatie, les revendications nationales se portent d'abord sur la préservation d'une langue croate distincte du serbo-croate, exprimée par la déclaration sur la langue de 1967. Mais c'est en 1971 que culmine le mécontentement, avec le « Printemps croate ». Ce mouvement est né dans les rangs de la Ligue des communistes croates. Il devient vite un véritable mouvement de masse avec la mobilisation étudiante. Il combine des revendications politiques – décentralisation – et des revendications économiques – contrôle par la Croatie des devises issues du tourisme. La répression est sévère mais la Constitution de 1974 accorde de nouveaux droits aux républiques de la Fédération, ainsi qu'aux provinces autonomes de Voïvodine et du Kosovo dont le statut se rapproche de celui des républiques.

Lorsque Tito meurt, en 1980, le problème de la survie des institutions fédérales se pose. Une *présidence tournante est instaurée* : changement tous les ans ! La crise économique aggrave la situation : les Yougoslaves se retrouvent face à des pénuries d'essence et à des coupures de courant. En 1989, l'inflation atteint 2 500 %. Les grèves se multiplient, les scandales touchant des dirigeants de la LCY aussi. En Slovénie et en Croatie, « républiques riches », les revendications politiques d'une plus grande décentralisation s'accompagnent d'une critique de plus en plus ouverte du système de redistribution par le biais du Fonds fédéral.

1989-1991 : la crise de la Fédération yougoslave

Slobodan Milošević, élu président de la Serbie en 1989, fait adopter une réforme constitutionnelle qui supprime l'autonomie du Kosovo et de la Voïvodine. À l'opposé, en Slovénie et en Croatie, de nombreux groupes font pression pour une démocratisation de la vie politique. Et en décembre 1989, *le pluripartisme est instauré en Croatie.*

Lors du XIVe congrès de la Ligue des communistes, en janvier 1990, les délégations slovène et croate quittent le congrès. Une des institutions représentant la Yougoslavie cesse, de fait, d'exister.

Des élections multipartites se déroulent alors dans les différentes républiques : en Croatie, elles voient la victoire écrasante du HDZ (Communauté démocratique croate de Franjo Tuđman).

Les médias serbes condamnent vivement ce nouveau gouvernement, qualifié de « fasciste » et d'« oustachi ». Soutenus par Belgrade, les Serbes, majoritaires dans la Krajina, proclament leur autonomie en août 1990 dans 13 communes autour de la ville de Knin. Des heurts ne tardent pas à avoir lieu. En réponse à la Constitution de l'État croate votée en décembre 1990, les séparatistes serbes de Knin, soutenus et armés par le gouvernement de Serbie à Belgrade, adoptent leur propre Constitution. À partir du mois de mars 1991, la révolte en Krajina et en Slavonie occidentale tourne au conflit ouvert. L'armée yougoslave (la JNA) intervient de plus en plus ouvertement aux côtés des forces séparatistes serbes. Parallèlement, la Croatie crée une garde nationale croate, future armée. C'est dans ce contexte que se déroule un référendum en Croatie, le 19 mai 1991 : 92 % des votants se prononcent pour la transformation de la Fédération yougoslave en confédération plus souple ou, en cas d'échec, pour une république de Croatie indépendante. Après le rejet par Belgrade d'un compromis proposé par la Bosnie-Herzégovine et la Macédoine, *la Croatie et la Slovénie proclament leur indépendance,* le 25 juin 1991.

1991-1992 : la guerre en Croatie

Dès le lendemain, l'armée fédérale pénètre en Slovénie, en vue de « protéger les frontières » de la Yougoslavie. La CEE parvient à mettre fin à ce conflit, et les opposants font chacun une concession : le Croate Stipe Mesić devient président de la Fédération, et la Croatie et la Slovénie acceptent de reporter de 3 mois leur déclaration d'indépendance. Mais en Croatie, la situation s'aggrave. Au mois d'août 1991 commence le **terrible siège,** par l'armée fédérale et les milices paramilitaires, **de Vukovar,** ville multiethnique de 45 000 habitants. L'aviation yougoslave s'attaque à d'autres villes, bombardant Osijek, Split et Zadar. Les autorités croates décident, mi-septembre, de chasser les troupes de l'armée yougoslave qui continuent d'occuper leurs casernes.

Au sol, les forces serbes poursuivent leur avancée, attaquant Zadar et Šibenik, tandis que la marine yougoslave bloque l'accès à la Dalmatie. En octobre, l'ex-armée fédérale bombarde Dubrovnik puis Zagreb, notamment le palais présidentiel.

Dans les territoires contrôlés par les séparatistes serbes, les populations croates sont systématiquement expulsées par les milices et l'armée fédérale : c'est le début de la politique de « nettoyage ethnique ». Le 18 novembre, la ville de Vukovar tombe. Des milliers de personnes périssent.

Pendant toute cette période, la communauté internationale tente à plusieurs reprises de mettre un terme au conflit. Elle obtient la signature de 14 cessez-le-feu, mais aucun n'est respecté plus de quelques jours. En décembre, les pays de la CEE décident de reconnaître l'indépendance de la Slovénie et de la Croatie le 15 janvier suivant.

Le 3 janvier 1992, un 15e cessez-le-feu est signé. Cette fois, il est respecté. 14 000 casques bleus sont envoyés pour se déployer aux limites de la république autoproclamée de Krajina, ce qui aura pour conséquence de geler la situation et privera le gouvernement de Zagreb de la souveraineté sur un quart de son territoire.

La guerre en Bosnie-Herzégovine

La situation militaire va rester ainsi figée pendant plus de 3 ans. Un quart du territoire est occupé par les forces serbes, et un véritable État parallèle contrôlé par Milošević se forme dans le territoire de Croatie. **La Dalmatie se retrouve coupée en 2.** En janvier 1993, une opération de l'armée croate permet de reconquérir une part de ce territoire vital pour l'unité du pays.

C'est en Bosnie-Herzégovine que la guerre se déplace. Un référendum sur l'indépendance a lieu le 1er mars 1992, puis l'Union européenne reconnaît la Bosnie-Herzégovine. Mais les hommes du général serbe de Bosnie, Ratko Mladić, lancent les hostilités. La politique « grand serbe » est identique à celle menée sur le territoire de Croatie.

Les Croates de Bosnie sont particulièrement nombreux dans le sud du pays, en Herzégovine. Dès novembre 1991, la communauté croate d'Herzeg-Bosna est créée comme une « entité politique culturelle économique et régionale des Croates de Bosnie ». Elle obtient le soutien de Zagreb, notamment militaire, lors de la création du HVO, le Conseil de défense croate. Jusqu'à l'été 1992, le HVO, qui compte alors nombre de musulmans, combattra contre les forces serbes. Mais l'élection à la tête du HDZ de Bosnie, en octobre 1992, de Mate Boban, qui soutient ouvertement la division du pays, annonce un tournant. Début 1993, des affrontements ouverts entre le HVO et l'armée bosniaque éclatent. Mi-avril, les 1ers massacres sont commis par le HVO. Le dépeçage de la Bosnie-Herzégovine entre la Serbie et la Croatie est planifié. Le symbole de ce conflit est **Mostar.** Cette ville multiculturelle, où vivaient les 3 communautés, est désignée pour devenir la capitale de la république d'Herzeg-Bosna. Dans un premier temps, les forces croates collaborent avec l'armée bosniaque pour défendre la ville contre l'artillerie serbe. Puis, en 1993, le HVO, soutenu par l'armée croate, va se retourner contre ses anciens alliés et pilonner sans relâche la partie orientale de la ville, où s'est réfugiée la population civile musulmane. Les obus croates détruisent notamment le **célèbre Vieux-Pont,** construit en 1566 (et reconstruit depuis).

Début 1994, un 1er cessez-le-feu est signé. Les accords de Washington créent une Fédération croato-musulmane qui deviendra l'une des 2 entités de la Bosnie-Herzégovine actuelle. La ville de Mostar reste divisée par une ligne de front silencieuse mais bien réelle. De leur côté, les forces serbes continuent leur offensive, et l'été 1995 est marqué par la chute de la « zone de sécurité » de Srebrenica. Plus de 8 000 civils musulmans sont massacrés. Dans le même temps, le HVO et l'armée bosniaque lancent ensemble une offensive qui leur permet de reconquérir 51 % des territoires. Une proportion conforme aux plans de la communauté internationale qui, par les accords de Dayton, en novembre 1995, établit une Bosnie-Herzégovine divisée en **2 entités** : la Fédération croato-musulmane et la Republika Srpska (la République serbe).

La reconquête de l'intégrité territoriale croate

En Croatie aussi, l'année 1995 est celle d'une paix amère. En mai 1995, l'armée croate reconquiert toute la Slavonie occidentale. En réponse, l'aviation bombarde Zagreb. En août 1995, l'armée croate reconquiert en 4 jours tous les territoires de Krajina et de la Lika, abandonnés par Belgrade. Près de 120 000 Serbes fuient la Krajina dans le sillage des troupes serbes. Parmi les 5 000 civils qui restent, plusieurs centaines seront tués par les troupes croates. Dans cette région sinistrée seront installés beaucoup de réfugiés croates de Bosnie.

Reste alors la Slavonie orientale, la région de Vukovar, toujours sous contrôle des troupes serbes. Sa réintégration à la Croatie sera finalement effective en 1998.

2000 ou l'année des changements politiques

En décembre 1999, **Franjo Tuđman meurt.** L'opposition remporte alors tour à tour les élections parlementaires et présidentielles.

Stjepan Mesić (candidat du HNS, le Parti populaire croate), qui avait été le dernier président de l'ex-Yougoslavie, devient le 2e président de la Croatie. Les négociations d'adhésion débutent en 2005.
La Croatie modifie sa Constitution, passant d'un régime présidentiel à un régime parlementaire, et entame une politique de décentralisation des pouvoirs. Le pays normalise ses relations avec la Bosnie-Herzégovine et arrête de soutenir les extrémistes croates d'Herzégovine. Les législatives de 2003 ramènent au pouvoir le HDZ, dirigé par Ivo Sanader.

Sur le chemin de l'Europe

En 2005, l'arrestation du général Gotovina, accusé de crimes de guerre et de crimes contre l'humanité, soulage partiellement les autorités croates qui étaient accusées de ne pas faire le nécessaire pour le livrer au TPI (Tribunal international de La Haye). Cependant, Ante Gotovina (ancien légionnaire parachutiste dans l'armée française !) est un personnage si populaire que des manifestations de soutien éclatent aussitôt. En juillet 2009, le Premier ministre, Ivo Sanader, démissionne et se retire de la vie politique : il est remplacé par Jadranka Kosor (1re femme à accéder à ce poste).
Le président de la République, le social-démocrate Ivo Josipović, dès son élection en 2010, réaffirme sa volonté de parvenir rapidement à l'intégration de la Croatie dans l'Union européenne. Quant à Ivo Sanader, une semaine avant le 2d tour de la présidentielle, il annonce son retour en politique... Mais, coup de théâtre, il est arrêté en Autriche, en décembre 2010, alors qu'il tentait de fuir. Il doit alors faire face à de lourdes accusations de corruption, notamment dans l'affaire du groupe bancaire Hypo Alpe Adria... Depuis, d'autres charges sont venues s'ajouter contre lui. Il a été condamné en 2012 à 10 ans de prison, peine réduite à 9 ans en appel.
Les législatives de 2011 se traduisent par une large victoire de la coalition de centre gauche *Kukuricu,* devant le HDZ, plombé par l'affaire Sanader. Le leader du SDP, Zoran Milanovič, devient président du gouvernement (l'équivalent du poste de Premier ministre).
Un référendum sur l'adhésion à l'Union européenne est organisé dans la foulée, en janvier 2012 : le « oui » l'emporte avec 66 % des voix, mais seuls 44 % des électeurs se sont déplacés. Le général Gotovina, condamné en avril 2011 à 24 ans de prison, est acquitté en appel par le même tribunal pénal international de La Haye. Le gouvernement croate envoie aussitôt un avion pour le rapatrier.
La Croatie entre dans l'Union européenne le 1er juillet 2013, ce qui ne déclenche pas un grand enthousiasme parmi la population. Pour preuve, seuls 20 % des électeurs se déplacent pour désigner leurs députés européens. Plusieurs analystes affirment que les Croates ont rejoint l'Union pour peser sur les négociations d'adhésion de la Serbie et obtenir par ce biais le règlement de certains contentieux gelés depuis la fin de la guerre... Mais il n'y a pas que l'Europe que semblent bouder les Croates. Lorsque, fin 2013, est organisé un référendum soutenu par l'Église visant à interdire le mariage homosexuel, 62 % des électeurs s'abstiennent. Les tenants de la famille « traditionnelle » l'emportent alors et font inscrire dans la Constitution que le mariage est « l'union entre un homme et une femme ». En compensation, le gouvernement crée une « union civile » (une sorte de PACS), mais n'ouvrant pas droit à l'adoption.
En janvier 2015, la candidate du HDZ, **Kolinda Grabar-Kitarović,** précédemment secrétaire générale adjointe de l'OTAN, bat le sortant Ivo Josipović et devient présidente.
Aux élections législatives de 2015, les 2 principales forces politiques du pays ont obtenu des résultats très proches et décevants pour chacune : la coalition menée par le HDZ a obtenu 59 sièges et celle du Premier ministre sortant 58. La surprise est venue du parti *Most* (le Pont), nouveau venu (19 sièges). Aucun des 2 partis classiques ne pouvant former de gouvernement seul, des négociations ont commencé avec *Most* qui a d'abord semblé vouloir s'allier au Premier ministre sortant avant de changer d'avis et de filer conclure un accord vers le HDZ. Un homme

d'affaires croato-canadien, Tihomir Orešković, présenté comme un « expert » sans appartenance politique, mais proposé par Most, a été nommé Premier ministre, et chargé de former le gouvernement. L'expérience n'a pas été concluante puisque Orešković a démissionné dès juin 2016, ce qui a entraîné des élections législatives anticipées. À nouveau, c'est le parti Most qui a fait pencher la balance du côté du HDZ, mené par son nouveau chef, **Andrej Plenković,** qui est logiquement devenu Premier ministre en octobre 2016. Le nouveau gouvernement, comme le précédent, pratique une politique très à droite.

MÉDIAS

Votre TV en français : TV5MONDE, la première chaîne culturelle francophone mondiale

Avec ses 11 chaînes et ses 14 langues de sous-titrage, TV5MONDE s'adresse à 360 millions de foyers dans plus de 190 pays du monde par câble, satellite et sur IPTV. Vous y retrouverez de l'information, du cinéma, du divertissement, du sport, des documentaires...
Grâce aux services pratiques de son site voyage ● *voyage.tv5monde.com* ●, vous pouvez préparer votre séjour et une fois sur place rester connecté avec les applications et le site ● *tv5monde.com* ● Demandez à votre hôtel le canal de diffusion de TV5MONDE et contactez ● *tv5monde.com/contact* ● pour toutes remarques.

Presse, télévision, radio

Depuis 2000, la situation de la liberté de la presse s'est grandement améliorée. La radio et la TV nationales *(HRT)* sont aujourd'hui devenues un véritable service public. Les 3 programmes de la radio nationale offrent des émissions de qualité. De mi-juin à mi-septembre, sur le programme n° 2, vous trouverez des informations en anglais, en allemand et en italien par alternance chaque heure. Pour la presse écrite, les quotidiens à grand tirage sont *Večerni List, Jutarnji List, Slobodna Dalmacija* ainsi que *24sata*.

MUSIQUE

Peu connue en dehors de ses frontières, la musique traditionnelle croate est sensiblement différente selon les régions, avec de fortes influences balkaniques dans les terres et une influence italienne sur la côte. Aujourd'hui, les Croates ont redécouvert leur patrimoine, notamment la *klapa* (« groupe », en croate), formation masculine de 4 chanteurs à la base (2 ténors, un baryton, une basse), chantant a cappella, ou parfois accompagnés par quelques instruments. Quant au chant traditionnel *ojkanje* (chant à 2 voix utilisant une technique de trémolo), il a été inscrit en 2010 au Patrimoine immatériel de l'Unesco.
Il existe également de nombreux chanteurs populaires et des groupes de tous genres, de la pop au rap en passant par le rock.

STRANGERS IN THE NIGHT

Tout le monde connaît la chanson interprétée en 1966 par Frank Sinatra, un de ses plus grands succès. On sait moins qu'une première version de cette chanson, intitulée Stanci u noći *en croate, a été chantée par Ivo Robić, un artiste très populaire dans les années 1950-1960. À écouter sur YouTube. Un compositeur allemand en fit alors un arrangement pour un film, la chanson traversa l'Atlantique, et la suite est connue. Il paraît que Sinatra n'aimait pas cette chanson... On espère qu'il supportait les royalties.*

PERSONNAGES

– **_Josip Broz, dit « Tito »_ :** né à Kumrovac (près de Zagreb) en 1892, mort en 1980. De père croate et de mère slovène, il est élevé dans une famille pauvre de petits paysans. Ouvrier métallurgiste, puis officier dans l'armée austro-hongroise pendant la Première Guerre mondiale, il est fait prisonnier par les Russes. Au contact des militants bolcheviques, il épouse la cause de la révolution russe. En 1920, il rentre en Yougoslavie et adhère au Parti communiste nouvellement créé. En 1934, il prend le nom de Tito et est nommé secrétaire général du PC de Yougoslavie. En 1941, il organise la résistance au nazisme et devient chef d'état-major des partisans, qui se constituent en une véritable armée de libération en 1942. Il est nommé maréchal en 1943. En prenant les mêmes risques que ses soldats, en refusant d'abandonner les 4 000 blessés de la bataille de la Neretva, Tito acquiert un prestige durable. Il devient chef du gouvernement en 1945 et président de la République en 1953. Il tient tête à Staline et affirme le droit de son pays à une véritable souveraineté et à une politique indépendante. Pour bien des Yougoslaves, il aura rendu sa fierté au pays, donné un pouvoir d'achat supérieur à ceux des autres pays « socialistes », accordé la faculté de sortir du pays, ce qui permit de diminuer le chômage et de faire profiter l'économie de l'argent de l'émigration. Nombreux furent ceux qui critiquèrent son mode de vie de nabab (ses résidences, ses pavillons de chasse...), certes, mais son charisme, sa personnalité... et sa police politique soudèrent longtemps le pays.

– **_Josip Jelačić_ :** né en 1801, Josip Jelačić fit une carrière militaire sous les Habsbourg. Le Parti illyrien le choisit pour être le nouveau ban du pays, en 1848...Tous les Croates connaissent aujourd'hui ce personnage. Ne serait-ce que par le nom de la place centrale de Zagreb, où trône sa statue. Mais il n'en a pas toujours été ainsi et, du temps du régime titiste, la statue fut enlevée. Lors de l'indépendance croate, en 1990, on la ressortit du placard ! L'histoire officielle en a fait un héros, unificateur des terres croates, instaurateur du croate comme langue officielle, etc. D'autres y verront plutôt celui qui écrasa la révolution hongroise de 1848...

– **_Franjo Tuđman_ :** né en 1922, Franjo Tuđman s'engagea tout jeune dans la Résistance pendant la Seconde Guerre mondiale, puis fit une carrière dans l'armée yougoslave. Il revient à la vie civile en tant qu'universitaire-historien. Mais en 1967, il est exclu de la Ligue des communistes pour déviation nationaliste. Il est ensuite condamné à 2 reprises à des peines de prison (1971 et 1981). Son retour sur le devant de la scène a lieu lors de l'instauration du multipartisme. Franjo Tuđman crée alors, avec le soutien d'une partie de la diaspora croate, la Communauté démocratique croate (HDZ) et remporte les élections de 1990. Lui et son parti monopolisent le pouvoir pendant 10 ans, et la Croatie en guerre est inévitablement rythmée par une forte propagande nationaliste. Franjo Tuđman est mort en 1999.

– **_Goran Ivanišević_ :** joueur de tennis, 4 fois finaliste à Wimbledon et vainqueur en 2001. Il est devenu le Croate le plus célèbre du pays et un symbole de la pugnacité de cette jeune nation indépendante. Né à Split en 1971, dans une famille bourgeoise, sa maison se situait près d'un terrain de tennis. En 2001, retournant à Split après sa victoire à Wimbledon, il fut accueilli triomphalement, mieux qu'un chef d'État. Il soutient des projets humanitaires et fait des donations de matériel pour lutter contre les maladies frappant les enfants. Spectaculaire passage de flambeau : en 2014, il est l'entraîneur de **Marin Čilić** lorsque celui-ci remporte l'US Open à Flushing Meadows, devenant ainsi le 2e Croate vainqueur d'un tournoi du grand chelem.

– **_Davor Šuker_ :** né en 1968, attaquant vedette, dans les années 1990, du Dinamo Zagreb puis du FC Séville, du Real Madrid, et, bien sûr, de l'équipe nationale de foot croate. Meilleur buteur de la Coupe du monde 1998, il termine sa carrière en Allemagne en 2003, avant de devenir, en 2012, président de la Fédération croate de football.

– **Janica Kostelić :** née en 1982 à Zagreb. Héroïne nationale en Croatie pour être devenue la 1re skieuse des Jeux olympiques à avoir gagné 4 médailles au cours d'une même olympiade (3 d'or, en combiné, slalom et slalom géant, une d'argent en super-G !). En 1999, elle gagne sa 1re Coupe du monde en slalom. Malgré une sévère blessure au genou et une opération en 2001, Janica se remet courageusement à l'entraînement, fait l'impasse sur la Coupe du monde en cours et… triomphe à Salt Lake City. À 20 ans, correct ! À Turin, en 2006, elle obtient l'or en combiné et l'argent en super-G, avant de prendre sa retraite en 2007. Son frère a également fait une belle carrière.

– **Nikola Tesla :** né en 1856 dans une famille serbe, il émigre à Paris puis à New York. On lui prête l'invention originale de la radio, du radar… Ce génie est l'auteur de près de 700 inventions brevetées dans le domaine de l'électromagnétisme. Il meurt en 1943. Une unité de mesure magnétique porte son nom : le tesla.

– **Slavoljub Penkala :** né en 1871, il a inventé un outil révolutionnaire pour l'écriture… le stylo à bille. Il a aussi brillé, en Croatie, dans la folle conquête des airs au début du XXe s.

– **Ivan Meštrović :** né en 1883 en Slavonie, c'est le sculpteur de référence du XXe s en Croatie. Impossible de passer à côté de ses nombreuses œuvres à Zagreb et dans les autres grands centres du pays. Il aura su dompter le marbre, le bronze, le bois, au gré d'un style mélangeant archaïsme, sécessionnisme et expressionnisme.

POPULATION

La Croatie compte environ 4,3 millions d'habitants selon le recensement de 2011, mais les plus récentes estimations font état d'une diminution significative de la population : environ 4 127 500 habitants en juillet 2017 selon des chiffres officiels annoncés en septembre 2018. Sa population est donc en décroissance, faute d'une natalité suffisante. Elle est également vieillissante (moyenne de 43,1 ans). De nombreux jeunes diplômés, souvent originaires de Slavonie, quittent le pays pour travailler à l'étranger.

Quelle que soit leur appartenance communautaire, les citoyens demeurent des Croates de par leur passeport. Mais, lors des recensements, ils peuvent aussi déclarer leur « appartenance nationale », que l'on traduirait chez nous par appartenance communautaire. Bien évidemment, les événements politiques et le pouvoir influent sur l'appartenance, ne serait-ce que par les choix qui sont proposés lors des recensements. Ainsi, en 1971, il était pour la première fois possible de se déclarer Musulman (d'appartenance nationale, avec un grand « M », rien à voir avec l'appartenance religieuse), tout comme on pouvait se déclarer Croate, Serbe ou Monténégrin. Les personnes qui ne le souhaitaient pas (le plus souvent par choix idéologique) ou ne pouvaient pas déclarer leur appartenance nationale (cas de nombreux enfants issus de mariage mixte) pouvaient se déclarer Yougoslaves. D'autres choisissent de préciser leur appartenance à une région, c'est notamment fréquent en Istrie.

Lors du dernier recensement (2011), 90,4 % des citoyens croates se déclaraient croates, 4,4 % serbes, 0,8 % bosniaques, 0,4 % hongrois, 0,4 % italiens. Une loi constitutionnelle relative aux droits des minorités nationales a été adoptée en décembre 2002. 8 sièges au Parlement leur sont réservés.

Les Serbes de Croatie

En 2011, 186 630 citoyens croates se déclaraient d'appartenance nationale serbe. Une partie d'entre eux était les descendants de ces Slaves orthodoxes qui, fuyant l'Empire ottoman, se réfugièrent au XVIIe s dans les confins militaires de l'Empire habsbourgeois. Dès les 1res années de l'indépendance, du fait de la guerre et du soulèvement armé des Serbes de Krajina, la population serbe de Croatie dut

subir une pression importante de la part des autorités croates et d'une partie de la population. Bien entendu, le statut de peuple constitutif fut supprimé, tout le monde devenant citoyen croate.
Les Serbes restés en Croatie résident essentiellement dans les grandes villes, c'est-à-dire dans les régions qui n'ont pas été occupées par les séparatistes de Krajina et ont donc été épargnées par la guerre.

Les Croates de Bosnie

De la même manière qu'il existe en Croatie des citoyens croates d'appartenance nationale serbe ou musulmane, il existe des populations d'appartenance nationale croate dans les États voisins. Cela est particulièrement vrai en Bosnie-Herzégovine, où des habitants se déclarent croates de Bosnie (évalués à 17,3 % de la population). La guerre et le nettoyage ethnique ont eu pour conséquence de diviser par 3 la population croate de Bosnie-Herzégovine. Aujourd'hui, ce sont environ 500 000 Croates qui vivent en Bosnie-Herzégovine, principalement dans le Sud, en Herzégovine, où ils forment 90 % de la population.
Les Herzégoviniens sont, en Croatie, très souvent affublés de stéréotypes. Si l'on croyait les nombreuses blagues, graffitis ou insultes qui courent sur eux, ils rouleraient tous en Mercedes, seraient liés à la Mafia et, en prime, seraient des ploucs ! En Croatie, on rejette bien souvent sur les Herzégoviniens les responsabilités du conflit, pour relativiser celles des Croates de Croatie.

La diaspora croate

Ils sont autour de 2,3 millions de Croates émigrés à l'étranger pour des raisons économiques et/ou politiques (chiffre difficilement vérifiable, de nombreux expatriés ayant acquis la nationalité de leur pays d'accueil) ; principalement aux États-Unis (1,2 million), au Canada (250 000), en Australie (126 000), en Allemagne, en Argentine et au Chili. En Croatie, tout le monde a donc au moins un proche parti travailler à l'étranger ! Mais les liens des émigrés avec le pays sont restés très étroits. Ils se sont souvent resserrés après l'indépendance. Il existe également de petites communautés croates en Voïvodine (Serbie), en Hongrie, au Monténégro, au Kosovo, en Slovénie, ainsi qu'en Italie et même en Autriche, dans la province du Burgenland, où les Croates se sont établis au XVIe s, fuyant l'avancée des Ottomans. La diaspora joue de fait un rôle dans la vie politique puisque les quelque 300 000 Croates de l'étranger inscrits sur les listes électorales bénéficient de sièges au Parlement.

RELIGIONS ET CROYANCES

Vous le remarquerez vite sur place, la Croatie est un pays fortement catholique. Depuis la chute du système communiste qui l'avait bannie, du moins officiellement, la religion a repris une place très importante tant dans la sphère privée que publique. D'après les enquêtes les plus récentes, 86,3 % de la population se définissent comme catholiques, alors que seulement 4,4 % se déclarent orthodoxes et 1,5 % musulmans, le reste de la population se déclarant sans confession ou d'une autre religion.
La libéralisation des années 1980 avait déjà entraîné une forte croissance des baptêmes et mariages religieux. Cette recrudescence du catholicisme en Yougoslavie est alors couronnée par un phénomène étrange. Un an après la mort de Tito, la Vierge apparaît à Međugorje, cette bourgade des hauts plateaux d'Herzégovine. Tous les 25 du mois, elle délivre son message et attire des foules de pèlerins, même si le phénomène n'est pas reconnu par le Vatican. Avec la guerre, le message de la Vierge de Međugorje a pris une tournure plus politico-religieuse, les franciscains de la paroisse attestant que celle-ci combattait avec le peuple

croate. Le HDZ, parti au pouvoir à l'époque de Tuđman en Croatie, a bénéficié du soutien de l'Église pour mettre en place sa politique. Les autorités religieuses n'ont en effet que faiblement dénoncé les nombreuses atteintes aux Droits de l'homme perpétrées par le pouvoir en place. Cependant, l'Église avait réagi à la politique pratiquée en Bosnie.

Depuis 1997, l'Église prend quelque peu ses distances, et l'archevêque de Zagreb, Josip Bozanić, a dénoncé certaines pratiques du pouvoir, notamment en matière de corruption. On peut aussi souligner le rôle du Vatican dans son soutien à l'indépendance de la Croatie et l'affirmation politique de la jeune république.

La visite du pape Jean-Paul II à Zagreb, en 1998, qui rassembla des centaines de milliers de fidèles, reste un événement hautement symbolique. La béatification du cardinal Stepinac par Jean-Paul II a toutefois soulevé de brûlants débats tant dans le pays qu'à l'étranger. Cet ancien archevêque de Zagreb est en effet on ne peut plus controversé puisque, au cours de la Seconde Guerre mondiale, tout en publiant des lettres condamnant les persécutions de Serbes et de juifs, il continua à reconnaître le pouvoir en place. Le nombre de graffitis muraux évoquant ce sujet atteste de l'importance prise par l'Église dans la vie politique croate. En 2009, Stipe Mesić (président de 2000 à 2009) a d'ailleurs demandé à l'Église croate de rester à sa place, la trouvant trop interventionniste dans la domaine politique, et s'est attiré les foudres de l'épiscopat qui lui a reproché de ne pas être un bon catholique... L'Église garde toujours une forte influence. En atteste ce référendum, organisé avec son soutien, fin 2013, qui entraîna l'interdiction dans la Constitution du mariage homosexuel.

SITES INSCRITS AU PATRIMOINE MONDIAL DE L'UNESCO

Pour figurer sur la liste du Patrimoine mondial, les sites doivent avoir une valeur universelle exceptionnelle et satisfaire à au moins un des 10 critères de sélection. La protection, la gestion, l'authenticité et l'intégrité des biens sont également des considérations importantes. Le patrimoine est l'héritage du passé dont nous profitons aujourd'hui et que nous transmettons aux générations à venir. Nos patrimoines naturel et culturel sont 2 sources irremplaçables de vie et d'inspiration. Ces sites appartiennent à tous les peuples du monde, sans tenir compte du territoire sur lequel ils sont situés. Pour plus d'informations : ● *whc.unesco.org* ●

En Croatie, la basilique euphrasienne de Poreč, le parc national de Plitvice, le centre historique de Trogir et celui de Split, la cathédrale Saint-Jacques de Šibenik, la vieille ville de Dubrovnik et la plaine de Stari Grad à Hvar figurent sur la liste du Patrimoine mondial. En 2016 sont venus s'ajouter 28 cimetières ou ensemble de tombes médiévales répartis sur 4 pays (dont la Croatie pour 2 sites : Cista Velika et Dubravka). Le quartier du Vieux-Pont de la vieille ville de Mostar en Bosnie-Herzégovine, ainsi que la contrée naturelle et culturo-historique de Kotor au Monténégro y figurent également.

NOTES PERSONNELLES

NOTES PERSONNELLES

NOTES PERSONNELLES

488 | NOTES PERSONNELLES

(V) Murter – Soirée Sibenik [resto]

(S) KRK 9h   14 min   [Appart]
    [Pique Nique]

(D) Split sous ~~la pluie~~ 1h2   [Appart]
            [ext]

(L) Sibenik Repos – Aprem plage [Appart]
                    [Appart]

(M) Zadar + soirée (58 min) [Resto]
Running   [PqN/ext]
matin ?

(M) Trogir (50 min)   [Resto]
         [PqN/ext]

(J) Ile Zlarin + départ 16h–17h Plitvice
    9h30 → 10h10 [Pique-Nique]   2h.
    14h40 → 15h10   [Repas soir?]

(V) Plitvice – Apart Split – Soirée Split
         [Pique-Nique] 3h.   [Resto]

(S) Retour aéroport Dubrovnik
    [Pique Nique]   14h voiture
    [gros petit déj]   17h vol

les ROUTARDS sur la FRANCE 2019-2020

(dates de parution sur • *routard.com* •)

Découpage de la FRANCE par le ROUTARD

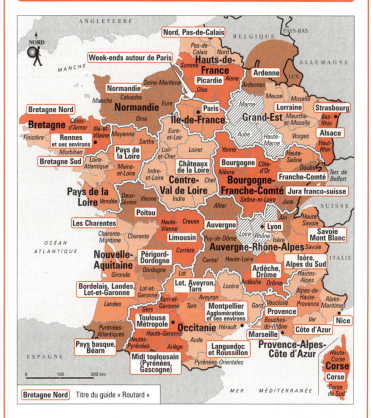

Autres guides sur la France

- Hébergements insolites en France
- Canal des 2 mers à vélo
- La Bourgogne du Sud à vélo (mai 2019)
- La Loire à Vélo
- Paris Île-de-France à vélo
- La Vélodyssée (Roscoff-Hendaye)
- Nos meilleurs campings en France
- Nos meilleures chambres d'hôtes en France
- Nos meilleurs restos en France
- Les visites d'entreprises en France

Autres guides sur Paris

- Paris
- Paris balades
- Paris exotique
- Restos et bistrots de Paris
- Le Routard des amoureux à Paris
- Week-ends autour de Paris

les ROUTARDS sur l'ÉTRANGER 2019-2020

(dates de parution sur • *routard.com* •)

Découpage de l'ESPAGNE par le ROUTARD

Découpage de l'ITALIE par le ROUTARD

Autres pays européens

- Allemagne
- Angleterre, Pays de Galles
- Autriche
- Belgique
- Bulgarie
- Crète
- Croatie
- Danemark, Suède
- Écosse
- Finlande
- Grèce continentale
- Hongrie
- Îles grecques et Athènes
- Irlande
- Islande
- Madère
- Malte
- Norvège
- Pays baltes : Tallinn, Riga, Vilnius
- Pologne
- Portugal
- République tchèque, Slovaquie
- Roumanie
- Suisse

Villes européennes

- Amsterdam et ses environs
- Berlin
- Bruxelles
- Budapest
- Copenhague
- Dublin
- Lisbonne
- Londres
- Moscou
- Naples
- Porto
- Prague
- Saint-Pétersbourg
- Stockholm
- Vienne

les ROUTARDS sur l'ÉTRANGER 2019-2020

(dates de parution sur • *routard.com* •)

Découpage des ÉTATS-UNIS par le ROUTARD

Autres pays d'Amérique

- Argentine
- Brésil
- Canada Ouest
- Chili et île de Pâques
- Colombie
- Costa Rica
- Équateur et les îles Galápagos
- Guatemala, Belize
- Mexique
- Montréal
- Pérou, Bolivie
- Québec et Ontario

Asie et Océanie

- Australie côte est + Red Centre
- Bali, Lombok
- Bangkok
- Birmanie (Myanmar)
- Cambodge, Laos
- Chine
- Hong-Kong, Macao, Canton
- Inde du Nord
- Inde du Sud
- Israël et Palestine
- Istanbul
- Jordanie
- Malaisie, Singapour
- Népal
- Shanghai
- Sri Lanka (Ceylan)
- Thaïlande
- Tokyo, Kyoto et environs
- Turquie
- Vietnam

Afrique

- Afrique du Sud
- Égypte
- Kenya, Tanzanie et Zanzibar
- Maroc
- Marrakech
- Sénégal
- Tunisie

Îles Caraïbes et océan Indien

- Cuba
- Guadeloupe, Saint-Martin, Saint-Barth
- Île Maurice, Rodrigues
- Madagascar
- Martinique
- République dominicaine (Saint-Domingue)
- Réunion

Guides de conversation

- Allemand
- Anglais
- Arabe du Maghreb
- Arabe du Proche-Orient
- Chinois
- Croate
- Espagnol
- Grec
- Italien
- Japonais
- Portugais
- Russe
- G'palémo (conversation par l'image)

Livres-photos Livres-cadeaux

- L'éphéméride du Routard (nouveauté)
- Voyages
- Voyages : Italie (nouveauté)
- Road Trips (40 itinéraires sur les plus belles routes du monde ; nouveauté)
- Nos 120 coins secrets en Europe
- Les 50 voyages à faire dans sa vie
- 1 200 coups de cœur dans le monde
- 1 200 coups de cœur en France
- Nos 52 week-ends dans les plus belles villes d'Europe
- Nos 52 week-ends coups de cœur en France (nouveauté)
- Cahier de vacances du Routard (nouveauté)

LE MEILLEUR DU ROUTARD POUR VOS IDÉES VOYAGES !
#EXPERIENCEROUTARD

DÉCOUVREZ EN PHOTOS NOS PLUS BEAUX COUPS DE CŒUR
DU + CLASSIQUE AU + DÉCALÉ

DISPONIBLES EN LIBRAIRIE

**Avant le grand départ,
assurez-vous de ne rien oublier.**

Un problème sur place ?
Un retour express ?

Avec Routard Assurance, partez l'esprit tranquille.

Profitez d'une assurance voyage complète qui vous offre toutes les prestations d'assistance indispensables à l'étranger. Pour un voyage de moins de 8 semaines ou de plus de 2 mois, découvrez toutes les garanties Routard Assurance.

www.avi-international.com

Routard Assurance

adaptée à tous vos voyages,
seul, à deux ou en famille,
de quelques jours à une année entière !

* Un réseau médical international.
* À vos côtés 24h/24.
* Dès 29 €/mois.
* Reconnue pour tous les visas.

RÉSUMÉ DES GARANTIES*	MONTANT
FRAIS MÉDICAUX (pharmacie, médecin, hôpital)	*100 000 € U.E.* *300 000 € Monde*
RAPATRIEMENT MÉDICAL	*Frais illimités*
VISITE D'UN PARENT en cas d'hospitalisation de l'assuré de plus de 5 jours	*2 000 €*
RETOUR ANTICIPÉ en cas de décès accidentel ou risque de décès d'un parent proche	*Billet de retour*
ASSURANCE RESPONSABILITÉ CIVILE VIE PRIVÉE	*750 000 € U.E.* *450 000 € Monde*
ASSURANCE BAGAGES en cas de vol ou de perte par le transporteur	*2 000 €*
AVANCE D'ARGENT en cas de vol de vos moyens de paiement	*1 000 €*
CAUTION PÉNALE	*7 500 €*

* Les garanties indiquées sont valables à la date d'édition du Routard. Par conséquent, nous vous invitons à prendre connaissance préalablement de l'intégralité des Conditions générales à jour sur www.avi-international.com.

Souscrivez dès à présent sur
www.avi-international.com
ou par téléphone au 01 44 63 51 00

AVI International (Groupe SPB) - S.A.S. de courtage d'assurances au capital de 100 000 euros - Siège social : 40-44, rue Washington (entrée principale au 42-44), 75008 Paris - RCS Paris 323 234 575 - N° ORIAS 07 000 002 (www.orias.fr). Les Assurances Routard Courte Durée et Longue Durée ont été souscrites auprès d'un assureur dont vous trouverez les coordonnées complètes sur le site www.avi-international.com.

Nous tenons à remercier tout particulièrement Loup-Maëlle Besançon, Thierry Bessou, Gérard Bouchu, François Chauvin, Grégory Dalex, Fabrice Doumergue, Cédric Fischer, Carole Fouque, Guillaume Garnier, Nicolas George, Michelle Georget, David Giason, Claude Hervé-Bazin, Emmanuel Juste, Dimitri Lefèvre, Fabrice de Lestang, Romain Meynier, Éric Milet, Pierre Mitrano, Jean-Sébastien Petitdemange et Thomas Rivallain pour leur collaboration régulière.

Jean-Jacques Bordier-Chêne
Laura Charlier
Agnès Debiage
Coralie Delvigne
Jérôme Denoix
Tovi et Ahmet Diler
Clélie Dudon
Sophie Duval
Alain Fisch
Bérénice Glanger
Adrien et Clément Gloaguen
Bernard Hilaire et Pepy Frenchy Kupang

Sébastien Jauffret
Alexia Kaffès
Jacques Lemoine
Caroline Ollion
Martine Partrat
Odile Paugam et Didier Jehanno
Céline Ruaux
Prakit Saiporn
Jean-Luc et Antigone Schilling
Jean Tiffon
Caroline Vallano

Direction : Nathalie Bloch-Pujo
Direction éditoriale : Élise Ernest
Édition : Matthieu Devaux, Olga Krokhina, Gia-Quy Tran, Julie Dupré, Emmanuelle Michon, Pauline Janssens, Amélie Ramond, Margaux Lefebvre, Laura Belli-Riz, Amélie Gattepaille, Aurore Grandière, Camille Lenglet et Lisa Pujol
Ont également collaboré : Véronique Rauzy, Christine de Geyer, Aurélie Joiris-Blanchard et Marie Sanson
Cartographie : Frédéric Clémençon et Aurélie Huot
Contrôle de gestion : Jérôme Boulingre et Amina Deiboune
Secrétariat : Catherine Maîtrepierre
Fabrication : Nathalie Lautout et Audrey Détournay
Relations presse : COM'PROD, Fred Papet. ☎ 01-70-69-04-69.
● *info@comprod.fr* ●, Martine Levens (Belgique) et Maureen Browne (Suisse)
Direction marketing : Adrien de Bizemont, Élodie Darty et Charlotte Brou
Informatique éditoriale : Lionel Barth
Couverture : Clément Gloaguen et Seenk
Maquette intérieure : le-bureau-des-affaires-graphiques.com, Thibault Reumaux et npeg.fr
Direction partenariats : Jérôme Denoix
Contact Partenariats et régie publicitaire : Florence Brunel-Jars
● fbrunel@hachette-livre.fr ●

Pour que votre pub voyage autant que nos lecteurs,
contactez nos régies publicitaires :
● *fbrunel@hachette-livre.fr* ●
● *veronique@routard.com* ●

INDEX GÉNÉRAL

ABC de la Croatie.................. 47
Achats 51
Ager (plaine agricole d')........... 357
Argent, banques, change 49
ARRIÈRE-PAYS SPLITOIS (l').. 305
Avant le départ 47

BABINO POLJE..................... 410
Bačvice (plage de) 302
BADIJA (île de) 382
BALE 131, 135
BANJOLE 120
BAPSKA (église de) 110
Barać (grottes de) 211
BARBAT 197
Baredine (grotte de) 143
BAROTUL 247
BAŠKA 177
BAŠKA VODA 308, 311
BELEC (église Notre-Dame-
  des-Neiges) 90
BELI 185
Bene (plage de) 302
BERAM (chapelle Sainte-
  Marie-aux-Ardoises) 147
BETINA 256, 257
BILJE 106
BIOGRAD NA MORU.............. 252
BIOKOVO (massif du).............. 312
BIOKOVO (parc naturel du) 313
BIŠEVO (île de) 366
BLACA 337
BLAGAJ 323
BLATO (environs de Split)........ 305
BLATO (île de Korčula) 386
Boissons................................. 462
BOL 331, 337
BORAJA 267
BOSNIE-HERZÉGOVINE (la) ... 314
BOŽAVA 250
BRAČ (île de) 325
BRATUŠ 308
BRELA 308
Bribirska Glavica 271
BRIJESTA 390
BRIJUNI (îles) 125
BRIST 309
BRODARICA........................... 266

BRTONIGLA 151
BRUSJE................................... 351
Budget..................................... 51
BUJE 150
Burnum 270, 271
BUZET 149

CAVTAT 445
CERVAR................................... 137
Cetina (rivière)................ 304, 305
ČIGOĆ 96, 97
Čikat (baie de) 186
ČILIPI (village de)................... 449
ČIOVO (presqu'île de) .. 276, 277, 278
Climat....................................... 52
CÔTE DALMATE (la) 212
Coups de cœur (nos)............... 12
CRES (île de) 179
CRES (ville)............................. 180
CRNI LUG............................... 169
Cuisine................................... 462

ĐAKOVO 111
DALMATIE (nord de la) 205
DALMATIE (sud de la)............. 367
DALMATIE CENTRALE (la) 273
Dangers et enquiquinements 52
DELNICE 169
DOL 330, 331, 355
DRAGE 254
Dragon (grotte du) 336
DRAŠNICE............................. 309
DRNIŠ.................................... 272
DRVENIK 309
Dubovica (plage de)................ 353
DUBROVNIK 410
DUGI OTOK (île de) 248
Dugi Rat (plage de) 302
DVIGRAD 135

Économie............................. 464
ÉLAPHITES (îles) 440
Environnement 465

FAŽANA 125
Fêtes et jours fériés 53
Forteresse espagnole (Hvar).... 351
FUŽINE.................................. 170

INDEX GÉNÉRAL | 499

Géographie.............................466
GORSKI KOTAR (le)...............168
GRAČIŠĆE 146, 147
GRADAC.........................308, 309
Gradina (baie de) 388
GROŽNJAN 150

Hébergement..........................53
Histoire 467
HUM 149
HUMAC 361
Humac (grotte de)...................360
HVAR (île de)...........................340
HVAR (ville) 341

IGRANE....................................309
ILOK 110
ISTRIE (intérieur de l') 144
ISTRIE (l') 113
Itinéraires conseillés 28
IVAN DOLAC 360

JAGODNA 348
Jarun (lac) 89
JASENOVAC.......................96, 97
JELSA 358
JEROLIM (île) 352
JEZERCE 210
JURANDVOR............................178

KABAL (presqu'île) 357
KALDIR 149
KALI 244, 245
Kamenjak (zone protégée de)..126
KAMPOR 200
KAPELA KORENIĆKA 210
KAROJBA 149
Kašjuni (plage de) 302
KASTAV 162
KAŠTEL GOMILICA 283
KAŠTEL KAMBELOVAC..........283
KAŠTEL LUKŠIĆ 282, 283
KAŠTEL NOVI..........................283
KAŠTEL ŠTAFILIĆ 282, 283
KAŠTEL STARI 283
KAŠTELA 281
KLIS..305
KNEŽE...............................374, 386
KNEŽEVI VINOGRADI 107
KNIN 271
KOKORIĆI 314
KOLOČEP (île de) 440
KOMIŽA 364

KOPAČEVO 106, 107
KOPAČKI RIT
 (parc naturel de) 105
KORČULA (île de) 367
KORČULA (ville) 369
KORNATI (îles) 251
KOTOR 450
KOTOR (bouches de) 450
KOŠLJUN (île de).....................177
KOZARICA................................405
KRAPANJ (île de) 266
KRAPINA (musée de l'Homme
 de Neandertal) 90
KRAPJE 96, 97
Krilo (plage de) 302
KRK (île de) 171
KRK (ville) 172
KRKA
 (monastère orthodoxe de) 270
KRKA (parc national de) 267
KRUNČIĆI 133
KUČIŠTE 398
KUKCI.......................................140
KUKLJICA 246
KVARNER (golfe du) 155

LABIN-RABAC 152
Langue..55
LASTOVO (île de) 400
LASTOVO (village) 400, 401
LAVDARA (île de) 250
Lim (ria de) 135
Livres de route...........................59
LIZNJAN 118
LJUTA 449, 457
LOKRUM (île de) 438
LOKVE 170
LONJA 97
LONJSKO POLJE
 (parc naturel de) 95
LOPAR 201
LOPUD (île de) 440
LOŠINJ (île de).........................179
LOVRAN 164, 165, 166, 168
Lovrečina (plage de) 331
LOZNATI 192
LOZOVAC.................................269
LUBENICE 184
LUČKO 77
Luka (plage de) 251
LUKORAN 244
LUMBARDA..............................383
LUN 221
Lu sur routard.com 33

INDEX GÉNÉRAL

INDEX GÉNÉRAL

MAKARSKA (riviera de) 308
MAKARSKA (ville).....................309
Mala Lamjana (baie de) 245
Mala Paklenica 225
MALI LOŠINJ.............................185
MALI MOST................................404
MALI STON 389
Malo jezero (lac).........................408
MANDRE 222
Manoljlovački slap
  (chutes) 270
MARINKOVAC (île)....................352
MASLINICA 339
MATULJI......................................167
Médias 475
MEĐUGORJE 325
MEDVEDNICA 89
MILNA...................................343, 348
MIMICE-PISAK 308
MLINI 443
MLJET (île de) 401
Modra Špilja (grotte) 366
MOKALO 396
MOLUNAT 450
MOMJAN 150, 151
MONTÉNÉGRO (le) 450
MOŠĆENIČKA DRAGA ... 163, 166
MOSTAR......................................314
MOTOVUN 147
MUDRI DOLAC 354
MULINE 245
MURTER (île de) 256
MURTER-VILLE 256
MURVICA 337
Musique.......................................475
MUŽILOVČICA 97

NEČUJAM 339
Nečven
  (forteresse médiévale de) 270
Neretva (delta de la)....................325
NEREŽIŠĆA................................337
NIN 240
NOVA VAS 143
NOVALJA.....................................221
NOVIGRAD 141, 144

OMIŠ 302, 303
OMISALJ 156
OPATIJA......................................162
ORAŠAC 442
OREBIĆ 393
OSIJEK 98

OŠLJAK (île d') 245
OSOR 184

PAG (île de)..............................213
PAG (ville)...................................214
PAKLENI OTOCI
  (archipel des) 352
PAKLENICA
  (parc national de)...................222
PAKOŠTANE...............................253
PALMIŽANA
  (SVETI KLEMENT ; île de).....352
PASADUR 400, 401
PAŠMAN (île de) 246
PAZIN 145
PELJEŠAC (presqu'île de) 389
PERAST......................................459
Personnages 476
PISAK 309
PITVE 360
PLAVA LAGUNA 140
PLESO 74
PLITVICE (lacs de) 205
POČITELJ 324
PODACA 309
PODGORA..................................309
PODLABIN 152
POLAČE 402, 404, 406, 409
POLJANA 245
POLJANAK 208
POMENA 402, 404, 410
POMER 120
Population 477
Porat (plage de) 366
POREČ 114, 136
Poste 60
POSTUP 396
PRAPRATNO 390
PREMANTURA 119, 121, 126
PREKO 243
PRIMOŠTEN 273
PRISTANIŠTE 404
PRIVLAKA...................................241
PROIZD (île de) 389
PROMAJNA.................................308
PROŽURA 410
PROŽURSKA LUKA 410
PRVIĆ (île de ; île de Krk).........179
PRVIĆ (île de ; Šibenik).............267
PUČIŠĆA 331
PULA 114
PUNAT 177
Punta Corrente
  (forêt de ; Zlatni Rat)...............134

Punta Križa	184
PUPNAT	379, 386
Pupnatska Luka (baie de)	386
PUŠKA	97

Questions qu'on se pose avant le départ (les) 34

RAB (île de) 191
RAB (ville)	193
RABAC	153, 154
RAČIŠĆE	386
RAKOVICA	208, 209, 211
RASTOKE	212
RAŽANAC	241

Religions et croyances 478
RIJEKA	155
Risan (mosaïques romaines de)	460
RISNJAK (parc national de)	169
ROČ	149
ROGAČ	338, 339
ROPA	405
Roški slap (chutes)	269
ROUGE (île)	134
ROVINJ	127

Saint-Antoine (colline) 382
Saint-Blaise (forteresse)	382
Saint-Pierre (île)	445
SAINTE-CATHERINE (île)	134
Sainte-Euphémie (monastère de)	199
SAINTE-MARIE (île et monastère bénédictin)	409
Sakarun (plage de)	251
SALI	249
SALONA	303
SAMOBOR	89
Samograd (plage de)	386

Santé 61
SAPLUNARA	410
ŠARENGRAD	110
Savar (plage de)	251
SAVUDRIJA	141
SEGET	277
SEGET VRANJICA	280
SELIŠTE DREŽNIČKO	208
SENJ	212
ŠIBENIK	251, 257
ŠIMUNI	219, 222
SINJ	306
ŠIPAN (île de)	440
ŠIPANSKA LUKA	441

Sites inscrits au Patrimoine mondial de l'Unesco 479
Sites internet 61
SKRADIN	270
Skradinski (chutes de)	268
ŠKRIP	330
SKRIVENA LUKA	400, 401
SLATINE	279
SLAVONIE (la)	98
SMOKVICA	386
SOBRA	404
Sokol Grad	450
Solaris (plage de)	262
SOLINE (environs de Dubrovnik)	445
SOLINE (île de Mljet)	412
ŠOLTA (île de)	338
SOTIN	110
SPLIT	284
SPLITSKA	330

Sports et loisirs 61
Srebreno	445
STARA NOVALJA	221
STARI GRAD	353
STARIGRAD	222, 225
STILJA	314
STOBREČ	294
STOJA	119
STOMORSKA	338, 339
STON	389
SUĆURAJ	361
SUĐURAĐ	441
SUHA PUNTA	197
Sumpetar (plage de)	302
SUPETAR	302, 328
SUTOMIŠĆICA	244
SVETA MARINA	153
SVETA NEDELJA	360
SVETI KLEMENT (PALMIŽANA ; île de)	352
Sveti Spas (ruines de)	272
Sveto brdo (ascension du)	225
SVETVINČENAT	135

TELAŠĆICA (parc naturel de) 251
Téléphone, Internet 62
Tikveš (château de)	107
TISNO	257
TKON	247
TOVARNELE	221
Trakošćan (château de)	91

Transports intérieurs 63
TRILJ	305, 307

INDEX GÉNÉRAL / LISTE DES CARTES ET PLANS

TROGIR 275
TROGIR (route de) 267
Trošenj
 (forteresse médiévale de) 270
TRŠKI VRH (église Notre-
 Dame-de-Jérusalem) 90
TRSTENO 442
TURČIN 92

UBLI 400, 401
Učka (parc naturel du mont) 168
UGLJAN 245
UGLJAN (île d') 242
Urgences 66

Vaja (plage de) 386
VALBANDON 121, 122
VALUN 183
VARAŽDIN 91
VELA LUKA (côte de Korčula)... 387
Vela Luka (plage ; île de Brač)... 330
Vela Luka (plage ; île de Krk) ... 179
Vela Spila (grotte de) 388
VELI LOŠINJ 189
VELI RAT 251
Velika Paklenica 224, 225
Veliki Tabor (château de) 90
Veliko jezero (lac) 408
VERUNIC 250, 251
Vidova Gora (mont) 338
VIGANJ 398
Vins (route des) 144
VIRA 343
VIS (île de) 361
VIS (village) 362
VIŠKOVIĆI 153

VIŠNJAN 148
VISOVAC (île de) 269
VLAKA 352
VODNJAN 127
VOLOSKO 166
VRANA 255
VRANSKO JEZERO 255
VRBNIK 177
VRBOSKA 357
VRBOVICA 374
Vrelo (grotte de) 171
VRGORAC 312
VRSAR 140
VUKOVAR 108

ZADAR 226
ZAGLAV 251
Zaglav (plage de) 249, 251
ZAGORJE (le) 90
ZAGREB 68
ZAKLOPATICA 401
ZAOSTROG 309
ZATON 441
ZAVALA 360
ZELENA LAGUNA 137
ŽENA GLAVA 365
ŽIVOGOŠĆE 309
ZLARIN 267
Zlatni Rat (forêt de ;
 Punta Corrente) 134
Zlatni rat (plage de) 336
Žman (plage de) 251
Zrće (plage de) 221
ŽRNOVO 379, 383
ŽRNOVSKA BANJA 379
ŽULJANA 392
ZVERINAC (île de) 250

LISTE DES CARTES ET PLANS

- Bol 334-335
- Brač (les îles de Šolta,
  Hvar, Vis et) 326-327
- Coups de cœur (nos) 12
- Cres (les îles de Krk,
  Lošinj et) 173
- Croatie (la) 8-9
- Dalmatie centrale (la) 275
- Distances par la route 2
- Dubrovnik –
  plan d'ensemble 412-413
- Dubrovnik – vieille ville
  (centre) 414-415
- Dubrovnik (les environs de)... 439
- Hvar (les îles de Brač,
  Šolta, Vis et) 326-327
- Hvar – la ville 344-347
- Istrie (l') 115
- Itinéraires conseillés ... 28-29, 30
- Korčula (la presqu'île
  de Pelješac, les îles
  de Lastovo, Mljet et) 370-371
- Korčula – la ville
  (plan général) 372-373
- Korčula – vieille ville (zoom) .. 375
- Kotor 455

- Kotor (les bouches de).. 452-453
- Krk (les îles de Cres, Lošinj et) 172
- Krk – la ville.............................175
- Lastovo (la presqu'île de Pelješac, les îles de Korčula, Mljet et)......370-371
- Lošinj (les îles de Krk, Cres et) 179
- Mali Lošinj...............................187
- Mljet (la presqu'île de Pelješac, les îles de Korčula, Lastovo et) .. 370-371
- Mostar 317
- Opatija 164-165
- Orebić 394-395
- Osijek...............................102-103
- Pag (l'île de).........................215
- Pag – la ville...................216-217
- Paklenica (Starigrad et le parc national de) 223
- Pelješac (les îles de Korčula, Lastovo, Mljet et la presqu'île de)..370-371
- Plitvice (les lacs de) 207
- Poreč 138-139
- Pula 116-117
- Rab (l'île de).........................193
- Rab – la ville 195
- Rijeka.............................158-159
- Rovinj.............................128-129
- Šibenik...........................258-259
- Slavonie (l'est de Zagreb et la)....100-101
- Šolta (les îles de Brač, Hvar, Vis et)...................326-327
- Split – plan d'ensemble.. 286-287
- Split – vieille ville, palais de Dioclétien (centre)....288-289
- Starigrad (le parc national de Paklenica et) 223
- Trogir......................................277
- Varaždin 93
- Vis (les îles de Brač, Šolta, Hvar et)...............326-327
- Zadar (l'archipel de).............241
- Zadar – plan d'ensemble..228-229
- Zadar – centre (Poluotok)..230-231
- Zagreb – centre 70-71
- Zagreb – vieille ville (zoom)..72-73
- Zagreb et la Slavonie (l'est de) 100-101

Remarque importante aux hôteliers et restaurateurs

Les enquêteurs du *Routard* travaillent dans le plus strict anonymat. Aucune réduction, aucun avantage quelconque, aucune rétribution n'est jamais demandé en contrepartie. Face aux aigrefins, la loi autorise les hôteliers et restaurateurs à porter plainte.

Avis aux lecteurs

Le Routard, ce n'est pas comme le bon vin, il vieillit mal. On ne veut pas pousser à la consommation, mais évitez de partir avec une édition ancienne. Les modifications sont souvent importantes.
Les réductions accordées à nos lecteurs ne sont jamais demandées par nos rédacteurs afin de préserver leur indépendance. Les hôteliers et restaurateurs sont sollicités par une société de mailing, totalement indépendante de la rédaction, qui reste donc libre de ses choix. De même pour les autocollants et plaques émaillées.

Avec routard.com, choisissez, organisez, réservez et partagez vos voyages !

✓ Rejoignez la plus grande communauté francophone de voyageurs : **plusieurs millions d'internautes.**

✓ Échangez avec les routarnautes : forums, photos, avis d'hôtels.

✓ Retrouvez aussi toutes les informations actualisées pour choisir et préparer vos voyages : plus de 300 guides destinations, une centaine de dossiers pratiques et un magazine en ligne pour découvrir tous les secrets de votre destination.

✓ Enfin, comparez les offres pour organiser et réserver votre voyage au meilleur prix.

Les **Routards** *parlent aux* **Routards**

Faites-nous part de vos expériences, de vos découvertes, de vos tuyaux et de vos coups de cœur. Aidez-nous à remettre l'ouvrage à jour. Indiquez-nous les renseignements périmés. Faites profiter les autres de vos adresses nouvelles, combines géniales... On adresse un exemplaire gratuit de la prochaine édition à ceux qui nous envoient les meilleurs courriers, pour la qualité et la pertinence des informations. Quelques conseils cependant :
– Envoyez-nous votre courrier le plus tôt possible afin que l'on puisse insérer vos tuyaux sur la prochaine édition.
– N'oubliez pas de préciser l'ouvrage que vous désirez recevoir, ainsi que votre adresse postale.
– Vérifiez que vos remarques concernent l'édition en cours et notez les pages du guide concernées par vos observations.
– Quand vous indiquez des hôtels ou des restaurants, pensez à signaler leur adresse précise et, pour les grandes villes, les moyens de transport pour y aller. Si vous le pouvez, joignez la carte de visite de l'hôtel ou du resto décrit.
En tout état de cause, merci pour vos nombreux mails.

122, rue du Moulin-des-Prés, 75013 Paris

● *guide@routard.com* ● *routard.com* ●

Routard Assurance *2019*

Enrichie année après année par les retours des lecteurs, *Routard Assurance* est devenue une assurance voyage incontournable. Tout est compris : frais médicaux, assistance rapatriement, bagages, responsabilité civile... Vous avez besoin d'un médecin, d'un conseil médical ou d'une prise en charge dans un hôpital ? Appelez simplement le plateau *AVI Assistance* disponible 24h/24, leur réseau est l'un des plus complets actuellement. Vous avez eu des frais de santé en voyage ? Envoyez les factures à votre retour, *AVI* vous rembourse sous une semaine. Avant votre départ, n'hésitez pas à les appeler pour des conseils personnalisés. Et téléchargez l'appli mobile pour garder le contact avec l'assistance 24h/24 et disposer de l'un des meilleurs réseaux médicaux à travers le monde. *40, rue Washington, 75008 Paris.* ☎ *01-44-63-51-00.* ● *avi-international.com* ● Ⓜ *George-V*.

Édité par Hachette Livre (58, rue Jean-Bleuzen, CS 70007, 92178 Vanves Cedex, France)
Photocomposé par Jouve (rue de Monbary, 45140 Ormes, France)
Imprimé par Jouve 2 (Quai n° 2, 733, rue Saint-Léonard, BP 3, 53101 Mayenne Cedex, France)
Achevé d'imprimer le 29 mars 2019
Collection n° 13 - Édition n° 01
27/9181/1
I.S.B.N. 978-2-01-706741-2
Dépôt légal : mars 2019

PAPIER À BASE DE FIBRES CERTIFIÉES